评价科学研究与应用丛书

2018–2019
中国研究生教育
及学科专业评价报告

中国科教评价研究院（杭电）
中国科学评价研究中心（武大）
浙江高等教育研究院（杭电）　　　◎研发
中国科教评价网（www.nseac.com）

邱均平　汤建民　赵蓉英　杨思洛　邱作谋　等◎编著

557个排行榜独家发布

12个学科门类
110个一级学科
392个学术型专业（含24个自设专业）
38个专业学位

31个地区
29个中国一流研究生院
573所普通高校研究生竞争力
62个研究生院

详细解读　　　　　　　　　全面比较

科学出版社
北京

内 容 简 介

本书由杭州电子科技大学中国科教评价研究院和浙江高等教育研究院、武汉大学中国科学评价研究中心与中国科教评价网共同研发，由邱均平、汤建民、赵蓉英、杨思洛、邱作谋等编著。全书共三部分：第一部分是2018年中国研究生教育竞争力排行榜，包括中国研究生教育地区竞争力排行榜、中国研究生院竞争力排行榜（含分地区、分类型排名）、中国普通高校研究生教育竞争力排行榜（含分地区、分类型排名）、基于国际国内标准的世界一流学科竞争力排行榜、中国高校一流学科建设综合竞争力排行榜，以及12个学科门类排行榜、110个一级学科排行榜、392个学术学位专业（含24个自设专业）排行榜，再加上38个专业学位一级学科排行榜，共计557个排行榜；第二部分是中国研究生培养单位各类排名结果、学科等级分布、优势专业及联系方式，给出了我国（不含港澳台地区）的6个国家级科学院的研究生院（部）和573所普通高校共计579个研究生培养单位的各类排名结果、学科等级分布、优势专业及联系方式；第三部分是附录，提供了2018年国家及主要大学硕士研究生录取分数线等信息，可供全国所有研究生培养单位、教育行政部门、相关科研机构及广大考生阅读和参考。

本书从8个角度全面、系统地评价了我国（不含港澳台地区）的579个研究生培养单位，以及学科、专业的竞争力（除军事、警务类专业），并得出了详细的评价结果。本书评价指标合理、方法科学、数据准确、内容丰富、信息量大、资料翔实、权威性强、适用面广，可供政府管理部门、高等院校、教育研究机构、培训机构、研究生考生和导师，以及家长和社会各界人士阅读、参考和使用。

图书在版编目(CIP)数据

中国研究生教育及学科专业评价报告2018—2019/邱均平等编著.—北京：科学出版社，2018.9

（评价科学研究与应用丛书）

ISBN 978-7-03-058820-3

Ⅰ.①中… Ⅱ.①邱… Ⅲ.①研究生教育-评价-研究报告-中国-2018—2019 ②研究生教育-学科-评价-研究报告-中国-2018—2019 Ⅳ.①G643

中国版本图书馆CIP数据核字(2018)第212553号

责任编辑：朱丽娜 乔艳茹 / 责任校对：孙婷婷
责任印制：张欣秀 / 封面设计：楠竹文化

科学出版社 出版
北京东黄城根北街16号
邮政编码：100717
http://www.sciencep.com

北京建宏印刷有限公司 印刷
科学出版社发行 各地新华书店经销

*

2018年9月第 一 版　开本：890×1240 1/16
2019年3月第二次印刷　印张：23 插页：1
字数：809 000

定价：99.00元

（如有印装质量问题，我社负责调换）

中国研究生教育及学科专业评价报告 2018—2019

编委会名单

主　编	邱均平	汤建民	赵蓉英	杨思洛	邱作谋
副主编	刘　宁	贺武华	周　青	宋艳辉	张　蕊
	张裕晨	田　京	卢　坚	岳卫平	王碧云
	王传毅	董　克	曹艳艳	宋　博	
编　委	邱均平	汤建民	赵蓉英	杨思洛	邱作谋
	刘　宁	贺武华	周　青	宋艳辉	张　蕊
	张裕晨	田　京	卢　坚	岳卫平	王碧云
	王传毅	董　克	曹艳艳	宋　博	祖文玲
	徐明月	侯　慧	吴　孟	陈梦玲	沈恝谌
	沈　莹	陈丽婷	石　楠	曾环宇	王燕灵
	姚景辉	王树华	谢　军	雷　姝	刘雅婧
	王盈颖	王　婷	闵　润	张志坚	张云霞
	贾晓宇	梅倩倩	南函池	孔华玺	蒋洋涛

研发单位　中国科教评价研究院（杭电）
　　　　　　中国科学评价研究中心（武大）
　　　　　　浙江高等教育研究院（杭电）
　　　　　　中国科教评价网（www.nseac.com）

合作单位　科技部中国科学技术信息研究所
　　　　　　科睿唯安信息服务（北京）有限公司

前 言

研究生教育是培养高级专门人才的主要形式，也是高等院校、科研院所等研究生培养单位综合竞争力的重要体现。如何科学、合理、客观、公正地评价一个研究生培养单位的质量、水平和综合能力，如何详细地了解一所大学、一个科研机构研究生培养的基本条件和优势学科专业，从而选择适合自己的研究生培养单位和专业进行深造，是每一位准备接受研究生教育的考生都非常关心并急需得到答案的问题，也是政府管理部门、高等院校、科研院所、社会各界及广大教育工作者和考生密切关注的问题。因此，我们在连续 14 年研发和出版《中国研究生教育及学科专业评价报告》的基础上又及时推出本书——《中国研究生教育及学科专业评价报告 2018—2019》，就是为渴望了解和解决这一问题，为急于获得而又难以获得相关信息的社会各界人士和青年学子提供一个评价和选择研究生培养单位的指南性工具，使其在报考专业和选择培养单位方面能够获得充分而准确的评价信息，也为从事研究生教育的培养单位、管理部门及相关专业人士提供一份全面、系统、详细的评价报告。这对于改革和完善我国研究生教育制度，提高其培养质量和水平，促进高校之间的竞争发展都具有十分重要的指导意义和参考价值。

"中国科教评价研究院"（CASEE）（又称"中国评价科学研究院"，简称"评价院"）是杭州电子科技大学于 2017 年成立的相对独立的重点评价研究机构，特聘我国著名情报学家、评价管理权威专家、享受国务院政府特殊津贴专家和资深教授邱均平先生担任首任院长。其主要目的是贯彻执行国家科教兴国战略、创新驱动发展战略和"双一流"建设与高等教育强国发展战略，适应国家在各个领域和工作中普遍采用"第三方评价"和"管、办、评"分离的需要，实行"培养人才、创新研究、评价服务"相结合，大力促进我国评价科学的发展，为各级政府部门、企事业单位的管理和决策的科学化、规范化提供定量依据和智力服务。杭州电子科技大学浙江高等教育研究院与中国科教评价研究院合署办公，实行两块牌子一套人马的管理模式。武汉大学中国科学评价研究中心成立于 2002 年，是我国高等院校中第一个综合性的科技与教育评价研究中心，是集科学研究、人才培养和评价咨询服务于一体的湖北省人文社会科学重点研究基地。本着"加强社会评价，提高教育质量，促进竞争发展，服务和谐社会"的宗旨，我们联合中国科教评价网（www.nseac.com）自 2004 年起，按年度连续发布《中国大学及学科专业评价报告》《中国研究生教育及学科专业评价报告》《世界一流大学和一流学科评价研究报告》《中国学术期刊评价研究报告》，合称"四大评价报告"，受到国内外的广泛认可和普遍采用。

2018 年上半年，我们继续开展了本年度中国研究生教育及学科专业评价工作，并于近日完成了《中国研究生教育及学科专业评价报告 2018—2019》。本书从 8 个角度全面、系统地评价了 579 个研究生培养单位的竞争力，并公布其评价结果和有关信息，内容丰富、资料翔实、富有创意、权威性强、适用面广。其特点主要体现在以下七个方面。

第一，为了适应国家推进"双一流"建设战略的需要，我们采用国际标准与国内标准相结合，凡是进入 ESI 前 1%排名的学科和进入"金平果排行榜"前 5%排名的学科（5★+、5★），被确定为世界一流学科。今年是第二次公布中国高校的世界一流学科排行榜，为教育管理部门、各高校和"双一流"建设提供了重要依据和数据参考。

第二，编排结构科学合理，便于读者查找和使用。在第一部分"2018 年中国研究生教育竞争力排行榜"中，以国务院学位委员会和教育部颁布的《授予博士、硕士学位和培养研究生的学科、专业目录（2008 年修订）》和《学位授予和人才培养学科目录（2011 年）》为依据，在研究生培养的各学科门类、一级学科和专业名称前分别标出了相应的 2 位、4 位和 6 位数字的学科专业代码，并以《学位授予和人才培养学科目录（2011 年）》中的顺序排列，还专门增加了 12 个学科门类的排行榜，以便于读者快速查找所需的学科专业排名。第二部分是"中国研究生培养单位各类排名结果、学科等级分布、优势专业及联系方式"。首先列出了中国科学院大学（原中国科学院研究生院）等 6 个国家级科学院的研究生院（部），然后按地区（省、自治区、直辖市）研究生教育竞争力的名次和各地区内名次，依次列出了具有学术型研究生招生资格的高校整体排名情况及相关信息，包括学校名次、地区内名次、研究生院名次、学科优秀率，以及所有学科门类、一级学科和优秀专业（5★+、5★和 5★-的二级学科）的排名情况。所有排行榜都可以在目录中直接定位到其所在的页码，方便查询。

第三，内容全面、系统，是目前国内外最详细、最全面的研究生教育评价报告。书中全面公布了 2018—2019 年度中国 31 个省（自治区、直辖市）（不含港澳台地区）、29 个中国一流研究生院、62 个研究生院、573 所普通高校的研究生教育竞争力排名，以及各研究生院或高校在其所在地区（省、自治区、直辖市）内排名和所属类型中的排名；还有分 12 个学科门类、110 个一级学科、392 个学术学位专业（含 24 个自设专业）和 38 个专业学位一级学科的高校排名，共发布 557 个不同层次、不同角度的排行榜。所有参评的普通高校中，参与学术型研究生教育评价的高校总数为 507 所，参与专业型研究生教育评价的高校共 572 所，只招收专业学位硕士研究生的有 66 所。今年仍然将中国地质大学（武汉和北京）、中国矿业大学（徐州和北京）和中国石油大学（北京和华东）三所两地办学的研究生院分开单独参与排名，因此，参与排名的研究生院总数为 62 所。此外，继 2012 年首次评价专业学位，今年第 7 次继续评价了除警务和军事外的 38 个专业学位一级学科。我们今年特意选取各高校招生专业中专业名称相同、专业代码属于同一一级学科、开设高校数超过评价院校总数的 1%（6 所，含 6 所）的自设专业为评价对象，总计 24 个。限于篇幅，完整的、详尽的评价结果将在中国科教评价网（www.nseac.com）发布。

第四，采用得分、排名位次与等级相结合的方法，增加评价结果表达的合理性和充分性。在分学科门类、一级学科和专业评价中，我们按照研究生教育的分布特点、集中与离散分布规律和二八率，将各培养单位在各排行榜中的竞争力依次分为 5 个等级，并用星级表示：①5★为具有重点优势竞争力的单位，即排在最前面10%的培养单位[其中,排在前 1%（含 1%）的为 5★+级，前 1%～5%（含 5%）的为 5★级，前 5%～10%（含 10%）的为 5★−级]；②4★为具有优势竞争力的单位，占总数的 10%，即排在前 10%～20%（含 20%）的单位；③3★为具有良好竞争力的单位,占总数的30%,即排在前20%～50%(含50%)的单位；④2★为具有一般竞争力的单位，占总数的 40%，即排在前 50%～90%（含 90%）的单位；⑤1★为具有较差竞争力的单位，占总数的 10%，即排在 90%～100%的单位。例如，某研究生院的排名为 5/62，即全国有 62 个研究生院参与排名，该研究生院排名第 5 位，排在前 8.06%，为 5★−等级的单位，具有重点优势竞争力。这样，既能了解全国研究生院的总貌，又能得知该研究生院在其中的相对位次，从而使读者能正确地把握选择不同培养单位的适合度。需要说明的是，为了避免学科、专业开设数量过少对星级的影响，对开设数量小于 19 个的学科、专业的星级分配进行了调整。

第五，突出重点优势学科专业，兼顾学科规模结构。本书在 110 个一级学科排行榜和 392 个学术学位专业排行榜中，都首先重点突出排名前20%的学校，对于排在 5★ 和 4★ 的高校，给出名单并列出排名，对于排在 3★、2★ 和 1★ 的高校，不再列出高校名单，以此来突出研究生培养单位的学科优势和专业特长，同时也对培养单位的整体学科建设情况做出了简单评判。自 2012 年起，书中加入了各培养单位的一级学科和专业优秀率，即 5★和 4★学科或专业数占各学校相应总数的百分比。优势学科专业和优秀率相结合，使读者更全面地了解各培养单位的学科专业优势和规模。

第六，为了体现"分类评价，同类比较"的理念，更加满足读者的各类需求，我们对全国具有研究生培养资格的高校的研究生教育竞争力分类型进行了评价。2004 年，教育部下发《普通高等学校基本办学条件指标（试行）》，将高等学校划分为 6 种类型。我们的评价在以往经验的基础上，将所有培养单位分为 10 种类型：综合类、理工类、农林类、医药类、财经类、语言·政法类（简称文法类）、师范类、民族类、艺术类、体育类。今年，我们对部分高校的性质类型进行了调整，以更加符合该校发展的实际情况。考虑到艺术、体育类院校的办学特点，在计算评价得分时延续往年的做法，即普遍上调一定比例，提高了不同类型院校之间的可比性；又考虑到工业和信息化部主管的 7 所学校对成果的保密性要求较高，获取评价数据必然受到影响，因此，在计算得分时普遍上调。这 7 所高校是哈尔滨工业大学、哈尔滨工程大学、北京航空航天大学、南京航空航天大学、北京理工大学、南京理工大学和西北工业大学，上调比例经咨询专家而定。我们对不同类型的高校进行评价和排序，得到"中国研究生教育分类型竞争力排行榜"。这样，我们的评价结果更加细化，更加具有可比性，更加有利于广大读者对同类型的高校进行分析和比较。

第七，信息量大，创新性和实用性强。本书在每个研究生培养单位前面给出了相应的单位代码，介绍了各单位的基本信息，并给出了最新的联系方式（包括通信地址、邮编、电话、电子邮箱、网址）和各类排名结果。在本书的附录部分列出了国内主要高校 2018 年硕士招生分数线等信息，可供报考研究生的考生及家长参考。与往年的《中国研究生教育及学科专业评价报告》相比，本书有多处创新：第一，重新核准评价的学科目录；第二，调整了少数高校的性质类型；第三，及时更正高校的名称。

《中国研究生教育及学科专业评价报告2018—2019》由杭州电子科技大学中国科教评价研究院和浙江高等教育研究院、武汉大学中国科学评价研究中心与中国科教评价网的多位专家、博士、硕士鼎力合作，共同研发、联合编著而成，参编人员详见编委会名单。合作单位科技部中国科学技术信息研究所和科睿唯安信息服务（北京）有限公司提供了良好的合作和帮助。科学出版社有关领导给予了大力支持，朱丽娜、乔艳茹等编校人员为本书的编辑出版付出了大量辛勤劳动。在此，我们一并致以衷心的感谢！

武汉大学中国科学评价研究中心创始人、首届主任
"四大评价报告""金平果排行榜"评价品牌创立者、负责人、首席专家
杭州电子科技大学资深教授、教育学和管理学博士生导师
中国科教评价研究院（杭电）院长
浙江高等教育研究院院长
邱均平
2018年6月28日于杭州电子科技大学

目录 CONTENTS

前言

第一部分 2018年中国研究生教育竞争力排行榜

卷首语：2018年中国研究生教育及学科专业评价报告的产生与分析 …………… 3
中国研究生教育地区竞争力排行榜 …………… 20
中国研究生院竞争力排行榜
　（含分地区、分类型排名）…………… 21
中国普通高校研究生教育竞争力排行榜
　（含分地区、分类型排名）…………… 23
基于国际国内标准的世界一流学科竞争力排行榜 …………… 31
中国高校一流学科建设综合竞争力排行榜 …… 40
中国研究生教育分学科门类竞争力排行榜 …… 43
01 哲学（154）…………… 43
02 经济学（261）…………… 43
03 法学（351）…………… 44
04 教育学（193）…………… 44
05 文学（271）…………… 45
06 历史学（116）…………… 45
07 理学（368）…………… 46
08 工学（365）…………… 46
09 农学（100）…………… 47
10 医学（182）…………… 47
12 管理学（374）…………… 48
13 艺术学（198）…………… 48
中国研究生教育分一级学科竞争力排行榜 …… 50
0101 哲学（154）…………… 50
0201 理论经济学（115）…………… 50
0202 应用经济学（244）…………… 50
0270 统计学（46）…………… 51
0301 法学（188）…………… 51
0302 政治学（104）…………… 51
0303 社会学（88）…………… 52
0304 民族学（41）…………… 52
0305 马克思主义理论（328）…………… 52
0401 教育学（140）…………… 53
0402 心理学（97）…………… 53
0403 体育学（117）…………… 53
0501 中国语言文学（170）…………… 54
0502 外国语言文学（221）…………… 54
0503 新闻传播学（98）…………… 55
0601 考古学（40）…………… 55
0602 中国史（113）…………… 55
0603 世界史（67）…………… 55
0701 数学（243）…………… 56
0702 物理学（166）…………… 56
0703 化学（188）…………… 56
0704 天文学（15）…………… 57
0705 地理学（82）…………… 57
0706 大气科学（16）…………… 57
0707 海洋科学（30）…………… 57
0708 地球物理学（22）…………… 58
0709 地质学（40）…………… 58
0710 生物学（224）…………… 58
0711 系统科学（17）…………… 58
0712 科学技术史（22）…………… 58
0713 生态学（111）…………… 59
0714 统计学（116）…………… 59
0771 心理学（13）…………… 59
0773 材料科学与工程（7）…………… 59
0774 电子科学与技术（15）…………… 59
0775 计算机科学与技术（38）…………… 60
0776 环境科学与工程（51）…………… 60
0777 生物医学工程（19）…………… 60
0778 基础医学（15）…………… 60
0780 药学（18）…………… 60
0801 力学（102）…………… 60
0802 机械工程（205）…………… 61
0803 光学工程（78）…………… 61
0804 仪器科学与技术（75）…………… 61
0805 材料科学与工程（202）…………… 61
0806 冶金工程（23）…………… 62

0807 动力工程及工程热物理（110） 62	1003 口腔医学（44） 72
0808 电气工程（100） 62	1004 公共卫生与预防医学（70） 72
0809 电子科学与技术（119） 63	1005 中医学（41） 72
0810 信息与通信工程（169） 63	1006 中西医结合（66） 73
0811 控制科学与工程（182） 63	1007 药学（131） 73
0812 计算机科学与技术（262） 64	1008 中药学（45） 73
0813 建筑学（57） 64	1009 特种医学（10） 73
0814 土木工程（153） 65	1011 护理学（63） 74
0815 水利工程（63） 65	1072 生物医学工程（13） 74
0816 测绘科学与技术（50） 65	1201 管理科学与工程（199） 74
0817 化学工程与技术（194） 65	1202 工商管理（303） 74
0818 地质资源与地质工程（46） 66	1203 农林经济管理（51） 75
0819 矿业工程（32） 66	1204 公共管理（206） 75
0820 石油与天然气工程（17） 66	1205 图书情报与档案管理（56） 76
0821 纺织科学与工程（20） 66	1301 艺术学理论（63） 76
0822 轻工技术与工程（31） 66	1302 音乐与舞蹈学（82） 76
0823 交通运输工程（62） 67	1303 戏剧与影视学（63） 76
0824 船舶与海洋工程（16） 67	1304 美术学（115） 76
0825 航空宇航科学与技术（21） 67	1305 设计学（134） 77
0826 兵器科学与技术（7） 67	**中国研究生教育分专业竞争力排行榜** 78
0827 核科学与技术（19） 67	010101 马克思主义哲学（104） 78
0828 农业工程（47） 67	010102 中国哲学（87） 78
0829 林业工程（13） 67	010103 外国哲学（75） 78
0830 环境科学与工程（174） 68	010104 逻辑学（39） 78
0831 生物医学工程（57） 68	010105 伦理学（92） 79
0832 食品科学与工程（92） 68	010106 美学（53） 79
0833 城乡规划学（51） 68	010107 宗教学（55） 79
0834 风景园林学（54） 69	010108 科学技术哲学（101） 79
0835 软件工程（155） 69	020101 政治经济学（96） 79
0837 安全科学与工程（54） 69	020102 经济思想史（34） 80
0839 网络空间安全（29） 69	020103 经济史（40） 80
0871 管理科学与工程（44） 69	020104 西方经济学（84） 80
0872 设计学（10） 70	020105 世界经济（82） 80
0901 作物学（46） 70	020106 人口、资源与环境经济学（86） 81
0902 园艺学（39） 70	020201 国民经济学（91） 81
0903 农业资源与环境（39） 70	020202 区域经济学（175） 81
0904 植物保护（44） 70	020203 财政学（88） 81
0905 畜牧学（48） 70	020204 金融学（188） 82
0906 兽医学（41） 71	020205 产业经济学（204） 82
0907 林学（44） 71	020206 国际贸易学（168） 83
0908 水产（26） 71	020207 劳动经济学（82） 83
0909 草学（28） 71	020208 统计学（36） 83
0972 食品科学与工程（25） 71	020209 数量经济学（113） 83
1001 基础医学（97） 71	020210 国防经济（20） 84
1002 临床医学（108） 72	0202Z1 金融工程（7） 84

030101 法学理论（111）……………………84	040201 基础心理学（48）…………………95
030102 法律史（61）………………………84	040202 发展与教育心理学（56）…………95
030103 宪法学与行政法学（131）…………84	040203 应用心理学（81）…………………95
030104 刑法学（113）………………………85	040301 体育人文社会学（78）……………95
030105 民商法学（151）……………………85	040302 运动人体科学（67）………………96
030106 诉讼法学（108）……………………85	040303 体育教育训练学（106）……………96
030107 经济法学（129）……………………86	040304 民族传统体育学（63）……………96
030108 环境与资源保护法学（77）………86	047101 教育经济与管理（10）……………96
030109 国际法学（105）……………………86	050101 文艺学（153）………………………96
030110 军事法学（6）………………………87	050102 语言学及应用语言学（135）………97
0301Z1 知识产权法（8）……………………87	050103 汉语言文字学（133）………………97
030201 政治学理论（83）…………………87	050104 中国古典文献学（101）……………97
030202 中外政治制度（59）………………87	050105 中国古代文学（159）………………98
030203 科学社会主义与国际共产主义运动（50）…87	050106 中国现当代文学（148）……………98
030204 中共党史（60）……………………87	050107 中国少数民族语言文学（41）……98
030206 国际政治（61）……………………88	050108 比较文学与世界文学（127）………99
030207 国际关系（54）……………………88	050201 英语语言文学（186）………………99
030208 外交学（22）………………………88	050202 俄语语言文学（64）………………99
030301 社会学（80）………………………88	050203 法语语言文学（38）………………99
030302 人口学（37）………………………89	050204 德语语言文学（36）………………100
030303 人类学（38）………………………89	050205 日语语言文学（112）………………100
030304 民俗学（41）………………………89	050207 西班牙语语言文学（14）…………100
030401 民族学（34）………………………89	050208 阿拉伯语语言文学（11）…………100
030402 马克思主义民族理论与政策（26）…89	050209 欧洲语言文学（10）………………100
030403 中国少数民族经济（28）……………89	050210 亚非语言文学（32）………………101
030404 中国少数民族史（29）……………90	050211 外国语言学及应用语言学（196）…101
030405 中国少数民族艺术（23）…………90	0502Z1 翻译学（7）…………………………101
030501 马克思主义基本原理（267）………90	050301 新闻学（85）………………………101
030502 马克思主义发展史（88）…………90	050302 传播学（93）………………………102
030503 马克思主义中国化研究（250）……91	0602L2 历史文献学（9）……………………102
030504 国外马克思主义研究（83）………91	0602L3 专门史（25）………………………102
030505 思想政治教育（302）………………91	0602L4 中国古代史（11）…………………102
030506 中国近现代史基本问题研究（148）…92	0602L5 中国近现代史（15）………………102
0305Z1 马克思主义法学（8）………………92	070101 基础数学（189）……………………102
040101 教育学原理（89）…………………92	070102 计算数学（178）……………………103
040102 课程与教学论（98）………………93	070103 概率论与数理统计（156）…………103
040103 教育史（39）………………………93	070104 应用数学（238）……………………104
040104 比较教育学（45）…………………93	070105 运筹学与控制论（165）……………104
040105 学前教育学（54）…………………93	0701Z1 数学教育（6）………………………104
040106 高等教育学（109）…………………94	070201 理论物理（134）……………………105
040107 成人教育学（33）…………………94	070202 粒子物理与原子核物理（56）……105
040108 职业技术教育学（48）……………94	070203 原子与分子物理（75）……………105
040109 特殊教育学（18）…………………94	070204 等离子体物理（36）………………105
040110 教育技术学（71）…………………94	070205 凝聚态物理（151）…………………105
0401Z1 少年儿童组织与思想意识教育（21）…95	070206 声学（31）…………………………106

学科代码及名称	页码	学科代码及名称	页码
070207 光学（137）	106	077402 电路与系统（8）	116
070208 无线电物理（58）	106	077403 微电子学与固体电子学（10）	116
070301 无机化学（159）	107	077501 计算机系统结构（18）	116
070302 分析化学（163）	107	077502 计算机软件与理论（25）	116
070303 有机化学（164）	107	077503 计算机应用技术（31）	116
070304 物理化学（163）	108	077601 环境科学（47）	116
070305 高分子化学与物理（139）	108	077602 环境工程（22）	116
0703Z1 化学生物学（18）	108	077802 免疫学（9）	117
0703Z2 环境化学（6）	109	077803 病原生物学（7）	117
070401 天体物理（14）	109	078001 药物化学（14）	117
070501 自然地理学（67）	109	078002 药剂学（7）	117
070502 人文地理学（65）	109	078004 药物分析学（9）	117
070503 地图学与地理信息系统（73）	109	078005 微生物与生化药学（10）	117
070601 气象学（15）	109	078006 药理学（8）	117
070602 大气物理学与大气环境（11）	110	078401 教育技术学（44）	117
070701 物理海洋学（16）	110	080101 一般力学与力学基础（55）	118
070702 海洋化学（21）	110	080102 固体力学（79）	118
070703 海洋生物学（24）	110	080103 流体力学（60）	118
070704 海洋地质（16）	110	080104 工程力学（95）	118
070801 固体地球物理学（19）	110	080201 机械制造及其自动化（184）	118
070802 空间物理学（15）	110	080202 机械电子工程（188）	119
070901 矿物学、岩石学、矿床学（33）	110	080203 机械设计及理论（191）	119
070902 地球化学（29）	111	080204 车辆工程（139）	120
070903 古生物学与地层学（28）	111	0802Z1 工业工程（11）	120
070904 构造地质学（29）	111	0802Z2 工业设计（6）	120
070905 第四纪地质学（25）	111	080401 精密仪器及机械（63）	120
071001 植物学（141）	111	080402 测试计量技术及仪器（73）	121
071002 动物学（126）	111	080501 材料物理与化学（183）	121
071003 生理学（104）	112	080502 材料学（186）	121
071004 水生生物学（56）	112	080503 材料加工工程（164）	122
071005 微生物学（167）	112	080601 冶金物理化学（20）	122
071006 神经生物学（66）	113	080602 钢铁冶金（21）	122
071007 遗传学（137）	113	080603 有色金属冶金（22）	122
071008 发育生物学（74）	113	080701 工程热物理（60）	122
071009 细胞生物学（138）	114	080702 热能工程（77）	123
071010 生物化学与分子生物学（204）	114	080703 动力机械及工程（71）	123
071011 生物物理学（72）	114	080704 流体机械及工程（67）	123
0710Z1 生物信息学（10）	115	080705 制冷及低温工程（58）	123
071101 系统理论（15）	115	080706 化工过程机械（62）	123
071102 系统分析与集成（13）	115	080801 电机与电器（74）	124
077101 基础心理学（8）	115	080802 电力系统及其自动化（84）	124
077102 发展与教育心理学（9）	115	080803 高电压与绝缘技术（53）	124
077103 应用心理学（8）	115	080804 电力电子与电力传动（93）	124
077301 材料物理与化学（6）	115	080805 电工理论与新技术（73）	124
077401 物理电子学（9）	115	080901 物理电子学（89）	125

编号	名称	页码
080902	电路与系统（99）	125
080903	微电子学与固体电子学（88）	125
080904	电磁场与微波技术（73）	125
081001	通信与信息系统（144）	126
081002	信号与信息处理（150）	126
081101	控制理论与控制工程（170）	126
081102	检测技术与自动化装置（160）	127
081103	系统工程（110）	127
081104	模式识别与智能系统（142）	128
081105	导航、制导与控制（69）	128
081201	计算机系统结构（172）	128
081202	计算机软件与理论（198）	129
081203	计算机应用技术（258）	129
0812Z1	信息安全（8）	130
081301	建筑历史与理论（43）	130
081302	建筑设计及其理论（53）	130
081304	建筑技术科学（45）	130
081401	岩土工程（131）	130
081402	结构工程（141）	131
081403	市政工程（99）	131
081404	供热、供燃气、通风及空调工程（89）	131
081405	防灾减灾工程及防护工程（115）	131
081406	桥梁与隧道工程（108）	132
081501	水文学及水资源（54）	132
081502	水力学及河流动力学（35）	132
081503	水工结构工程（36）	132
081504	水利水电工程（39）	133
081505	港口、海岸及近海工程（23）	133
081601	大地测量学与测量工程（38）	133
081602	摄影测量与遥感（38）	133
081603	地图制图学与地理信息工程（44）	133
081701	化学工程（126）	133
081702	化学工艺（140）	134
081703	生物化工（119）	134
081704	应用化学（190）	134
081705	工业催化（115）	135
0817Z1	制药工程（15）	135
081801	矿产普查与勘探（38）	135
081802	地球探测与信息技术（35）	135
081803	地质工程（43）	136
081901	采矿工程（29）	136
081902	矿物加工工程（27）	136
081903	安全技术及工程（16）	136
082001	油气井工程（12）	136
082002	油气田开发工程（13）	136
082003	油气储运工程（11）	136
082101	纺织工程（16）	137
082102	纺织材料与纺织品设计（17）	137
082103	纺织化学与染整工程（18）	137
082104	服装设计与工程（15）	137
082201	制浆造纸工程（15）	137
082202	制糖工程（10）	137
082203	发酵工程（26）	137
082204	皮革化学与工程（9）	137
082301	道路与铁道工程（47）	138
082302	交通信息工程及控制（50）	138
082303	交通运输规划与管理（50）	138
082304	载运工具运用工程（42）	138
082401	船舶与海洋结构物设计制造（16）	138
082402	轮机工程（13）	138
082403	水声工程（10）	139
082501	飞行器设计（19）	139
082502	航空宇航推进理论与工程（16）	139
082503	航空宇航制造工程（15）	139
082504	人机与环境工程（11）	139
082601	武器系统与运用工程（7）	139
082602	兵器发射理论与技术（6）	139
082603	火炮、自动武器与弹药工程（7）	139
082701	核能科学与工程（12）	140
082702	核燃料循环与材料（8）	140
082703	核技术及应用（17）	140
082704	辐射防护及环境保护（10）	140
082801	农业机械化工程（41）	140
082802	农业水土工程（34）	140
082803	农业生物环境与能源工程（30）	140
082804	农业电气化与自动化（40）	141
082901	森林工程（8）	141
082902	木材科学与技术（12）	141
082903	林产化学加工工程（11）	141
083001	环境科学（149）	141
083002	环境工程（156）	141
083201	食品科学（87）	142
083202	粮食、油脂及植物蛋白工程（52）	142
083203	农产品加工及贮藏工程（67）	142
083204	水产品加工及贮藏工程（40）	143
090101	作物栽培学与耕作学（42）	143
090102	作物遗传育种（45）	143
090201	果树学（39）	143
090202	蔬菜学（35）	143
090203	茶学（17）	143

0902Z1 观赏园艺学（13） ……………… 144	100216 运动医学（29） ……………… 152
090301 土壤学（35） …………………… 144	100217 麻醉学（82） …………………… 152
090302 植物营养学（37） ……………… 144	100218 急诊医学（71） ………………… 152
090401 植物病理学（37） ……………… 144	1002Z1 重症医学（10） ………………… 153
090402 农业昆虫与害虫防治（40） …… 144	1002Z2 重症医学（7） ………………… 153
090403 农药学（39） …………………… 144	100301 口腔基础医学（29） …………… 153
090501 动物遗传育种与繁殖（41） …… 145	100302 口腔临床医学（42） …………… 153
090502 动物营养与饲料科学（44） …… 145	100401 流行病与卫生统计学（64） …… 153
090504 特种经济动物饲养（26） ……… 145	100402 劳动卫生与环境卫生学（53） … 153
090601 基础兽医学（39） ……………… 145	100403 营养与食品卫生学（58） ……… 154
090602 预防兽医学（39） ……………… 145	100404 儿少卫生与妇幼保健学（41） … 154
090603 临床兽医学（38） ……………… 145	100405 卫生毒理学（49） ……………… 154
090701 林木遗传育种（25） …………… 146	100501 中医基础理论（30） …………… 154
090702 森林培育（28） ………………… 146	100502 中医临床基础（29） …………… 154
090703 森林保护学（23） ……………… 146	100503 中医医史文献（27） …………… 154
090704 森林经理学（22） ……………… 146	100504 方剂学（28） …………………… 155
090705 野生动植物保护与利用（22） … 146	100505 中医诊断学（25） ……………… 155
090706 园林植物与观赏园艺（26） …… 146	100506 中医内科学（36） ……………… 155
090707 水土保持与荒漠化防治（31） … 146	100507 中医外科学（28） ……………… 155
090801 水产养殖（26） ………………… 147	100508 中医骨伤科学（24） …………… 155
090802 捕捞学（8） …………………… 147	100509 中医妇科学（26） ……………… 155
090803 渔业资源（14） ………………… 147	100510 中医儿科学（20） ……………… 155
097201 食品科学（11） ………………… 147	100511 中医五官科学（17） …………… 156
097202 粮食、油脂及植物蛋白工程（9） … 147	100512 针灸推拿学（31） ……………… 156
097203 农产品加工及贮藏工程（18） … 147	100513 民族医学（含：藏医学、蒙医学等）（13）… 156
100101 人体解剖与组织胚胎学（87） … 147	100601 中西医结合基础（41） ………… 156
100102 免疫学（86） …………………… 148	100602 中西医结合临床（61） ………… 156
100103 病原生物学（86） ……………… 148	100701 药物化学（110） ……………… 156
100104 病理学与病理生理学（91） …… 148	100702 药剂学（95） …………………… 157
100105 法医学（41） …………………… 148	100703 生药学（78） …………………… 157
100106 放射医学（21） ………………… 148	100704 药物分析学（95） ……………… 157
100201 内科学（97） …………………… 149	100705 微生物与生化药学（72） ……… 157
100202 儿科学（84） …………………… 149	100706 药理学（108） ………………… 158
100203 老年医学（59） ………………… 149	1007Z1 临床药学（10） ………………… 158
100204 神经病学（85） ………………… 149	107401 社会医学与卫生事业管理（18） … 158
100205 精神病与精神卫生学（59） …… 150	1201Z1 电子商务（6） ………………… 158
100206 皮肤病与性病学（72） ………… 150	120201 会计学（259） ………………… 158
100207 影像医学与核医学（96） ……… 150	120202 企业管理（293） ……………… 159
100208 临床检验诊断学（93） ………… 150	120203 旅游管理（181） ……………… 159
100210 外科学（96） …………………… 151	120204 技术经济及管理（224） ……… 160
100211 妇产科学（87） ………………… 151	1202Z1 财务管理（10） ………………… 160
100212 眼科学（78） …………………… 151	120301 农业经济管理（50） …………… 160
100213 耳鼻咽喉科学（75） …………… 151	120302 林业经济管理（27） …………… 161
100214 肿瘤学（88） …………………… 152	120401 行政管理（166） ……………… 161
100215 康复医学与理疗学（63） ……… 152	120402 社会医学与卫生事业管理（68） … 161

120403 教育经济与管理（131）	161	0553 出版（专业学位）（18）	168
120404 社会保障（130）	162	0651 文物与博物馆（专业学位）（32）	168
120405 土地资源管理（105）	162	0851 建筑学（专业学位）（39）	168
120501 图书馆学（37）	162	0852 工程（专业学位）（380）	168
120502 情报学（48）	163	0853 城市规划（专业学位）（26）	169
120503 档案学（27）	163	0951 农业推广（专业学位）（100）	169
1305L1 设计艺术学（16）	163	0952 兽医（专业学位）（39）	169
中国研究生教育分一级学科竞争力排行榜		0953 风景园林（专业学位）（55）	170
（专业学位）	164	0954 林业（专业学位）（18）	170
0251 金融（专业学位）（145）	164	1051 临床医学（专业学位）（112）	170
0252 应用统计（专业学位）（98）	164	1052 口腔医学（专业学位）（51）	170
0253 税务（专业学位）（38）	164	1053 公共卫生（专业学位）（53）	170
0254 国际商务（专业学位）（85）	164	1054 护理（专业学位）（81）	171
0255 保险（专业学位）（44）	165	1055 药学（专业学位）（68）	171
0256 资产评估（专业学位）（43）	165	1056 中药学（专业学位）（41）	171
0257 审计（专业学位）（28）	165	1057 中医（专业学位）（37）	171
0351 法律（专业学位）（193）	165	1251 工商管理（专业学位）（171）	171
0352 社会工作（专业学位）（97）	166	1252 公共管理（专业学位）（137）	172
0451 教育（专业学位）（135）	166	1253 会计（专业学位）（180）	172
0452 体育（专业学位）（87）	166	1254 旅游管理（专业学位）（50）	172
0453 汉语国际教育（专业学位）（110）	167	1255 图书情报（专业学位）（30）	173
0454 应用心理（专业学位）（58）	167	1256 工程管理（专业学位）（58）	173
0551 翻译（专业学位）（204）	167	1351 艺术（专业学位）（199）	173
0552 新闻与传播（专业学位）（105）	167		

第二部分 中国研究生培养单位各类排名结果、学科等级分布、优势专业及联系方式

国家科学院研究生院（部）（共6个）	177	10019 中国农业大学	182
14430 中国科学院大学	177	10008 北京科技大学	183
80201 中国社会科学院研究生院	177	10004 北京交通大学	183
82101 中国农业科学院研究生院	177	10005 北京工业大学	184
82201 中国林业科学研究院研究生部	177	10025 首都医科大学	184
82501 中国地质科学院研究生院	177	10010 北京化工大学	184
84502 中国中医科学院研究生院	177	10013 北京邮电大学	185
普通高校研究生培养单位（共573所）	178	10023 北京协和医学院	185
北京市	178	10034 中央财经大学	185
10003 清华大学	178	10028 首都师范大学	186
10001 北京大学	179	11415 中国地质大学（北京）	186
10002 中国人民大学	180	11414 中国石油大学（北京）	186
10027 北京师范大学	180	10054 华北电力大学	187
10006 北京航空航天大学	181	10022 北京林业大学	187
10007 北京理工大学	182	11413 中国矿业大学（北京）	187
		10053 中国政法大学	188

10052	中央民族大学	188
10036	对外经济贸易大学	188
10026	北京中医药大学	189
10043	北京体育大学	189
10033	中国传媒大学	189
10030	北京外国语大学	190
10038	首都经济贸易大学	190
10011	北京工商大学	190
10047	中央美术学院	190
10032	北京语言大学	191
10045	中央音乐学院	191
10046	中国音乐学院	191
10009	北方工业大学	191
10040	外交学院	191
10048	中央戏剧学院	192
10041	中国人民公安大学	192
10016	北京建筑大学	192
11232	北京信息科技大学	192
11417	北京联合大学	192
10050	北京电影学院	193
10031	北京第二外国语学院	193
10029	首都体育学院	193
10015	北京印刷学院	193
10051	北京舞蹈学院	193
10042	国际关系学院	193
10020	北京农学院	194
10012	北京服装学院	194
10037	北京物资学院	194
10049	中国戏曲学院	194
11149	中华女子学院	194
12453	中国劳动关系学院	194
10018	北京电子科技学院	195
11418	北京城市学院	195
10017	北京石油化工学院	195

江苏省 195

10284	南京大学	195
10286	东南大学	196
10287	南京航空航天大学	197
10285	苏州大学	197
10307	南京农业大学	198
10288	南京理工大学	198
10294	河海大学	199
10319	南京师范大学	199
10295	江南大学	200

10290	中国矿业大学	200
10299	江苏大学	200
10312	南京医科大学	201
11117	扬州大学	201
10291	南京工业大学	202
10300	南京信息工程大学	202
10298	南京林业大学	202
10316	中国药科大学	203
10293	南京邮电大学	203
10315	南京中医药大学	203
10304	南通大学	203
10292	常州大学	204
10289	江苏科技大学	204
10320	江苏师范大学	204
10331	南京艺术学院	204
10327	南京财经大学	204
10313	徐州医科大学	205
10332	苏州科技大学	205
11287	南京审计大学	205
11641	淮海工学院	205
10330	南京体育学院	205
11049	淮阴工学院	206
11276	南京工程学院	206
11463	江苏理工学院	206

上海市 206

10248	上海交通大学	206
10246	复旦大学	207
10247	同济大学	208
10269	华东师范大学	209
10251	华东理工大学	209
10280	上海大学	210
10255	东华大学	210
10270	上海师范大学	211
10272	上海财经大学	211
10252	上海理工大学	211
10268	上海中医药大学	212
10254	上海海事大学	212
10277	上海体育学院	212
10264	上海海洋大学	212
10271	上海外国语大学	213
10276	华东政法大学	213
10278	上海音乐学院	213
10856	上海工程技术大学	213
10259	上海应用技术大学	214

代码	院校名称	页码		代码	院校名称	页码
10256	上海电力学院	214		10524	中南民族大学	227
10273	上海对外经贸大学	214		10489	长江大学	227
10279	上海戏剧学院	214		11075	三峡大学	228
11835	上海政法学院	214		10490	武汉工程大学	228
10274	上海海关学院	214		10522	武汉体育学院	228
11047	上海立信会计金融学院	215		10500	湖北工业大学	228
11458	上海电机学院	215		10495	武汉纺织大学	229
12044	上海第二工业大学	215		10507	湖北中医药大学	229
				10496	武汉轻工大学	229
广东省		**215**		11072	江汉大学	229
10558	中山大学	215		10513	湖北师范大学	230
10561	华南理工大学	216		10929	湖北医药学院	230
10559	暨南大学	217		10517	湖北民族学院	230
10574	华南师范大学	217		11524	武汉音乐学院	230
12121	南方医科大学	217		10523	湖北美术学院	230
10564	华南农业大学	218		10525	湖北汽车工业学院	230
10590	深圳大学	218		10514	黄冈师范学院	231
11845	广东工业大学	218		11600	湖北经济学院	231
11078	广州大学	219		10927	湖北科技学院	231
10560	汕头大学	219				
10572	广州中医药大学	219		**四川省**		**231**
10570	广州医科大学	220		10610	四川大学	231
11846	广东外语外贸大学	220		10614	电子科技大学	232
10571	广东医科大学	220		10613	西南交通大学	233
10566	广东海洋大学	220		10626	四川农业大学	233
10573	广东药科大学	220		10651	西南财经大学	233
10592	广东财经大学	221		10615	西南石油大学	234
10585	广州体育学院	221		10616	成都理工大学	234
10586	广州美术学院	221		10636	四川师范大学	234
11349	五邑大学	221		10633	成都中医药大学	235
11347	仲恺农业工程学院	221		10619	西南科技大学	235
11847	佛山科学技术学院	222		10638	西华师范大学	235
10588	广东技术师范学院	222		10656	西南民族大学	235
10587	星海音乐学院	222		10653	成都体育学院	236
11540	广东金融学院	222		10623	西华大学	236
				10621	成都信息工程大学	236
湖北省		**222**		10632	西南医科大学	236
10486	武汉大学	222		10622	四川理工学院	237
10487	华中科技大学	223		10634	川北医学院	237
10504	华中农业大学	224		10654	四川音乐学院	237
10497	武汉理工大学	225		11079	成都学院（成都大学）	237
10511	华中师范大学	225		13705	成都医学院	237
10491	中国地质大学（武汉）	226		10624	中国民用航空飞行学院	237
10520	中南财经政法大学	226		12212	四川警察学院	238
10512	湖北大学	226		10639	绵阳师范学院	238
10488	武汉科技大学	227				

浙江省	238
10335	浙江大学 238
10337	浙江工业大学 239
11646	宁波大学 240
10345	浙江师范大学 240
10336	杭州电子科技大学 240
10338	浙江理工大学 241
10346	杭州师范大学 241
10353	浙江工商大学 241
10343	温州医科大学 242
10356	中国计量大学 242
10351	温州大学 242
10344	浙江中医药大学 242
10341	浙江农林大学 242
11482	浙江财经大学 243
10355	中国美术学院 243
10340	浙江海洋大学 243
11057	浙江科技学院 243
10349	绍兴文理学院 243
10347	湖州师范学院 244
11647	浙江传媒学院 244
10876	浙江万里学院 244

陕西省	244
10698	西安交通大学 244
10699	西北工业大学 245
10712	西北农林科技大学 246
10701	西安电子科技大学 246
10718	陕西师范大学 246
10697	西北大学 247
10703	西安建筑科技大学 247
10710	长安大学 248
10700	西安理工大学 248
10708	陕西科技大学 248
10704	西安科技大学 249
10702	西安工业大学 249
10709	西安工程大学 249
10705	西安石油大学 249
10719	延安大学 250
10724	西安外国语大学 250
10726	西北政法大学 250
10729	西安美术学院 250
11664	西安邮电大学 250
10727	西安体育学院 251
10720	陕西理工大学 251
10716	陕西中医药大学 251
10728	西安音乐学院 251
11560	西安财经学院 251
10721	宝鸡文理学院 252
12715	西京学院 252
11840	西安医学院 252

山东省	252
10422	山东大学 252
10423	中国海洋大学 253
10425	中国石油大学（华东） 253
11065	青岛大学 254
10445	山东师范大学 254
10424	山东科技大学 254
10434	山东农业大学 255
10427	济南大学 255
10426	青岛科技大学 255
10446	曲阜师范大学 256
10433	山东理工大学 256
10456	山东财经大学 256
10447	聊城大学 256
10435	青岛农业大学 257
11066	烟台大学 257
10429	青岛理工大学 257
10441	山东中医药大学 257
10431	齐鲁工业大学 258
10451	鲁东大学 258
10430	山东建筑大学 258
10438	潍坊医学院 258
10440	滨州医学院 258
10439	泰山医学院 259
10458	山东艺术学院 259
11688	山东工商学院 259
10457	山东体育学院 259
14100	山东政法学院 259
10908	山东工艺美术学院 259
11510	山东交通学院 260
10443	济宁医学院 260

辽宁省	260
10141	大连理工大学 260
10145	东北大学 260
10159	中国医科大学 261
10140	辽宁大学 261
10151	大连海事大学 262
10173	东北财经大学 262

10161	大连医科大学	262
10163	沈阳药科大学	263
10165	辽宁师范大学	263
10157	沈阳农业大学	263
10167	渤海大学	263
10142	沈阳工业大学	264
10147	辽宁工程技术大学	264
10166	沈阳师范大学	264
10153	沈阳建筑大学	264
11258	大连大学	265
10160	锦州医科大学	265
10152	大连工业大学	265
10150	大连交通大学	265
10143	沈阳航空航天大学	266
10162	辽宁中医药大学	266
10144	沈阳理工大学	266
10146	辽宁科技大学	266
10148	辽宁石油化工大学	266
10149	沈阳化工大学	267
10176	沈阳体育学院	267
10154	辽宁工业大学	267
11035	沈阳大学	267
10158	大连海洋大学	268
10172	大连外国语大学	268
10177	沈阳音乐学院	268
10178	鲁迅美术学院	268
10175	中国刑事警察学院	268
10164	沈阳医学院	269
10169	鞍山师范学院	269
11632	沈阳工程学院	269
12026	大连民族大学	269

天津市 269

10056	天津大学	269
10055	南开大学	270
10062	天津医科大学	271
10065	天津师范大学	271
10058	天津工业大学	271
10057	天津科技大学	271
10063	天津中医药大学	272
10060	天津理工大学	272
10070	天津财经大学	272
10071	天津体育学院	273
10059	中国民航大学	273
10069	天津商业大学	273

10792	天津城建大学	273
10068	天津外国语大学	273
10066	天津职业技术师范大学	274
10061	天津农学院	274
10073	天津美术学院	274
10072	天津音乐学院	274

湖南省 274

10533	中南大学	274
10532	湖南大学	275
10542	湖南师范大学	276
10530	湘潭大学	276
10537	湖南农业大学	276
10536	长沙理工大学	277
10534	湖南科技大学	277
10555	南华大学	277
10538	中南林业科技大学	278
10541	湖南中医药大学	278
11535	湖南工业大学	278
10531	吉首大学	278
10554	湖南商学院	279
10543	湖南理工学院	279
10553	湖南人文科技学院	279
10547	邵阳学院	279
11342	湖南工程学院	279

安徽省 279

10358	中国科学技术大学	279
10359	合肥工业大学	280
10357	安徽大学	280
10366	安徽医科大学	281
10370	安徽师范大学	281
10364	安徽农业大学	281
10360	安徽工业大学	282
10361	安徽理工大学	282
10369	安徽中医药大学	282
10373	淮北师范大学	282
10378	安徽财经大学	283
10363	安徽工程大学	283
10367	蚌埠医学院	283
10878	安徽建筑大学	283
10368	皖南医学院	283
10372	安庆师范大学	284
10371	阜阳师范学院	284
14098	合肥师范学院	284
11059	合肥学院	284

| 10879 | 安徽科技学院 | 284 |

黑龙江省 ········ 284

10213	哈尔滨工业大学	284
10217	哈尔滨工程大学	285
10226	哈尔滨医科大学	285
10212	黑龙江大学	286
10225	东北林业大学	286
10224	东北农业大学	287
10214	哈尔滨理工大学	287
10231	哈尔滨师范大学	287
10220	东北石油大学	287
10228	黑龙江中医药大学	288
10240	哈尔滨商业大学	288
10222	佳木斯大学	288
10232	齐齐哈尔大学	288
10223	黑龙江八一农垦大学	289
10219	黑龙江科技大学	289
10229	牡丹江医学院	289
10242	哈尔滨体育学院	289
10233	牡丹江师范学院	289
11446	黑龙江东方学院	290

吉林省 ········ 290

10183	吉林大学	290
10200	东北师范大学	291
10184	延边大学	291
10186	长春理工大学	291
10193	吉林农业大学	292
10190	长春工业大学	292
10201	北华大学	292
10188	东北电力大学	292
10203	吉林师范大学	293
10207	吉林财经大学	293
10199	长春中医药大学	293
10209	吉林艺术学院	293
10205	长春师范大学	293
10191	吉林建筑大学	294
10192	吉林化工学院	294
10208	吉林体育学院	294
11726	长春大学	294
10964	吉林华桥外国语学院	294
11437	长春工程学院	295

福建省 ········ 295

10384	厦门大学	295
10386	福州大学	295
10394	福建师范大学	296
10389	福建农林大学	296
10385	华侨大学	297
10392	福建医科大学	297
10390	集美大学	297
10393	福建中医药大学	297
10402	闽南师范大学	297
10388	福建工程学院	298
10399	泉州师范学院	298
10395	闽江学院	298
11062	厦门理工学院	298

重庆市 ········ 298

10611	重庆大学	298
10635	西南大学	299
10631	重庆医科大学	300
10652	西南政法大学	300
10617	重庆邮电大学	300
10618	重庆交通大学	300
10637	重庆师范大学	301
11799	重庆工商大学	301
11660	重庆理工大学	301
10650	四川外国语大学	301
10655	四川美术学院	302
10643	重庆三峡学院	302
11551	重庆科技学院	302

河南省 ········ 302

10459	郑州大学	302
10475	河南大学	303
10476	河南师范大学	303
10460	河南理工大学	303
10464	河南科技大学	304
10466	河南农业大学	304
10463	河南工业大学	304
10471	河南中医药大学	305
10078	华北水利水电大学	305
10472	新乡医学院	305
10462	郑州轻工业学院	305
10477	信阳师范学院	306
10465	中原工学院	306
10484	河南财经政法大学	306
10467	河南科技学院	306
10485	郑州航空工业管理学院	306
10479	安阳师范学院	306

| 10482 | 洛阳师范学院 | 307 |
| 10481 | 南阳师范学院 | 307 |

河北省 307

10216	燕山大学	307
10075	河北大学	307
10080	河北工业大学	308
10094	河北师范大学	308
10089	河北医科大学	308
10086	河北农业大学	309
10082	河北科技大学	309
10107	石家庄铁道大学	309
10076	河北工程大学	309
11832	河北经贸大学	309
10092	河北北方学院	310
10077	河北地质大学	310
10798	河北科技师范学院	310
10093	承德医学院	310
11105	中国人民武装警察部队学院	310
10084	河北建筑工程学院	310
11903	中央司法警官学院	311
11420	河北金融学院	311
11629	北华航天工业学院	311
12784	河北传媒学院	311
11775	防灾科技学院	311
11104	华北科技学院	311
10077	华北理工大学	312

山西省 312

10112	太原理工大学	312
10108	山西大学	312
10114	山西医科大学	313
10110	中北大学	313
10118	山西师范大学	313
10125	山西财经大学	313
10113	山西农业大学	314
10109	太原科技大学	314
10809	山西中医药大学	314
10119	太原师范学院	314
10117	长治医学院	314

江西省 315

10403	南昌大学	315
10414	江西师范大学	315
10421	江西财经大学	315
10406	南昌航空大学	316
10410	江西农业大学	316
10405	东华理工大学	316
10404	华东交通大学	316
10407	江西理工大学	317
10408	景德镇陶瓷大学	317
10418	赣南师范大学	317
10412	江西中医药大学	317
11318	江西科技师范大学	318
10413	赣南医学院	318
10419	井冈山大学	318
10417	宜春学院	318
11319	南昌工程学院	318

甘肃省 319

10730	兰州大学	319
10736	西北师范大学	319
10731	兰州理工大学	319
10732	兰州交通大学	320
10733	甘肃农业大学	320
10742	西北民族大学	320
10735	甘肃中医药大学	321
10741	兰州财经大学	321
11406	甘肃政法学院	321
10739	天水师范学院	321

云南省 321

10673	云南大学	321
10674	昆明理工大学	322
10681	云南师范大学	322
10676	云南农业大学	322
10678	昆明医科大学	323
10677	西南林业大学	323
10691	云南民族大学	323
10689	云南财经大学	323
10679	大理大学	324
10690	云南艺术学院	324
10680	云南中医学院	324
11392	云南警官学院	324

广西壮族自治区 324

10593	广西大学	324
10602	广西师范大学	325
10598	广西医科大学	325
10596	桂林理工大学	325
10595	桂林电子科技大学	325
10608	广西民族大学	326

10607	广西艺术学院	326
10603	广西师范学院	326
10600	广西中医药大学	326
10594	广西科技大学	327
10601	桂林医学院	327
10599	右江民族医学院	327
11548	广西财经学院	327

新疆维吾尔自治区 327

10755	新疆大学	327
10759	石河子大学	328
10760	新疆医科大学	328
10758	新疆农业大学	328
10762	新疆师范大学	328
10766	新疆财经大学	329
10757	塔里木大学	329
10764	伊犁师范学院	329
10768	新疆艺术学院	329
10763	喀什大学	329
10997	昌吉学院	330

内蒙古自治区 330

10126	内蒙古大学	330
10129	内蒙古农业大学	330
10135	内蒙古师范大学	330
10128	内蒙古工业大学	331
10127	内蒙古科技大学	331
10132	内蒙古医科大学	331
10136	内蒙古民族大学	331
10139	内蒙古财经大学	332
10138	赤峰学院	332

贵州省 332

10657	贵州大学	332
10663	贵州师范大学	332
10660	贵州医科大学	333
10661	遵义医学院	333
10672	贵州民族大学	333
10671	贵州财经大学	333
10662	贵阳中医学院	333
10670	黔南民族师范学院	334

宁夏回族自治区 334

10749	宁夏大学	334
10752	宁夏医科大学	334
11407	北方民族大学	334
10753	宁夏师范学院	334

海南省 335

10589	海南大学	335
11658	海南师范大学	335
11810	海南医学院	335
11100	海南热带海洋学院	335

青海省 335

10743	青海大学	335
10746	青海师范大学	336
10748	青海民族大学	336

西藏自治区 336

10694	西藏大学	336
10695	西藏民族大学	336
10696	西藏藏医学院	336

第三部分 附 录

国家及主要大学硕士研究生招录情况 341

第一部分

2018年中国研究生教育竞争力排行榜

卷首语：2018年中国研究生教育及学科专业评价报告的产生与分析[①]

为了满足政府管理部门、高校和社会各界了解中国研究生教育竞争力的需求，杭州电子科技大学中国科教评价研究院等单位的研究人员于2018年4~6月开展了中国研究生教育及学科专业评价工作，从地区（省、自治区、直辖市）、中国一流研究生院、研究生院、研究生培养高校、学科门类、学术学位一级学科、学术学位专业和专业学位一级学科8个角度，对培养单位的研究生教育竞争力进行了全面、系统和深入的评价。

本次研究生教育评价的对象为中国的579个研究生培养单位（不含军事类院校和港澳台地区高校），共包含62个研究生院（2011年以前国家批准设立的研究生院和国家级科学院的研究生院，以及军事院校的研究生院除外）、573所普通高等学校（含56所具有国家级研究生院的高校）。本书从31个地区（省、自治区、直辖市）、29个中国一流研究生院、62个研究生院、573所高校、12个学科门类、110个学术学位一级学科、392个学术学位专业（含24个自设专业）和38个专业学位一级学科8个角度，对中国内地的579个研究生培养单位的竞争力进行了全面、系统和深入的评价，这是目前国内外最全面、最系统的研究生教育评价。

本次评价在传承多年的评价经验的基础上，结合实际做了一些改进与创新，最后形成了更为科学、合理的评价结果，为从事研究生教育的培养单位、政府管理部门、相关研究人员、广大教师和考生，以及其他社会各界人士提供了一份全面、系统、详细的评价报告。这对于满足社会信息需求，改革和完善我国研究生教育制度，提高其培养质量和水平，促进高校之间的有序竞争和健康发展都具有重要的指导意义和参考价值。

一、评价的对象与做法

1. 评价对象

为了确保评价研究工作的延续性和可比性，我们确定中国科学院大学、中国社会科学院研究生院、中国农业科学院研究生院、中国林业科学研究院研究生部、中国地质科学院研究生院、中国中医科学院研究生院和573所具有硕/博士学位授予权的高校作为本次评价的对象。

各类评价对象的具体分布情况是：国家级科学院研究生院（部）6个、含国家级研究生院的高校56所及其余517所高校研究生培养单位（处、部、院、中心），普通高等学校总数达到573所（含56所具有国家级研究生院的高校）。截至2018年4月30日，教育部、国家发展和改革委员会尚未下达《2018年全国研究生招生计划》，故2018年所有的评价对象均以教育部、国家发展和改革委员会发布的《2017年全国研究生招生计划》中的名单为依据，仍然将中国地质大学（武汉和北京）、中国矿业大学（徐州和北京）和中国石油大学（北京和华东）三所两地办学的研究生院分开单独评价，并将"中国矿业大学（徐州）"名称改为"中国矿业大学"。

为适应研究生教育发展需要，本次评价在学科目录的选择上继承了2017年的做法，继续以国务院学位委员会公布的《学位授予和人才培养学科目录（2011年）》为标准，结合各高校的招生实际，除去军事类（11）一个学科门类、公安学（0306）和公安技术（0838）两个一级学科、警务（0353）和军事（1151）

---

① 详细评价结果请查看本书或登录中国科教评价网（www.nseac.com）。

两个专业学位一级学科,以及依据国务院学位委员会和教育部下达的《2017年学位授权点专项评估结果》中的评估结果为"不合格"的学位授权点、学位授予单位主动提出放弃授权的学位授权点、评估结果为"限期整改"的学位授权点外,共计评价和发布了12个学科门类、110个学术学位一级学科、392个学术学位专业(含24个自设专业)和38个专业学位一级学科的排行榜单,并按教育部颁布的《2014年研究生招生学科、专业代码册》中的顺序排列。此外,继2012年首次评价专业学位,今年沿袭去年的做法,对专业学位研究生教育评价到一级学科为止。

对于自设专业,我们今年特意选取各高校招生专业中专业名称相同、专业代码属于同一一级学科、开设高校数超过评价单位总数的1%(6所)的自设专业为评价对象,并统一规范自设专业代码,总计24个。对于开设高校数量未超过全部评价单位1%的专业不予评价。

2. 数据处理

本次评价的原始数据主要来自五个方面:①有关政府部门的统计数据资料(包括汇编、年鉴、报表等);②国内外有关数据库;③有关政府部门、高校的网站;④有关刊物、书籍、报纸、内部资料等;⑤中国科学评价研究中心在多年评价的基础上建立的"基础数据库"。我们对所有的原始数据进行了全面核查,并对异常数据进行了人工处理,要求"有数据必有来源,有来源必须精准"。

本次评价中,我们在审定了评价体系并确定评价对象后,对原始数据进行了全面核查,并对异常数据进行处理,然后利用我们自己设计的"中国研究生教育评价信息系统"进行数值计算、统计得分。

分类评价是当前科学评价的热点和难点,专业评价是教育评价的微观层面,其复杂度和难度之大难以想象。通过多年的评价实践,研究者认识到利用题录信息可以完成论文分类,有人提出《中华人民共和国学科分类与代码国家标准》是中国科学评价领域的最佳分类体系。它在梳理常规分类方法的基础上,归纳出这些方法适合于分类评价的方面,而且对这些方面进行进一步的改造和融合,提出和构建了科学评价论文分类系统,其特点是"二次分类"和"自动生成训练集"。该系统巧妙利用期刊分类器和类号转换器,实现了二次分类和自动生成测试集,提高了支持向量机(support vector machine,SVM,一种机器学习算法)的分类精度,也避免了繁重的人工分类任务。实验证明该系统能胜任科学评价中的论文分类任务。本次评价继续使用该系统并适当改进。本次评价在其他数据指标的分专业过程中,采用人机结合的方式,大量使用VBA、Java等设计程序,提高了工作效率和准确性。

最后,我们利用"中国研究生教育评价信息系统"进行数值计算、统计得分和排行榜生成。在评价过程中,我们进一步实现智能与人工的密切配合,加强了误差判定,对波动较大的数据进行了人工校准,提高了效率,保证了准确率。

在评价的初步结果出来之后,我们邀请各领域专家对结果进行分析,将反馈的意见纳入最终的结果,达到了定量评价和定性评价的完美结合,使评价的结果更具科学性和权威性。

在结果的呈现方式上,根据集中与离散分布规律,在各评价结果的表示方面,将各排行榜中的竞争力依次分为5个等级,并用星级表示:①5★为具有重点优势竞争力的单位,即排在最前面10%的培养单位[其中,排在前1%(含1%)的为5★+级,前1%~5%(含5%)的为5★级,前5%~10%(含10%)的为5★-级];②4★为具有优势竞争力的单位,占总数的10%,即排在前10%~20%(含20%)的单位;③3★为具有良好竞争力的单位,占总数的30%,即排在前20%~50%(含50%)的单位;④2★为具有一般竞争力的单位,占总数的40%,即排在前50%~90%(含90%)的单位;⑤1★为具有较差竞争力的单位,占总数的10%,即排在90%~100%的单位。对于排在5★和4★的高校,给出名单并列出排名;对于排在3★、2★和1★的高校,只列出个数,不再列出高校名单。

3. 评价体系

2018年中国研究生教育评价指标体系如表1所示。

表 1 2018 年中国研究生教育评价指标体系

一级指标	一级指标权重	二级指标
办学资源	0.25	科研基地；一流大学；学位点；杰出人才；科研项目；科研经费
教研产出	0.30	人才培养；科研成果；发明专利
质量与影响	0.30	学生获奖；论文质量；科研获奖
学术声誉	0.15	国家一流学科；ESI 全球前 1%学科；上年度优秀学科

2018 年的评价指标体系是在 2017 年的基础上略加完善和规范形成的，分 4 个一级指标、15 个二级指标、56 个观测点。

4. 结果发布

我们历年的研究生评价工作积累了大量关于研究生教育的原始数据和信息，为了充分发掘这些信息的社会价值，满足不同社会群体了解高等教育的实际需求，我们从 2009 年开始进行网络信息服务平台——中国科教评价网（www.nseac.com）（图 1）的同步建设，历经三次大的改版和升级，于 2011 年以全新的面貌正式上线。搭建的基于 Web 的网络信息服务平台不仅覆盖面广、信息传递成本低，而且能够充分利用互联网交互性强的特点，方便地获取用户特征信息，深入分析挖掘，并能整合各种类型的信息资源，实现个性化信息服务，创造社会价值和经济价值。该平台实现了全部原始数据的网上查询，并面向高校提供大学本科教育和研究生教育诊断与咨询服务，面向高考和考研考生提供个人素质诊断与报考指南服务。另外，杭州电子科技大学中国科教评价研究院（图 2）是此次评价第一研发单位，所以本次评价的相关信息将在杭州电子科技大学中国科教评价研究院网（http://casee.hdu.edu.cn/）和中国科教评价网（www.nseac.com）上同步发布。

图 1 网络信息服务平台（中国科教评价网）

图 2　杭州电子科技大学中国科教评价研究院网站页面

二、本次评价的结果与分析

1. 中国研究生教育地区竞争力评价结果与分析

中国研究生教育地区（省、自治区、直辖市）竞争力排行榜创立于2005年，今年继续发扬这一特色。地区的得分由辖区内各高校的得分求和并经过标准化和线性处理而来，得分区间为[30，100]。我们公布了每个地区（省、自治区、直辖市）的研究生教育竞争力排名位次，并列出了相应的得分情况，目的是希望相关政府部门能够从排行榜中解读出更多信息，即不仅仅只是一个强与弱的排名关系，更有了"量"的区分。此外，我们还公布了各个地区（省、自治区、直辖市）的4个一级指标的排序，本排行榜自2013年起增加了各地区"学校数量"这一数据项，有助于管理部门从更深入的角度把握该地区研究生教育的实际情况。

对于中国科学院大学等6个研究生院的归属问题，我们延续了2006年的做法，即考虑到该6个研究生院不仅属于北京地区，而且有些研究院所分布在全国各地，故在进行该排行榜数据处理时不将其列入北京地区，不过在进行62个研究生院竞争力地区内排名时，仍将这6个研究生院均纳入北京地区内部比较。本次评价将两地办学的中国矿业大学、中国地质大学和中国石油大学分别按校区所在地划分，真正反映教育资源的地区分布。

2018年中国研究生教育地区竞争力评价的排名情况如表2所示。北京市以各方面强势优势稳居第一，其办学资源、教研产出、质量与影响和学术声誉均位居榜首。值得关注的是，排名第二的江苏省的得分虽然与北京市还有差距，但与往年相比，差距已经缩小了很多，说明江苏省的高等教育实力在逐年提升，其各个一级指标表现也较为突出。上海市位居第三，其教研产出实力与前两名相比较为薄弱。

表2 2018年中国研究生教育地区竞争力排行榜

排名	地区	学校数量	总分	办学资源序	教研产出序	质量与影响序	学术声誉
1	北京市	56	100.00	1	1	1	1
2	江苏省	33	91.83	2	2	2	2
3	上海市	27	84.99	4	5	3	3
4	山东省	30	84.56	3	3	6	4
5	湖北省	28	83.41	5	4	5	6
6	辽宁省	37	82.59	6	6	4	8
7	陕西省	27	81.14	7	7	9	7
8	广东省	25	80.19	8	8	7	5
9	浙江省	21	78.25	10	10	8	9
10	四川省	24	76.63	9	9	10	10
11	安徽省	20	74.09	13	12	11	14
12	湖南省	17	73.35	14	15	12	13
13	河北省	23	72.90	17	17	17	16
14	黑龙江省	19	72.73	11	11	13	11
15	河南省	19	72.53	15	14	15	15
16	天津市	18	72.43	12	13	14	12
17	吉林省	19	69.42	16	16	16	19
18	福建省	13	69.27	20	20	19	17
19	江西省	16	68.53	18	18	20	24
20	重庆市	13	67.56	19	19	18	18
21	广西壮族自治区	13	63.05	22	21	23	23
22	山西省	11	62.93	23	22	21	21
23	云南省	12	62.26	21	23	22	20
24	甘肃省	10	61.34	24	24	24	22
25	新疆维吾尔自治区	11	59.28	25	25	26	25
26	内蒙古自治区	9	57.26	26	26	25	26
27	贵州省	8	55.41	27	27	27	27
28	宁夏回族自治区	4	48.25	28	29	29	29
29	海南省	4	47.61	29	28	28	28
30	青海省	3	41.88	30	30	30	31
31	西藏自治区	3	39.42	31	31	31	30

2. 中国一流研究生院竞争力评价结果与分析

"中国一流研究生院"应具有"一流的导师队伍、一流的教学水平、一流的科研成果、一流的国际影响"。结合2018年中国普通高校研究生教育竞争力排行榜和中国研究生院竞争力排行榜的结果,选取全部579个研究生培养单位中竞争力排名前5%的单位,作为"中国一流研究生院",共评选出29所研究生培养单位(表3)。

结果显示:中国科学院大学的研究生教育水平在全国遥遥领先,清华大学、北京大学、浙江大学、上海交通大学、中山大学、复旦大学紧随其后。武汉大学位列全国第8,哈尔滨工业大学进入全国前10。

表3 2018年中国一流研究生院竞争力排行榜

排名	单位名称	总分	地区内序		类型序	
1	中国科学院大学	100.00	北京市	1	理工	1
2	清华大学	98.96	北京市	2	理工	2
3	北京大学	97.46	北京市	3	综合	1
4	浙江大学	96.56	浙江省	1	综合	2
5	上海交通大学	95.08	上海市	1	理工	3
6	中山大学	93.18	广东省	1	综合	3
7	复旦大学	90.64	上海市	2	综合	4
8	武汉大学	90.38	湖北省	1	综合	5
9	四川大学	89.88	四川省	1	综合	6
10	哈尔滨工业大学	88.83	黑龙江省	1	理工	4
11	南京大学	88.46	江苏省	1	综合	7
12	华中科技大学	88.31	湖北省	2	理工	5
13	吉林大学	87.53	吉林省	1	综合	8
14	中国科学技术大学	87.31	安徽省	1	理工	6
15	西安交通大学	86.63	陕西省	1	理工	7
16	中国人民大学	86.28	北京市	4	文法	1
17	中南大学	85.69	湖南省	1	综合	9
18	山东大学	85.43	山东省	1	综合	10
19	同济大学	83.47	上海市	3	理工	8
20	北京师范大学	82.43	北京市	5	师范	1
21	北京航空航天大学	81.90	北京市	6	理工	9
22	天津大学	81.63	天津市	1	理工	10
23	东南大学	81.56	江苏省	2	理工	11
24	厦门大学	81.42	福建省	1	综合	11
25	北京理工大学	81.18	北京市	7	理工	12
26	南开大学	81.03	天津市	2	综合	12
27	华南理工大学	80.95	广东省	2	理工	13
28	西北工业大学	80.08	陕西省	2	理工	14
29	大连理工大学	77.97	辽宁省	1	理工	15

3. 中国研究生院竞争力评价结果与分析

今年，中国科学院大学等6个研究生院只与56所高校研究生院（3所军事院校的研究生院除外）进行对比评价，没有对其下设的学科、专业进行评价。

2018年中国研究生院竞争力评价20强如表4所示。

表4 2018年中国研究生院竞争力20强

排名	研究生院名称	总分	地区内序		类型序		2017年排名
1	中国科学院大学	100.00	北京市	1	理工	1	1
2	清华大学研究生院	98.96	北京市	2	理工	2	2

续表

排名	研究生院名称	总分	地区内序		类型序		2017年排名
3	北京大学研究生院	97.46	北京市	3	综合	1	3
4	浙江大学研究生院	96.56	浙江省	1	综合	2	5
5	上海交通大学研究生院	95.08	上海市	1	综合	3	7
6	中山大学研究生院	93.18	广东省	1	综合	4	4
7	复旦大学研究生院	90.64	上海市	2	综合	5	9
8	武汉大学研究生院	90.38	湖北省	1	综合	6	8
9	四川大学研究生院	89.88	四川省	1	综合	7	6
10	哈尔滨工业大学研究生院	88.83	黑龙江省	1	理工	3	13
11	南京大学研究生院	88.46	江苏省	1	综合	8	10
12	华中科技大学研究生院	88.31	湖北省	2	理工	4	11
13	吉林大学研究生院	87.53	吉林省	1	综合	9	12
14	中国科学技术大学研究生院	87.31	安徽省	1	理工	5	14
15	西安交通大学研究生院	86.63	陕西省	1	理工	6	18
16	中国人民大学研究生院	86.28	北京市	4	文法	1	25
17	中南大学研究生院	85.69	湖南省	1	综合	10	19
18	山东大学研究生院	85.43	山东省	1	综合	11	15
19	同济大学研究生院	83.47	上海市	3	理工	7	20
20	北京师范大学研究生院	82.43	北京市	5	师范	1	17

4. 中国普通高校研究生教育竞争力评价结果与分析

本次进入中国普通高校研究生教育竞争力排行榜的高校研究生培养单位总数为573所。本排行榜公布了分31个地区（省、自治区、直辖市）和10种学校类型（综合类、理工类、农林类、医药类、财经类、文法类、师范类、民族类、艺术类、体育类）的相对排名，这有利于同省（自治区、直辖市）或同类型高校间的比较分析。

今年对高校研究生教育评价依然坚持分类评价的原则，并进一步对特殊类别的高校进行特殊处理。对部分高校的性质类型进行了调整，以符合实际情况。考虑到文学、政法、艺术、体育类院校的办学特点，对评价体系进行了调整，提高了不同类型院校之间的可比性；又考虑到工业和信息化部主管的7所高校对成果的保密性要求较高，获取评价数据必然受到影响，因此在计算得分时普遍上调一定比例。这7所学校是哈尔滨工业大学、哈尔滨工程大学、北京航空航天大学、南京航空航天大学、北京理工大学、南京理工大学和西北工业大学，上调比例经咨询专家而定。

2018年中国普通高校研究生教育竞争力30强如表5所示。清华大学、北京大学稳居前两位，各个院校之间成绩相差不大。结合2017年中国普通高校研究生教育竞争力排名情况可以发现：浙江大学、上海交通大学和复旦大学研究生教育竞争力稳步攀升；中山大学、四川大学排名下降；武汉大学、中国科学技术大学名次不变。

表5 2018年中国普通高校研究生教育竞争力30强

排名	培养单位名称	总分	地区内序		类型序		2017年排名
1	清华大学	100.00	北京市	1	理工	1	1
2	北京大学	99.24	北京市	2	综合	1	2
3	浙江大学	98.78	浙江省	1	综合	2	4

续表

排名	培养单位名称	总分	地区内序		类型序		2017年排名
4	上海交通大学	98.02	上海市	1	理工	2	6
5	中山大学	95.70	广东省	1	综合	3	3
6	复旦大学	95.30	上海市	2	综合	4	8
7	武汉大学	94.74	湖北省	1	综合	5	7
8	四川大学	94.54	四川省	1	综合	6	5
9	哈尔滨工业大学	94.46	黑龙江省	1	理工	3	12
10	南京大学	94.05	江苏省	1	综合	7	9
11	华中科技大学	93.93	湖北省	2	理工	4	10
12	吉林大学	93.56	吉林省	1	综合	8	11
13	中国科学技术大学	93.37	安徽省	1	理工	5	13
14	西安交通大学	93.05	陕西省	1	理工	6	16
15	中国人民大学	92.52	北京市	3	文法	1	19
16	中南大学	91.27	湖南省	1	综合	9	15
17	山东大学	91.12	山东省	1	综合	10	14
18	同济大学	90.97	上海市	3	理工	7	20
19	北京师范大学	90.82	北京市	4	师范	1	18
20	北京航空航天大学	90.78	北京市	5	理工	8	22
21	天津大学	90.70	天津市	1	理工	9	23
22	东南大学	90.57	江苏省	2	理工	10	17
23	厦门大学	90.49	福建省	1	综合	11	21
24	北京理工大学	90.44	北京市	6	理工	11	26
25	南开大学	89.95	天津市	2	综合	12	25
26	华南理工大学	88.76	广东省	2	理工	12	27
27	西北工业大学	88.59	陕西省	2	理工	13	29
28	大连理工大学	88.49	辽宁省	1	理工	14	24
29	中国农业大学	88.29	北京市	7	农林	1	33
30	湖南大学	88.26	湖南省	2	理工	15	31

5. 中国研究生教育分学科门类竞争力评价结果与分析

分12个学科门类按高校进行评价排名，这样可以清晰地揭示各个学科门类中各高校的竞争力排名情况。在学科门类、一级学科和专业评价中，按照集中与离散分布规律，我们将各培养单位的该学科实力依次分为5个等级，并用星级表示：①5★为具有重点优势竞争力的单位，即排在最前面10%的培养单位[其中，排在前1%（含1%）的为5★+级，前1%～5%（含5%）的为5★级，前5%～10%（含10%）的为5★-级]；②4★为具有优势竞争力的单位，占总数的10%，即排在前10%～20%（含20%）的单位；③3★为具有良好竞争力的单位，占总数的30%，即排在前20%～50%（含50%）的单位；④2★为具有一般竞争力的单位，占总数的40%，即排在前50%～90%（含90%）的单位；⑤1★为具有较差竞争力的单位，占总数的10%，即排在90%～100%的单位。

本次评价不仅评价了重点优势学科，还考虑了规模因素，计算了学科优秀率。表6列出了2018年12个学科门类中5★学科的高校及排名情况。

表 6 中国研究生教育分学科门类竞争力排行榜（前 5%）

排名	高校名称	排名	高校名称	排名	高校名称
哲学（154）					
1	中国人民大学	4	中山大学	7	清华大学
2	复旦大学	5	南京大学		
3	北京大学	6	武汉大学		
经济学（261）					
1	中国人民大学	6	对外经济贸易大学	11	厦门大学
2	北京大学	7	中央财经大学	12	中山大学
3	武汉大学	8	西安交通大学	13	浙江大学
4	南开大学	9	清华大学		
5	西南财经大学	10	复旦大学		
法学（351）					
1	中国人民大学	7	南京大学	13	北京师范大学
2	北京大学	8	吉林大学	14	厦门大学
3	清华大学	9	中央民族大学	15	华中师范大学
4	武汉大学	10	南开大学	16	四川大学
5	复旦大学	11	中山大学	17	中南财经政法大学
6	中国政法大学	12	云南大学		
教育学（193）					
1	北京师范大学	4	西南大学	7	北京体育大学
2	华东师范大学	5	上海体育学院	8	浙江大学
3	北京大学	6	华中师范大学	9	华南师范大学
文学（271）					
1	北京大学	6	清华大学	11	北京外国语大学
2	南京大学	7	中国传媒大学	12	南开大学
3	复旦大学	8	浙江大学	13	武汉大学
4	北京师范大学	9	四川大学		
5	中国人民大学	10	华东师范大学		
历史学（116）					
1	北京大学	3	北京师范大学	5	中国人民大学
2	复旦大学	4	东北师范大学		
理学（368）					
1	北京大学	7	上海交通大学	13	山东大学
2	清华大学	8	武汉大学	14	厦门大学
3	浙江大学	9	吉林大学	15	中南大学
4	中国科学技术大学	10	中山大学	16	北京师范大学
5	南京大学	11	四川大学	17	华南理工大学
6	复旦大学	12	南开大学	18	兰州大学
工学（365）					
1	清华大学	2	浙江大学	3	哈尔滨工业大学

续表

排名	高校名称	排名	高校名称	排名	高校名称
4	上海交通大学	9	华南理工大学	14	武汉大学
5	西安交通大学	10	东南大学	15	重庆大学
6	北京航空航天大学	11	同济大学	16	大连理工大学
7	天津大学	12	北京大学	17	中南大学
8	华中科技大学	13	西北工业大学	18	北京理工大学
	农学（100）				
1	中国农业大学	3	南京农业大学	5	华中农业大学
2	西北农林科技大学	4	浙江大学		
	医学（182）				
1	上海交通大学	4	中山大学	7	北京协和医学院
2	复旦大学	5	北京大学	8	华中科技大学
3	浙江大学	6	四川大学	9	首都医科大学
	管理学（374）				
1	清华大学	7	西安交通大学	13	华南理工大学
2	浙江大学	8	中山大学	14	厦门大学
3	武汉大学	9	南开大学	15	北京师范大学
4	南京大学	10	上海交通大学	16	复旦大学
5	北京大学	11	天津大学	17	华中科技大学
6	中国人民大学	12	四川大学	18	中南大学
	艺术学（198）				
1	中央美术学院	4	南京艺术学院	7	北京大学
2	中国美术学院	5	清华大学	8	中央音乐学院
3	中国传媒大学	6	上海音乐学院	9	中央戏剧学院

注：学科门类名称后面括号中的数字是开设该学科门类的学校总数

根据分学科门类的高校竞争力排行榜，我们了解到学科门类齐全的高校有17所，只有1个门类的高校有60所，再次说明了我国高校中单科者较多。中国高校研究生教育竞争力前10名的高校开设的门类都很齐全，有4所高校涵盖评价所含的全部12个学科门类，其余6所高校均只缺少农学。相对于一级学科而言，学科门类是一个更为宏观的概念，它可以帮助需求者在更高层次上对国内高校的研究生教育竞争力有一个"量"的总体把握。

按12大学科门类排行，北京大学将文学、历史学和理学三大学科门类的第一揽入囊中。哲学、经济学和法学三大学科门类的桂冠被中国人民大学摘得，显示了该校在人文社科方面具有的雄厚实力。此外，北京师范大学的教育学、清华大学的工学和管理学、中国农业大学的农学、上海交通大学的医学、中央美术学院的艺术学，分别占据本学科门类的榜首位置。表7列出了各学科门类排名第一的高校及其类型和综合排名情况。

表7 2018年中国高校研究生教育各学科门类排名第一的高校情况

门类代码	门类名称	学校名称	学校类型	综合排名
01	哲学	中国人民大学	文法	15
02	经济学	中国人民大学	文法	15

续表

门类代码	门类名称	学校名称	学校类型	综合排名
03	法学	中国人民大学	文法	15
04	教育学	北京师范大学	师范	19
05	文学	北京大学	综合	2
06	历史学	北京大学	综合	2
07	理学	北京大学	综合	2
08	工学	清华大学	理工	1
09	农学	中国农业大学	农林	29
10	医学	上海交通大学	综合	4
12	管理学	清华大学	综合	1
13	艺术学	中央美术学院	艺术	257

6. 中国研究生教育分一级学科竞争力评价结果与分析

中国研究生教育分一级学科竞争力排行榜就是按照每个一级学科（学术学位）的竞争力单独成榜，形成110个一级学科竞争力排行榜。一级学科的数据来自二级学科数据的汇总，汇总数据中除包含教育部学科目录中的二级学科的数据外，还包含高校全部自设二级学科的数据，力求从更加全面的角度评价高校一级学科的研究生教育竞争力。表8列出了设有研究生院的56所高校学术学位一级学科等级分布及其学科优秀率。

表8 设有研究生院的56所高校学术学位一级学科等级分布及其学科优秀率

研究生院排名	研究生院名称	学科总数	5★+学科数	5★学科数	5★-学科数	4★学科数	学科优秀率/%
2	清华大学研究生院	58	15	26	5	8	93.10
3	北京大学研究生院	55	12	21	10	3	83.64
4	浙江大学研究生院	60	3	30	11	9	88.33
5	上海交通大学研究生院	58	3	16	13	12	75.86
6	中山大学研究生院	58	0	12	15	15	72.41
7	复旦大学研究生院	45	2	15	13	7	82.22
8	武汉大学研究生院	60	3	15	8	15	68.33
9	四川大学研究生院	74	0	11	21	13	60.81
10	哈尔滨工业大学研究生院	45	1	10	10	7	62.22
11	南京大学研究生院	56	2	15	14	8	69.64
12	华中科技大学研究生院	48	0	7	18	14	81.25
13	吉林大学研究生院	68	0	7	15	13	51.47
14	中国科学技术大学研究生院	33	1	3	4	14	66.67
15	西安交通大学研究生院	47	5	6	8	9	59.57
16	中国人民大学研究生院	38	7	5	3	5	52.63
17	中南大学研究生院	46	0	5	16	12	71.74
18	山东大学研究生院	57	0	2	21	14	64.91
19	同济大学研究生院	47	0	7	8	17	68.09
20	北京师范大学研究生院	40	8	7	7	14	90.00

续表

研究生院排名	研究生院名称	学科总数	5★+学科数	5★学科数	5★-学科数	4★学科数	学科优秀率/%
21	北京航空航天大学研究生院	43	0	9	6	9	55.81
22	天津大学研究生院	45	1	4	9	13	60.00
23	东南大学研究生院	51	0	2	11	17	58.82
24	厦门大学研究生院	53	0	3	12	14	54.72
25	北京理工大学研究生院	33	0	4	6	12	66.67
26	南开大学研究生院	41	0	9	9	10	68.29
27	华南理工大学研究生院	45	0	7	6	12	55.56
28	西北工业大学研究生院	38	0	3	3	9	39.47
29	大连理工大学研究生院	44	0	5	10	10	56.82
30	中国农业大学研究生院	31	1	8	2	6	54.84
31	湖南大学研究生院	38	0	4	6	12	57.89
32	重庆大学研究生院	54	0	1	9	15	46.30
33	华东师范大学研究生院	42	1	5	8	18	76.19
34	南京航空航天大学研究生院	38	0	0	3	7	26.32
35	兰州大学研究生院	48	0	2	5	8	31.25
36	电子科技大学研究生院	27	0	6	7	5	66.67
37	华东理工大学研究生院	32	0	1	1	5	21.88
38	北京科技大学研究生院	32	0	2	0	11	40.63
39	东北大学研究生院	35	0	1	2	12	42.86
40	北京交通大学研究生院	34	0	1	6	5	35.29
41	东北师范大学研究生院	38	1	2	1	8	31.58
42	南京农业大学研究生院	32	0	2	3	6	34.38
43	南京理工大学研究生院	39	0	0	2	7	23.08
44	河海大学研究生院	41	0	2	2	5	21.95
45	西北农林科技大学研究生院	30	0	3	6	5	46.67
46	西南交通大学研究生院	43	0	0	2	6	18.60
52	西安电子科技大学研究生院	27	1	2	0	3	22.22
53	中国矿业大学研究生院	41	0	1	0	8	21.95
54	哈尔滨工程大学研究生院	32	0	0	0	4	12.50
55	北京邮电大学研究生院	21	0	2	3	0	23.81
56	北京协和医学院研究生院	14	0	1	3	2	42.86
57	中国地质大学（武汉）研究生院	36	0	0	1	7	22.22
58	中国地质大学（北京）研究生院	29	0	2	0	4	20.69
59	中国石油大学（北京）研究生院	27	0	0	2	2	14.81
60	中国石油大学（华东）研究生院	33	0	0	0	2	6.06
61	北京林业大学研究生院	30	0	2	1	4	23.33
62	中国矿业大学（北京）研究生院	38	0	0	0	2	5.26

从表 8 可以看出，各高校的学科优秀率波动较大，其中清华大学的学科优秀率高达 93.10%，其有 15 个学科占据全国前 1% 的优势学科，具有显著的实力和地位。前 10 名的高校学科优秀率都在 60% 以上，有突出的优势学科群。与前 10 名高校一级学科分布情况相比，排名相对靠后的学校在优势学科建设上略逊一筹，需要集中资源，紧抓优势学科发展。

7. 中国研究生教育分专业竞争力评价结果与分析

中国研究生教育分专业竞争力排行榜就是按照每个专业（学术学位二级学科）的竞争力单独成榜，形成 392 个专业竞争力排行榜。相对于一级学科，二级学科是一个更加细分的概念，二级学科评价结果可以从微观层次上展示中国高校研究生教育竞争力分布情况。表 9 列出了 2018 年设有研究生院的 56 所高校学术学位专业等级分布及其专业优秀率。

表 9　设有研究生院的 56 所高校学术学位专业等级分布及其专业优秀率

研究生院排名	研究生院名称	专业总数	5★+ 专业数	5★ 专业数	5★- 专业数	4★ 专业数	专业优秀率/%
2	清华大学研究生院	179	49	68	25	14	87.15
3	北京大学研究生院	170	27	90	31	14	95.29
4	浙江大学研究生院	227	10	48	84	50	84.58
5	上海交通大学研究生院	172	21	56	36	29	82.56
6	中山大学研究生院	190	2	43	39	49	70.00
7	复旦大学研究生院	159	11	54	39	33	86.16
8	武汉大学研究生院	207	7	37	52	54	72.46
9	四川大学研究生院	217	0	22	47	60	59.45
10	哈尔滨工业大学研究生院	119	6	34	19	21	67.23
11	南京大学研究生院	161	3	38	42	53	84.47
12	华中科技大学研究生院	173	1	18	45	60	71.68
13	吉林大学研究生院	218	1	20	31	47	45.41
14	中国科学技术大学研究生院	78	0	10	16	31	73.08
15	西安交通大学研究生院	174	11	20	36	32	56.90
16	中国人民大学研究生院	106	29	29	13	10	76.42
17	中南大学研究生院	182	0	10	37	59	58.24
18	山东大学研究生院	187	0	16	34	69	63.64
19	同济大学研究生院	156	1	11	22	50	53.85
20	北京师范大学研究生院	114	15	22	24	31	80.70
21	北京航空航天大学研究生院	99	2	12	19	19	52.53
22	天津大学研究生院	120	0	9	29	46	70.00
23	东南大学研究生院	157	0	6	16	57	50.32
24	厦门大学研究生院	175	1	5	32	48	49.14
25	北京理工大学研究生院	117	0	9	17	23	41.88
26	南开大学研究生院	135	1	32	25	28	63.70
27	华南理工大学研究生院	122	1	14	16	29	49.18
28	西北工业大学研究生院	96	1	9	7	27	45.83

续表

研究生院排名	研究生院名称	专业总数	5★+专业数	5★专业数	5★-专业数	4★专业数	专业优秀率/%
29	大连理工大学研究生院	108	1	6	22	26	50.93
30	中国农业大学研究生院	76	5	21	7	13	60.53
31	湖南大学研究生院	130	1	16	20	36	56.15
32	重庆大学研究生院	155	1	7	15	46	44.52
33	华东师范大学研究生院	115	0	21	14	41	66.09
34	南京航空航天大学研究生院	95	0	1	3	20	25.26
35	兰州大学研究生院	148	0	3	9	26	25.68
36	电子科技大学研究生院	65	2	8	14	18	64.62
37	华东理工大学研究生院	78	0	4	6	12	28.21
38	北京科技大学研究生院	91	0	5	2	18	27.47
39	东北大学研究生院	95	0	2	9	25	37.89
40	北京交通大学研究生院	98	0	5	6	26	37.76
41	东北师范大学研究生院	97	1	5	5	15	26.80
42	南京农业大学研究生院	69	0	7	8	21	52.17
43	南京理工大学研究生院	95	0	2	3	18	24.21
44	河海大学研究生院	105	0	3	3	16	20.95
45	西北农林科技大学研究生院	73	0	4	19	14	50.68
46	西南交通大学研究生院	110	0	0	4	19	20.91
52	西安电子科技大学研究生院	51	0	3	6	7	31.37
53	中国矿业大学研究生院	97	0	2	2	16	20.62
54	哈尔滨工程大学研究生院	74	0	1	2	16	25.68
55	北京邮电大学研究生院	59	0	5	3	3	18.64
56	北京协和医学院研究生院	35	0	6	13	7	74.29
57	中国地质大学（武汉）研究生院	84	0	0	3	16	22.62
58	中国地质大学（北京）研究生院	76	0	3	4	6	17.11
59	中国石油大学（北京）研究生院	73	0	2	4	5	15.07
60	中国石油大学（华东）研究生院	107	0	0	2	1	2.80
61	北京林业大学研究生院	53	0	5	5	5	28.30
62	中国矿业大学（北京）研究生院	84	0	0	1	3	4.76

对比表8和表9可见，十强高校的专业优秀率和一级学科优秀率的大小相对比较一致，分布特征也比较相似。十强高校的专业优秀率都在55%以上，其中清华大学、北京大学等高校的专业集中于5★区域，具有突出的优势学科群。中国石油大学（华东）、中国矿业大学（北京）等高校的二级学科多分布于3★和2★专业，应当进一步强化提高优势专业。

表10是各专业高校开设情况及排名第一的高校名单，全国开设高校数量超过200所的专业有10个，分布于经济学、法学、理学、工学和管理学门类下。在高校开设数量较多的10个专业中，中国人民大学有3个专业排名第一，清华大学和上海交通大学各有2个专业排名第一，武汉大学、北京大学和西安交通大学各有1个专业排名第一。

表10　2018年各专业高校开设情况及排名第一高校名单

高校开设数量	专业代码	专业名称	排名第一高校名称
204	020205	产业经济学	上海交通大学
267	030501	马克思主义基本原理	中国人民大学
250	030503	马克思主义中国化研究	中国人民大学
302	030505	思想政治教育	武汉大学
238	070104	应用数学	清华大学
204	071010	生物化学与分子生物学	上海交通大学
258	081203	计算机应用技术	清华大学
259	120201	会计学	中国人民大学
293	120202	企业管理	北京大学
224	120204	技术经济及管理	西安交通大学

8. 中国研究生教育分一级学科（专业学位）竞争力评价结果与分析

为了适应专业学位研究生培养的需要，2018年继续对招收专业学位类型研究生的培养单位进行了评价。由于很多高校2018年的专业学位研究生是按一级学科招生，所以2018年对专业学位研究生教育的评价以一级学科的层次进行评价。专业学位一级学科的代码和名称以国务院学位委员会和教育部颁布的《学位授予和人才培养学科目录（2011年）》为标准。除去警务（0353）和军事（1151）两个专业学位一级学科外，共计评价和发布了38个专业学位一级学科的排行榜单，并按《2014年研究生招生学科、专业代码册》中的顺序排列。

表11为38个专业学位一级学科的高校开设情况及排名第一的高校名单。

表11　2018年各专业学位一级学科的高校开设情况及排名第一高校

一级学科代码	一级学科名称	高校开设数量	排名第一高校名称
0251	金融（专业学位）	145	北京大学
0252	应用统计（专业学位）	98	西安交通大学
0253	税务（专业学位）	38	中国人民大学
0254	国际商务（专业学位）	85	西安交通大学
0255	保险（专业学位）	44	北京大学
0256	资产评估（专业学位）	43	中国人民大学
0257	审计（专业学位）	28	上海交通大学
0351	法律（专业学位）	193	北京大学
0352	社会工作（专业学位）	97	华南理工大学
0451	教育（专业学位）	135	华东师范大学
0452	体育（专业学位）	87	成都体育学院
0453	汉语国际教育（专业学位）	110	山东大学
0454	应用心理（专业学位）	58	中央财经大学
0551	翻译（专业学位）	204	广东外语外贸大学
0552	新闻与传播（专业学位）	105	中国科学技术大学
0553	出版（专业学位）	18	武汉大学
0651	文物与博物馆（专业学位）	32	北京大学

续表

一级学科代码	一级学科名称	高校开设数量	排名第一高校名称
0851	建筑学（专业学位）	39	清华大学
0852	工程（专业学位）	380	上海交通大学
0853	城市规划（专业学位）	26	清华大学
0951	农业推广（专业学位）	100	华南农业大学
0952	兽医（专业学位）	39	中国农业大学
0953	风景园林（专业学位）	55	北京大学
0954	林业（专业学位）	18	北京林业大学
1051	临床医学（专业学位）	112	上海交通大学
1052	口腔医学（专业学位）	51	同济大学
1053	公共卫生（专业学位）	53	清华大学
1054	护理（专业学位）	81	上海中医药大学
1055	药学（专业学位）	68	中国药科大学
1056	中药学（专业学位）	41	上海中医药大学
1057	中医（专业学位）	37	北京中医药大学
1251	工商管理（专业学位）	171	清华大学
1252	公共管理（专业学位）	137	厦门大学
1253	会计（专业学位）	180	湖南大学
1254	旅游管理（专业学位）	50	复旦大学
1255	图书情报（专业学位）	30	华东师范大学
1256	工程管理（专业学位）	58	上海交通大学
1351	艺术（专业学位）	199	南京师范大学

在这些一级学科（专业学位）中，北京大学的金融（专业学位）、保险（专业学位）、法律（专业学位）、文物与博物馆（专业学位）和风景园林（专业学位）5个一级学科排名第一；清华大学、上海交通大学各有4个一级学科排名第一。

三、本次评价的结论与启示

2018年的评价工作及其最终形成的《中国研究生教育及学科专业评价报告2018—2019》，对比前几年的评价而言，评价范围更广、数据量更大、分析角度更多，而且在保持稳定的基础上，对评价范围、数据处理方法、结果的表示等多方面都积极创新，使得评价更加全面、系统、深入，也得出了更多有意义的结论。经深入分析可知，学科建设水平的高低成为各研究生培养单位竞争力高低的关键，我国的研究生教育总体上保持稳定和有序发展，具体体现在以下几个方面。

1. 中国高校研究生教育水平优势地区差距缩小，排名相对稳定

地区经济的发展水平是影响高校分布的重要因素，从近几年的研究生教育实力与地区分布情况来看，经济发展水平越高的地区，其教育实力往往也表现出很强的增长势头，这与当地院校获得更为充足的教育投资有关。与往年不同，今年各个地区的得分差距在逐步缩小，排名第2的江苏省的得分与排名第1的北京市仅相差不到10分，其他排名靠前的几个地区相差也不大。排名前50的高校中，有9所高校来自北京市，6所高校来自江苏省，6所高校来自上海市。江西省、广西壮族自治区连续三年在研究生教育

地区竞争力排名中攀升。山东省 2017 年排名第 9，2018 年排名第 4，进步 5 名，幅度较大，辽宁省 2017 年排名第 10，2018 年排名第 6，进步 4 名；江苏省和上海市的位次未发生改变，但总分差距还是存在的。内蒙古自治区、新疆维吾尔自治区、贵州省、宁夏回族自治区、海南省、青海省、西藏自治区为我国研究生教育地区竞争力较弱地区，院校数量少，连续多年排名相对靠后。

地区经济发展和教育资源的差距是客观存在的，国家提出的"双一流"建设计划已经关注到地区间的教育公平问题，从目前的趋势来看，我国各地区间的教育水平差距有望缩小，教育欠发达地区的教育现状有可能得到进一步改善。

2. 理工类院校竞争力占据绝对优势

结合近几年数据进行对比可以发现，理工类院校实力强劲，在我国整体研究生教育中占据绝对优势。2017 年排名前 100 的院校中有 44 所理工类院校，27 所综合类院校，11 所师范类院校，6 所农林类院校；2018 年排名前 100 的院校中有 45 所理工类院校，30 所综合类院校，10 所师范类院校，5 所农林类院校。2018 年的理工类院校相比 2017 年增加 1 所，占据研究生教育 100 强的近半壁江山，其次是综合类、师范类和农林类，其他类别的院校所占比例甚小，文法类中的中国人民大学、财经类中的中央财经大学挤进 100 强。这说明我国研究生教育的类别分布不均衡问题日益突出。

3. 顶尖高校竞争力排名相对稳定，一般高校波动较大

2018 年中国普通高校研究生教育竞争力 30 强中，清华大学、北京大学稳居前两名，浙江大学升 1 名，上海交通大学和复旦大学各升 2 名，中山大学降 2 名。变化幅度较大的中国人民大学从第 19 名升到了第 15 名。结合 2016 年与 2017 年中国研究生教育及学科排名情况可以发现：清华大学、北京大学、浙江大学多年稳居前五，其他高校的变动幅度相对较小，说明各顶尖高校的研究生教育竞争力趋于稳定。但部分一般高校的评价排名有 10 名左右的波动变化。

4. 学科专业分布不平衡，开设学科门类越齐全的高校竞争力越强

学科的开设情况与当前社会经济水平、教育发展水平、职业人才需求、高校办学特色、学科发展现状等因素密不可分。学术学位方面，从学科门类来看，排名最低的农学有 100 所高校开设，与排名最高的管理学相比相差 274 所；一级学科的差距与学科门类相比差距更大，材料科学与工程（0773）、兵器科学与技术（0826）仅 7 所高校开设。某些学校自设的特色类专业因开设院校数量较少，不在此次评价对象范围之内。专业学位方面，高校开设数量最少的一级学科有 18 所，开设数量最多的一级学科为工程（专业学位）。学科专业的开设一方面受到时代发展、市场需求等各方面因素的共同影响，另一方面应该考虑到教育的育人本心，以学生为本，不仅发挥自身优势特色，更要注重全面均衡发展，提升综合竞争力。开设全部学科门类的 17 所高校，全部进入普通高校研究生教育竞争力排行榜前 100 名，不难看出，开设学科门类越齐全的高校竞争力越强。

对高等教育进行第三方评价是国际上的通用做法和发展趋势，2010 年发布的《国家中长期教育改革和发展规划纲要（2010—2020 年）》明确提出要"推进专业评价。鼓励专门机构和社会中介机构对高等学校学科、专业、课程等水平和质量进行评估。建立科学、规范的评估制度。探索与国际高水平教育评价机构合作，形成中国特色学校评价模式。建立高等学校质量年度报告发布制度"。没有科学的评价就没有科学的管理，没有科学的管理就没有高效的发展，我们开展研究生教育评价的最终目的就是促进我国研究生培养单位的有效管理、科学决策与快速发展。希望我国各研究生培养单位不断提高自身竞争力，早日跻身世界一流行列。

中国研究生教育地区竞争力排行榜

排名	地区（省、自治区、直辖市）	院校数量	总分	办学资源序	教研产出序	质量与影响序	学术声誉序
1	北京市	56	100.00	1	1	1	1
2	江苏省	33	91.83	2	2	2	2
3	上海市	27	84.99	4	5	3	3
4	山东省	30	84.56	3	3	6	4
5	湖北省	28	83.41	5	4	5	6
6	辽宁省	37	82.59	6	6	4	8
7	陕西省	27	81.14	7	7	9	7
8	广东省	25	80.19	8	8	7	5
9	浙江省	21	78.25	10	10	8	9
10	四川省	24	76.63	9	9	10	10
11	安徽省	20	74.09	13	12	11	14
12	湖南省	17	73.35	14	15	12	13
13	河北省	23	72.90	17	17	17	16
14	黑龙江省	19	72.73	11	11	13	11
15	河南省	19	72.53	15	14	15	15
16	天津市	18	72.43	12	13	14	12
17	吉林省	19	69.42	16	16	16	19
18	福建省	13	69.27	20	20	19	17
19	江西省	16	68.53	18	18	20	24
20	重庆市	13	67.56	19	19	18	18
21	广西壮族自治区	13	63.05	22	21	23	23
22	山西省	11	62.93	23	22	21	21
23	云南省	12	62.26	21	23	22	20
24	甘肃省	10	61.34	24	24	24	22
25	新疆维吾尔自治区	11	59.28	25	25	26	25
26	内蒙古自治区	9	57.25	26	26	25	26
27	贵州省	8	55.41	27	27	27	27
28	宁夏回族自治区	4	48.25	28	29	29	29
29	海南省	4	47.61	29	28	28	28
30	青海省	3	41.88	30	30	30	31
31	西藏自治区	3	39.42	31	31	31	30

中国研究生院竞争力排行榜

（含分地区、分类型排名）

排名	研究生院名称	总分	地区内序		类型序	
1	中国科学院大学	100.00	北京市	1	理工	1
2	清华大学研究生院	98.96	北京市	2	理工	2
3	北京大学研究生院	97.46	北京市	3	综合	1
4	浙江大学研究生院	96.56	浙江省	1	综合	2
5	上海交通大学研究生院	95.08	上海市	1	综合	3
6	中山大学研究生院	93.18	广东省	1	综合	4
7	复旦大学研究生院	90.64	上海市	2	综合	5
8	武汉大学研究生院	90.38	湖北省	1	综合	6
9	四川大学研究生院	89.88	四川省	1	综合	7
10	哈尔滨工业大学研究生院	88.83	黑龙江省	1	理工	3
11	南京大学研究生院	88.46	江苏省	1	综合	8
12	华中科技大学研究生院	88.31	湖北省	2	理工	4
13	吉林大学研究生院	87.53	吉林省	1	综合	9
14	中国科学技术大学研究生院	87.31	安徽省	1	理工	5
15	西安交通大学研究生院	86.63	陕西省	1	理工	6
16	中国人民大学研究生院	86.28	北京市	4	文法	1
17	中南大学研究生院	85.69	湖南省	1	综合	10
18	山东大学研究生院	85.43	山东省	1	综合	11
19	同济大学研究生院	83.47	上海市	3	理工	7
20	北京师范大学研究生院	82.43	北京市	5	师范	1
21	北京航空航天大学研究生院	81.90	北京市	6	理工	8
22	天津大学研究生院	81.63	天津市	1	理工	9
23	东南大学研究生院	81.56	江苏省	2	理工	10
24	厦门大学研究生院	81.42	福建省	1	综合	12
25	北京理工大学研究生院	81.18	北京市	7	理工	11
26	南开大学研究生院	81.03	天津市	2	综合	13
27	华南理工大学研究生院	80.95	广东省	2	理工	12
28	西北工业大学研究生院	80.08	陕西省	2	理工	13
29	大连理工大学研究生院	77.97	辽宁省	1	理工	14
30	中国农业大学研究生院	77.48	北京市	8	农林	1
31	湖南大学研究生院	77.14	湖南省	2	理工	15
32	重庆大学研究生院	76.49	重庆市	1	理工	16
33	华东师范大学研究生院	76.36	上海市	4	师范	2
34	南京航空航天大学研究生院	75.28	江苏省	3	理工	17
35	兰州大学研究生院	75.17	甘肃省	1	综合	14

续表

排名	研究生院名称	总分	地区内序		类型序	
36	电子科技大学研究生院	72.76	四川省	2	理工	18
37	华东理工大学研究生院	71.87	上海市	5	理工	19
38	北京科技大学研究生院	71.79	北京市	9	理工	20
39	东北大学研究生院	71.61	辽宁省	2	理工	21
40	北京交通大学研究生院	70.36	北京市	10	理工	22
41	东北师范大学研究生院	69.50	吉林省	2	师范	3
42	南京农业大学研究生院	68.29	江苏省	4	农林	2
43	南京理工大学研究生院	68.23	江苏省	5	理工	23
44	河海大学研究生院	66.93	江苏省	6	理工	24
45	西北农林科技大学研究生院	66.65	陕西省	3	农林	3
46	西南交通大学研究生院	66.64	四川省	3	理工	25
47	中国社会科学院研究生院	66.62	北京市	11	文法	2
48	中国农业科学院研究生院	66.61	北京市	12	农林	4
49	中国地质科学院研究生院	66.60	北京市	13	理工	26
50	中国中医科学院研究生院	65.99	北京市	14	医药	1
51	中国林业科学院研究生院	65.92	北京市	15	农林	5
52	西安电子科技大学研究生院	65.87	陕西省	4	理工	27
53	中国矿业大学研究生院	65.59	江苏省	7	理工	28
54	哈尔滨工程大学研究生院	65.03	黑龙江省	2	理工	29
55	北京邮电大学研究生院	64.68	北京市	16	理工	30
56	北京协和医学院研究生院	63.58	北京市	17	医药	2
57	中国地质大学（武汉）研究生院	62.06	湖北省	3	理工	31
58	中国地质大学（北京）研究生院	61.79	北京市	18	理工	32
59	中国石油大学（北京）研究生院	61.65	北京市	19	理工	33
60	中国石油大学（华东）研究生院	59.44	山东省	2	理工	34
61	北京林业大学研究生院	55.02	北京市	20	农林	6
62	中国矿业大学（北京）研究生院	53.21	北京市	21	理工	35

中国普通高校研究生教育竞争力排行榜

（含分地区、分类型排名）

排名	院校名称	总分	地区内序		类型序		排名	院校名称	总分	地区内序		类型序	
1	清华大学	100.00	北京市	1	理工	1	36	苏州大学	85.29	江苏省	4	综合	15
2	北京大学	99.24	北京市	2	综合	1	37	电子科技大学	85.22	四川省	2	理工	18
3	浙江大学	98.78	浙江省	1	综合	2	38	华东理工大学	85.17	上海市	5	理工	19
4	上海交通大学	98.02	上海市	1	理工	2	39	北京科技大学	85.06	北京市	8	理工	20
5	中山大学	95.70	广东省	1	综合	3	40	东北大学	85.05	辽宁省	2	理工	21
6	复旦大学	95.30	上海市	2	综合	4	41	郑州大学	84.32	河南省	1	综合	16
7	武汉大学	94.74	湖北省	1	综合	5	42	上海大学	83.83	上海市	6	综合	17
8	四川大学	94.54	四川省	1	综合	6	43	北京交通大学	83.80	北京市	9	理工	22
9	哈尔滨工业大学	94.46	黑龙江省	1	理工	3	44	东北师范大学	83.50	吉林省	2	师范	3
10	南京大学	94.05	江苏省	1	综合	7	45	南京农业大学	83.25	江苏省	5	农林	2
11	华中科技大学	93.93	湖北省	2	理工	4	46	暨南大学	83.17	广东省	3	综合	18
12	吉林大学	93.56	吉林省	1	综合	8	47	华中农业大学	83.16	湖北省	3	农林	3
13	中国科学技术大学	93.37	安徽省	1	理工	5	48	南京理工大学	83.10	江苏省	6	理工	23
14	西安交通大学	93.05	陕西省	1	理工	6	49	武汉理工大学	83.07	湖北省	4	理工	24
15	中国人民大学	92.52	北京市	3	文法	1	50	华中师范大学	83.07	湖北省	5	师范	4
16	中南大学	91.27	湖南省	1	综合	9	51	河海大学	83.04	江苏省	7	理工	25
17	山东大学	91.12	山东省	1	综合	10	52	西北农林科技大学	82.24	陕西省	3	农林	4
18	同济大学	90.97	上海市	3	理工	7	53	西南交通大学	82.06	四川省	3	理工	26
19	北京师范大学	90.82	北京市	4	师范	1	54	南京师范大学	82.06	江苏省	8	师范	5
20	北京航空航天大学	90.78	北京市	5	理工	8	55	西安电子科技大学	81.93	陕西省	4	理工	27
21	天津大学	90.70	天津市	1	理工	9	56	中国海洋大学	81.62	山东省	2	理工	28
22	东南大学	90.57	江苏省	2	理工	10	57	华南师范大学	81.58	广东省	4	师范	6
23	厦门大学	90.49	福建省	1	综合	11	58	北京工业大学	81.41	北京市	10	理工	29
24	北京理工大学	90.44	北京市	6	理工	11	59	江南大学	81.34	江苏省	9	综合	19
25	南开大学	89.95	天津市	2	综合	12	60	陕西师范大学	81.26	陕西省	5	师范	7
26	华南理工大学	88.76	广东省	2	理工	12	61	西北大学	81.21	陕西省	6	综合	20
27	西北工业大学	88.59	陕西省	2	理工	13	62	中国矿业大学	80.93	江苏省	10	理工	30
28	大连理工大学	88.49	辽宁省	1	理工	14	63	首都医科大学	80.85	北京市	11	医药	1
29	中国农业大学	88.29	北京市	7	农林	1	64	浙江工业大学	80.36	浙江省	2	理工	31
30	湖南大学	88.26	湖南省	2	理工	15	65	北京化工大学	80.16	北京市	12	理工	32
31	重庆大学	87.84	重庆市	1	理工	16	66	哈尔滨工程大学	79.90	黑龙江省	2	理工	33
32	华东师范大学	87.57	上海市	4	师范	2	67	合肥工业大学	79.77	安徽省	2	理工	34
33	南京航空航天大学	87.15	江苏省	3	理工	17	68	福州大学	79.69	福建省	2	综合	21
34	兰州大学	85.81	甘肃省	1	综合	13	69	北京邮电大学	79.54	北京市	13	理工	35
35	西南大学	85.74	重庆市	2	综合	14	70	北京协和医学院	79.46	北京市	14	医药	2

续表

排名	院校名称	总分	地区内序		类型序		排名	院校名称	总分	地区内序		类型序	
71	中国地质大学（武汉）	79.19	湖北省	6	理工	36	109	东北林业大学	74.73	黑龙江省	5	农林	7
72	云南大学	79.14	云南省	1	综合	22	110	安徽大学	74.57	安徽省	3	综合	34
73	南昌大学	79.02	江西省	1	综合	23	111	上海师范大学	74.57	上海市	8	师范	13
74	江苏大学	78.93	江苏省	11	综合	24	112	重庆医科大学	74.56	重庆市	3	医药	8
75	燕山大学	78.93	河北省	1	理工	37	113	上海财经大学	74.40	上海市	9	财经	2
76	中央财经大学	78.66	北京市	15	财经	1	114	上海理工大学	74.15	上海市	10	理工	49
77	南京医科大学	78.52	江苏省	12	医药	3	115	中国矿业大学（北京）	74.05	北京市	21	理工	50
78	扬州大学	78.16	江苏省	13	综合	25	116	东北农业大学	74.05	黑龙江省	6	农林	8
79	南方医科大学	78.14	广东省	5	医药	4	117	河北大学	73.89	河北省	2	综合	35
80	首都师范大学	78.12	北京市	16	师范	8	118	福建农林大学	73.72	福建省	4	农林	9
81	东华大学	77.89	上海市	7	理工	38	119	贵州大学	73.69	贵州省	1	综合	36
82	中国地质大学（北京）	77.50	北京市	17	理工	39	120	四川农业大学	73.51	四川省	4	农林	10
83	中国医科大学	77.44	辽宁省	3	医药	5	121	西北师范大学	73.37	甘肃省	2	师范	14
84	南京工业大学	77.31	江苏省	14	理工	40	122	中国政法大学	73.32	北京市	22	文法	2
85	中国石油大学（北京）	77.29	北京市	18	理工	41	123	中南财经政法大学	73.27	湖北省	7	财经	3
86	湖南师范大学	77.15	湖南省	3	师范	9	124	安徽医科大学	73.09	安徽省	4	医药	9
87	华南农业大学	77.12	广东省	6	农林	5	125	浙江理工大学	73.09	浙江省	6	理工	51
88	河南大学	77.01	河南省	2	综合	26	126	西南财经大学	72.91	四川省	5	财经	4
89	太原理工大学	76.44	山西省	1	理工	42	127	山东科技大学	72.90	山东省	6	理工	52
90	华北电力大学	76.17	北京市	19	理工	43	128	辽宁大学	72.76	辽宁省	4	综合	37
91	中国石油大学（华东）	75.93	山东省	3	理工	44	129	南京信息工程大学	72.72	江苏省	15	理工	53
92	昆明理工大学	75.88	云南省	2	理工	45	130	广东工业大学	72.70	广东省	8	理工	54
93	福建师范大学	75.85	福建省	3	师范	10	131	南京林业大学	72.69	江苏省	16	农林	11
94	天津医科大学	75.84	天津市	3	医药	6	132	中央民族大学	72.67	北京市	23	民族	1
95	山西大学	75.75	山西省	2	综合	27	133	对外经济贸易大学	72.67	北京市	24	财经	5
96	青岛大学	75.68	山东省	4	综合	28	134	河北工业大学	72.48	河北省	3	理工	55
97	哈尔滨医科大学	75.56	黑龙江省	3	医药	7	135	安徽师范大学	72.36	安徽省	5	师范	15
98	宁波大学	75.51	浙江省	3	综合	29	136	山东农业大学	72.33	山东省	7	农林	12
99	深圳大学	75.50	广东省	7	综合	30	137	中国药科大学	72.28	江苏省	17	医药	10
100	浙江师范大学	75.46	浙江省	4	师范	11	138	新疆大学	72.23	新疆维吾尔自治区	1	综合	38
101	北京林业大学	75.42	北京市	20	农林	6	139	西安理工大学	72.23	陕西省	9	理工	56
102	广西大学	75.39	广西壮族自治区	1	综合	31	140	西南石油大学	72.20	四川省	6	理工	57
103	西安建筑科技大学	75.18	陕西省	7	理工	46	141	成都理工大学	72.04	四川省	7	理工	58
104	山东师范大学	75.07	山东省	5	师范	12	142	天津师范大学	72.02	天津市	4	师范	16
105	湘潭大学	74.93	湖南省	4	综合	32	143	华侨大学	71.94	福建省	5	综合	39
106	长安大学	74.93	陕西省	8	理工	47	144	北京中医药大学	71.65	北京市	25	医药	11
107	黑龙江大学	74.88	黑龙江省	4	综合	33	145	湖北大学	71.57	湖北省	8	综合	40
108	杭州电子科技大学	74.86	浙江省	5	理工	48	146	济南大学	71.41	山东省	8	综合	41

续表

排名	院校名称	总分	地区内序		类型序	排名	院校名称	总分	地区内序		类型序
147	青岛科技大学	71.40	山东省	9	理工 59	183	河南农业大学	68.36	河南省	6	农林 14
148	湖南农业大学	71.27	湖南省	5	农林 13	184	沈阳农业大学	68.32	辽宁省	10	农林 15
149	武汉科技大学	71.24	湖北省	9	理工 60	185	广州医科大学	68.30	广东省	12	医药 19
150	上海中医药大学	71.10	上海市	11	医药 12	186	石河子大学	68.25	新疆维吾尔自治区	2	综合 46
151	大连海事大学	71.06	辽宁省	5	理工 61	187	哈尔滨工程大学	68.16	黑龙江省	7	理工 71
152	南京邮电大学	71.02	江苏省	18	理工 62	188	延边大学	68.15	吉林省	3	综合 47
153	河北师范大学	71.00	河北省	4	师范 17	189	福建医科大学	68.06	福建省	6	医药 20
154	河南师范大学	70.96	河南省	3	师范 18	190	温州医科大学	68.02	浙江省	9	医药 21
155	南京中医药大学	70.61	江苏省	19	医药 13	191	中北大学	68.01	山西省	4	理工 72
156	东北财经大学	70.61	辽宁省	6	财经 6	192	中国计量大学	67.68	浙江省	10	理工 73
157	北京体育大学	70.60	北京市	26	体育 1	193	长江大学	67.63	湖北省	11	综合 48
158	南通大学	70.50	江苏省	20	综合 42	194	广西医科大学	67.60	广西壮族自治区	3	医药 22
159	河南理工大学	70.33	河南省	4	理工 63	195	哈尔滨师范大学	67.40	黑龙江省	8	师范 24
160	内蒙古大学	70.14	内蒙古自治区	1	综合 43	196	陕西科技大学	67.38	陕西省	10	理工 74
161	江西师范大学	69.72	江西省	2	师范 19	197	安徽农业大学	67.25	安徽省	6	农林 16
162	中国传媒大学	69.63	北京市	27	文法 3	198	四川师范大学	67.19	四川省	8	师范 25
163	河南科技大学	69.48	河南省	5	理工 64	199	海南大学	67.14	海南省	1	综合 49
164	河北医科大学	69.48	河北省	5	医药 14	200	长春理工大学	67.10	吉林省	4	理工 75
165	长沙理工大学	69.13	湖南省	6	理工 65	201	温州大学	67.07	浙江省	11	综合 50
166	广州大学	69.09	广东省	9	综合 44	202	内蒙古农业大学	66.75	内蒙古自治区	2	农林 17
167	大连医科大学	69.09	辽宁省	7	医药 15	203	天津中医药大学	66.53	天津市	7	医药 23
168	杭州师范大学	69.07	浙江省	7	师范 20	204	江西财经大学	66.42	江西省	3	财经 8
169	天津工业大学	68.97	天津市	5	理工 66	205	兰州交通大学	66.20	甘肃省	4	理工 76
170	曲阜师范大学	68.97	山东省	10	师范 21	206	云南师范大学	66.20	云南省	3	师范 26
171	汕头大学	68.93	广东省	10	综合 45	207	东北石油大学	66.17	黑龙江省	9	理工 77
172	广州中医药大学	68.91	广东省	11	医药 16	208	三峡大学	66.17	湖北省	12	综合 51
173	中南民族大学	68.78	湖北省	10	民族 2	209	上海体育学院	66.15	上海市	13	体育 2
174	浙江工商大学	68.76	浙江省	8	财经 7	210	宁夏大学	66.09	宁夏回族自治区	1	综合 52
175	兰州理工大学	68.75	甘肃省	3	理工 67	211	湖南科技大学	65.99	湖南省	7	理工 78
176	山西医科大学	68.73	山西省	3	医药 17	212	河北农业大学	65.97	河北省	6	农林 18
177	常州大学	68.55	江苏省	21	理工 68	213	上海海洋大学	65.83	上海市	14	农林 19
178	上海海事大学	68.53	上海市	12	理工 69	214	浙江中医药大学	65.73	浙江省	12	医药 24
179	广西师范大学	68.51	广西壮族自治区	2	师范 22	215	南华大学	65.72	湖南省	8	理工 79
180	沈阳药科大学	68.47	辽宁省	8	医药 18	216	江苏科技大学	65.59	江苏省	22	理工 80
181	天津科技大学	68.44	天津市	6	理工 70	217	中南林业科技大学	65.52	湖南省	9	农林 20
182	辽宁师范大学	68.41	辽宁省	9	师范 23	218	西安科技大学	65.50	陕西省	11	理工 81

排名	院校名称	总分	地区	内序	类型	序	排名	院校名称	总分	地区	内序	类型	序
219	上海外国语大学	65.49	上海市	15	文法	4	254	烟台大学	62.15	山东省	15	综合	54
220	西南政法大学	65.30	重庆市	4	文法	5	255	贵州师范大学	62.11	贵州省	2	师范	33
221	渤海大学	64.94	辽宁省	11	综合	53	256	桂林电子科技大学	62.09	广西壮族自治区	5	理工	95
222	河南工业大学	64.87	河南省	7	理工	82	257	中央美术学院	61.96	北京市	31	艺术	1
223	安徽工业大学	64.84	安徽省	7	理工	83	258	云南农业大学	61.64	云南省	4	农林	25
224	成都中医药大学	64.73	四川省	9	医药	25	259	浙江财经大学	61.60	浙江省	14	财经	12
225	吉林农业大学	64.61	吉林省	5	农林	21	260	黑龙江中医药大学	61.53	黑龙江省	10	医药	27
226	重庆邮电大学	64.34	重庆市	5	理工	84	261	中国美术学院	61.49	浙江省	15	艺术	2
227	沈阳工业大学	64.22	辽宁省	12	理工	85	262	天津财经大学	61.42	天津市	9	财经	13
228	天津理工大学	64.10	天津市	8	理工	86	263	沈阳建筑大学	61.30	辽宁省	15	理工	96
229	安徽理工大学	63.81	安徽省	8	理工	87	264	新疆农业大学	61.25	新疆维吾尔自治区	4	农林	26
230	浙江农林大学	63.67	浙江省	13	农林	22	265	江西农业大学	61.24	江西省	5	农林	27
231	武汉工程大学	63.57	湖北省	13	理工	88	266	南京艺术学院	61.10	江苏省	24	艺术	3
232	山西师范大学	63.54	山西省	5	师范	27	267	广西民族大学	61.04	广西壮族自治区	6	民族	4
233	西南科技大学	63.52	四川省	10	理工	89	268	北京语言大学	61.02	北京市	32	文法	9
234	北京外国语大学	63.51	北京市	28	文法	6	269	重庆师范大学	61.02	重庆市	7	师范	34
235	重庆交通大学	63.47	重庆市	6	理工	90	270	昆明医科大学	60.94	云南省	5	医药	28
236	新疆医科大学	63.39	新疆维吾尔自治区	3	医药	26	271	新疆师范大学	60.86	新疆维吾尔自治区	5	师范	35
237	辽宁工程技术大学	63.17	辽宁省	13	理工	91	272	南京财经大学	60.62	江苏省	25	财经	14
238	山东理工大学	63.16	山东省	11	理工	92	273	青岛理工大学	60.50	山东省	16	理工	97
239	首都经济贸易大学	63.08	北京市	29	财经	9	274	河北科技大学	60.49	河北省	7	理工	98
240	广东外语外贸大学	62.96	广东省	13	文法	7	275	山东中医药大学	60.00	山东省	17	医药	29
241	华东政法大学	62.87	上海市	16	文法	8	276	东华理工大学	59.97	江西省	6	理工	99
242	甘肃农业大学	62.85	甘肃省	5	农林	23	277	华东交通大学	59.94	江西省	7	理工	100
243	山东财经大学	62.82	山东省	12	财经	10	278	徐州医学大学	59.84	江苏省	26	医药	30
244	聊城大学	62.80	山东省	13	师范	28	279	武汉体育学院	59.74	湖北省	14	体育	3
245	江苏师范大学	62.74	江苏省	23	师范	29	280	湖北工业大学	59.65	湖北省	15	理工	101
246	内蒙古师范大学	62.69	内蒙古自治区	3	师范	30	281	山西财经大学	59.60	山西省	6	财经	15
247	南昌航空大学	62.61	江西省	4	理工	93	282	大连大学	59.59	辽宁省	16	综合	55
248	桂林理工大学	62.35	广西壮族自治区	4	理工	94	283	集美大学	59.38	福建省	7	综合	56
249	沈阳师范大学	62.31	辽宁省	14	师范	31	284	锦州医科大学	59.29	辽宁省	17	医药	31
250	青岛农业大学	62.30	山东省	14	农林	24	285	中央音乐学院	59.28	北京市	33	艺术	4
251	北京工商大学	62.29	北京市	30	财经	11	286	西安工业大学	59.11	陕西省	12	理工	102
252	西华师范大学	62.27	四川省	11	师范	32	287	重庆工商大学	59.04	重庆市	8	财经	16
253	西南民族大学	62.22	四川省	12	民族	3	288	河南中医药大学	59.03	河南省	8	医药	32

续表

排名	院校名称	总分	地区内序		类型序		排名	院校名称	总分	地区内序		类型序	
289	西南林业大学	58.98	云南省	6	农林	28	326	重庆理工大学	55.37	重庆市	9	理工	121
290	山西农业大学	58.85	山西省	7	农林	29	327	上海应用技术大学	55.37	上海市	19	理工	122
291	上海音乐学院	58.80	上海市	17	艺术	5	328	吉林师范大学	55.35	吉林省	9	师范	37
292	西安工程大学	58.76	陕西省	13	理工	103	329	武汉纺织大学	55.21	湖北省	16	理工	123
293	湖南中医药大学	58.69	湖南省	10	医药	33	330	安徽中医药大学	55.17	安徽省	9	医药	38
294	内蒙古工业大学	58.69	内蒙古自治区	4	理工	104	331	浙江海洋大学	54.63	浙江省	16	农林	30
295	大连工业大学	58.63	辽宁省	18	理工	105	332	湖北中医药大学	54.62	湖北省	17	医药	39
296	云南民族大学	58.55	云南省	7	民族	5	333	淮北师范大学	54.28	安徽省	10	师范	38
297	齐鲁工业大学	58.36	山东省	18	理工	106	334	佳木斯大学	54.09	黑龙江省	12	综合	62
298	宁夏医科大学	58.32	宁夏回族自治区	2	医药	34	335	西安外国语大学	54.08	陕西省	16	文法	10
299	江西理工大学	58.06	江西省	8	理工	107	336	广东海洋大学	54.06	广东省	15	农林	31
300	哈尔滨商业大学	57.80	黑龙江省	11	财经	17	337	外交学院	54.00	北京市	36	文法	11
301	大连交通大学	57.67	辽宁省	19	理工	108	338	西北政法大学	53.92	陕西省	17	文法	12
302	鲁东大学	57.61	山东省	19	师范	36	339	遵义医学院	53.90	贵州省	4	医药	40
303	沈阳航空航天大学	57.46	辽宁省	20	理工	109	340	辽宁中医药大学	53.86	辽宁省	21	医药	41
304	广东医科大学	57.40	广东省	14	医药	35	341	西藏大学	53.80	西藏自治区	1	综合	63
305	长春工业大学	57.38	吉林省	6	理工	110	342	上海电力学院	53.75	上海市	20	理工	124
306	华北水利水电大学	57.36	河南省	9	理工	111	343	天津体育学院	53.74	天津市	10	体育	5
307	中国音乐学院	57.35	北京市	34	艺术	6	344	中央戏剧学院	53.73	北京市	37	艺术	7
308	贵州医科大学	57.21	贵州省	3	医药	36	345	中国民航大学	53.71	天津市	11	理工	125
309	石家庄铁道大学	57.17	河北省	8	理工	112	346	福建中医药大学	53.56	福建省	8	医药	42
310	湖南工业大学	56.97	湖南省	11	理工	113	347	沈阳理工大学	53.50	辽宁省	22	理工	126
311	成都体育学院	56.90	四川省	13	体育	4	348	辽宁科技大学	53.42	辽宁省	23	理工	127
312	西北民族大学	56.86	甘肃省	6	民族	6	349	辽宁石油化工大学	53.41	辽宁省	24	理工	128
313	北华大学	56.82	吉林省	7	综合	57	350	西安美术学院	53.41	陕西省	18	艺术	8
314	东北电力大学	56.80	吉林省	8	理工	114	351	沈阳化工大学	53.37	辽宁省	25	理工	129
315	吉首大学	56.76	湖南省	12	综合	58	352	潍坊医学院	53.35	山东省	21	医药	43
316	北方工业大学	56.65	北京市	35	理工	115	353	中国人民公安大学	53.32	北京市	38	文法	13
317	西华大学	56.54	四川省	14	综合	59	354	上海对外经贸大学	53.05	上海市	21	财经	18
318	山东建筑大学	56.41	山东省	20	理工	116	355	云南财经大学	53.01	云南省	8	财经	19
319	西安石油大学	56.37	陕西省	14	理工	117	356	郑州轻工业学院	52.99	河南省	11	理工	130
320	太原科技大学	56.23	山西省	8	理工	118	357	广东药科大学	52.83	广东省	16	医药	44
321	青海大学	56.09	青海省	1	综合	60	358	苏州科技大学	52.76	江苏省	27	综合	64
322	上海工程技术大学	56.07	上海市	18	理工	119	359	成都信息工程大学	52.65	四川省	15	理工	131
323	内蒙古科技大学	55.53	内蒙古自治区	5	理工	120	360	北京建筑大学	52.42	北京市	39	理工	132
324	延安大学	55.50	陕西省	15	综合	61	361	安徽财经大学	52.37	安徽省	11	财经	20
325	新乡医学院	55.48	河南省	10	医药	37	362	武汉轻工大学	52.35	湖北省	18	理工	133

续表

排名	院校名称	总分	地区内序		类型序		排名	院校名称	总分	地区内序		类型序	
363	北京信息科技大学	52.34	北京市	40	理工	134	398	沈阳大学	48.81	辽宁省	28	综合	67
364	齐齐哈尔大学	52.34	黑龙江省	13	综合	65	399	大连海洋大学	48.56	辽宁省	29	农林	33
365	景德镇陶瓷大学	52.31	江西省	9	艺术	9	400	首都体育学院	48.33	北京市	44	体育	7
366	信阳师范学院	52.20	河南省	12	师范	39	401	广西师范学院	48.16	广西壮族自治区	8	师范	45
367	吉林财经大学	52.17	吉林省	10	财经	21	402	贵州民族大学	48.14	贵州省	5	民族	8
368	北方民族大学	52.13	宁夏回族自治区	3	民族	7	403	青海民族大学	48.11	青海省	3	民族	9
369	滨州医学院	51.93	山东省	22	医药	45	404	西安体育学院	48.08	陕西省	20	体育	8
370	西南医科大学	51.92	四川省	16	医药	46	405	广西中医药大学	48.04	广西壮族自治区	9	医药	52
371	河北工程大学	51.76	河北省	9	理工	135	406	天津城建大学	48.00	天津市	13	理工	141
372	赣南师范大学	51.60	江西省	10	师范	40	407	江汉大学	47.92	湖北省	19	综合	68
373	北京联合大学	50.97	北京市	41	综合	66	408	贵州财经大学	47.64	贵州省	6	财经	25
374	青海师范大学	50.88	青海省	2	师范	41	409	内蒙古民族大学	47.58	内蒙古自治区	7	民族	10
375	北京电影学院	50.85	北京市	42	艺术	10	410	黑龙江科技大学	47.51	黑龙江省	15	理工	142
376	黑龙江八一农垦大学	50.66	黑龙江省	14	农林	32	411	天津外国语大学	47.45	天津市	14	文法	16
377	沈阳体育学院	50.55	辽宁省	26	体育	6	412	河南财经政法大学	47.38	河南省	14	财经	26
378	海南师范大学	50.41	海南省	2	师范	42	413	湖北师范大学	47.10	湖北省	20	师范	46
379	泰山医学院	50.21	山东省	23	医药	47	414	南京审计大学	47.08	江苏省	28	财经	27
380	江西中医药大学	50.11	江西省	11	医药	48	415	陕西理工大学	47.06	陕西省	21	综合	69
381	天津商业大学	50.11	天津市	12	财经	22	416	湖北医药学院	47.01	湖北省	21	医药	53
382	安徽工程大学	50.09	安徽省	12	理工	136	417	四川理工学院	46.95	四川省	17	理工	143
383	广东财经大学	50.09	广东省	17	财经	23	418	广州体育学院	46.86	广东省	18	体育	9
384	四川外国语大学	49.87	重庆市	10	文法	14	419	新疆财经大学	46.54	新疆维吾尔自治区	6	财经	28
385	辽宁工业大学	49.84	辽宁省	27	理工	137	420	浙江科技学院	46.53	浙江省	17	理工	144
386	中原工学院	49.81	河南省	13	理工	138	421	广州美术学院	46.47	广东省	19	艺术	13
387	蚌埠医学院	49.75	安徽省	13	医药	49	422	广西科技大学	46.46	广西壮族自治区	10	理工	145
388	闽南师范大学	49.62	福建省	9	师范	43	423	淮海工学院	46.39	江苏省	29	理工	146
389	西安邮电大学	49.58	陕西省	19	理工	139	424	海南医学院	46.35	海南省	3	医药	54
390	河北经贸大学	49.52	河北省	10	财经	24	425	四川美术学院	46.16	重庆市	11	艺术	14
391	广西艺术学院	49.50	广西壮族自治区	7	艺术	11	426	大理大学	45.94	云南省	9	综合	70
392	江西科技师范大学	49.38	江西省	12	师范	44	427	北京印刷学院	45.82	北京市	45	理工	147
393	北京第二外国语学院	49.34	北京市	43	文法	15	428	皖南医学院	45.80	安徽省	15	医药	55
394	内蒙古医科大学	49.27	内蒙古自治区	6	医药	50	429	甘肃中医药大学	45.63	甘肃省	7	医药	56
395	上海戏剧学院	49.23	上海市	22	艺术	12	430	绍兴文理学院	45.52	浙江省	18	综合	71
396	安徽建筑大学	49.04	安徽省	14	理工	140	431	河南科技学院	45.45	河南省	15	师范	47
397	长春中医药大学	48.98	吉林省	11	医药	51	432	吉林艺术学院	45.44	吉林省	12	艺术	15

续表

排名	院校名称	总分	地区内序		类型序		排名	院校名称	总分	地区内序		类型序	
433	安庆师范大学	45.22	安徽省	16	师范	48	467	西安财经学院	41.67	陕西省	24	财经	32
434	湖南商学院	45.12	湖南省	13	财经	29	468	福建工程学院	41.58	福建省	10	理工	153
435	湖北民族学院	45.11	湖北省	22	民族	11	469	山东工商学院	41.52	山东省	25	财经	33
436	陕西中医药大学	45.11	陕西省	22	医药	57	470	承德医学院	41.46	河北省	14	医药	61
437	川北医学院	44.87	四川省	18	医药	58	471	伊犁师范学院	41.40	新疆维吾尔自治区	8	师范	55
438	大连外国语大学	44.86	辽宁省	30	文法	17	472	湖南理工学院	41.33	湖南省	14	理工	154
439	河北北方学院	44.85	河北省	11	综合	72	473	成都学院	40.52	四川省	20	综合	74
440	长春师范大学	44.72	吉林省	13	师范	49	474	吉林化工学院	40.26	吉林省	15	理工	155
441	五邑大学	44.69	广东省	20	综合	73	475	上海政法学院	40.07	上海市	23	文法	19
442	湖州师范学院	44.65	浙江省	19	师范	50	476	沈阳音乐学院	40.05	辽宁省	31	艺术	22
443	天津职业技术师范大学	44.55	天津市	15	师范	51	477	牡丹江医学院	39.93	黑龙江省	16	医药	62
444	桂林医学院	44.46	广西壮族自治区	11	医药	59	478	云南艺术学院	39.61	云南省	10	艺术	23
445	塔里木大学	44.18	新疆维吾尔自治区	7	农林	34	479	内蒙古财经大学	39.49	内蒙古自治区	8	财经	34
446	山东艺术学院	44.18	山东省	24	艺术	16	480	云南中医学院	39.48	云南省	11	医药	63
447	北京舞蹈学院	44.16	北京市	46	艺术	17	481	右江民族医学院	38.94	广西壮族自治区	12	医药	64
448	国际关系学院	44.10	北京市	47	文法	18	482	中国人民武装警察部队学院	38.70	河北省	15	文法	20
449	北京农学院	43.57	北京市	48	农林	35	483	中国戏曲学院	38.63	北京市	51	艺术	24
450	四川音乐学院	43.52	四川省	19	艺术	18	484	吉林体育学院	38.62	吉林省	16	体育	10
451	河北地质大学	43.40	河北省	12	理工	148	485	山西中医药大学	37.83	山西省	9	医药	65
452	仲恺农业工程学院	43.23	广东省	21	农林	36	486	哈尔滨体育学院	37.77	黑龙江省	17	体育	11
453	西安音乐学院	43.03	陕西省	23	艺术	19	487	鲁迅美术学院	37.63	辽宁省	32	艺术	25
454	武汉音乐学院	42.94	湖北省	23	艺术	20	488	中国刑事警察学院	37.52	辽宁省	33	文法	21
455	贵阳中医学院	42.90	贵州省	7	医药	60	489	太原师范学院	37.47	山西省	10	师范	56
456	兰州财经大学	42.71	甘肃省	8	财经	30	490	牡丹江师范学院	37.36	黑龙江省	18	师范	57
457	吉林建筑大学	42.70	吉林省	14	理工	149	491	赣南医学院	37.24	江西省	13	医药	66
458	河北科技师范学院	42.60	河北省	13	师范	52	492	天津农学院	37.14	天津市	16	农林	37
459	西藏民族大学	42.60	西藏自治区	2	民族	12	493	山东体育学院	36.94	山东省	26	体育	12
460	郑州航空工业管理学院	42.46	河南省	16	理工	150	494	成都医学院	36.90	四川省	21	医药	67
461	北京服装学院	42.37	北京市	49	理工	151	495	宝鸡文理学院	36.73	陕西省	25	师范	58
462	佛山科学技术学院	42.23	广东省	22	理工	152	496	中国民用航空飞行学院	36.54	四川省	22	理工	156
463	广东技术师范学院	42.18	广东省	23	师范	53	497	长春大学	35.95	吉林省	17	综合	75
464	阜阳师范学院	42.00	安徽省	17	师范	54	498	南京体育学院	35.87	江苏省	30	体育	13
465	北京物资学院	41.99	北京市	50	财经	31	499	重庆三峡学院	35.83	重庆市	12	综合	76
466	湖北美术学院	41.72	湖北省	24	艺术	21	500	沈阳医学院	35.67	辽宁省	34	医药	68

续表

排名	院校名称	总分	地区内序		类型序		排名	院校名称	总分	地区内序		类型序	
501	甘肃政法学院	35.08	甘肃省	9	文法	22	505	河北建筑工程学院	32.25	河北省	16	理工	157
502	新疆艺术学院	34.17	新疆维吾尔自治区	9	艺术	26	506	湖北汽车工业学院	31.68	湖北省	25	理工	158
503	星海音乐学院	33.72	广东省	24	艺术	27	507	西藏藏医学院	26.34	西藏自治区	3	医药	69
504	喀什大学	33.68	新疆维吾尔自治区	10	师范	59							

基于国际国内标准的世界一流学科竞争力排行榜

排名	学校名称	进入ESI学科数	进入ESI学科名称（前1%）	5★+、5★学科数	进入5★+、5★学科名称（前5%）
1	清华大学	18	生物学、化学、临床医学、工学、计算机科学与技术、经济学、生态学、地质学、材料科学与工程、数学、微生物学、分子生物与遗传学、综合、神经生物学、社会学、药学、物理学、农学	41	马克思主义理论、数学、物理学、生物学、机械工程、材料科学与工程、电气工程、信息与通信工程、控制科学与工程、计算机科学与技术、化学工程与技术、环境科学与工程、管理科学与工程、工商管理、设计学、哲学、应用经济学、法学、政治学、中国史、化学、科学技术史、生态学、统计学、力学、光学工程、仪器科学与技术、动力工程及工程热物理、电子科学与技术、建筑学、土木工程、水利工程、核科学与技术、生物医学工程、城乡规划学、风景园林学、软件工程、管理科学与工程、公共管理、艺术学理论、美术学
2	北京大学	21	农业工程、生物学、化学、临床医学、计算机科学与技术、经济学、工学、生态学、地质学、工学、基础医学、材料科学与工程、数学、微生物学、分子生物与遗传、综合、神经生物学、药学、物理学、农学、心理学、社会学	33	哲学、中国语言文学、外国语言文学、数学、物理学、生物学、力学、电子科学与技术、计算机科学与技术、软件工程、公共卫生与预防医学、公共管理、理论经济学、应用经济学、法学、政治学、社会学、马克思主义理论、心理学、考古学、中国史、化学、地理学、信息与通信工程、环境科学与工程、生物医学工程、基础医学、临床医学、口腔医学、药学、护理学、工商管理、艺术学理论
3	浙江大学	18	农业工程、生物学、化学、临床医学、计算机科学与技术、工学、生态学、地质学、基础医学、材料科学与工程、数学、微生物学、分子生物与遗传学、神经生物学、社会学、药学、物理学、农学	33	化学、光学工程、土木工程、应用经济学、教育学、中国语言文学、外国语言文学、数学、物理学、生物学、机械工程、材料科学与工程、动力工程及工程热物理、电气工程、电子科学与技术、控制科学与工程、计算机科学与技术、化学工程与技术、农业工程、环境科学与工程、生物医学工程、食品科学与工程、作物学、园艺学、农业资源与环境、基础医学、临床医学、公共卫生与预防医学、药学、管理科学与工程、工商管理、农林经济管理、公共管理
4	上海交通大学	18	农业工程、生物学、化学、临床医学、计算机科学与技术、经济学、工学、生态学、基础医学、材料科学与工程、数学、微生物学、分子生物与遗传学、神经生物学、社会学、药学、物理学、农学	20	机械工程、控制科学与工程、临床医学、外国语言文学、数学、物理学、生物学、生态学、动力工程及工程热物理、电气工程、电子科学与技术、信息与通信工程、计算机科学与技术、化学工程与技术、软件工程、药学、管理科学与工程、工商管理、船舶与海洋工程
5	中山大学	19	农业工程、生物学、化学、临床医学、计算机科学与技术、工学、生态学、地质学、基础医学、材料科学与工程、数学、微生物学、分子生物与遗传学、神经生物学、社会学、药学、物理学、农学、心理学	12	哲学、社会学、中国语言文学、中国史、数学、生物学、基础医学、临床医学、药学、工商管理、公共管理、心理学
6	复旦大学	17	农业工程、生物学、化学、临床医学、计算机科学与技术、工学、生态学、基础医学、材料科学与工程、数学、微生物学、分子生物与遗传学、神经生物学、社会学、药学、物理学、农学	17	政治学、基础医学、哲学、理论经济学、统计学、中国语言文学、新闻传播学、中国史、数学、物理学、化学、生物学、软件工程、临床医学、药学、护理学、公共管理
7	武汉大学	16	农业工程、生物学、化学、临床医学、计算机科学与技术、工学、生态学、地质学、基础医学、材料科学与工程、数学、分子生物与遗传学、社会学、药学、物理学、农学	19	法学、马克思主义理论、测绘科学与技术、软件工程、工商管理、公共管理、图书情报与档案管理、计算机科学与技术、哲学、理论经济学、应用经济学、统计学、新闻传播学、中国史、地理学、地球物理学、生物学、水利工程、药学
8	四川大学	16	农业工程、生物学、化学、临床医学、计算机科学与技术、工学、基础医学、材料科学与工程、数学、分子生物与遗传学、神经生物学、社会学、药学、物理学、农学、心理学	12	新闻传播学、化学、生物学、统计学、计算机科学与技术、食品科学与工程、口腔医学、护理学、管理科学与工程、美术学、设计学、特种医学
9	哈尔滨工业大学	11	农业工程、生物学、化学、临床医学、计算机科学与技术、工学、生态学、材料科学与工程、数学、物理学、社会学	12	土木工程、数学、生物医学工程、力学、机械工程、材料科学与工程、电气工程、控制科学与工程、计算机科学与技术、化学工程与技术、环境科学与工程、设计学

续表

排名	学校名称	进入 ESI 学科数	进入 ESI 学科名称（前 1%）	5★+、5★ 学科数	进入 5★+、5★ 学科名称（前 5%）
10	南京大学	17	农业工程、生物学、化学、临床医学、计算机科学与技术、工学、生态学、地质学、基础医学、材料科学与工程、数学、分子生物与遗传学、神经生物学、社会学、药学、物理学、农学	18	外国语言文学、世界史、哲学、社会学、马克思主义理论、中国语言文学、数学、物理学、化学、地质学、地质资源与地质工程、环境科学与工程、软件工程、管理科学与工程、工商管理、公共管理、图书情报与档案管理、天文学
11	华中科技大学	15	农业工程、生物学、化学、临床医学、计算机科学与技术、工学、生态学、基础医学、材料科学与工程、数学、分子生物与遗传学、神经生物学、社会学、药学、物理学	7	物理学、光学工程、材料科学与工程、控制科学与工程、计算机科学与技术、城乡规划学、公共卫生与预防医学
12	吉林大学	11	农业工程、生物学、化学、临床医学、工学、地质学、基础医学、材料科学与工程、药学、物理学、农学	7	法学、马克思主义理论、考古学、物理学、化学、机械工程、设计学
13	中国科学技术大学	12	生物学、化学、临床医学、计算机科学与技术、工学、生态学、地质学、材料科学与工程、数学、分子生物与遗传学、社会学、物理学	4	化学、数学、物理学、安全科学与工程
14	西安交通大学	14	生物学、化学、临床医学、计算机科学与技术、经济学、工学、地质学、材料科学与工程、数学、分子生物与遗传学、神经生物学、社会学、药学、物理学	11	仪器科学与技术、材料科学与工程、动力工程及工程热物理、管理科学与工程、工商管理、应用经济学、马克思主义理论、机械工程、电气工程、计算机科学与技术、公共管理
15	中国人民大学	3	化学、经济学、社会学	12	哲学、理论经济学、应用经济学、法学、社会学、工商管理、公共管理、政治学、马克思主义理论、新闻传播学、农林经济管理、图书情报与档案管理
16	中南大学	14	生物学、化学、临床医学、计算机科学与技术、工学、地质学、基础医学、材料科学与工程、数学、分子生物与遗传学、神经生物学、社会学、药学、心理学	5	马克思主义理论、数学、材料科学与工程、测绘科学与技术、交通运输工程
17	山东大学	15	生物学、化学、临床医学、计算机科学与技术、工学、生态学、基础医学、材料科学与工程、数学、分子生物与遗传学、神经生物学、社会学、药学、物理学、农学	4	数学、生物学、电子科学与技术、基础医学
18	同济大学	11	生物学、化学、临床医学、计算机科学与技术、工学、生态学、地质学、材料科学与工程、分子生物与遗传学、药学、社会学	7	计算机科学与技术、建筑学、土木工程、交通运输工程、环境科学与工程、风景园林学、设计学
19	北京师范大学	14	农业工程、生物学、化学、临床医学、工学、生态学、地质学、材料科学与工程、数学、神经生物学、社会学、物理学、农学、心理学	16	教育学、心理学、中国语言文学、中国史、地理学、生态学、统计学、环境科学与工程、哲学、理论经济学、法学、外国语言文学、数学、公共管理、戏剧与影视学、系统科学
20	北京航空航天大学	5	化学、计算机科学与技术、工学、物理学、材料科学与工程	9	力学、机械工程、仪器科学与技术、材料科学与工程、动力工程及工程热物理、信息与通信工程、控制科学与工程、计算机科学与技术、航空宇航科学与技术
21	天津大学	8	农业工程、生物学、化学、计算机科学与技术、工学、材料科学与工程、药学、物理学	5	化学工程与技术、光学工程、动力工程及工程热物理、建筑学、管理科学与工程
22	东南大学	11	生物学、化学、临床医学、计算机科学与技术、工学、材料科学与工程、数学、神经生物学、社会学、药学、物理学	2	信息与通信工程、土木工程
23	厦门大学	13	农业工程、生物学、化学、临床医学、计算机科学与技术、工学、生态学、材料科学与工程、数学、分子生物与遗传学、社会学、物理学、农学	3	教育学、工商管理、戏剧与影视学

续表

排名	学校名称	进入 ESI 学科数	进入 ESI 学科名称（前 1%）	5★+、5★ 学科数	进入 5★+、5★ 学科名称（前 5%）
24	北京理工大学	6	化学、计算机科学与技术、工学、材料科学与工程、物理学、社会学	5	机械工程、控制科学与工程、安全科学与工程、管理科学与工程、兵器科学与技术
25	南开大学	11	农业工程、生物学、化学、临床医学、工学、生态学、材料科学与工程、数学、分子生物与遗传学、药学、物理学	9	理论经济学、应用经济学、政治学、马克思主义理论、中国语言文学、外国语言文学、数学、化学、工商管理
26	华南理工大学	9	农业工程、生物学、化学、临床医学、计算机科学与技术、工学、生态学、材料科学与工程、物理学	7	化学、材料科学与工程、化学工程与技术、环境科学与工程、食品科学与工程、管理科学与工程、工商管理
27	西北工业大学	4	化学、计算机科学与技术、工学、材料科学与工程	3	材料科学与工程、控制科学与工程、计算机科学与技术
28	大连理工大学	9	生物学、化学、计算机科学与技术、工学、生态学、材料科学与工程、数学、物理学、社会学	5	力学、控制科学与工程、土木工程、化学工程与技术、管理科学与工程
29	中国农业大学	10	农业工程、生物学、化学、工学、生态学、微生物学、分子生物与遗传学、药学、农学、社会学	9	食品科学与工程、生物学、生态学、农业工程、作物学、农业资源与环境、植物保护、畜牧学、兽医学
30	湖南大学	7	生物学、化学、计算机科学与技术、工学、生态学、材料科学与工程、物理学	4	应用经济学、机械工程、土木工程、环境科学与工程
31	重庆大学	5	化学、计算机科学与技术、工学、材料科学与工程、数学	1	机械工程
32	华东师范大学	11	生物学、化学、临床医学、工学、生态学、地质学、材料科学与工程、数学、物理学、农学、社会学	6	软件工程、教育学、体育学、中国语言文学、世界史、生态学
33	南京航空航天大学	4	化学、计算机科学与技术、工学、材料科学与工程	0	
34	兰州大学	12	农业工程、生物学、化学、临床医学、工学、生态学、地质学、材料科学与工程、数学、药学、物理学、农学	3	地理学、公共管理、草学
35	西南大学	6	农业工程、生物学、化学、材料科学与工程、农学	3	马克思主义理论、教育学、心理学
36	苏州大学	9	生物学、化学、临床医学、工学、材料科学与工程、分子生物与遗传学、神经生物学、药学、物理学	0	
37	电子科技大学	7	生物学、化学、计算机科学与技术、工学、材料科学与工程、神经生物学、物理学	7	马克思主义理论、电子科学与技术、信息与通信工程、计算机科学与技术、软件工程、网络空间安全、生物医学工程
38	华东理工大学	5	生物学、化学、工学、药学、材料科学与工程	1	化学工程与技术
39	北京科技大学	4	化学、工学、材料科学与工程	2	材料科学与工程、冶金工程
40	东北大学	4	化学、工学、材料科学与工程	1	控制科学与工程
41	郑州大学	6	生物学、化学、临床医学、工学、材料科学与工程、药学	0	
42	上海大学	7	生物学、化学、计算机科学与技术、工学、材料科学与工程、数学、物理学	0	
43	北京交通大学	3	计算机科学与技术、工学、材料科学与工程	1	交通运输工程
44	东北师范大学	4	化学、工学、材料科学与工程、农学	3	马克思主义理论、教育学、世界史

续表

排名	学校名称	进入ESI学科数	进入ESI学科名称（前1%）	5★+、5★学科数	进入5★+、5★学科名称（前5%）
45	南京农业大学	7	农业工程、生物学、工学、生态学、微生物学、分子生物与遗传学、社会学	2	园艺学、植物保护
46	暨南大学	8	农业工程、生物学、化学、临床医学、工学、生态学、材料科学与工程、药学	0	
47	华中农业大学	7	农业工程、生物学、化学、生态学、微生物学、分子生物与遗传学、农学	2	生物学、环境科学与工程
48	南京理工大学	4	化学、计算机科学与技术、工学、材料科学与工程	0	
49	武汉理工大学	3	化学、工学、材料科学与工程	0	
50	华中师范大学	3	化学、材料科学与工程、物理学	5	马克思主义理论、教育学、心理学、体育学、中国语言文学
51	河海大学	4	计算机科学与技术、工学、生态学、材料科学与工程	2	马克思主义理论、水利工程
52	西北农林科技大学	6	农业工程、生物学、化学、工学、生态学、农学	3	生物学、食品科学与工程、畜牧学
53	西南交通大学	3	计算机科学与技术、工学、材料科学与工程	0	
54	南京师范大学	5	农业工程、化学、工学、农学、材料科学与工程	0	
55	西安电子科技大学	2	计算机科学与技术、工学	3	信息与通信工程、电子科学与技术、计算机科学与技术
56	中国海洋大学	9	农业工程、生物学、化学、工学、生态学、地质学、材料科学与工程、药学、农学	2	海洋科学、水产
57	华南师范大学	5	化学、工学、农学、材料科学与工程、数学	1	心理学
58	北京工业大学	3	化学、工学、材料科学与工程	0	
59	江南大学	5	农业工程、生物学、化学、工学、材料科学与工程	3	轻工技术与工程、食品科学与工程、设计学
60	陕西师范大学	4	农业工程、化学、工学、材料科学与工程	0	
61	西北大学	4	化学、工学、地质学、材料科学与工程	0	
62	中国矿业大学	4	化学、工学、地质学、材料科学与工程	1	矿业工程
63	首都医科大学	6	生物学、临床医学、基础医学、分子生物与遗传学、神经生物学、药学	0	
64	浙江工业大学	5	农业工程、化学、工学、生态学、材料科学与工程	1	化学工程与技术
65	北京化工大学	4	生物学、化学、工学、材料科学与工程	0	
66	哈尔滨工程大学	3	化学、工学、材料科学与工程	0	
67	合肥工业大学	4	化学、计算机科学与技术、工学、材料科学与工程	1	管理科学与工程
68	福州大学	3	化学、工学、材料科学与工程	0	
69	北京邮电大学	3	计算机科学与技术、工学、物理学	2	信息与通信工程、计算机科学与技术
70	北京协和医学院	11	生物学、化学、临床医学、基础医学、材料科学与工程、微生物学、分子生物与遗传学、神经生物学、药学、农学、社会学	1	基础医学

续表

排名	学校名称	进入ESI学科数	进入ESI学科名称（前1%）	5★+、5★学科数	进入5★+、5★学科名称（前5%）
72	云南大学	2	化学、农学	1	民族学
73	南昌大学	5	农业工程、化学、临床医学、工学、材料科学与工程	0	
74	江苏大学	5	农业工程、化学、临床医学、工学、材料科学与工程	0	
75	燕山大学	3	化学、工学、材料科学与工程	1	机械工程
77	南京医科大学	7	生物学、临床医学、基础医学、分子生物与遗传学、神经生物学、药学、社会学	0	
78	扬州大学	6	农业工程、化学、临床医学、工学、材料科学与工程、农学	1	兽医学
79	南方医科大学	5	生物学、临床医学、神经生物学、分子生物与遗传学、药学	0	
80	首都师范大学	2	化学、农学	1	马克思主义理论
81	东华大学	3	化学、工学、材料科学与工程	1	纺织科学与工程
82	中国地质大学	6	化学、计算机科学与技术、工学、生态学、地质学、材料科学与工程	2	地质学、地质资源与地质工程
83	中国医科大学	4	生物学、临床医学、神经生物学、药学	0	
84	南京工业大学	4	生物学、化学、工学、材料科学与工程	1	化学工程与技术
85	中国石油大学	4	化学、工学、地质学、材料科学与工程	1	石油与天然气工程
86	湖南师范大学	2	临床医学、化学	1	外国语言文学
87	华南农业大学	3	农业工程、化学、农学	1	计算机科学与技术
88	河南大学	2	化学、材料科学与工程	0	
89	太原理工大学	3	化学、工学、材料科学与工程	0	
90	华北电力大学	2	工学、生态学	0	
92	昆明理工大学	2	工学、材料科学与工程	0	
93	福建师范大学	1	化学	1	体育学
94	天津医科大学	5	生物学、临床医学、分子生物与遗传学、神经生物学、药学	0	
95	山西大学	2	化学、工学	0	
96	青岛大学	5	化学、临床医学、工学、神经生物学、材料科学与工程	0	
97	哈尔滨医科大学	4	生物学、临床医学、分子生物与遗传学、药学	0	
98	宁波大学	4	化学、临床医学、工学、材料科学与工程	1	信息与通信工程
99	深圳大学	6	生物学、化学、临床医学、计算机科学与技术、工学、材料科学与工程	0	
100	浙江师范大学	4	化学、工学、材料科学与工程、数学	0	
101	北京林业大学	5	农业工程、化学、工学、生态学、农学	3	生态学、林学、林业工程
102	广西大学	4	农业工程、化学、材料科学与工程、农学	0	
103	西安建筑科技大学	1	工学	2	土木工程、风景园林学

续表

排名	学校名称	进入ESI学科数	进入ESI学科名称（前1%）	5★+、5★学科数	进入5★+、5★学科名称（前5%）
104	山东师范大学	1	化学	0	
105	湘潭大学	4	化学、工学、材料科学与工程、数学	0	
106	长安大学	1	工学	0	
107	黑龙江大学	3	化学、工学、材料科学与工程	1	外国语言文学
108	杭州电子科技大学	2	计算机科学与技术、工学	1	计算机科学与技术
109	东北林业大学	4	农业工程、化学、材料科学与工程、农学	1	林学
110	安徽大学	3	化学、工学、材料科学与工程	0	
111	上海师范大学	3	化学、材料科学与工程、数学	0	
112	重庆医科大学	4	生物学、临床医学、神经生物学、药学	0	
114	上海理工大学	1	工学	0	
116	东北农业大学	2	农业工程、农学	0	
117	河北大学	1	化学	0	
118	福建农林大学	2	农业工程、农学	0	
119	贵州大学	2	化学、农学	0	
120	四川农业大学	2	农业工程、农学	0	
121	西北师范大学	2	化学、材料科学与工程	0	
124	安徽医科大学	2	临床医学、临床医学药学	0	
125	浙江理工大学	3	化学、工学、材料科学与工程	0	
127	山东科技大学	1	工学	0	
128	辽宁大学	1	化学	0	
129	南京信息工程大学	3	计算机科学与技术、工学、地质学	2	环境科学与工程、大气科学
130	广东工业大学	2	工学、材料科学与工程	0	
131	南京林业大学	1	工学	0	
134	河北工业大学	2	化学、材料科学与工程	0	
135	安徽师范大学	1	化学	0	
136	山东农业大学	2	农业工程、农学	0	
137	中国药科大学	4	生物学、化学、临床医学、药学	2	药学、中药学
138	新疆大学	1	化学	0	
139	西安理工大学	1	工学	0	
140	西南石油大学	1	工学	0	
141	成都理工大学	1	地质学	0	
142	天津师范大学	1	化学	0	
143	华侨大学	3	化学、工学、材料科学与工程	0	
144	北京中医药大学	2	临床医学、药学	3	中医学、中西医结合、中药学
145	湖北大学	2	化学、材料科学与工程	0	
146	济南大学	4	化学、临床医学、工学、材料科学与工程	0	

续表

排名	学校名称	进入ESI学科数	进入ESI学科名称（前1%）	5★+、5★学科数	进入5★+、5★学科名称（前5%）
147	青岛科技大学	3	化学、工学、材料科学与工程	0	
148	湖南农业大学	2	农业工程、农学	0	
149	武汉科技大学	2	工学、材料科学与工程	0	
150	上海中医药大学	2	临床医学、药学	2	中医学、中西医结合
151	大连海事大学	1	工学	0	
152	南京邮电大学	4	化学、计算机科学与技术、工学、材料科学与工程	0	
153	河北师范大学	1	化学	0	
154	河南师范大学	2	化学、工学	0	
155	南京中医药大学	2	临床医学、药学	0	
158	南通大学	3	临床医学、工学、神经生物学	0	
159	河南理工大学	1	工学	0	
161	江西师范大学	1	化学	0	
164	河北医科大学	2	临床医学、药学	0	
165	长沙理工大学	1	工学	0	
167	大连医科大学	2	临床医学、药学	0	
168	杭州师范大学	3	化学、临床医学、农学	0	
169	天津工业大学	3	化学、工学、材料科学与工程	0	
170	曲阜师范大学	2	化学、工学	0	
171	汕头大学	1	临床医学	0	
172	广州中医药大学	2	临床医学、药学	0	
173	中南民族大学	1	化学	0	
174	浙江工商大学	1	农业工程	1	统计学
175	兰州理工大学	2	工学、材料科学与工程	0	
176	山西医科大学	1	临床医学	0	
177	常州大学	2	化学、材料科学与工程	0	
178	上海海事大学	1	工学	0	
179	广西师范大学	1	化学	0	
180	沈阳药科大学	3	化学、临床医学、药学	1	药学
181	天津科技大学	2	农业工程、化学	0	
182	辽宁师范大学	1	化学	0	
183	河南农业大学	2	农业工程、农学	0	
184	沈阳农业大学	1	农业工程	0	
185	广州医科大学	1	临床医学	0	
188	延边大学	1	临床医学	0	
189	福建医科大学	1	临床医学	0	
190	温州医科大学	4	生物学、化学、临床医学、药学	0	
192	中国计量大学	1	工学	1	仪器科学与技术
194	广西医科大学	1	临床医学	0	

续表

排名	学校名称	进入ESI学科数	进入ESI学科名称（前1%）	5★+、5★学科数	进入5★+、5★学科名称（前5%）
195	哈尔滨师范大学	1	材料科学与工程	0	
196	陕西科技大学	1	材料科学与工程	0	
197	安徽农业大学	1	农学	0	
201	温州大学	1	化学	0	
202	内蒙古农业大学	1	农业工程	0	
203	天津中医药大学	1	药学	0	
207	东北石油大学	1	工学	0	
212	河北农业大学	1	农业工程	0	
213	上海海洋大学	1	农学	0	
214	浙江中医药大学	1	临床医学	1	中西医结合
215	南华大学	1	临床医学	0	
216	江苏科技大学	1	工学	0	
221	渤海大学	2	化学、工学	0	
222	河南工业大学	1	农业工程	0	
223	安徽工业大学	3	化学、工学、材料科学与工程	0	
228	天津理工大学	1	化学	0	
230	浙江农林大学	2	工学、农学	0	
236	新疆医科大学	1	临床医学	0	
244	聊城大学	1	化学	0	
245	江苏师范大学	1	化学	0	
247	南昌航空大学	2	工学、材料科学与工程	0	
250	青岛农业大学	2	农业工程、农学	0	
258	云南农业大学	1	农学	0	
270	昆明医科大学	1	临床医学	0	
274	河北科技大学	1	工学	0	
275	山东中医药大学	1	临床医学	0	
284	锦州医科大学	1	临床医学	0	
297	齐鲁工业大学	2	化学、工学	0	
298	宁夏医科大学	1	临床医学	0	
303	沈阳航空航天大学	1	工学	0	
304	广东医科大学	1	临床医学	0	
310	湖南工业大学	1	材料科学与工程	0	
325	新乡医学院	1	临床医学	0	
333	淮北师范大学	1	化学	0	
346	福建中医药大学	1	临床医学	0	
352	潍坊医学院	1	临床医学	0	
357	广东药科大学	1	临床医学	0	
369	滨州医学院	1	临床医学	0	

续表

排名	学校名称	进入ESI学科数	进入ESI学科名称（前1%）	5★+、5★学科数	进入5★+、5★学科名称（前5%）
370	西南医科大学	1	临床医学	0	
379	泰山医学院	1	临床医学	0	
385	辽宁工业大学	1	工学	0	
387	蚌埠医学院	1	临床医学	0	
394	内蒙古医科大学	1	临床医学	0	
416	湖北医药学院	1	临床医学	0	
424	海南医学院	1	临床医学	0	
437	川北医学院	1	临床医学	0	

注：ESI数据由杭州电子科技大学图书馆信息咨询部整理

中国高校一流学科建设综合竞争力排行榜

排名	学校名称	进入ESI学科数（5分）	中国5★学科数（3分）	中国4★学科数（1分）	实际得分	排名	学校名称	进入ESI学科数（5分）	中国5★学科数（3分）	中国4★学科数（1分）	实际得分
1	北京大学	21	60	9	294	38	暨南大学	8	6	7	65
2	清华大学	18	57	9	270	39	华中农业大学	7	8	6	65
3	浙江大学	18	46	21	249	40	中国海洋大学	9	4	8	65
4	中山大学	19	40	22	237	41	南京农业大学	7	7	6	62
5	上海交通大学	18	42	16	232	42	南京师范大学	5	8	12	61
6	复旦大学	17	43	10	224	43	西南大学	6	6	10	58
7	南京大学	17	41	16	224	44	华中师范大学	3	9	16	58
8	四川大学	16	38	25	219	45	郑州大学	6	4	12	54
9	武汉大学	16	34	22	204	46	中国地质大学	6	4	12	54
10	华中科技大学	15	31	20	188	47	西北工业大学	4	7	9	50
11	山东大学	15	29	18	180	48	南京医科大学	7	2	7	48
12	北京师范大学	14	29	16	173	49	北京林业大学	5	5	6	46
13	中南大学	14	23	16	155	50	东北大学	4	4	13	45
14	吉林大学	11	26	19	152	51	北京交通大学	3	8	6	45
15	西安交通大学	14	22	12	148	52	东北师范大学	4	5	10	45
16	厦门大学	13	21	18	146	53	华东理工大学	5	3	7	41
17	哈尔滨工业大学	11	25	10	140	54	北京科技大学	4	3	12	41
18	同济大学	11	21	22	140	55	江南大学	5	4	4	41
19	南开大学	11	24	13	140	56	华南师范大学	5	2	9	40
20	华东师范大学	11	21	21	139	57	南京航空航天大学	4	4	7	39
21	东南大学	11	13	22	116	58	河海大学	4	4	7	39
22	华南理工大学	9	18	14	113	59	首都医科大学	6	2	3	39
23	天津大学	8	18	17	111	60	浙江工业大学	5	1	11	39
24	大连理工大学	9	17	10	106	61	陕西师范大学	4	3	8	37
25	中国科学技术大学	12	8	16	100	62	首都师范大学	2	6	9	37
26	中国农业大学	10	14	8	100	63	深圳大学	6	1	4	37
27	湖南大学	7	15	17	97	64	南京理工大学	4	3	7	36
28	中国人民大学	3	22	11	92	65	扬州大学	6	1	3	36
29	兰州大学	12	7	11	92	66	中国药科大学	4	5	0	35
30	北京航空航天大学	5	18	10	89	67	合肥工业大学	4	2	8	34
31	电子科技大学	7	15	6	86	68	北京邮电大学	3	6	0	33
32	重庆大学	5	15	15	85	69	江苏大学	5	1	5	33
33	北京理工大学	6	12	12	78	70	华南农业大学	3	3	9	33
34	西北农林科技大学	6	11	7	70	71	中国石油大学	4	2	6	32
35	北京协和医学院	11	4	3	70	72	浙江师范大学	4	0	12	32
36	上海大学	7	5	18	68	73	中国矿业大学	4	1	8	31
37	苏州大学	9	0	20	65	74	宁波大学	4	1	8	31

续表

排名	学校名称	进入ESI学科数（5分）	中国5★学科数（3分）	中国4★学科数（1分）	实际得分	排名	学校名称	进入ESI学科数（5分）	中国5★学科数（3分）	中国4★学科数（1分）	实际得分
75	武汉理工大学	3	3	6	30	115	安徽大学	3	0	4	19
76	西南交通大学	3	3	6	30	116	南京中医药大学	2	2	3	19
77	西北大学	4	1	7	30	117	浙江工商大学	1	3	5	19
78	南方医科大学	5	1	2	30	118	太原理工大学	3	0	3	18
79	南昌大学	5	0	4	29	119	华侨大学	3	0	3	18
80	湘潭大学	4	1	6	29	120	华北电力大学	2	0	4	17
81	上海师范大学	3	2	8	29	121	四川农业大学	2	1	4	17
82	南京邮电大学	4	2	3	29	122	广东药科大学	1	3	3	17
83	中国医科大学	4	1	5	28	123	青岛科技大学	3	0	1	16
84	河南大学	2	3	9	28	124	天津工业大学	3	0	1	16
85	黑龙江大学	3	3	4	28	125	广州中医药大学	2	2	0	16
86	北京化工大学	4	1	4	27	126	西北师范大学	2	1	2	15
87	南京工业大学	4	1	4	27	127	南通大学	3	0	0	15
88	哈尔滨医科大学	4	1	4	27	128	安徽工业大学	3	0	0	15
89	西安电子科技大学	2	4	4	26	129	山西大学	2	1	1	14
90	燕山大学	3	1	8	26	130	广东工业大学	2	0	4	14
91	天津医科大学	5	0	1	26	131	湖北大学	2	1	1	14
92	北京中医药大学	2	5	1	26	132	江西师范大学	1	1	6	14
93	青岛大学	5	0	0	25	133	曲阜师范大学	2	0	4	14
94	东北林业大学	4	1	2	25	134	福建农林大学	2	0	3	13
95	云南大学	2	3	5	24	135	辽宁大学	1	1	5	13
96	广西大学	4	0	4	24	136	山东农业大学	2	0	3	13
97	重庆医科大学	4	1	1	24	137	大连医科大学	2	1	0	13
98	东华大学	3	2	2	23	138	南昌航空大学	2	1	0	13
99	北京工业大学	3	1	4	22	139	昆明理工大学	2	0	2	12
100	福州大学	3	1	4	22	140	南京林业大学	1	1	4	12
101	浙江理工大学	3	1	4	22	141	天津师范大学	1	1	4	12
102	南京信息工程大学	3	2	1	22	142	河南农业大学	2	0	2	12
103	上海中医药大学	2	4	0	22	143	渤海大学	2	0	2	12
104	杭州师范大学	3	1	4	22	144	浙江农林大学	2	0	2	12
105	温州医科大学	4	0	2	22	145	贵州大学	2	0	1	11
106	福建师范大学	1	2	10	21	146	安徽医科大学	2	0	1	11
107	济南大学	4	0	1	21	147	湖南农业大学	2	0	1	11
108	哈尔滨工程大学	3	0	5	20	148	天津科技大学	2	0	1	11
109	湖南师范大学	2	1	7	20	149	辽宁师范大学	1	0	6	11
110	西安建筑科技大学	1	3	6	20	150	河北工业大学	2	0	0	10
111	山东师范大学	1	4	3	20	151	新疆大学	1	0	5	10
112	杭州电子科技大学	2	2	4	20	152	武汉科技大学	2	0	0	10
113	东北农业大学	2	2	4	20	153	河南师范大学	2	0	0	10
114	沈阳药科大学	3	1	2	20	154	河北医科大学	2	0	0	10

续表

排名	学校名称	进入ESI学科数（5分）	中国5★学科数（3分）	中国4★学科数（1分）	实际得分	排名	学校名称	进入ESI学科数（5分）	中国5★学科数（3分）	中国4★学科数（1分）	实际得分
155	兰州理工大学	2	0	0	10	189	山东科技大学	1	0	0	5
156	常州大学	2	0	0	10	190	长沙理工大学	1	0	0	5
157	天津中医药大学	1	1	2	10	191	汕头大学	1	0	0	5
158	青岛农业大学	2	0	0	10	192	广州医科大学	1	0	0	5
159	齐鲁工业大学	2	0	0	10	193	福建医科大学	1	0	0	5
160	长安大学	1	0	4	9	194	广西医科大学	1	0	0	5
161	大连海事大学	1	0	4	9	195	内蒙古农业大学	1	0	0	5
162	河北师范大学	1	0	4	9	196	东北石油大学	1	0	0	5
163	广西师范大学	1	1	1	9	197	河北农业大学	1	0	0	5
164	中国计量大学	1	1	1	9	198	南华大学	1	0	0	5
165	哈尔滨师范大学	1	1	1	9	199	江苏科技大学	1	0	0	5
166	温州大学	1	1	1	9	200	天津理工大学	1	0	0	5
167	上海海洋大学	1	1	1	9	201	新疆医科大学	1	0	0	5
168	浙江中医药大学	1	1	1	9	202	聊城大学	1	0	0	5
169	安徽师范大学	1	0	3	8	203	江苏师范大学	1	0	0	5
170	西南石油大学	1	0	3	8	204	河北科技大学	1	0	0	5
171	成都理工大学	1	0	3	8	205	锦州医科大学	1	0	0	5
172	昆明医科大学	1	1	0	8	206	宁夏医科大学	1	0	0	5
173	河北大学	1	0	2	7	207	沈阳航空航天大学	1	0	0	5
174	中南民族大学	1	0	2	7	208	新乡医学院	1	0	0	5
175	上海海事大学	1	0	2	7	209	淮北师范大学	1	0	0	5
176	沈阳农业大学	1	0	2	7	210	福建中医药大学	1	0	0	5
177	延边大学	1	0	2	7	211	潍坊医学院	1	0	0	5
178	山东中医药大学	1	0	2	7	212	滨州医学院	1	0	0	5
179	上海理工大学	1	0	1	6	213	西南医科大学	1	0	0	5
180	西安理工大学	1	0	1	6	214	泰山医学院	1	0	0	5
181	河南理工大学	1	0	1	6	215	辽宁工业大学	1	0	0	5
182	山西医科大学	1	0	1	6	216	蚌埠医学院	1	0	0	5
183	陕西科技大学	1	0	1	6	217	内蒙古医科大学	1	0	0	5
184	安徽农业大学	1	0	1	6	218	湖北医药学院	1	0	0	5
185	河南工业大学	1	0	1	6	219	海南医学院	1	0	0	5
186	云南农业大学	1	0	1	6	220	川北医学院	1	0	0	5
187	广东医科大学	1	0	1	6	221	华北理工大学	1	0	0	5
188	湖南工业大学	1	0	1	6						

注：ESI数据由杭州电子科技大学图书馆信息咨询部整理

中国研究生教育分学科门类竞争力排行榜

01 哲学（154）

排名	学校名称	等级	排名	学校名称	等级	排名	学校名称	等级
1	中国人民大学	5★+	11	山东大学	5★-	21	西安交通大学	4★
2	复旦大学	5★	12	四川大学	5★-	22	南京师范大学	4★
3	北京大学	5★	13	吉林大学	5★-	23	厦门大学	4★
4	中山大学	5★	14	浙江大学	5★-	24	华中师范大学	4★
5	南京大学	5★	15	湖南大学	5★-	25	华侨大学	4★
6	武汉大学	5★	16	山西大学	4★	26	黑龙江大学	4★
7	清华大学	5★	17	中南大学	4★	27	华南师范大学	4★
8	北京师范大学	5★-	18	华中科技大学	4★	28	东北大学	4★
9	华东师范大学	5★-	19	东南大学	4★	29	湖北大学	4★
10	南开大学	5★-	20	陕西师范大学	4★	30	湖南师范大学	4★

3★（47个），2★（61个），1★（16个）：名单略

02 经济学（261）

排名	学校名称	等级	排名	学校名称	等级	排名	学校名称	等级
1	中国人民大学	5★+	19	四川大学	5★-	37	华东师范大学	4★
2	北京大学	5★+	20	湖南大学	5★-	38	东南大学	4★
3	武汉大学	5★	21	中南财经政法大学	5★-	39	上海大学	4★
4	南开大学	5★	22	北京师范大学	5★-	40	东北大学	4★
5	西南财经大学	5★	23	暨南大学	5★-	41	河南大学	4★
6	对外经济贸易大学	5★	24	华中科技大学	5★-	42	福建师范大学	4★
7	中央财经大学	5★	25	辽宁大学	5★-	43	兰州大学	4★
8	西安交通大学	5★	26	上海交通大学	5★-	44	山西财经大学	4★
9	清华大学	5★	27	北京理工大学	4★	45	山东财经大学	4★
10	复旦大学	5★	28	重庆大学	4★	46	华侨大学	4★
11	厦门大学	5★	29	北京交通大学	4★	47	华南师范大学	4★
12	中山大学	5★	30	首都经济贸易大学	4★	48	中国农业大学	4★
13	浙江大学	5★	31	浙江工商大学	4★	49	中南大学	4★
14	南京大学	5★-	32	浙江财经大学	4★	50	新疆大学	4★
15	吉林大学	5★-	33	天津财经大学	4★	51	东北师范大学	4★
16	上海财经大学	5★-	34	江西财经大学	4★	52	南京财经大学	4★
17	山东大学	5★-	35	同济大学	4★			
18	东北财经大学	5★-	36	西北大学	4★			

3★（78个），2★（104个），1★（27个）：名单略

03 法学（351）

排名	学校名称	等级	排名	学校名称	等级	排名	学校名称	等级
1	中国人民大学	5★+	25	西安交通大学	5★-	49	广西师范大学	4★
2	北京大学	5★+	26	东南大学	5★-	50	西南民族大学	4★
3	清华大学	5★+	27	东北师范大学	5★-	51	外交学院	4★
4	武汉大学	5★	28	上海大学	5★-	52	新疆大学	4★
5	复旦大学	5★	29	华中科技大学	5★-	53	河南大学	4★
6	中国政法大学	5★	30	中国海洋大学	5★-	54	山西大学	4★
7	南京大学	5★	31	西南大学	5★-	55	湘潭大学	4★
8	吉林大学	5★	32	苏州大学	5★-	56	中国人民公安大学	4★
9	中央民族大学	5★	33	黑龙江大学	5★-	57	湖南大学	4★
10	南开大学	5★	34	兰州大学	5★-	58	大连海事大学	4★
11	中山大学	5★	35	陕西师范大学	5★-	59	江西财经大学	4★
12	云南大学	5★	36	南京师范大学	4★	60	首都师范大学	4★
13	北京师范大学	5★	37	中南民族大学	4★	61	辽宁大学	4★
14	厦门大学	5★	38	郑州大学	4★	62	新疆师范大学	4★
15	华中师范大学	5★	39	河海大学	4★	63	暨南大学	4★
16	四川大学	5★	40	天津师范大学	4★	64	福建师范大学	4★
17	中南财经政法大学	5★	41	重庆大学	4★	65	华东理工大学	4★
18	浙江大学	5★-	42	西南财经大学	4★	66	广西民族大学	4★
19	山东大学	5★-	43	对外经济贸易大学	4★	67	华南理工大学	4★
20	西南政法大学	5★-	44	同济大学	4★	68	上海师范大学	4★
21	华东师范大学	5★-	45	中央财经大学	4★	69	烟台大学	4★
22	华东政法大学	5★-	46	湖南师范大学	4★	70	华南师范大学	4★
23	中南大学	5★-	47	上海财经大学	4★			
24	上海交通大学	5★-	48	西北政法大学	4★			

3★（105个），2★（140个），1★（36个）：名单略

04 教育学（193）

排名	学校名称	等级	排名	学校名称	等级	排名	学校名称	等级
1	北京师范大学	5★+	12	东北师范大学	5★-	23	湖南师范大学	4★
2	华东师范大学	5★	13	南京师范大学	5★-	24	中山大学	4★
3	北京大学	5★	14	华中科技大学	5★-	25	江西师范大学	4★
4	西南大学	5★	15	山东师范大学	5★-	26	首都师范大学	4★
5	上海体育学院	5★	16	上海师范大学	5★-	27	中南大学	4★
6	华中师范大学	5★	17	浙江师范大学	5★-	28	辽宁师范大学	4★
7	北京体育大学	5★	18	曲阜师范大学	5★-	29	苏州大学	4★
8	浙江大学	5★	19	天津师范大学	5★-	30	西北师范大学	4★
9	华南师范大学	5★	20	清华大学	4★	31	成都体育学院	4★
10	厦门大学	5★-	21	福建师范大学	4★	32	宁波大学	4★
11	陕西师范大学	5★-	22	河南大学	4★	33	扬州大学	4★

续表

排名	学校名称	等级	排名	学校名称	等级	排名	学校名称	等级
34	四川大学	4★	36	武汉体育学院	4★	38	上海交通大学	4★
35	云南师范大学	4★	37	南京大学	4★			
3★（58个），2★（77个），1★（20个）：名单略								

05 文学（271）

排名	学校名称	等级	排名	学校名称	等级	排名	学校名称	等级
1	北京大学	5★+	19	暨南大学	5★-	37	福建师范大学	4★
2	南京大学	5★+	20	山东大学	5★-	38	安徽师范大学	4★
3	复旦大学	5★	21	陕西师范大学	5★-	39	郑州大学	4★
4	北京师范大学	5★	22	吉林大学	5★-	40	山东师范大学	4★
5	中国人民大学	5★	23	华中科技大学	5★-	41	同济大学	4★
6	清华大学	5★	24	上海大学	5★-	42	扬州大学	4★
7	中国传媒大学	5★	25	湖南师范大学	5★-	43	华南师范大学	4★
8	浙江大学	5★	26	中央民族大学	5★-	44	新疆大学	4★
9	四川大学	5★	27	厦门大学	5★-	45	安徽大学	4★
10	华东师范大学	5★	28	上海师范大学	4★	46	杭州师范大学	4★
11	北京外国语大学	5★	29	首都师范大学	4★	47	中南大学	4★
12	南开大学	5★	30	北京语言大学	4★	48	黑龙江大学	4★
13	武汉大学	5★	31	西南大学	4★	49	西北大学	4★
14	华中师范大学	5★-	32	广东外语外贸大学	4★	50	哈尔滨师范大学	4★
15	南京师范大学	5★-	33	苏州大学	4★	51	东北师范大学	4★
16	上海交通大学	5★-	34	浙江师范大学	4★	52	西安外国语大学	4★
17	中山大学	5★-	35	河南大学	4★	53	四川外国语大学	4★
18	上海外国语大学	5★-	36	湖南大学	4★	54	广西大学	4★
3★（81个），2★（108个），1★（28个）：名单略								

06 历史学（116）

排名	学校名称	等级	排名	学校名称	等级	排名	学校名称	等级
1	北京大学	5★+	9	武汉大学	5★-	17	上海师范大学	4★
2	复旦大学	5★	10	中山大学	5★-	18	云南大学	4★
3	北京师范大学	5★	11	四川大学	5★-	19	湖南大学	4★
4	东北师范大学	5★	12	山东大学	4★	20	华中师范大学	4★
5	中国人民大学	5★	13	清华大学	4★	21	兰州大学	4★
6	南开大学	5★-	14	首都师范大学	4★	22	中央民族大学	4★
7	吉林大学	5★-	15	华东师范大学	4★	23	陕西师范大学	4★
8	南京大学	5★-	16	厦门大学	4★			
3★（35个），2★（46个），1★（12个）：名单略								

07 理学（368）

排名	学校名称	等级	排名	学校名称	等级	排名	学校名称	等级
1	北京大学	5★+	26	苏州大学	5★-	51	西北工业大学	4★
2	清华大学	5★+	27	中国海洋大学	5★-	52	暨南大学	4★
3	浙江大学	5★+	28	湖南大学	5★-	53	西北农林科技大学	4★
4	中国科学技术大学	5★	29	郑州大学	5★-	54	北京科技大学	4★
5	南京大学	5★	30	北京理工大学	5★-	55	首都师范大学	4★
6	复旦大学	5★	31	中国农业大学	5★-	56	新疆大学	4★
7	上海交通大学	5★	32	西南大学	5★-	57	南京农业大学	4★
8	武汉大学	5★	33	北京航空航天大学	5★-	58	河南大学	4★
9	吉林大学	5★	34	中国地质大学（武汉）	5★-	59	华东理工大学	4★
10	中山大学	5★	35	天津大学	5★-	60	南京理工大学	4★
11	四川大学	5★	36	中国地质大学（北京）	5★-	61	西北师范大学	4★
12	南开大学	5★	37	福州大学	4★	62	北京协和医学院	4★
13	山东大学	5★	38	华中师范大学	4★	63	东北林业大学	4★
14	厦门大学	5★	39	东北师范大学	4★	64	湘潭大学	4★
15	中南大学	5★	40	华中农业大学	4★	65	华南农业大学	4★
16	北京师范大学	5★	41	重庆大学	4★	66	东华大学	4★
17	华南理工大学	5★	42	北京化工大学	4★	67	东北大学	4★
18	兰州大学	5★	43	电子科技大学	4★	68	南昌大学	4★
19	同济大学	5★-	44	南京师范大学	4★	69	扬州大学	4★
20	华中科技大学	5★-	45	云南大学	4★	70	湖南师范大学	4★
21	大连理工大学	5★-	46	山西大学	4★	71	中国人民大学	4★
22	西安交通大学	5★-	47	上海大学	4★	72	北京工业大学	4★
23	华东师范大学	5★-	48	华南师范大学	4★	73	山东师范大学	4★
24	哈尔滨工业大学	5★-	49	南京信息工程大学	4★			
25	西北大学	5★-	50	陕西师范大学	4★			

3★（111个），2★（147个），1★（37个）：名单略

08 工学（365）

排名	学校名称	等级	排名	学校名称	等级	排名	学校名称	等级
1	清华大学	5★+	11	同济大学	5★	21	北京科技大学	5★-
2	浙江大学	5★+	12	北京大学	5★	22	湖南大学	5★-
3	哈尔滨工业大学	5★+	13	西北工业大学	5★	23	吉林大学	5★-
4	上海交通大学	5★	14	武汉大学	5★	24	东北大学	5★-
5	西安交通大学	5★	15	重庆大学	5★	25	电子科技大学	5★-
6	北京航空航天大学	5★	16	大连理工大学	5★	26	南京航空航天大学	5★-
7	天津大学	5★	17	中南大学	5★	27	南京大学	5★-
8	华中科技大学	5★	18	北京理工大学	5★	28	南京理工大学	5★-
9	华南理工大学	5★	19	中国科学技术大学	5★-	29	西安电子科技大学	5★-
10	东南大学	5★	20	四川大学	5★-	30	中国矿业大学	5★-

续表

排名	学校名称	等级	排名	学校名称	等级	排名	学校名称	等级
31	山东大学	5★-	46	北京化工大学	4★	61	中国地质大学（北京）	4★
32	复旦大学	5★-	47	合肥工业大学	4★	62	兰州大学	4★
33	江南大学	5★-	48	燕山大学	4★	63	长安大学	4★
34	河海大学	5★-	49	华北电力大学	4★	64	中国地质大学（武汉）	4★
35	武汉理工大学	5★-	50	东华大学	4★	65	南京邮电大学	4★
36	上海大学	5★-	51	哈尔滨工程大学	4★	66	北京师范大学	4★
37	西南交通大学	4★	52	中国矿业大学（北京）	4★	67	中国海洋大学	4★
38	北京交通大学	4★	53	苏州大学	4★	68	西北农林科技大学	4★
39	中国农业大学	4★	54	中国石油大学（北京）	4★	69	昆明理工大学	4★
40	北京邮电大学	4★	55	太原理工大学	4★	70	西安理工大学	4★
41	北京工业大学	4★	56	南京工业大学	4★	71	河北工业大学	4★
42	江苏大学	4★	57	南开大学	4★	72	福州大学	4★
43	厦门大学	4★	58	浙江工业大学	4★	73	杭州电子科技大学	4★
44	华东理工大学	4★	59	郑州大学	4★	74	西安建筑科技大学	4★
45	中国石油大学（华东）	4★	60	中山大学	4★			

3★（108个），2★（146个），1★（37个）：名单略

09 农学（100）

排名	学校名称	等级	排名	学校名称	等级	排名	学校名称	等级
1	中国农业大学	5★+	8	东北林业大学	5★-	15	中国海洋大学	4★
2	西北农林科技大学	5★	9	福建农林大学	5★-	16	沈阳农业大学	4★
3	南京农业大学	5★	10	扬州大学	5★-	17	海南大学	4★
4	浙江大学	5★	11	山东农业大学	4★	18	贵州大学	4★
5	华中农业大学	5★	12	华南农业大学	4★	19	南京林业大学	4★
6	东北农业大学	5★-	13	北京林业大学	4★	20	河南农业大学	4★
7	四川农业大学	5★-	14	西南大学	4★			

3★（30个），2★（40个），1★（10个）：名单略

10 医学（182）

排名	学校名称	等级	排名	学校名称	等级	排名	学校名称	等级
1	上海交通大学	5★+	10	中南大学	5★-	19	苏州大学	4★
2	复旦大学	5★	11	南京医科大学	5★-	20	南方医科大学	4★
3	浙江大学	5★	12	山东大学	5★-	21	南京大学	4★
4	中山大学	5★	13	武汉大学	5★-	22	重庆医科大学	4★
5	北京大学	5★	14	郑州大学	5★-	23	南京中医药大学	4★
6	四川大学	5★	15	吉林大学	5★-	24	同济大学	4★
7	北京协和医学院	5★	16	天津医科大学	5★-	25	哈尔滨医科大学	4★
8	华中科技大学	5★	17	中国医科大学	5★-	26	温州医科大学	4★
9	首都医科大学	5★	18	西安交通大学	5★-	27	北京中医药大学	4★

续表

排名	学校名称	等级	排名	学校名称	等级	排名	学校名称	等级
28	上海中医药大学	4★	31	东南大学	4★	34	南昌大学	4★
29	中国药科大学	4★	32	暨南大学	4★	35	河北医科大学	4★
30	安徽医科大学	4★	33	广州中医药大学	4★	36	厦门大学	4★
3★（55个），2★（72个），1★（19个）：名单略								

12 管理学（374）

排名	学校名称	等级	排名	学校名称	等级	排名	学校名称	等级
1	清华大学	5★+	26	北京交通大学	5★-	51	苏州大学	4★
2	浙江大学	5★+	27	华中师范大学	5★-	52	东北农业大学	4★
3	武汉大学	5★+	28	北京航空航天大学	5★-	53	江西财经大学	4★
4	南京大学	5★	29	暨南大学	5★-	54	中央财经大学	4★
5	北京大学	5★	30	电子科技大学	5★-	55	大连理工大学	4★
6	中国人民大学	5★	31	同济大学	5★-	56	浙江工商大学	4★
7	西安交通大学	5★	32	南京农业大学	5★-	57	西北农林科技大学	4★
8	中山大学	5★	33	华东师范大学	5★-	58	中国农业大学	4★
9	南开大学	5★	34	上海大学	5★-	59	湘潭大学	4★
10	上海交通大学	5★	35	东北大学	5★-	60	福建农林大学	4★
11	天津大学	5★	36	郑州大学	5★-	61	中国科学技术大学	4★
12	四川大学	5★	37	哈尔滨工业大学	5★-	62	中国地质大学（武汉）	4★
13	华南理工大学	5★	38	首都经济贸易大学	4★	63	中国矿业大学	4★
14	厦门大学	5★	39	东南大学	4★	64	兰州大学	4★
15	北京师范大学	5★	40	华中农业大学	4★	65	北京科技大学	4★
16	复旦大学	5★	41	山东大学	4★	66	山西财经大学	4★
17	华中科技大学	5★	42	上海财经大学	4★	67	中国海洋大学	4★
18	中南大学	5★	43	南京航空航天大学	4★	68	武汉理工大学	4★
19	合肥工业大学	5★-	44	湖南大学	4★	69	南京理工大学	4★
20	西南财经大学	5★-	45	西南交通大学	4★	70	中国矿业大学（北京）	4★
21	北京理工大学	5★-	46	浙江工业大学	4★	71	对外经济贸易大学	4★
22	重庆大学	5★-	47	福州大学	4★	72	东北师范大学	4★
23	东北财经大学	5★-	48	云南大学	4★	73	山东财经大学	4★
24	中南财经政法大学	5★-	49	河海大学	4★	74	南昌大学	4★
25	吉林大学	5★-	50	天津财经大学	4★			
3★（113个），2★（149个），1★（38个）：名单略								

13 艺术学（198）

排名	学校名称	等级	排名	学校名称	等级	排名	学校名称	等级
1	中央美术学院	5★+	4	南京艺术学院	5★	7	北京大学	5★
2	中国美术学院	5★	5	清华大学	5★	8	中央音乐学院	5★
3	中国传媒大学	5★	6	上海音乐学院	5★	9	中央戏剧学院	5★

续表

排名	学校名称	等级	排名	学校名称	等级	排名	学校名称	等级
10	上海大学	5★-	20	南京大学	4★	30	江南大学	4★
11	南京师范大学	5★-	21	东南大学	4★	31	北京电影学院	4★
12	北京师范大学	5★-	22	吉林大学	4★	32	上海戏剧学院	4★
13	福建师范大学	5★-	23	重庆大学	4★	33	河南大学	4★
14	四川大学	5★-	24	首都师范大学	4★	34	苏州大学	4★
15	厦门大学	5★-	25	西安美术学院	4★	35	山东大学	4★
16	华东师范大学	5★-	26	湖南师范大学	4★	36	山东艺术学院	4★
17	广西艺术学院	5★-	27	东北师范大学	4★	37	大连理工大学	4★
18	杭州师范大学	5★-	28	哈尔滨师范大学	4★	38	山西师范大学	4★
19	四川美术学院	5★-	29	武汉理工大学	4★	39	山东师范大学	4★

3★（60个），2★（79个），1★（20个）：名单略

中国研究生教育分一级学科竞争力排行榜

0101 哲学（154）

排名	学校名称	等级	排名	学校名称	等级	排名	学校名称	等级
1	中国人民大学	5★+	12	吉林大学	5★-	23	东南大学	4★
2	北京大学	5★+	13	四川大学	5★-	24	西安交通大学	4★
3	复旦大学	5★	14	浙江大学	5★-	25	华侨大学	4★
4	中山大学	5★	15	山西大学	5★-	26	华南师范大学	4★
5	南京大学	5★	16	黑龙江大学	5★-	27	湖南师范大学	4★
6	武汉大学	5★	17	华中科技大学	4★	28	厦门大学	4★
7	清华大学	5★	18	陕西师范大学	4★	29	湖北大学	4★
8	北京师范大学	5★	19	中南大学	4★	30	东北大学	4★
9	南开大学	5★-	20	南京师范大学	4★	31	上海师范大学	4★
10	华东师范大学	5★-	21	湖南大学	4★			
11	山东大学	5★-	22	华中师范大学	4★			

3★（46个），2★（62个），1★（15个）：名单略

0201 理论经济学（115）

排名	学校名称	等级	排名	学校名称	等级	排名	学校名称	等级
1	中国人民大学	5★+	9	厦门大学	5★-	17	中央财经大学	4★
2	北京大学	5★	10	浙江大学	5★-	18	中南财经政法大学	4★
3	南开大学	5★	11	四川大学	5★-	19	华中科技大学	4★
4	武汉大学	5★	12	对外经济贸易大学	5★-	20	辽宁大学	4★
5	复旦大学	5★	13	吉林大学	4★	21	上海财经大学	4★
6	北京师范大学	5★	14	清华大学	4★	22	福建师范大学	4★
7	中山大学	5★-	15	西安交通大学	4★	23	西北大学	4★
8	南京大学	5★-	16	西南财经大学	4★			

3★（35个），2★（46个），1★（11个）：名单略

0202 应用经济学（244）

排名	学校名称	等级	排名	学校名称	等级	排名	学校名称	等级
1	中国人民大学	5★+	10	上海财经大学	5★	19	复旦大学	5★-
2	西南财经大学	5★+	11	东北财经大学	5★	20	中山大学	5★-
3	对外经济贸易大学	5★	12	浙江大学	5★	21	北京交通大学	5★-
4	北京大学	5★	13	湖南大学	5★	22	上海交通大学	5★-
5	中央财经大学	5★	14	中南财经政法大学	5★-	23	暨南大学	5★-
6	南开大学	5★	15	厦门大学	5★-	24	辽宁大学	5★-
7	武汉大学	5★	16	山东大学	5★-	25	南京大学	5★-
8	西安交通大学	5★	17	吉林大学	5★-	26	重庆大学	4★
9	清华大学	5★	18	华中科技大学	5★-	27	天津财经大学	4★

续表

排名	学校名称	等级	排名	学校名称	等级	排名	学校名称	等级
28	同济大学	4★	36	江西财经大学	4★	44	中南大学	4★
29	首都经济贸易大学	4★	37	中国农业大学	4★	45	河南大学	4★
30	东南大学	4★	38	山东财经大学	4★	46	浙江财经大学	4★
31	广西大学	4★	39	西北大学	4★	47	北京工业大学	4★
32	北京理工大学	4★	40	浙江工商大学	4★	48	中国地质大学（武汉）	4★
33	四川大学	4★	41	华侨大学	4★	49	华东理工大学	4★
34	华东师范大学	4★	42	山西财经大学	4★	50	兰州大学	4★
35	北京师范大学	4★	43	东北大学	4★			

3★（73个），2★（97个），1★（24个）：名单略

0270 统计学（46）

排名	学校名称	等级	排名	学校名称	等级	排名	学校名称	等级
1	复旦大学	5★	4	四川大学	5★-	7	东北财经大学	4★
2	武汉大学	5★	5	北京航空航天大学	4★	8	浙江财经大学	4★
3	厦门大学	5★-	6	浙江工商大学	4★	9	广州大学	4★

3★（14个），2★（18个），1★（5个）：名单略

0301 法学（188）

排名	学校名称	等级	排名	学校名称	等级	排名	学校名称	等级
1	中国人民大学	5★+	14	厦门大学	5★-	27	南开大学	4★
2	武汉大学	5★+	15	南京大学	5★-	28	西南财经大学	4★
3	清华大学	5★	16	中南大学	5★-	29	苏州大学	4★
4	中国政法大学	5★	17	山东大学	5★-	30	南京师范大学	4★
5	北京大学	5★	18	重庆大学	5★-	31	北京航空航天大学	4★
6	中南财经政法大学	5★	19	东南大学	5★-	32	黑龙江大学	4★
7	西南政法大学	5★	20	复旦大学	4★	33	江西财经大学	4★
8	华东政法大学	5★	21	中山大学	4★	34	郑州大学	4★
9	北京师范大学	5★	22	西北政法大学	4★	35	湘潭大学	4★
10	吉林大学	5★	23	湖南大学	4★	36	大连海事大学	4★
11	四川大学	5★-	24	中国海洋大学	4★	37	湖南师范大学	4★
12	上海交通大学	5★-	25	对外经济贸易大学	4★	38	海南大学	4★
13	浙江大学	5★-	26	上海财经大学	4★			

3★（56个），2★（76个），1★（18个）：名单略

0302 政治学（104）

排名	学校名称	等级	排名	学校名称	等级	排名	学校名称	等级
1	复旦大学	5★+	4	南开大学	5★	7	南京大学	5★-
2	中国人民大学	5★	5	清华大学	5★	8	中山大学	5★-
3	北京大学	5★	6	华中师范大学	5★-	9	吉林大学	5★-

续表

排名	学校名称	等级	排名	学校名称	等级	排名	学校名称	等级
10	云南大学	5★-	14	北京师范大学	4★	18	暨南大学	4★
11	武汉大学	4★	15	天津师范大学	4★	19	苏州大学	4★
12	厦门大学	4★	16	外交学院	4★	20	中国政法大学	4★
13	华东师范大学	4★	17	山东大学	4★	21	上海外国语大学	4★

3★（31个），2★（42个），1★（10个）：名单略

0303 社会学（88）

排名	学校名称	等级	排名	学校名称	等级	排名	学校名称	等级
1	中国人民大学	5★+	7	南开大学	5★-	13	武汉大学	4★
2	北京大学	5★	8	吉林大学	5★-	14	复旦大学	4★
3	南京大学	5★	9	厦门大学	5★-	15	中央民族大学	4★
4	中山大学	5★	10	北京师范大学	4★	16	西安交通大学	4★
5	清华大学	5★-	11	浙江大学	4★	17	华中师范大学	4★
6	华东师范大学	5★-	12	上海大学	4★	18	华中科技大学	4★

3★（26个），2★（35个），1★（9个）：名单略

0304 民族学（41）

排名	学校名称	等级	排名	学校名称	等级	排名	学校名称	等级
1	中央民族大学	5★	4	四川大学	5★-	7	陕西师范大学	4★
2	云南大学	5★	5	中南民族大学	4★	8	内蒙古大学	4★
3	兰州大学	5★-	6	西南民族大学	4★			

3★（12个），2★（17个），1★（4个）：名单略

0305 马克思主义理论（328）

排名	学校名称	等级	排名	学校名称	等级	排名	学校名称	等级
1	武汉大学	5★+	15	河海大学	5★	29	南京师范大学	5★-
2	东北师范大学	5★+	16	北京交通大学	5★-	30	北京师范大学	5★-
3	清华大学	5★+	17	武汉理工大学	5★-	31	湘潭大学	5★-
4	中国人民大学	5★	18	复旦大学	5★-	32	华中科技大学	5★-
5	北京大学	5★	19	广西师范大学	5★-	33	四川大学	5★-
6	中南大学	5★	20	陕西师范大学	5★-	34	湖南大学	4★
7	西安交通大学	5★	21	福建师范大学	5★-	35	华东师范大学	4★
8	南开大学	5★	22	中央财经大学	5★-	36	大连海事大学	4★
9	西南大学	5★	23	哈尔滨师范大学	5★-	37	河北师范大学	4★
10	南京大学	5★	24	中山大学	5★-	38	华南师范大学	4★
11	电子科技大学	5★	25	浙江大学	5★-	39	辽宁师范大学	4★
12	吉林大学	5★	26	山东大学	5★-	40	兰州大学	4★
13	华中师范大学	5★	27	江西师范大学	5★-	41	上海师范大学	4★
14	首都师范大学	5★	28	同济大学	5★-	42	华南理工大学	4★

续表

排名	学校名称	等级	排名	学校名称	等级	排名	学校名称	等级
43	大连理工大学	4★	51	中国政法大学	4★	59	安徽大学	4★
44	郑州大学	4★	52	中国地质大学（武汉）	4★	60	宁波大学	4★
45	辽宁大学	4★	53	东南大学	4★	61	上海大学	4★
46	上海交通大学	4★	54	湖南师范大学	4★	62	安徽师范大学	4★
47	天津师范大学	4★	55	西北工业大学	4★	63	东北大学	4★
48	中国地质大学（北京）	4★	56	黑龙江大学	4★	64	浙江师范大学	4★
49	山东师范大学	4★	57	新疆大学	4★	65	曲阜师范大学	4★
50	河南大学	4★	58	上海财经大学	4★			

3★（100个），2★（131个），1★（32个）：名单略

0401 教育学（140）

排名	学校名称	等级	排名	学校名称	等级	排名	学校名称	等级
1	北京师范大学	5★+	11	陕西师范大学	5★-	21	河南大学	4★
2	华东师范大学	5★	12	华南师范大学	5★-	22	首都师范大学	4★
3	西南大学	5★	13	清华大学	5★-	23	天津大学	4★
4	厦门大学	5★	14	上海师范大学	5★-	24	湖南师范大学	4★
5	华中师范大学	5★	15	浙江师范大学	4★	25	辽宁师范大学	4★
6	东北师范大学	5★	16	曲阜师范大学	4★	26	江西师范大学	4★
7	浙江大学	5★	17	山东师范大学	4★	27	福建师范大学	4★
8	北京大学	5★-	18	南京大学	4★	28	宁波大学	4★
9	华中科技大学	5★-	19	西北师范大学	4★	29	河北大学	4★
10	南京师范大学	5★-	20	北京理工大学	4★			

3★（41个），2★（56个），1★（14个）：名单略

0402 心理学（97）

排名	学校名称	等级	排名	学校名称	等级	排名	学校名称	等级
1	北京师范大学	5★+	8	中山大学	5★-	15	辽宁师范大学	4★
2	北京大学	5★	9	天津师范大学	5★-	16	清华大学	4★
3	西南大学	5★	10	山东师范大学	5★-	17	中国人民大学	4★
4	华中师范大学	5★	11	浙江大学	4★	18	江西师范大学	4★
5	华南师范大学	5★	12	中南大学	4★	19	武汉大学	4★
6	华东师范大学	5★-	13	上海师范大学	4★	20	浙江师范大学	4★
7	陕西师范大学	5★-	14	东北师范大学	4★	21	四川大学	4★

3★（27个），2★（39个），1★（10个）：名单略

0403 体育学（117）

排名	学校名称	等级	排名	学校名称	等级	排名	学校名称	等级
1	上海体育学院	5★+	4	成都体育学院	5★	7	浙江大学	5★-
2	北京体育大学	5★	5	福建师范大学	5★	8	武汉体育学院	5★-
3	华东师范大学	5★	6	华中师范大学	5★	9	清华大学	5★-

续表

排名	学校名称	等级	排名	学校名称	等级	排名	学校名称	等级
10	北京师范大学	5★-	15	南京师范大学	4★	20	宁波大学	4★
11	天津体育学院	5★-	16	苏州大学	4★	21	山西师范大学	4★
12	沈阳体育学院	5★-	17	曲阜师范大学	4★	22	湖南师范大学	4★
13	华南师范大学	4★	18	河北师范大学	4★	23	西安体育学院	4★
14	河南大学	4★	19	辽宁师范大学	4★			

3★（36个），2★（46个），1★（12个）：名单略

0501 中国语言文学（170）

排名	学校名称	等级	排名	学校名称	等级	排名	学校名称	等级
1	北京大学	5★+	13	四川大学	5★-	25	西南大学	4★
2	北京师范大学	5★+	14	首都师范大学	5★-	26	厦门大学	4★
3	复旦大学	5★	15	南京师范大学	5★-	27	安徽师范大学	4★
4	南京大学	5★	16	吉林大学	5★-	28	华中科技大学	4★
5	南开大学	5★	17	上海师范大学	5★-	29	山东师范大学	4★
6	华东师范大学	5★	18	陕西师范大学	4★	30	福建师范大学	4★
7	浙江大学	5★	19	清华大学	4★	31	河南大学	4★
8	华中师范大学	5★	20	武汉大学	4★	32	江西师范大学	4★
9	中山大学	5★	21	中央民族大学	4★	33	扬州大学	4★
10	山东大学	5★-	22	暨南大学	4★	34	苏州大学	4★
11	北京语言大学	5★-	23	上海大学	4★	35	新疆大学	4★
12	中国人民大学	5★-	24	浙江师范大学	4★			

3★（50个），2★（68个），1★（17个）：名单略

0502 外国语言文学（221）

排名	学校名称	等级	排名	学校名称	等级	排名	学校名称	等级
1	北京大学	5★+	16	大连外国语大学	5★-	31	清华大学	4★
2	南京大学	5★+	17	中国人民大学	5★-	32	武汉大学	4★
3	上海外国语大学	5★	18	华东师范大学	5★-	33	厦门大学	4★
4	北京外国语大学	5★	19	中山大学	5★-	34	吉林大学	4★
5	上海交通大学	5★	20	对外经济贸易大学	5★-	35	延边大学	4★
6	广东外语外贸大学	5★	21	复旦大学	5★-	36	河南大学	4★
7	浙江大学	5★	22	山东大学	5★-	37	首都师范大学	4★
8	北京师范大学	5★	23	同济大学	5★-	38	宁波大学	4★
9	西安外国语大学	5★	24	上海海事大学	4★	39	苏州大学	4★
10	黑龙江大学	5★	25	北京语言大学	4★	40	杭州师范大学	4★
11	南开大学	5★	26	西南大学	4★	41	北京第二外国语学院	4★
12	湖南师范大学	5★	27	天津外国语大学	4★	42	辽宁师范大学	4★
13	四川外国语大学	5★-	28	湖南大学	4★	43	中南大学	4★
14	南京师范大学	5★-	29	四川大学	4★	44	郑州大学	4★
15	北京航空航天大学	5★-	30	东北师范大学	4★	45	江西师范大学	4★

3★（66个），2★（89个），1★（21个）：名单略

0503 新闻传播学（98）

排名	学校名称	等级	排名	学校名称	等级	排名	学校名称	等级
1	中国传媒大学	5★+	8	北京大学	5★-	15	中山大学	4★
2	中国人民大学	5★	9	暨南大学	5★-	16	上海大学	4★
3	武汉大学	5★	10	上海交通大学	5★-	17	北京师范大学	4★
4	复旦大学	5★	11	华东师范大学	4★	18	南京师范大学	4★
5	四川大学	5★	12	浙江大学	4★	19	河北大学	4★
6	南京大学	5★-	13	华中科技大学	4★	20	华南理工大学	4★
7	清华大学	5★-	14	厦门大学	4★			

3★（29个），2★（39个），1★（10个）：名单略

0601 考古学（40）

排名	学校名称	等级	排名	学校名称	等级	排名	学校名称	等级
1	北京大学	5★	4	复旦大学	5★-	7	西北大学	4★
2	吉林大学	5★	5	北京师范大学	4★	8	山东大学	4★
3	南开大学	5★-	6	中国人民大学	4★	9	四川大学	4★

3★（12个），2★（15个），1★（4个）：名单略

0602 中国史（113）

排名	学校名称	等级	排名	学校名称	等级	排名	学校名称	等级
1	北京师范大学	5★+	9	南京大学	5★-	17	厦门大学	4★
2	复旦大学	5★	10	华中师范大学	5★-	18	南开大学	4★
3	北京大学	5★	11	山东大学	5★-	19	湖南大学	4★
4	中山大学	5★	12	东北师范大学	4★	20	兰州大学	4★
5	清华大学	5★	13	首都师范大学	4★	21	华东师范大学	4★
6	武汉大学	5★	14	上海师范大学	4★	22	西北师范大学	4★
7	中国人民大学	5★-	15	陕西师范大学	4★	23	中央民族大学	4★
8	云南大学	5★-	16	四川大学	4★			

3★（34个），2★（45个），1★（11个）：名单略

0603 世界史（67）

排名	学校名称	等级	排名	学校名称	等级	排名	学校名称	等级
1	南京大学	5★+	6	清华大学	5★-	11	北京师范大学	4★
2	华东师范大学	5★	7	首都师范大学	5★-	12	天津师范大学	4★
3	东北师范大学	5★	8	华中师范大学	4★	13	中山大学	4★
4	北京大学	5★-	9	南开大学	4★			
5	复旦大学	5★-	10	福建师范大学	4★			

3★（20个），2★（27个），1★（7个）：名单略

0701 数学（243）

排名	学校名称	等级	排名	学校名称	等级	排名	学校名称	等级
1	北京大学	5★+	18	厦门大学	5★-	35	北京交通大学	4★
2	清华大学	5★+	19	华东师范大学	5★-	36	重庆大学	4★
3	北京师范大学	5★	20	华中科技大学	5★-	37	东北师范大学	4★
4	复旦大学	5★	21	西安交通大学	5★-	38	华南师范大学	4★
5	南开大学	5★	22	东南大学	5★-	39	上海师范大学	4★
6	山东大学	5★	23	兰州大学	5★-	40	西南大学	4★
7	上海交通大学	5★	24	电子科技大学	5★-	41	中国人民大学	4★
8	中山大学	5★	25	湖南大学	5★-	42	苏州大学	4★
9	中国科学技术大学	5★	26	北京航空航天大学	4★	43	华中师范大学	4★
10	哈尔滨工业大学	5★	27	天津大学	4★	44	南京师范大学	4★
11	中南大学	5★	28	首都师范大学	4★	45	浙江师范大学	4★
12	南京大学	5★	29	同济大学	4★	46	云南大学	4★
13	浙江大学	5★	30	上海大学	4★	47	天津工业大学	4★
14	四川大学	5★-	31	华南理工大学	4★	48	新疆大学	4★
15	大连理工大学	5★-	32	西北工业大学	4★	49	杭州电子科技大学	4★
16	吉林大学	5★-	33	湘潭大学	4★			
17	武汉大学	5★-	34	北京理工大学	4★			

3★（73个），2★（97个），1★（24个）：名单略

0702 物理学（166）

排名	学校名称	等级	排名	学校名称	等级	排名	学校名称	等级
1	清华大学	5★+	13	哈尔滨工业大学	5★-	25	中山大学	4★
2	北京大学	5★+	14	四川大学	5★-	26	湖南大学	4★
3	中国科学技术大学	5★	15	北京航空航天大学	5★-	27	兰州大学	4★
4	南京大学	5★	16	山东大学	5★-	28	华南师范大学	4★
5	复旦大学	5★	17	北京师范大学	5★-	29	同济大学	4★
6	华中科技大学	5★	18	武汉大学	4★	30	上海大学	4★
7	上海交通大学	5★	19	北京理工大学	4★	31	中南大学	4★
8	浙江大学	5★	20	苏州大学	4★	32	华中师范大学	4★
9	吉林大学	5★	21	华东师范大学	4★	33	西北工业大学	4★
10	西安交通大学	5★-	22	大连理工大学	4★	34	宁波大学	4★
11	南开大学	5★-	23	厦门大学	4★			
12	电子科技大学	5★-	24	东南大学	4★			

3★（49个），2★（67个），1★（16个）：名单略

0703 化学（188）

排名	学校名称	等级	排名	学校名称	等级	排名	学校名称	等级
1	中国科学技术大学	5★+	3	北京大学	5★	5	清华大学	5★
2	浙江大学	5★+	4	南开大学	5★	6	复旦大学	5★

续表

排名	学校名称	等级	排名	学校名称	等级	排名	学校名称	等级
7	吉林大学	5★	18	兰州大学	5★-	29	华东师范大学	4★
8	四川大学	5★	19	福州大学	5★-	30	东南大学	4★
9	华南理工大学	5★	20	大连理工大学	5★-	31	南京工业大学	4★
10	南京大学	5★	21	山东大学	5★-	32	同济大学	4★
11	厦门大学	5★-	22	苏州大学	4★	33	西北大学	4★
12	武汉大学	5★-	23	郑州大学	4★	34	北京师范大学	4★
13	天津大学	5★-	24	北京化工大学	4★	35	东北师范大学	4★
14	中山大学	5★-	25	北京理工大学	4★	36	武汉理工大学	4★
15	华东理工大学	5★-	26	哈尔滨工业大学	4★	37	江西师范大学	4★
16	上海交通大学	5★-	27	华中科技大学	4★	38	北京科技大学	4★
17	湖南大学	5★-	28	中南大学	4★	39	浙江工业大学	4★
3★（55个），2★（76个），1★（18个）：名单略									

0704 天文学（15）

排名	学校名称	等级	排名	学校名称	等级	排名	学校名称	等级
1	南京大学	5★-	2	中国科学技术大学	4★	3	北京师范大学	4★
3★（4个），2★（6个），1★（2个）：名单略									

0705 地理学（82）

排名	学校名称	等级	排名	学校名称	等级	排名	学校名称	等级
1	北京师范大学	5★+	7	南京大学	5★-	13	河南大学	4★
2	北京大学	5★	8	中山大学	5★-	14	中国地质大学（武汉）	4★
3	武汉大学	5★	9	华南师范大学	4★	15	首都师范大学	4★
4	兰州大学	5★	10	河海大学	4★	16	陕西师范大学	4★
5	南京师范大学	5★-	11	云南师范大学	4★			
6	华东师范大学	5★-	12	新疆大学	4★			
3★（25个），2★（33个），1★（8个）：名单略									

0706 大气科学（16）

排名	学校名称	等级	排名	学校名称	等级	排名	学校名称	等级
1	南京信息工程大学	5★-	3	北京大学	4★			
2	南京大学	4★	4	兰州大学	4★			
3★（4个），2★（6个），1★（2个）：名单略									

0707 海洋科学（30）

排名	学校名称	等级	排名	学校名称	等级	排名	学校名称	等级
1	中国海洋大学	5★	4	浙江海洋大学	4★	7	河海大学	4★
2	厦门大学	5★-	5	山东大学	4★			
3	同济大学	5★-	6	浙江大学	4★			
3★（9个），2★（11个），1★（3个）：名单略									

0708 地球物理学（22）

排名	学校名称	等级	排名	学校名称	等级	排名	学校名称	等级
1	武汉大学	5★	3	中国科学技术大学	4★			
2	北京大学	5★-	4	南京大学	4★			
3★（7个），2★（8个），1★（3个）：名单略								

0709 地质学（40）

排名	学校名称	等级	排名	学校名称	等级	排名	学校名称	等级
1	中国地质大学（北京）	5★	3	北京大学	5★-	5	成都理工大学	4★
2	南京大学	5★	4	中国地质大学（武汉）	5★-	6	中国科学技术大学	4★
3★（14个），2★（16个），1★（4个）：名单略								

0710 生物学（224）

排名	学校名称	等级	排名	学校名称	等级	排名	学校名称	等级
1	北京大学	5★+	17	北京协和医学院	5★-	33	南京医科大学	4★
2	清华大学	5★+	18	西南大学	5★-	34	华南农业大学	4★
3	上海交通大学	5★	19	中国科学技术大学	5★-	35	福建农林大学	4★
4	复旦大学	5★	20	华中科技大学	5★-	36	中国医科大学	4★
5	中国农业大学	5★	21	南开大学	5★-	37	东南大学	4★
6	浙江大学	5★	22	吉林大学	5★-	38	首都医科大学	4★
7	中山大学	5★	23	南京农业大学	5★-	39	四川农业大学	4★
8	武汉大学	5★	24	西安交通大学	4★	40	陕西师范大学	4★
9	四川大学	5★	25	华东师范大学	4★	41	南昌大学	4★
10	华中农业大学	5★	26	同济大学	4★	42	天津大学	4★
11	山东大学	5★	27	兰州大学	4★	43	苏州大学	4★
12	西北农林科技大学	5★	28	北京林业大学	4★	44	东北师范大学	4★
13	厦门大学	5★-	29	中国海洋大学	4★	45	哈尔滨医科大学	4★
14	中南大学	5★-	30	南方医科大学	4★	46	南京师范大学	4★
15	北京师范大学	5★-	31	暨南大学	4★			
16	南京大学	5★-	32	云南大学	4★			
3★（68个），2★（88个），1★（22个）：名单略								

0711 系统科学（17）

排名	学校名称	等级	排名	学校名称	等级	排名	学校名称	等级
1	北京师范大学	5★-	2	哈尔滨工程大学	4★	3	北京交通大学	4★
3★（5个），2★（7个），1★（2个）：名单略								

0712 科学技术史（22）

排名	学校名称	等级	排名	学校名称	等级	排名	学校名称	等级
1	清华大学	5★	3	哈尔滨工业大学	4★	5	南京信息工程大学	4★
2	北京大学	5★-	4	中国科学技术大学	4★			
3★（8个），2★（6个），1★（3个）：名单略								

0713 生态学（111）

排名	学校名称	等级	排名	学校名称	等级	排名	学校名称	等级
1	北京师范大学	5★+	9	浙江大学	5★-	17	山东大学	4★
2	清华大学	5★	10	兰州大学	5★-	18	厦门大学	4★
3	华东师范大学	5★	11	南开大学	5★-	19	四川大学	4★
4	上海交通大学	5★	12	北京大学	5★-	20	西北农林科技大学	4★
5	中国农业大学	5★	13	上海应用技术大学	4★	21	中国海洋大学	4★
6	北京林业大学	5★	14	中国科学技术大学	4★	22	华南农业大学	4★
7	复旦大学	5★-	15	云南大学	4★			
8	中山大学	5★-	16	南京大学	4★			

3★（34个），2★（44个），1★（11个）：名单略

0714 统计学（116）

排名	学校名称	等级	排名	学校名称	等级	排名	学校名称	等级
1	北京师范大学	5★+	9	南开大学	5★-	17	华中科技大学	4★
2	清华大学	5★	10	复旦大学	5★-	18	中国人民大学	4★
3	四川大学	5★	11	山东大学	5★-	19	中南财经政法大学	4★
4	中央财经大学	5★	12	厦门大学	5★-	20	上海财经大学	4★
5	浙江工商大学	5★	13	华东师范大学	4★	21	重庆工商大学	4★
6	北京大学	5★-	14	中南大学	4★	22	西南大学	4★
7	武汉大学	5★-	15	浙江财经大学	4★	23	中国科学技术大学	4★
8	西安交通大学	5★-	16	中山大学	4★			

3★（35个），2★（46个），1★（12个）：名单略

0771 心理学（13）

排名	学校名称	等级	排名	学校名称	等级	排名	学校名称	等级
1	中山大学	5★-	2	华东师范大学	4★			

3★（4个），2★（5个），1★（2个）：名单略

0773 材料科学与工程（7）

排名	学校名称	等级	排名	学校名称	等级	排名	学校名称	等级
1	江汉大学	5★-	2	江西理工大学	4★			

3★（1个），2★（3个），1★（1个）：名单略

0774 电子科学与技术（15）

排名	学校名称	等级	排名	学校名称	等级	排名	学校名称	等级
1	山东大学	5★-	2	西安邮电大学	4★	3	内蒙古工业大学	4★

3★（4个），2★（6个），1★（2个）：名单略

0775 计算机科学与技术（38）

排名	学校名称	等级	排名	学校名称	等级	排名	学校名称	等级
1	四川大学	5★	4	西南石油大学	4★	7	江西理工大学	4★
2	华南农业大学	5★	5	湖南工业大学	4★			
3	湖北工业大学	5★-	6	浙江工商大学	4★			
3★（12个），2★（15个），1★（4个）：名单略								

0776 环境科学与工程（51）

排名	学校名称	等级	排名	学校名称	等级	排名	学校名称	等级
1	华中农业大学	5★	5	南昌航空大学	5★-	9	江苏大学	4★
2	南京信息工程大学	5★	6	北京航空航天大学	4★	10	南京林业大学	4★
3	华东师范大学	5★-	7	中国科学技术大学	4★			
4	华南农业大学	5★-	8	江西理工大学	4★			
3★（15个），2★（21个），1★（5个）：名单略								

0777 生物医学工程（19）

排名	学校名称	等级	排名	学校名称	等级	排名	学校名称	等级
1	哈尔滨工业大学	5★	2	大连理工大学	4★	3	同济大学	4★
3★（6个），2★（8个），1★（2个）：名单略								

0778 基础医学（15）

排名	学校名称	等级	排名	学校名称	等级	排名	学校名称	等级
1	山东大学	5★-	2	同济大学	4★	3	北京协和医学院	4★
3★（4个），2★（6个），1★（2个）：名单略								

0780 药学（18）

排名	学校名称	等级	排名	学校名称	等级	排名	学校名称	等级
1	武汉大学	5★-	2	北京大学	4★	3	上海交通大学	4★
3★（6个），2★（7个），1★（2个）：名单略								

0801 力学（102）

排名	学校名称	等级	排名	学校名称	等级	排名	学校名称	等级
1	北京大学	5★+	8	西北工业大学	5★-	15	复旦大学	4★
2	清华大学	5★	9	浙江大学	5★-	16	兰州大学	4★
3	哈尔滨工业大学	5★	10	南京航空航天大学	5★-	17	上海大学	4★
4	北京航空航天大学	5★	11	北京理工大学	4★	18	湖南大学	4★
5	大连理工大学	5★	12	中国科学技术大学	4★	19	中山大学	4★
6	西安交通大学	5★-	13	天津大学	4★	20	宁波大学	4★
7	上海交通大学	5★-	14	同济大学	4★			
3★（31个），2★（41个），1★（10个）：名单略								

0802 机械工程（205）

排名	学校名称	等级	排名	学校名称	等级	排名	学校名称	等级
1	上海交通大学	5★+	15	南京航空航天大学	5★-	29	电子科技大学	4★
2	清华大学	5★+	16	山东大学	5★-	30	西南交通大学	4★
3	西安交通大学	5★	17	中南大学	5★-	31	北京科技大学	4★
4	浙江大学	5★	18	同济大学	5★-	32	南京理工大学	4★
5	重庆大学	5★	19	大连理工大学	5★-	33	厦门大学	4★
6	哈尔滨工业大学	5★	20	华南理工大学	5★-	34	浙江工业大学	4★
7	北京理工大学	5★	21	上海大学	5★-	35	中国农业大学	4★
8	北京航空航天大学	5★	22	江苏大学	5★-	36	西安电子科技大学	4★
9	吉林大学	5★	23	北京交通大学	4★	37	四川大学	4★
10	湖南大学	5★	24	合肥工业大学	4★	38	广东工业大学	4★
11	燕山大学	5★	25	中国矿业大学	4★	39	东华大学	4★
12	西北工业大学	5★-	26	东南大学	4★	40	杭州电子科技大学	4★
13	华中科技大学	5★-	27	东北大学	4★	41	浙江理工大学	4★
14	天津大学	5★-	28	武汉理工大学	4★	42	太原理工大学	4★

3★（61个），2★（82个），1★（20个）：名单略

0803 光学工程（78）

排名	学校名称	等级	排名	学校名称	等级	排名	学校名称	等级
1	浙江大学	5★+	7	北京理工大学	5★-	13	南京理工大学	4★
2	清华大学	5★	8	复旦大学	5★-	14	哈尔滨工业大学	4★
3	华中科技大学	5★	9	北京航空航天大学	4★	15	深圳大学	4★
4	天津大学	5★	10	南开大学	4★	16	中山大学	4★
5	电子科技大学	5★-	11	中国计量大学	4★			
6	南京邮电大学	5★-	12	南京大学	4★			

3★（23个），2★（31个），1★（8个）：名单略

0804 仪器科学与技术（75）

排名	学校名称	等级	排名	学校名称	等级	排名	学校名称	等级
1	西安交通大学	5★+	7	天津大学	5★-	13	华中科技大学	4★
2	北京航空航天大学	5★	8	哈尔滨工业大学	5★-	14	电子科技大学	4★
3	清华大学	5★	9	北京理工大学	4★	15	大连理工大学	4★
4	中国计量大学	5★	10	中国科学技术大学	4★	16	燕山大学	4★
5	东南大学	5★-	11	吉林大学	4★			
6	上海交通大学	5★-	12	重庆大学	4★			

3★（21个），2★（31个），1★（7个）：名单略

0805 材料科学与工程（202）

排名	学校名称	等级	排名	学校名称	等级	排名	学校名称	等级
1	清华大学	5★+	3	哈尔滨工业大学	5★	5	上海交通大学	5★
2	西安交通大学	5★+	4	华中科技大学	5★	6	浙江大学	5★

续表

排名	学校名称	等级	排名	学校名称	等级	排名	学校名称	等级
7	北京航空航天大学	5★	19	山东大学	5★-	31	武汉大学	4★
8	北京科技大学	5★	20	吉林大学	5★-	32	同济大学	4★
9	西北工业大学	5★	21	南京理工大学	5★-	33	中山大学	4★
10	中南大学	5★	22	复旦大学	4★	34	东华大学	4★
11	华南理工大学	5★	23	重庆大学	4★	35	厦门大学	4★
12	四川大学	5★-	24	华东理工大学	4★	36	西安建筑科技大学	4★
13	中国科学技术大学	5★-	25	北京理工大学	4★	37	南京航空航天大学	4★
14	天津大学	5★-	26	电子科技大学	4★	38	燕山大学	4★
15	武汉理工大学	5★-	27	苏州大学	4★	39	湖南大学	4★
16	大连理工大学	5★-	28	上海大学	4★	40	郑州大学	4★
17	南京大学	5★-	29	北京化工大学	4★	41	南京工业大学	4★
18	东北大学	5★-	30	东南大学	4★	42	南开大学	4★

3★（60个），2★（80个），1★（20个）：名单略

0806 冶金工程（23）

排名	学校名称	等级	排名	学校名称	等级	排名	学校名称	等级
1	北京科技大学	5★	3	东北大学	4★			
2	中南大学	5★-	4	重庆大学	4★			

3★（7个），2★（9个），1★（3个）：名单略

0807 动力工程及工程热物理（110）

排名	学校名称	等级	排名	学校名称	等级	排名	学校名称	等级
1	西安交通大学	5★+	9	东南大学	5★-	17	华南理工大学	4★
2	浙江大学	5★	10	大连理工大学	5★-	18	山东大学	4★
3	清华大学	5★	11	重庆大学	5★-	19	华东理工大学	4★
4	上海交通大学	5★	12	北京理工大学	4★	20	南京航空航天大学	4★
5	北京航空航天大学	5★	13	华北电力大学	4★	21	同济大学	4★
6	天津大学	5★	14	江苏大学	4★	22	中南大学	4★
7	哈尔滨工业大学	5★-	15	西北工业大学	4★			
8	华中科技大学	5★-	16	中国科学技术大学	4★			

3★（33个），2★（44个），1★（11个）：名单略

0808 电气工程（100）

排名	学校名称	等级	排名	学校名称	等级	排名	学校名称	等级
1	清华大学	5★+	6	华中科技大学	5★-	11	武汉大学	4★
2	浙江大学	5★	7	电子科技大学	5★-	12	重庆大学	4★
3	西安交通大学	5★	8	湖南大学	5★-	13	天津大学	4★
4	哈尔滨工业大学	5★	9	华北电力大学	5★-	14	华南理工大学	4★
5	上海交通大学	5★	10	东南大学	5★-	15	山东大学	4★

排名	学校名称	等级	排名	学校名称	等级	排名	学校名称	等级
16	北京航空航天大学	4★	18	西南交通大学	4★	20	中国矿业大学	4★
17	西北工业大学	4★	19	南京航空航天大学	4★			

3★（30个），2★（40个），1★（10个）：名单略

0809 电子科学与技术（119）

排名	学校名称	等级	排名	学校名称	等级	排名	学校名称	等级
1	北京大学	5★+	10	南京大学	5★-	19	华南理工大学	4★
2	清华大学	5★	11	哈尔滨工业大学	5★-	20	杭州电子科技大学	4★
3	电子科技大学	5★	12	复旦大学	5★-	21	西北工业大学	4★
4	上海交通大学	5★	13	北京航空航天大学	5★-	22	天津大学	4★
5	西安电子科技大学	5★	14	南京邮电大学	4★	23	厦门大学	4★
6	浙江大学	5★	15	西安交通大学	4★	24	武汉大学	4★
7	华中科技大学	5★-	16	北京理工大学	4★	25	山东大学	4★
8	北京邮电大学	5★-	17	中国科学技术大学	4★			
9	东南大学	5★-	18	湖南大学	4★			

3★（35个），2★（47个），1★（12个）：名单略

0810 信息与通信工程（169）

排名	学校名称	等级	排名	学校名称	等级	排名	学校名称	等级
1	清华大学	5★+	13	北京理工大学	5★-	25	中国科学技术大学	4★
2	西安电子科技大学	5★+	14	北京交通大学	5★-	26	上海大学	4★
3	电子科技大学	5★	15	华南理工大学	5★-	27	哈尔滨工程大学	4★
4	东南大学	5★	16	西安交通大学	5★-	28	大连理工大学	4★
5	上海交通大学	5★	17	西北工业大学	5★-	29	西南交通大学	4★
6	北京邮电大学	5★	18	武汉大学	4★	30	中山大学	4★
7	北京航空航天大学	5★	19	华中科技大学	4★	31	东北大学	4★
8	北京大学	5★	20	天津大学	4★	32	中国传媒大学	4★
9	宁波大学	5★	21	南京航空航天大学	4★	33	山东大学	4★
10	哈尔滨工业大学	5★-	22	重庆大学	4★	34	四川大学	4★
11	南京邮电大学	5★-	23	南京理工大学	4★			
12	浙江大学	5★-	24	重庆邮电大学	4★			

3★（51个），2★（67个），1★（17个）：名单略

0811 控制科学与工程（182）

排名	学校名称	等级	排名	学校名称	等级	排名	学校名称	等级
1	清华大学	5★+	5	华中科技大学	5★	9	大连理工大学	5★
2	上海交通大学	5★+	6	浙江大学	5★	10	东北大学	5★
3	北京航空航天大学	5★	7	北京理工大学	5★	11	东南大学	5★-
4	哈尔滨工业大学	5★	8	西北工业大学	5★	12	西安交通大学	5★-

续表

排名	学校名称	等级	排名	学校名称	等级	排名	学校名称	等级
13	电子科技大学	5★-	22	天津大学	4★	31	华东理工大学	4★
14	南京理工大学	5★-	23	南京航空航天大学	4★	32	北京交通大学	4★
15	同济大学	5★-	24	湖南大学	4★	33	重庆大学	4★
16	山东大学	5★-	25	江南大学	4★	34	南开大学	4★
17	华南理工大学	5★-	26	北京科技大学	4★	35	武汉大学	4★
18	中南大学	5★-	27	哈尔滨工程大学	4★	36	上海大学	4★
19	杭州电子科技大学	5★-	28	西安电子科技大学	4★	37	河海大学	4★
20	广东工业大学	4★	29	浙江工业大学	4★	38	燕山大学	4★
21	中国科学技术大学	4★	30	吉林大学	4★			

3★（53个），2★（73个），1★（18个）：名单略

0812 计算机科学与技术（262）

排名	学校名称	等级	排名	学校名称	等级	排名	学校名称	等级
1	清华大学	5★+	19	南京大学	5★-	37	南京航空航天大学	4★
2	北京大学	5★+	20	北京理工大学	5★-	38	北京师范大学	4★
3	武汉大学	5★+	21	东北大学	5★-	39	哈尔滨工程大学	4★
4	浙江大学	5★	22	北京交通大学	5★-	40	河海大学	4★
5	北京航空航天大学	5★	23	中南大学	5★-	41	安徽大学	4★
6	上海交通大学	5★	24	复旦大学	5★-	42	南京邮电大学	4★
7	华中科技大学	5★	25	华南理工大学	5★-	43	北京科技大学	4★
8	哈尔滨工业大学	5★	26	湖南大学	5★-	44	上海大学	4★
9	西北工业大学	5★	27	重庆大学	5★-	45	北京工业大学	4★
10	北京邮电大学	5★	28	天津大学	4★	46	中国矿业大学	4★
11	同济大学	5★	29	中山大学	4★	47	重庆邮电大学	4★
12	电子科技大学	5★	30	华东师范大学	4★	48	西南交通大学	4★
13	西安交通大学	5★	31	四川大学	4★	49	浙江工业大学	4★
14	杭州电子科技大学	5★	32	厦门大学	4★	50	南开大学	4★
15	西安电子科技大学	5★	33	合肥工业大学	4★	51	燕山大学	4★
16	大连理工大学	5★-	34	吉林大学	4★	52	浙江师范大学	4★
17	中国科学技术大学	5★-	35	山东大学	4★	53	太原理工大学	4★
18	东南大学	5★-	36	南京理工大学	4★			

3★（79个），2★（105个），1★（25个）：名单略

0813 建筑学（57）

排名	学校名称	等级	排名	学校名称	等级	排名	学校名称	等级
1	同济大学	5★	5	哈尔滨工业大学	5★-	9	重庆大学	4★
2	清华大学	5★	6	华南理工大学	4★	10	西安建筑科技大学	4★
3	天津大学	5★	7	上海交通大学	4★	11	浙江大学	4★
4	东南大学	5★-	8	湖南大学	4★			

3★（18个），2★（22个），1★（6个）：名单略

0814 土木工程（153）

排名	学校名称	等级	排名	学校名称	等级	排名	学校名称	等级
1	哈尔滨工业大学	5★+	12	华中科技大学	5★-	23	北京科技大学	4★
2	浙江大学	5★+	13	重庆大学	5★-	24	长安大学	4★
3	东南大学	5★	14	西南交通大学	5★-	25	山东大学	4★
4	清华大学	5★	15	北京交通大学	5★-	26	武汉理工大学	4★
5	湖南大学	5★	16	上海交通大学	5★-	27	合肥工业大学	4★
6	同济大学	5★	17	中国矿业大学	4★	28	南京工业大学	4★
7	西安建筑科技大学	5★	18	北京工业大学	4★	29	郑州大学	4★
8	大连理工大学	5★	19	华南理工大学	4★	30	中国地质大学（北京）	4★
9	中南大学	5★-	20	武汉大学	4★	31	中国矿业大学（北京）	4★
10	天津大学	5★-	21	四川大学	4★	32	福州大学	4★
11	河海大学	5★-	22	广西大学	4★			

3★（45个），2★（61个），1★（15个）：名单略

0815 水利工程（63）

排名	学校名称	等级	排名	学校名称	等级	排名	学校名称	等级
1	清华大学	5★	5	华中科技大学	5★-	9	西北农林科技大学	4★
2	武汉大学	5★	6	大连理工大学	5★-	10	中国海洋大学	4★
3	河海大学	5★	7	四川大学	4★	11	北京师范大学	4★
4	天津大学	5★-	8	中国农业大学	4★	12	同济大学	4★

3★（21个），2★（24个），1★（6个）：名单略

0816 测绘科学与技术（50）

排名	学校名称	等级	排名	学校名称	等级	排名	学校名称	等级
1	武汉大学	5★	5	北京大学	5★-	9	中国地质大学（北京）	4★
2	中南大学	5★	6	电子科技大学	4★	10	东南大学	4★
3	同济大学	5★-	7	中国矿业大学	4★			
4	北京师范大学	5★-	8	清华大学	4★			

3★（15个），2★（20个），1★（5个）：名单略

0817 化学工程与技术（194）

排名	学校名称	等级	排名	学校名称	等级	排名	学校名称	等级
1	天津大学	5★+	9	哈尔滨工业大学	5★	17	北京理工大学	5★-
2	清华大学	5★+	10	浙江工业大学	5★	18	中南大学	5★-
3	华南理工大学	5★	11	江南大学	5★-	19	湖南大学	5★-
4	上海交通大学	5★	12	北京化工大学	5★-	20	重庆大学	5★-
5	浙江大学	5★	13	西安交通大学	5★-	21	西北大学	4★
6	华东理工大学	5★	14	四川大学	5★-	22	南京理工大学	4★
7	南京工业大学	5★	15	中国石油大学（北京）	5★-	23	东南大学	4★
8	大连理工大学	5★	16	厦门大学	5★-	24	广西大学	4★

续表

排名	学校名称	等级	排名	学校名称	等级	排名	学校名称	等级
25	郑州大学	4★	30	中国矿业大学	4★	35	济南大学	4★
26	太原理工大学	4★	31	广东工业大学	4★	36	福州大学	4★
27	中山大学	4★	32	燕山大学	4★	37	陕西科技大学	4★
28	青岛科技大学	4★	33	苏州大学	4★	38	东北大学	4★
29	中国石油大学（华东）	4★	34	湘潭大学	4★	39	西南石油大学	4★
3★（58个），2★（78个），1★（19个）：名单略								

0818 地质资源与地质工程（46）

排名	学校名称	等级	排名	学校名称	等级	排名	学校名称	等级
1	中国地质大学（北京）	5★	5	中国地质大学（武汉）	4★	9	西南交通大学	4★
2	南京大学	5★	6	中国石油大学（北京）	4★	10	西北大学	4★
3	中南大学	5★-	7	同济大学	4★	11	成都理工大学	4★
4	吉林大学	5★-	8	长安大学	4★			
3★（12个），2★（18个），1★（5个）：名单略								

0819 矿业工程（32）

排名	学校名称	等级	排名	学校名称	等级	排名	学校名称	等级
1	中国矿业大学	5★	3	重庆大学	5★-	5	河南理工大学	4★
2	中南大学	5★-	4	东北大学	4★	6	北京科技大学	4★
3★（10个），2★（12个），1★（4个）：名单略								

0820 石油与天然气工程（17）

排名	学校名称	等级	排名	学校名称	等级	排名	学校名称	等级
1	中国石油大学（北京）	5★-	2	中国石油大学（华东）	4★	3	西南石油大学	4★
3★（5个），2★（7个），1★（2个）：名单略								

0821 纺织科学与工程（20）

排名	学校名称	等级	排名	学校名称	等级	排名	学校名称	等级
1	东华大学	5★	3	江南大学	4★			
2	浙江理工大学	5★-	4	苏州大学	4★			
3★（6个），2★（8个），1★（2个）：名单略								

0822 轻工技术与工程（31）

排名	学校名称	等级	排名	学校名称	等级	排名	学校名称	等级
1	江南大学	5★	3	四川大学	5★-	5	天津科技大学	4★
2	华南理工大学	5★-	4	南京工业大学	4★	6	南京林业大学	4★
3★（9个），2★（13个），1★（3个）：名单略								

0823 交通运输工程（62）

排名	学校名称	等级	排名	学校名称	等级	排名	学校名称	等级
1	北京交通大学	5★	5	北京航空航天大学	5★-	9	哈尔滨工业大学	4★
2	中南大学	5★	6	东南大学	5★-	10	长安大学	4★
3	同济大学	5★	7	上海交通大学	4★	11	大连海事大学	4★
4	西南交通大学	5★-	8	吉林大学	4★	12	武汉理工大学	4★
3★（19个），2★（25个），1★（6个）：名单略								

0824 船舶与海洋工程（16）

排名	学校名称	等级	排名	学校名称	等级	排名	学校名称	等级
1	上海交通大学	5★-	2	大连理工大学	4★	3	浙江海洋大学	4★
3★（6个），2★（5个），1★（2个）：名单略								

0825 航空宇航科学与技术（21）

排名	学校名称	等级	排名	学校名称	等级	排名	学校名称	等级
1	北京航空航天大学	5★	3	西北工业大学	4★			
2	哈尔滨工业大学	5★-	4	清华大学	4★			
3★（7个），2★（8个），1★（2个）：名单略								

0826 兵器科学与技术（7）

排名	学校名称	等级	排名	学校名称	等级	排名	学校名称	等级
1	北京理工大学	5★-	2	南京理工大学	4★			
3★（1个），2★（3个），1★（1个）：名单略								

0827 核科学与技术（19）

排名	学校名称	等级	排名	学校名称	等级	排名	学校名称	等级
1	清华大学	5★	2	西安交通大学	4★	3	上海交通大学	4★
3★（6个），2★（8个），1★（2个）：名单略								

0828 农业工程（47）

排名	学校名称	等级	排名	学校名称	等级	排名	学校名称	等级
1	中国农业大学	5★	4	吉林大学	5★-	7	南京农业大学	4★
2	浙江大学	5★	5	华南农业大学	4★	8	西南大学	4★
3	西北农林科技大学	5★-	6	华中农业大学	4★	9	江苏大学	4★
3★（14个），2★（19个），1★（5个）：名单略								

0829 林业工程（13）

排名	学校名称	等级	排名	学校名称	等级	排名	学校名称	等级
1	北京林业大学	5★-	2	东北林业大学	4★			
3★（4个），2★（5个），1★（2个）：名单略								

0830 环境科学与工程（174）

排名	学校名称	等级	排名	学校名称	等级	排名	学校名称	等级
1	清华大学	5★+	13	大连理工大学	5★-	25	厦门大学	4★
2	北京师范大学	5★+	14	河海大学	5★-	26	中国科学技术大学	4★
3	北京大学	5★	15	上海交通大学	5★-	27	西北农林科技大学	4★
4	同济大学	5★	16	武汉大学	5★-	28	东南大学	4★
5	浙江大学	5★	17	中国海洋大学	5★-	29	华中科技大学	4★
6	华南理工大学	5★	18	复旦大学	5★-	30	华东师范大学	4★
7	南京大学	5★	19	中山大学	4★	31	北京科技大学	4★
8	湖南大学	5★	20	四川大学	4★	32	中国地质大学（武汉）	4★
9	哈尔滨工业大学	5★	21	中国农业大学	4★	33	中南大学	4★
10	南开大学	5★-	22	重庆大学	4★	34	浙江工业大学	4★
11	天津大学	5★-	23	兰州大学	4★	35	昆明理工大学	4★
12	山东大学	5★-	24	西安建筑科技大学	4★			

3★（52个），2★（70个），1★（17个）：名单略

0831 生物医学工程（57）

排名	学校名称	等级	排名	学校名称	等级	排名	学校名称	等级
1	浙江大学	5★	5	华中科技大学	5★-	9	天津大学	4★
2	清华大学	5★	6	复旦大学	4★	10	东南大学	4★
3	北京大学	5★	7	北京协和医学院	4★	11	北京航空航天大学	4★
4	上海交通大学	5★-	8	四川大学	4★			

3★（17个），2★（23个），1★（6个）：名单略

0832 食品科学与工程（92）

排名	学校名称	等级	排名	学校名称	等级	排名	学校名称	等级
1	中国农业大学	5★+	7	南京农业大学	5★-	13	吉林大学	4★
2	江南大学	5★	8	中国海洋大学	5★-	14	东北农业大学	4★
3	浙江大学	5★	9	江苏大学	4★	15	浙江工商大学	4★
4	华南理工大学	5★	10	华中农业大学	4★	16	渤海大学	4★
5	西北农林科技大学	5★	11	南昌大学	4★	17	河南工业大学	4★
6	西南大学	5★-	12	合肥工业大学	4★	18	华南农业大学	4★

3★（28个），2★（37个），1★（9个）：名单略

0833 城乡规划学（51）

排名	学校名称	等级	排名	学校名称	等级	排名	学校名称	等级
1	清华大学	5★	5	哈尔滨工业大学	5★-	9	重庆大学	4★
2	华中科技大学	5★	6	天津大学	4★	10	华南理工大学	4★
3	同济大学	5★-	7	南京大学	4★			
4	西安建筑科技大学	5★-	8	浙江农林大学	4★			

3★（15个），2★（21个），1★（5个）：名单略

0834 风景园林学（54）

排名	学校名称	等级	排名	学校名称	等级	排名	学校名称	等级
1	清华大学	5★	5	天津大学	5★-	9	重庆大学	4★
2	同济大学	5★	6	华南理工大学	4★	10	四川农业大学	4★
3	西安建筑科技大学	5★	7	北京林业大学	4★	11	上海交通大学	4★
4	华中科技大学	5★-	8	哈尔滨工业大学	4★			

3★（16个），2★（21个），1★（6个）：名单略

0835 软件工程（155）

排名	学校名称	等级	排名	学校名称	等级	排名	学校名称	等级
1	北京大学	5★+	12	北京邮电大学	5★-	23	华南理工大学	4★
2	华东师范大学	5★+	13	北京航空航天大学	5★-	24	东北大学	4★
3	清华大学	5★	14	四川大学	5★-	25	吉林大学	4★
4	武汉大学	5★	15	山东大学	5★-	26	燕山大学	4★
5	南京大学	5★	16	中山大学	5★-	27	浙江工业大学	4★
6	复旦大学	5★	17	同济大学	4★	28	南京航空航天大学	4★
7	电子科技大学	5★	18	重庆大学	4★	29	东南大学	4★
8	上海交通大学	5★	19	南开大学	4★	30	北京工业大学	4★
9	北京理工大学	5★-	20	哈尔滨工业大学	4★	31	浙江理工大学	4★
10	西安交通大学	5★-	21	大连理工大学	4★	32	浙江师范大学	4★
11	浙江大学	5★-	22	西北工业大学	4★			

3★（46个），2★（62个），1★（15个）：名单略

0837 安全科学与工程（54）

排名	学校名称	等级	排名	学校名称	等级	排名	学校名称	等级
1	中国科学技术大学	5★	5	西安科技大学	5★-	9	北京科技大学	4★
2	北京理工大学	5★	6	北京师范大学	4★	10	中南大学	4★
3	重庆大学	5★-	7	中国矿业大学	4★	11	中国石油大学（北京）	4★
4	大连理工大学	5★-	8	武汉理工大学	4★			

3★（16个），2★（21个），1★（6个）：名单略

0839 网络空间安全（29）

排名	学校名称	等级	排名	学校名称	等级	排名	学校名称	等级
1	电子科技大学	5★	3	清华大学	4★	5	西安电子科技大学	4★
2	中山大学	5★-	4	上海交通大学	4★	6	浙江大学	4★

3★（9个），2★（11个），1★（3个）：名单略

0871 管理科学与工程（44）

排名	学校名称	等级	排名	学校名称	等级	排名	学校名称	等级
1	清华大学	5★	3	北京邮电大学	5★-	5	深圳大学	4★
2	大连理工大学	5★	4	浙江工商大学	5★-	6	北京科技大学	4★

排名	学校名称	等级	排名	学校名称	等级	排名	学校名称	等级
7	北京化工大学	4★	8	华北电力大学	4★	9	西安建筑科技大学	4★
3★（13个），2★（17个），1★（5个）：名单略							

0872 设计学（10）

排名	学校名称	等级	排名	学校名称	等级	排名	学校名称	等级
1	哈尔滨工业大学	5★-	2	同济大学	4★			
3★（3个），2★（4个），1★（1个）：名单略							

0901 作物学（46）

排名	学校名称	等级	排名	学校名称	等级	排名	学校名称	等级
1	中国农业大学	5★	4	华中农业大学	5★-	7	四川农业大学	4★
2	浙江大学	5★	5	南京农业大学	4★	8	山东农业大学	4★
3	西北农林科技大学	5★-	6	扬州大学	4★	9	华南农业大学	4★
3★（14个），2★（18个），1★（5个）：名单略							

0902 园艺学（39）

排名	学校名称	等级	排名	学校名称	等级	排名	学校名称	等级
1	南京农业大学	5★	4	西北农林科技大学	5★-	7	华中农业大学	4★
2	浙江大学	5★	5	上海交通大学	4★			
3	中国农业大学	5★-	6	山东农业大学	4★			
3★（12个），2★（16个），1★（4个）：名单略							

0903 农业资源与环境（39）

排名	学校名称	等级	排名	学校名称	等级	排名	学校名称	等级
1	中国农业大学	5★	4	华中农业大学	5★-	7	南京农业大学	4★
2	浙江大学	5★	5	西北农林科技大学	4★			
3	东北农业大学	5★-	6	沈阳农业大学	4★			
3★（12个），2★（16个），1★（4个）：名单略							

0904 植物保护（44）

排名	学校名称	等级	排名	学校名称	等级	排名	学校名称	等级
1	中国农业大学	5★	4	南开大学	5★-	7	浙江大学	4★
2	南京农业大学	5★	5	华中农业大学	4★	8	福建农林大学	4★
3	西北农林科技大学	5★-	6	云南农业大学	4★	9	华南农业大学	4★
3★（13个），2★（17个），1★（5个）：名单略							

0905 畜牧学（48）

排名	学校名称	等级	排名	学校名称	等级	排名	学校名称	等级
1	中国农业大学	5★	2	西北农林科技大学	5★	3	浙江大学	5★-

续表

排名	学校名称	等级	排名	学校名称	等级	排名	学校名称	等级
4	华中农业大学	5★-	6	四川农业大学	4★	8	华南农业大学	4★
5	南京农业大学	5★-	7	扬州大学	4★	9	西南大学	4★
3★（15个），2★（19个），1★（5个）：名单略								

0906 兽医学（41）

排名	学校名称	等级	排名	学校名称	等级	排名	学校名称	等级
1	中国农业大学	5★	4	华中农业大学	5★-	7	东北农业大学	4★
2	扬州大学	5★	5	西北农林科技大学	4★	8	吉林农业大学	4★
3	吉林大学	5★-	6	南京农业大学	4★			
3★（12个），2★（17个），1★（4个）：名单略								

0907 林学（44）

排名	学校名称	等级	排名	学校名称	等级	排名	学校名称	等级
1	北京林业大学	5★	4	西北农林科技大学	5★-	7	中南林业科技大学	4★
2	东北林业大学	5★	5	福建农林大学	4★	8	浙江农林大学	4★
3	南京林业大学	5★-	6	西南林业大学	4★	9	安徽农业大学	4★
3★（13个），2★（17个），1★（5个）：名单略								

0908 水产（26）

排名	学校名称	等级	排名	学校名称	等级	排名	学校名称	等级
1	中国海洋大学	5★	3	宁波大学	4★	5	华中农业大学	4★
2	上海海洋大学	5★-	4	浙江海洋大学	4★			
3★（8个），2★（10个），1★（3个）：名单略								

0909 草学（28）

排名	学校名称	等级	排名	学校名称	等级	排名	学校名称	等级
1	兰州大学	5★	3	东北师范大学	4★	5	甘肃农业大学	4★
2	中山大学	5★-	4	北京林业大学	4★	6	中国农业大学	4★
3★（8个），2★（11个），1★（3个）：名单略								

0972 食品科学与工程（25）

排名	学校名称	等级	排名	学校名称	等级	排名	学校名称	等级
1	四川大学	5★	3	陕西师范大学	4★	5	辽宁大学	4★
2	山东师范大学	5★-	4	上海海洋大学	4★			
3★（7个），2★（10个），1★（3个）：名单略								

1001 基础医学（97）

排名	学校名称	等级	排名	学校名称	等级	排名	学校名称	等级
1	复旦大学	5★+	2	北京大学	5★	3	中山大学	5★

续表

排名	学校名称	等级	排名	学校名称	等级	排名	学校名称	等级
4	北京协和医学院	5★	10	山东大学	5★-	16	清华大学	4★
5	浙江大学	5★	11	中南大学	4★	17	首都医科大学	4★
6	吉林大学	5★-	12	华中科技大学	4★	18	南京大学	4★
7	上海交通大学	5★-	13	深圳大学	4★	19	苏州大学	4★
8	四川大学	5★-	14	南京医科大学	4★			
9	武汉大学	5★-	15	西安交通大学	4★			

3★（29个），2★（39个），1★（10个）：名单略

1002 临床医学（108）

排名	学校名称	等级	排名	学校名称	等级	排名	学校名称	等级
1	上海交通大学	5★+	9	北京协和医学院	5★-	17	同济大学	4★
2	复旦大学	5★	10	华中科技大学	5★-	18	南方医科大学	4★
3	中山大学	5★	11	南京医科大学	5★-	19	武汉大学	4★
4	北京大学	5★	12	山东大学	4★	20	苏州大学	4★
5	浙江大学	5★	13	天津医科大学	4★	21	吉林大学	4★
6	首都医科大学	5★-	14	西安交通大学	4★	22	温州医科大学	4★
7	中南大学	5★-	15	郑州大学	4★			
8	四川大学	5★-	16	中国医科大学	4★			

3★（32个），2★（43个），1★（11个）：名单略

1003 口腔医学（44）

排名	学校名称	等级	排名	学校名称	等级	排名	学校名称	等级
1	北京大学	5★	4	武汉大学	5★-	7	浙江大学	4★
2	四川大学	5★	5	中山大学	4★	8	同济大学	4★
3	上海交通大学	5★-	6	南京医科大学	4★	9	中国医科大学	4★

3★（13个），2★（17个），1★（5个）：名单略

1004 公共卫生与预防医学（70）

排名	学校名称	等级	排名	学校名称	等级	排名	学校名称	等级
1	北京大学	5★+	6	复旦大学	5★-	11	山东大学	4★
2	华中科技大学	5★	7	中南大学	5★-	12	东南大学	4★
3	浙江大学	5★	8	哈尔滨医科大学	5★-	13	南京医科大学	4★
4	四川大学	5★-	9	上海交通大学	4★	14	中国医科大学	4★
5	中山大学	5★-	10	郑州大学	4★			

3★（21个），2★（28个），1★（7个）：名单略

1005 中医学（41）

排名	学校名称	等级	排名	学校名称	等级	排名	学校名称	等级
1	上海中医药大学	5★	2	北京中医药大学	5★	3	南京中医药大学	5★-

续表

排名	学校名称	等级	排名	学校名称	等级	排名	学校名称	等级
4	广州中医药大学	5★-	6	湖北中医药大学	4★	8	天津中医药大学	4★
5	浙江中医药大学	4★	7	山东中医药大学	4★			

3★（12个），2★（17个），1★（4个）：名单略

1006 中西医结合（66）

排名	学校名称	等级	排名	学校名称	等级	排名	学校名称	等级
1	北京中医药大学	5★	6	南京中医药大学	5★-	11	广东药科大学	4★
2	上海中医药大学	5★	7	辽宁中医药大学	4★	12	成都中医药大学	4★
3	浙江中医药大学	5★	8	华中科技大学	4★	13	上海交通大学	4★
4	天津中医药大学	5★-	9	复旦大学	4★			
5	广州中医药大学	5★-	10	湖南中医药大学	4★			

3★（20个），2★（26个），1★（7个）：名单略

1007 药学（131）

排名	学校名称	等级	排名	学校名称	等级	排名	学校名称	等级
1	中国药科大学	5★+	10	北京协和医学院	5★-	19	浙江工业大学	4★
2	浙江大学	5★	11	中南大学	5★-	20	哈尔滨医科大学	4★
3	沈阳药科大学	5★	12	南京大学	5★-	21	华东理工大学	4★
4	中山大学	5★	13	郑州大学	5★-	22	苏州大学	4★
5	上海交通大学	5★	14	华中科技大学	4★	23	暨南大学	4★
6	复旦大学	5★	15	中国海洋大学	4★	24	南京医科大学	4★
7	北京大学	5★	16	吉林大学	4★	25	广东药科大学	4★
8	四川大学	5★-	17	西安交通大学	4★	26	首都医科大学	4★
9	山东大学	5★-	18	武汉大学	4★			

3★（40个），2★（52个），1★（13个）：名单略

1008 中药学（45）

排名	学校名称	等级	排名	学校名称	等级	排名	学校名称	等级
1	北京中医药大学	5★	4	成都中医药大学	5★-	7	沈阳药科大学	4★
2	中国药科大学	5★	5	天津中医药大学	4★	8	西北大学	4★
3	上海中医药大学	5★-	6	南京中医药大学	4★	9	江西中医药大学	4★

3★（13个），2★（18个），1★（5个）：名单略

1009 特种医学（10）

排名	学校名称	等级	排名	学校名称	等级	排名	学校名称	等级
1	四川大学	5★-	2	中山大学	4★			

3★（4个），2★（3个），1★（1个）：名单略

1011 护理学（63）

排名	学校名称	等级	排名	学校名称	等级	排名	学校名称	等级
1	四川大学	5★	5	中南大学	5★-	9	上海交通大学	4★
2	北京大学	5★	6	华中科技大学	5★-	10	吉林大学	4★
3	复旦大学	5★	7	中山大学	4★	11	浙江大学	4★
4	山东大学	5★-	8	武汉大学	4★	12	山西医科大学	4★

3★（19个），2★（26个），1★（6个）：名单略

1072 生物医学工程（13）

排名	学校名称	等级	排名	学校名称	等级	排名	学校名称	等级
1	电子科技大学	5★-	2	北京航空航天大学	4★			

3★（4个），2★（5个），1★（2个）：名单略

1201 管理科学与工程（199）

排名	学校名称	等级	排名	学校名称	等级	排名	学校名称	等级
1	清华大学	5★+	15	中山大学	5★-	29	中国矿业大学（北京）	4★
2	西安交通大学	5★+	16	南京航空航天大学	5★-	30	华中师范大学	4★
3	天津大学	5★	17	华中科技大学	5★-	31	山东大学	4★
4	浙江大学	5★	18	电子科技大学	5★-	32	北京大学	4★
5	合肥工业大学	5★	19	同济大学	5★-	33	南昌大学	4★
6	上海交通大学	5★	20	中国科学技术大学	5★-	34	上海财经大学	4★
7	华南理工大学	5★	21	南京理工大学	4★	35	厦门大学	4★
8	北京理工大学	5★	22	中南大学	4★	36	西安建筑科技大学	4★
9	南京大学	5★	23	哈尔滨工业大学	4★	37	吉林大学	4★
10	四川大学	5★	24	复旦大学	4★	38	北京科技大学	4★
11	武汉大学	5★-	25	大连理工大学	4★	39	湖南大学	4★
12	北京交通大学	5★-	26	东南大学	4★	40	杭州电子科技大学	4★
13	北京航空航天大学	5★-	27	上海大学	4★	41	东北大学	4★
14	重庆大学	5★-	28	西北工业大学	4★			

3★（59个），2★（80个），1★（19个）：名单略

1202 工商管理（303）

排名	学校名称	等级	排名	学校名称	等级	排名	学校名称	等级
1	西安交通大学	5★+	9	上海交通大学	5★	17	中南大学	5★-
2	中国人民大学	5★+	10	西南财经大学	5★	18	华中科技大学	5★-
3	清华大学	5★+	11	武汉大学	5★	19	吉林大学	5★-
4	中山大学	5★	12	东北财经大学	5★	20	暨南大学	5★-
5	厦门大学	5★	13	浙江大学	5★	21	天津财经大学	5★-
6	南开大学	5★	14	对外经济贸易大学	5★	22	大连理工大学	5★-
7	南京大学	5★	15	华南理工大学	5★	23	首都经济贸易大学	5★-
8	北京大学	5★	16	中南财经政法大学	5★-	24	四川大学	5★-

续表

排名	学校名称	等级	排名	学校名称	等级	排名	学校名称	等级
25	浙江工商大学	5★-	38	山西财经大学	4★	51	华北电力大学	4★
26	湖南大学	5★-	39	东北大学	4★	52	上海大学	4★
27	哈尔滨工业大学	5★-	40	北京交通大学	4★	53	合肥工业大学	4★
28	上海财经大学	5★-	41	中国海洋大学	4★	54	西南交通大学	4★
29	复旦大学	5★-	42	云南大学	4★	55	西安理工大学	4★
30	重庆大学	5★-	43	河海大学	4★	56	华侨大学	4★
31	电子科技大学	4★	44	山东大学	4★	57	浙江财经大学	4★
32	中央财经大学	4★	45	福州大学	4★	58	辽宁大学	4★
33	同济大学	4★	46	华东师范大学	4★	59	北京科技大学	4★
34	江西财经大学	4★	47	山东财经大学	4★	60	武汉理工大学	4★
35	湖南商学院	4★	48	浙江工业大学	4★	61	重庆工商大学	4★
36	北京理工大学	4★	49	南京财经大学	4★	62	燕山大学	4★
37	天津大学	4★	50	苏州大学	4★			
3★（91个），2★（121个），1★（29个）：名单略									

1203 农林经济管理（51）

排名	学校名称	等级	排名	学校名称	等级	排名	学校名称	等级
1	中国人民大学	5★	5	中国农业大学	5★-	9	华南农业大学	4★
2	浙江大学	5★	6	南京林业大学	4★	10	东北农业大学	4★
3	西北农林科技大学	5★-	7	北京林业大学	4★			
4	华中农业大学	5★-	8	南京农业大学	4★			
3★（15个），2★（21个），1★（5个）：名单略									

1204 公共管理（206）

排名	学校名称	等级	排名	学校名称	等级	排名	学校名称	等级
1	北京大学	5★+	15	厦门大学	5★-	29	华中师范大学	4★
2	中国人民大学	5★+	16	中南财经政法大学	5★-	30	中国地质大学（武汉）	4★
3	浙江大学	5★	17	吉林大学	5★-	31	中国矿业大学	4★
4	清华大学	5★	18	郑州大学	5★-	32	对外经济贸易大学	4★
5	中山大学	5★	19	四川大学	5★-	33	华南理工大学	4★
6	北京师范大学	5★	20	天津大学	5★-	34	华中农业大学	4★
7	武汉大学	5★	21	山东大学	5★-	35	中国地质大学（北京）	4★
8	南京大学	5★	22	北京航空航天大学	4★	36	广西大学	4★
9	西安交通大学	5★	23	东北大学	4★	37	华东政法大学	4★
10	兰州大学	5★	24	云南大学	4★	38	湘潭大学	4★
11	复旦大学	5★	25	南开大学	4★	39	东北财经大学	4★
12	中南大学	5★-	26	华东师范大学	4★	40	东北师范大学	4★
13	华中科技大学	5★-	27	南京农业大学	4★	41	浙江师范大学	4★
14	上海交通大学	5★-	28	中国农业大学	4★	42	山西财经大学	4★
3★（62个），2★（82个），1★（20个）：名单略									

1205 图书情报与档案管理（56）

排名	学校名称	等级	排名	学校名称	等级	排名	学校名称	等级
1	武汉大学	5★	5	中山大学	5★-	9	华东师范大学	4★
2	南京大学	5★	6	南开大学	4★	10	黑龙江大学	4★
3	中国人民大学	5★	7	吉林大学	4★	11	北京师范大学	4★
4	北京大学	5★-	8	华中师范大学	4★			

3★（17个），2★（22个），1★（6个）：名单略

1301 艺术学理论（63）

排名	学校名称	等级	排名	学校名称	等级	排名	学校名称	等级
1	清华大学	5★	5	南京大学	5★-	9	中国美术学院	4★
2	北京大学	5★	6	上海音乐学院	5★-	10	北京师范大学	4★
3	中央美术学院	5★	7	东南大学	4★	11	浙江理工大学	4★
4	四川大学	5★-	8	杭州师范大学	4★	12	中国传媒大学	4★

3★（20个），2★（25个），1★（6个）：名单略

1302 音乐与舞蹈学（82）

排名	学校名称	等级	排名	学校名称	等级	排名	学校名称	等级
1	中国音乐学院	5★+	7	东北师范大学	5★-	13	华中师范大学	4★
2	中央音乐学院	5★	8	中央民族大学	5★-	14	福建师范大学	4★
3	上海音乐学院	5★	9	武汉音乐学院	4★	15	浙江师范大学	4★
4	北京舞蹈学院	5★	10	北京师范大学	4★	16	华东师范大学	4★
5	南京师范大学	5★-	11	西安音乐学院	4★			
6	温州大学	5★-	12	南京艺术学院	4★			

3★（25个），2★（33个），1★（8个）：名单略

1303 戏剧与影视学（63）

排名	学校名称	等级	排名	学校名称	等级	排名	学校名称	等级
1	北京师范大学	5★	5	上海大学	5★-	9	福建师范大学	4★
2	中国传媒大学	5★	6	山西师范大学	5★-	10	重庆大学	4★
3	厦门大学	5★	7	南京大学	4★	11	北京电影学院	4★
4	中央戏剧学院	5★-	8	华东师范大学	4★	12	河南大学	4★

3★（19个），2★（26个），1★（6个）：名单略

1304 美术学（115）

排名	学校名称	等级	排名	学校名称	等级	排名	学校名称	等级
1	中央美术学院	5★+	6	四川美术学院	5★	11	北京师范大学	5★-
2	中国美术学院	5★	7	吉林大学	5★-	12	上海大学	5★-
3	清华大学	5★	8	西安美术学院	5★-	13	东南大学	4★
4	四川大学	5★	9	华东师范大学	5★-	14	天津大学	4★
5	南京艺术学院	5★	10	首都师范大学	5★-	15	重庆大学	4★

续表

排名	学校名称	等级	排名	学校名称	等级	排名	学校名称	等级
16	湖南师范大学	4★	19	南京师范大学	4★	22	华中师范大学	4★
17	大连理工大学	4★	20	广州美术学院	4★	23	浙江师范大学	4★
18	中国人民大学	4★	21	湖北美术学院	4★			

3★（35个），2★（46个），1★（11个）：名单略

1305 设计学（134）

排名	学校名称	等级	排名	学校名称	等级	排名	学校名称	等级
1	清华大学	5★+	10	西安工程大学	5★−	19	北京理工大学	4★
2	江南大学	5★	11	大连工业大学	5★−	20	华中科技大学	4★
3	同济大学	5★	12	西安美术学院	5★−	21	南京艺术学院	4★
4	四川大学	5★	13	华南理工大学	5★−	22	华东师范大学	4★
5	中央美术学院	5★	14	东南大学	5★−	23	广西艺术学院	4★
6	吉林大学	5★	15	大连理工大学	4★	24	武汉纺织大学	4★
7	中国美术学院	5★	16	苏州大学	4★	25	上海交通大学	4★
8	浙江大学	5★−	17	浙江理工大学	4★	26	浙江工业大学	4★
9	上海大学	5★−	18	中国地质大学（武汉）	4★	27	广州美术学院	4★

3★（40个），2★（54个），1★（13个）：名单略

中国研究生教育分专业竞争力排行榜

010101 马克思主义哲学（104）

排名	学校名称	等级	排名	学校名称	等级	排名	学校名称	等级
1	中国人民大学	5★+	8	吉林大学	5★-	15	山西大学	4★
2	中山大学	5★	9	山东大学	5★-	16	华中科技大学	4★
3	北京大学	5★	10	清华大学	5★-	17	东北师范大学	4★
4	复旦大学	5★	11	南开大学	4★	18	辽宁大学	4★
5	北京师范大学	5★	12	华中师范大学	4★	19	上海财经大学	4★
6	武汉大学	5★-	13	黑龙江大学	4★	20	东北大学	4★
7	南京大学	5★-	14	华侨大学	4★	21	华东师范大学	4★

3★（31个），2★（42个），1★（10个）：名单略

010102 中国哲学（87）

排名	学校名称	等级	排名	学校名称	等级	排名	学校名称	等级
1	北京大学	5★+	7	湖南大学	5★-	13	清华大学	4★
2	中国人民大学	5★	8	山东大学	5★-	14	中南大学	4★
3	中山大学	5★	9	吉林大学	5★-	15	厦门大学	4★
4	复旦大学	5★	10	华东师范大学	4★	16	南开大学	4★
5	南京大学	5★-	11	北京师范大学	4★	17	湖南师范大学	4★
6	武汉大学	5★-	12	陕西师范大学	4★			

3★（26个），2★（35个），1★（9个）：名单略

010103 外国哲学（75）

排名	学校名称	等级	排名	学校名称	等级	排名	学校名称	等级
1	中国人民大学	5★+	6	武汉大学	5★-	11	浙江大学	4★
2	南京大学	5★	7	华东师范大学	5★-	12	山西大学	4★
3	中山大学	5★	8	清华大学	4★	13	华中科技大学	4★
4	北京大学	5★	9	吉林大学	4★	14	南开大学	4★
5	复旦大学	5★-	10	北京师范大学	4★	15	山东大学	4★

3★（22个），2★（30个），1★（8个）：名单略

010104 逻辑学（39）

排名	学校名称	等级	排名	学校名称	等级	排名	学校名称	等级
1	复旦大学	5★	4	中国人民大学	5★-	7	南京大学	4★
2	中山大学	5★	5	南开大学	4★			
3	清华大学	5★-	6	北京大学	4★			

3★（12个），2★（16个），1★（4个）：名单略

010105 伦理学（92）

排名	学校名称	等级	排名	学校名称	等级	排名	学校名称	等级
1	中国人民大学	5★+	7	吉林大学	5★-	13	华东师范大学	4★
2	中山大学	5★	8	湖南师范大学	5★-	14	厦门大学	4★
3	南京大学	5★	9	北京师范大学	5★-	15	南京师范大学	4★
4	北京大学	5★	10	东南大学	4★	16	山东大学	4★
5	清华大学	5★	11	华中科技大学	4★	17	同济大学	4★
6	复旦大学	5★-	12	武汉大学	4★	18	中南大学	4★

3★（28个），2★（37个），1★（9个）：名单略

010106 美学（53）

排名	学校名称	等级	排名	学校名称	等级	排名	学校名称	等级
1	中国人民大学	5★	5	武汉大学	5★-	9	四川大学	4★
2	中山大学	5★	6	浙江大学	4★	10	同济大学	4★
3	北京大学	5★-	7	复旦大学	4★			
4	南开大学	5★-	8	北京师范大学	4★			

3★（16个），2★（21个），1★（6个）：名单略

010107 宗教学（55）

排名	学校名称	等级	排名	学校名称	等级	排名	学校名称	等级
1	北京大学	5★	5	中国人民大学	5★-	9	山东大学	4★
2	南京大学	5★	6	中山大学	4★	10	中央民族大学	4★
3	复旦大学	5★	7	武汉大学	4★	11	清华大学	4★
4	四川大学	5★-	8	浙江大学	4★			

3★（16个），2★（22个），1★（6个）：名单略

010108 科学技术哲学（101）

排名	学校名称	等级	排名	学校名称	等级	排名	学校名称	等级
1	中国人民大学	5★+	8	山东大学	5★-	15	浙江大学	4★
2	复旦大学	5★	9	南开大学	5★-	16	西安交通大学	4★
3	北京大学	5★	10	武汉大学	5★-	17	厦门大学	4★
4	南京大学	5★	11	吉林大学	4★	18	上海交通大学	4★
5	中山大学	5★	12	东北大学	4★	19	同济大学	4★
6	山西大学	5★-	13	华中科技大学	4★	20	华南师范大学	4★
7	清华大学	5★-	14	北京师范大学	4★			

3★（31个），2★（40个），1★（10个）：名单略

020101 政治经济学（96）

排名	学校名称	等级	排名	学校名称	等级	排名	学校名称	等级
1	中国人民大学	5★+	3	北京大学	5★	5	武汉大学	5★
2	南开大学	5★	4	清华大学	5★	6	南京大学	5★-

续表

排名	学校名称	等级	排名	学校名称	等级	排名	学校名称	等级
7	厦门大学	5★-	12	西南财经大学	4★	17	暨南大学	4★
8	复旦大学	5★-	13	中山大学	4★	18	西北大学	4★
9	北京师范大学	5★-	14	中南财经政法大学	4★	19	吉林大学	4★
10	四川大学	5★-	15	上海财经大学	4★			
11	中央财经大学	4★	16	浙江大学	4★			
3★（29个），2★（38个），1★（10个）：名单略								

020102 经济思想史（34）

排名	学校名称	等级	排名	学校名称	等级	排名	学校名称	等级
1	北京大学	5★	3	中国人民大学	5★-	5	武汉大学	4★
2	南开大学	5★-	4	浙江大学	4★	6	复旦大学	4★
3★（11个），2★（13个），1★（4个）：名单略								

020103 经济史（40）

排名	学校名称	等级	排名	学校名称	等级	排名	学校名称	等级
1	北京大学	5★	4	南开大学	5★-	7	复旦大学	4★
2	清华大学	5★	5	武汉大学	4★	8	中央财经大学	4★
3	中国人民大学	5★-	6	中南财经政法大学	4★			
3★（12个），2★（16个），1★（4个）：名单略								

020104 西方经济学（84）

排名	学校名称	等级	排名	学校名称	等级	排名	学校名称	等级
1	北京大学	5★+	7	南开大学	5★-	13	中南财经政法大学	4★
2	中国人民大学	5★	8	吉林大学	5★-	14	浙江大学	4★
3	清华大学	5★	9	北京师范大学	4★	15	厦门大学	4★
4	复旦大学	5★	10	华中科技大学	4★	16	西安交通大学	4★
5	武汉大学	5★-	11	西南财经大学	4★	17	四川大学	4★
6	对外经济贸易大学	5★-	12	南京大学	4★			
3★（25个），2★（34个），1★（8个）：名单略								

020105 世界经济（82）

排名	学校名称	等级	排名	学校名称	等级	排名	学校名称	等级
1	中国人民大学	5★+	7	复旦大学	5★-	13	辽宁大学	4★
2	北京大学	5★	8	南京大学	5★-	14	中央财经大学	4★
3	武汉大学	5★	9	吉林大学	4★	15	西南财经大学	4★
4	南开大学	5★	10	对外经济贸易大学	4★	16	西安交通大学	4★
5	中山大学	5★-	11	厦门大学	4★			
6	北京师范大学	5★-	12	四川大学	4★			
3★（25个），2★（33个），1★（8个）：名单略								

020106 人口、资源与环境经济学（86）

排名	学校名称	等级	排名	学校名称	等级	排名	学校名称	等级
1	中国人民大学	5★+	7	西安交通大学	5★-	13	辽宁大学	4★
2	北京大学	5★	8	浙江大学	5★-	14	四川大学	4★
3	武汉大学	5★	9	复旦大学	5★-	15	湖南大学	4★
4	南开大学	5★	10	吉林大学	4★	16	中南财经政法大学	4★
5	南京大学	5★-	11	新疆大学	4★	17	西南财经大学	4★
6	北京师范大学	5★-	12	厦门大学	4★			

3★（26个），2★（34个），1★（9个）：名单略

020201 国民经济学（91）

排名	学校名称	等级	排名	学校名称	等级	排名	学校名称	等级
1	北京大学	5★+	7	复旦大学	5★-	13	东北财经大学	4★
2	中国人民大学	5★	8	浙江大学	5★-	14	暨南大学	4★
3	湖南大学	5★	9	中央财经大学	5★-	15	武汉大学	4★
4	对外经济贸易大学	5★	10	辽宁大学	4★	16	上海财经大学	4★
5	西南财经大学	5★	11	南京大学	4★	17	华东理工大学	4★
6	厦门大学	5★-	12	北京交通大学	4★	18	首都经济贸易大学	4★

3★（27个），2★（37个），1★（9个）：名单略

020202 区域经济学（175）

排名	学校名称	等级	排名	学校名称	等级	排名	学校名称	等级
1	清华大学	5★+	13	西安交通大学	5★-	25	东南大学	4★
2	中国人民大学	5★+	14	同济大学	5★-	26	西北大学	4★
3	北京大学	5★	15	兰州大学	5★-	27	四川大学	4★
4	南开大学	5★	16	厦门大学	5★-	28	中南财经政法大学	4★
5	吉林大学	5★	17	湖南大学	5★-	29	上海大学	4★
6	武汉大学	5★	18	南京大学	5★-	30	首都经济贸易大学	4★
7	中山大学	5★	19	西南财经大学	4★	31	中国地质大学（武汉）	4★
8	华中科技大学	5★	20	重庆大学	4★	32	东北师范大学	4★
9	中央财经大学	5★	21	华东师范大学	4★	33	东北财经大学	4★
10	对外经济贸易大学	5★-	22	中国农业大学	4★	34	重庆工商大学	4★
11	暨南大学	5★-	23	复旦大学	4★	35	浙江大学	4★
12	上海财经大学	5★-	24	辽宁大学	4★			

3★（53个），2★（70个），1★（17个）：名单略

020203 财政学（88）

排名	学校名称	等级	排名	学校名称	等级	排名	学校名称	等级
1	中国人民大学	5★+	4	西安交通大学	5★	7	中山大学	5★-
2	南开大学	5★	5	西南财经大学	5★-	8	东北财经大学	5★-
3	中央财经大学	5★	6	北京大学	5★-	9	对外经济贸易大学	5★-

续表

排名	学校名称	等级	排名	学校名称	等级	排名	学校名称	等级
10	中南财经政法大学	4★	13	厦门大学	4★	16	江西财经大学	4★
11	湖南大学	4★	14	首都经济贸易大学	4★	17	天津财经大学	4★
12	武汉大学	4★	15	同济大学	4★	18	辽宁大学	4★

3★（26个），2★（35个），1★（9个）：名单略

020204 金融学（188）

排名	学校名称	等级	排名	学校名称	等级	排名	学校名称	等级
1	西南财经大学	5★+	14	复旦大学	5★-	27	广西大学	4★
2	中国人民大学	5★+	15	华中科技大学	5★-	28	辽宁大学	4★
3	北京大学	5★	16	南京大学	5★-	29	山东财经大学	4★
4	中央财经大学	5★	17	东北财经大学	5★-	30	南京农业大学	4★
5	对外经济贸易大学	5★	18	西安交通大学	5★-	31	江西财经大学	4★
6	南开大学	5★	19	厦门大学	5★-	32	天津大学	4★
7	山东大学	5★	20	重庆大学	4★	33	天津财经大学	4★
8	吉林大学	5★	21	华东师范大学	4★	34	山西财经大学	4★
9	中南财经政法大学	5★	22	同济大学	4★	35	首都经济贸易大学	4★
10	中山大学	5★	23	北京师范大学	4★	36	北京交通大学	4★
11	清华大学	5★-	24	浙江大学	4★	37	上海大学	4★
12	上海交通大学	5★-	25	湖南大学	4★	38	上海财经大学	4★
13	武汉大学	5★-	26	暨南大学	4★			

3★（56个），2★（76个），1★（18个）：名单略

020205 产业经济学（204）

排名	学校名称	等级	排名	学校名称	等级	排名	学校名称	等级
1	上海交通大学	5★+	15	中央财经大学	5★-	29	浙江工商大学	4★
2	中国人民大学	5★+	16	华中科技大学	5★-	30	西北大学	4★
3	西安交通大学	5★+	17	重庆大学	5★-	31	上海财经大学	4★
4	南开大学	5★	18	江西财经大学	5★-	32	华中农业大学	4★
5	北京大学	5★	19	西南财经大学	5★-	33	南京农业大学	4★
6	对外经济贸易大学	5★	20	浙江大学	5★-	34	首都经济贸易大学	4★
7	东北财经大学	5★	21	湖南大学	5★-	35	中国地质大学（武汉）	4★
8	北京交通大学	5★	22	辽宁大学	4★	36	上海大学	4★
9	中山大学	5★	23	中国农业大学	4★	37	天津财经大学	4★
10	暨南大学	5★	24	武汉大学	4★	38	华东师范大学	4★
11	南京大学	5★	25	中南财经政法大学	4★	39	东北大学	4★
12	同济大学	5★-	26	吉林大学	4★	40	大连理工大学	4★
13	山东大学	5★-	27	厦门大学	4★	41	武汉理工大学	4★
14	复旦大学	5★-	28	东南大学	4★			

3★（62个），2★（81个），1★（20个）：名单略

020206 国际贸易学（168）

排名	学校名称	等级	排名	学校名称	等级	排名	学校名称	等级
1	中国人民大学	5★+	13	山东大学	5★-	25	上海财经大学	4★
2	对外经济贸易大学	5★+	14	厦门大学	5★-	26	北京交通大学	4★
3	南开大学	5★	15	东北财经大学	5★-	27	上海大学	4★
4	华中科技大学	5★	16	清华大学	5★-	28	天津财经大学	4★
5	上海交通大学	5★	17	东南大学	5★-	29	浙江工商大学	4★
6	西南财经大学	5★	18	浙江工业大学	4★	30	首都经济贸易大学	4★
7	西安交通大学	5★	19	暨南大学	4★	31	江西财经大学	4★
8	湖南大学	5★	20	辽宁大学	4★	32	武汉大学	4★
9	中山大学	5★	21	中南财经政法大学	4★	33	华东师范大学	4★
10	南京大学	5★-	22	同济大学	4★	34	北京师范大学	4★
11	浙江大学	5★-	23	复旦大学	4★			
12	中央财经大学	5★-	24	中国农业大学	4★			

3★（50个），2★（68个），1★（16个）：名单略

020207 劳动经济学（82）

排名	学校名称	等级	排名	学校名称	等级	排名	学校名称	等级
1	中国人民大学	5★+	7	北京师范大学	5★-	13	暨南大学	4★
2	南开大学	5★	8	湖南大学	5★-	14	北京交通大学	4★
3	中央财经大学	5★	9	西南财经大学	4★	15	上海财经大学	4★
4	浙江大学	5★	10	首都经济贸易大学	4★	16	厦门大学	4★
5	对外经济贸易大学	5★-	11	武汉大学	4★			
6	复旦大学	5★-	12	中南财经政法大学	4★			

3★（25个），2★（33个），1★（8个）：名单略

020208 统计学（36）

排名	学校名称	等级	排名	学校名称	等级	排名	学校名称	等级
1	中国人民大学	5★	4	对外经济贸易大学	4★	7	北京交通大学	4★
2	北京大学	5★-	5	西安交通大学	4★			
3	西南财经大学	5★-	6	天津财经大学	4★			

3★（11个），2★（14个），1★（4个）：名单略

020209 数量经济学（113）

排名	学校名称	等级	排名	学校名称	等级	排名	学校名称	等级
1	清华大学	5★+	7	西南财经大学	5★-	13	南京大学	4★
2	中国人民大学	5★	8	对外经济贸易大学	5★-	14	厦门大学	4★
3	中山大学	5★	9	东北财经大学	5★-	15	湖南大学	4★
4	南开大学	5★	10	西安交通大学	5★-	16	中央财经大学	4★
5	吉林大学	5★	11	武汉大学	5★-	17	上海财经大学	4★
6	华中科技大学	5★	12	华侨大学	4★	18	复旦大学	4★

续表

排名	学校名称	等级	排名	学校名称	等级	排名	学校名称	等级
19	中南财经政法大学	4★	21	首都经济贸易大学	4★	23	重庆大学	4★
20	天津大学	4★	22	暨南大学	4★			

3★（34个），2★（45个），1★（11个）：名单略

020210 国防经济（20）

排名	学校名称	等级	排名	学校名称	等级	排名	学校名称	等级
1	西安交通大学	5★	3	中央财经大学	4★			
2	中国人民大学	5★-	4	西南财经大学	4★			

3★（6个），2★（8个），1★（2个）：名单略

0202Z1 金融工程（7）

排名	学校名称	等级	排名	学校名称	等级	排名	学校名称	等级
1	武汉大学	5★-	2	厦门大学	4★	3	东北财经大学	4★

3★（2个），2★（1个），1★（1个）：名单略

030101 法学理论（111）

排名	学校名称	等级	排名	学校名称	等级	排名	学校名称	等级
1	清华大学	5★+	9	中南财经政法大学	5★-	17	南京大学	4★
2	武汉大学	5★	10	厦门大学	5★-	18	对外经济贸易大学	4★
3	中国人民大学	5★	11	华东政法大学	5★-	19	北京师范大学	4★
4	北京大学	5★	12	四川大学	4★	20	复旦大学	4★
5	中国政法大学	5★	13	浙江大学	4★	21	苏州大学	4★
6	吉林大学	5★	14	中南大学	4★	22	南京师范大学	4★
7	西南政法大学	5★-	15	东南大学	4★			
8	上海交通大学	5★-	16	山东大学	4★			

3★（34个），2★（44个），1★（11个）：名单略

030102 法律史（61）

排名	学校名称	等级	排名	学校名称	等级	排名	学校名称	等级
1	清华大学	5★	5	中国政法大学	5★-	9	四川大学	4★
2	中国人民大学	5★	6	中南财经政法大学	5★-	10	南开大学	4★
3	武汉大学	5★	7	华东政法大学	4★	11	南京大学	4★
4	北京大学	5★-	8	西南政法大学	4★	12	南京师范大学	4★

3★（18个），2★（25个），1★（6个）：名单略

030103 宪法学与行政法学（131）

排名	学校名称	等级	排名	学校名称	等级	排名	学校名称	等级
1	中国人民大学	5★+	3	中南财经政法大学	5★	5	武汉大学	5★
2	中国政法大学	5★	4	清华大学	5★	6	北京大学	5★

续表

排名	学校名称	等级	排名	学校名称	等级	排名	学校名称	等级
7	上海交通大学	5★	14	复旦大学	4★	21	东南大学	4★
8	西南政法大学	5★-	15	华东政法大学	4★	22	西北政法大学	4★
9	山东大学	5★-	16	中南大学	4★	23	广东外语外贸大学	4★
10	四川大学	5★-	17	湖南大学	4★	24	南京师范大学	4★
11	吉林大学	5★-	18	厦门大学	4★	25	东北大学	4★
12	浙江大学	5★-	19	中山大学	4★	26	重庆大学	4★
13	南京大学	5★-	20	郑州大学	4★			

3★（40个），2★（52个），1★（13个）：名单略

030104 刑法学（113）

排名	学校名称	等级	排名	学校名称	等级	排名	学校名称	等级
1	北京大学	5★+	9	西南政法大学	5★-	17	南开大学	4★
2	北京师范大学	5★	10	山东大学	5★-	18	湖南大学	4★
3	中国人民大学	5★	11	东南大学	5★-	19	厦门大学	4★
4	清华大学	5★	12	华东政法大学	4★	20	南京师范大学	4★
5	中国政法大学	5★	13	四川大学	4★	21	西南财经大学	4★
6	武汉大学	5★	14	南京大学	4★	22	浙江大学	4★
7	吉林大学	5★-	15	上海交通大学	4★	23	黑龙江大学	4★
8	中南财经政法大学	5★-	16	重庆大学	4★			

3★（34个），2★（45个），1★（11个）：名单略

030105 民商法学（151）

排名	学校名称	等级	排名	学校名称	等级	排名	学校名称	等级
1	清华大学	5★+	11	华东政法大学	5★-	21	重庆大学	4★
2	中国政法大学	5★+	12	北京师范大学	5★-	22	北京航空航天大学	4★
3	武汉大学	5★	13	四川大学	5★-	23	湖南大学	4★
4	中国人民大学	5★	14	黑龙江大学	5★-	24	厦门大学	4★
5	北京大学	5★	15	西北政法大学	5★-	25	西南大学	4★
6	吉林大学	5★	16	山东大学	4★	26	郑州大学	4★
7	西南政法大学	5★	17	西南财经大学	4★	27	对外经济贸易大学	4★
8	南京大学	5★	18	浙江大学	4★	28	东南大学	4★
9	中南财经政法大学	5★-	19	复旦大学	4★	29	南京师范大学	4★
10	上海交通大学	5★-	20	中南大学	4★	30	海南大学	4★

3★（46个），2★（60个），1★（15个）：名单略

030106 诉讼法学（108）

排名	学校名称	等级	排名	学校名称	等级	排名	学校名称	等级
1	中国人民大学	5★+	3	中国政法大学	5★	5	北京大学	5★
2	清华大学	5★	4	武汉大学	5★	6	上海交通大学	5★-

续表

排名	学校名称	等级	排名	学校名称	等级	排名	学校名称	等级
7	北京师范大学	5★-	13	四川大学	4★	19	南京师范大学	4★
8	西南政法大学	5★-	14	吉林大学	4★	20	浙江工业大学	4★
9	中南财经政法大学	5★-	15	复旦大学	4★	21	湘潭大学	4★
10	浙江大学	5★-	16	山东大学	4★	22	西南财经大学	4★
11	厦门大学	5★-	17	中山大学	4★			
12	华东政法大学	4★	18	南京大学	4★			
3★（32个），2★（43个），1★（11个）：名单略							

030107 经济法学（129）

排名	学校名称	等级	排名	学校名称	等级	排名	学校名称	等级
1	中国人民大学	5★+	10	华东政法大学	5★-	19	厦门大学	4★
2	北京大学	5★	11	吉林大学	5★-	20	西北政法大学	4★
3	清华大学	5★	12	四川大学	5★-	21	对外经济贸易大学	4★
4	武汉大学	5★	13	上海交通大学	5★-	22	西南财经大学	4★
5	中国政法大学	5★	14	重庆大学	4★	23	山东大学	4★
6	西南政法大学	5★	15	中南大学	4★	24	辽宁大学	4★
7	中南财经政法大学	5★	16	浙江大学	4★	25	北京师范大学	4★
8	南京大学	5★-	17	湖南大学	4★	26	湘潭大学	4★
9	天津大学	5★-	18	上海财经大学	4★			
3★（39个），2★（51个），1★（13个）：名单略							

030108 环境与资源保护法学（77）

排名	学校名称	等级	排名	学校名称	等级	排名	学校名称	等级
1	武汉大学	5★+	6	中南财经政法大学	5★-	11	重庆大学	4★
2	清华大学	5★	7	中国海洋大学	5★-	12	复旦大学	4★
3	中国人民大学	5★	8	南京大学	5★-	13	四川大学	4★
4	北京大学	5★	9	西南政法大学	4★	14	中南大学	4★
5	中国政法大学	5★-	10	上海交通大学	4★	15	福州大学	4★
3★（23个），2★（31个），1★（8个）：名单略							

030109 国际法学（105）

排名	学校名称	等级	排名	学校名称	等级	排名	学校名称	等级
1	中国人民大学	5★+	8	浙江大学	5★-	15	上海交通大学	4★
2	武汉大学	5★	9	西南政法大学	5★-	16	南开大学	4★
3	清华大学	5★	10	华东政法大学	5★-	17	大连海事大学	4★
4	中国政法大学	5★	11	四川大学	5★-	18	山东大学	4★
5	北京大学	5★	12	对外经济贸易大学	4★	19	中山大学	4★
6	中南财经政法大学	5★-	13	吉林大学	4★	20	南京大学	4★
7	厦门大学	5★-	14	复旦大学	4★	21	上海海事大学	4★
3★（32个），2★（42个），1★（10个）：名单略							

030110 军事法学（6）

排名	学校名称	等级	排名	学校名称	等级	排名	学校名称	等级
1	清华大学	5★-	2	中国政法大学	4★			
3★（1个），2★（2个），1★（1个）：名单略							

0301Z1 知识产权法（8）

排名	学校名称	等级	排名	学校名称	等级	排名	学校名称	等级
1	中国人民大学	5★	4	吉林大学	4★	7	广西师范大学	4★
2	中南财经政法大学	5★-	5	上海对外经贸大学	4★			
3	中南大学	5★-	6	北京外国语大学	4★			
3★（1个），2★（0个），1★（0个）：名单略							

030201 政治学理论（83）

排名	学校名称	等级	排名	学校名称	等级	排名	学校名称	等级
1	复旦大学	5★+	7	南开大学	5★-	13	中山大学	4★
2	北京大学	5★	8	厦门大学	5★-	14	山东大学	4★
3	清华大学	5★	9	南京大学	4★	15	北京师范大学	4★
4	华中师范大学	5★	10	天津师范大学	4★	16	山西大学	4★
5	中国人民大学	5★-	11	武汉大学	4★	17	华东政法大学	4★
6	吉林大学	5★-	12	华东师范大学	4★			
3★（24个），2★（34个），1★（8个）：名单略							

030202 中外政治制度（59）

排名	学校名称	等级	排名	学校名称	等级	排名	学校名称	等级
1	中国人民大学	5★	5	云南大学	5★-	9	武汉大学	4★
2	清华大学	5★	6	南开大学	5★-	10	天津师范大学	4★
3	北京大学	5★	7	南京大学	4★	11	中山大学	4★
4	复旦大学	5★-	8	华中师范大学	4★	12	东北师范大学	4★
3★（17个），2★（24个），1★（6个）：名单略							

030203 科学社会主义与国际共产主义运动（50）

排名	学校名称	等级	排名	学校名称	等级	排名	学校名称	等级
1	中国人民大学	5★	5	南开大学	5★-	9	云南大学	4★
2	北京大学	5★	6	华中师范大学	4★	10	天津师范大学	4★
3	武汉大学	5★-	7	山东大学	4★			
4	复旦大学	5★-	8	厦门大学	4★			
3★（15个），2★（20个），1★（5个）：名单略							

030204 中共党史（60）

排名	学校名称	等级	排名	学校名称	等级	排名	学校名称	等级
1	中国人民大学	5★	2	复旦大学	5★	3	北京大学	5★

续表

排名	学校名称	等级	排名	学校名称	等级	排名	学校名称	等级
4	南京大学	5★-	7	武汉大学	4★	10	山东大学	4★
5	南开大学	5★-	8	华中师范大学	4★	11	天津师范大学	4★
6	北京师范大学	5★-	9	湘潭大学	4★	12	华东师范大学	4★

3★（18个），2★（24个），1★（6个）：名单略

030206 国际政治（61）

排名	学校名称	等级	排名	学校名称	等级	排名	学校名称	等级
1	复旦大学	5★	5	南开大学	5★-	9	山东大学	4★
2	中国人民大学	5★	6	吉林大学	5★-	10	华中师范大学	4★
3	清华大学	5★	7	南京大学	4★	11	厦门大学	4★
4	北京大学	5★-	8	外交学院	4★	12	武汉大学	4★

3★（18个），2★（25个），1★（6个）：名单略

030207 国际关系（54）

排名	学校名称	等级	排名	学校名称	等级	排名	学校名称	等级
1	复旦大学	5★	5	南京大学	5★-	9	华东师范大学	4★
2	中国人民大学	5★	6	南开大学	4★	10	暨南大学	4★
3	北京大学	5★-	7	武汉大学	4★	11	云南大学	4★
4	清华大学	5★-	8	外交学院	4★			

3★（16个），2★（21个），1★（6个）：名单略

030208 外交学（22）

排名	学校名称	等级	排名	学校名称	等级	排名	学校名称	等级
1	北京大学	5★	3	复旦大学	4★			
2	中国人民大学	5★-	4	清华大学	4★			

3★（7个），2★（8个），1★（3个）：名单略

030301 社会学（80）

排名	学校名称	等级	排名	学校名称	等级	排名	学校名称	等级
1	北京大学	5★+	7	浙江大学	5★-	13	复旦大学	4★
2	中国人民大学	5★	8	厦门大学	5★-	14	武汉大学	4★
3	南京大学	5★	9	华东师范大学	4★	15	南开大学	4★
4	清华大学	5★	10	上海大学	4★	16	北京师范大学	4★
5	华中师范大学	5★-	11	吉林大学	4★			
6	中山大学	5★-	12	西安交通大学	4★			

3★（24个），2★（32个），1★（8个）：名单略

030302 人口学（37）

排名	学校名称	等级	排名	学校名称	等级	排名	学校名称	等级
1	北京大学	5★	4	浙江大学	4★	7	中山大学	4★
2	中国人民大学	5★	5	南开大学	4★			
3	南京大学	5★-	6	复旦大学	4★			
3★（11个），2★（15个），1★（4个）：名单略									

030303 人类学（38）

排名	学校名称	等级	排名	学校名称	等级	排名	学校名称	等级
1	北京大学	5★	4	中山大学	4★	7	清华大学	4★
2	中国人民大学	5★	5	复旦大学	4★			
3	南京大学	5★-	6	厦门大学	4★			
3★（12个），2★（15个），1★（4个）：名单略									

030304 民俗学（41）

排名	学校名称	等级	排名	学校名称	等级	排名	学校名称	等级
1	中国人民大学	5★	4	中山大学	5★-	7	华东师范大学	4★
2	北京师范大学	5★	5	中央民族大学	4★	8	山东大学	4★
3	武汉大学	5★-	6	复旦大学	4★			
3★（12个），2★（17个），1★（4个）：名单略									

030401 民族学（34）

排名	学校名称	等级	排名	学校名称	等级	排名	学校名称	等级
1	中央民族大学	5★	3	云南大学	5★-	5	中山大学	4★
2	四川大学	5★-	4	兰州大学	4★	6	新疆师范大学	4★
3★（11个），2★（13个），1★（4个）：名单略									

030402 马克思主义民族理论与政策（26）

排名	学校名称	等级	排名	学校名称	等级	排名	学校名称	等级
1	中央民族大学	5★	3	中南民族大学	4★	5	兰州大学	4★
2	云南大学	5★-	4	西南民族大学	4★			
3★（8个），2★（10个），1★（3个）：名单略									

030403 中国少数民族经济（28）

排名	学校名称	等级	排名	学校名称	等级	排名	学校名称	等级
1	中央民族大学	5★	3	西藏大学	4★	5	西南民族大学	4★
2	中南民族大学	5★-	4	延边大学	4★			
3★（9个），2★（11个），1★（3个）：名单略									

030404 中国少数民族史（29）

排名	学校名称	等级	排名	学校名称	等级	排名	学校名称	等级
1	中央民族大学	5★	3	陕西师范大学	5★-	5	西南民族大学	4★
2	云南大学	5★-	4	烟台大学	4★			
3★（9个），2★（12个），1★（3个）：名单略							

030405 中国少数民族艺术（23）

排名	学校名称	等级	排名	学校名称	等级	排名	学校名称	等级
1	中央民族大学	5★	3	西南民族大学	4★			
2	云南大学	5★-	4	中南民族大学	4★			
3★（7个），2★（9个），1★（3个）：名单略							

030501 马克思主义基本原理（267）

排名	学校名称	等级	排名	学校名称	等级	排名	学校名称	等级
1	中国人民大学	5★+	19	华中科技大学	5★-	37	西南大学	4★
2	武汉大学	5★+	20	首都师范大学	5★-	38	郑州大学	4★
3	同济大学	5★+	21	安徽师范大学	5★-	39	陕西师范大学	4★
4	吉林大学	5★	22	南开大学	5★-	40	华东师范大学	4★
5	南京大学	5★	23	中山大学	5★-	41	武汉理工大学	4★
6	复旦大学	5★	24	浙江大学	5★-	42	东南大学	4★
7	清华大学	5★	25	河南大学	5★-	43	中南大学	4★
8	电子科技大学	5★	26	内蒙古大学	5★-	44	湖南科技大学	4★
9	南京师范大学	5★	27	苏州大学	5★-	45	广西师范大学	4★
10	东北师范大学	5★	28	华南师范大学	5★-	46	大连理工大学	4★
11	河北师范大学	5★	29	西安交通大学	4★	47	山西大学	4★
12	新疆大学	5★	30	天津师范大学	4★	48	江西大学	4★
13	北京大学	5★	31	辽宁师范大学	4★	49	福建师范大学	4★
14	河海大学	5★	32	江南大学	4★	50	山东师范大学	4★
15	华中师范大学	5★-	33	西南交通大学	4★	51	湖南师范大学	4★
16	东北大学	5★-	34	南京航空航天大学	4★	52	西北师范大学	4★
17	辽宁大学	5★-	35	北京师范大学	4★	53	哈尔滨师范大学	4★
18	山东大学	5★-	36	湖北大学	4★	54	上海交通大学	4★
3★（80个），2★（107个），1★（26个）：名单略							

030502 马克思主义发展史（88）

排名	学校名称	等级	排名	学校名称	等级	排名	学校名称	等级
1	中国人民大学	5★+	7	清华大学	5★-	13	湖南大学	4★
2	武汉大学	5★	8	吉林大学	5★-	14	海南师范大学	4★
3	南开大学	5★	9	西安交通大学	5★-	15	福建师范大学	4★
4	南京大学	5★	10	武汉理工大学	4★	16	江西师范大学	4★
5	北京交通大学	5★-	11	华中师范大学	4★	17	四川大学	4★
6	北京大学	5★-	12	安徽大学	4★	18	哈尔滨工业大学	4★
3★（26个），2★（35个），1★（9个）：名单略							

030503 马克思主义中国化研究（250）

排名	学校名称	等级	排名	学校名称	等级	排名	学校名称	等级
1	中国人民大学	5★+	18	中国石油大学（华东）	5★-	35	河北师范大学	4★
2	武汉大学	5★+	19	清华大学	5★-	36	中南大学	4★
3	上海交通大学	5★+	20	中山大学	5★-	37	宁波大学	4★
4	东北师范大学	5★	21	南京大学	5★-	38	天津师范大学	4★
5	吉林大学	5★	22	华中师范大学	5★-	39	湖南科技大学	4★
6	华南理工大学	5★	23	北京大学	5★-	40	陕西师范大学	4★
7	湘潭大学	5★	24	广西师范大学	5★-	41	大连理工大学	4★
8	中央财经大学	5★	25	福建师范大学	5★-	42	武汉理工大学	4★
9	复旦大学	5★	26	西安交通大学	5★-	43	华南师范大学	4★
10	南开大学	5★	27	西北大学	4★	44	哈尔滨师范大学	4★
11	上海师范大学	5★	28	首都师范大学	4★	45	华东理工大学	4★
12	兰州大学	5★	29	曲阜师范大学	4★	46	山东师范大学	4★
13	山东大学	5★	30	浙江大学	4★	47	大连海事大学	4★
14	北京师范大学	5★-	31	湖南大学	4★	48	山西大学	4★
15	四川大学	5★-	32	辽宁师范大学	4★	49	郑州大学	4★
16	南京师范大学	5★-	33	华东师范大学	4★	50	同济大学	4★
17	扬州大学	5★-	34	上海财经大学	4★	51	浙江农林大学	4★

3★（75个），2★（100个），1★（24个）：名单略

030504 国外马克思主义研究（83）

排名	学校名称	等级	排名	学校名称	等级	排名	学校名称	等级
1	中国人民大学	5★+	7	吉林大学	5★-	13	华中师范大学	4★
2	武汉大学	5★	8	东北师范大学	5★-	14	海南师范大学	4★
3	南开大学	5★	9	西安交通大学	4★	15	浙江大学	4★
4	南京大学	5★	10	山东大学	4★	16	武汉理工大学	4★
5	北京大学	5★-	11	黑龙江大学	4★	17	华南师范大学	4★
6	清华大学	5★-	12	中南大学	4★			

3★（24个），2★（34个），1★（8个）：名单略

030505 思想政治教育（302）

排名	学校名称	等级	排名	学校名称	等级	排名	学校名称	等级
1	武汉大学	5★+	9	华中师范大学	5★	17	中国地质大学（武汉）	5★-
2	东北师范大学	5★+	10	哈尔滨师范大学	5★	18	南昌大学	5★-
3	清华大学	5★+	11	哈尔滨工程大学	5★	19	山东大学	5★-
4	电子科技大学	5★	12	复旦大学	5★	20	上海大学	5★-
5	中南大学	5★	13	首都师范大学	5★	21	南京理工大学	5★-
6	北京大学	5★	14	西北工业大学	5★	22	北京师范大学	5★-
7	河海大学	5★	15	中国人民大学	5★	23	中国矿业大学（北京）	5★-
8	西南大学	5★	16	辽宁师范大学	5★	24	西安交通大学	5★-

续表

排名	学校名称	等级	排名	学校名称	等级	排名	学校名称	等级
25	中山大学	5★-	38	河北大学	4★	51	湖南科技大学	4★
26	华东师范大学	5★-	39	西北师范大学	4★	52	山东师范大学	4★
27	辽宁大学	5★-	40	湖南大学	4★	53	河北师范大学	4★
28	浙江大学	5★-	41	华南师范大学	4★	54	西安理工大学	4★
29	云南大学	5★-	42	吉林大学	4★	55	陕西师范大学	4★
30	安徽师范大学	5★-	43	福建师范大学	4★	56	南京大学	4★
31	中国地质大学（北京）	5★-	44	天津师范大学	4★	57	新疆师范大学	4★
32	北京科技大学	4★	45	东北林业大学	4★	58	东南大学	4★
33	兰州大学	4★	46	南京师范大学	4★	59	苏州大学	4★
34	广西师范大学	4★	47	武汉理工大学	4★	60	湖南师范大学	4★
35	同济大学	4★	48	西南财经大学	4★	61	北京交通大学	4★
36	中国矿业大学	4★	49	大连理工大学	4★			
37	南开大学	4★	50	郑州大学	4★			

3★（91个），2★（121个），1★（29个）：名单略

030506 中国近现代史基本问题研究（148）

排名	学校名称	等级	排名	学校名称	等级	排名	学校名称	等级
1	中国人民大学	5★+	11	武汉理工大学	5★-	21	陕西师范大学	4★
2	武汉大学	5★+	12	浙江大学	5★-	22	广西师范大学	4★
3	东北师范大学	5★	13	湖南科技大学	5★-	23	贵州师范大学	4★
4	南开大学	5★	14	福建师范大学	5★-	24	河南科技大学	4★
5	北京大学	5★	15	上海财经大学	5★-	25	延安大学	4★
6	吉林大学	5★	16	湘潭大学	4★	26	电子科技大学	4★
7	清华大学	5★	17	湖南大学	4★	27	温州大学	4★
8	中南大学	5★	18	大连理工大学	4★	28	浙江理工大学	4★
9	新疆大学	5★-	19	海南师范大学	4★	29	西安工程大学	4★
10	西安交通大学	5★-	20	华南师范大学	4★	30	哈尔滨工业大学	4★

3★（44个），2★（59个），1★（15个）：名单略

0305Z1 马克思主义法学（8）

排名	学校名称	等级	排名	学校名称	等级	排名	学校名称	等级
1	河南科技大学	5★-	2	温州大学	4★	3	浙江理工大学	4★

3★（3个），2★（1个），1★（1个）：名单略

040101 教育学原理（89）

排名	学校名称	等级	排名	学校名称	等级	排名	学校名称	等级
1	北京师范大学	5★+	4	东北师范大学	5★	7	华中科技大学	5★-
2	华东师范大学	5★	5	华中师范大学	5★	8	西南大学	5★-
3	北京大学	5★	6	浙江大学	5★-	9	浙江师范大学	5★-

续表

排名	学校名称	等级	排名	学校名称	等级	排名	学校名称	等级
10	河南大学	4★	13	西北师范大学	4★	16	湖南师范大学	4★
11	山东师范大学	4★	14	陕西师范大学	4★	17	曲阜师范大学	4★
12	南京师范大学	4★	15	首都师范大学	4★	18	上海师范大学	4★
3★（26个），2★（36个），1★（9个）：名单略							

040102 课程与教学论（98）

排名	学校名称	等级	排名	学校名称	等级	排名	学校名称	等级
1	北京师范大学	5★+	8	华南师范大学	5★-	15	山东师范大学	4★
2	华东师范大学	5★	9	湖南师范大学	5★-	16	辽宁师范大学	4★
3	西南大学	5★	10	西北师范大学	5★-	17	天津师范大学	4★
4	东北师范大学	5★	11	陕西师范大学	4★	18	扬州大学	4★
5	温州大学	5★	12	上海师范大学	4★	19	福建师范大学	4★
6	南京师范大学	5★-	13	南京大学	4★	20	广西师范大学	4★
7	首都师范大学	5★-	14	华中师范大学	4★			
3★（29个），2★（39个），1★（10个）：名单略							

040103 教育史（39）

排名	学校名称	等级	排名	学校名称	等级	排名	学校名称	等级
1	北京师范大学	5★	4	浙江大学	5★-	7	华中师范大学	4★
2	华东师范大学	5★	5	东北师范大学	4★			
3	厦门大学	5★-	6	西南大学	4★			
3★（12个），2★（16个），1★（4个）：名单略							

040104 比较教育学（45）

排名	学校名称	等级	排名	学校名称	等级	排名	学校名称	等级
1	北京师范大学	5★	4	厦门大学	5★-	7	西南大学	4★
2	华东师范大学	5★	5	浙江大学	4★	8	南京师范大学	4★
3	东北师范大学	5★-	6	上海师范大学	4★	9	华中师范大学	4★
3★（13个），2★（18个），1★（5个）：名单略							

040105 学前教育学（54）

排名	学校名称	等级	排名	学校名称	等级	排名	学校名称	等级
1	北京师范大学	5★	5	华中师范大学	5★-	9	湖南师范大学	4★
2	华东师范大学	5★	6	南京师范大学	4★	10	首都师范大学	4★
3	西南大学	5★-	7	上海师范大学	4★	11	四川师范大学	4★
4	东北师范大学	5★-	8	浙江师范大学	4★			
3★（16个），2★（21个），1★（6个）：名单略							

040106 高等教育学（109）

排名	学校名称	等级	排名	学校名称	等级	排名	学校名称	等级
1	北京师范大学	5★+	9	南京大学	5★-	17	北京理工大学	4★
2	华东师范大学	5★	10	华中师范大学	5★-	18	武汉大学	4★
3	清华大学	5★	11	汕头大学	5★-	19	湖南师范大学	4★
4	华中科技大学	5★	12	南京师范大学	4★	20	苏州大学	4★
5	北京大学	5★	13	西南大学	4★	21	浙江师范大学	4★
6	厦门大学	5★-	14	上海师范大学	4★	22	武汉工程大学	4★
7	浙江大学	5★-	15	华南师范大学	4★			
8	上海交通大学	5★-	16	西北师范大学	4★			
3★（33个），2★（43个），1★（11个）：名单略								

040107 成人教育学（33）

排名	学校名称	等级	排名	学校名称	等级	排名	学校名称	等级
1	华东师范大学	5★	3	西南大学	5★-	5	曲阜师范大学	4★
2	北京师范大学	5★-	4	华中师范大学	4★	6	南京师范大学	4★
3★（10个），2★（13个），1★（4个）：名单略								

040108 职业技术教育学（48）

排名	学校名称	等级	排名	学校名称	等级	排名	学校名称	等级
1	北京师范大学	5★	4	天津大学	5★-	7	辽宁师范大学	4★
2	华东师范大学	5★	5	浙江工业大学	5★-	8	上海师范大学	4★
3	西南大学	5★-	6	南京师范大学	4★	9	广东技术师范学院	4★
3★（15个），2★（19个），1★（5个）：名单略								

040109 特殊教育学（18）

排名	学校名称	等级	排名	学校名称	等级	排名	学校名称	等级
1	北京师范大学	5★-	2	华东师范大学	4★	3	华中师范大学	4★
3★（6个），2★（7个），1★（2个）：名单略								

040110 教育技术学（71）

排名	学校名称	等级	排名	学校名称	等级	排名	学校名称	等级
1	北京师范大学	5★+	6	东北师范大学	5★-	11	西北师范大学	4★
2	北京大学	5★	7	华中师范大学	5★-	12	华南师范大学	4★
3	华东师范大学	5★	8	西南大学	4★	13	南京师范大学	4★
4	清华大学	5★-	9	浙江师范大学	4★	14	首都师范大学	4★
5	浙江大学	5★-	10	浙江工业大学	4★			
3★（21个），2★（29个），1★（7个）：名单略								

0401Z1 少年儿童组织与思想意识教育（21）

排名	学校名称	等级	排名	学校名称	等级	排名	学校名称	等级
1	北京师范大学	5★	4	首都师范大学	5★-	7	山西师范大学	4★
2	华中师范大学	5★	5	曲阜师范大学	5★-	8	杭州师范大学	4★
3	上海师范大学	5★-	6	山东师范大学	4★	9	河南师范大学	4★

3★（12个），2★（0个），1★（0个）：名单略

040201 基础心理学（48）

排名	学校名称	等级	排名	学校名称	等级	排名	学校名称	等级
1	北京师范大学	5★	4	北京大学	5★-	7	浙江大学	4★
2	西南大学	5★	5	华中师范大学	5★-	8	华东师范大学	4★
3	中山大学	5★-	6	陕西师范大学	4★	9	华南师范大学	4★

3★（15个），2★（19个），1★（5个）：名单略

040202 发展与教育心理学（56）

排名	学校名称	等级	排名	学校名称	等级	排名	学校名称	等级
1	北京师范大学	5★	5	华东师范大学	5★-	9	东北师范大学	4★
2	华中师范大学	5★	6	山东师范大学	4★	10	中南大学	4★
3	西南大学	5★	7	上海师范大学	4★	11	陕西师范大学	4★
4	天津师范大学	5★-	8	华南师范大学	4★			

3★（17个），2★（22个），1★（6个）：名单略

040203 应用心理学（81）

排名	学校名称	等级	排名	学校名称	等级	排名	学校名称	等级
1	北京师范大学	5★+	7	中南大学	5★-	13	四川大学	4★
2	华中师范大学	5★	8	浙江大学	5★-	14	暨南大学	4★
3	北京大学	5★	9	电子科技大学	4★	15	辽宁师范大学	4★
4	华东师范大学	5★	10	陕西师范大学	4★	16	清华大学	4★
5	华南师范大学	5★-	11	天津师范大学	4★			
6	西南大学	5★-	12	上海交通大学	4★			

3★（24个），2★（33个），1★（8个）：名单略

040301 体育人文社会学（78）

排名	学校名称	等级	排名	学校名称	等级	排名	学校名称	等级
1	北京体育大学	5★+	6	浙江大学	5★-	11	天津体育学院	4★
2	华东师范大学	5★	7	福建师范大学	5★-	12	武汉体育学院	4★
3	上海体育学院	5★	8	成都体育学院	5★-	13	华南师范大学	4★
4	华中师范大学	5★	9	北京师范大学	4★	14	南京师范大学	4★
5	清华大学	5★-	10	曲阜师范大学	4★	15	湖南师范大学	4★

3★（24个），2★（31个），1★（8个）：名单略

040302 运动人体科学（67）

排名	学校名称	等级	排名	学校名称	等级	排名	学校名称	等级
1	北京体育大学	5★+	6	福建师范大学	5★-	11	湖南师范大学	4★
2	上海体育学院	5★	7	成都体育学院	5★-	12	同济大学	4★
3	华东师范大学	5★	8	北京师范大学	4★	13	华中师范大学	4★
4	清华大学	5★-	9	华南师范大学	4★			
5	天津体育学院	5★-	10	武汉体育学院	4★			

3★（20个），2★（27个），1★（7个）：名单略

040303 体育教育训练学（106）

排名	学校名称	等级	排名	学校名称	等级	排名	学校名称	等级
1	北京体育大学	5★+	8	北京师范大学	5★-	15	河南大学	4★
2	上海体育学院	5★	9	天津体育学院	5★-	16	南京师范大学	4★
3	成都体育学院	5★	10	沈阳体育学院	5★-	17	湖南师范大学	4★
4	华东师范大学	5★	11	清华大学	5★-	18	哈尔滨工业大学	4★
5	福建师范大学	5★	12	辽宁师范大学	4★	19	山西大学	4★
6	武汉体育学院	5★-	13	河北师范大学	4★	20	广州体育学院	4★
7	华中师范大学	5★-	14	华南师范大学	4★	21	浙江大学	4★

3★（32个），2★（42个），1★（11个）：名单略

040304 民族传统体育学（63）

排名	学校名称	等级	排名	学校名称	等级	排名	学校名称	等级
1	上海体育学院	5★	5	成都体育学院	5★-	9	苏州大学	4★
2	北京体育大学	5★	6	武汉体育学院	5★-	10	山西师范大学	4★
3	华中师范大学	5★	7	福建师范大学	4★	11	沈阳体育学院	4★
4	天津体育学院	5★-	8	华南师范大学	4★	12	湖南师范大学	4★

3★（19个），2★（26个），1★（6个）：名单略

047101 教育经济与管理（10）

排名	学校名称	等级	排名	学校名称	等级	排名	学校名称	等级
1	北京师范大学	5★-	2	复旦大学	4★			

3★（3个），2★（4个），1★（1个）：名单略

050101 文艺学（153）

排名	学校名称	等级	排名	学校名称	等级	排名	学校名称	等级
1	北京大学	5★+	7	华东师范大学	5★	13	武汉大学	5★-
2	南京大学	5★+	8	华中师范大学	5★	14	上海师范大学	5★-
3	北京师范大学	5★	9	浙江大学	5★	15	厦门大学	5★-
4	复旦大学	5★	10	中国人民大学	5★	16	中国传媒大学	5★-
5	南开大学	5★	11	暨南大学	5★-	17	清华大学	4★
6	山东大学	5★	12	四川大学	5★-	18	首都师范大学	4★

续表

排名	学校名称	等级	排名	学校名称	等级	排名	学校名称	等级
19	陕西师范大学	4★	24	山东师范大学	4★	29	吉林大学	4★
20	华中科技大学	4★	25	哈尔滨师范大学	4★	30	湖南师范大学	4★
21	中山大学	4★	26	扬州大学	4★	31	辽宁大学	4★
22	新疆大学	4★	27	苏州大学	4★			
23	福建师范大学	4★	28	南京师范大学	4★			

3★（46个），2★（61个），1★（15个）：名单略

050102 语言学及应用语言学（135）

排名	学校名称	等级	排名	学校名称	等级	排名	学校名称	等级
1	北京师范大学	5★+	10	陕西师范大学	5★-	19	上海师范大学	4★
2	复旦大学	5★+	11	华中师范大学	5★-	20	武汉大学	4★
3	南京大学	5★	12	中山大学	5★-	21	暨南大学	4★
4	浙江大学	5★	13	清华大学	5★-	22	福建师范大学	4★
5	北京大学	5★	14	厦门大学	5★-	23	四川大学	4★
6	南开大学	5★	15	南京师范大学	4★	24	北京外国语大学	4★
7	华东师范大学	5★	16	中国人民大学	4★	25	上海交通大学	4★
8	北京语言大学	5★-	17	华中科技大学	4★	26	安徽师范大学	4★
9	中央民族大学	5★-	18	吉林大学	4★	27	中国传媒大学	4★

3★（41个），2★（54个），1★（13个）：名单略

050103 汉语言文字学（133）

排名	学校名称	等级	排名	学校名称	等级	排名	学校名称	等级
1	北京大学	5★+	10	上海师范大学	5★-	19	北京语言大学	4★
2	北京师范大学	5★	11	南开大学	5★-	20	清华大学	4★
3	华中师范大学	5★	12	陕西师范大学	5★-	21	西南大学	4★
4	复旦大学	5★	13	安徽大学	5★-	22	暨南大学	4★
5	南京大学	5★	14	华中科技大学	4★	23	扬州大学	4★
6	浙江大学	5★	15	中山大学	4★	24	山东大学	4★
7	中国人民大学	5★	16	浙江师范大学	4★	25	河北大学	4★
8	华东师范大学	5★-	17	首都师范大学	4★	26	南京师范大学	4★
9	武汉大学	5★-	18	四川大学	4★	27	福建师范大学	4★

3★（40个），2★（53个），1★（13个）：名单略

050104 中国古典文献学（101）

排名	学校名称	等级	排名	学校名称	等级	排名	学校名称	等级
1	南京大学	5★+	5	四川大学	5★	9	山东大学	5★-
2	北京师范大学	5★	6	浙江大学	5★-	10	华东师范大学	5★-
3	北京大学	5★	7	华中师范大学	5★-	11	浙江师范大学	4★
4	复旦大学	5★	8	中山大学	5★-	12	武汉大学	4★

续表

排名	学校名称	等级	排名	学校名称	等级	排名	学校名称	等级
13	扬州大学	4★	16	上海大学	4★	19	南京师范大学	4★
14	上海师范大学	4★	17	陕西师范大学	4★	20	中国人民大学	4★
15	西南大学	4★	18	郑州大学	4★			
3★（31个），2★（40个），1★（10个）：名单略								

050105 中国古代文学（159）

排名	学校名称	等级	排名	学校名称	等级	排名	学校名称	等级
1	复旦大学	5★+	12	吉林大学	5★-	23	温州大学	4★
2	北京大学	5★+	13	安徽师范大学	5★-	24	暨南大学	4★
3	北京师范大学	5★	14	中国人民大学	5★-	25	南京师范大学	4★
4	南京大学	5★	15	清华大学	5★-	26	西南大学	4★
5	华东师范大学	5★	16	武汉大学	5★-	27	福建师范大学	4★
6	南开大学	5★	17	浙江师范大学	4★	28	西北师范大学	4★
7	山东大学	5★	18	四川大学	4★	29	北京语言大学	4★
8	首都师范大学	5★	19	上海师范大学	4★	30	上海大学	4★
9	浙江大学	5★-	20	哈尔滨师范大学	4★	31	广西师范大学	4★
10	中山大学	5★-	21	西北大学	4★	32	四川师范大学	4★
11	华中师范大学	5★-	22	陕西师范大学	4★			
3★（48个），2★（63个），1★（16个）：名单略								

050106 中国现当代文学（148）

排名	学校名称	等级	排名	学校名称	等级	排名	学校名称	等级
1	北京大学	5★+	11	中国人民大学	5★-	21	厦门大学	4★
2	北京师范大学	5★+	12	华中师范大学	5★-	22	上海师范大学	4★
3	南京大学	5★	13	武汉大学	5★-	23	西南大学	4★
4	山东大学	5★	14	福建师范大学	5★-	24	暨南大学	4★
5	中山大学	5★	15	河南大学	5★-	25	陕西师范大学	4★
6	复旦大学	5★	16	四川大学	4★	26	首都师范大学	4★
7	南京师范大学	5★	17	浙江师范大学	4★	27	上海大学	4★
8	山东师范大学	5★	18	华东师范大学	4★	28	辽宁师范大学	4★
9	南开大学	5★-	19	吉林大学	4★	29	浙江大学	4★
10	清华大学	5★-	20	苏州大学	4★	30	湖南师范大学	4★
3★（44个），2★（59个），1★（15个）：名单略								

050107 中国少数民族语言文学（41）

排名	学校名称	等级	排名	学校名称	等级	排名	学校名称	等级
1	中央民族大学	5★	4	南开大学	5★-	7	西北民族大学	4★
2	四川大学	5★	5	上海师范大学	4★	8	清华大学	4★
3	新疆大学	5★-	6	陕西师范大学	4★			
3★（12个），2★（17个），1★（4个）：名单略								

050108 比较文学与世界文学（127）

排名	学校名称	等级	排名	学校名称	等级	排名	学校名称	等级
1	北京大学	5★+	10	中国人民大学	5★-	19	山东大学	4★
2	华中师范大学	5★	11	四川大学	5★-	20	南京师范大学	4★
3	北京师范大学	5★	12	武汉大学	5★-	21	中山大学	4★
4	南京大学	5★	13	上海大学	5★-	22	首都师范大学	4★
5	复旦大学	5★	14	天津师范大学	4★	23	华东师范大学	4★
6	南开大学	5★	15	中央民族大学	4★	24	湘潭大学	4★
7	上海师范大学	5★-	16	暨南大学	4★	25	苏州大学	4★
8	清华大学	5★-	17	西南大学	4★	26	厦门大学	4★
9	浙江大学	5★-	18	北京语言大学	4★			

3★（38个），2★（50个），1★（13个）：名单略

050201 英语语言文学（186）

排名	学校名称	等级	排名	学校名称	等级	排名	学校名称	等级
1	北京大学	5★+	14	厦门大学	5★-	27	武汉大学	4★
2	南京大学	5★+	15	中山大学	5★-	28	黑龙江大学	4★
3	上海外国语大学	5★	16	广东外语外贸大学	5★-	29	中南大学	4★
4	中国人民大学	5★	17	南京师范大学	5★-	30	大连外国语大学	4★
5	北京外国语大学	5★	18	南开大学	5★-	31	西安外国语大学	4★
6	复旦大学	5★	19	北京航空航天大学	5★-	32	延边大学	4★
7	上海交通大学	5★	20	华东师范大学	4★	33	北京师范大学	4★
8	四川外国语大学	5★	21	清华大学	4★	34	福建师范大学	4★
9	四川大学	5★	22	东北师范大学	4★	35	北京语言大学	4★
10	浙江大学	5★	23	山东大学	4★	36	辽宁师范大学	4★
11	湖南师范大学	5★-	24	湖南大学	4★	37	河南大学	4★
12	西南大学	5★-	25	同济大学	4★	38	苏州大学	4★
13	天津外国语大学	5★-	26	华中师范大学	4★			

3★（55个），2★（75个），1★（18个）：名单略

050202 俄语语言文学（64）

排名	学校名称	等级	排名	学校名称	等级	排名	学校名称	等级
1	北京大学	5★	6	北京师范大学	5★-	11	武汉大学	4★
2	南开大学	5★	7	黑龙江大学	4★	12	华东师范大学	4★
3	浙江大学	5★	8	广东外语外贸大学	4★	13	中国人民大学	4★
4	上海外国语大学	5★-	9	南京大学	4★			
5	北京外国语大学	5★-	10	首都师范大学	4★			

3★（19个），2★（25个），1★（7个）：名单略

050203 法语语言文学（38）

排名	学校名称	等级	排名	学校名称	等级	排名	学校名称	等级
1	北京大学	5★	2	南京大学	5★	3	上海外国语大学	5★-

续表

排名	学校名称	等级	排名	学校名称	等级	排名	学校名称	等级
4	北京外国语大学	4★	6	武汉大学	4★			
5	广东外语外贸大学	4★	7	浙江大学	4★			
3★（12个），2★（15个），1★（4个）：名单略							

050204 德语语言文学（36）

排名	学校名称	等级	排名	学校名称	等级	排名	学校名称	等级
1	北京大学	5★	4	上海外国语大学	4★	7	广东外语外贸大学	4★
2	南京大学	5★-	5	北京外国语大学	4★			
3	同济大学	5★-	6	中国人民大学	4★			
3★（11个），2★（14个），1★（4个）：名单略							

050205 日语语言文学（112）

排名	学校名称	等级	排名	学校名称	等级	排名	学校名称	等级
1	上海外国语大学	5★+	9	天津外国语大学	5★-	17	东北师范大学	4★
2	清华大学	5★	10	南开大学	5★-	18	浙江大学	4★
3	北京师范大学	5★	11	吉林大学	5★-	19	四川大学	4★
4	北京大学	5★	12	广东外语外贸大学	4★	20	黑龙江大学	4★
5	北京外国语大学	5★	13	大连外国语大学	4★	21	南京大学	4★
6	上海交通大学	5★	14	湖南大学	4★	22	延边大学	4★
7	中国人民大学	5★-	15	同济大学	4★			
8	厦门大学	5★-	16	山东大学	4★			
3★（34个），2★（45个），1★（11个）：名单略							

050207 西班牙语语言文学（14）

排名	学校名称	等级	排名	学校名称	等级	排名	学校名称	等级
1	北京大学	5★-	2	南京大学	4★			
3★（5个），2★（5个），1★（2个）：名单略							

050208 阿拉伯语语言文学（11）

排名	学校名称	等级	排名	学校名称	等级	排名	学校名称	等级
1	北京大学	5★-	2	上海外国语大学	4★			
3★（3个），2★（4个），1★（2个）：名单略							

050209 欧洲语言文学（10）

排名	学校名称	等级	排名	学校名称	等级	排名	学校名称	等级
1	北京外国语大学	5★-	2	上海外国语大学	4★			
3★（3个），2★（4个），1★（1个）：名单略							

050210 亚非语言文学（32）

排名	学校名称	等级	排名	学校名称	等级	排名	学校名称	等级
1	北京大学	5★	3	上海外国语大学	5★-	5	山东大学	4★
2	南京大学	5★-	4	北京外国语大学	4★	6	延边大学	4★

3★（10个），2★（12个），1★（4个）：名单略

050211 外国语言学及应用语言学（196）

排名	学校名称	等级	排名	学校名称	等级	排名	学校名称	等级
1	上海交通大学	5★+	15	西安外国语大学	5★-	29	吉林大学	4★
2	北京大学	5★+	16	南京师范大学	5★-	30	四川外国语大学	4★
3	北京外国语大学	5★	17	南京大学	5★-	31	宁波大学	4★
4	上海外国语大学	5★	18	北京师范大学	5★-	32	首都师范大学	4★
5	广东外语外贸大学	5★	19	东北师范大学	5★-	33	大连外国语大学	4★
6	北京航空航天大学	5★	20	对外经济贸易大学	5★-	34	上海对外经贸大学	4★
7	四川大学	5★	21	复旦大学	4★	35	厦门大学	4★
8	湖南师范大学	5★	22	山东大学	4★	36	郑州大学	4★
9	清华大学	5★	23	苏州大学	4★	37	北京科技大学	4★
10	湖南大学	5★	24	西南大学	4★	38	华中科技大学	4★
11	浙江大学	5★-	25	南开大学	4★	39	东华大学	4★
12	黑龙江大学	5★-	26	同济大学	4★	40	河南大学	4★
13	上海海事大学	5★-	27	福建师范大学	4★			
14	北京语言大学	5★-	28	中山大学	4★			

3★（58个），2★（79个），1★（19个）：名单略

0502Z1 翻译学（7）

排名	学校名称	等级	排名	学校名称	等级	排名	学校名称	等级
1	上海外国语大学	5★-	3	武汉大学	4★			
2	广东外语外贸大学	4★	4	西安外国语大学	4★			

3★（1个），2★（1个），1★（1个）：名单略

050301 新闻学（85）

排名	学校名称	等级	排名	学校名称	等级	排名	学校名称	等级
1	中国人民大学	5★+	7	武汉大学	5★-	13	暨南大学	4★
2	复旦大学	5★	8	中国传媒大学	5★-	14	华中科技大学	4★
3	清华大学	5★	9	北京大学	4★	15	南京师范大学	4★
4	四川大学	5★	10	上海大学	4★	16	河北大学	4★
5	南京大学	5★-	11	浙江大学	4★	17	中山大学	4★
6	华东师范大学	5★-	12	厦门大学	4★			

3★（25个），2★（34个），1★（9个）：名单略

050302 传播学（93）

排名	学校名称	等级	排名	学校名称	等级	排名	学校名称	等级
1	中国传媒大学	5★+	8	上海交通大学	5★-	15	中山大学	4★
2	中国人民大学	5★	9	暨南大学	5★-	16	华中科技大学	4★
3	武汉大学	5★	10	北京师范大学	4★	17	河北大学	4★
4	清华大学	5★	11	上海大学	4★	18	华东师范大学	4★
5	北京大学	5★	12	厦门大学	4★	19	安徽大学	4★
6	复旦大学	5★-	13	四川大学	4★			
7	南京大学	5★-	14	浙江大学	4★			

3★（27个），2★（38个），1★（9个）：名单略

0602L2 历史文献学（9）

排名	学校名称	等级	排名	学校名称	等级	排名	学校名称	等级
1	西南民族大学	5★-	2	云南大学	4★			

3★（2个），2★（4个），1★（1个）：名单略

0602L3 专门史（25）

排名	学校名称	等级	排名	学校名称	等级	排名	学校名称	等级
1	云南大学	5★	3	上海财经大学	4★	5	湖南科技大学	4★
2	西北农林科技大学	5★-	4	福建师范大学	4★			

3★（7个），2★（10个），1★（3个）：名单略

0602L4 中国古代史（11）

排名	学校名称	等级	排名	学校名称	等级	排名	学校名称	等级
1	云南大学	5★-	2	浙江大学	4★			

3★（3个），2★（4个），1★（2个）：名单略

0602L5 中国近现代史（15）

排名	学校名称	等级	排名	学校名称	等级	排名	学校名称	等级
1	云南大学	5★-	2	浙江大学	4★	3	福建师范大学	4★

3★（4个），2★（6个），1★（2个）：名单略

070101 基础数学（189）

排名	学校名称	等级	排名	学校名称	等级	排名	学校名称	等级
1	北京大学	5★+	7	中国科学技术大学	5★	13	浙江大学	5★-
2	北京师范大学	5★+	8	南开大学	5★	14	厦门大学	5★-
3	上海交通大学	5★	9	中山大学	5★	15	大连理工大学	5★-
4	复旦大学	5★	10	四川大学	5★	16	首都师范大学	5★-
5	山东大学	5★	11	武汉大学	5★-	17	中南大学	5★-
6	清华大学	5★	12	华东师范大学	5★-	18	兰州大学	5★-

续表

排名	学校名称	等级	排名	学校名称	等级	排名	学校名称	等级
19	华中科技大学	5★-	26	吉林大学	4★	33	东北师范大学	4★
20	西安交通大学	4★	27	上海大学	4★	34	西南大学	4★
21	同济大学	4★	28	哈尔滨工业大学	4★	35	华中师范大学	4★
22	北京航空航天大学	4★	29	华南理工大学	4★	36	西北工业大学	4★
23	天津大学	4★	30	重庆大学	4★	37	南京师范大学	4★
24	东南大学	4★	31	苏州大学	4★	38	浙江师范大学	4★
25	南京大学	4★	32	湘潭大学	4★			

3★（57个），2★（76个），1★（18个）：名单略

070102 计算数学（178）

排名	学校名称	等级	排名	学校名称	等级	排名	学校名称	等级
1	北京大学	5★+	13	浙江大学	5★-	25	上海大学	4★
2	北京师范大学	5★+	14	西安交通大学	5★-	26	西北工业大学	4★
3	清华大学	5★	15	厦门大学	5★-	27	东南大学	4★
4	复旦大学	5★	16	吉林大学	5★-	28	天津大学	4★
5	上海交通大学	5★	17	华中科技大学	5★-	29	华东师范大学	4★
6	南开大学	5★	18	中南大学	5★-	30	南京航空航天大学	4★
7	湘潭大学	5★	19	中国科学技术大学	4★	31	湖南大学	4★
8	中山大学	5★	20	兰州大学	4★	32	北京交通大学	4★
9	南京大学	5★	21	四川大学	4★	33	南京师范大学	4★
10	山东大学	5★-	22	电子科技大学	4★	34	上海师范大学	4★
11	大连理工大学	5★-	23	重庆大学	4★	35	同济大学	4★
12	武汉大学	5★-	24	哈尔滨工业大学	4★	36	广东工业大学	4★

3★（53个），2★（72个），1★（17个）：名单略

070103 概率论与数理统计（156）

排名	学校名称	等级	排名	学校名称	等级	排名	学校名称	等级
1	北京师范大学	5★+	12	厦门大学	5★-	23	南京大学	4★
2	清华大学	5★+	13	武汉大学	5★-	24	哈尔滨工业大学	4★
3	南开大学	5★	14	电子科技大学	5★-	25	湖南大学	4★
4	北京大学	5★	15	四川大学	5★-	26	东南大学	4★
5	山东大学	5★	16	大连理工大学	5★-	27	上海大学	4★
6	中南大学	5★	17	华中科技大学	4★	28	中国人民大学	4★
7	复旦大学	5★	18	兰州大学	4★	29	重庆大学	4★
8	上海交通大学	5★	19	吉林大学	4★	30	西安电子科技大学	4★
9	中山大学	5★-	20	西安交通大学	4★	31	西北工业大学	4★
10	中国科学技术大学	5★-	21	天津大学	4★			
11	浙江大学	5★-	22	湘潭大学	4★			

3★（47个），2★（63个），1★（15个）：名单略

070104 应用数学（238）

排名	学校名称	等级	排名	学校名称	等级	排名	学校名称	等级
1	清华大学	5★+	17	武汉大学	5★-	33	西安电子科技大学	4★
2	北京师范大学	5★+	18	厦门大学	5★-	34	重庆大学	4★
3	复旦大学	5★+	19	大连理工大学	5★-	35	西南大学	4★
4	北京大学	5★	20	兰州大学	5★-	36	东北师范大学	4★
5	南开大学	5★	21	哈尔滨工程大学	5★-	37	陕西师范大学	4★
6	吉林大学	5★	22	天津大学	5★-	38	南京邮电大学	4★
7	浙江大学	5★	23	华东师范大学	5★-	39	湖南大学	4★
8	北京航空航天大学	5★	24	华中科技大学	5★-	40	北京理工大学	4★
9	中山大学	5★	25	中国科学技术大学	4★	41	福州大学	4★
10	上海交通大学	5★	26	华南理工大学	4★	42	苏州大学	4★
11	山东大学	5★	27	哈尔滨工业大学	4★	43	首都师范大学	4★
12	南京大学	5★	28	东南大学	4★	44	华中师范大学	4★
13	西安交通大学	5★	29	西北工业大学	4★	45	安徽理工大学	4★
14	中南大学	5★-	30	电子科技大学	4★	46	湘潭大学	4★
15	新疆大学	5★-	31	同济大学	4★	47	上海师范大学	4★
16	四川大学	5★-	32	上海大学	4★	48	中国人民大学	4★

3★（72个），2★（95个），1★（23个）：名单略

070105 运筹学与控制论（165）

排名	学校名称	等级	排名	学校名称	等级	排名	学校名称	等级
1	清华大学	5★+	12	中山大学	5★-	23	南京师范大学	4★
2	南开大学	5★+	13	南京大学	5★-	24	东南大学	4★
3	哈尔滨工业大学	5★	14	西安交通大学	5★-	25	郑州大学	4★
4	复旦大学	5★	15	吉林大学	5★-	26	西北工业大学	4★
5	山东大学	5★	16	湖南大学	5★-	27	中南大学	4★
6	浙江大学	5★	17	电子科技大学	5★-	28	北京工业大学	4★
7	北京交通大学	5★	18	上海大学	4★	29	广东工业大学	4★
8	大连理工大学	5★	19	华南理工大学	4★	30	武汉大学	4★
9	华中科技大学	5★	20	天津大学	4★	31	重庆大学	4★
10	四川大学	5★-	21	湘潭大学	4★	32	南京理工大学	4★
11	中国科学技术大学	5★-	22	西安电子科技大学	4★	33	同济大学	4★

3★（50个），2★（66个），1★（16个）：名单略

0701Z1 数学教育（6）

排名	学校名称	等级	排名	学校名称	等级	排名	学校名称	等级
1	华东师范大学	5★-	2	东北师范大学	4★	3	首都师范大学	4★

3★（1个），2★（1个），1★（1个）：名单略

070201 理论物理（134）

排名	学校名称	等级	排名	学校名称	等级	排名	学校名称	等级
1	清华大学	5★+	10	北京师范大学	5★-	19	山东大学	4★
2	复旦大学	5★+	11	北京航空航天大学	5★-	20	中山大学	4★
3	湖南大学	5★	12	华中科技大学	5★-	21	北京理工大学	4★
4	北京大学	5★	13	浙江大学	5★-	22	华中师范大学	4★
5	中国科学技术大学	5★	14	武汉大学	5★-	23	大连理工大学	4★
6	南京大学	5★	15	吉林大学	4★	24	华东师范大学	4★
7	西安交通大学	5★	16	南开大学	4★	25	兰州大学	4★
8	电子科技大学	5★-	17	哈尔滨工业大学	4★	26	湖南师范大学	4★
9	上海交通大学	5★-	18	厦门大学	4★	27	同济大学	4★
3★（40个），2★（54个），1★（13个）：名单略									

070202 粒子物理与原子核物理（56）

排名	学校名称	等级	排名	学校名称	等级	排名	学校名称	等级
1	清华大学	5★	5	复旦大学	5★-	9	北京师范大学	4★
2	北京大学	5★	6	北京航空航天大学	4★	10	山东大学	4★
3	中国科学技术大学	5★	7	上海交通大学	4★	11	浙江大学	4★
4	南京大学	5★-	8	武汉大学	4★			
3★（17个），2★（22个），1★（6个）：名单略									

070203 原子与分子物理（75）

排名	学校名称	等级	排名	学校名称	等级	排名	学校名称	等级
1	清华大学	5★+	6	南京大学	5★-	11	大连理工大学	4★
2	复旦大学	5★	7	吉林大学	5★-	12	哈尔滨工业大学	4★
3	北京大学	5★	8	上海交通大学	4★	13	重庆大学	4★
4	中国科学技术大学	5★	9	四川大学	4★	14	浙江大学	4★
5	西安交通大学	5★-	10	华中科技大学	4★	15	中山大学	4★
3★（22个），2★（30个），1★（8个）：名单略									

070204 等离子体物理（36）

排名	学校名称	等级	排名	学校名称	等级	排名	学校名称	等级
1	清华大学	5★	4	上海交通大学	4★	7	大连理工大学	4★
2	中国科学技术大学	5★-	5	电子科技大学	4★			
3	北京大学	5★-	6	华中科技大学	4★			
3★（11个），2★（14个），1★（4个）：名单略									

070205 凝聚态物理（151）

排名	学校名称	等级	排名	学校名称	等级	排名	学校名称	等级
1	清华大学	5★+	3	南京大学	5★	5	中国科学技术大学	5★
2	复旦大学	5★+	4	北京大学	5★	6	吉林大学	5★

续表

排名	学校名称	等级	排名	学校名称	等级	排名	学校名称	等级
7	上海交通大学	5★	15	华中科技大学	5★-	23	重庆大学	4★
8	湖南大学	5★	16	南开大学	4★	24	中山大学	4★
9	西安交通大学	5★-	17	山东大学	4★	25	上海大学	4★
10	北京航空航天大学	5★-	18	哈尔滨工业大学	4★	26	郑州大学	4★
11	浙江大学	5★-	19	四川大学	4★	27	北京理工大学	4★
12	北京师范大学	5★-	20	同济大学	4★	28	苏州大学	4★
13	武汉大学	5★-	21	兰州大学	4★	29	大连理工大学	4★
14	电子科技大学	5★-	22	厦门大学	4★	30	西北工业大学	4★
3★（46个），2★（60个），1★（15个）：名单略								

070206 声学（31）

排名	学校名称	等级	排名	学校名称	等级	排名	学校名称	等级
1	清华大学	5★	3	中国科学技术大学	5★-	5	哈尔滨工业大学	4★
2	南京大学	5★-	4	哈尔滨工程大学	4★	6	同济大学	4★
3★（9个），2★（13个），1★（3个）：名单略								

070207 光学（137）

排名	学校名称	等级	排名	学校名称	等级	排名	学校名称	等级
1	华中科技大学	5★+	11	吉林大学	5★-	21	华南师范大学	4★
2	清华大学	5★+	12	西安交通大学	5★-	22	大连理工大学	4★
3	北京大学	5★	13	电子科技大学	5★-	23	四川大学	4★
4	上海交通大学	5★	14	南京邮电大学	5★-	24	中山大学	4★
5	中国科学技术大学	5★	15	天津大学	4★	25	上海大学	4★
6	复旦大学	5★	16	北京航空航天大学	4★	26	山西大学	4★
7	南京大学	5★	17	北京理工大学	4★	27	北京师范大学	4★
8	浙江大学	5★-	18	山东大学	4★	28	北京工业大学	4★
9	哈尔滨工业大学	5★-	19	华东师范大学	4★			
10	南开大学	5★-	20	东南大学	4★			
3★（41个），2★（54个），1★（14个）：名单略								

070208 无线电物理（58）

排名	学校名称	等级	排名	学校名称	等级	排名	学校名称	等级
1	清华大学	5★	5	浙江大学	5★-	9	上海大学	4★
2	南京大学	5★	6	华中科技大学	5★-	10	北京航空航天大学	4★
3	电子科技大学	5★	7	武汉大学	4★	11	哈尔滨工业大学	4★
4	复旦大学	5★-	8	厦门大学	4★			
3★（18个），2★（23个），1★（6个）：名单略								

070301 无机化学（159）

排名	学校名称	等级	排名	学校名称	等级	排名	学校名称	等级
1	清华大学	5★+	12	中国科学技术大学	5★-	23	北京理工大学	4★
2	吉林大学	5★+	13	天津大学	5★-	24	兰州大学	4★
3	浙江大学	5★	14	四川大学	5★-	25	东北师范大学	4★
4	南京大学	5★	15	厦门大学	5★-	26	华东师范大学	4★
5	复旦大学	5★	16	武汉大学	5★-	27	西北大学	4★
6	南开大学	5★	17	华南理工大学	4★	28	中南大学	4★
7	山东大学	5★	18	华东理工大学	4★	29	福州大学	4★
8	北京大学	5★	19	苏州大学	4★	30	东南大学	4★
9	中山大学	5★-	20	上海交通大学	4★	31	华中科技大学	4★
10	湖南大学	5★-	21	北京化工大学	4★	32	同济大学	4★
11	大连理工大学	5★-	22	郑州大学	4★			

3★（49个），2★（62个），1★（16个）：名单略

070302 分析化学（163）

排名	学校名称	等级	排名	学校名称	等级	排名	学校名称	等级
1	清华大学	5★+	12	北京大学	5★-	23	郑州大学	4★
2	浙江大学	5★+	13	大连理工大学	5★-	24	北京理工大学	4★
3	南京大学	5★	14	中山大学	5★-	25	西南大学	4★
4	吉林大学	5★	15	中国科学技术大学	5★-	26	中国农业大学	4★
5	南开大学	5★	16	华东理工大学	5★-	27	福州大学	4★
6	湖南大学	5★	17	厦门大学	5★-	28	江南大学	4★
7	复旦大学	5★	18	上海交通大学	4★	29	华中科技大学	4★
8	四川大学	5★	19	苏州大学	4★	30	中南大学	4★
9	山东大学	5★-	20	北京化工大学	4★	31	西北大学	4★
10	武汉大学	5★-	21	华东师范大学	4★	32	青岛大学	4★
11	华南理工大学	5★-	22	兰州大学	4★	33	东南大学	4★

3★（49个），2★（65个），1★（16个）：名单略

070303 有机化学（164）

排名	学校名称	等级	排名	学校名称	等级	排名	学校名称	等级
1	浙江大学	5★+	10	武汉大学	5★-	19	中山大学	4★
2	清华大学	5★+	11	天津大学	5★-	20	上海交通大学	4★
3	南开大学	5★	12	兰州大学	5★-	21	郑州大学	4★
4	吉林大学	5★	13	山东大学	5★-	22	苏州大学	4★
5	中国科学技术大学	5★	14	湖南大学	5★-	23	华东师范大学	4★
6	南京大学	5★	15	华东理工大学	5★-	24	北京理工大学	4★
7	四川大学	5★	16	华南理工大学	5★-	25	中国农业大学	4★
8	北京大学	5★	17	大连理工大学	5★-	26	华中科技大学	4★
9	复旦大学	5★	18	厦门大学	4★	27	北京化工大学	4★

续表

排名	学校名称	等级	排名	学校名称	等级	排名	学校名称	等级
28	华中师范大学	4★	30	中南大学	4★	32	西北大学	4★
29	福州大学	4★	31	东北师范大学	4★	33	同济大学	4★

3★（49个），2★（66个），1★（16个）：名单略

070304 物理化学（163）

排名	学校名称	等级	排名	学校名称	等级	排名	学校名称	等级
1	浙江大学	5★+	12	大连理工大学	5★-	23	中南大学	4★
2	清华大学	5★+	13	湖南大学	5★-	24	福州大学	4★
3	吉林大学	5★	14	中国科学技术大学	5★-	25	兰州大学	4★
4	复旦大学	5★	15	四川大学	5★-	26	北京理工大学	4★
5	华南理工大学	5★	16	上海交通大学	5★-	27	北京师范大学	4★
6	南京大学	5★	17	武汉大学	5★-	28	郑州大学	4★
7	南开大学	5★	18	华东理工大学	4★	29	华东师范大学	4★
8	厦门大学	5★	19	苏州大学	4★	30	同济大学	4★
9	北京大学	5★-	20	中山大学	4★	31	东北师范大学	4★
10	山东大学	5★-	21	哈尔滨工业大学	4★	32	西北工业大学	4★
11	天津大学	5★-	22	北京化工大学	4★	33	北京工业大学	4★

3★（49个），2★（65个），1★（16个）：名单略

070305 高分子化学与物理（139）

排名	学校名称	等级	排名	学校名称	等级	排名	学校名称	等级
1	浙江大学	5★+	11	苏州大学	5★-	21	西北工业大学	4★
2	清华大学	5★+	12	北京大学	5★-	22	厦门大学	4★
3	吉林大学	5★	13	武汉大学	5★-	23	哈尔滨工业大学	4★
4	华南理工大学	5★	14	北京化工大学	5★-	24	山东大学	4★
5	四川大学	5★	15	湖南大学	4★	25	合肥工业大学	4★
6	天津大学	5★	16	大连理工大学	4★	26	中南大学	4★
7	复旦大学	5★	17	上海交通大学	4★	27	兰州大学	4★
8	南开大学	5★-	18	华东理工大学	4★	28	东华大学	4★
9	南京大学	5★-	19	北京理工大学	4★			
10	中国科学技术大学	5★-	20	中山大学	4★			

3★（42个），2★（55个），1★（14个）：名单略

0703Z1 化学生物学（18）

排名	学校名称	等级	排名	学校名称	等级	排名	学校名称	等级
1	南开大学	5★	2	复旦大学	4★	3	武汉大学	4★

3★（6个），2★（7个），1★（2个）：名单略

0703Z2 环境化学（6）

排名	学校名称	等级	排名	学校名称	等级	排名	学校名称	等级
1	福州大学	5★-	2	华南师范大学	4★			
3★（1个），2★（2个），1★（1个）：名单略									

070401 天体物理（14）

排名	学校名称	等级	排名	学校名称	等级	排名	学校名称	等级
1	南京大学	5★-	2	北京大学	4★			
3★（5个），2★（5个），1★（2个）：名单略									

070501 自然地理学（67）

排名	学校名称	等级	排名	学校名称	等级	排名	学校名称	等级
1	北京师范大学	5★+	6	中山大学	5★-	11	新疆大学	4★
2	兰州大学	5★	7	南京大学	5★-	12	南京信息工程大学	4★
3	华东师范大学	5★	8	南京师范大学	4★	13	北京林业大学	4★
4	北京大学	5★-	9	中国地质大学（武汉）	4★			
5	武汉大学	5★-	10	河海大学	4★			
3★（20个），2★（27个），1★（7个）：名单略									

070502 人文地理学（65）

排名	学校名称	等级	排名	学校名称	等级	排名	学校名称	等级
1	北京师范大学	5★	6	武汉大学	5★-	11	西北师范大学	4★
2	北京大学	5★	7	兰州大学	4★	12	河南大学	4★
3	南京大学	5★	8	南京师范大学	4★	13	福建师范大学	4★
4	华东师范大学	5★-	9	辽宁师范大学	4★			
5	中山大学	5★-	10	安徽师范大学	4★			
3★（19个），2★（26个），1★（7个）：名单略									

070503 地图学与地理信息系统（73）

排名	学校名称	等级	排名	学校名称	等级	排名	学校名称	等级
1	北京师范大学	5★+	6	华东师范大学	5★-	11	首都师范大学	4★
2	武汉大学	5★	7	兰州大学	5★-	12	新疆大学	4★
3	北京大学	5★	8	中山大学	4★	13	河南理工大学	4★
4	南京师范大学	5★	9	中国海洋大学	4★	14	云南师范大学	4★
5	南京大学	5★-	10	南京信息工程大学	4★			
3★（22个），2★（30个），1★（7个）：名单略									

070601 气象学（15）

排名	学校名称	等级	排名	学校名称	等级	排名	学校名称	等级
1	南京信息工程大学	5★-	2	南京大学	4★	3	兰州大学	4★
3★（4个），2★（6个），1★（2个）：名单略									

070602 大气物理学与大气环境（11）

排名	学校名称	等级	排名	学校名称	等级	排名	学校名称	等级
1	南京信息工程大学	5★-	2	南京大学	4★			
3★（3个），2★（4个），1★（2个）：名单略								

070701 物理海洋学（16）

排名	学校名称	等级	排名	学校名称	等级	排名	学校名称	等级
1	中国海洋大学	5★-	2	厦门大学	4★	3	河海大学	4★
3★（5个），2★（6个），1★（2个）：名单略								

070702 海洋化学（21）

排名	学校名称	等级	排名	学校名称	等级	排名	学校名称	等级
1	中国海洋大学	5★	3	同济大学	4★			
2	厦门大学	5★-	4	天津科技大学	4★			
3★（7个），2★（8个），1★（2个）：名单略								

070703 海洋生物学（24）

排名	学校名称	等级	排名	学校名称	等级	排名	学校名称	等级
1	中国海洋大学	5★	3	天津科技大学	4★			
2	山东大学	5★-	4	厦门大学	4★			
3★（8个），2★（9个），1★（3个）：名单略								

070704 海洋地质（16）

排名	学校名称	等级	排名	学校名称	等级	排名	学校名称	等级
1	中国海洋大学	5★-	2	南京大学	4★	3	同济大学	4★
3★（5个），2★（6个），1★（2个）：名单略								

070801 固体地球物理学（19）

排名	学校名称	等级	排名	学校名称	等级	排名	学校名称	等级
1	武汉大学	5★	2	北京大学	4★	3	南京大学	4★
3★（6个），2★（8个），1★（2个）：名单略								

070802 空间物理学（15）

排名	学校名称	等级	排名	学校名称	等级	排名	学校名称	等级
1	武汉大学	5★-	2	北京大学	4★	3	山东大学	4★
3★（4个），2★（6个），1★（2个）：名单略								

070901 矿物学、岩石学、矿床学（33）

排名	学校名称	等级	排名	学校名称	等级	排名	学校名称	等级
1	中国地质大学（北京）	5★	3	中国地质大学（武汉）	5★-	5	吉林大学	4★
2	南京大学	5★-	4	北京大学	4★	6	成都理工大学	4★
3★（10个），2★（13个），1★（4个）：名单略								

070902 地球化学（29）

排名	学校名称	等级	排名	学校名称	等级	排名	学校名称	等级
1	北京大学	5★	3	南京大学	5★-	5	中国地质大学（武汉）	4★
2	中国地质大学（北京）	5★-	4	中国科学技术大学	4★			
3★（9个），2★（12个），1★（3个）：名单略							

070903 古生物学与地层学（28）

排名	学校名称	等级	排名	学校名称	等级	排名	学校名称	等级
1	北京大学	5★	3	中国地质大学（武汉）	4★	5	西北大学	4★
2	中国地质大学（北京）	5★-	4	南京大学	4★			
3★（9个），2★（11个），1★（3个）：名单略							

070904 构造地质学（29）

排名	学校名称	等级	排名	学校名称	等级	排名	学校名称	等级
1	中国地质大学（北京）	5★	3	南京大学	5★-	5	中国地质大学（武汉）	4★
2	北京大学	5★-	4	中南大学	4★			
3★（9个），2★（12个），1★（3个）：名单略							

070905 第四纪地质学（25）

排名	学校名称	等级	排名	学校名称	等级	排名	学校名称	等级
1	北京大学	5★	3	成都理工大学	4★	5	中国地质大学（武汉）	4★
2	南京大学	5★-	4	兰州大学	4★			
3★（7个），2★（10个），1★（3个）：名单略							

071001 植物学（141）

排名	学校名称	等级	排名	学校名称	等级	排名	学校名称	等级
1	中国农业大学	5★+	11	北京林业大学	5★-	21	华南农业大学	4★
2	北京大学	5★+	12	清华大学	5★-	22	山东大学	4★
3	武汉大学	5★	13	华东师范大学	5★-	23	东北林业大学	4★
4	南京大学	5★	14	兰州大学	5★-	24	华中科技大学	4★
5	华中农业大学	5★	15	厦门大学	4★	25	东北大学	4★
6	浙江大学	5★	16	南开大学	4★	26	南京农业大学	4★
7	中山大学	5★	17	北京师范大学	4★	27	山东农业大学	4★
8	西北农林科技大学	5★-	18	云南大学	4★	28	南京林业大学	4★
9	四川大学	5★-	19	西南大学	4★			
10	复旦大学	5★-	20	福建农林大学	4★			
3★（43个），2★（56个），1★（14个）：名单略							

071002 动物学（126）

排名	学校名称	等级	排名	学校名称	等级	排名	学校名称	等级
1	武汉大学	5★+	2	北京大学	5★	3	中山大学	5★

续表

排名	学校名称	等级	排名	学校名称	等级	排名	学校名称	等级
4	华东师范大学	5★	12	西北农林科技大学	5★-	20	兰州大学	4★
5	南京大学	5★	13	西南大学	5★-	21	南京农业大学	4★
6	浙江大学	5★	14	中国海洋大学	4★	22	河北大学	4★
7	厦门大学	5★-	15	复旦大学	4★	23	贵州大学	4★
8	南开大学	5★-	16	云南大学	4★	24	山东大学	4★
9	内蒙古大学	5★-	17	华南农业大学	4★	25	福建农林大学	4★
10	南京师范大学	5★-	18	四川大学	4★			
11	北京师范大学	5★-	19	清华大学	4★			

3★（38个），2★（51个），1★（12个）：名单略

071003 生理学（104）

排名	学校名称	等级	排名	学校名称	等级	排名	学校名称	等级
1	中国农业大学	5★+	8	山西医科大学	5★-	15	四川大学	4★
2	武汉大学	5★	9	北京师范大学	5★-	16	中南大学	4★
3	北京大学	5★	10	西安交通大学	5★-	17	山东大学	4★
4	复旦大学	5★	11	中山大学	4★	18	华中科技大学	4★
5	南京大学	5★	12	华中农业大学	4★	19	西北农林科技大学	4★
6	清华大学	5★-	13	厦门大学	4★	20	华东师范大学	4★
7	浙江大学	5★-	14	北京协和医学院	4★	21	西南大学	4★

3★（31个），2★（42个），1★（10个）：名单略

071004 水生生物学（56）

排名	学校名称	等级	排名	学校名称	等级	排名	学校名称	等级
1	厦门大学	5★	5	清华大学	5★-	9	南京农业大学	4★
2	华中农业大学	5★	6	中山大学	4★	10	上海海洋大学	4★
3	中国海洋大学	5★	7	暨南大学	4★	11	华中科技大学	4★
4	西北农林科技大学	5★-	8	西南大学	4★			

3★（17个），2★（22个），1★（6个）：名单略

071005 微生物学（167）

排名	学校名称	等级	排名	学校名称	等级	排名	学校名称	等级
1	中国农业大学	5★+	9	南京农业大学	5★	17	北京协和医学院	5★-
2	浙江大学	5★+	10	厦门大学	5★-	18	中南大学	4★
3	上海交通大学	5★	11	南开大学	5★-	19	西南大学	4★
4	华中农业大学	5★	12	清华大学	5★-	20	华南理工大学	4★
5	中山大学	5★	13	西北农林科技大学	5★-	21	华中科技大学	4★
6	山东大学	5★	14	四川大学	5★-	22	华南农业大学	4★
7	武汉大学	5★	15	吉林大学	5★-	23	北京林业大学	4★
8	复旦大学	5★	16	云南大学	5★-	24	福建农林大学	4★

续表

排名	学校名称	等级	排名	学校名称	等级	排名	学校名称	等级
25	兰州大学	4★	29	山东农业大学	4★	33	广西大学	4★
26	四川农业大学	4★	30	东北农业大学	4★	34	华东理工大学	4★
27	中国海洋大学	4★	31	南京工业大学	4★			
28	中国科学技术大学	4★	32	同济大学	4★			

3★（50个），2★（67个），1★（16个）：名单略

071006 神经生物学（66）

排名	学校名称	等级	排名	学校名称	等级	排名	学校名称	等级
1	复旦大学	5★	6	中山大学	5★-	11	北京师范大学	4★
2	上海交通大学	5★	7	华中科技大学	4★	12	南方医科大学	4★
3	清华大学	5★	8	西安交通大学	4★	13	中国科学技术大学	4★
4	浙江大学	5★-	9	中南大学	4★			
5	首都医科大学	5★-	10	东南大学	4★			

3★（20个），2★（26个），1★（7个）：名单略

071007 遗传学（137）

排名	学校名称	等级	排名	学校名称	等级	排名	学校名称	等级
1	复旦大学	5★+	11	中国农业大学	5★-	21	天津大学	4★
2	上海交通大学	5★+	12	中南大学	5★-	22	南开大学	4★
3	浙江大学	5★	13	厦门大学	5★-	23	华南农业大学	4★
4	北京大学	5★	14	北京协和医学院	5★-	24	中国医科大学	4★
5	华中农业大学	5★	15	西北农林科技大学	4★	25	福建农林大学	4★
6	中山大学	5★	16	山东大学	4★	26	东南大学	4★
7	清华大学	5★	17	南京农业大学	4★	27	北京师范大学	4★
8	武汉大学	5★-	18	西安交通大学	4★	28	华中科技大学	4★
9	南京大学	5★-	19	中国科学技术大学	4★			
10	四川大学	5★-	20	西南大学	4★			

3★（41个），2★（54个），1★（14个）：名单略

071008 发育生物学（74）

排名	学校名称	等级	排名	学校名称	等级	排名	学校名称	等级
1	上海交通大学	5★+	6	复旦大学	5★-	11	西南大学	4★
2	清华大学	5★	7	中山大学	5★-	12	中南大学	4★
3	武汉大学	5★	8	北京师范大学	4★	13	同济大学	4★
4	华中农业大学	5★	9	湖南师范大学	4★	14	东北农业大学	4★
5	浙江大学	5★-	10	西北农林科技大学	4★	15	厦门大学	4★

3★（22个），2★（29个），1★（8个）：名单略

071009 细胞生物学（138）

排名	学校名称	等级	排名	学校名称	等级	排名	学校名称	等级
1	清华大学	5★+	11	南开大学	5★-	21	东北师范大学	4★
2	北京大学	5★+	12	中山大学	5★-	22	西安交通大学	4★
3	武汉大学	5★	13	中国农业大学	5★-	23	中国科学技术大学	4★
4	浙江大学	5★	14	中南大学	5★-	24	西南大学	4★
5	华中农业大学	5★	15	西北农林科技大学	4★	25	河北师范大学	4★
6	北京师范大学	5★	16	复旦大学	4★	26	吉林大学	4★
7	四川大学	5★	17	山东大学	4★	27	中国医科大学	4★
8	上海交通大学	5★-	18	北京林业大学	4★	28	福建农林大学	4★
9	厦门大学	5★-	19	同济大学	4★			
10	北京协和医学院	5★-	20	兰州大学	4★			

3★（41个），2★（55个），1★（14个）：名单略

071010 生物化学与分子生物学（204）

排名	学校名称	等级	排名	学校名称	等级	排名	学校名称	等级
1	上海交通大学	5★+	15	华中农业大学	5★-	29	东南大学	4★
2	北京大学	5★+	16	北京协和医学院	5★-	30	华东理工大学	4★
3	浙江大学	5★+	17	西安交通大学	5★-	31	兰州大学	4★
4	复旦大学	5★	18	南开大学	5★-	32	南方医科大学	4★
5	清华大学	5★	19	厦门大学	5★-	33	哈尔滨医科大学	4★
6	中国农业大学	5★	20	南京医科大学	5★-	34	南京农业大学	4★
7	中山大学	5★	21	西北农林科技大学	5★-	35	大连医科大学	4★
8	武汉大学	5★	22	西南大学	4★	36	四川农业大学	4★
9	四川大学	5★	23	华东师范大学	4★	37	华南理工大学	4★
10	山东大学	5★	24	暨南大学	4★	38	首都医科大学	4★
11	吉林大学	5★	25	天津大学	4★	39	中国医科大学	4★
12	南京大学	5★-	26	北京师范大学	4★	40	苏州大学	4★
13	中南大学	5★-	27	同济大学	4★	41	郑州大学	4★
14	华中科技大学	5★-	28	中国科学技术大学	4★			

3★（62个），2★（81个），1★（20个）：名单略

071011 生物物理学（72）

排名	学校名称	等级	排名	学校名称	等级	排名	学校名称	等级
1	北京大学	5★+	6	南京大学	5★-	11	东南大学	4★
2	清华大学	5★	7	复旦大学	5★-	12	吉林大学	4★
3	武汉大学	5★	8	天津大学	4★	13	兰州大学	4★
4	浙江大学	5★-	9	西安交通大学	4★	14	山东大学	4★
5	上海交通大学	5★-	10	华中科技大学	4★			

3★（22个），2★（29个），1★（7个）：名单略

0710Z1 生物信息学（10）

排名	学校名称	等级	排名	学校名称	等级	排名	学校名称	等级
1	中国农业大学	5★	2	华中农业大学	4★			
3★（3个），2★（4个），1★（1个）：名单略								

071101 系统理论（15）

排名	学校名称	等级	排名	学校名称	等级	排名	学校名称	等级
1	哈尔滨工程大学	5★-	2	北京师范大学	4★	3	北京交通大学	4★
3★（4个），2★（6个），1★（2个）：名单略								

071102 系统分析与集成（13）

排名	学校名称	等级	排名	学校名称	等级	排名	学校名称	等级
1	北京师范大学	5★-	2	北京交通大学	4★			
3★（4个），2★（5个），1★（2个）：名单略								

077101 基础心理学（8）

排名	学校名称	等级	排名	学校名称	等级	排名	学校名称	等级
1	中山大学	5★-	2	华东师范大学	4★			
3★（2个），2★（3个），1★（1个）：名单略								

077102 发展与教育心理学（9）

排名	学校名称	等级	排名	学校名称	等级	排名	学校名称	等级
1	中山大学	5★-	2	重庆师范大学	4★			
3★（2个），2★（4个），1★（1个）：名单略								

077103 应用心理学（8）

排名	学校名称	等级	排名	学校名称	等级	排名	学校名称	等级
1	中山大学	4★						
3★（3个），2★（3个），1★（1个）：名单略								

077301 材料物理与化学（6）

排名	学校名称	等级	排名	学校名称	等级	排名	学校名称	等级
1	北京工商大学	5★-	2	江汉大学	4★			
3★（1个），2★（2个），1★（1个）：名单略								

077401 物理电子学（9）

排名	学校名称	等级	排名	学校名称	等级	排名	学校名称	等级
1	内蒙古工业大学	5★-	2	江苏大学	4★			
3★（2个），2★（4个），1★（1个）：名单略								

077402 电路与系统（8）

排名	学校名称	等级	排名	学校名称	等级	排名	学校名称	等级
1	西安邮电大学	5★-	2	长春理工大学	4★			
3★（2个），2★（3个），1★（1个）：名单略									

077403 微电子学与固体电子学（10）

排名	学校名称	等级	排名	学校名称	等级	排名	学校名称	等级
1	山东大学	5★-	2	西安邮电大学	4★			
3★（3个），2★（4个），1★（1个）：名单略									

077501 计算机系统结构（18）

排名	学校名称	等级	排名	学校名称	等级	排名	学校名称	等级
1	四川大学	5★-	2	湖北工业大学	4★	3	华南农业大学	4★
3★（6个），2★（7个），1★（2个）：名单略									

077502 计算机软件与理论（25）

排名	学校名称	等级	排名	学校名称	等级	排名	学校名称	等级
1	四川大学	5★	3	华南农业大学	4★	5	湖南工业大学	4★
2	湖北工业大学	5★-	4	西南石油大学	4★			
3★（7个），2★（10个），1★（3个）：名单略									

077503 计算机应用技术（31）

排名	学校名称	等级	排名	学校名称	等级	排名	学校名称	等级
1	四川大学	5★	3	西南石油大学	5★-	5	湖南工业大学	4★
2	华南农业大学	5★-	4	西华师范大学	4★	6	武汉工程大学	4★
3★（9个），2★（13个），1★（3个）：名单略									

077601 环境科学（47）

排名	学校名称	等级	排名	学校名称	等级	排名	学校名称	等级
1	华中农业大学	5★	4	华南农业大学	5★-	7	中国科学技术大学	4★
2	华东师范大学	5★	5	西华师范大学	4★	8	江西理工大学	4★
3	南京信息工程大学	5★-	6	南京林业大学	4★	9	南昌航空大学	4★
3★（14个），2★（19个），1★（5个）：名单略									

077602 环境工程（22）

排名	学校名称	等级	排名	学校名称	等级	排名	学校名称	等级
1	华中农业大学	5★	3	华南农业大学	4★			
2	南京信息工程大学	5★-	4	中国科学技术大学	4★			
3★（7个），2★（8个），1★（3个）：名单略									

077802 免疫学（9）

排名	学校名称	等级	排名	学校名称	等级	排名	学校名称	等级
1	山东大学	5★-	2	上海交通大学	4★			
3★（2个），2★（4个），1★（1个）：名单略									

077803 病原生物学（7）

排名	学校名称	等级	排名	学校名称	等级	排名	学校名称	等级
1	山东大学	5★-	2	华北理工大学	4★			
3★（1个），2★（3个），1★（1个）：名单略									

078001 药物化学（14）

排名	学校名称	等级	排名	学校名称	等级	排名	学校名称	等级
1	武汉大学	5★-	2	天津科技大学	4★			
3★（5个），2★（5个），1★（2个）：名单略									

078002 药剂学（7）

排名	学校名称	等级	排名	学校名称	等级	排名	学校名称	等级
1	武汉大学	5★-	2	北京大学	4★			
3★（1个），2★（3个），1★（1个）：名单略									

078004 药物分析学（9）

排名	学校名称	等级	排名	学校名称	等级	排名	学校名称	等级
1	武汉大学	5★-	2	上海交通大学	4★			
3★（2个），2★（4个），1★（1个）：名单略									

078005 微生物与生化药学（10）

排名	学校名称	等级	排名	学校名称	等级	排名	学校名称	等级
1	天津科技大学	5★-	2	武汉大学	4★			
3★（3个），2★（4个），1★（1个）：名单略									

078006 药理学（8）

排名	学校名称	等级	排名	学校名称	等级	排名	学校名称	等级
1	武汉大学	5★-	2	北京大学	4★			
3★（2个），2★（3个），1★（1个）：名单略									

078401 教育技术学（44）

排名	学校名称	等级	排名	学校名称	等级	排名	学校名称	等级
1	北京师范大学	5★	4	兰州大学	5★-	7	北京邮电大学	4★
2	华东师范大学	5★	5	浙江工业大学	4★	8	华中师范大学	4★
3	同济大学	5★-	6	江南大学	4★	9	西北工业大学	4★
3★（13个），2★（17个），1★（5个）：名单略									

080101 一般力学与力学基础（55）

排名	学校名称	等级	排名	学校名称	等级	排名	学校名称	等级
1	北京大学	5★	5	北京航空航天大学	5★-	9	浙江大学	4★
2	清华大学	5★	6	上海交通大学	4★	10	湘潭大学	4★
3	哈尔滨工业大学	5★	7	天津大学	4★	11	南京航空航天大学	4★
4	西安交通大学	5★-	8	北京理工大学	4★			

3★（16个），2★（22个），1★（6个）：名单略

080102 固体力学（79）

排名	学校名称	等级	排名	学校名称	等级	排名	学校名称	等级
1	清华大学	5★+	7	西北工业大学	5★-	13	中国科学技术大学	4★
2	北京大学	5★	8	兰州大学	5★-	14	大连理工大学	4★
3	哈尔滨工业大学	5★	9	北京理工大学	4★	15	中山大学	4★
4	西安交通大学	5★	10	浙江大学	4★	16	重庆大学	4★
5	北京航空航天大学	5★-	11	天津大学	4★			
6	上海交通大学	5★-	12	南京航空航天大学	4★			

3★（23个），2★（32个），1★（8个）：名单略

080103 流体力学（60）

排名	学校名称	等级	排名	学校名称	等级	排名	学校名称	等级
1	北京大学	5★	5	西安交通大学	5★-	9	西北工业大学	4★
2	北京航空航天大学	5★	6	上海交通大学	5★-	10	天津大学	4★
3	清华大学	5★	7	复旦大学	4★	11	中国科学技术大学	4★
4	哈尔滨工业大学	5★-	8	南京航空航天大学	4★	12	浙江大学	4★

3★（18个），2★（24个），1★（6个）：名单略

080104 工程力学（95）

排名	学校名称	等级	排名	学校名称	等级	排名	学校名称	等级
1	清华大学	5★+	8	南京航空航天大学	5★-	15	浙江大学	4★
2	哈尔滨工业大学	5★	9	河海大学	5★-	16	天津大学	4★
3	北京大学	5★	10	北京理工大学	4★	17	南京理工大学	4★
4	大连理工大学	5★	11	中南大学	4★	18	中国科学技术大学	4★
5	西安交通大学	5★	12	中国矿业大学	4★	19	宁波大学	4★
6	北京航空航天大学	5★-	13	西北工业大学	4★			
7	上海交通大学	5★-	14	同济大学	4★			

3★（28个），2★（38个），1★（10个）：名单略

080201 机械制造及其自动化（184）

排名	学校名称	等级	排名	学校名称	等级	排名	学校名称	等级
1	西安交通大学	5★+	3	上海交通大学	5★	5	清华大学	5★
2	浙江大学	5★+	4	哈尔滨工业大学	5★	6	北京理工大学	5★

续表

排名	学校名称	等级	排名	学校名称	等级	排名	学校名称	等级
7	湖南大学	5★	18	中南大学	5★-	29	江苏大学	4★
8	南京航空航天大学	5★	19	天津大学	5★-	30	武汉理工大学	4★
9	华中科技大学	5★	20	同济大学	4★	31	四川大学	4★
10	重庆大学	5★	21	合肥工业大学	4★	32	南京理工大学	4★
11	西北工业大学	5★-	22	电子科技大学	4★	33	北京交通大学	4★
12	大连理工大学	5★-	23	东北大学	4★	34	厦门大学	4★
13	吉林大学	5★-	24	浙江工业大学	4★	35	广东工业大学	4★
14	北京航空航天大学	5★-	25	东南大学	4★	36	中国矿业大学	4★
15	山东大学	5★-	26	西南交通大学	4★	37	哈尔滨工程大学	4★
16	华南理工大学	5★-	27	北京科技大学	4★			
17	上海大学	5★-	28	燕山大学	4★			

3★（55个），2★（74个），1★（18个）：名单略

080202 机械电子工程（188）

排名	学校名称	等级	排名	学校名称	等级	排名	学校名称	等级
1	上海交通大学	5★+	14	华南理工大学	5★-	27	山东大学	4★
2	哈尔滨工业大学	5★+	15	上海大学	5★-	28	东北大学	4★
3	清华大学	5★	16	南京航空航天大学	5★-	29	西安电子科技大学	4★
4	西安交通大学	5★	17	燕山大学	5★-	30	南京理工大学	4★
5	浙江大学	5★	18	大连理工大学	5★-	31	合肥工业大学	4★
6	西北工业大学	5★	19	同济大学	5★-	32	武汉大学	4★
7	湖南大学	5★	20	东南大学	4★	33	北京交通大学	4★
8	重庆大学	5★	21	中南大学	4★	34	中国农业大学	4★
9	华中科技大学	5★	22	北京科技大学	4★	35	四川大学	4★
10	北京理工大学	5★	23	中国矿业大学	4★	36	哈尔滨工程大学	4★
11	北京航空航天大学	5★-	24	西南交通大学	4★	37	中国科学技术大学	4★
12	电子科技大学	5★-	25	厦门大学	4★	38	东华大学	4★
13	天津大学	5★-	26	吉林大学	4★			

3★（56个），2★（76个），1★（18个）：名单略

080203 机械设计及理论（191）

排名	学校名称	等级	排名	学校名称	等级	排名	学校名称	等级
1	重庆大学	5★+	8	清华大学	5★	15	合肥工业大学	5★-
2	上海交通大学	5★+	9	北京理工大学	5★	16	天津大学	5★-
3	哈尔滨工业大学	5★	10	西北工业大学	5★	17	西南交通大学	5★-
4	西安交通大学	5★	11	中国矿业大学	5★	18	华南理工大学	5★-
5	浙江大学	5★	12	东北大学	5★	19	同济大学	5★-
6	湖南大学	5★	13	北京航空航天大学	5★	20	山东大学	5★-
7	华中科技大学	5★	14	燕山大学	5★-	21	电子科技大学	4★

排名	学校名称	等级	排名	学校名称	等级	排名	学校名称	等级
22	大连理工大学	4★	28	江苏大学	4★	34	中国矿业大学（北京）	4★
23	中南大学	4★	29	东华大学	4★	35	四川大学	4★
24	上海大学	4★	30	北京交通大学	4★	36	武汉大学	4★
25	吉林大学	4★	31	东南大学	4★	37	浙江工业大学	4★
26	中国农业大学	4★	32	北京科技大学	4★	38	武汉理工大学	4★
27	南京航空航天大学	4★	33	哈尔滨工程大学	4★	39	广东工业大学	4★

3★（57个），2★（76个），1★（19个）：名单略

080204 车辆工程（139）

排名	学校名称	等级	排名	学校名称	等级	排名	学校名称	等级
1	清华大学	5★+	11	吉林大学	5★-	21	大连理工大学	4★
2	上海交通大学	5★+	12	北京航空航天大学	5★-	22	山东大学	4★
3	哈尔滨工业大学	5★	13	中南大学	5★-	23	东北大学	4★
4	西安交通大学	5★	14	西北工业大学	5★-	24	武汉理工大学	4★
5	浙江大学	5★	15	江苏大学	4★	25	北京科技大学	4★
6	重庆大学	5★	16	中国农业大学	4★	26	北京交通大学	4★
7	北京理工大学	5★	17	华南理工大学	4★	27	哈尔滨工程大学	4★
8	湖南大学	5★-	18	南京航空航天大学	4★	28	合肥工业大学	4★
9	同济大学	5★-	19	天津大学	4★			
10	华中科技大学	5★-	20	西南交通大学	4★			

3★（42个），2★（55个），1★（14个）：名单略

0802Z1 工业工程（11）

排名	学校名称	等级	排名	学校名称	等级	排名	学校名称	等级
1	上海交通大学	5★-	2	浙江大学	4★			

3★（3个），2★（4个），1★（2个）：名单略

0802Z2 工业设计（6）

排名	学校名称	等级	排名	学校名称	等级	排名	学校名称	等级
1	西北工业大学	5★-	2	西安电子科技大学	4★			

3★（1个），2★（2个），1★（1个）：名单略

080401 精密仪器及机械（63）

排名	学校名称	等级	排名	学校名称	等级	排名	学校名称	等级
1	西安交通大学	5★	5	上海交通大学	5★-	9	天津大学	4★
2	清华大学	5★	6	东南大学	5★-	10	北京理工大学	4★
3	北京航空航天大学	5★	7	中国科学技术大学	4★	11	重庆大学	4★
4	华中科技大学	5★-	8	哈尔滨工业大学	4★	12	电子科技大学	4★

3★（19个），2★（26个），1★（6个）：名单略

080402 测试计量技术及仪器（73）

排名	学校名称	等级	排名	学校名称	等级	排名	学校名称	等级
1	清华大学	5★+	6	天津大学	5★-	11	重庆大学	4★
2	西安交通大学	5★	7	上海交通大学	5★-	12	电子科技大学	4★
3	北京航空航天大学	5★	8	中国科学技术大学	4★	13	西北工业大学	4★
4	东南大学	5★	9	吉林大学	4★	14	大连理工大学	4★
5	哈尔滨工业大学	5★-	10	北京理工大学	4★			

3★（22个），2★（30个），1★（7个）：名单略

080501 材料物理与化学（183）

排名	学校名称	等级	排名	学校名称	等级	排名	学校名称	等级
1	清华大学	5★+	14	吉林大学	5★-	27	电子科技大学	4★
2	西安交通大学	5★+	15	华中科技大学	5★-	28	武汉大学	4★
3	复旦大学	5★	16	四川大学	5★-	29	南京理工大学	4★
4	上海交通大学	5★	17	重庆大学	5★-	30	南开大学	4★
5	西北工业大学	5★	18	上海大学	5★-	31	东南大学	4★
6	华南理工大学	5★	19	北京理工大学	5★-	32	湖南大学	4★
7	北京科技大学	5★	20	中国科学技术大学	4★	33	南昌大学	4★
8	哈尔滨工业大学	5★	21	天津大学	4★	34	兰州大学	4★
9	武汉理工大学	5★	22	同济大学	4★	35	河北工业大学	4★
10	山东大学	5★	23	南京大学	4★	36	东华大学	4★
11	北京航空航天大学	5★-	24	东北大学	4★	37	厦门大学	4★
12	中南大学	5★-	25	中山大学	4★			
13	浙江大学	5★-	26	北京化工大学	4★			

3★（55个），2★（73个），1★（18个）：名单略

080502 材料学（186）

排名	学校名称	等级	排名	学校名称	等级	排名	学校名称	等级
1	清华大学	5★+	14	中国科学技术大学	5★-	27	电子科技大学	4★
2	西安交通大学	5★+	15	山东大学	5★-	28	武汉大学	4★
3	西北工业大学	5★	16	复旦大学	5★-	29	燕山大学	4★
4	上海交通大学	5★	17	武汉理工大学	5★-	30	苏州大学	4★
5	天津大学	5★	18	重庆大学	5★-	31	中山大学	4★
6	华中科技大学	5★	19	北京理工大学	5★-	32	湖南大学	4★
7	华南理工大学	5★	20	吉林大学	4★	33	上海大学	4★
8	北京科技大学	5★	21	中南大学	4★	34	东华大学	4★
9	浙江大学	5★	22	南京大学	4★	35	南开大学	4★
10	南京理工大学	5★	23	东北大学	4★	36	大连理工大学	4★
11	哈尔滨工业大学	5★-	24	北京化工大学	4★	37	南京航空航天大学	4★
12	北京航空航天大学	5★-	25	东南大学	4★	38	厦门大学	4★
13	四川大学	5★-	26	同济大学	4★			

3★（55个），2★（75个），1★（18个）：名单略

080503 材料加工工程（164）

排名	学校名称	等级	排名	学校名称	等级	排名	学校名称	等级
1	清华大学	5★+	12	中南大学	5★-	23	北京化工大学	4★
2	西安交通大学	5★+	13	华中科技大学	5★-	24	南京航空航天大学	4★
3	上海交通大学	5★	14	天津大学	5★-	25	南京大学	4★
4	西北工业大学	5★	15	四川大学	5★-	26	武汉大学	4★
5	哈尔滨工业大学	5★	16	重庆大学	5★-	27	太原理工大学	4★
6	华南理工大学	5★	17	山东大学	5★-	28	中山大学	4★
7	北京科技大学	5★	18	北京航空航天大学	4★	29	东南大学	4★
8	东北大学	5★	19	北京理工大学	4★	30	东华大学	4★
9	武汉理工大学	5★	20	中国科学技术大学	4★	31	湖南大学	4★
10	浙江大学	5★-	21	同济大学	4★	32	上海大学	4★
11	吉林大学	5★-	22	电子科技大学	4★	33	郑州大学	4★

3★（49个），2★（66个），1★（16个）：名单略

080601 冶金物理化学（20）

排名	学校名称	等级	排名	学校名称	等级	排名	学校名称	等级
1	北京科技大学	5★	3	东北大学	4★			
2	中南大学	5★-	4	重庆大学	4★			

3★（6个），2★（8个），1★（2个）：名单略

080602 钢铁冶金（21）

排名	学校名称	等级	排名	学校名称	等级	排名	学校名称	等级
1	北京科技大学	5★	3	东北大学	4★			
2	中南大学	5★-	4	重庆大学	4★			

3★（6个），2★（9个），1★（2个）：名单略

080603 有色金属冶金（22）

排名	学校名称	等级	排名	学校名称	等级	排名	学校名称	等级
1	中南大学	5★	3	北京科技大学	4★			
2	重庆大学	5★-	4	东北大学	4★			

3★（7个），2★（8个），1★（3个）：名单略

080701 工程热物理（60）

排名	学校名称	等级	排名	学校名称	等级	排名	学校名称	等级
1	西安交通大学	5★	5	哈尔滨工业大学	5★-	9	重庆大学	4★
2	清华大学	5★	6	华中科技大学	5★-	10	华南理工大学	4★
3	上海交通大学	5★	7	东南大学	4★	11	北京航空航天大学	4★
4	浙江大学	5★-	8	天津大学	4★	12	西北工业大学	4★

3★（18个），2★（24个），1★（6个）：名单略

080702 热能工程（77）

排名	学校名称	等级	排名	学校名称	等级	排名	学校名称	等级
1	西安交通大学	5★+	6	天津大学	5★-	11	中国科学技术大学	4★
2	清华大学	5★	7	哈尔滨工业大学	5★-	12	华北电力大学	4★
3	上海交通大学	5★	8	东南大学	5★-	13	重庆大学	4★
4	浙江大学	5★	9	北京航空航天大学	4★	14	西北工业大学	4★
5	华中科技大学	5★-	10	大连理工大学	4★	15	山东大学	4★

3★（23个），2★（31个），1★（8个）：名单略

080703 动力机械及工程（71）

排名	学校名称	等级	排名	学校名称	等级	排名	学校名称	等级
1	西安交通大学	5★+	6	天津大学	5★-	11	中国科学技术大学	4★
2	清华大学	5★	7	哈尔滨工业大学	5★-	12	华北电力大学	4★
3	上海交通大学	5★	8	东南大学	5★-	13	重庆大学	4★
4	浙江大学	5★	9	北京航空航天大学	4★	14	西北工业大学	4★
5	华中科技大学	5★-	10	大连理工大学	4★	15	山东大学	4★

3★（20个），2★（29个），1★（7个）：名单略

080704 流体机械及工程（67）

排名	学校名称	等级	排名	学校名称	等级	排名	学校名称	等级
1	北京航空航天大学	5★+	6	哈尔滨工业大学	5★-	11	武汉大学	4★
2	西安交通大学	5★	7	华中科技大学	5★-	12	重庆大学	4★
3	清华大学	5★	8	东南大学	4★	13	东北大学	4★
4	上海交通大学	5★-	9	江苏大学	4★			
5	浙江大学	5★-	10	西北工业大学	4★			

3★（20个），2★（27个），1★（7个）：名单略

080705 制冷及低温工程（58）

排名	学校名称	等级	排名	学校名称	等级	排名	学校名称	等级
1	西安交通大学	5★	5	东南大学	5★-	9	北京航空航天大学	4★
2	上海交通大学	5★	6	哈尔滨工业大学	5★-	10	重庆大学	4★
3	浙江大学	5★	7	天津大学	4★	11	华北电力大学	4★
4	华中科技大学	5★-	8	中国科学技术大学	4★			

3★（18个），2★（23个），1★（6个）：名单略

080706 化工过程机械（62）

排名	学校名称	等级	排名	学校名称	等级	排名	学校名称	等级
1	西安交通大学	5★	5	哈尔滨工业大学	5★-	9	北京化工大学	4★
2	四川大学	5★	6	华中科技大学	5★-	10	山东大学	4★
3	华南理工大学	5★	7	天津大学	4★	11	浙江工业大学	4★
4	浙江大学	5★-	8	东南大学	4★	12	重庆大学	4★

3★（19个），2★（25个），1★（6个）：名单略

080801 电机与电器（74）

排名	学校名称	等级	排名	学校名称	等级	排名	学校名称	等级
1	清华大学	5★+	6	东南大学	5★-	11	北京航空航天大学	4★
2	哈尔滨工业大学	5★	7	华中科技大学	5★-	12	电子科技大学	4★
3	上海交通大学	5★	8	天津大学	4★	13	山东大学	4★
4	浙江大学	5★	9	湖南大学	4★	14	西北工业大学	4★
5	西安交通大学	5★-	10	重庆大学	4★	15	南京航空航天大学	4★

3★（22个），2★（29个），1★（8个）：名单略

080802 电力系统及其自动化（84）

排名	学校名称	等级	排名	学校名称	等级	排名	学校名称	等级
1	清华大学	5★+	7	华北电力大学	5★-	13	山东大学	4★
2	西安交通大学	5★	8	湖南大学	5★-	14	东南大学	4★
3	上海交通大学	5★	9	电子科技大学	4★	15	天津大学	4★
4	哈尔滨工业大学	5★	10	华中科技大学	4★	16	华南理工大学	4★
5	浙江大学	5★-	11	西南交通大学	4★	17	北京航空航天大学	4★
6	武汉大学	5★-	12	重庆大学	4★			

3★（25个），2★（34个），1★（8个）：名单略

080803 高电压与绝缘技术（53）

排名	学校名称	等级	排名	学校名称	等级	排名	学校名称	等级
1	清华大学	5★	5	西安交通大学	5★-	9	湖南大学	4★
2	上海交通大学	5★	6	重庆大学	4★	10	东南大学	4★
3	哈尔滨工业大学	5★-	7	华中科技大学	4★			
4	浙江大学	5★-	8	武汉大学	4★			

3★（16个），2★（21个），1★（6个）：名单略

080804 电力电子与电力传动（93）

排名	学校名称	等级	排名	学校名称	等级	排名	学校名称	等级
1	浙江大学	5★+	8	重庆大学	5★-	15	西北工业大学	4★
2	清华大学	5★	9	华北电力大学	5★-	16	南京航空航天大学	4★
3	上海交通大学	5★	10	东南大学	4★	17	山东大学	4★
4	哈尔滨工业大学	5★	11	华南理工大学	4★	18	天津大学	4★
5	华中科技大学	5★	12	中国矿业大学	4★	19	中山大学	4★
6	西安交通大学	5★-	13	武汉大学	4★			
7	湖南大学	5★-	14	东北大学	4★			

3★（27个），2★（38个），1★（9个）：名单略

080805 电工理论与新技术（73）

排名	学校名称	等级	排名	学校名称	等级	排名	学校名称	等级
1	清华大学	5★+	3	哈尔滨工业大学	5★	5	西安交通大学	5★-
2	上海交通大学	5★	4	浙江大学	5★	6	湖南大学	5★-

排名	学校名称	等级	排名	学校名称	等级	排名	学校名称	等级
7	华中科技大学	5★-	10	华北电力大学	4★	13	西北工业大学	4★
8	重庆大学	4★	11	武汉大学	4★	14	山东大学	4★
9	东南大学	4★	12	天津大学	4★			

3★（22个），2★（30个），1★（7个）：名单略

080901 物理电子学（89）

排名	学校名称	等级	排名	学校名称	等级	排名	学校名称	等级
1	北京大学	5★+	7	电子科技大学	5★-	13	南京大学	4★
2	清华大学	5★	8	北京邮电大学	5★-	14	华东师范大学	4★
3	哈尔滨工业大学	5★	9	东南大学	5★-	15	西安电子科技大学	4★
4	浙江大学	5★	10	中国科学技术大学	4★	16	北京航空航天大学	4★
5	华中科技大学	5★-	11	北京理工大学	4★	17	华南理工大学	4★
6	复旦大学	5★-	12	西安交通大学	4★	18	西北工业大学	4★

3★（26个），2★（36个），1★（9个）：名单略

080902 电路与系统（99）

排名	学校名称	等级	排名	学校名称	等级	排名	学校名称	等级
1	清华大学	5★+	8	西安电子科技大学	5★-	15	天津大学	4★
2	北京大学	5★	9	华中科技大学	5★-	16	中国科学技术大学	4★
3	上海交通大学	5★	10	复旦大学	5★-	17	南京大学	4★
4	北京邮电大学	5★	11	西安交通大学	4★	18	重庆大学	4★
5	浙江大学	5★	12	湖南大学	4★	19	武汉大学	4★
6	电子科技大学	5★-	13	北京航空航天大学	4★	20	华南理工大学	4★
7	东南大学	5★-	14	北京理工大学	4★			

3★（29个），2★（40个），1★（10个）：名单略

080903 微电子学与固体电子学（88）

排名	学校名称	等级	排名	学校名称	等级	排名	学校名称	等级
1	北京大学	5★+	7	浙江大学	5★-	13	华东师范大学	4★
2	清华大学	5★	8	西安电子科技大学	5★-	14	北京理工大学	4★
3	上海交通大学	5★	9	华中科技大学	5★-	15	东南大学	4★
4	哈尔滨工业大学	5★	10	南京大学	4★	16	中国科学技术大学	4★
5	电子科技大学	5★-	11	北京邮电大学	4★	17	北京航空航天大学	4★
6	复旦大学	5★-	12	西安交通大学	4★	18	天津大学	4★

3★（26个），2★（35个），1★（9个）：名单略

080904 电磁场与微波技术（73）

排名	学校名称	等级	排名	学校名称	等级	排名	学校名称	等级
1	北京大学	5★+	2	清华大学	5★	3	上海交通大学	5★

排名	学校名称	等级	排名	学校名称	等级	排名	学校名称	等级
4	电子科技大学	5★	8	东南大学	4★	12	北京邮电大学	4★
5	哈尔滨工业大学	5★-	9	北京航空航天大学	4★	13	复旦大学	4★
6	浙江大学	5★-	10	西安电子科技大学	4★	14	北京理工大学	4★
7	华中科技大学	5★-	11	西安交通大学	4★			

3★（22个），2★（30个），1★（7个）：名单略

081001 通信与信息系统（144）

排名	学校名称	等级	排名	学校名称	等级	排名	学校名称	等级
1	电子科技大学	5★+	11	北京交通大学	5★-	21	宁波大学	4★
2	清华大学	5★+	12	华南理工大学	5★-	22	南京航空航天大学	4★
3	西安电子科技大学	5★	13	浙江大学	5★-	23	哈尔滨工程大学	4★
4	北京邮电大学	5★	14	西安交通大学	5★-	24	大连理工大学	4★
5	上海交通大学	5★	15	北京航空航天大学	5★-	25	天津大学	4★
6	东南大学	5★	16	西北工业大学	4★	26	中山大学	4★
7	北京大学	5★	17	武汉大学	4★	27	重庆邮电大学	4★
8	哈尔滨工业大学	5★-	18	重庆大学	4★	28	西南交通大学	4★
9	南京邮电大学	5★-	19	南京理工大学	4★	29	东北大学	4★
10	北京理工大学	5★-	20	华中科技大学	4★			

3★（43个），2★（58个），1★（14个）：名单略

081002 信号与信息处理（150）

排名	学校名称	等级	排名	学校名称	等级	排名	学校名称	等级
1	清华大学	5★+	11	北京理工大学	5★-	21	山东大学	4★
2	电子科技大学	5★+	12	浙江大学	5★-	22	宁波大学	4★
3	上海交通大学	5★	13	西安交通大学	5★-	23	南京航空航天大学	4★
4	北京大学	5★	14	西北工业大学	5★-	24	重庆邮电大学	4★
5	东南大学	5★	15	天津大学	5★-	25	武汉大学	4★
6	西安电子科技大学	5★	16	华南理工大学	4★	26	南京理工大学	4★
7	哈尔滨工业大学	5★	17	华中科技大学	4★	27	合肥工业大学	4★
8	北京邮电大学	5★	18	哈尔滨工程大学	4★	28	厦门大学	4★
9	北京航空航天大学	5★-	19	北京交通大学	4★	29	四川大学	4★
10	南京邮电大学	5★-	20	重庆大学	4★	30	同济大学	4★

3★（45个），2★（60个），1★（15个）：名单略

081101 控制理论与控制工程（170）

排名	学校名称	等级	排名	学校名称	等级	排名	学校名称	等级
1	哈尔滨工业大学	5★+	4	上海交通大学	5★	7	华中科技大学	5★
2	北京航空航天大学	5★+	5	东北大学	5★	8	西北工业大学	5★
3	清华大学	5★	6	浙江大学	5★	9	北京理工大学	5★

续表

排名	学校名称	等级	排名	学校名称	等级	排名	学校名称	等级
10	华南理工大学	5★-	19	电子科技大学	4★	28	湖南大学	4★
11	东南大学	5★-	20	北京科技大学	4★	29	浙江工业大学	4★
12	西安交通大学	5★-	21	南京理工大学	4★	30	华北电力大学	4★
13	大连理工大学	5★-	22	北京大学	4★	31	中国科学技术大学	4★
14	南京航空航天大学	5★-	23	江南大学	4★	32	杭州电子科技大学	4★
15	山东大学	5★-	24	吉林大学	4★	33	西安电子科技大学	4★
16	中南大学	5★-	25	广东工业大学	4★	34	哈尔滨工程大学	4★
17	同济大学	5★-	26	重庆大学	4★			
18	天津大学	4★	27	华东理工大学	4★			

3★（51个），2★（68个），1★（17个）：名单略

081102 检测技术与自动化装置（160）

排名	学校名称	等级	排名	学校名称	等级	排名	学校名称	等级
1	清华大学	5★+	12	山东大学	5★-	23	杭州电子科技大学	4★
2	哈尔滨工业大学	5★+	13	西北工业大学	5★-	24	华南理工大学	4★
3	浙江大学	5★	14	同济大学	5★-	25	浙江工业大学	4★
4	中国科学技术大学	5★	15	东北大学	5★-	26	中南大学	4★
5	上海交通大学	5★	16	大连理工大学	5★-	27	中山大学	4★
6	电子科技大学	5★	17	江南大学	4★	28	上海大学	4★
7	天津大学	5★	18	湖南大学	4★	29	北京化工大学	4★
8	北京理工大学	5★	19	吉林大学	4★	30	南开大学	4★
9	西安交通大学	5★-	20	东南大学	4★	31	北京交通大学	4★
10	北京航空航天大学	5★-	21	哈尔滨工程大学	4★	32	华东理工大学	4★
11	华中科技大学	5★-	22	北京科技大学	4★			

3★（48个），2★（64个），1★（16个）：名单略

081103 系统工程（110）

排名	学校名称	等级	排名	学校名称	等级	排名	学校名称	等级
1	清华大学	5★+	9	北京理工大学	5★-	17	南京理工大学	4★
2	北京航空航天大学	5★	10	天津大学	5★-	18	哈尔滨工程大学	4★
3	浙江大学	5★	11	同济大学	5★-	19	华南理工大学	4★
4	上海交通大学	5★	12	西北工业大学	4★	20	湖南大学	4★
5	哈尔滨工业大学	5★	13	华中科技大学	4★	21	浙江工业大学	4★
6	西安交通大学	5★	14	山东大学	4★	22	厦门大学	4★
7	电子科技大学	5★-	15	武汉大学	4★			
8	东北大学	5★-	16	东南大学	4★			

3★（33个），2★（44个），1★（11个）：名单略

081104 模式识别与智能系统（142）

排名	学校名称	等级	排名	学校名称	等级	排名	学校名称	等级
1	清华大学	5★+	11	北京航空航天大学	5★-	21	湖南大学	4★
2	西北工业大学	5★+	12	浙江大学	5★-	22	华南理工大学	4★
3	华中科技大学	5★	13	东北大学	5★-	23	东南大学	4★
4	哈尔滨工业大学	5★	14	西安电子科技大学	5★-	24	哈尔滨工程大学	4★
5	南京理工大学	5★	15	天津大学	4★	25	南开大学	4★
6	上海交通大学	5★	16	江南大学	4★	26	杭州电子科技大学	4★
7	北京理工大学	5★	17	山东大学	4★	27	武汉大学	4★
8	西安交通大学	5★-	18	同济大学	4★	28	浙江工业大学	4★
9	电子科技大学	5★-	19	中山大学	4★	29	上海大学	4★
10	中国科学技术大学	5★-	20	广东工业大学	4★			

3★（42个），2★（57个），1★（14个）：名单略

081105 导航、制导与控制（69）

排名	学校名称	等级	排名	学校名称	等级	排名	学校名称	等级
1	清华大学	5★+	6	电子科技大学	5★-	11	哈尔滨工程大学	4★
2	北京航空航天大学	5★	7	北京理工大学	5★-	12	华中科技大学	4★
3	哈尔滨工业大学	5★	8	南京航空航天大学	4★	13	东南大学	4★
4	浙江大学	5★-	9	西安交通大学	4★	14	东北大学	4★
5	上海交通大学	5★-	10	西北工业大学	4★			

3★（20个），2★（28个），1★（7个）：名单略

081201 计算机系统结构（172）

排名	学校名称	等级	排名	学校名称	等级	排名	学校名称	等级
1	清华大学	5★+	13	中南大学	5★-	25	四川大学	4★
2	武汉大学	5★+	14	西安电子科技大学	5★-	26	中山大学	4★
3	华中科技大学	5★	15	东南大学	5★-	27	天津大学	4★
4	哈尔滨工业大学	5★	16	东北大学	5★-	28	吉林大学	4★
5	北京航空航天大学	5★	17	同济大学	5★-	29	厦门大学	4★
6	浙江大学	5★	18	湖南大学	5★-	30	南京理工大学	4★
7	上海交通大学	5★	19	北京理工大学	4★	31	南京信息工程大学	4★
8	电子科技大学	5★	20	中国科学技术大学	4★	32	南京航空航天大学	4★
9	北京邮电大学	5★	21	华南理工大学	4★	33	复旦大学	4★
10	西北工业大学	5★-	22	重庆大学	4★	34	山东大学	4★
11	西安交通大学	5★-	23	南京大学	4★	35	杭州电子科技大学	4★
12	北京大学	5★-	24	北京交通大学	4★			

3★（51个），2★（69个），1★（17个）：名单略

081202 计算机软件与理论（198）

排名	学校名称	等级	排名	学校名称	等级	排名	学校名称	等级
1	北京大学	5★+	15	北京理工大学	5★-	29	重庆大学	4★
2	清华大学	5★+	16	西安电子科技大学	5★-	30	北京师范大学	4★
3	上海交通大学	5★	17	吉林大学	5★-	31	厦门大学	4★
4	北京航空航天大学	5★	18	西安交通大学	5★-	32	陕西师范大学	4★
5	同济大学	5★	19	华东师范大学	5★-	33	东南大学	4★
6	哈尔滨工业大学	5★	20	湖南大学	5★-	34	山西大学	4★
7	电子科技大学	5★	21	中国科学技术大学	4★	35	南开大学	4★
8	北京交通大学	5★	22	华南理工大学	4★	36	合肥工业大学	4★
9	武汉大学	5★	23	华中科技大学	4★	37	四川大学	4★
10	南京大学	5★	24	天津大学	4★	38	南京航空航天大学	4★
11	复旦大学	5★-	25	中山大学	4★	39	深圳大学	4★
12	大连理工大学	5★-	26	中南大学	4★	40	杭州电子科技大学	4★
13	西北工业大学	5★-	27	东北大学	4★			
14	北京邮电大学	5★-	28	山东大学	4★			

3★（59个），2★（80个），1★（19个）：名单略

081203 计算机应用技术（258）

排名	学校名称	等级	排名	学校名称	等级	排名	学校名称	等级
1	清华大学	5★+	19	东南大学	5★-	37	南京航空航天大学	4★
2	北京大学	5★+	20	天津大学	5★-	38	合肥工业大学	4★
3	浙江大学	5★+	21	南京大学	5★-	39	厦门大学	4★
4	西北工业大学	5★	22	华中科技大学	5★-	40	华东理工大学	4★
5	西安交通大学	5★	23	四川大学	5★-	41	西北大学	4★
6	大连理工大学	5★	24	北京师范大学	5★-	42	深圳大学	4★
7	北京航空航天大学	5★	25	湖南大学	5★-	43	南京邮电大学	4★
8	哈尔滨工业大学	5★	26	华南理工大学	5★-	44	新疆大学	4★
9	武汉大学	5★	27	杭州电子科技大学	5★-	45	哈尔滨工程大学	4★
10	电子科技大学	5★	28	中南大学	4★	46	北京工业大学	4★
11	上海交通大学	5★	29	山东大学	4★	47	上海大学	4★
12	西安电子科技大学	5★	30	重庆大学	4★	48	山西大学	4★
13	北京理工大学	5★	31	安徽大学	4★	49	中国矿业大学	4★
14	北京邮电大学	5★	32	吉林大学	4★	50	北京科技大学	4★
15	同济大学	5★-	33	南京理工大学	4★	51	苏州大学	4★
16	中国科学技术大学	5★-	34	北京交通大学	4★	52	浙江工业大学	4★
17	东北大学	5★-	35	中山大学	4★			
18	复旦大学	5★-	36	华东师范大学	4★			

3★（78个），2★（103个），1★（25个）：名单略

0812Z1 信息安全（8）

排名	学校名称	等级	排名	学校名称	等级	排名	学校名称	等级
1	武汉大学	5★-	2	西北大学	4★			
3★（2个），2★（3个），1★（1个）：名单略									

081301 建筑历史与理论（43）

排名	学校名称	等级	排名	学校名称	等级	排名	学校名称	等级
1	清华大学	5★	4	哈尔滨工业大学	5★-	7	湖南大学	4★
2	同济大学	5★	5	上海交通大学	4★	8	东南大学	4★
3	天津大学	5★-	6	南京大学	4★			
3★（13个），2★（17个），1★（5个）：名单略									

081302 建筑设计及其理论（53）

排名	学校名称	等级	排名	学校名称	等级	排名	学校名称	等级
1	清华大学	5★	5	天津大学	5★-	9	重庆大学	4★
2	华南理工大学	5★	6	东南大学	4★	10	浙江大学	4★
3	哈尔滨工业大学	5★-	7	同济大学	4★			
4	北京大学	5★-	8	上海交通大学	4★			
3★（16个），2★（21个），1★（6个）：名单略									

081304 建筑技术科学（45）

排名	学校名称	等级	排名	学校名称	等级	排名	学校名称	等级
1	同济大学	5★	4	东南大学	5★-	7	重庆大学	4★
2	清华大学	5★	5	哈尔滨工业大学	4★	8	上海交通大学	4★
3	天津大学	5★-	6	湖南大学	4★	9	华南理工大学	4★
3★（13个），2★（18个），1★（5个）：名单略									

081401 岩土工程（131）

排名	学校名称	等级	排名	学校名称	等级	排名	学校名称	等级
1	哈尔滨工业大学	5★+	10	中南大学	5★-	19	华南理工大学	4★
2	河海大学	5★	11	同济大学	5★-	20	中国地质大学（武汉）	4★
3	清华大学	5★	12	山东大学	5★-	21	北京交通大学	4★
4	大连理工大学	5★	13	天津大学	5★-	22	西南交通大学	4★
5	浙江大学	5★	14	华中科技大学	4★	23	中国地质大学（北京）	4★
6	中国矿业大学	5★	15	中国矿业大学（北京）	4★	24	东北大学	4★
7	上海交通大学	5★	16	武汉大学	4★	25	长安大学	4★
8	湖南大学	5★-	17	四川大学	4★	26	北京工业大学	4★
9	重庆大学	5★-	18	东南大学	4★			
3★（40个），2★（52个），1★（13个）：名单略									

081402 结构工程（141）

排名	学校名称	等级	排名	学校名称	等级	排名	学校名称	等级
1	清华大学	5★+	11	华南理工大学	5★-	21	广西大学	4★
2	大连理工大学	5★+	12	东南大学	5★-	22	四川大学	4★
3	哈尔滨工业大学	5★	13	上海交通大学	5★-	23	北京工业大学	4★
4	湖南大学	5★	14	华中科技大学	5★-	24	上海大学	4★
5	浙江大学	5★	15	北京交通大学	4★	25	武汉理工大学	4★
6	中南大学	5★	16	中国矿业大学	4★	26	福州大学	4★
7	同济大学	5★	17	西南交通大学	4★	27	兰州理工大学	4★
8	重庆大学	5★-	18	山东大学	4★	28	西北工业大学	4★
9	天津大学	5★-	19	武汉大学	4★			
10	西安建筑科技大学	5★-	20	河海大学	4★			

3★（43个），2★（56个），1★（14个）：名单略

081403 市政工程（99）

排名	学校名称	等级	排名	学校名称	等级	排名	学校名称	等级
1	清华大学	5★+	8	天津大学	5★-	15	四川大学	4★
2	东南大学	5★	9	西安建筑科技大学	5★-	16	中国地质大学（北京）	4★
3	哈尔滨工业大学	5★	10	武汉大学	5★-	17	北京科技大学	4★
4	重庆大学	5★	11	大连理工大学	4★	18	西南交通大学	4★
5	湖南大学	5★	12	河海大学	4★	19	北京工业大学	4★
6	同济大学	5★-	13	华中科技大学	4★	20	华南理工大学	4★
7	浙江大学	5★-	14	北京交通大学	4★			

3★（29个），2★（40个），1★（10个）：名单略

081404 供热、供燃气、通风及空调工程（89）

排名	学校名称	等级	排名	学校名称	等级	排名	学校名称	等级
1	清华大学	5★+	7	重庆大学	5★-	13	北京交通大学	4★
2	哈尔滨工业大学	5★	8	同济大学	5★-	14	东华大学	4★
3	上海交通大学	5★	9	天津大学	5★-	15	西安交通大学	4★
4	东南大学	5★	10	中南大学	4★	16	西南交通大学	4★
5	湖南大学	5★-	11	大连理工大学	4★	17	四川大学	4★
6	浙江大学	5★-	12	华中科技大学	4★	18	北京科技大学	4★

3★（26个），2★（36个），1★（9个）：名单略

081405 防灾减灾工程及防护工程（115）

排名	学校名称	等级	排名	学校名称	等级	排名	学校名称	等级
1	清华大学	5★+	5	重庆大学	5★	9	上海交通大学	5★-
2	哈尔滨工业大学	5★	6	北京工业大学	5★	10	大连理工大学	5★-
3	湖南大学	5★	7	同济大学	5★-	11	长安大学	5★-
4	浙江大学	5★	8	天津大学	5★-	12	华中科技大学	5★-

续表

排名	学校名称	等级	排名	学校名称	等级	排名	学校名称	等级
13	武汉大学	4★	17	华南理工大学	4★	21	西南交通大学	4★
14	东南大学	4★	18	北京交通大学	4★	22	中国地质大学（武汉）	4★
15	山东大学	4★	19	西安建筑科技大学	4★	23	中国地质大学（北京）	4★
16	四川大学	4★	20	河海大学	4★			
3★（35个），2★（46个），1★（11个）：名单略								

081406 桥梁与隧道工程（108）

排名	学校名称	等级	排名	学校名称	等级	排名	学校名称	等级
1	湖南大学	5★+	9	北京交通大学	5★-	17	华南理工大学	4★
2	浙江大学	5★	10	中南大学	5★-	18	河海大学	4★
3	清华大学	5★	11	重庆交通大学	5★-	19	长安大学	4★
4	哈尔滨工业大学	5★	12	重庆大学	4★	20	北京工业大学	4★
5	同济大学	5★	13	大连理工大学	4★	21	福州大学	4★
6	东南大学	5★-	14	华中科技大学	4★	22	北京科技大学	4★
7	西南交通大学	5★-	15	山东大学	4★			
8	天津大学	5★-	16	武汉理工大学	4★			
3★（32个），2★（43个），1★（11个）：名单略								

081501 水文学及水资源（54）

排名	学校名称	等级	排名	学校名称	等级	排名	学校名称	等级
1	武汉大学	5★	5	华中科技大学	5★-	9	南京大学	4★
2	清华大学	5★	6	天津大学	4★	10	四川大学	4★
3	河海大学	5★-	7	中国农业大学	4★	11	中山大学	4★
4	北京师范大学	5★-	8	大连理工大学	4★			
3★（16个），2★（21个），1★（6个）：名单略								

081502 水力学及河流动力学（35）

排名	学校名称	等级	排名	学校名称	等级	排名	学校名称	等级
1	清华大学	5★	4	天津大学	4★	7	四川大学	4★
2	中国农业大学	5★-	5	北京师范大学	4★			
3	武汉大学	5★-	6	河海大学	4★			
3★（10个），2★（14个），1★（4个）：名单略								

081503 水工结构工程（36）

排名	学校名称	等级	排名	学校名称	等级	排名	学校名称	等级
1	清华大学	5★	4	河海大学	4★	7	西北农林科技大学	4★
2	武汉大学	5★-	5	大连理工大学	4★			
3	天津大学	5★-	6	中国农业大学	4★			
3★（11个），2★（14个），1★（4个）：名单略								

081504 水利水电工程（39）

排名	学校名称	等级	排名	学校名称	等级	排名	学校名称	等级
1	清华大学	5★	4	中国农业大学	5★-	7	大连理工大学	4★
2	华中科技大学	5★	5	天津大学	4★			
3	武汉大学	5★-	6	河海大学	4★			

3★（12个），2★（16个），1★（4个）：名单略

081505 港口、海岸及近海工程（23）

排名	学校名称	等级	排名	学校名称	等级
1	清华大学	5★	3	天津大学	4★
2	武汉大学	5★-	4	河海大学	4★

3★（7个），2★（9个），1★（3个）：名单略

081601 大地测量学与测量工程（38）

排名	学校名称	等级	排名	学校名称	等级	排名	学校名称	等级
1	武汉大学	5★	4	同济大学	4★	7	河海大学	4★
2	清华大学	5★	5	中国矿业大学	4★			
3	中南大学	5★-	6	电子科技大学	4★			

3★（12个），2★（15个），1★（4个）：名单略

081602 摄影测量与遥感（38）

排名	学校名称	等级	排名	学校名称	等级	排名	学校名称	等级
1	武汉大学	5★	4	北京师范大学	4★	7	南京大学	4★
2	北京大学	5★	5	同济大学	4★			
3	中南大学	5★-	6	电子科技大学	4★			

3★（12个），2★（15个），1★（4个）：名单略

081603 地图制图学与地理信息工程（44）

排名	学校名称	等级	排名	学校名称	等级	排名	学校名称	等级
1	武汉大学	5★	4	同济大学	5★-	7	中国矿业大学	4★
2	北京师范大学	5★	5	电子科技大学	4★	8	中国地质大学（北京）	4★
3	中南大学	5★-	6	西南交通大学	4★	9	中国地质大学（武汉）	4★

3★（13个），2★（17个），1★（5个）：名单略

081701 化学工程（126）

排名	学校名称	等级	排名	学校名称	等级	排名	学校名称	等级
1	华南理工大学	5★+	6	中国石油大学（北京）	5★	11	上海交通大学	5★-
2	天津大学	5★	7	浙江大学	5★-	12	北京化工大学	5★-
3	清华大学	5★	8	华东理工大学	5★-	13	湖南大学	5★-
4	西安交通大学	5★	9	北京理工大学	5★-	14	中南大学	4★
5	哈尔滨工业大学	5★	10	四川大学	5★-	15	厦门大学	4★

排名	学校名称	等级	排名	学校名称	等级	排名	学校名称	等级
16	江南大学	4★	20	浙江工业大学	4★	24	山东大学	4★
17	大连理工大学	4★	21	重庆大学	4★	25	苏州大学	4★
18	南京工业大学	4★	22	南京理工大学	4★			
19	东南大学	4★	23	西北大学	4★			

3★（38个），2★（51个），1★（12个）：名单略

081702 化学工艺（140）

排名	学校名称	等级	排名	学校名称	等级	排名	学校名称	等级
1	清华大学	5★+	11	南京工业大学	5★-	21	浙江工业大学	4★
2	哈尔滨工业大学	5★+	12	北京理工大学	5★-	22	中国石油大学（北京）	4★
3	浙江大学	5★	13	重庆大学	5★-	23	南京理工大学	4★
4	天津大学	5★	14	西安交通大学	5★-	24	广西大学	4★
5	华南理工大学	5★	15	湖南大学	4★	25	兰州大学	4★
6	北京化工大学	5★	16	厦门大学	4★	26	东南大学	4★
7	华东理工大学	5★	17	中南大学	4★	27	太原理工大学	4★
8	大连理工大学	5★-	18	郑州大学	4★	28	中山大学	4★
9	四川大学	5★-	19	上海交通大学	4★			
10	江南大学	5★-	20	中国矿业大学	4★			

3★（42个），2★（56个），1★（14个）：名单略

081703 生物化工（119）

排名	学校名称	等级	排名	学校名称	等级	排名	学校名称	等级
1	清华大学	5★+	9	北京理工大学	5★-	17	湖南大学	4★
2	南京工业大学	5★	10	华东理工大学	5★-	18	四川大学	4★
3	浙江大学	5★	11	上海交通大学	5★-	19	西北大学	4★
4	哈尔滨工业大学	5★	12	大连理工大学	5★-	20	中国石油大学（北京）	4★
5	天津大学	5★	13	厦门大学	4★	21	南京理工大学	4★
6	江南大学	5★	14	重庆大学	4★	22	东南大学	4★
7	北京化工大学	5★-	15	中南大学	4★	23	太原理工大学	4★
8	华南理工大学	5★-	16	浙江工业大学	4★	24	湘潭大学	4★

3★（36个），2★（47个），1★（12个）：名单略

081704 应用化学（190）

排名	学校名称	等级	排名	学校名称	等级	排名	学校名称	等级
1	哈尔滨工业大学	5★+	6	北京化工大学	5★	11	江南大学	5★-
2	清华大学	5★+	7	大连理工大学	5★	12	吉林大学	5★-
3	上海交通大学	5★	8	北京理工大学	5★	13	重庆大学	5★-
4	天津大学	5★	9	华东理工大学	5★	14	南京理工大学	5★-
5	华南理工大学	5★	10	浙江大学	5★	15	北京工业大学	5★-

排名	学校名称	等级	排名	学校名称	等级	排名	学校名称	等级
16	西安交通大学	5★-	24	苏州大学	4★	32	陕西师范大学	4★
17	中南大学	5★-	25	东南大学	4★	33	陕西科技大学	4★
18	中国科学技术大学	5★-	26	南京工业大学	4★	34	青岛科技大学	4★
19	四川大学	5★-	27	西北大学	4★	35	东华大学	4★
20	山西大学	4★	28	南京大学	4★	36	中国石油大学（华东）	4★
21	中国石油大学（北京）	4★	29	中国矿业大学	4★	37	燕山大学	4★
22	太原理工大学	4★	30	浙江工业大学	4★	38	华侨大学	4★
23	湖南大学	4★	31	武汉大学	4★			

3★（57个），2★（76个），1★（19个）：名单略

081705 工业催化（115）

排名	学校名称	等级	排名	学校名称	等级	排名	学校名称	等级
1	清华大学	5★+	9	北京理工大学	5★-	17	四川大学	4★
2	哈尔滨工业大学	5★	10	中国石油大学（北京）	5★-	18	重庆大学	4★
3	上海交通大学	5★	11	江南大学	5★-	19	东南大学	4★
4	华南理工大学	5★	12	厦门大学	5★-	20	浙江工业大学	4★
5	天津大学	5★	13	南京工业大学	4★	21	南京理工大学	4★
6	北京化工大学	5★	14	中南大学	4★	22	南昌大学	4★
7	浙江大学	5★-	15	华东理工大学	4★	23	太原理工大学	4★
8	大连理工大学	5★-	16	湖南大学	4★			

3★（35个），2★（46个），1★（11个）：名单略

0817Z1 制药工程（15）

排名	学校名称	等级	排名	学校名称	等级	排名	学校名称	等级
1	天津大学	5★-	2	北京化工大学	4★	3	中南大学	4★

3★（4个），2★（6个），1★（2个）：名单略

081801 矿产普查与勘探（38）

排名	学校名称	等级	排名	学校名称	等级	排名	学校名称	等级
1	中国地质大学（北京）	5★	4	西北大学	4★	7	中国矿业大学	4★
2	中国石油大学（北京）	5★	5	南京大学	4★			
3	吉林大学	5★-	6	中国地质大学（武汉）	4★			

3★（12个），2★（15个），1★（4个）：名单略

081802 地球探测与信息技术（35）

排名	学校名称	等级	排名	学校名称	等级	排名	学校名称	等级
1	吉林大学	5★	4	中国地质大学（北京）	4★	7	中国地质大学（武汉）	4★
2	中国石油大学（北京）	5★-	5	南京大学	4★			
3	中南大学	5★-	6	西南交通大学	4★			

3★（10个），2★（14个），1★（4个）：名单略

081803 地质工程（43）

排名	学校名称	等级	排名	学校名称	等级	排名	学校名称	等级
1	南京大学	5★	4	中国地质大学（北京）	5★-	7	中国地质大学（武汉）	4★
2	同济大学	5★	5	中南大学	4★	8	中国矿业大学	4★
3	吉林大学	5★-	6	中国石油大学（北京）	4★			
3★（13个），2★（17个），1★（5个）：名单略								

081901 采矿工程（29）

排名	学校名称	等级	排名	学校名称	等级	排名	学校名称	等级
1	中国矿业大学	5★	3	北京科技大学	5★-	5	东北大学	4★
2	重庆大学	5★-	4	中南大学	4★			
3★（9个），2★（12个），1★（3个）：名单略								

081902 矿物加工工程（27）

排名	学校名称	等级	排名	学校名称	等级	排名	学校名称	等级
1	中南大学	5★	3	东北大学	4★	5	重庆大学	4★
2	中国矿业大学	5★-	4	北京科技大学	4★			
3★（8个），2★（11个），1★（3个）：名单略								

081903 安全技术及工程（16）

排名	学校名称	等级	排名	学校名称	等级	排名	学校名称	等级
1	重庆大学	5★-	2	中国科学技术大学	4★	3	辽宁工程技术大学	4★
3★（5个），2★（6个），1★（2个）：名单略								

082001 油气井工程（12）

排名	学校名称	等级	排名	学校名称	等级	排名	学校名称	等级
1	中国石油大学（北京）	5★-	2	西南石油大学	4★			
3★（4个），2★（4个），1★（2个）：名单略								

082002 油气田开发工程（13）

排名	学校名称	等级	排名	学校名称	等级	排名	学校名称	等级
1	中国石油大学（华东）	5★-	2	中国石油大学（北京）	4★			
3★（4个），2★（5个），1★（2个）：名单略								

082003 油气储运工程（11）

排名	学校名称	等级	排名	学校名称	等级	排名	学校名称	等级
1	中国石油大学（北京）	5★-	2	西南石油大学	4★			
3★（3个），2★（4个），1★（2个）：名单略								

082101 纺织工程（16）

排名	学校名称	等级	排名	学校名称	等级	排名	学校名称	等级
1	江南大学	5★-	2	东华大学	4★	3	浙江理工大学	4★
3★（5个），2★（6个），1★（2个）：名单略							

082102 纺织材料与纺织品设计（17）

排名	学校名称	等级	排名	学校名称	等级	排名	学校名称	等级
1	浙江理工大学	5★-	2	东华大学	4★	3	天津工业大学	4★
3★（5个），2★（7个），1★（2个）：名单略							

082103 纺织化学与染整工程（18）

排名	学校名称	等级	排名	学校名称	等级	排名	学校名称	等级
1	江南大学	5★-	2	东华大学	4★	3	天津工业大学	4★
3★（6个），2★（7个），1★（2个）：名单略							

082104 服装设计与工程（15）

排名	学校名称	等级	排名	学校名称	等级	排名	学校名称	等级
1	江南大学	5★-	2	东华大学	4★	3	天津工业大学	4★
3★（4个），2★（6个），1★（2个）：名单略							

082201 制浆造纸工程（15）

排名	学校名称	等级	排名	学校名称	等级	排名	学校名称	等级
1	华南理工大学	5★-	2	南京林业大学	4★	3	武汉大学	4★
3★（4个），2★（6个），1★（2个）：名单略							

082202 制糖工程（10）

排名	学校名称	等级	排名	学校名称	等级	排名	学校名称	等级
1	华南理工大学	5★-	2	江南大学	4★			
3★（3个），2★（4个），1★（1个）：名单略							

082203 发酵工程（26）

排名	学校名称	等级	排名	学校名称	等级	排名	学校名称	等级
1	江南大学	5★	3	四川大学	4★	5	天津科技大学	4★
2	华南理工大学	5★-	4	南京工业大学	4★			
3★（8个），2★（10个），1★（3个）：名单略							

082204 皮革化学与工程（9）

排名	学校名称	等级	排名	学校名称	等级	排名	学校名称	等级
1	四川大学	5★-	2	江南大学	4★			
3★（2个），2★（4个），1★（1个）：名单略							

082301 道路与铁道工程（47）

排名	学校名称	等级	排名	学校名称	等级	排名	学校名称	等级
1	北京交通大学	5★	4	西南交通大学	5★-	7	东南大学	4★
2	中南大学	5★	5	湖南大学	4★	8	北京航空航天大学	4★
3	同济大学	5★-	6	哈尔滨工业大学	4★	9	上海交通大学	4★

3★（14个），2★（19个），1★（5个）：名单略

082302 交通信息工程及控制（50）

排名	学校名称	等级	排名	学校名称	等级	排名	学校名称	等级
1	同济大学	5★	5	东南大学	5★-	9	上海交通大学	4★
2	北京航空航天大学	5★	6	哈尔滨工业大学	4★	10	华南理工大学	4★
3	中南大学	5★-	7	吉林大学	4★			
4	北京交通大学	5★-	8	西南交通大学	4★			

3★（15个），2★（20个），1★（5个）：名单略

082303 交通运输规划与管理（50）

排名	学校名称	等级	排名	学校名称	等级	排名	学校名称	等级
1	北京交通大学	5★	5	东南大学	5★-	9	上海交通大学	4★
2	同济大学	5★	6	北京航空航天大学	4★	10	吉林大学	4★
3	中南大学	5★-	7	长安大学	4★			
4	西南交通大学	5★-	8	大连海事大学	4★			

3★（15个），2★（20个），1★（5个）：名单略

082304 载运工具运用工程（42）

排名	学校名称	等级	排名	学校名称	等级	排名	学校名称	等级
1	中南大学	5★	4	北京交通大学	5★-	7	北京航空航天大学	4★
2	同济大学	5★	5	西南交通大学	4★	8	南京航空航天大学	4★
3	哈尔滨工业大学	5★-	6	东南大学	4★			

3★（13个），2★（17个），1★（4个）：名单略

082401 船舶与海洋结构物设计制造（16）

排名	学校名称	等级	排名	学校名称	等级	排名	学校名称	等级
1	上海交通大学	5★-	2	大连理工大学	4★	3	哈尔滨工程大学	4★

3★（5个），2★（6个），1★（2个）：名单略

082402 轮机工程（13）

排名	学校名称	等级	排名	学校名称	等级	排名	学校名称	等级
1	上海交通大学	5★-	2	哈尔滨工程大学	4★			

3★（4个），2★（5个），1★（2个）：名单略

082403 水声工程（10）

排名	学校名称	等级	排名	学校名称	等级	排名	学校名称	等级
1	上海交通大学	5★-	2	哈尔滨工程大学	4★			
3★（3个），2★（4个），1★（1个）：名单略									

082501 飞行器设计（19）

排名	学校名称	等级	排名	学校名称	等级	排名	学校名称	等级
1	哈尔滨工业大学	5★	2	北京航空航天大学	4★	3	西北工业大学	4★
3★（6个），2★（8个），1★（2个）：名单略									

082502 航空宇航推进理论与工程（16）

排名	学校名称	等级	排名	学校名称	等级	排名	学校名称	等级
1	北京航空航天大学	5★-	2	西北工业大学	4★	3	哈尔滨工业大学	4★
3★（5个），2★（6个），1★（2个）：名单略									

082503 航空宇航制造工程（15）

排名	学校名称	等级	排名	学校名称	等级	排名	学校名称	等级
1	哈尔滨工业大学	5★-	2	西北工业大学	4★	3	南京航空航天大学	4★
3★（4个），2★（6个），1★（2个）：名单略									

082504 人机与环境工程（11）

排名	学校名称	等级	排名	学校名称	等级	排名	学校名称	等级
1	清华大学	5★-	2	哈尔滨工业大学	4★	3	南京航空航天大学	4★
3★（2个），2★（4个），1★（2个）：名单略									

082601 武器系统与运用工程（7）

排名	学校名称	等级	排名	学校名称	等级	排名	学校名称	等级
1	北京理工大学	5★-	2	南京理工大学	4★			
3★（1个），2★（3个），1★（1个）：名单略									

082602 兵器发射理论与技术（6）

排名	学校名称	等级	排名	学校名称	等级	排名	学校名称	等级
1	北京理工大学	5★-	2	南京理工大学	4★			
3★（1个），2★（2个），1★（1个）：名单略									

082603 火炮、自动武器与弹药工程（7）

排名	学校名称	等级	排名	学校名称	等级	排名	学校名称	等级
1	北京理工大学	5★-	2	南京理工大学	4★			
3★（1个），2★（3个），1★（1个）：名单略									

082701 核能科学与工程（12）

排名	学校名称	等级	排名	学校名称	等级	排名	学校名称	等级
1	西安交通大学	5★-	2	清华大学	4★			
3★（4个），2★（4个），1★（2个）：名单略								

082702 核燃料循环与材料（8）

排名	学校名称	等级	排名	学校名称	等级	排名	学校名称	等级
1	清华大学	5★-	2	中国科学技术大学	4★			
3★（2个），2★（3个），1★（1个）：名单略								

082703 核技术及应用（17）

排名	学校名称	等级	排名	学校名称	等级	排名	学校名称	等级
1	北京大学	5★-	2	清华大学	4★	3	中国科学技术大学	4★
3★（5个），2★（7个），1★（2个）：名单略								

082704 辐射防护及环境保护（10）

排名	学校名称	等级	排名	学校名称	等级	排名	学校名称	等级
1	清华大学	5★-	2	中国科学技术大学	4★			
3★（3个），2★（4个），1★（1个）：名单略								

082801 农业机械化工程（41）

排名	学校名称	等级	排名	学校名称	等级	排名	学校名称	等级
1	中国农业大学	5★	4	西北农林科技大学	5★-	7	东北农业大学	4★
2	吉林大学	5★	5	南京农业大学	4★	8	华中农业大学	4★
3	浙江大学	5★-	6	江苏大学	4★			
3★（12个），2★（17个），1★（4个）：名单略								

082802 农业水土工程（34）

排名	学校名称	等级	排名	学校名称	等级	排名	学校名称	等级
1	中国农业大学	5★	3	浙江大学	5★-	5	西南大学	4★
2	西北农林科技大学	5★-	4	东北农业大学	4★	6	扬州大学	4★
3★（11个），2★（13个），1★（4个）：名单略								

082803 农业生物环境与能源工程（30）

排名	学校名称	等级	排名	学校名称	等级	排名	学校名称	等级
1	中国农业大学	5★	3	西北农林科技大学	5★-	5	西南大学	4★
2	浙江大学	5★-	4	华中农业大学	4★	6	华南农业大学	4★
3★（9个），2★（12个），1★（3个）：名单略								

082804 农业电气化与自动化（40）

排名	学校名称	等级	排名	学校名称	等级	排名	学校名称	等级
1	中国农业大学	5★	4	华南农业大学	5★-	7	吉林大学	4★
2	西北农林科技大学	5★	5	南京农业大学	4★	8	江苏大学	4★
3	浙江大学	5★-	6	华中农业大学	4★			

3★（12个），2★（16个），1★（4个）：名单略

082901 森林工程（8）

排名	学校名称	等级	排名	学校名称	等级	排名	学校名称	等级
1	东北林业大学	5★-	2	南京林业大学	4★			

3★（2个），2★（3个），1★（1个）：名单略

082902 木材科学与技术（12）

排名	学校名称	等级	排名	学校名称	等级	排名	学校名称	等级
1	北京林业大学	5★-	2	中南林业科技大学	4★			

3★（4个），2★（4个），1★（2个）：名单略

082903 林产化学加工工程（11）

排名	学校名称	等级	排名	学校名称	等级	排名	学校名称	等级
1	北京林业大学	5★-	2	东北林业大学	4★			

3★（3个），2★（4个），1★（2个）：名单略

083001 环境科学（149）

排名	学校名称	等级	排名	学校名称	等级	排名	学校名称	等级
1	清华大学	5★+	11	南开大学	5★-	21	兰州大学	4★
2	北京师范大学	5★+	12	湖南大学	5★-	22	天津大学	4★
3	北京大学	5★	13	大连理工大学	5★-	23	河海大学	4★
4	南京大学	5★	14	中国农业大学	5★-	24	四川大学	4★
5	同济大学	5★	15	山东大学	5★-	25	中国科学技术大学	4★
6	浙江大学	5★	16	中国海洋大学	4★	26	中国地质大学（武汉）	4★
7	哈尔滨工业大学	5★	17	中山大学	4★	27	重庆大学	4★
8	上海交通大学	5★	18	厦门大学	4★	28	东南大学	4★
9	复旦大学	5★-	19	华南理工大学	4★	29	华东师范大学	4★
10	武汉大学	5★-	20	西北农林科技大学	4★	30	华中科技大学	4★

3★（45个），2★（59个），1★（15个）：名单略

083002 环境工程（156）

排名	学校名称	等级	排名	学校名称	等级	排名	学校名称	等级
1	清华大学	5★+	4	同济大学	5★	7	哈尔滨工业大学	5★
2	北京师范大学	5★+	5	湖南大学	5★	8	山东大学	5★
3	北京大学	5★	6	浙江大学	5★	9	南京大学	5★-

续表

排名	学校名称	等级	排名	学校名称	等级	排名	学校名称	等级
10	南开大学	5★-	18	中山大学	4★	26	厦门大学	4★
11	华南理工大学	5★-	19	江南大学	4★	27	北京科技大学	4★
12	上海交通大学	5★-	20	重庆大学	4★	28	华中科技大学	4★
13	河海大学	5★-	21	武汉大学	4★	29	四川大学	4★
14	大连理工大学	5★-	22	复旦大学	4★	30	昆明理工大学	4★
15	中国科学技术大学	5★-	23	东南大学	4★	31	中国地质大学（武汉）	4★
16	天津大学	5★-	24	西安建筑科技大学	4★			
17	中国农业大学	4★	25	华东理工大学	4★			
3★（47个），2★（63个），1★（15个）：名单略							

083201 食品科学（87）

排名	学校名称	等级	排名	学校名称	等级	排名	学校名称	等级
1	中国农业大学	5★+	7	南京农业大学	5★-	13	合肥工业大学	4★
2	江南大学	5★	8	上海交通大学	5★-	14	东北农业大学	4★
3	浙江大学	5★	9	西南大学	5★-	15	浙江工商大学	4★
4	华南理工大学	5★	10	南昌大学	4★	16	吉林大学	4★
5	西北农林科技大学	5★-	11	华中农业大学	4★	17	天津大学	4★
6	中国海洋大学	5★-	12	江苏大学	4★			
3★（26个），2★（35个），1★（9个）：名单略							

083202 粮食、油脂及植物蛋白工程（52）

排名	学校名称	等级	排名	学校名称	等级	排名	学校名称	等级
1	中国农业大学	5★	5	西北农林科技大学	5★-	9	江苏大学	4★
2	江南大学	5★	6	西南大学	4★	10	河南工业大学	4★
3	华南理工大学	5★-	7	南京农业大学	4★			
4	浙江大学	5★-	8	华中农业大学	4★			
3★（16个），2★（21个），1★（5个）：名单略							

083203 农产品加工及贮藏工程（67）

排名	学校名称	等级	排名	学校名称	等级	排名	学校名称	等级
1	中国农业大学	5★+	6	西南大学	5★-	11	合肥工业大学	4★
2	江南大学	5★	7	南京农业大学	5★-	12	北京林业大学	4★
3	华南理工大学	5★	8	江苏大学	4★	13	吉林大学	4★
4	浙江大学	5★-	9	华中农业大学	4★			
5	西北农林科技大学	5★-	10	河南工业大学	4★			
3★（20个），2★（27个），1★（7个）：名单略							

083204 水产品加工及贮藏工程（40）

排名	学校名称	等级	排名	学校名称	等级	排名	学校名称	等级
1	中国农业大学	5★	4	中国海洋大学	5★-	7	渤海大学	4★
2	江南大学	5★	5	宁波大学	4★	8	华中农业大学	4★
3	华南理工大学	5★-	6	南京农业大学	4★			
3★（12个），2★（16个），1★（4个）：名单略									

090101 作物栽培学与耕作学（42）

排名	学校名称	等级	排名	学校名称	等级	排名	学校名称	等级
1	中国农业大学	5★	4	南京农业大学	5★-	7	四川农业大学	4★
2	浙江大学	5★	5	华中农业大学	4★	8	福建农林大学	4★
3	西北农林科技大学	5★-	6	扬州大学	4★			
3★（13个），2★（17个），1★（4个）：名单略									

090102 作物遗传育种（45）

排名	学校名称	等级	排名	学校名称	等级	排名	学校名称	等级
1	中国农业大学	5★	4	南京农业大学	5★-	7	华南农业大学	4★
2	西北农林科技大学	5★	5	华中农业大学	4★	8	东北农业大学	4★
3	浙江大学	5★-	6	四川农业大学	4★	9	海南大学	4★
3★（13个），2★（18个），1★（5个）：名单略									

090201 果树学（39）

排名	学校名称	等级	排名	学校名称	等级	排名	学校名称	等级
1	南京农业大学	5★	4	西北农林科技大学	5★-	7	华中农业大学	4★
2	中国农业大学	5★	5	上海交通大学	4★			
3	浙江大学	5★-	6	山东农业大学	4★			
3★（12个），2★（16个），1★（4个）：名单略									

090202 蔬菜学（35）

排名	学校名称	等级	排名	学校名称	等级	排名	学校名称	等级
1	南京农业大学	5★	4	西北农林科技大学	4★	7	华中农业大学	4★
2	浙江大学	5★-	5	上海交通大学	4★			
3	东北农业大学	5★-	6	沈阳农业大学	4★			
3★（10个），2★（14个），1★（4个）：名单略									

090203 茶学（17）

排名	学校名称	等级	排名	学校名称	等级	排名	学校名称	等级
1	浙江大学	5★-	2	南京农业大学	4★	3	湖南农业大学	4★
3★（5个），2★（7个），1★（2个）：名单略									

0902Z1 观赏园艺学（13）

排名	学校名称	等级	排名	学校名称	等级	排名	学校名称	等级
1	南京农业大学	5★-	2	浙江大学	4★			
3★（4个），2★（5个），1★（2个）：名单略								

090301 土壤学（35）

排名	学校名称	等级	排名	学校名称	等级	排名	学校名称	等级
1	中国农业大学	5★	4	西北农林科技大学	4★	7	河海大学	4★
2	浙江大学	5★-	5	东北农业大学	4★			
3	华中农业大学	5★-	6	南京农业大学	4★			
3★（10个），2★（14个），1★（4个）：名单略								

090302 植物营养学（37）

排名	学校名称	等级	排名	学校名称	等级	排名	学校名称	等级
1	中国农业大学	5★	4	东北农业大学	4★	7	福建农林大学	4★
2	浙江大学	5★	5	西北农林科技大学	4★			
3	华中农业大学	5★-	6	南京农业大学	4★			
3★（11个），2★（15个），1★（4个）：名单略								

090401 植物病理学（37）

排名	学校名称	等级	排名	学校名称	等级	排名	学校名称	等级
1	中国农业大学	5★	4	浙江大学	4★	7	西北农林科技大学	4★
2	南京农业大学	5★	5	华中农业大学	4★			
3	云南农业大学	5★-	6	南开大学	4★			
3★（11个），2★（15个），1★（4个）：名单略								

090402 农业昆虫与害虫防治（40）

排名	学校名称	等级	排名	学校名称	等级	排名	学校名称	等级
1	中国农业大学	5★	4	华中农业大学	5★-	7	西南大学	4★
2	西北农林科技大学	5★	5	浙江大学	4★	8	福建农林大学	4★
3	南京农业大学	5★-	6	华南农业大学	4★			
3★（12个），2★（16个），1★（4个）：名单略								

090403 农药学（39）

排名	学校名称	等级	排名	学校名称	等级	排名	学校名称	等级
1	中国农业大学	5★	4	华东理工大学	5★-	7	华中农业大学	4★
2	南开大学	5★	5	浙江大学	4★			
3	华中师范大学	5★-	6	南京农业大学	4★			
3★（12个），2★（16个），1★（4个）：名单略								

090501 动物遗传育种与繁殖（41）

排名	学校名称	等级	排名	学校名称	等级	排名	学校名称	等级
1	中国农业大学	5★	4	南京农业大学	5★-	7	浙江大学	4★
2	西北农林科技大学	5★	5	扬州大学	4★	8	东北农业大学	4★
3	华中农业大学	5★-	6	四川农业大学	4★			

3★（12个），2★（17个），1★（4个）：名单略

090502 动物营养与饲料科学（44）

排名	学校名称	等级	排名	学校名称	等级	排名	学校名称	等级
1	中国农业大学	5★	4	南京农业大学	5★-	7	西南大学	4★
2	浙江大学	5★	5	四川农业大学	4★	8	华南农业大学	4★
3	西北农林科技大学	5★-	6	东北农业大学	4★	9	华中农业大学	4★

3★（13个），2★（17个），1★（5个）：名单略

090504 特种经济动物饲养（26）

排名	学校名称	等级	排名	学校名称	等级	排名	学校名称	等级
1	浙江大学	5★	3	西南大学	4★	5	东北林业大学	4★
2	西北农林科技大学	5★-	4	华中农业大学	4★			

3★（8个），2★（10个），1★（3个）：名单略

090601 基础兽医学（39）

排名	学校名称	等级	排名	学校名称	等级	排名	学校名称	等级
1	中国农业大学	5★	4	华中农业大学	5★-	7	西北农林科技大学	4★
2	扬州大学	5★	5	吉林大学	4★			
3	南京农业大学	5★-	6	东北农业大学	4★			

3★（12个），2★（16个），1★（4个）：名单略

090602 预防兽医学（39）

排名	学校名称	等级	排名	学校名称	等级	排名	学校名称	等级
1	中国农业大学	5★	4	华中农业大学	5★-	7	华南农业大学	4★
2	南京农业大学	5★	5	扬州大学	4★			
3	西北农林科技大学	5★-	6	吉林农业大学	4★			

3★（12个），2★（16个），1★（4个）：名单略

090603 临床兽医学（38）

排名	学校名称	等级	排名	学校名称	等级	排名	学校名称	等级
1	中国农业大学	5★	4	南京农业大学	4★	7	湖南农业大学	4★
2	东北农业大学	5★	5	扬州大学	4★			
3	西北农林科技大学	5★-	6	甘肃农业大学	4★			

3★（12个），2★（15个），1★（4个）：名单略

090701 林木遗传育种（25）

排名	学校名称	等级	排名	学校名称	等级	排名	学校名称	等级
1	北京林业大学	5★	3	东北林业大学	4★	5	西南林业大学	4★
2	南京林业大学	5★-	4	中南林业科技大学	4★			
3★（7个），2★（10个），1★（3个）：名单略								

090702 森林培育（28）

排名	学校名称	等级	排名	学校名称	等级	排名	学校名称	等级
1	北京林业大学	5★	3	南京林业大学	4★	5	中南林业科技大学	4★
2	东北林业大学	5★-	4	福建农林大学	4★			
3★（9个），2★（11个），1★（3个）：名单略								

090703 森林保护学（23）

排名	学校名称	等级	排名	学校名称	等级	排名	学校名称	等级
1	东北林业大学	5★	3	南京林业大学	4★			
2	北京林业大学	5★-	4	西北农林科技大学	4★			
3★（7个），2★（9个），1★（3个）：名单略								

090704 森林经理学（22）

排名	学校名称	等级	排名	学校名称	等级	排名	学校名称	等级
1	北京林业大学	5★	3	东北林业大学	4★			
2	南京林业大学	5★-	4	中南林业科技大学	4★			
3★（7个），2★（8个），1★（3个）：名单略								

090705 野生动植物保护与利用（22）

排名	学校名称	等级	排名	学校名称	等级	排名	学校名称	等级
1	兰州大学	5★	3	东北林业大学	4★			
2	北京林业大学	5★-	4	西南林业大学	4★			
3★（7个），2★（8个），1★（3个）：名单略								

090706 园林植物与观赏园艺（26）

排名	学校名称	等级	排名	学校名称	等级	排名	学校名称	等级
1	北京林业大学	5★	3	中南林业科技大学	4★	5	安徽农业大学	4★
2	中国农业大学	5★-	4	南京林业大学	4★			
3★（8个），2★（10个），1★（3个）：名单略								

090707 水土保持与荒漠化防治（31）

排名	学校名称	等级	排名	学校名称	等级	排名	学校名称	等级
1	北京林业大学	5★	3	东北林业大学	5★-	5	中南林业科技大学	4★
2	南京林业大学	5★-	4	西北农林科技大学	4★	6	甘肃农业大学	4★
3★（9个），2★（13个），1★（3个）：名单略								

090801 水产养殖（26）

排名	学校名称	等级	排名	学校名称	等级	排名	学校名称	等级
1	中国海洋大学	5★	3	宁波大学	4★	5	集美大学	4★
2	上海海洋大学	5★-	4	华中农业大学	4★			
3★（8个），2★（10个），1★（3个）：名单略							

090802 捕捞学（8）

排名	学校名称	等级	排名	学校名称	等级	排名	学校名称	等级
1	中国海洋大学	5★-	2	上海海洋大学	4★			
3★（2个），2★（3个），1★（1个）：名单略							

090803 渔业资源（14）

排名	学校名称	等级	排名	学校名称	等级	排名	学校名称	等级
1	中国海洋大学	5★-	2	上海海洋大学	4★			
3★（5个），2★（5个），1★（2个）：名单略							

097201 食品科学（11）

排名	学校名称	等级	排名	学校名称	等级	排名	学校名称	等级
1	山东师范大学	5★-	2	辽宁大学	4★			
3★（3个），2★（4个），1★（2个）：名单略							

097202 粮食、油脂及植物蛋白工程（9）

排名	学校名称	等级	排名	学校名称	等级	排名	学校名称	等级
1	四川大学	5★-	2	安徽农业大学	4★			
3★（2个），2★（4个），1★（1个）：名单略							

097203 农产品加工及贮藏工程（18）

排名	学校名称	等级	排名	学校名称	等级	排名	学校名称	等级
1	四川大学	5★-	2	陕西师范大学	4★	3	哈尔滨商业大学	4★
3★（6个），2★（7个），1★（2个）：名单略							

100101 人体解剖与组织胚胎学（87）

排名	学校名称	等级	排名	学校名称	等级	排名	学校名称	等级
1	复旦大学	5★+	7	山东大学	5★-	13	首都医科大学	4★
2	北京大学	5★	8	中南大学	5★-	14	南京医科大学	4★
3	上海交通大学	5★	9	浙江大学	5★-	15	南京大学	4★
4	中山大学	5★	10	南方医科大学	4★	16	北京协和医学院	4★
5	深圳大学	5★-	11	华中科技大学	4★	17	重庆医科大学	4★
6	四川大学	5★-	12	郑州大学	4★			
3★（26个），2★（35个），1★（9个）：名单略							

100102 免疫学（86）

排名	学校名称	等级	排名	学校名称	等级	排名	学校名称	等级
1	复旦大学	5★+	7	浙江大学	5★-	13	南京医科大学	4★
2	北京协和医学院	5★	8	山东大学	5★-	14	清华大学	4★
3	吉林大学	5★	9	武汉大学	5★-	15	南京大学	4★
4	上海交通大学	5★	10	四川大学	4★	16	首都医科大学	4★
5	北京大学	5★-	11	中南大学	4★	17	重庆医科大学	4★
6	中山大学	5★-	12	华中科技大学	4★			

3★（26个），2★（34个），1★（9个）：名单略

100103 病原生物学（86）

排名	学校名称	等级	排名	学校名称	等级	排名	学校名称	等级
1	复旦大学	5★+	7	上海交通大学	5★-	13	首都医科大学	4★
2	浙江大学	5★	8	深圳大学	5★-	14	南方医科大学	4★
3	北京协和医学院	5★	9	武汉大学	5★-	15	中国医科大学	4★
4	北京大学	5★	10	四川大学	4★	16	吉林大学	4★
5	华中科技大学	5★-	11	南京医科大学	4★	17	重庆医科大学	4★
6	中山大学	5★-	12	山东大学	4★			

3★（26个），2★（34个），1★（9个）：名单略

100104 病理学与病理生理学（91）

排名	学校名称	等级	排名	学校名称	等级	排名	学校名称	等级
1	复旦大学	5★+	7	郑州大学	5★-	13	西安交通大学	4★
2	四川大学	5★	8	华中科技大学	5★-	14	深圳大学	4★
3	中山大学	5★	9	北京协和医学院	5★-	15	首都医科大学	4★
4	上海交通大学	5★	10	南京医科大学	4★	16	天津医科大学	4★
5	中南大学	5★	11	山东大学	4★	17	吉林大学	4★
6	浙江大学	5★-	12	南方医科大学	4★	18	武汉大学	4★

3★（27个），2★（37个），1★（9个）：名单略

100105 法医学（41）

排名	学校名称	等级	排名	学校名称	等级	排名	学校名称	等级
1	四川大学	5★	4	西安交通大学	5★-	7	山西医科大学	4★
2	中山大学	5★	5	华中科技大学	4★	8	中国医科大学	4★
3	复旦大学	5★-	6	苏州大学	4★			

3★（12个），2★（17个），1★（4个）：名单略

100106 放射医学（21）

排名	学校名称	等级	排名	学校名称	等级	排名	学校名称	等级
1	北京大学	5★	3	吉林大学	4★			
2	复旦大学	5★-	4	苏州大学	4★			

3★（6个），2★（9个），1★（2个）：名单略

100201 内科学（97）

排名	学校名称	等级	排名	学校名称	等级	排名	学校名称	等级
1	上海交通大学	5★+	8	浙江大学	5★-	15	中南大学	4★
2	复旦大学	5★	9	四川大学	5★-	16	南方医科大学	4★
3	北京大学	5★	10	山东大学	5★-	17	苏州大学	4★
4	中山大学	5★	11	华中科技大学	4★	18	吉林大学	4★
5	北京协和医学院	5★	12	郑州大学	4★	19	中国医科大学	4★
6	南京医科大学	5★-	13	同济大学	4★			
7	首都医科大学	5★-	14	天津医科大学	4★			

3★（29个），2★（39个），1★（10个）：名单略

100202 儿科学（84）

排名	学校名称	等级	排名	学校名称	等级	排名	学校名称	等级
1	上海交通大学	5★+	7	华中科技大学	5★-	13	北京协和医学院	4★
2	复旦大学	5★	8	中南大学	5★-	14	郑州大学	4★
3	北京大学	5★	9	重庆医科大学	4★	15	中国医科大学	4★
4	中山大学	5★	10	南京医科大学	4★	16	同济大学	4★
5	浙江大学	5★-	11	山东大学	4★	17	南京大学	4★
6	四川大学	5★-	12	西安交通大学	4★			

3★（25个），2★（34个），1★（8个）：名单略

100203 老年医学（59）

排名	学校名称	等级	排名	学校名称	等级	排名	学校名称	等级
1	上海交通大学	5★	5	中南大学	5★-	9	浙江大学	4★
2	复旦大学	5★	6	首都医科大学	5★-	10	天津医科大学	4★
3	四川大学	5★	7	华中科技大学	4★	11	中国医科大学	4★
4	中山大学	5★-	8	南京医科大学	4★	12	山东大学	4★

3★（17个），2★（24个），1★（6个）：名单略

100204 神经病学（85）

排名	学校名称	等级	排名	学校名称	等级	排名	学校名称	等级
1	上海交通大学	5★+	7	浙江大学	5★-	13	天津医科大学	4★
2	首都医科大学	5★	8	中南大学	5★-	14	苏州大学	4★
3	复旦大学	5★	9	四川大学	4★	15	西安交通大学	4★
4	中山大学	5★	10	郑州大学	4★	16	北京协和医学院	4★
5	北京大学	5★-	11	吉林大学	4★	17	南京医科大学	4★
6	华中科技大学	5★-	12	山东大学	4★			

3★（25个），2★（34个），1★（9个）：名单略

100205 精神病与精神卫生学（59）

排名	学校名称	等级	排名	学校名称	等级	排名	学校名称	等级
1	上海交通大学	5★	5	四川大学	5★-	9	西安交通大学	4★
2	北京大学	5★	6	浙江大学	5★-	10	南京大学	4★
3	中南大学	5★	7	首都医科大学	4★	11	同济大学	4★
4	复旦大学	5★-	8	武汉大学	4★	12	南京医科大学	4★
3★（17个），2★（24个），1★（6个）：名单略									

100206 皮肤病与性病学（72）

排名	学校名称	等级	排名	学校名称	等级	排名	学校名称	等级
1	上海交通大学	5★+	6	复旦大学	5★-	11	西安交通大学	4★
2	北京大学	5★	7	四川大学	5★-	12	山东大学	4★
3	北京协和医学院	5★	8	中国医科大学	4★	13	华中科技大学	4★
4	中山大学	5★-	9	浙江大学	4★	14	首都医科大学	4★
5	中南大学	5★-	10	安徽医科大学	4★			
3★（22个），2★（29个），1★（7个）：名单略									

100207 影像医学与核医学（96）

排名	学校名称	等级	排名	学校名称	等级	排名	学校名称	等级
1	上海交通大学	5★+	8	北京协和医学院	5★-	15	天津医科大学	4★
2	复旦大学	5★	9	华中科技大学	5★-	16	南京大学	4★
3	中山大学	5★	10	郑州大学	5★-	17	同济大学	4★
4	北京大学	5★	11	山东大学	4★	18	南方医科大学	4★
5	首都医科大学	5★	12	南京医科大学	4★	19	东南大学	4★
6	浙江大学	5★-	13	中南大学	4★			
7	四川大学	5★-	14	中国医科大学	4★			
3★（29个），2★（38个），1★（10个）：名单略									

100208 临床检验诊断学（93）

排名	学校名称	等级	排名	学校名称	等级	排名	学校名称	等级
1	上海交通大学	5★+	8	重庆医科大学	5★-	15	华中科技大学	4★
2	复旦大学	5★	9	四川大学	5★-	16	南京医科大学	4★
3	北京协和医学院	5★	10	中南大学	4★	17	武汉大学	4★
4	中山大学	5★	11	首都医科大学	4★	18	天津医科大学	4★
5	北京大学	5★	12	吉林大学	4★	19	同济大学	4★
6	山东大学	5★-	13	温州医科大学	4★			
7	浙江大学	5★-	14	郑州大学	4★			
3★（27个），2★（38个），1★（9个）：名单略									

100210 外科学（96）

排名	学校名称	等级	排名	学校名称	等级	排名	学校名称	等级
1	上海交通大学	5★+	8	浙江大学	5★-	15	南京大学	4★
2	复旦大学	5★	9	南京医科大学	5★-	16	天津医科大学	4★
3	北京大学	5★	10	首都医科大学	5★-	17	吉林大学	4★
4	中山大学	5★	11	华中科技大学	4★	18	郑州大学	4★
5	四川大学	5★	12	西安交通大学	4★	19	中国医科大学	4★
6	中南大学	5★-	13	南方医科大学	4★			
7	北京协和医学院	5★-	14	同济大学	4★			

3★（29个），2★（38个），1★（10个）：名单略

100211 妇产科学（87）

排名	学校名称	等级	排名	学校名称	等级	排名	学校名称	等级
1	上海交通大学	5★+	7	山东大学	5★-	13	首都医科大学	4★
2	北京大学	5★	8	中南大学	5★-	14	南京医科大学	4★
3	复旦大学	5★	9	华中科技大学	5★-	15	南京大学	4★
4	浙江大学	5★	10	北京协和医学院	4★	16	南方医科大学	4★
5	中山大学	5★-	11	郑州大学	4★	17	中国医科大学	4★
6	四川大学	5★-	12	同济大学	4★			

3★（26个），2★（35个），1★（9个）：名单略

100212 眼科学（78）

排名	学校名称	等级	排名	学校名称	等级	排名	学校名称	等级
1	上海交通大学	5★+	6	浙江大学	5★-	11	华中科技大学	4★
2	复旦大学	5★	7	温州医科大学	5★-	12	郑州大学	4★
3	中山大学	5★	8	天津医科大学	5★-	13	山东大学	4★
4	北京大学	5★	9	四川大学	4★	14	同济大学	4★
5	首都医科大学	5★-	10	中南大学	4★	15	南京医科大学	4★

3★（24个），2★（31个），1★（8个）：名单略

100213 耳鼻咽喉科学（75）

排名	学校名称	等级	排名	学校名称	等级	排名	学校名称	等级
1	上海交通大学	5★+	6	中南大学	5★-	11	南京大学	4★
2	复旦大学	5★	7	华中科技大学	5★-	12	西安交通大学	4★
3	中山大学	5★	8	浙江大学	4★	13	郑州大学	4★
4	首都医科大学	5★	9	四川大学	4★	14	武汉大学	4★
5	北京大学	5★-	10	山东大学	4★	15	吉林大学	4★

3★（22个），2★（30个），1★（8个）：名单略

100214 肿瘤学（88）

排名	学校名称	等级	排名	学校名称	等级	排名	学校名称	等级
1	中山大学	5★+	7	中南大学	5★-	13	四川大学	4★
2	复旦大学	5★	8	南京医科大学	5★-	14	西安交通大学	4★
3	上海交通大学	5★	9	天津医科大学	5★-	15	中国医科大学	4★
4	北京协和医学院	5★	10	山东大学	4★	16	首都医科大学	4★
5	浙江大学	5★-	11	郑州大学	4★	17	南方医科大学	4★
6	北京大学	5★-	12	华中科技大学	4★	18	吉林大学	4★

3★（26个），2★（35个），1★（9个）：名单略

100215 康复医学与理疗学（63）

排名	学校名称	等级	排名	学校名称	等级	排名	学校名称	等级
1	南京中医药大学	5★	5	华中科技大学	5★-	9	首都医科大学	4★
2	复旦大学	5★	6	四川大学	5★-	10	同济大学	4★
3	中山大学	5★	7	中南大学	4★	11	南京医科大学	4★
4	北京大学	5★-	8	西安交通大学	4★	12	山东大学	4★

3★（19个），2★（26个），1★（6个）：名单略

100216 运动医学（29）

排名	学校名称	等级	排名	学校名称	等级	排名	学校名称	等级
1	复旦大学	5★	3	中山大学	5★-	5	浙江大学	4★
2	北京大学	5★-	4	中南大学	4★			

3★（9个），2★（12个），1★（3个）：名单略

100217 麻醉学（82）

排名	学校名称	等级	排名	学校名称	等级	排名	学校名称	等级
1	上海交通大学	5★+	7	四川大学	5★-	13	天津医科大学	4★
2	复旦大学	5★	8	华中科技大学	5★-	14	西安交通大学	4★
3	中山大学	5★	9	中南大学	4★	15	南京医科大学	4★
4	北京大学	5★	10	首都医科大学	4★	16	温州医科大学	4★
5	北京协和医学院	5★-	11	南京大学	4★			
6	浙江大学	5★-	12	山东大学	4★			

3★（25个），2★（33个），1★（8个）：名单略

100218 急诊医学（71）

排名	学校名称	等级	排名	学校名称	等级	排名	学校名称	等级
1	上海交通大学	5★+	6	北京大学	5★-	11	武汉大学	4★
2	复旦大学	5★	7	华中科技大学	5★-	12	山东大学	4★
3	中山大学	5★	8	中南大学	4★	13	西安交通大学	4★
4	浙江大学	5★-	9	南京大学	4★	14	温州医科大学	4★
5	四川大学	5★-	10	首都医科大学	4★			

3★（21个），2★（29个），1★（7个）：名单略

1002Z1 重症医学（10）

排名	学校名称	等级	排名	学校名称	等级	排名	学校名称	等级
1	中山大学	5★-	2	武汉大学	4★	3	哈尔滨医科大学	4★

3★（3个），2★（2个），1★（2个）：名单略

1002Z2 重症医学（7）

排名	学校名称	等级	排名	学校名称	等级	排名	学校名称	等级
1	华中科技大学	5★-	2	中南大学	4★			

3★（2个），2★（1个），1★（2个）：名单略

100301 口腔基础医学（29）

排名	学校名称	等级	排名	学校名称	等级	排名	学校名称	等级
1	北京大学	5★	3	上海交通大学	5★-	5	同济大学	4★
2	四川大学	5★-	4	武汉大学	4★			

3★（9个），2★（12个），1★（3个）：名单略

100302 口腔临床医学（42）

排名	学校名称	等级	排名	学校名称	等级	排名	学校名称	等级
1	四川大学	5★	4	中山大学	5★-	7	浙江大学	4★
2	上海交通大学	5★	5	南京医科大学	4★	8	中国医科大学	4★
3	武汉大学	5★-	6	同济大学	4★			

3★（13个），2★（17个），1★（4个）：名单略

100401 流行病与卫生统计学（64）

排名	学校名称	等级	排名	学校名称	等级	排名	学校名称	等级
1	中山大学	5★	6	山东大学	5★-	11	南京医科大学	4★
2	四川大学	5★	7	安徽医科大学	4★	12	华中科技大学	4★
3	浙江大学	5★	8	复旦大学	4★	13	吉林大学	4★
4	北京协和医学院	5★-	9	哈尔滨医科大学	4★			
5	北京大学	5★-	10	中南大学	4★			

3★（19个），2★（25个），1★（7个）：名单略

100402 劳动卫生与环境卫生学（53）

排名	学校名称	等级	排名	学校名称	等级	排名	学校名称	等级
1	北京大学	5★	5	四川大学	5★-	9	南京医科大学	4★
2	华中科技大学	5★	6	上海交通大学	4★	10	浙江大学	4★
3	复旦大学	5★-	7	东南大学	4★			
4	中山大学	5★-	8	中国医科大学	4★			

3★（16个），2★（21个），1★（6个）：名单略

100403 营养与食品卫生学（58）

排名	学校名称	等级	排名	学校名称	等级	排名	学校名称	等级
1	华中科技大学	5★	5	浙江大学	5★-	9	南昌大学	4★
2	中山大学	5★	6	郑州大学	5★-	10	南方医科大学	4★
3	北京大学	5★	7	天津医科大学	4★	11	四川大学	4★
4	上海交通大学	5★-	8	哈尔滨医科大学	4★			

3★（18个），2★（23个），1★（6个）：名单略

100404 儿少卫生与妇幼保健学（41）

排名	学校名称	等级	排名	学校名称	等级	排名	学校名称	等级
1	北京大学	5★	4	复旦大学	5★-	7	安徽医科大学	4★
2	华中科技大学	5★	5	四川大学	4★	8	南京医科大学	4★
3	中山大学	5★-	6	中南大学	4★			

3★（12个），2★（17个），1★（4个）：名单略

100405 卫生毒理学（49）

排名	学校名称	等级	排名	学校名称	等级	排名	学校名称	等级
1	北京大学	5★	5	南京医科大学	5★-	9	首都医科大学	4★
2	东南大学	5★	6	华中科技大学	4★	10	中国医科大学	4★
3	浙江大学	5★-	7	复旦大学	4★			
4	中山大学	5★-	8	四川大学	4★			

3★（14个），2★（20个），1★（5个）：名单略

100501 中医基础理论（30）

排名	学校名称	等级	排名	学校名称	等级	排名	学校名称	等级
1	北京中医药大学	5★	3	南京中医药大学	5★-	5	山东中医药大学	4★
2	上海中医药大学	5★-	4	浙江中医药大学	4★	6	广州中医药大学	4★

3★（9个），2★（12个），1★（3个）：名单略

100502 中医临床基础（29）

排名	学校名称	等级	排名	学校名称	等级	排名	学校名称	等级
1	北京中医药大学	5★	3	广州中医药大学	5★-	5	南京中医药大学	4★
2	上海中医药大学	5★-	4	浙江中医药大学	4★			

3★（9个），2★（12个），1★（3个）：名单略

100503 中医医史文献（27）

排名	学校名称	等级	排名	学校名称	等级	排名	学校名称	等级
1	上海中医药大学	5★	3	山东中医药大学	4★	5	广州中医药大学	4★
2	北京中医药大学	5★-	4	南京中医药大学	4★			

3★（8个），2★（11个），1★（3个）：名单略

100504 方剂学（28）

排名	学校名称	等级	排名	学校名称	等级	排名	学校名称	等级
1	上海中医药大学	5★	3	广州中医药大学	4★	5	黑龙江中医药大学	4★
2	北京中医药大学	5★-	4	湖南中医药大学	4★			
3★（9个），2★（11个），1★（3个）：名单略							

100505 中医诊断学（25）

排名	学校名称	等级	排名	学校名称	等级	排名	学校名称	等级
1	上海中医药大学	5★	3	湖南中医药大学	4★	5	湖北中医药大学	4★
2	北京中医药大学	5★-	4	广州中医药大学	4★			
3★（7个），2★（10个），1★（3个）：名单略							

100506 中医内科学（36）

排名	学校名称	等级	排名	学校名称	等级	排名	学校名称	等级
1	上海中医药大学	5★	4	广州中医药大学	4★	7	山东中医药大学	4★
2	北京中医药大学	5★-	5	天津中医药大学	4★			
3	南京中医药大学	5★-	6	河南中医药大学	4★			
3★（11个），2★（14个），1★（4个）：名单略							

100507 中医外科学（28）

排名	学校名称	等级	排名	学校名称	等级	排名	学校名称	等级
1	上海中医药大学	5★	3	广州中医药大学	4★	5	辽宁中医药大学	4★
2	北京中医药大学	5★-	4	南京中医药大学	4★			
3★（9个），2★（11个），1★（3个）：名单略							

100508 中医骨伤科学（24）

排名	学校名称	等级	排名	学校名称	等级	排名	学校名称	等级
1	上海中医药大学	5★	3	广州中医药大学	4★			
2	北京中医药大学	5★-	4	南京中医药大学	4★			
3★（8个），2★（9个），1★（3个）：名单略							

100509 中医妇科学（26）

排名	学校名称	等级	排名	学校名称	等级	排名	学校名称	等级
1	上海中医药大学	5★	3	广州中医药大学	4★	5	黑龙江中医药大学	4★
2	北京中医药大学	5★-	4	南京中医药大学	4★			
3★（8个），2★（10个），1★（3个）：名单略							

100510 中医儿科学（20）

排名	学校名称	等级	排名	学校名称	等级	排名	学校名称	等级
1	广州中医药大学	5★	3	南京中医药大学	4★			
2	上海中医药大学	5★-	4	天津中医药大学	4★			
3★（6个），2★（8个），1★（2个）：名单略							

100511 中医五官科学（17）

排名	学校名称	等级	排名	学校名称	等级	排名	学校名称	等级
1	上海中医药大学	5★-	2	成都中医药大学	4★	3	广州中医药大学	4★
3★（5个），2★（7个），1★（2个）：名单略							

100512 针灸推拿学（31）

排名	学校名称	等级	排名	学校名称	等级	排名	学校名称	等级
1	上海中医药大学	5★	3	广州中医药大学	5★-	5	南京中医药大学	4★
2	北京中医药大学	5★-	4	天津中医药大学	4★	6	成都中医药大学	4★
3★（9个），2★（13个），1★（3个）：名单略							

100513 民族医学（含：藏医学、蒙医学等）（13）

排名	学校名称	等级	排名	学校名称	等级	排名	学校名称	等级
1	北京中医药大学	5★-	2	青海大学	4★			
3★（4个），2★（5个），1★（2个）：名单略							

100601 中西医结合基础（41）

排名	学校名称	等级	排名	学校名称	等级	排名	学校名称	等级
1	北京中医药大学	5★	4	南京中医药大学	5★-	7	复旦大学	4★
2	上海中医药大学	5★	5	天津中医药大学	4★	8	华中科技大学	4★
3	广州中医药大学	5★-	6	广东药科大学	4★			
3★（12个），2★（17个），1★（4个）：名单略							

100602 中西医结合临床（61）

排名	学校名称	等级	排名	学校名称	等级	排名	学校名称	等级
1	上海中医药大学	5★	5	广州中医药大学	5★-	9	南方医科大学	4★
2	北京中医药大学	5★	6	天津中医药大学	5★-	10	复旦大学	4★
3	浙江中医药大学	5★	7	辽宁中医药大学	4★	11	上海交通大学	4★
4	南京中医药大学	5★-	8	湖南中医药大学	4★	12	华中科技大学	4★
3★（18个），2★（25个），1★（6个）：名单略							

100701 药物化学（110）

排名	学校名称	等级	排名	学校名称	等级	排名	学校名称	等级
1	中国药科大学	5★+	9	浙江工业大学	5★-	17	华东师范大学	4★
2	沈阳药科大学	5★	10	中山大学	5★-	18	天津大学	4★
3	昆明理工大学	5★	11	北京协和医学院	5★-	19	山东大学	4★
4	华东理工大学	5★	12	郑州大学	4★	20	湖南大学	4★
5	北京大学	5★	13	浙江大学	4★	21	中南大学	4★
6	中国海洋大学	5★	14	南京大学	4★	22	重庆大学	4★
7	复旦大学	5★-	15	南开大学	4★			
8	上海交通大学	5★-	16	四川大学	4★			
3★（33个），2★（44个），1★（11个）：名单略							

100702 药剂学（95）

排名	学校名称	等级	排名	学校名称	等级	排名	学校名称	等级
1	中国药科大学	5★+	8	中山大学	5★-	15	山东大学	4★
2	沈阳药科大学	5★	9	浙江大学	5★-	16	北京协和医学院	4★
3	南京大学	5★	10	北京大学	4★	17	广东药科大学	4★
4	华东理工大学	5★	11	成都中医药大学	4★	18	华中科技大学	4★
5	复旦大学	5★	12	天津大学	4★	19	上海中医药大学	4★
6	上海交通大学	5★-	13	中国海洋大学	4★			
7	四川大学	5★-	14	中南大学	4★			
3★（28个），2★（38个），1★（10个）：名单略								

100703 生药学（78）

排名	学校名称	等级	排名	学校名称	等级	排名	学校名称	等级
1	中国药科大学	5★+	6	中山大学	5★-	11	天津大学	4★
2	沈阳药科大学	5★	7	北京协和医学院	5★-	12	中南大学	4★
3	上海交通大学	5★	8	上海中医药大学	5★-	13	四川大学	4★
4	复旦大学	5★	9	北京大学	4★	14	南开大学	4★
5	中国海洋大学	5★-	10	浙江工业大学	4★	15	辽宁中医药大学	4★
3★（24个），2★（31个），1★（8个）：名单略								

100704 药物分析学（95）

排名	学校名称	等级	排名	学校名称	等级	排名	学校名称	等级
1	沈阳药科大学	5★+	8	复旦大学	5★-	15	陕西师范大学	4★
2	中国药科大学	5★	9	中国海洋大学	5★-	16	福州大学	4★
3	浙江大学	5★	10	天津大学	4★	17	吉林大学	4★
4	西南大学	5★	11	北京大学	4★	18	北京协和医学院	4★
5	北京中医药大学	5★	12	西安交通大学	4★	19	华中科技大学	4★
6	上海交通大学	5★-	13	中南大学	4★			
7	中山大学	5★-	14	四川大学	4★			
3★（28个），2★（38个），1★（10个）：名单略								

100705 微生物与生化药学（72）

排名	学校名称	等级	排名	学校名称	等级	排名	学校名称	等级
1	中国药科大学	5★+	6	北京协和医学院	5★-	11	南京大学	4★
2	西南大学	5★	7	南京师范大学	5★-	12	中山大学	4★
3	沈阳药科大学	5★	8	上海交通大学	4★	13	复旦大学	4★
4	华东理工大学	5★-	9	华南师范大学	4★	14	中国海洋大学	4★
5	北京中医药大学	5★-	10	浙江大学	4★			
3★（22个），2★（29个），1★（7个）：名单略								

100706 药理学（108）

排名	学校名称	等级	排名	学校名称	等级	排名	学校名称	等级
1	浙江大学	5★+	9	北京大学	5★-	17	暨南大学	4★
2	中国药科大学	5★	10	北京协和医学院	5★-	18	苏州大学	4★
3	中山大学	5★	11	哈尔滨医科大学	5★-	19	首都医科大学	4★
4	沈阳药科大学	5★	12	山东大学	4★	20	安徽医科大学	4★
5	上海交通大学	5★	13	华中科技大学	4★	21	华东师范大学	4★
6	复旦大学	5★-	14	西安交通大学	4★	22	重庆医科大学	4★
7	四川大学	5★-	15	南京大学	4★			
8	中南大学	5★-	16	南京医科大学	4★			
3★（32个），2★（43个），1★（11个）：名单略									

1007Z1 临床药学（10）

排名	学校名称	等级	排名	学校名称	等级	排名	学校名称	等级
1	复旦大学	5★-	3	南京医科大学	4★			
2	四川大学	5★	4	西南医科大学	4★			
3★（2个），2★（2个），1★（2个）：名单略									

107401 社会医学与卫生事业管理（18）

排名	学校名称	等级	排名	学校名称	等级	排名	学校名称	等级
1	郑州大学	5★-	2	北京大学	4★	3	山东大学	4★
3★（6个），2★（7个），1★（2个）：名单略									

1201Z1 电子商务（6）

排名	学校名称	等级	排名	学校名称	等级	排名	学校名称	等级
1	武汉大学	5★-	2	上海财经大学	4★			
3★（1个），2★（2个），1★（1个）：名单略									

120201 会计学（259）

排名	学校名称	等级	排名	学校名称	等级	排名	学校名称	等级
1	中国人民大学	5★+	12	湖南大学	5★	23	北京理工大学	5★-
2	厦门大学	5★+	13	上海财经大学	5★	24	同济大学	5★-
3	西安交通大学	5★+	14	武汉大学	5★	25	华中科技大学	5★-
4	北京大学	5★	15	中南财经政法大学	5★-	26	中国海洋大学	5★-
5	清华大学	5★	16	复旦大学	5★-	27	中南大学	5★-
6	对外经济贸易大学	5★	17	吉林大学	5★-	28	天津财经大学	4★
7	东北财经大学	5★	18	重庆大学	5★-	29	东北大学	4★
8	南京大学	5★	19	上海交通大学	5★-	30	四川大学	4★
9	西南财经大学	5★	20	哈尔滨工业大学	5★-	31	江西财经大学	4★
10	中山大学	5★	21	大连理工大学	5★-	32	山东大学	4★
11	中央财经大学	5★	22	首都经济贸易大学	5★-	33	北京交通大学	4★

续表

排名	学校名称	等级	排名	学校名称	等级	排名	学校名称	等级
34	暨南大学	4★	41	浙江工业大学	4★	48	哈尔滨商业大学	4★
35	南开大学	4★	42	上海大学	4★	49	兰州大学	4★
36	浙江工商大学	4★	43	西南交通大学	4★	50	重庆工商大学	4★
37	浙江大学	4★	44	合肥工业大学	4★	51	华南理工大学	4★
38	山西财经大学	4★	45	北京科技大学	4★	52	河海大学	4★
39	山东财经大学	4★	46	南京财经大学	4★	53	辽宁大学	4★
40	西安理工大学	4★	47	浙江财经大学	4★			

3★（77个），2★（104个），1★（25个）：名单略

120202 企业管理（293）

排名	学校名称	等级	排名	学校名称	等级	排名	学校名称	等级
1	北京大学	5★+	21	浙江大学	5★-	41	天津大学	4★
2	西安交通大学	5★+	22	天津财经大学	5★-	42	华东师范大学	4★
3	中国人民大学	5★+	23	复旦大学	5★-	43	华侨大学	4★
4	清华大学	5★	24	大连理工大学	5★-	44	西安理工大学	4★
5	南京大学	5★	25	湖南大学	5★-	45	首都经济贸易大学	4★
6	中山大学	5★	26	湖南商学院	5★-	46	东华大学	4★
7	对外经济贸易大学	5★	27	重庆大学	5★-	47	北京师范大学	4★
8	厦门大学	5★	28	东北大学	5★-	48	西南交通大学	4★
9	武汉大学	5★	29	四川大学	5★-	49	山西财经大学	4★
10	上海交通大学	5★	30	西南财经大学	5★-	50	河海大学	4★
11	南开大学	5★	31	北京理工大学	4★	51	北京科技大学	4★
12	华南理工大学	5★	32	华中科技大学	4★	52	合肥工业大学	4★
13	吉林大学	5★	33	中央财经大学	4★	53	武汉理工大学	4★
14	中国科学技术大学	5★	34	上海财经大学	4★	54	西北大学	4★
15	暨南大学	5★	35	哈尔滨工业大学	4★	55	辽宁大学	4★
16	浙江工商大学	5★	36	中南财经政法大学	4★	56	长沙理工大学	4★
17	电子科技大学	5★-	37	东北财经大学	4★	57	江西财经大学	4★
18	同济大学	5★-	38	中南大学	4★	58	广东外语外贸大学	4★
19	山东大学	5★-	39	浙江工业大学	4★	59	中国海洋大学	4★
20	北京交通大学	5★-	40	上海大学	4★	60	兰州大学	4★

3★（87个），2★（118个），1★（28个）：名单略

120203 旅游管理（181）

排名	学校名称	等级	排名	学校名称	等级	排名	学校名称	等级
1	中山大学	5★+	5	四川大学	5★	9	上海交通大学	5★
2	西安交通大学	5★+	6	湖南大学	5★	10	大连理工大学	5★-
3	厦门大学	5★	7	重庆大学	5★	11	浙江工商大学	5★-
4	南开大学	5★	8	复旦大学	5★	12	暨南大学	5★-

续表

排名	学校名称	等级	排名	学校名称	等级	排名	学校名称	等级
13	哈尔滨工业大学	5★-	22	云南大学	4★	31	陕西师范大学	4★
14	中南大学	5★-	23	中国海洋大学	4★	32	西北大学	4★
15	华侨大学	5★-	24	浙江工业大学	4★	33	西南交通大学	4★
16	北京理工大学	5★-	25	东北财经大学	4★	34	兰州大学	4★
17	浙江大学	5★-	26	中南财经政法大学	4★	35	武汉大学	4★
18	吉林大学	5★-	27	北京交通大学	4★	36	东南大学	4★
19	天津大学	5★-	28	合肥工业大学	4★	37	山东大学	4★
20	华东师范大学	4★	29	西南财经大学	4★			
21	华南理工大学	4★	30	上海财经大学	4★			

3★（54个），2★（72个），1★（18个）：名单略

120204 技术经济及管理（224）

排名	学校名称	等级	排名	学校名称	等级	排名	学校名称	等级
1	西安交通大学	5★+	16	复旦大学	5★-	31	河北工业大学	4★
2	清华大学	5★+	17	北京理工大学	5★-	32	南京大学	4★
3	中国人民大学	5★+	18	上海交通大学	5★-	33	中央财经大学	4★
4	重庆大学	5★	19	中国科学技术大学	5★-	34	中南大学	4★
5	华中科技大学	5★	20	浙江大学	5★-	35	合肥工业大学	4★
6	对外经济贸易大学	5★	21	电子科技大学	5★-	36	浙江工商大学	4★
7	厦门大学	5★	22	四川大学	5★-	37	北京科技大学	4★
8	中山大学	5★	23	江西财经大学	5★-	38	西南交通大学	4★
9	吉林大学	5★	24	华北电力大学	4★	39	中南财经政法大学	4★
10	大连理工大学	5★	25	南开大学	4★	40	西南财经大学	4★
11	哈尔滨工业大学	5★	26	河海大学	4★	41	哈尔滨理工大学	4★
12	湖南大学	5★	27	华南理工大学	4★	42	武汉理工大学	4★
13	天津大学	5★-	28	东北大学	4★	43	暨南大学	4★
14	同济大学	5★-	29	北京交通大学	4★	44	山西财经大学	4★
15	浙江工业大学	5★-	30	西安理工大学	4★	45	东北财经大学	4★

3★（68个），2★（89个），1★（22个）：名单略

1202Z1 财务管理（10）

排名	学校名称	等级	排名	学校名称	等级	排名	学校名称	等级
1	中国科学技术大学	5★-	2	中国海洋大学	4★	3	东北财经大学	4★

3★（3个），2★（2个），1★（2个）：名单略

120301 农业经济管理（50）

排名	学校名称	等级	排名	学校名称	等级	排名	学校名称	等级
1	中国人民大学	5★	3	中国农业大学	5★-	5	西北农林科技大学	5★-
2	浙江大学	5★	4	华中农业大学	5★-	6	南京农业大学	4★

续表

排名	学校名称	等级	排名	学校名称	等级	排名	学校名称	等级
7	吉林农业大学	4★	9	沈阳农业大学	4★			
8	东北农业大学	4★	10	湖南农业大学	4★			
3★（15个），2★（20个），1★（5个）：名单略							

120302 林业经济管理（27）

排名	学校名称	等级	排名	学校名称	等级	排名	学校名称	等级
1	中国人民大学	5★	3	华中农业大学	4★	5	北京林业大学	4★
2	南京林业大学	5★-	4	浙江大学	4★			
3★（8个），2★（11个），1★（3个）：名单略							

120401 行政管理（166）

排名	学校名称	等级	排名	学校名称	等级	排名	学校名称	等级
1	北京大学	5★+	13	武汉大学	5★-	25	云南大学	4★
2	中国人民大学	5★+	14	北京航空航天大学	5★-	26	郑州大学	4★
3	浙江大学	5★	15	西安交通大学	5★-	27	中南财经政法大学	4★
4	清华大学	5★	16	华中科技大学	5★-	28	华南理工大学	4★
5	南开大学	5★	17	华中师范大学	5★-	29	东北财经大学	4★
6	北京师范大学	5★	18	厦门大学	4★	30	对外经济贸易大学	4★
7	山东大学	5★	19	复旦大学	4★	31	南京农业大学	4★
8	上海交通大学	5★	20	华东师范大学	4★	32	华东政法大学	4★
9	中山大学	5★	21	东北大学	4★	33	湘潭大学	4★
10	兰州大学	5★-	22	天津大学	4★	34	浙江师范大学	4★
11	吉林大学	5★-	23	四川大学	4★	35	中国矿业大学	4★
12	南京大学	5★-	24	中南大学	4★			
3★（48个），2★（67个），1★（16个）：名单略							

120402 社会医学与卫生事业管理（68）

排名	学校名称	等级	排名	学校名称	等级	排名	学校名称	等级
1	北京大学	5★+	6	武汉大学	5★-	11	中国人民大学	4★
2	清华大学	5★	7	山东大学	5★-	12	北京师范大学	4★
3	上海交通大学	5★	8	华中科技大学	4★	13	浙江大学	4★
4	西安交通大学	5★-	9	中南大学	4★			
5	复旦大学	5★-	10	四川大学	4★			
3★（21个），2★（27个），1★（7个）：名单略							

120403 教育经济与管理（131）

排名	学校名称	等级	排名	学校名称	等级	排名	学校名称	等级
1	北京大学	5★+	3	北京师范大学	5★	5	中国科学技术大学	5★
2	中国人民大学	5★	4	清华大学	5★	6	北京航空航天大学	5★

续表

排名	学校名称	等级	排名	学校名称	等级	排名	学校名称	等级
7	华东师范大学	5★	14	浙江大学	4★	21	郑州大学	4★
8	华中师范大学	5★-	15	四川大学	4★	22	东北师范大学	4★
9	武汉大学	5★-	16	天津大学	4★	23	中国矿业大学	4★
10	南京大学	5★-	17	东北大学	4★	24	广西大学	4★
11	华中科技大学	5★-	18	中山大学	4★	25	湘潭大学	4★
12	厦门大学	5★-	19	南京农业大学	4★	26	中南财经政法大学	4★
13	南开大学	5★-	20	复旦大学	4★			
3★（40个），2★（52个），1★（13个）：名单略								

120404 社会保障（130）

排名	学校名称	等级	排名	学校名称	等级	排名	学校名称	等级
1	中国人民大学	5★+	10	四川大学	5★-	19	南京农业大学	4★
2	中山大学	5★	11	中南财经政法大学	5★-	20	北京师范大学	4★
3	清华大学	5★	12	厦门大学	5★-	21	中国农业大学	4★
4	南京大学	5★	13	华东师范大学	5★-	22	东北财经大学	4★
5	上海交通大学	5★	14	上海工程技术大学	4★	23	复旦大学	4★
6	山东大学	5★	15	北京大学	4★	24	华中科技大学	4★
7	武汉大学	5★	16	浙江大学	4★	25	湘潭大学	4★
8	西安交通大学	5★-	17	天津大学	4★	26	山西财经大学	4★
9	吉林大学	5★-	18	东北大学	4★			
3★（39个），2★（52个），1★（13个）：名单略								

120405 土地资源管理（105）

排名	学校名称	等级	排名	学校名称	等级	排名	学校名称	等级
1	中国人民大学	5★+	8	北京师范大学	5★-	15	华中科技大学	4★
2	清华大学	5★	9	中山大学	5★-	16	天津大学	4★
3	武汉大学	5★	10	华中农业大学	5★-	17	中国地质大学（北京）	4★
4	浙江大学	5★	11	东北大学	5★-	18	中国矿业大学	4★
5	南京农业大学	5★	12	中国农业大学	4★	19	郑州大学	4★
6	中国地质大学（武汉）	5★-	13	四川大学	4★	20	中国矿业大学（北京）	4★
7	西安交通大学	5★-	14	南京大学	4★	21	兰州大学	4★
3★（32个），2★（42个），1★（10个）：名单略								

120501 图书馆学（37）

排名	学校名称	等级	排名	学校名称	等级	排名	学校名称	等级
1	武汉大学	5★	4	南开大学	4★	7	吉林大学	4★
2	北京大学	5★	5	中山大学	4★			
3	南京大学	5★-	6	中国人民大学	4★			
3★（11个），2★（15个），1★（4个）：名单略								

120502 情报学（48）

排名	学校名称	等级	排名	学校名称	等级	排名	学校名称	等级
1	武汉大学	5★	4	吉林大学	5★-	7	南开大学	4★
2	南京大学	5★	5	北京大学	5★-	8	中山大学	4★
3	中国人民大学	5★-	6	华中师范大学	4★	9	华东师范大学	4★
3★（15个），2★（19个），1★（5个）：名单略							

120503 档案学（27）

排名	学校名称	等级	排名	学校名称	等级	排名	学校名称	等级
1	中国人民大学	5★	3	南京大学	4★	5	上海大学	4★
2	武汉大学	5★-	4	中山大学	4★			
3★（8个），2★（11个），1★（3个）：名单略							

1305L1 设计艺术学（16）

排名	学校名称	等级	排名	学校名称	等级	排名	学校名称	等级
1	北京科技大学	5★-	2	中国人民大学	4★	3	天津理工大学	4★
3★（5个），2★（6个），1★（2个）：名单略							

中国研究生教育分一级学科竞争力排行榜
（专业学位）

0251 金融（专业学位）（145）

排名	学校名称	等级	排名	学校名称	等级	排名	学校名称	等级
1	北京大学	5★+	11	中国农业大学	5★-	21	广东金融学院	4★
2	上海交通大学	5★	12	厦门大学	5★-	22	同济大学	4★
3	上海财经大学	5★	13	中央财经大学	5★-	23	哈尔滨工业大学	4★
4	西南财经大学	5★	14	南开大学	5★-	24	吉林大学	4★
5	东北财经大学	5★	15	山东大学	4★	25	浙江大学	4★
6	清华大学	5★	16	西安交通大学	4★	26	中南财经政法大学	4★
7	中山大学	5★	17	武汉大学	4★	27	四川大学	4★
8	对外经济贸易大学	5★-	18	湖南大学	4★	28	暨南大学	4★
9	中国人民大学	5★-	19	华东师范大学	4★	29	广东财经大学	4★
10	复旦大学	5★-	20	天津大学	4★			

3★（43个），2★（58个），1★（15个）：名单略

0252 应用统计（专业学位）（98）

排名	学校名称	等级	排名	学校名称	等级	排名	学校名称	等级
1	西安交通大学	5★+	8	中山大学	5★-	15	浙江工商大学	4★
2	中国科学技术大学	5★	9	华中科技大学	5★-	16	厦门大学	4★
3	北京大学	5★	10	南开大学	4★	17	山东大学	4★
4	清华大学	5★	11	武汉大学	4★	18	吉林大学	4★
5	中国人民大学	5★-	12	西南财经大学	4★	19	首都师范大学	4★
6	北京师范大学	5★-	13	上海交通大学	4★			
7	东北财经大学	5★-	14	南京大学	4★			

3★（30个），2★（39个），1★（10个）：名单略

0253 税务（专业学位）（38）

排名	学校名称	等级	排名	学校名称	等级	排名	学校名称	等级
1	中国人民大学	5★	4	上海财经大学	4★	7	东北财经大学	4★
2	中南财经政法大学	5★-	5	北京大学	4★			
3	西南财经大学	5★-	6	中央财经大学	4★			

3★（12个），2★（15个），1★（4个）：名单略

0254 国际商务（专业学位）（85）

排名	学校名称	等级	排名	学校名称	等级	排名	学校名称	等级
1	西安交通大学	5★	3	东南大学	5★	5	复旦大学	5★-
2	中国人民大学	5★	4	中山大学	5★	6	上海对外经贸大学	5★-

续表

排名	学校名称	等级	排名	学校名称	等级	排名	学校名称	等级
7	南开大学	5★-	11	对外经济贸易大学	4★	15	东北财经大学	4★
8	厦门大学	5★-	12	中央财经大学	4★	16	西南大学	4★
9	中南财经政法大学	4★	13	北京大学	4★	17	华中科技大学	4★
10	上海财经大学	4★	14	湖南大学	4★			

3★（25个），2★（34个），1★（9个）：名单略

0255 保险（专业学位）（44）

排名	学校名称	等级	排名	学校名称	等级	排名	学校名称	等级
1	北京大学	5★	4	对外经济贸易大学	5★-	7	湖南大学	4★
2	中国人民大学	5★	5	中央财经大学	4★	8	西南财经大学	4★
3	武汉大学	5★-	6	上海财经大学	4★			

3★（14个），2★（17个），1★（5个）：名单略

0256 资产评估（专业学位）（43）

排名	学校名称	等级	排名	学校名称	等级	排名	学校名称	等级
1	中国人民大学	5★	4	复旦大学	5★-	7	上海财经大学	4★
2	西南财经大学	5★	5	厦门大学	4★	8	天津大学	4★
3	华中科技大学	5★-	6	中央财经大学	4★			

3★（13个），2★（17个），1★（5个）：名单略

0257 审计（专业学位）（28）

排名	学校名称	等级	排名	学校名称	等级	排名	学校名称	等级
1	上海交通大学	5★	3	中南财经政法大学	4★	5	上海立信会计金融学院	4★
2	中山大学	5★-	4	中央财经大学	4★			

3★（9个），2★（11个），1★（3个）：名单略

0351 法律（专业学位）（193）

排名	学校名称	等级	排名	学校名称	等级	排名	学校名称	等级
1	北京大学	5★+	12	南京大学	5★-	23	四川大学	4★
2	上海交通大学	5★+	13	北京师范大学	5★-	24	中南大学	4★
3	复旦大学	5★	14	中南财经政法大学	5★-	25	兰州大学	4★
4	西北政法大学	5★	15	中山大学	5★-	26	湘潭大学	4★
5	西南政法大学	5★	16	黑龙江大学	5★-	27	中国人民大学	4★
6	吉林大学	5★	17	湖南大学	5★-	28	海南大学	4★
7	华东政法大学	5★	18	清华大学	5★-	29	南京师范大学	4★
8	重庆大学	5★	19	郑州大学	5★-	30	东南大学	4★
9	山东大学	5★	20	辽宁大学	4★	31	苏州大学	4★
10	武汉大学	5★-	21	厦门大学	4★	32	对外经济贸易大学	4★
11	中国政法大学	5★-	22	华中科技大学	4★	33	西南财经大学	4★

续表

排名	学校名称	等级	排名	学校名称	等级	排名	学校名称	等级
34	安徽大学	4★	36	华南理工大学	4★	38	上海外国语大学	4★
35	中国科学技术大学	4★	37	贵州大学	4★			

3★（58个），2★（77个），1★（20个）：名单略

0352 社会工作（专业学位）（97）

排名	学校名称	等级	排名	学校名称	等级	排名	学校名称	等级
1	华南理工大学	5★+	8	北京师范大学	5★-	15	湘潭大学	4★
2	南京大学	5★	9	南开大学	5★-	16	上海大学	4★
3	深圳大学	5★	10	华中师范大学	4★	17	安徽大学	4★
4	中山大学	5★	11	吉林大学	4★	18	中国人民大学	4★
5	重庆大学	5★-	12	华东师范大学	4★	19	西南大学	4★
6	北京大学	5★-	13	华中科技大学	4★			
7	复旦大学	5★-	14	中央民族大学	4★			

3★（29个），2★（39个），1★（10个）：名单略

0451 教育（专业学位）（135）

排名	学校名称	等级	排名	学校名称	等级	排名	学校名称	等级
1	华东师范大学	5★+	10	东北师范大学	5★-	19	南京师范大学	4★
2	北京师范大学	5★	11	西南大学	5★-	20	上海师范大学	4★
3	山东师范大学	5★	12	华中科技大学	5★-	21	辽宁师范大学	4★
4	华南师范大学	5★	13	黄冈师范学院	5★-	22	湖南师范大学	4★
5	山西师范大学	5★	14	浙江大学	4★	23	陕西师范大学	4★
6	华中师范大学	5★	15	曲阜师范大学	4★	24	杭州师范大学	4★
7	首都师范大学	5★-	16	温州大学	4★	25	渤海大学	4★
8	西北师范大学	5★-	17	南京大学	4★	26	四川师范大学	4★
9	河南大学	5★-	18	浙江师范大学	4★	27	天水师范学院	4★

3★（40个），2★（54个），1★（14个）：名单略

0452 体育（专业学位）（87）

排名	学校名称	等级	排名	学校名称	等级	排名	学校名称	等级
1	成都体育学院	5★	7	上海体育学院	5★-	13	华南师范大学	4★
2	北京体育大学	5★	8	天津体育学院	5★-	14	河北师范大学	4★
3	西安工业大学	5★	9	沈阳体育学院	4★	15	华中师范大学	4★
4	武汉体育学院	5★	10	南京体育学院	4★	16	福建师范大学	4★
5	河南大学	5★-	11	西安体育学院	4★	17	广州体育学院	4★
6	首都体育学院	5★-	12	华东交通大学	4★			

3★（26个），2★（35个），1★（9个）：名单略

0453 汉语国际教育（专业学位）（110）

排名	学校名称	等级	排名	学校名称	等级	排名	学校名称	等级
1	山东大学	5★+	9	四川大学	5★-	17	上海财经大学	4★
2	中山大学	5★	10	首都师范大学	5★-	18	安阳师范学院	4★
3	暨南大学	5★	11	上海大学	5★-	19	中国人民大学	4★
4	复旦大学	5★	12	武汉大学	4★	20	北京语言大学	4★
5	北京大学	5★	13	北京师范大学	4★	21	浙江大学	4★
6	南开大学	5★-	14	中央民族大学	4★	22	福建师范大学	4★
7	华中师范大学	5★-	15	南京大学	4★			
8	广东外语外贸大学	5★-	16	华东师范大学	4★			

3★（33个），2★（44个），1★（11个）：名单略

0454 应用心理（专业学位）（58）

排名	学校名称	等级	排名	学校名称	等级	排名	学校名称	等级
1	中央财经大学	5★	5	北京大学	5★-	9	上海师范大学	4★
2	华东师范大学	5★	6	南京师范大学	4★	10	华中师范大学	4★
3	哈尔滨医科大学	5★-	7	首都师范大学	4★	11	华南师范大学	4★
4	昆明医科大学	5★-	8	天津师范大学	4★			

3★（18个），2★（23个），1★（6个）：名单略

0551 翻译（专业学位）（204）

排名	学校名称	等级	排名	学校名称	等级	排名	学校名称	等级
1	广东外语外贸大学	5★+	15	华东师范大学	5★-	29	四川大学	4★
2	北京航空航天大学	5★+	16	北京语言大学	5★-	30	东北师范大学	4★
3	北京外国语大学	5★	17	北京大学	5★-	31	浙江大学	4★
4	黑龙江大学	5★	18	中山大学	5★-	32	福建师范大学	4★
5	山西师范大学	5★	19	南开大学	5★-	33	延边大学	4★
6	南京大学	5★	20	上海交通大学	5★-	34	河南大学	4★
7	北京师范大学	5★	21	宁波大学	4★	35	河北师范大学	4★
8	天津外国语大学	5★	22	南京师范大学	4★	36	上海海事大学	4★
9	山东大学	5★	23	同济大学	4★	37	吉林华桥外国语学院	4★
10	四川外国语大学	5★	24	复旦大学	4★	38	华东政法大学	4★
11	北京第二外国语学院	5★-	25	西安外国语大学	4★	39	华中师范大学	4★
12	对外经济贸易大学	5★-	26	武汉大学	4★	40	首都师范大学	4★
13	湖南大学	5★-	27	上海外国语大学	4★			
14	大连外国语大学	5★-	28	厦门大学	4★			

3★（62个），2★（81个），1★（21个）：名单略

0552 新闻与传播（专业学位）（105）

排名	学校名称	等级	排名	学校名称	等级	排名	学校名称	等级
1	中国科学技术大学	5★+	2	浙江传媒学院	5★	3	广东外语外贸大学	5★

续表

排名	学校名称	等级	排名	学校名称	等级	排名	学校名称	等级
4	北京大学	5★	10	复旦大学	5★-	16	清华大学	4★
5	上海交通大学	5★	11	中国传媒大学	4★	17	郑州大学	4★
6	武汉大学	5★-	12	四川大学	4★	18	上海大学	4★
7	北京师范大学	5★-	13	湖南大学	4★	19	南京师范大学	4★
8	暨南大学	5★-	14	中国人民大学	4★	20	新疆大学	4★
9	华东师范大学	5★-	15	浙江大学	4★	21	中山大学	4★
3★（31个），2★（42个），1★（11个）：名单略							

0553 出版（专业学位）（18）

排名	学校名称	等级	排名	学校名称	等级	排名	学校名称	等级
1	武汉大学	5★-	2	四川大学	4★	3	南京大学	4★
3★（6个），2★（7个），1★（2个）：名单略							

0651 文物与博物馆（专业学位）（32）

排名	学校名称	等级	排名	学校名称	等级	排名	学校名称	等级
1	北京大学	5★	3	复旦大学	5★-	5	吉林大学	4★
2	南京大学	5★-	4	中山大学	4★	6	郑州大学	4★
3★（10个），2★（12个），1★（4个）：名单略							

0851 建筑学（专业学位）（39）

排名	学校名称	等级	排名	学校名称	等级	排名	学校名称	等级
1	清华大学	5★	4	天津大学	4★	7	哈尔滨工业大学	4★
2	南京大学	5★-	5	浙江大学	4★			
3	同济大学	5★-	6	湖南大学	4★			
3★（12个），2★（16个），1★（4个）：名单略							

0852 工程（专业学位）（380）

排名	学校名称	等级	排名	学校名称	等级	排名	学校名称	等级
1	上海交通大学	5★+	12	天津大学	5★	23	南京航空航天大学	5★-
2	电子科技大学	5★+	13	中国科学技术大学	5★	24	北京邮电大学	5★-
3	华中科技大学	5★+	14	西北工业大学	5★	25	山东大学	5★-
4	吉林大学	5★+	15	武汉大学	5★	26	哈尔滨工业大学	5★-
5	北京航空航天大学	5★	16	湖南大学	5★	27	厦门理工学院	5★-
6	清华大学	5★	17	西安交通大学	5★	28	北京科技大学	5★-
7	同济大学	5★	18	西安电子科技大学	5★	29	中南大学	5★-
8	浙江大学	5★	19	重庆大学	5★	30	四川大学	5★-
9	中国药科大学	5★	20	北京理工大学	5★-	31	大连理工大学	5★-
10	北京大学	5★	21	西南交通大学	5★-	32	北京交通大学	5★-
11	华南理工大学	5★	22	东华大学	5★-	33	厦门大学	5★-

续表

排名	学校名称	等级	排名	学校名称	等级	排名	学校名称	等级
34	南京大学	5★-	49	中国石油大学（华东）	4★	64	河海大学	4★
35	武汉理工大学	5★-	50	中国农业大学	4★	65	哈尔滨工程大学	4★
36	南京理工大学	5★-	51	浙江工业大学	4★	66	北京化工大学	4★
37	中国地质大学（北京）	5★-	52	南京邮电大学	4★	67	中国海洋大学	4★
38	北京工业大学	5★-	53	南开大学	4★	68	深圳大学	4★
39	中国地质大学（武汉）	4★	54	上海大学	4★	69	苏州大学	4★
40	长安大学	4★	55	华北电力大学	4★	70	南京工程学院	4★
41	复旦大学	4★	56	上海理工大学	4★	71	北京林业大学	4★
42	合肥工业大学	4★	57	西北农林科技大学	4★	72	大连海事大学	4★
43	江苏大学	4★	58	中国石油大学（北京）	4★	73	华东理工大学	4★
44	东南大学	4★	59	兰州大学	4★	74	燕山大学	4★
45	郑州大学	4★	60	中山大学	4★	75	成都理工大学	4★
46	福州大学	4★	61	东北大学	4★	76	江苏理工学院	4★
47	江南大学	4★	62	昆明理工大学	4★			
48	广东工业大学	4★	63	北京师范大学	4★			

3★（114个），2★（152个），1★（38个）：名单略

0853 城市规划（专业学位）（26）

排名	学校名称	等级	排名	学校名称	等级	排名	学校名称	等级
1	清华大学	5★	3	同济大学	4★	5	南京大学	4★
2	哈尔滨工业大学	5★-	4	浙江大学	4★			

3★（8个），2★（10个），1★（3个）：名单略

0951 农业推广（专业学位）（100）

排名	学校名称	等级	排名	学校名称	等级	排名	学校名称	等级
1	华南农业大学	5★+	8	西北农林科技大学	5★-	15	华中师范大学	4★
2	北京林业大学	5★	9	湖北大学	5★-	16	湖南农业大学	4★
3	浙江大学	5★	10	安徽科技学院	5★-	17	江南大学	4★
4	华中农业大学	5★	11	上海交通大学	4★	18	中南民族大学	4★
5	四川农业大学	5★-	12	武汉轻工大学	4★	19	山东农业大学	4★
6	南京农业大学	5★-	13	沈阳农业大学	4★	20	河南农业大学	4★
7	中国农业大学	5★-	14	东北农业大学	4★			

3★（30个），2★（40个），1★（10个）：名单略

0952 兽医（专业学位）（39）

排名	学校名称	等级	排名	学校名称	等级	排名	学校名称	等级
1	中国农业大学	5★	4	华南农业大学	4★	7	河南农业大学	4★
2	南京农业大学	5★-	5	浙江大学	4★			
3	东北农业大学	5★-	6	西北农林科技大学	4★			

3★（12个），2★（16个），1★（4个）：名单略

0953 风景园林（专业学位）（55）

排名	学校名称	等级	排名	学校名称	等级	排名	学校名称	等级
1	北京大学	5★	5	华南理工大学	5★-	9	西南林业大学	4★
2	清华大学	5★	6	西安建筑科技大学	4★	10	同济大学	4★
3	哈尔滨工业大学	5★-	7	华中科技大学	4★	11	北京林业大学	4★
4	重庆大学	5★-	8	天津大学	4★			

3★（16个），2★（22个），1★（6个）：名单略

0954 林业（专业学位）（18）

排名	学校名称	等级	排名	学校名称	等级	排名	学校名称	等级
1	北京林业大学	5★-	2	东北林业大学	4★	3	南京林业大学	4★

3★（6个），2★（7个），1★（2个）：名单略

1051 临床医学（专业学位）（112）

排名	学校名称	等级	排名	学校名称	等级	排名	学校名称	等级
1	上海交通大学	5★+	9	大连医科大学	5★-	17	安徽医科大学	4★
2	重庆医科大学	5★	10	南京大学	5★-	18	华中科技大学	4★
3	南方医科大学	5★	11	中国医科大学	5★-	19	四川大学	4★
4	南京医科大学	5★	12	中山大学	4★	20	浙江大学	4★
5	杭州师范大学	5★	13	吉林大学	4★	21	西安交通大学	4★
6	首都医科大学	5★-	14	武汉大学	4★	22	北京大学	4★
7	复旦大学	5★-	15	北京协和医学院	4★			
8	中南大学	5★-	16	哈尔滨医科大学	4★			

3★（34个），2★（44个），1★（12个）：名单略

1052 口腔医学（专业学位）（51）

排名	学校名称	等级	排名	学校名称	等级	排名	学校名称	等级
1	同济大学	5★	5	武汉大学	5★-	9	上海交通大学	4★
2	北京大学	5★	6	山东大学	4★	10	中国医科大学	4★
3	中山大学	5★-	7	南京大学	4★			
4	四川大学	5★-	8	南京医科大学	4★			

3★（15个），2★（20个），1★（6个）：名单略

1053 公共卫生（专业学位）（53）

排名	学校名称	等级	排名	学校名称	等级	排名	学校名称	等级
1	清华大学	5★	5	华中科技大学	5★-	9	四川大学	4★
2	北京大学	5★	6	东南大学	4★	10	广东医科大学	4★
3	广东药科大学	5★-	7	复旦大学	4★			
4	山东大学	5★-	8	南京医科大学	4★			

3★（16个），2★（21个），1★（6个）：名单略

1054 护理（专业学位）（81）

排名	学校名称	等级	排名	学校名称	等级	排名	学校名称	等级
1	上海中医药大学	5★	7	复旦大学	5★-	13	四川大学	4★
2	北京中医药大学	5★	8	华中科技大学	5★-	14	武汉大学	4★
3	南京大学	5★	9	中山大学	4★	15	湖南中医药大学	4★
4	兰州大学	5★	10	中南大学	4★	16	重庆医科大学	4★
5	广东药科大学	5★-	11	吉林大学	4★			
6	北京大学	5★-	12	山东大学	4★			
3★（24个），2★（32个），1★（9个）：名单略								

1055 药学（专业学位）（68）

排名	学校名称	等级	排名	学校名称	等级	排名	学校名称	等级
1	中国药科大学	5★	6	天津大学	5★-	11	上海交通大学	4★
2	电子科技大学	5★	7	湖北科技学院	4★	12	北京大学	4★
3	沈阳药科大学	5★	8	浙江工业大学	4★	13	中山大学	4★
4	广东药科大学	5★-	9	四川大学	4★			
5	成都医学院	5★-	10	华东理工大学	4★			
3★（21个），2★（27个），1★（7个）：名单略								

1056 中药学（专业学位）（41）

排名	学校名称	等级	排名	学校名称	等级	排名	学校名称	等级
1	上海中医药大学	5★	4	中国药科大学	5★-	7	广东药科大学	4★
2	西北农林科技大学	5★	5	南京中医药大学	4★	8	沈阳药科大学	4★
3	西北大学	5★-	6	北京中医药大学	4★			
3★（12个），2★（16个），1★（5个）：名单略								

1057 中医（专业学位）（37）

排名	学校名称	等级	排名	学校名称	等级	排名	学校名称	等级
1	北京中医药大学	5★	4	南京中医药大学	4★	7	辽宁中医药大学	4★
2	上海中医药大学	5★-	5	山东中医药大学	4★			
3	北京联合大学	5★-	6	安徽中医药大学	4★			
3★（11个），2★（15个），1★（4个）：名单略								

1251 工商管理（专业学位）（171）

排名	学校名称	等级	排名	学校名称	等级	排名	学校名称	等级
1	清华大学	5★+	8	同济大学	5★	15	华东理工大学	5★-
2	北京大学	5★	9	中山大学	5★-	16	天津大学	5★-
3	华东师范大学	5★	10	合肥工业大学	5★-	17	新疆财经大学	5★-
4	中国科学技术大学	5★	11	北京航空航天大学	5★-	18	电子科技大学	4★
5	北京理工大学	5★	12	吉林大学	5★-	19	上海大学	4★
6	大连理工大学	5★	13	上海交通大学	5★-	20	浙江大学	4★
7	湖南大学	5★	14	复旦大学	5★-	21	兰州大学	4★

续表

排名	学校名称	等级	排名	学校名称	等级	排名	学校名称	等级
22	暨南大学	4★	27	中南大学	4★	32	哈尔滨工业大学	4★
23	对外经济贸易大学	4★	28	北京科技大学	4★	33	河海大学	4★
24	西南大学	4★	29	南京大学	4★	34	南昌大学	4★
25	东南大学	4★	30	上海财经大学	4★			
26	华中科技大学	4★	31	四川大学	4★			
3★（51个），2★（68个），1★（18个）：名单略							

1252 公共管理（专业学位）（137）

排名	学校名称	等级	排名	学校名称	等级	排名	学校名称	等级
1	厦门大学	5★+	10	郑州大学	5★-	19	中南财经政法大学	4★
2	清华大学	5★	11	四川大学	5★-	20	华中师范大学	4★
3	兰州大学	5★	12	中国人民大学	5★-	21	温州医科大学	4★
4	同济大学	5★	13	中山大学	5★-	22	南京大学	4★
5	吉林大学	5★	14	西南大学	4★	23	西安电子科技大学	4★
6	复旦大学	5★	15	北京航空航天大学	4★	24	浙江财经大学	4★
7	对外经济贸易大学	5★-	16	合肥工业大学	4★	25	中国科学技术大学	4★
8	南京师范大学	5★-	17	中国农业大学	4★	26	北方民族大学	4★
9	华南理工大学	5★-	18	浙江大学	4★	27	西南政法大学	4★
3★（41个），2★（55个），1★（14个）：名单略							

1253 会计（专业学位）（180）

排名	学校名称	等级	排名	学校名称	等级	排名	学校名称	等级
1	湖南大学	5★+	13	中南财经政法大学	5★-	25	西安交通大学	4★
2	山东大学	5★	14	东北大学	5★-	26	南京财经大学	4★
3	中央财经大学	5★	15	华南理工大学	5★-	27	湖北经济学院	4★
4	南京大学	5★	16	暨南大学	5★-	28	上海大学	4★
5	浙江工商大学	5★	17	对外经济贸易大学	5★-	29	重庆工商大学	4★
6	上海交通大学	5★	18	江西财经大学	5★-	30	广东外语外贸大学	4★
7	天津财经大学	5★	19	南开大学	4★	31	山西财经大学	4★
8	哈尔滨工业大学	5★	20	上海财经大学	4★	32	上海对外经贸大学	4★
9	厦门大学	5★	21	中国人民大学	4★	33	北京交通大学	4★
10	西南财经大学	5★-	22	中南大学	4★	34	北京大学	4★
11	中山大学	5★-	23	中国海洋大学	4★	35	江西师范大学	4★
12	东北财经大学	5★-	24	四川大学	4★	36	同济大学	4★
3★（54个），2★（72个），1★（18个）：名单略							

1254 旅游管理（专业学位）（50）

排名	学校名称	等级	排名	学校名称	等级	排名	学校名称	等级
1	复旦大学	5★	2	中山大学	5★	3	厦门大学	5★-

续表

排名	学校名称	等级	排名	学校名称	等级	排名	学校名称	等级
4	南开大学	5★-	7	中南财经政法大学	4★	10	广西师范大学	4★
5	四川大学	5★-	8	桂林理工大学	4★			
6	西南财经大学	4★	9	北京第二外国语学院	4★			
3★（15个），2★（20个），1★（5个）：名单略							

1255 图书情报（专业学位）（30）

排名	学校名称	等级	排名	学校名称	等级	排名	学校名称	等级
1	华东师范大学	5★	3	武汉大学	5★-	5	中国人民大学	4★
2	南京大学	5★-	4	中山大学	4★	6	南开大学	4★
3★（9个），2★（12个），1★（3个）：名单略							

1256 工程管理（专业学位）（58）

排名	学校名称	等级	排名	学校名称	等级	排名	学校名称	等级
1	上海交通大学	5★	5	北京大学	5★-	9	华南理工大学	4★
2	武汉大学	5★	6	四川大学	4★	10	上海电力学院	4★
3	天津大学	5★-	7	东南大学	4★	11	暨南大学	4★
4	同济大学	5★-	8	合肥工业大学	4★			
3★（18个），2★（23个），1★（6个）：名单略							

1351 艺术（专业学位）（199）

排名	学校名称	等级	排名	学校名称	等级	排名	学校名称	等级
1	南京师范大学	5★+	14	河南大学	5★-	27	浙江大学	4★
2	上海音乐学院	5★+	15	四川美术学院	5★-	28	首都师范大学	4★
3	东南大学	5★	16	重庆大学	5★-	29	浙江师范大学	4★
4	中央音乐学院	5★	17	山东艺术学院	5★-	30	中国音乐学院	4★
5	华东师范大学	5★	18	北京师范大学	5★-	31	东北师范大学	4★
6	中国美术学院	5★	19	山东师范大学	5★-	32	西安工程大学	4★
7	广西艺术学院	5★	20	中国传媒大学	4★	33	山西大学	4★
8	清华大学	5★	21	中央戏剧学院	4★	34	西安美术学院	4★
9	南京艺术学院	5★	22	北京大学	4★	35	安徽师范大学	4★
10	四川大学	5★	23	杭州师范大学	4★	36	哈尔滨师范大学	4★
11	中央美术学院	5★-	24	武汉音乐学院	4★	37	苏州大学	4★
12	云南艺术学院	5★-	25	武汉大学	4★	38	华南师范大学	4★
13	北京电影学院	5★-	26	上海师范大学	4★	39	福建师范大学	4★
3★（60个），2★（80个），1★（20个）：名单略							

第二部分

中国研究生培养单位各类排名结果、学科等级分布、优势专业及联系方式

国家科学院研究生院（部）（共6个）

14430　中国科学院大学

在中国研究生院研究生教育竞争力排行榜中的名次：
总排名1/62，理工类排名1/35。

通信地址：北京市石景山区玉泉路19号
邮政编码：100049
电话号码：010-88256215
电子邮箱：ao@ucas.ac.cn
研究生院（部、处）网址：http://admission.ucas.ac.cn/

80201　中国社会科学院研究生院

在中国研究生院研究生教育竞争力排行榜中的名次：
总排名47/62，文法类排名2/2。

通信地址：北京市房山区长于大街11号
邮政编码：102488
电话号码：010-81360224
电子邮箱：yjszs@gscass.cn
研究生院（部、处）网址：www.gscass.cn

82101　中国农业科学院研究生院

在中国研究生院研究生教育竞争力排行榜中的名次：
总排名48/62，农林类排名4/6。

通信地址：北京市海淀区中关村南大街12号
邮政编码：100081
电话号码：010-62162692
电子邮箱：yzb@caas.cn
研究生院（部、处）网址：www.gscaas.net.cn

82201　中国林业科学研究院研究生部

在中国研究生院研究生教育竞争力排行榜中的名次：
总排名51/62，农林类排名6/6。

通信地址：北京市海淀区东小府1号
邮政编码：100091
电话号码：010-62889030
电子邮箱：lkyyzb@163.com
研究生院（部、处）网址：www.caf.ac.cn

82501　中国地质科学院研究生院

在中国研究生院研究生教育竞争力排行榜中的名次：
总排名49/62，理工类排名26/35。

通信地址：北京市西城区百万庄大街26号
邮政编码：100037
电话号码：010-68992238
电子邮箱：edu@cags.ac.cn
研究生院（部、处）网址：http://edu.cags.ac.cn

84502　中国中医科学院研究生院

在中国研究生院研究生教育竞争力排行榜中的名次：
总排名50/62，医药类排名1/1。

通信地址：北京市东直门内南小街16号
邮政编码：100700
电话号码：010-64014411
电子邮箱：yzb_716@163.com
研究生院（部、处）网址：http://www.yjstcm.ac.cn/

中国研究生教育及学科专业评价报告 2018—2019

普通高校研究生培养单位（共 573 所）

北京市

10003　清华大学

在中国普通高校研究生教育竞争力排行榜中的名次：总排名 1/507，北京市内排名 1/51，理工类排名 1/158。

共 58 个一级学科（学术学位）参评，其中 5★+学科 15 个，5★学科 26 个，5★-学科 5 个，4★学科 8 个，学科优秀率为 93.1%。

学科门类数

哲学 7/154、经济学 9/261、法学 3/351、教育学 20/193、文学 6/271、历史学 13/116、理学 2/368、工学 1/365、医学 45/182、管理学 1/374、艺术学 5/198。

一级学科排名

哲学 7/154、理论经济学 14/115、应用经济学 9/244、法学 3/188、政治学 5/104、社会学 5/88、马克思主义理论 3/328、教育学 13/140、心理学 16/97、体育学 9/117、中国语言文学 19/170、外国语言文学 31/221、新闻传播学 7/98、中国史 5/113、世界史 6/67、数学 2/243、物理学 1/166、化学 5/188、天文学 5/15、生物学 2/224、科学技术史 1/22、生态学 2/111、统计学 2/116、力学 2/102、机械工程 2/205、光学工程 2/78、仪器科学与技术 3/75、材料科学与工程 1/202、动力工程及工程热物理 3/110、电气工程 1/100、电子科学与技术 2/119、信息与通信工程 1/169、控制科学与工程 1/182、计算机科学与技术 1/262、建筑学 2/57、土木工程 4/153、水利工程 1/63、测绘科学与技术 8/50、化学工程与技术 2/194、交通运输工程 36/62、航空宇航科学与技术 4/21、核科学与技术 1/19、环境科学与工程 1/174、生物医学工程 2/57、城乡规划学 1/51、风景园林学 1/54、软件工程 3/155、安全科学与工程 25/54、网络空间安全 3/29、管理科学与工程 1/44、基础医学 16/97、临床医学 36/108、管理科学与工程 1/199、工商管理 3/303、公共管理 4/206、艺术学理论 1/63、美术学 3/115、设计学 1/134。

优势专业

5★+专业：区域经济学 1/175、数量经济学 1/113、法学理论 1/111、民商法学 1/151、思想政治教育 3/302、概率论与数理统计 2/156、应用数学 1/238、运筹学与控制论 1/165、理论物理 1/134、原子与分子物理 1/75、凝聚态物理 1/151、光学 2/137、无机化学 1/159、分析化学 1/163、有机化学 2/164、物理化学 2/163、高分子化学与物理 2/139、细胞生物学 1/138、固体力学 1/79、工程力学 1/95、车辆工程 1/139、测试计量技术及仪器 1/73、材料物理与化学 1/183、材料学 1/186、材料加工工程 1/164、电机与电器 1/74、电力系统及其自动化 1/84、电工理论与新技术 1/73、电路与系统 1/99、通信与信息系统 2/144、信号与信息处理 1/150、检测技术与自动化装置 1/160、系统工程 1/110、模式识别与智能系统 1/142、导航、制导与控制 1/69、计算机系统结构 1/172、计算机软件与理论 2/198、计算机应用技术 1/258、结构工程 1/141、市政工程 1/99、供热、供燃气、通风及空调工程 1/89、防灾减灾工程及防护工程 1/115、化学工艺 1/140、生物化工 1/119、应用化学 2/190、工业催化 1/115、环境科学 1/149、环境工程 1/156、技术经济及管理 2/224。

5★专业：伦理学 5/92、政治经济学 4/96、经济史 2/40、西方经济学 3/84、法律史 1/61、宪法学与行政法学 4/131、刑法学 4/113、诉讼法学 2/108、经济法学 3/129、环境与资源保护法学 2/77、国际法学 3/105、政治学理论 3/83、中外政治制度 2/59、国际政治 3/61、社会学 4/80、马克思主义基本原理 7/267、中国近现代史基本问题研究 7/148、高等教育学 3/109、日语语言文学 2/112、外国语言学及应用语言学 9/196、新闻学 3/85、传播学 4/93、基础数学 6/189、计算数学 3/178、粒子物理与原子核物理 1/56、等离子体物理 1/36、声学 1/31、无线电物理 1/58、神经生物学 3/66、遗传学 7/137、发育生物学 2/74、生物化学与分子生物学 5/204、生物物理学 2/72、一般力学与力学基础 2/55、流体力学 3/60、机械制造及其自动化 5/184、机械电子工程 3/188、机械设计及理论 8/191、精密仪器及机械 2/63、工程热物理 2/60、热能工程 2/77、动力机械及工程 3/71、流体机械及工程 3/67、高电压与绝缘技术 1/53、电力电子与电力传动 2/93、物理电子学 2/89、微电子学与固体电子学 2/88、电磁场与微波技术 2/73、控制理论与控制工程 3/170、建筑历史与理论 1/43、建筑设计及其理论 1/53、建筑技术科学 2/45、岩土工程 3/131、桥梁与隧道工程 3/108、水文学及水资源 2/54、水力学及河流动力学 1/35、水工结构工程 1/36、水利水电工程 1/39、港口、海岸及近海工程 1/23、大地测量学与测量工程 2/38、化学工程 3/126、会计学 5/259、企业管理 4/293、行政管理 4/166、社会医学与卫生事业管理 2/68、教育经济与管理 4/131、社会保障 3/130、土地资源管理 2/105。

5★-专业：马克思主义哲学 10/104、逻辑学 3/39、科学技术哲学 7/101、金融学 11/188、国际贸易学 16/168、军事法学 1/6、国际关系 4/54、马克思主义发展史 7/88、马克思主义中国化研究 19/250、国外马克思主义研究 6/83、教育技术学 4/71、体育人文社会学 5/78、运动人体科学 4/67、体育教育训练学 11/106、语言学及应用语言学 13/135、中国古代文学 15/159、中国现当代文学 10/148、比较文学与世界文学 8/127、植物学 12/141、生理学 6/104、水生生物学 5/56、微生物学 12/167、人机与环境工程 1/11、核燃料循环与材料 1/8、辐射防护及环境保护 1/10。

4★专业：中国哲学 13/87、外国哲学 8/75、宗教学 11/55、外交学 4/22、人类学 7/38、应用心理学 16/81、文艺学 17/153、汉语言文字学 20/133、中国少数民族语言文学 8/41、英语语言文学 21/186、动物学 19/126、核能科学与工程 2/12、核技术及应用 2/17、免疫学 14/86。

```
通信地址 北京市海淀区清华大学研究生院
邮政编码 100084
电话号码 010-62782192
电子邮箱 yjszb@mail.tsinghua.edu.cn
研究生院（部、处）网址 http://yz.tsinghua.edu.cn/
```

10001　北京大学

在中国普通高校研究生教育竞争力排行榜中的名次：总排名 2/507，北京市内排名 2/51，综合类排名 1/76。

共 55 个一级学科（学术学位）参评，其中 5★+学科 12 个，5★学科 21 个，5★-学科 10 个，4★学科 3 个，学科优秀率为 83.64%。

学科门类数

哲学 3/154、经济学 2/261、法学 2/351、教育学 3/193、文学 1/271、历史学 1/116、理学 1/368、工学 12/365、医学 5/182、管理学 5/374、艺术学 7/198。

一级学科排名

哲学 2/154、理论经济学 2/115、应用经济学 4/244、法学 5/188、政治学 3/104、社会学 2/88、马克思主义理论 5/328、教育学 8/140、心理学 2/97、体育学 68/117、中国语言文学 1/170、外国语言文学 1/221、新闻传播学 8/98、考古学 1/40、中国史 3/113、世界史 4/67、数学 1/243、物理学 2/166、化学 3/188、天文学 4/15、地理学 2/82、大气科学 3/16、地球物理学 2/22、地质学 3/40、生物学 1/224、科学技术史 2/22、生态学 12/111、统计学 6/116、心理学 4/13、药学 2/18、力学 1/102、电子科学与技术 1/119、信息与通信工程 8/169、控制科学与工程 59/182、计算机科学与技术 2/262、建筑学 17/57、测绘科学与技术 5/50、核科学与技术 4/19、环境科学与工程 3/174、生物医学工程 3/57、软件工程 1/155、基础医学 2/97、临床医学 4/108、口腔医学 1/44、公共卫生与预防医学 1/70、中西医结合 23/66、药学 7/131、护理学 2/63、管理科学与工程 32/199、工商管理 8/303、公共管理 1/206、图书情报与档案管理 4/56、艺术学理论 2/63、戏剧与影视学 17/63、美术学 37/115。

优势专业

5★+专业：中国哲学 1/87、西方经济学 1/84、国民经济学 1/91、刑法学 1/113、社会学 1/80、文艺学 1/153、汉语言文字学 1/133、中国古代文学 1/159、中国现当代文学 1/148、比较文学与世界文学 1/127、英语语言文学 1/186、外国语言学及应用语言学 2/196、基础数学 1/189、计算数学 1/178、植物学 2/141、细胞生物学 2/138、生物化学与分子生物学 2/204、生物物理学 1/72、物理电子学 1/89、微电子学与固体电子学 1/88、电磁场与微波技术 1/73、计算机软件与理论 1/198、计算机应用技术 2/258、企业管理 1/293、行政管理 1/166、社会医学与卫生事业管理 1/68、教育经济与管理 1/131。

5★专业：马克思主义哲学 3/104、外国哲学 4/75、伦理学 4/92、宗教学 1/55、科学技术哲学 3/101、政治经济学 3/96、经济思想史 1/34、经济史 1/40、世界经济 2/82、人口、资源与环境经济学 2/86、区域经济学 3/175、金融学 3/188、产业经济学 5/204、法学理论 4/111、宪法学与行政法学 6/131、民商法学 5/151、诉讼法学 5/108、经济法学 2/129、环境与资源保护法学 4/77、国际法学 5/105、政治学理论 2/83、中外政治制度 3/59、科学社会主义与国际共产主义运动 2/50、中共党史 3/60、外交学 1/22、人口学 1/37、人类学 1/38、马克思主义基本原理 13/267、思想政治教育 6/302、中国近现代史基本问题研究 5/148、教育学原理 3/89、高等教育学 5/109、教育技术学 2/71、应用心理学 3/81、语言学及应用语言学 5/135、中国古典文献学 3/101、俄语语言文学 1/64、法语语言文学 1/38、德语语言文学 1/36、日语语言文学 4/112、亚非语言文学 1/32、传播学 5/93、概率论与数理统计 4/156、应用数学 4/238、理论物理 4/134、粒子物理与原子核物理 2/56、原子与分子物理 3/75、凝聚态物理 4/151、光学 3/137、无机化学 8/159、有机化学 8/164、人文地理学 2/65、地图学与地理信息系统 3/73、地球化学 1/29、古生物学与地层学 1/28、第四纪地质学 1/25、动物学 2/126、生理学 3/104、遗传学 4/137、一般力学与力学基础 1/55、固体力学 2/79、流体力学 1/60、工程力学 3/95、电路与系统 2/99、通信与信息系统 7/144、信号与信息处理 4/150、摄影测量与遥感 2/38、环境科学 3/149、环境工程 3/156、人体解剖与组织胚胎学 2/87、病原生物学 4/86、放射医学 1/21、内科学 3/97、儿科学 3/84、精神病与精神卫生学 2/59、皮肤病与性病学 2/72、影像医学与核医学 4/96、临床检验诊断学 5/93、外科学 3/96、妇产科学 2/87、眼科学 4/78、麻醉学 4/82、口腔基础医学 1/29、劳动卫生与环境卫生学 1/53、营养与食品卫生学 3/58、儿少卫生与妇幼保健学 1/41、卫生毒理学 1/49、药物化学 5/110、会计学 4/259、图书馆学 2/37。

5★-专业：美学 3/53、财政学 6/88、统计学 2/36、法律史 4/61、国际政治 4/61、国际关系 3/54、马克思主义发展史 6/88、马克思主义中国化研究 23/250、国外马克思主义研究 5/83、基础心理学 4/48、西班牙语语言文学 1/14、阿拉伯语语言文学 1/11、等离子体物理 3/36、分析化学 12/163、物理化学 9/163、高分子化学与物理 12/139、自然地理学 4/67、构造地质学 2/29、计算机系统结构 12/172、建筑设计及其理论 4/53、核技术及应用 1/17、免疫学 5/86、神经病学 5/85、耳鼻咽喉科学 5/75、肿瘤学 6/88、康复医学与理疗学 4/63、运动医学 2/29、急诊医学 6/71、流行病与卫生统计学 5/64、药理学 9/108、情报学 5/48。

4★专业：逻辑学 6/39、新闻学 9/85、天体物理 2/14、固体地球物理学 2/19、空间物理学 2/15、矿物学、岩石学、矿床学 4/33、药剂学 2/7、药理学 2/8、控制理论与控制工程 22/170、药剂学 10/95、生药学 9/78、药物分析学 11/95、社会医学与卫生事业管理 2/18、社会保障 15/130。

```
通信地址：北京大学新太阳学生中心 5 楼
邮政编码：100871
电话号码：010-62751354
电子邮箱：grszsb@pku.edu.cn
研究生院（部、处）网址：http://grs.pku.edu.cn
```

10002　中国人民大学

在中国普通高校研究生教育竞争力排行榜中的名次：总排名 15/507，北京市内排名 3/51，文法类排名 1/22。

共 38 个一级学科（学术学位）参评，其中 5★+学科 7 个，5★学科 5 个，5★-学科 3 个，4★学科 5 个，学科优秀率为 52.63%。

学科门类数

哲学 1/154、经济学 1/261、法学 1/351、教育学 66/193、文学 5/271、历史学 5/116、理学 71/368、工学 162/365、医学 136/182、管理学 6/374、艺术学 50/198。

一级学科排名

哲学 1/154、理论经济学 1/115、应用经济学 1/244、法学 1/188、政治学 2/104、社会学 1/88、马克思主义理论 4/328、教育学 97/140、心理学 17/97、中国语言文学 12/170、外国语言文学 17/221、新闻传播学 2/98、考古学 6/40、中国史 7/113、世界史 19/67、数学 41/243、物理学 64/166、化学 87/188、地理学 44/82、系统科学 13/17、生态学 71/111、统计学 18/116、计算机科学与技术 59/262、化学工程与技术 149/194、环境科学与工程 87/174、食品科学与工程 49/92、管理科学与工程 19/44、公共卫生与预防医学 41/70、管理科学与工程 79/199、工商管理 2/303、农林经济管理 1/51、公共管理 2/206、图书情报与档案管理 3/56、艺术学理论 22/63、音乐与舞蹈学 55/82、戏剧与影视学 50/63、美术学 18/115、设计学 30/134。

优势专业

5★+专业：马克思主义哲学 1/104、外国哲学 1/75、伦理学 1/92、科学技术哲学 1/101、政治经济学 1/96、世界经济 1/82、人口、资源与环境经济学 1/86、区域经济学 2/175、财政学 1/88、金融学 2/188、产业经济学 2/204、国际贸易学 1/168、劳动经济学 1/82、宪法学与行政法学 1/131、诉讼法学 1/108、经济法学 1/129、国际法学 1/105、马克思主义基本原理 1/267、马克思主义发展史 1/88、马克思主义中国化研究 1/250、国外马克思主义研究 1/83、中国近现代史基本问题研究 1/148、新闻学 1/85、会计学 1/259、企业管理 3/293、技术经济及管理 3/224、行政管理 2/166、社会保障 1/130、土地资源管理 1/105。

5★专业：中国哲学 2/87、美学 1/53、西方经济学 2/84、国民经济学 2/91、统计学 1/36、数量经济学 2/113、法学理论 3/111、法律史 2/61、刑法学 3/113、民商法学 4/151、环境与资源保护法学 3/77、知识产权法 1/8、中外政治制度 1/59、科学社会主义与国际共产主义运动 1/50、中共党史 1/60、国际政治 2/61、国际关系 2/54、社会学 2/80、人口学 2/37、人类学 2/38、民俗学 1/41、思想政治教育 15/302、汉语言文字学 7/133、英语语言文学 4/186、传播学 2/93、农业经济管理 1/50、林业经济管理 1/27、教育经济与管理 2/131、档案学 1/27。

5★-专业：逻辑学 4/39、宗教学 5/55、经济思想史 3/34、经济史 3/40、国防经济 2/20、政治学理论 5/83、外交学 2/22、文艺学 10/153、中国古代文学 14/159、中国现当代文学 11/148、比较文学与世界文学 10/127、日语语言文学 7/112、情报学 3/48。

4★专业：语言学及应用语言学 16/135、中国古典文献学 20/101、俄语语言文学 13/64、德语语言文学 6/36、概率论与数理统计 28/156、应用数学 48/238、信息安全 6/8、社会医学与卫生事业管理 11/68、图书馆学 6/37、设计艺术学 2/16。

```
通信地址：北京市海淀区中关村大街 59 号中国人民大学研究生院
邮政编码：100872
电话号码：010-62515340
电子邮箱：yjsyleader@ruc.edu.cn
研究生院（部、处）网址：http://grs.ruc.edu.cn/
```

10027　北京师范大学

在中国普通高校研究生教育竞争力排行榜中的名次：总排名 19/507，北京市内排名 4/51，师范类排名 1/59。

共 40 个一级学科（学术学位）参评，其中 5★+学科 8 个，5★学科 7 个，5★-学科 7 个，4★学科 14 个，学科优秀率为 90%。

学科门类数

哲学 8/154、经济学 22/261、法学 13/351、教育学 1/193、文学 4/271、历史学 3/116、理学 16/368、工学 66/365、管理学 15/374、艺术学 12/198。

一级学科排名

哲学 8/154、理论经济学 6/115、应用经济学 35/244、法学 9/188、政治学 14/104、社会学 10/88、马克思主义理论 30/328、教育学 1/140、心理学 1/97、体育学 10/117、中国语言文学 2/170、外国语言文学 8/221、新闻传播学 17/98、考古学 5/40、中国史 1/113、世界史 11/67、数学 3/243、物理学 17/166、化学 34/188、天文学 3/15、地理学 1/82、生物学 15/224、系统科学 1/17、生态学 1/111、统计学 1/116、材料科学与工程 117/202、信息与通信工程 50/169、计算机科学与技术 38/262、水利工程 11/63、测绘科学与技术 4/50、核科学与技术 9/19、环境科学与工程 2/174、安全科学与工程 6/54、工商管理 69/303、公共管理 6/206、图书情报与档案管理 11/56、艺术学理论 10/63、音乐与舞蹈学 10/82、戏剧与影视学 1/63、美术学 11/115。

优势专业

5★+专业：教育学原理 1/89、课程与教学论 1/98、高等教育学 1/109、教育技术学 1/71、应用心理学 1/81、语言学及应用语言学 1/135、中国现当代文学 2/148、基础数学 2/189、计算数学 2/178、概率论与数理统计 1/156、应用数学 2/238、自然地理学 1/67、地图学与地理信息系统 1/73、环境科学 2/149、环境工程 2/156。

5★专业：马克思主义哲学 5/104、刑法学 2/113、民俗学 2/41、教育史 1/39、比较教育学 1/45、学前教育学 1/54、职业技术教育学 1/48、少年儿童组织与思想意识教育 1/21、基础心理学 1/48、发展与教育心理学 1/56、文艺学 3/153、汉语言文字学 2/133、中国古典文献学 2/101、中国古代文学 3/159、比较文学与世界文学 3/127、日语语言文学 3/112、人文地理学 1/65、细胞生物学 6/138、教育技术学 1/44、地图制图学与地理信息工程 2/44、行政管理 6/166、教育经济与管理 3/131。

5★-专业：伦理学 9/92、政治经济学 9/96、世界经济 6/82、人口、资源与环境经济学 6/86、劳动经济学 7/82、民商法学 12/151、诉讼法学 7/108、中共党史 6/60、马克思主义中国化研究 14/250、思想政治教育 22/302、成人教育学 2/33、特殊教育学 1/18、体育教育训练学 8/106、教育经济与管理 1/10、俄语语言文学 6/64、外国语言学及应用语言学 18/196、理论物理 10/134、凝聚态物理 12/151、动物学 11/126、生理学 9/104、系统分析与集成 1/13、计算机应用技术 24/258、水文学及水资源 4/54、土地资源管理 8/105。

4★专业：中国哲学 11/87、外国哲学 10/75、美学 8/53、科学技术哲学 14/101、西方经济学 9/84、金融学 23/188、国际贸易学 34/168、法学理论 19/111、经济法学 25/129、政治学理论 15/83、社会学 16/80、马克思主义基本原理 35/267、体育人文社会学 9/78、运动人体科学 8/67、英语语言文学 33/186、传播学 10/93、粒子物理与原子核物理 9/56、光学 27/137、物理化学 27/163、植物学 17/141、神经生物学 11/66、遗传学 27/137、发育生物学 8/74、生物化学与分子生物学 26/204、系统理论 2/15、计算机软件与理论 30/198、水力学及河流动力学 5/35、摄影测量与遥感 4/38、企业管理 47/293、社会医学与卫生事业管理 12/68、社会保障 20/130。

```
通信地址：北京市新街口外大街19号北京师范大学研究生院
邮政编码：100875
电话号码：010-58808156
电子邮箱：yanzh@bnu.edu.cn
研究生院（部、处）网址：http://yz.bnu.edu.cn
```

10006 北京航空航天大学

在中国普通高校研究生教育竞争力排行榜中的名次：总排名 20/507，北京市内排名 5/51，理工类排名 8/158。

共43个一级学科（学术学位）参评，其中5★+学科 0 个，5★学科 9 个，5★-学科 6 个，4★学科 9 个，学科优秀率为 55.81%。

学科门类数

哲学 68/154、经济学 102/261、法学 71/351、教育学 73/193、文学 63/271、理学 33/368、工学 6/365、医学 104/182、管理学 28/374、艺术学 132/198。

一级学科排名

哲学 75/154、应用经济学 81/244、统计学 5/46、法学 31/188、马克思主义理论 250/328、教育学 92/140、心理学 48/97、体育学 92/117、外国语言文学 15/221、数学 26/243、物理学 15/166、化学 50/188、地球物理学 11/22、统计学 28/116、环境科学与工程 6/51、生物医学工程 9/19、力学 4/102、机械工程 8/205、光学工程 9/78、仪器科学与技术 2/75、材料科学与工程 7/202、动力工程及工程热物理 5/110、电气工程 16/100、电子科学与技术 13/119、信息与通信工程 7/169、控制科学与工程 3/182、计算机科学与技术 5/262、土木工程 64/153、化学工程与技术 139/194、交通运输工程 5/62、航空宇航科学与技术 1/21、环境科学与工程 42/174、生物医学工程 11/57、软件工程 13/155、网络空间安全 13/29、设计学 4/10、基础医学 65/97、特种医学 4/10、生物医学工程 2/13、管理科学与工程 13/199、工商管理 88/303、公共管理 22/206、设计学 45/134。

优势专业

5★+专业：流体机械及工程 1/67、控制理论与控制工程 2/170。

5★专业：外国语言学及应用语言学 6/196、应用数学 8/238、流体力学 2/60、精密仪器及机械 3/63、测试计量技术及仪器 3/73、系统工程 2/110、导航、制导与控制 2/69、计算机系统结构 5/172、计算机软件与理论 4/198、计算机应用技术 7/258、交通信息工程及控制 2/50、教育经济与管理 6/131。

5★-专业：英语语言文学 19/186、理论物理 11/134、凝聚态物理 10/151、一般力学与力学基础 5/55、固体力学 5/79、工程力学 6/95、机械制造及其自动化 14/184、机械电子工程 11/188、机械设计及理论 13/191、车辆工程 12/139、材料物理与化学 11/183、材料学 12/186、动力机械及工程 7/71、通信与信息系统 15/144、信号与信息处理 9/150、检测技术与自动化装置 10/160、模式识别与智能系统 11/142、航空宇航推进理论与工程 1/16、行政管理 14/166。

4★专业：民商法学 22/151、基础数学 22/189、粒子物理与原子核物理 6/56、光学 16/137、无线电物理 10/58、材料加工工程 18/164、工程热物理 11/60、热能工程 9/77、制冷及低温工程 9/58、电机与电器 11/74、电力系统及其自动化 17/84、物理电子学 16/89、电路与系统 13/99、微电子学与固体电子学 17/88、电磁场与微波技术 9/73、道路与铁道工程 8/47、交通运输规划与管理 6/50、载运工具运用工程 7/42、飞行器设计 2/19。

> 通信地址：北京市海淀区学院路37号北京航空航天大学研究生院
> 邮政编码：100191
> 电话号码：010-82317637
> 电子邮箱：yzb@buaa.edu.cn
> 研究生院（部、处）网址：http://graduate.buaa.edu.cn/

10007　北京理工大学

在中国普通高校研究生教育竞争力排行榜中的名次：总排名24/507，北京市内排名6/51，理工类排名11/158。

共33个一级学科（学术学位）参评，其中5★+学科0个，5★学科4个，5★-学科6个，4★学科12个，学科优秀率为66.67%。

学科门类数

哲学132/154、经济学27/261、法学135/351、教育学41/193、文学141/271、理学30/368、工学18/365、管理学21/374、艺术学62/198。

一级学科排名

哲学129/154、理论经济学32/115、应用经济学32/244、法学42/188、马克思主义理论97/328、教育学20/140、外国语言文学66/221、数学34/243、物理学19/166、化学25/188、生物学109/224、统计学34/116、生物医学工程7/19、力学11/102、机械工程7/205、光学工程7/78、仪器科学与技术9/75、材料科学与工程25/202、动力工程及工程热物理12/110、电子科学与技术16/119、信息与通信工程13/169、控制科学与工程7/182、计算机科学与技术20/262、化学工程与技术17/194、航空宇航科学与技术6/21、兵器科学与技术1/7、软件工程9/155、安全科学与工程2/54、网络空间安全10/29、管理科学与工程8/199、工商管理36/303、公共管理82/206、设计学19/134。

优势专业

5★专业：机械制造及其自动化6/184、机械电子工程10/188、机械设计及理论9/191、车辆工程7/139、控制理论与控制工程9/170、检测技术与自动化装置8/160、模式识别与智能系统7/142、计算机应用技术13/258、应用化学8/190。

5★-专业：材料物理与化学19/183、材料学19/186、通信与信息系统10/144、信号与信息处理11/150、系统工程9/110、导航、制导与控制7/69、计算机软件与理论15/198、化学工程9/126、化学工艺12/140、生物化工9/119、工业催化9/115、武器系统与运用工程1/7、兵器发射理论与技术1/6、火炮、自动武器与弹药工程1/7、会计学23/259、旅游管理16/181、技术经济及管理17/224。

4★专业：高等教育学17/109、应用数学40/238、理论物理21/134、凝聚态物理27/151、光学17/137、无机化学23/159、分析化学24/163、有机化学24/164、物理化学26/163、高分子化学与物理19/139、一般力学与力学基础8/55、固体力学9/79、工程力学10/95、精密仪器及机械10/63、测试计量技术及仪器10/73、材料加工工程19/164、动力机械及工程11/71、物理电子学11/89、电路与系统14/99、微电子学与固体电子学14/88、电磁场与微波技术14/73、计算机系统结构19/172、企业管理31/293。

> 通信地址：北京市海淀区中关村南大街5号北京理工大学研究生院
> 邮政编码：100081
> 电话号码：010-68912286
> 电子邮箱：grd@bit.edu.cn
> 研究生院（部、处）网址：http://grd.bit.edu.cn/

10019　中国农业大学

在中国普通高校研究生教育竞争力排行榜中的名次：总排名29/507，北京市内排名7/51，农林类排名1/37。

共31个一级学科（学术学位）参评，其中5★+学科1个，5★学科8个，5★-学科2个，4★学科6个，学科优秀率为54.84%。

学科门类数

经济学48/261、法学145/351、文学195/271、理学31/368、工学39/365、农学1/100、管理学58/374。

一级学科排名

应用经济学37/244、法学110/188、社会学24/88、马克思主义理论206/328、新闻传播学73/98、数学152/243、化学67/188、大气科学6/16、生物学5/224、生态学5/111、力学52/102、机械工程35/205、电气工程51/100、计算机科学与技术81/262、土木工程113/153、水利工程8/63、农业工程1/47、环境科学与工程21/174、食品科学与工程1/92、作物学1/46、园艺学3/39、农业资源与环境1/39、植物保护1/44、畜牧学1/48、兽医学1/41、林学11/44、草学6/28、工商管理224/303、农林经济管理5/51、公共管理28/206、图书情报与档案管理34/56。

优势专业

5★+专业：植物学1/141、生理学1/104、微生物学1/167、食品科学1/87、农产品加工及贮藏工程1/67。

5★专业：生物化学与分子生物学6/204、生物信息学1/10、农业机械化工程1/41、农业水土工程1/34、农业生物环境与能源工程1/30、农业电气化与自动化1/40、粮食、油脂及植物蛋白工程1/52、水产品加工及贮藏工程1/40、作物栽培学与耕作学1/42、作物遗传育种1/45、果树学2/39、土壤学1/35、植物营养学1/37、植物病理学1/37、农业昆虫与害虫防治1/40、农药学1/39、动物遗传育种与繁殖1/41、动物营养与饲料科学1/44、基础兽医学1/39、预防兽医学1/39、临床兽医学1/38。

5★-专业：遗传学11/137、细胞生物学13/138、水力学及河流动力学2/35、水利水电工程4/39、环境科学14/149、园林植物与观赏园艺2/26、农业经济管理3/50。

4★专业：区域经济学22/175、产业经济学23/204、国际贸易学24/168、分析化学26/163、有机化学25/164、机械电子工程34/188、机械设计及理论26/191、车辆工程16/139、水文学及水资源7/54、水工结构工程6/36、环境工程17/156、社会保障21/130、土地资源管理12/105。

通信地址：北京市海淀区圆明园西路2号中国农业大学研究生院
邮政编码：100193
电话号码：010-62732884
电子邮箱：gradzhao@cau.edu.cn
研究生院（部、处）网址：http://gradsch.cau.edu.cn/homepage/index.do

10008　北京科技大学

在中国普通高校研究生教育竞争力排行榜中的名次：总排名39/507，北京市内排名8/51，理工类排名20/158。

共32个一级学科（学术学位）参评，其中5★+学科0个，5★学科2个，5★-学科0个，4★学科11个，学科优秀率为40.63%。

学科门类数

哲学 144/154、经济学 116/261、法学 100/351、文学 96/271、理学 54/368、工学 21/365、管理学 65/374、艺术学 151/198。

一级学科排名

哲学 143/154、应用经济学 109/244、法学 146/188、社会学 70/88、马克思主义理论 74/328、中国语言文学 158/170、外国语言文学 51/221、数学 96/243、物理学 44/166、化学 38/188、地质学 34/40、生物学 166/224、统计学 83/116、力学 27/102、机械工程 31/205、仪器科学与技术 24/75、材料科学与工程 8/202、冶金工程 1/23、动力工程及工程热物理 26/110、信息与通信工程 39/169、控制科学与工程 26/182、计算机科学与技术 43/262、土木工程 23/153、化学工程与技术 53/194、矿业工程 6/32、环境科学与工程 31/174、安全科学与工程 9/54、管理科学与工程 6/44、管理科学与工程 38/199、工商管理 59/303、公共管理 89/206、设计学 86/134。

优势专业

5★专业：材料物理与化学 7/183、材料学 8/186、材料加工工程 7/164、冶金物理化学 1/20、钢铁冶金 1/21。

5★-专业：采矿工程 3/29、设计艺术学 1/16。

4★专业：思想政治教育 32/302、外国语言学及应用语言学 37/196、机械制造及其自动化 27/184、机械电子工程 22/188、机械设计及理论 32/191、车辆工程 25/139、有色金属冶金 3/22、控制理论与控制工程 20/170、检测技术与自动化装置 22/160、计算机应用技术 50/258、市政工程 17/99、供热、供燃气、通风及空调工程 18/89、桥梁与隧道工程 22/108、矿物加工工程 4/27、环境工程 27/156、会计学 45/259、企业管理 51/293、技术经济及管理 37/224。

通信地址：北京市海淀区学院路30号北京科技大学研究生院
邮政编码：100083
电话号码：010-62332484
电子邮箱：yzb@ustb.edu.cn
研究生院（部、处）网址：http://gs.ustb.edu.cn/

10004　北京交通大学

在中国普通高校研究生教育竞争力排行榜中的名次：总排名43/507，北京市内排名9/51，理工类排名22/158。

共34个一级学科（学术学位）参评，其中5★+学科0个，5★学科1个，5★-学科6个，4★学科5个，学科优秀率为35.29%。

学科门类数

哲学 117/154、经济学 29/261、法学 80/351、文学 119/271、理学 101/368、工学 38/365、管理学 26/374、艺术学 143/198。

一级学科排名

哲学 110/154、应用经济学 21/244、法学 98/188、马克思主义理论 16/328、外国语言文学 101/221、新闻传播学 64/98、数学 35/243、物理学 49/166、生物学 175/224、系统科学 3/17、统计学 29/116、力学 40/102、机械工程 23/205、光学工程 37/78、材料科学与工程 80/202、动力工程及工程热物理 42/110、电气工程 21/100、电子科学与技术 39/119、信息与通信工程 14/169、控制科学与工程 32/182、计算机科学与技术 22/262、建筑学 29/57、土木工程 15/153、化学工程与技术 122/194、交通运输工程 1/62、环境科学与工程 70/174、城乡规划学 23/51、软件工程 46/155、安全科学与工程 13/54、网络空间安全 22/29、管理科学与工程 12/199、工商管理 40/303、公共管理 167/206、设计学 65/134。

优势专业

5★专业：产业经济学 8/204、运筹学与控制论 7/165、计算机软件与理论 8/198、道路与铁道工程 1/47、交通运输规划与管理 1/50。

5★-专业：马克思主义发展史 5/88、通信与信息系统 11/144、桥梁与隧道工程 9/108、交通信息工程及控制 4/50、载运工具运用工程 4/42、企业管理 20/293。

4★专业：国民经济学 12/91、金融学 36/188、国际贸易学 26/168、劳动经济学 14/82、统计学 7/36、思想政治教育 61/302、计算数学 32/178、系统理论 3/15、系统分析与集成 2/13、机械制造及其自动化 33/184、机械电子工程 33/188、机械设计及理论 30/191、车辆工程 26/139、工业工程 6/11、信号与信息处理 19/150、检测技术与自动化装置 31/160、计算机系统结构 24/172、计算机应用技术 34/258、岩土工程 21/131、结构工程 15/141、市政工程 14/99、供热、供燃气、通风及空调工程 13/89、防灾减灾工程及防护工程 18/115、会计学 33/259、旅游管理 27/181、技术经济及管理 29/224。

通信地址：北京市海淀区上园村3号北京交通大学研究生院
邮政编码：100044
电话号码：010-51688153
电子邮箱：yxiao1@bjtu.edu.cn
研究生院（部、处）网址：https://gs.bjtu.edu.cn/

10005 北京工业大学

在中国普通高校研究生教育竞争力排行榜中的名次：总排名58/507，北京市内排名10/51，理工类排名29/158。

共32个一级学科（学术学位）参评，其中5★+学科0个，5★学科0个，5★-学科0个，4★学科4个，学科优秀率为12.5%。

学科门类数

经济学 57/261、法学 115/351、教育学 127/193、文学 235/271、理学 72/368、工学 41/365、管理学 132/374、艺术学 165/198。

一级学科排名

应用经济学 47/244、社会学 23/88、马克思主义理论 254/328、教育学 85/140、外国语言文学 162/221、数学 56/243、物理学 42/166、化学 100/188、生物学 118/224、统计学 53/116、力学 43/102、机械工程 43/205、光学工程 21/78、仪器科学与技术 31/75、材料科学与工程 44/202、动力工程及工程热物理 33/110、电子科学与技术 47/119、信息与通信工程 54/169、控制科学与工程 46/182、计算机科学与技术 45/262、建筑学 20/57、土木工程 18/153、水利工程 23/63、化学工程与技术 45/194、交通运输工程 25/62、环境科学与工程 36/174、生物医学工程 32/57、城乡规划学 27/51、软件工程 30/155、管理科学与工程 66/199、工商管理 182/303、设计学 77/134。

优势专业

5★专业：防灾减灾工程及防护工程 6/115。

5★-专业：应用化学 15/190。

4★专业：运筹学与控制论 28/165、光学 28/137、物理化学 33/163、计算机应用技术 46/258、岩土工程 26/131、结构工程 23/141、市政工程 19/99、桥梁与隧道工程 20/108。

```
通信地址：北京市朝阳区平乐园100号北京工业大学研究生招生办公室
邮政编码：100124
电话号码：010-67392533
电子邮箱：yanzhaoban@bjut.edu.cn
研究生院（部、处）网址：http://yanzhao.bjut.edu.cn/
```

10025 首都医科大学

在中国普通高校研究生教育竞争力排行榜中的名次：总排名63/507，北京市内排名11/51，医药类排名1/69。

共15个一级学科（学术学位）参评，其中5★+学科0个，5★学科0个，5★-学科1个，4★学科3个，学科优秀率为26.67%。

学科门类数

法学 311/351、教育学 140/193、理学 86/368、工学 254/365、医学 9/182、管理学 220/374。

一级学科排名

马克思主义理论 292/328、心理学 66/97、生物学 38/224、药学 7/18、生物医学工程 27/57、基础医学 17/97、临床医学 6/108、口腔医学 14/44、公共卫生与预防医学 18/70、中医学 18/41、中西医结合 38/66、药学 26/131、中药学 29/45、护理学 19/63、公共管理 88/206。

优势专业

5★专业：神经病学 2/85、影像医学与核医学 5/96、耳鼻咽喉科学 4/75。

5★-专业：神经生物学 5/66、内科学 7/97、老年医学 6/59、外科学 10/96、眼科学 5/78。

4★专业：生物化学与分子生物学 38/204、人体解剖与组织胚胎学 13/87、免疫学 16/86、病原生物学 13/86、病理学与病理生理学 15/91、精神病与精神卫生学 7/59、皮肤病与性病学 14/72、临床检验诊断学 11/93、妇产科学 13/87、肿瘤学 16/88、康复医学与理疗学 9/63、麻醉学 10/82、急诊医学 10/71、卫生毒理学 9/49、药学 19/108。

```
通信地址：北京市右安门外西头街10号首都医科大学研招办
邮政编码：100069
电话号码：010-83911050
电子邮箱：heqixun@ccmu.edu.cn
研究生院（部、处）网址：http://yjsh.ccmu.edu.cn/
```

10010 北京化工大学

在中国普通高校研究生教育竞争力排行榜中的名次：总排名65/507，北京市内排名12/51，理工类排名32/158。

共22个一级学科（学术学位）参评，其中5★+学科0个，5★学科0个，5★-学科1个，4★学科3个，学科优秀率为18.18%。

学科门类数

哲学 118/154、法学 191/351、理学 42/368、工学 46/365、医学 131/182、管理学 107/374。

一级学科排名

哲学 125/154、法学 149/188、马克思主义理论 199/328、数学 75/243、物理学 45/166、化学 24/188、力学 70/102、机械工程 54/205、材料科学与工程 29/202、动力工程及工程热物理 29/110、控制科学与工程 41/182、计算机科学与技术 73/262、化学工程与技术 12/194、轻工技术与工程 10/31、环境科学与工程 52/174、软件工程 51/155、安全科学与工程 17/54、管理科学与工程 7/44、药学 52/131、管理科学与工程 74/199、工商管理 89/303、公共管理 121/206。

优势专业

5★专业：化学工艺 6/140、应用化学 6/190、工业催化 6/115。

5★-专业：高分子化学与物理 14/139、化学工程 12/126、生物化工 7/119。

4★专业：无机化学 21/159、分析化学 20/163、有机化学 27/164、物理化学 22/163、材料物理与化学 26/183、材料学 24/186、材料加工工程 23/164、化工过程机械 9/62、检测技术与自动化装置 29/160、制药工程 2/15。

通信地址：北京市朝阳区北三环东路15号北京化工大学研招办
邮政编码：100029
电话号码：010-64435655
电子邮箱：yzb@mail.buct.edu.cn
研究生院（部、处）网址：http://www.buct.edu.cn

10013　北京邮电大学

在中国普通高校研究生教育竞争力排行榜中的名次：总排名69/507，北京市内排名13/51，理工类排名35/158。

共21个一级学科（学术学位）参评，其中5★+学科0个，5★学科2个，5★-学科3个，4★学科0个，学科优秀率为23.81%。

学科门类数

哲学 112/154、经济学 130/261、法学 218/351、文学 136/271、理学 144/368、工学 40/365、管理学 104/374、艺术学 173/198。

一级学科排名

哲学 118/154、应用经济学 114/244、法学 171/188、马克思主义理论 245/328、外国语言文学 114/221、新闻传播学 55/98、数学 82/243、物理学 41/166、机械工程 60/205、光学工程 28/78、电子科学与技术 8/119、信息与通信工程 6/169、控制科学与工程 48/182、计算机科学与技术 10/262、生物医学工程 43/57、软件工程 12/155、网络空间安全 15/29、管理科学与工程 3/44、工商管理 108/303、公共管理 113/206、设计学 94/134。

优势专业

5★专业：电路与系统 4/99、通信与信息系统 4/144、信号与信息处理 8/150、计算机系统结构 9/172、计算机应用技术 14/258。

5★-专业：物理电子学 8/89、计算机软件与理论 14/198、信息安全 3/8。

4★专业：教育技术学 7/44、微电子学与固体电子学 11/88、电磁场与微波技术 12/73。

通信地址：北京市西土城路10号北京邮电大学研究生院
邮政编码：100876
电话号码：010-62285173
电子邮箱：yzb@bupt.edu.cn
研究生院（部、处）网址：http://yzb.bupt.edu.cn/

10023　北京协和医学院

在中国普通高校研究生教育竞争力排行榜中的名次：总排名70/507，北京市内排名14/51，医药类排名2/69。

共14个一级学科（学术学位）参评，其中5★+学科0个，5★学科1个，5★-学科3个，4★学科2个，学科优秀率为42.86%。

学科门类数

哲学 146/154、理学 62/368、工学 188/365、医学 7/182、管理学 307/374。

一级学科排名

哲学 147/154、生物学 17/224、基础医学 3/15、生物医学工程 7/57、基础医学 4/97、临床医学 9/108、公共卫生与预防医学 17/70、中西医结合 46/66、药学 10/131、中药学 26/45、护理学 16/63、生物医学工程 9/13、公共管理 200/206、图书情报与档案管理 55/56。

优势专业

5★专业：免疫学 2/86、病原生物学 3/86、内科学 5/97、皮肤病与性病学 3/72、临床检验诊断学 3/93、肿瘤学 4/88。

5★-专业：微生物学 17/167、遗传学 14/137、细胞生物学 10/138、生物化学与分子生物学 16/204、病理学与病理生理学 9/91、影像医学与核医学 8/96、外科学 7/96、麻醉学 5/82、流行病与卫生统计学 4/64、药物化学 11/110、生药学 7/78、微生物与生化药学 6/72、药理学 10/108。

4★专业：生理学 14/104、人体解剖与组织胚胎学 16/87、儿科学 13/84、神经病学 16/85、妇产科学 10/87、药剂学 16/95、药物分析学 18/95。

通信地址：北京市东城区东单三条9号北京协和医学院研究生院
邮政编码：100730
电话号码：010-69155957
电子邮箱：gruduate@pumc.edu.cn
研究生院（部、处）网址：http://info.pumc.edu.cn/yanzhao

10034　中央财经大学

在中国普通高校研究生教育竞争力排行榜中的名次：总排名76/507，北京市内排名15/51，财经类排名1/34。

共11个一级学科（学术学位）参评，其中5★+学科0个，5★学科2个，5★-学科1个，4★学科2个，学科优秀率为45.45%。

学科门类数

哲学 150/154、经济学 7/261、法学 45/351、文学 160/271、理学 251/368、管理学 54/374。

一级学科排名

哲学 150/154、理论经济学 17/115、应用经济学 5/244、法学 47/188、社会学 36/88、马克思主义理论 22/328、中国语言文学 123/170、统计学 4/116、管理科学与工程 59/199、工商管理 32/303、公共管理 51/206。

优势专业

5★专业：区域经济学 9/175、财政学 3/88、金融学 4/188、劳动经济学 3/82、马克思主义中国化研究 8/250、会计学 11/259。

5★-专业：国民经济学 9/91、产业经济学 15/204、国际贸易学 12/168。

4★专业：政治经济学 11/96、经济史 8/40、世界经济 14/82、数量经济学 16/113、国防经济 3/20、企业管理 33/293、技术经济及管理 33/224。

通信地址：北京市海淀区学院南路39号中央财经大学研招办
邮政编码：100081
电话号码：010-62288344
电子邮箱：yjs@cufe.edu.cn
研究生院（部、处）网址：http://gs.cufe.edu.cn/

10028 首都师范大学

在中国普通高校研究生教育竞争力排行榜中的名次：总排名80/507，北京市内排名16/51，师范类排名8/59。

共32个一级学科（学术学位）参评，其中5★+学科0个，5★学科1个，5★-学科3个，4★学科5个，学科优秀率为28.13%。

学科门类数

哲学37/154、法学60/351、教育学26/193、文学29/271、历史学14/116、理学55/368、工学204/365、管理学197/374、艺术学24/198。

一级学科排名

哲学38/154、法学124/188、政治学68/104、马克思主义理论14/328、教育学22/140、心理学24/97、中国语言文学14/170、外国语言文学37/221、考古学16/40、中国史13/113、世界史7/67、数学28/243、物理学77/166、化学106/188、地理学15/82、地质学36/40、生物学58/224、科学技术史18/22、生态学75/111、统计学52/116、材料科学与工程166/202、信息与通信工程146/169、计算机科学与技术100/262、水利工程58/63、测绘科学与技术41/50、环境科学与工程121/174、软件工程83/155、工商管理269/303、公共管理85/206、音乐与舞蹈学17/82、美术学10/115、设计学83/134。

优势专业

5★专业：思想政治教育13/302、中国古代文学8/159。

5★-专业：马克思主义基本原理20/267、课程与教学论7/98、少年儿童组织与思想意识教育4/21、基础数学16/189。

4★专业：马克思主义中国化研究28/250、教育学原理15/89、学前教育学10/54、教育技术学14/71、文艺学18/153、汉语言文字学17/133、中国现当代文学26/148、比较文学与世界文学22/127、俄语语言文学10/64、外国语言学及应用语言学32/196、应用数学43/238、数学教育3/6、地图学与地理信息系统11/73。

通信地址：北京市西三环北路105号首都师范大学研招办
邮政编码：100048
电话号码：010-68902658
电子邮箱：cnuyzb@126.com
研究生院（部、处）网址：http://grad.cnu.edu.cn/index.htm

11415 中国地质大学（北京）

在中国普通高校研究生教育竞争力排行榜中的名次：总排名82/507，北京市内排名17/51，理工类排名39/158。

共29个一级学科（学术学位）参评，其中5★+学科0个，5★学科2个，5★-学科0个，4★学科4个，学科优秀率为20.69%。

学科门类数

经济学99/261、法学113/351、教育学146/193、文学165/271、理学36/368、工学61/365、管理学75/374、艺术学127/198。

一级学科排名

应用经济学79/244、法学141/188、马克思主义理论48/328、心理学71/97、体育学78/117、外国语言文学142/221、数学203/243、物理学115/166、化学105/188、海洋科学14/30、地球物理学7/22、地质学1/40、机械工程106/205、材料科学与工程70/202、信息与通信工程90/169、控制科学与工程137/182、计算机科学与技术121/262、土木工程30/153、水利工程22/63、测绘科学与技术9/50、地质资源与地质工程1/46、石油与天然气工程6/17、环境科学与工程49/174、软件工程66/155、安全科学与工程15/54、管理科学与工程72/199、工商管理114/303、公共管理35/206、设计学38/134。

优势专业

5★专业：矿物学、岩石学、矿床学1/33、构造地质学1/29、矿产普查与勘探1/38。

5★-专业：思想政治教育31/302、地球化学2/29、古生物学与地层学2/28、地质工程4/43。

4★专业：岩土工程23/131、市政工程16/99、防灾减灾工程及防护工程23/115、地图制图学与地理信息工程8/44、地球探测与信息技术4/35、土地资源管理17/105。

通信地址：北京市海淀区学院路29号中国地质大学（北京）研究生院
邮政编码：100083
电话号码：010-82321924
电子邮箱：yolong@cugb.edu.cn
研究生院（部、处）网址：www.cugb.edu.cn/graduate.action

11414 中国石油大学（北京）

在中国普通高校研究生教育竞争力排行榜中的名次：总排名85/507，北京市内排名18/51，理工类排名41/158。

共27个一级学科（学术学位）参评，其中5★+学科0个，5★学科0个，5★-学科2个，4★学科2个，学科优秀率为14.81%。

学科门类数

哲学122/154、经济学134/261、法学198/351、教育学167/193、文学177/271、理学92/368、工学54/365、管理学180/374。

一级学科排名

哲学114/154、应用经济学151/244、政治学71/104、马克思主义理论184/328、教育学119/140、外国语言文学

143/221、数学 162/243、物理学 104/166、化学 80/188、地球物理学 10/22、地质学 15/40、环境科学与工程 23/51、力学 41/102、机械工程 97/205、光学工程 48/78、材料科学与工程 54/202、动力工程及工程热物理 37/110、信息与通信工程 113/169、控制科学与工程 63/182、计算机科学与技术 162/262、化学工程与技术 15/194、地质资源与地质工程 6/46、石油与天然气工程 1/17、环境科学与工程 113/174、安全科学与工程 11/54、管理科学与工程 68/199、工商管理 156/303。

优势专业

5★专业：化学工程 6/126、矿产普查与勘探 2/38。

5★-专业：工业催化 10/115、地球探测与信息技术 2/35、油气井工程 1/12、油气储运工程 1/11。

4★专业：化学工艺 22/140、生物化工 20/119、应用化学 21/190、地质工程 6/43、油气田开发工程 2/13。

通信地址：北京市昌平区中国石油大学（北京）研究生院
邮政编码：102200
电话号码：010-89733075
电子邮箱：sdyzb@cup.edu.cn
研究生院（部、处）网址：www.cup.edu.cn/graduate/

10054　华北电力大学

在中国普通高校研究生教育竞争力排行榜中的名次：总排名 90/507，北京市内排名 19/51，理工类排名 43/158。

共 24 个一级学科（学术学位）参评，其中 5★+学科 0 个，5★学科 0 个，5★-学科 1 个，4★学科 3 个，学科优秀率为 16.67%。

学科门类数

经济学 150/261、法学 253/351、文学 246/271、理学 195/368、工学 49/365、管理学 83/374。

一级学科排名

应用经济学 117/244、法学 172/188、马克思主义理论 298/328、外国语言文学 168/221、数学 87/243、物理学 71/166、机械工程 86/205、材料科学与工程 100/202、动力工程及工程热物理 13/110、电气工程 9/100、电子科学与技术 48/119、信息与通信工程 57/169、控制科学与工程 40/182、计算机科学与技术 69/262、土木工程 104/153、水利工程 21/63、化学工程与技术 133/194、核科学与技术 12/19、农业工程 32/47、环境科学与工程 56/174、管理科学与工程 8/44、管理科学与工程 50/199、工商管理 51/303、公共管理 152/206。

优势专业

5★-专业：电力系统及其自动化 7/84、电力电子与电力传动 9/93。

4★专业：热能工程 12/77、制冷及低温工程 11/58、电工理论与新技术 10/73、控制理论与控制工程 30/170、技术经济及管理 24/224。

通信地址：北京市昌平区回龙观北农路2号华北电力大学研招办
邮政编码：102206
电话号码：010-61773961
电子邮箱：yanzhaoban@ncepu.edu.cn
研究生院（部、处）网址：http://yjsy.ncepu.edu.cn/

10022　北京林业大学

在中国普通高校研究生教育竞争力排行榜中的名次：总排名 101/507，北京市内排名 20/51，农林类排名 6/37。

共 30 个一级学科（学术学位）参评，其中 5★+学科 0 个，5★学科 2 个，5★-学科 1 个，4★学科 4 个，学科优秀率为 23.33%。

学科门类数

哲学 126/154、经济学 161/261、法学 271/351、教育学 178/193、文学 159/271、理学 80/368、工学 95/365、农学 13/100、管理学 87/374、艺术学 157/198。

一级学科排名

哲学 130/154、应用经济学 178/244、统计学 25/46、法学 159/188、马克思主义理论 211/328、心理学 82/97、外国语言文学 135/221、数学 148/243、地理学 17/82、生物学 28/224、生态学 6/111、机械工程 70/205、计算机科学与技术 164/262、建筑学 39/57、土木工程 119/153、林业工程 1/13、环境科学与工程 44/174、食品科学与工程 46/92、城乡规划学 18/51、风景园林学 7/54、软件工程 48/155、管理科学与工程 10/44、农业资源与环境 12/39、林学 1/44、草学 4/28、管理科学与工程 165/199、工商管理 158/303、农林经济管理 7/51、公共管理 182/206、设计学 67/134。

优势专业

5★专业：林木遗传育种 1/25、森林培育 1/28、森林经理学 1/22、园林植物与观赏园艺 1/26、水土保持与荒漠化防治 1/31。

5★-专业：植物学 11/141、木材科学与技术 1/12、林产化学加工工程 1/11、森林保护学 2/23、野生动植物保护与利用 2/22。

4★专业：自然地理学 13/67、微生物学 23/167、细胞生物学 18/138、农产品加工及贮藏工程 12/67、林业经济管理 5/27。

通信地址：北京市海淀区清华东路35号北京林业大学研究生院
邮政编码：100083
电话号码：010-62338214
电子邮箱：yzb@bjfu.edu.cn
研究生院（部、处）网址：http://graduate.bjfu.edu.cn/

11413　中国矿业大学（北京）

在中国普通高校研究生教育竞争力排行榜中的名次：总排名 115/507，北京市内排名 21/51，理工类排名 50/158。

共 38 个一级学科（学术学位）参评，其中 5★+学科 0

个，5★学科0个，5★-学科0个，4★学科2个，学科优秀率为5.26%。

学科门类数

经济学 186/261、法学 133/351、教育学 171/193、文学 185/271、理学 142/368、工学 52/365、管理学 70/374、艺术学 172/198。

一级学科排名

应用经济学 169/244、法学 167/188、马克思主义理论 69/328、体育学 88/117、外国语言文学 128/221、数学 98/243、物理学 162/166、化学 173/188、地理学 74/82、地球物理学 21/22、地质学 24/40、统计学 97/116、环境科学与工程 32/51、力学 37/102、机械工程 63/205、仪器科学与技术 70/75、材料科学与工程 141/202、动力工程及工程热物理 90/110、电气工程 56/100、电子科学与技术 111/119、信息与通信工程 85/169、控制科学与工程 96/182、计算机科学与技术 99/262、土木工程 31/153、水利工程 31/63、测绘科学与技术 13/50、化学工程与技术 42/194、地质资源与地质工程 21/46、矿业工程 7/32、环境科学与工程 50/174、城乡规划学 45/51、软件工程 82/155、安全科学与工程 16/54、管理科学与工程 28/44、管理科学与工程 29/199、工商管理 131/303、公共管理 43/206、设计学 97/134。

优势专业

5★-专业：思想政治教育 23/302。

4★专业：机械设计及理论 34/191、岩土工程 15/131、土地资源管理 20/105。

通信地址：北京市海淀区学院路丁11号中国矿业大学（北京）研究生院
邮政编码：100083
电话号码：010-62331208
电子邮箱：lbs@cumtb.edu.cn
研究生院（部、处）网址：http://yjs.cumtb.edu.cn/

10053　中国政法大学

在中国普通高校研究生教育竞争力排行榜中的名次：总排名122/507，北京市内排名22/51，文法类排名2/22。

共12个一级学科（学术学位）参评，其中5★+学科0个，5★学科1个，5★-学科0个，4★学科2个，学科优秀率为25%。

学科门类数

哲学 51/154、经济学 98/261、法学 6/351、教育学 148/193、文学 127/271、管理学 144/374。

一级学科排名

哲学 50/154、理论经济学 35/115、应用经济学 184/244、法学 4/188、政治学 20/104、社会学 37/88、马克思主义理论 51/328、心理学 62/97、外国语言文学 124/221、新闻传播学 47/98、工商管理 206/303、公共管理 93/206。

优势专业

5★+专业：民商法学 2/151。

5★专业：法学理论 5/111、宪法学与行政法学 2/131、刑法学 5/113、诉讼法学 3/108、经济法学 5/129、国际法学 4/105。

5★-专业：法律史 5/61、环境与资源保护法学 5/77。

4★专业：军事法学 2/6。

通信地址：北京市海淀区西土城路25号中国政法大学研招办
邮政编码：100088
电话号码：010-58908070
电子邮箱：zfyz@cupl.edu.cn
研究生院（部、处）网址：http://yjsy.cupl.edu.cn/

10052　中央民族大学

在中国普通高校研究生教育竞争力排行榜中的名次：总排名132/507，北京市内排名23/51，民族类排名1/12。

共25个一级学科（学术学位）参评，其中5★+学科0个，5★学科1个，5★-学科1个，4★学科3个，学科优秀率为20%。

学科门类数

哲学 32/154、经济学 108/261、法学 9/351、教育学 69/193、文学 26/271、历史学 22/116、理学 226/368、工学 287/365、医学 126/182、管理学 168/374、艺术学 87/198。

一级学科排名

哲学 36/154、理论经济学 51/115、应用经济学 133/244、法学 52/188、政治学 50/104、社会学 15/88、民族学 1/41、马克思主义理论 225/328、教育学 55/140、中国语言文学 21/170、新闻传播学 25/98、考古学 15/40、中国史 23/113、世界史 38/67、数学 179/243、生物学 161/224、生态学 43/111、统计学 61/116、计算机科学与技术 127/262、软件工程 96/155、中药学 12/45、工商管理 142/303、公共管理 97/206、音乐与舞蹈学 8/82、美术学 29/115。

优势专业

5★专业：民族学 1/34、马克思主义民族理论与政策 1/26、中国少数民族经济 1/28、中国少数民族史 1/29、中国少数民族艺术 1/23、中国少数民族语言文学 1/41。

5★-专业：语言学及应用语言学 9/135。

4★专业：宗教学 10/55、民俗学 5/41、比较文学与世界文学 15/127。

通信地址：北京市中关村南大街27号中央民族大学研招办
邮政编码：100081
电话号码：010-68932544
电子邮箱：yjs@muc.edu.cn
研究生院（部、处）网址：http://grs.muc.edu.cn/

10036　对外经济贸易大学

在中国普通高校研究生教育竞争力排行榜中的名次：总排名133/507，北京市内排名24/51，财经类排名5/34。

共8个一级学科（学术学位）参评，其中5★+学科0个，5★学科2个，5★-学科2个，4★学科2个，学科优秀率为**75%**。

学科门类数

经济学 6/261、法学 43/351、文学 57/271、理学 362/368、管理学 71/374。

一级学科排名

理论经济学 12/115、应用经济学 3/244、法学 25/188、政治学 45/104、外国语言文学 20/221、统计学 58/116、工商管理 14/303、公共管理 32/206。

优势专业

5★+专业：国际贸易学 2/168。

5★专业：国民经济学 4/91、金融学 5/188、产业经济学 6/204、会计学 6/259、企业管理 7/293、技术经济及管理 6/224。

5★-专业：西方经济学 6/84、区域经济学 10/175、财政学 9/88、劳动经济学 5/82、数量经济学 8/113、外国语言学及应用语言学 20/196。

4★专业：世界经济 10/82、统计学 4/36、法学理论 18/111、民商法学 27/151、经济法学 21/129、国际法学 12/105、行政管理 30/166。

通信地址：北京市朝阳区惠新东街10号对外经济贸易大学研究生处
邮政编码：100029
电话号码：010-64492151
电子邮箱：yzb@uibe.edu.cn
研究生院（部、处）网址：http://yjsy.uibe.edu.cn/index.do

10026　北京中医药大学

在中国普通高校研究生教育竞争力排行榜中的名次：总排名144/507，北京市内排名25/51，医药类排名11/69。

共5个一级学科（学术学位）参评，其中5★+学科0个，5★学科3个，5★-学科0个，4★学科0个，学科优秀率为**60%**。

学科门类数

医学 27/182、管理学 315/374。

一级学科排名

中医学 2/41、中西医结合 1/66、药学 44/131、中药学 1/45、公共管理 144/206。

优势专业

5★专业：中医基础理论 1/30、中医临床基础 1/29、中西医结合基础 1/41、中西医结合临床 2/61、药物分析学 5/95。

5★-专业：中医医史文献 2/27、方剂学 2/28、中医诊断学 2/25、中医内科学 2/36、中医外科学 2/28、中医骨伤科学 2/24、中医妇科学 2/26、针灸推拿学 2/31、民族医学（含：藏医学、蒙医学等）1/13、微生物与生化药学 5/72。

通信地址：北京市朝阳区北三环东路11号北京中医药大学研招办
邮政编码：100029
电话号码：010-64286502
电子邮箱：bjcmyzb@163.com
研究生院（部、处）网址：http://yanjiusheng.bucm.edu.cn/

10043　北京体育大学

在中国普通高校研究生教育竞争力排行榜中的名次：总排名157/507，北京市内排名26/51，体育类排名1/13。

共5个一级学科（学术学位）参评，其中5★+学科0个，5★学科1个，5★-学科0个，4★学科0个，学科优秀率为**20%**。

学科门类数

法学 284/351、教育学 7/193、医学 167/182、管理学 355/374。

一级学科排名

马克思主义理论 219/328、心理学 39/97、体育学 2/117、临床医学 103/108、公共管理 201/206。

优势专业

5★+专业：体育人文社会学 1/78、运动人体科学 1/67、体育教育训练学 1/106。

5★专业：民族传统体育学 2/63。

通信地址：北京市海淀区信息路48号北京体育大学研究生处
邮政编码：100084
电话号码：010-62989361
电子邮箱：grs@bsu.edu.cn
研究生院（部、处）网址：http://grs.bsu.edu.cn/

10033　中国传媒大学

在中国普通高校研究生教育竞争力排行榜中的名次：总排名162/507，北京市内排名27/51，文法类排名3/22。

共19个一级学科（学术学位）参评，其中5★+学科1个，5★学科1个，5★-学科0个，4★学科2个，学科优秀率为**21.05%**。

学科门类数

经济学 252/261、法学 222/351、文学 7/271、理学 363/368、工学 215/365、管理学 227/374、艺术学 3/198。

一级学科排名

应用经济学 236/244、政治学 53/104、马克思主义理论 251/328、中国语言文学 46/170、外国语言文学 131/221、新闻传播学 1/98、数学 237/243、电子科学与技术 84/119、信息与通信工程 32/169、计算机科学与技术 107/262、软件工程 155/155、管理科学与工程 170/199、工商管理 259/303、公共管理 203/206、艺术学理论 12/63、音乐与舞蹈学 23/82、戏剧与影视学 2/63、美术学 28/115、设计学 50/134。

优势专业

5★+专业：传播学 1/93。

5★-专业：文艺学 16/153、新闻学 8/85。

4★专业：语言学及应用语言学 27/135。

通信地址：北京市朝阳区定福庄东街1号中国传媒大学研招办
邮政编码：100024
电话号码：010-65779227
电子邮箱：cucyzb@cuc.edu.cn
研究生院（部、处）网址：http://yz.cuc.edu.cn/

10030 北京外国语大学

在中国普通高校研究生教育竞争力排行榜中的名次：总排名234/507，北京市内排名28/51，文法类排名6/22。

共6个一级学科（学术学位）参评，其中5★+学科0个，5★学科1个，5★-学科0个，4★学科0个，学科优秀率为16.67%。

学科门类数
法学 123/351、文学 11/271、管理学 308/374。

一级学科排名
法学 138/188、政治学 30/104、中国语言文学 60/170、外国语言文学 4/221、新闻传播学 61/98、管理科学与工程 100/199。

优势专业
5★专业：英语语言文学 5/186、日语语言文学 5/112、外国语言学及应用语言学 3/196。

5★-专业：俄语语言文学 5/64、欧洲语言文学 1/10。

4★专业：知识产权法 6/8、语言学及应用语言学 24/135、法语语言文学 4/38、德语语言文学 5/36、亚非语言文学 4/32。

通信地址：北京市海淀区西三环北路2号北京外国语大学研招办
邮政编码：100089
电话号码：010-88816246
电子邮箱：yzb@bfsu.edu.cn
研究生院（部、处）网址：https://graduate.bfsu.edu.cn/

10038 首都经济贸易大学

在中国普通高校研究生教育竞争力排行榜中的名次：总排名239/507，北京市内排名29/51，财经类排名9/34。

共11个一级学科（学术学位）参评，其中5★+学科0个，5★学科0个，5★-学科1个，4★学科1个，学科优秀率为18.18%。

学科门类数
经济学 30/261、法学 167/351、文学 207/271、理学 281/368、工学 359/365、管理学 38/374。

一级学科排名
理论经济学 40/115、应用经济学 29/244、统计学 13/46、法学 74/188、马克思主义理论 269/328、外国语言文学 141/221、统计学 45/116、安全科学与工程 41/54、管理科学与工程 71/199、工商管理 23/303、公共管理 46/206。

优势专业
5★-专业：会计学 22/259。

4★专业：国民经济学 18/91、区域经济学 30/175、财政学 14/88、金融学 35/188、产业经济学 34/204、国际贸易学 30/168、劳动经济学 10/82、数量经济学 21/113、企业管理 45/293。

通信地址：北京市丰台区花乡张家路口121号首都经济贸易大学研究生院
邮政编码：100070
电话号码：010-83951590
电子邮箱：yjsb@cueb.edu.cn
研究生院（部、处）网址：http://yjs.cueb.edu.cn/

10011 北京工商大学

在中国普通高校研究生教育竞争力排行榜中的名次：总排名251/507，北京市内排名30/51，财经类排名11/34。

共19个一级学科（学术学位）参评。

学科门类数
经济学 88/261、法学 173/351、文学 193/271、理学 313/368、工学 193/365、管理学 143/374。

一级学科排名
理论经济学 96/115、应用经济学 73/244、统计学 26/46、法学 89/188、马克思主义理论 270/328、新闻传播学 71/98、统计学 31/116、材料科学与工程 3/7、机械工程 193/205、材料科学与工程 171/202、控制科学与工程 169/182、计算机科学与技术 192/262、化学工程与技术 127/194、轻工技术与工程 29/31、环境科学与工程 153/174、食品科学与工程 28/92、管理科学与工程 38/44、管理科学与工程 161/199、工商管理 67/303。

优势专业
5★-专业：材料物理与化学 1/6。

通信地址：北京市海淀区阜成路33号北京工商大学研招办
邮政编码：100048
电话号码：010-68987086
电子邮箱：yzb@btbu.edu.cn
研究生院（部、处）网址：http://www.btbu.edu.cn/zsjy/yjszs2/index.htm

10047 中央美术学院

在中国普通高校研究生教育竞争力排行榜中的名次：总排名257/507，北京市内排名31/51，艺术类排名1/27。

共6个一级学科（学术学位）参评，其中5★+学科1个，5★学科2个，5★-学科0个，4★学科0个，学科优秀率为50%。

学科门类数
工学 365/365、艺术学 1/198。

一级学科排名
建筑学 57/57、城乡规划学 51/51、风景园林学 54/54、艺术学理论 3/63、美术学 1/115、设计学 5/134。

> 通信地址：北京市朝阳区花家地南街8号中央美术学院研招办
> 邮政编码：100102
> 电话号码：010-64771056
> 电子邮箱：graduate@cafa.edu.cn
> 研究生院（部、处）网址：www.cafa.edu.cn/info/?c=803

10032　北京语言大学

在中国普通高校研究生教育竞争力排行榜中的名次：总排名268/507，北京市内排名32/51，文法类排名9/22。

共8个一级学科（学术学位）参评，其中5★+学科0个，5★学科0个，5★-学科1个，4★学科1个，学科优秀率为25%。

学科门类数
法学 229/351、教育学 181/193、文学 30/271、历史学 114/116、工学 356/365。

一级学科排名
政治学 87/104、马克思主义理论 316/328、教育学 138/140、心理学 94/97、中国语言文学 11/170、外国语言文学 25/221、中国史 109/113、计算机科学与技术 217/262。

优势专业
5★-专业：语言学及应用语言学 8/135、外国语言学及应用语言学 14/196。

4★专业：汉语言文字学 19/133、中国古代文学 29/159、比较文学与世界文学 18/127、英语语言文学 35/186。

> 通信地址：北京市海淀区学院路15号北京语言大学研招办
> 邮政编码：100083
> 电话号码：010-82303470
> 电子邮箱：yzb@blcu.edu.cn
> 研究生院（部、处）网址：http://yjsy.blcu.edu.cn/

10045　中央音乐学院

在中国普通高校研究生教育竞争力排行榜中的名次：总排名285/507，北京市内排名33/51，艺术类排名4/27。

共1个一级学科（学术学位）参评，其中5★+学科0个，5★学科1个，5★-学科0个，4★学科0个，学科优秀率为100%。

学科门类数
艺术学 8/198。

一级学科排名
音乐与舞蹈学 2/82。

> 通信地址：北京市西城区鲍家街43号中央音乐学院研究生处
> 邮政编码：100031
> 电话号码：010-66425586
> 电子邮箱：yjsc@ccom.edu.cn
> 研究生院（部、处）网址：http://www.ccom.edu.cn/szc/jfjg/yjsb/ggl/

10046　中国音乐学院

在中国普通高校研究生教育竞争力排行榜中的名次：总排名307/507，北京市内排名34/51，艺术类排名6/27。

共1个一级学科（学术学位）参评，其中5★+学科1个，5★学科0个，5★-学科0个，4★学科0个，学科优秀率为100%。

学科门类数
艺术学 69/198。

一级学科排名
音乐与舞蹈学 1/82。

> 通信地址：北京市朝阳区安翔路一号中国音乐学院研招办
> 邮政编码：100101
> 电话号码：010-64887101
> 电子邮箱：yzb@ccmusic.edu.cn
> 研究生院（部、处）网址：http://www.ccmusic.edu.cn/subsite/yjsy/

10009　北方工业大学

在中国普通高校研究生教育竞争力排行榜中的名次：总排名316/507，北京市内排名35/51，理工类排名115/158。

共18个一级学科（学术学位）参评。

学科门类数
经济学 179/261、法学 181/351、文学 221/271、理学 320/368、工学 220/365、管理学 223/374、艺术学 194/198。

一级学科排名
应用经济学 162/244、法学 108/188、马克思主义理论 241/328、外国语言文学 147/221、数学 177/243、机械工程 153/205、电气工程 83/100、电子科学与技术 98/119、信息与通信工程 134/169、控制科学与工程 77/182、计算机科学与技术 118/262、建筑学 50/57、土木工程 128/153、城乡规划学 43/51、风景园林学 43/54、软件工程 151/155、工商管理 153/303、设计学 124/134。

> 通信地址：北京市石景山区晋元庄路5号北方工业大学研招办
> 邮政编码：100144
> 电话号码：010-88803523
> 电子邮箱：yjs@ncut.edu.cn
> 研究生院（部、处）网址：http://yjsy.ncut.edu.cn/

10040　外交学院

在中国普通高校研究生教育竞争力排行榜中的名次：总排名337/507，北京市内排名36/51，文法类排名11/22。

共4个一级学科（学术学位）参评，其中5★+学科0个，5★学科0个，5★-学科0个，4★学科1个，学科优秀率为25%。

学科门类数
经济学 231/261、法学 51/351、文学 187/271。

一级学科排名
理论经济学 92/115、法学 179/188、政治学 16/104、

外国语言文学 95/221。

优势专业

4★专业：国际政治 8/61、国际关系 8/54。

```
通信地址：北京市西城区展览馆路 24 号外交学院研究生处
邮政编码：100037
电话号码：010-68323297
电子邮箱：yzhb@cfau.edu.cn
研究生院（部、处）网址：http://yjsb.cfau.edu.cn/
```

10048　中央戏剧学院

在中国普通高校研究生教育竞争力排行榜中的名次：总排名 344/507，北京市内排名 37/51，艺术类排名 7/27。

共 2 个一级学科（学术学位）参评，其中 5★+学科 0 个，5★学科 0 个，5★-学科 1 个，4★学科 0 个，学科优秀率为 50%。

学科门类数

艺术学 9/198。

一级学科排名

艺术学理论 16/63、戏剧与影视学 4/63。

```
通信地址：北京市东城区东棉花胡同 39 号中央戏剧学院研招办
邮政编码：100710
电话号码：010-56620342
电子邮箱：zhongxiyjs@zhongxi.cn
研究生院（部、处）网址：http://web.zhongxi.cn/jyjx/yjs/
```

10041　中国人民公安大学

在中国普通高校研究生教育竞争力排行榜中的名次：总排名 353/507，北京市内排名 38/51，文法类排名 13/22。

共 1 个一级学科（学术学位）参评。

学科门类数

法学 56/351、工学 336/365。

一级学科排名

法学 40/188。

```
通信地址：北京市西城区木樨地南里甲一号中国人民公安大学研招办
邮政编码：100038
电话号码：010-83903086
电子邮箱：yzb_cppsu@sina.com
研究生院（部、处）网址：http://www.ppsuc.edu.cn/zzjg/xzbm2.htm
```

10016　北京建筑大学

在中国普通高校研究生教育竞争力排行榜中的名次：总排名 360/507，北京市内排名 39/51，理工类排名 132/158。

共 12 个一级学科（学术学位）参评。

学科门类数

理学 324/368、工学 213/365、管理学 251/374、艺术学 145/198。

一级学科排名

数学 192/243、控制科学与工程 150/182、建筑学 36/57、土木工程 77/153、测绘科学与技术 33/50、交通运输工程 45/62、环境科学与工程 106/174、城乡规划学 37/51、风景园林学 42/54、管理科学与工程 154/199、工商管理 262/303、设计学 71/134。

```
通信地址：北京市西城区展览馆路 1 号北京建筑大学研招办
邮政编码：100044
电话号码：010-68322241
电子邮箱：yjs@bucea.edu.cn
研究生院（部、处）网址：http://yjsc.bucea.edu.cn/
```

11232　北京信息科技大学

在中国普通高校研究生教育竞争力排行榜中的名次：总排名 363/507，北京市内排名 40/51，理工类排名 134/158。

共 12 个一级学科（学术学位）参评。

学科门类数

经济学 216/261、法学 315/351、理学 342/368、工学 256/365、管理学 212/374。

一级学科排名

应用经济学 212/244、马克思主义理论 229/328、数学 193/243、机械工程 157/205、光学工程 76/78、仪器科学与技术 56/75、电子科学与技术 108/119、信息与通信工程 148/169、控制科学与工程 147/182、计算机科学与技术 126/262、管理科学与工程 134/199、工商管理 202/303。

```
通信地址：北京市海淀区清河小营东路 12 号北京信息科技大学研招办
邮政编码：100192
电话号码：010-62843704
电子邮箱：yzb@bistu.edu.cn
研究生院（部、处）网址：http://www.bistu.edu.cn/zsjy/yjs/
```

11417　北京联合大学

在中国普通高校研究生教育竞争力排行榜中的名次：总排名 373/507，北京市内排名 41/51，综合类排名 66/76。

共 6 个一级学科（学术学位）参评。

学科门类数

历史学 71/116、工学 279/365、管理学 189/374。

一级学科排名

考古学 30/40、中国史 91/113、计算机科学与技术 149/262、食品科学与工程 70/92、软件工程 85/155、工商管理 98/303。

```
通信地址：北京市朝阳区北四环东路 97 号北京联合大学研招办
邮政编码：100101
电话号码：010-64909005
电子邮箱：ldyzb@buu.edu.cn
研究生院（部、处）网址：http://graduate.buu.edu.cn/
```

10050　北京电影学院

在中国普通高校研究生教育竞争力排行榜中的名次：总排名375/507，北京市内排名42/51，艺术类排名10/27。

共3个一级学科（学术学位）参评，其中5★+学科0个，5★学科0个，5★-学科0个，4★学科1个，学科优秀率为33.33%。

学科门类数
艺术学 31/198。

一级学科排名
艺术学理论 21/63、戏剧与影视学 11/63、美术学 27/115。

通信地址：北京市海淀区西土城路4号北京电影学院研招办
邮政编码：100088
电话号码：010-82283407
电子邮箱：liyun@bfa.edu.cn
研究生院（部、处）网址：www.bfa.edu.cn/yx/yjsb/index.htm

10031　北京第二外国语学院

在中国普通高校研究生教育竞争力排行榜中的名次：总排名393/507，北京市内排名43/51，文法类排名15/22。

共5个一级学科（学术学位）参评，其中5★+学科0个，5★学科0个，5★-学科0个，4★学科1个，学科优秀率为20%。

学科门类数
哲学 142/154、经济学 178/261、文学 74/271、管理学 199/374。

一级学科排名
哲学 142/154、应用经济学 171/244、中国语言文学 112/170、外国语言文学 41/221、工商管理 111/303。

通信地址：北京市朝阳区定福庄南里1号北京第二外国语学院研究生处
邮政编码：100024
电话号码：010-65773331
电子邮箱：bisuyjszs@126.com
研究生院（部、处）网址：www.bisu.edu.cn/

10029　首都体育学院

在中国普通高校研究生教育竞争力排行榜中的名次：总排名400/507，北京市内排名44/51，体育类排名7/13。

共2个一级学科（学术学位）参评。

学科门类数
教育学 78/193。

一级学科排名
心理学 95/97、体育学 26/117。

通信地址：北京市北三环西路11号首都体育学院研招办
邮政编码：100088
电话号码：010-82099034
电子邮箱：yjsb@cupes.edu.cn
研究生院（部、处）网址：http://www.cupes.edu.cn/cenep/cupes/

10015　北京印刷学院

在中国普通高校研究生教育竞争力排行榜中的名次：总排名427/507，北京市内排名45/51，理工类排名147/158。

共8个一级学科（学术学位）参评。

学科门类数
文学 137/271、理学 358/368、工学 302/365、管理学 371/374、艺术学 150/198。

一级学科排名
新闻传播学 40/98、科学技术史 13/22、机械工程 192/205、材料科学与工程 172/202、信息与通信工程 109/169、工商管理 301/303、美术学 115/115、设计学 68/134。

通信地址：北京市大兴区兴华大街（二段）1号北京印刷学院研招办
邮政编码：102600
电话号码：010-60261465
电子邮箱：yzb@bigc.edu.cn
研究生院（部、处）网址：http://gs.bigc.edu.cn/index.htm

10051　北京舞蹈学院

在中国普通高校研究生教育竞争力排行榜中的名次：总排名447/507，北京市内排名46/51，艺术类排名17/27。

共1个一级学科（学术学位）参评，其中5★+学科0个，5★学科1个，5★-学科0个，4★学科0个，学科优秀率为100%。

学科门类数
艺术学 84/198。

一级学科排名
音乐与舞蹈学 4/82。

通信地址：北京市海淀区万寿寺路1号北京舞蹈学院研招办
邮政编码：100073
电话号码：010-68935749
电子邮箱：yjs@bda.edu.cn
研究生院（部、处）网址：http://yjs.bda.edu.cn/

10042　国际关系学院

在中国普通高校研究生教育竞争力排行榜中的名次：总排名448/507，北京市内排名47/51，文法类排名18/22。

共5个一级学科（学术学位）参评。

学科门类数
经济学 210/261、法学 136/351、文学 238/271、工学

364/365。

一级学科排名

理论经济学 74/115、政治学 28/104、外国语言文学 129/221、信息与通信工程 169/169、化学工程与技术 194/194。

```
通信地址：北京市海淀区坡上村12号国际关系学院研究生处
邮政编码：100091
电话号码：010-62861184
电子邮箱：uiryzb@uir.edu.cn
研究生院（部、处）网址：www.duirap108.uir.cn/
```

10020　北京农学院

在中国普通高校研究生教育竞争力排行榜中的名次：总排名 449/507，北京市内排名 48/51，农林类排名 35/37。

共 7 个一级学科（学术学位）参评。

学科门类数

工学 339/365、农学 57/100、管理学 325/374。

一级学科排名

食品科学与工程 76/92、风景园林学 47/54、作物学 40/46、园艺学 18/39、兽医学 26/41、林学 32/44、农林经济管理 31/51。

```
通信地址：北京市昌平区回龙观镇北农路7号北京农学院研招办
邮政编码：102206
电话号码：010-80799079
电子邮箱：wangyan5984@163.com
研究生院（部、处）网址：http://yz.bua.edu.cn/
```

10012　北京服装学院

在中国普通高校研究生教育竞争力排行榜中的名次：总排名 461/507，北京市内排名 49/51，理工类排名 151/158。

共 9 个一级学科（学术学位）参评。

学科门类数

法学 351/351、工学 316/365、管理学 369/374、艺术学 78/198。

一级学科排名

民族学 41/41、机械工程 205/205、材料科学与工程 201/202、化学工程与技术 193/194、纺织科学与工程 19/20、工商管理 291/303、艺术学理论 36/63、美术学 77/115、设计学 57/134。

```
通信地址：北京市朝阳区樱花东街甲2号北京服装学院研招办
邮政编码：100029
电话号码：010-64288145
电子邮箱：yjs@bift.edu.cn
研究生院（部、处）网址：http://yjs.bift.edu.cn/
```

10037　北京物资学院

在中国普通高校研究生教育竞争力排行榜中的名次：总排名 465/507，北京市内排名 50/51，财经类排名 31/34。

共 5 个一级学科（学术学位）参评。

学科门类数

经济学 155/261、工学 351/365、管理学 213/374。

一级学科排名

应用经济学 124/244、计算机科学与技术 228/262、管理科学与工程 39/44、管理科学与工程 105/199、工商管理 192/303。

```
通信地址：北京市通州区富河大街1号北京物资学院研招办
邮政编码：101149
电话号码：010-89534461
电子邮箱：bwuyjsb@126.com
研究生院（部、处）网址：http://yjsb.bwu.edu.cn/
```

10049　中国戏曲学院

在中国普通高校研究生教育竞争力排行榜中的名次：总排名 483/507，北京市内排名 51/51，艺术类排名 24/27。

共 2 个一级学科（学术学位）参评。

学科门类数

艺术学 187/198。

一级学科排名

音乐与舞蹈学 75/82、戏剧与影视学 15/63。

```
通信地址：北京市丰台区万泉寺400号中国戏曲学院研招办
邮政编码：100073
电话号码：010-63351562
电子邮箱：yzb@nacta.edu.cn
研究生院（部、处）网址：www.nacta.edu.cn/jyjx/yjsjy/index.htm
```

11149　中华女子学院

在中国仅专业硕士招生普通高校研究生教育竞争力排行榜中的名次：总排名 57/66，北京市内排名 5/5，综合类排名 9/11。

共 1 个一级学科（专业学位）参评。

一级学科排名

社会工作（专业学位）24/97。

```
通信地址：北京市朝阳区育慧东路1号中华女子学院研招办
邮政编码：100101
电话号码：010-84659610
电子邮箱：yanzhao@cwu.edu.cn
研究生院（部、处）网址：www.cwu.edu.cn/yjsc/index.htm
```

12453　中国劳动关系学院

在中国仅专业硕士招生普通高校研究生教育竞争力排行榜中的名次：总排名 50/66，北京市内排名 4/5，文法类排名 4/9。

共 1 个一级学科（专业学位）参评。

一级学科排名

公共管理（专业学位）32/137。

```
通信地址：北京市海淀区增光路45号中国劳动关系学院研招办
邮政编码：100048
电话号码：010-88562083
电子邮箱：yjsc@ciir.edu.cn
研究生院（部、处）网址：news.culr.edu.cn/grs/
```

10018　北京电子科技学院

在中国仅专业硕士招生普通高校研究生教育竞争力排行榜中的名次：总排名39/66，北京市内排名3/5，理工类排名18/20。

共1个一级学科（专业学位）参评。

一级学科排名

工程（专业学位）221/380。

```
通信地址：北京市丰台区富丰路7号北京电子科技学院研招办
邮政编码：100070
电话号码：010-83635300
电子邮箱：gr@besti.edu.cn
研究生院（部、处）网址：http://www.besti.edu.cn/
```

11418　北京城市学院

在中国仅专业硕士招生普通高校研究生教育竞争力排行榜中的名次：总排名24/66，北京市内排名2/5，综合类排名2/11。

共4个一级学科（专业学位）参评。

一级学科排名

社会工作（专业学位）33/97、中药学（专业学位）31/41、公共管理（专业学位）91/137、艺术（专业学位）92/199。

```
通信地址：北京市海淀区北四环中路269号北京城市学院研招办
邮政编码：100083
电话号码：010-62321818
电子邮箱：nic@bcu.edu.cn
研究生院（部、处）网址：http://zs.bcu.edu.cn/html/yzw/index.html
```

10017　北京石油化工学院

在中国仅专业硕士招生普通高校研究生教育竞争力排行榜中的名次：总排名14/66，北京市内排名1/5，理工类排名8/20。

共1个一级学科（专业学位）参评。

一级学科排名

工程（专业学位）141/380。

```
通信地址：北京市大兴区黄村清源北路19号北京石油化工学院
         研招办
邮政编码：102617
电话号码：010-81292056
电子邮箱：qiaoxi@bipt.edu.cn
研究生院（部、处）网址：www.bipt.edu.cn/pub/graduate/index.htm
```

江苏省

10284　南京大学

在中国普通高校研究生教育竞争力排行榜中的名次：总排名10/507，江苏省内排名1/30，综合类排名7/76。

共56个一级学科（学术学位）参评，其中5★+学科2个，5★学科15个，5★-学科14个，4★学科8个，学科优秀率为69.64%。

学科门类数

哲学5/154、经济学14/261、法学7/351、教育学37/193、文学2/271、历史学8/116、理学5/368、工学27/365、医学21/182、管理学4/374、艺术学20/198。

一级学科排名

哲学5/154、理论经济学8/115、应用经济学25/244、法学15/188、政治学7/104、社会学3/88、民族学24/41、马克思主义理论10/328、教育学18/140、心理学22/97、体育学87/117、中国语言文学4/170、外国语言文学2/221、新闻传播学6/98、考古学10/40、中国史9/113、世界史1/67、数学12/243、物理学4/166、化学10/188、天文学1/15、地理学7/82、大气科学2/16、海洋科学13/30、地球物理学4/22、地质学2/40、生物学16/224、生态学16/111、基础医学4/15、光学工程12/78、材料科学与工程17/202、动力工程及工程热物理47/110、电子科学与技术10/119、信息与通信工程35/169、控制科学与工程118/182、计算机科学与技术19/262、建筑学12/57、水利工程15/63、测绘科学与技术21/50、化学工程与技术47/194、地质资源与地质工程2/46、环境科学与工程7/174、生物医学工程23/57、城乡规划学7/51、软件工程5/155、基础医学18/97、临床医学24/108、口腔医学16/44、药学12/131、管理科学与工程9/199、工商管理7/303、公共管理8/206、图书情报与档案管理2/56、艺术学理论5/63、戏剧与影视学7/63、美术学62/115。

优势专业

5★+专业：文艺学2/153、中国古典文献学1/101、英语语言文学2/186。

5★专业：外国哲学2/75、伦理学3/92、宗教学2/55、科学技术哲学4/101、产业经济学11/204、民商法学8/151、社会学3/80、马克思主义基本原理5/267、马克思主义发展史4/88、国外马克思主义研究4/83、语言学及应用语言学3/135、汉语言文字学5/133、中国古代文学4/159、中国现当代文学3/148、比较文学与世界文学4/127、法语语言文学2/38、计算数学9/178、应用数学12/238、理论物理6/134、凝聚态物理3/151、光学7/137、无线电物理2/58、无机化学 4/159、分析化学 3/163、有机化学 6/164、物理化学 6/163、人文地理学 3/65、植物学 4/141、动物学 5/126、生理学 5/104、计算机软件与理论 10/198、地质工程 1/43、环境科学 4/149、药剂学 3/95、会计学 8/259、企业管理 5/293、社会保障 4/130、情报学 2/48。

5★-专业：马克思主义哲学 7/104、中国哲学 5/87、政治经济学 6/96、世界经济 8/82、人口、资源与环境经济学 5/86、区域经济学 18/175、金融学 16/188、国际贸易学 10/168、宪法学与行政法学 13/131、经济法学 8/129、环境与资源保护法学 8/77、中共党史 4/60、国际关系 5/54、人口学 3/37、人类学 3/38、马克思主义中国化研究 21/250、高等教育学 9/109、德语语言文学 2/36、亚非语言文学 2/32、外国语言学及应用语言学 17/196、新闻学 5/85、传播学 7/93、运筹学与控制论 13/165、粒子物理与原子核物理 4/56、原子与分子物理 6/75、声学 2/31、高分子化学与物理 9/139、天体物理 1/14、自然地理学 7/67、地图学与地理信息系统 5/73、矿物学、岩石学、矿床学 2/33、地球化学 3/29、构造地质学 3/29、第四纪地质学 2/25、遗传学 9/137、生物化学与分子生物学 12/204、生物物理学 6/72、计算机应用技术 21/258、环境工程 9/156、行政管理 12/166、教育经济与管理 10/131、图书馆学 3/37。

4★专业：逻辑学 7/39、西方经济学 12/84、国民经济学 11/91、数量经济学 13/113、法学理论 17/111、法律史 11/61、刑法学 14/113、诉讼法学 18/108、国际法学 20/105、政治学理论 9/83、中外政治制度 7/59、国际政治 7/61、思想政治教育 56/302、课程与教学论 13/98、俄语语言文学 9/64、日语语言文学 21/112、西班牙语言文学 2/14、基础数学 25/189、概率论与数理统计 23/156、气象学 2/15、大气物理学与大气环境 2/11、海洋地质 2/16、固体地球物理学 3/19、古生物学与地层学 4/28、材料物理与化学 23/183、材料学 22/186、材料加工工程 25/164、物理电子学 13/89、电路与系统 17/99、微电子学与固体电子学 10/88、计算机系统结构 23/172、建筑历史与理论 6/43、水文学及水资源 9/54、摄影测量与遥感 7/38、应用化学 28/190、矿产普查与勘探 5/38、地球探测与信息技术 5/35、人体解剖与组织胚胎学 15/87、免疫学 15/86、儿科学 17/84、精神病与精神卫生学 10/59、影像医学与核医学 16/96、外科学 15/96、妇产科学 15/87、耳鼻咽喉科学 11/75、麻醉学 11/82、急诊医学 9/71、药物化学 14/110、微生物与生化药学 11/72、药剂学 15/108、技术经济及管理 32/224、土地资源管理 14/105、档案学 3/27。

通信地址：江苏省南京市鼓楼区汉口路22号南京大学研究生院
邮政编码：210093
电话号码：025-83593251
电子邮箱：yzb@nju.edu.cn
研究生院（部、处）网址：http://graww.nju.edu.cn/

10286 东南大学

在中国普通高校研究生教育竞争力排行榜中的名次：总排名 22/507，江苏省内排名 2/30，理工类排名 10/158。

共51个一级学科（学术学位）参评，其中5★+学科0个，5★学科2个，5★-学科11个，4★学科17个，学科优秀率为58.82%。

学科门类数
哲学 19/154、经济学 38/261、法学 26/351、教育学 75/193、文学 92/271、理学 74/368、工学 10/365、医学 31/182、管理学 39/374、艺术学 21/198。

一级学科排名
哲学 23/154、应用经济学 30/244、法学 19/188、政治学 55/104、社会学 26/88、马克思主义理论 53/328、教育学 71/140、心理学 43/97、体育学 66/117、中国语言文学 130/170、外国语言文学 73/221、数学 22/243、物理学 24/166、化学 30/188、生物学 37/224、统计学 26/116、力学 25/102、机械工程 26/205、光学工程 22/78、仪器科学与技术 5/75、材料科学与工程 30/202、动力工程及工程热物理 9/110、电气工程 10/100、电子科学与技术 9/119、信息与通信工程 4/169、控制科学与工程 11/182、计算机科学与技术 18/262、建筑学 4/57、土木工程 3/153、测绘科学与技术 10/50、化学工程与技术 23/194、交通运输工程 6/62、环境科学与工程 28/174、生物医学工程 10/57、城乡规划学 12/51、风景园林学 12/54、软件工程 29/155、网络空间安全 19/29、设计学 5/10、基础医学 29/97、临床医学 27/108、公共卫生与预防医学 12/70、中医学 27/41、护理学 14/63、管理科学与工程 26/199、工商管理 68/303、公共管理 76/206、图书情报与档案管理 15/56、艺术学理论 7/63、美术学 13/115、设计学 14/134。

优势专业
5★专业：测试计量技术及仪器 4/73、通信与信息系统 6/144、信号与信息处理 5/150、市政工程 2/99、供热、供燃气、通风及空调工程 4/89、卫生毒理学 2/49。

5★-专业：国际贸易学 17/168、刑法学 11/113、精密仪器及机械 6/63、热能工程 8/77、制冷及低温工程 5/58、电机与电器 6/74、物理电子学 9/89、电路与系统 7/99、控制理论与控制工程 11/170、计算机系统结构 15/172、计算机应用技术 19/258、建筑技术科学 4/45、结构工程 12/141、桥梁与隧道工程 6/108、交通信息工程及控制 5/50、交通运输规划与管理 5/50。

4★专业：伦理学 10/92、区域经济学 25/175、产业经济学 28/204、法学理论 15/111、宪法学与行政法学 21/131、民商法学 28/151、马克思主义基本原理 42/267、思想政治教育 58/302、基础数学 24/189、计算数学 27/178、概率论与数理统计 26/156、应用数学 28/238、运筹学与控制论 24/165、光学 20/137、无机化学 30/159、分析化学 33/163、神经生物学 10/66、遗传学 26/137、生物化学与分子生物学 29/204、生物物理学 11/72、机械制造及其自动化 25/184、机械电子工程 20/188、机械设计及理论 31/191、材料物理与化学 31/183、材料学 25/186、材料加工工程 29/164、工程热物理 7/60、动力机械及工程 10/71、流体机械及工

8/67、化工过程机械 8/62、电力系统及其自动化 14/84、高电压与绝缘技术 10/53、电力电子与电力传动 10/93、电工理论与新技术 9/73、微电子学与固体电子学 15/88、电磁场与微波技术 8/73、检测技术与自动化装置 20/160、系统工程 16/110、模式识别与智能系统 23/142、导航、制导与控制 13/69、计算机软件与理论 33/198、建筑历史与理论 8/43、建筑设计及其理论 6/53、岩土工程 18/131、防灾减灾工程及防护工程 14/115、化学工程 19/126、化学工艺 26/140、生物化工 22/119、应用化学 25/190、工业催化 19/115、道路与铁道工程 7/47、载运工具运用工程 6/42、环境科学 28/149、环境工程 23/156、影像医学与核医学 19/96、劳动卫生与环境卫生学 7/53、旅游管理 36/181。

通信地址：江苏省南京市玄武区四牌楼 2 号逸夫建筑馆 203 室东南大学研究生院
邮政编码：211189
电话号码：025-83792452
电子邮箱：yzb@seu.edu.cn
研究生院（部、处）网址：http://seugs.seu.edu.cn/

10287　南京航空航天大学

在中国普通高校研究生教育竞争力排行榜中的名次：总排名 33/507，江苏省内排名 3/30，理工类排名 17/158。

共 38 个一级学科（学术学位）参评，其中 5★+学科 0 个，5★学科 0 个，5★-学科 3 个，4★学科 7 个，学科优秀率为 26.32%。

学科门类数

经济学 104/261、法学 127/351、教育学 121/193、文学 194/271、理学 75/368、工学 26/365、管理学 43/374、艺术学 63/198。

一级学科排名

应用经济学 75/244、法学 148/188、政治学 79/104、社会学 72/88、马克思主义理论 96/328、教育学 82/140、外国语言文学 134/221、数学 52/243、物理学 55/166、化学 74/188、地球物理学 20/22、力学 10/102、机械工程 15/205、光学工程 45/78、仪器科学与技术 19/75、材料科学与工程 37/202、动力工程及工程热物理 20/110、电气工程 19/100、电子科学与技术 37/119、信息与通信工程 21/169、控制科学与工程 23/182、计算机科学与技术 37/262、土木工程 56/153、交通运输工程 15/62、航空宇航科学与技术 5/21、兵器科学与技术 5/7、核科学与技术 13/19、生物医学工程 39/57、软件工程 28/155、网络空间安全 21/29、管理科学与工程 16/199、工商管理 81/303、公共管理 111/206、图书情报与档案管理 45/56、音乐与舞蹈学 48/82、戏剧与影视学 32/63、美术学 80/115、设计学 105/134。

优势专业

5★专业：机械制造及其自动化 8/184。

5★-专业：工程力学 8/95、机械电子工程 16/188、控制理论与控制工程 14/170。

4★专业：马克思主义基本原理 34/267、计算数学 30/178、一般力学与力学基础 11/55、固体力学 12/79、流体力学 8/60、机械设计及理论 27/191、车辆工程 18/139、材料学 37/186、材料加工工程 24/164、电机与电器 15/74、电力电子与电力传动 16/93、通信与信息系统 22/144、信号与信息处理 23/150、导航、制导与控制 8/69、计算机系统结构 32/172、计算机软件与理论 38/198、计算机应用技术 37/258、载运工具运用工程 8/42、航空宇航制造工程 3/15、人机与环境工程 3/11。

通信地址：江苏省南京市御道街 29 号南京航空航天大学研究生院
邮政编码：210016
电话号码：025-84892487
电子邮箱：graduate@nuaa.edu.cn
研究生院（部、处）网址：www.graduate.nuaa.edu.cn/

10285　苏州大学

在中国普通高校研究生教育竞争力排行榜中的名次：总排名 36/507，江苏省内排名 4/30，综合类排名 15/76。

共 51 个一级学科（学术学位）参评，其中 5★+学科 0 个，5★学科 0 个，5★-学科 0 个，4★学科 17 个，学科优秀率为 33.33%。

学科门类数

哲学 42/154、经济学 76/261、法学 32/351、教育学 29/193、文学 33/271、历史学 46/116、理学 26/368、工学 53/365、农学 72/100、医学 19/182、管理学 51/374、艺术学 34/198。

一级学科排名

哲学 46/154、理论经济学 89/115、应用经济学 78/244、法学 29/188、政治学 19/104、社会学 38/88、马克思主义理论 81/328、教育学 40/140、心理学 30/97、体育学 16/117、中国语言文学 34/170、外国语言文学 39/221、新闻传播学 28/98、中国史 47/113、世界史 47/67、数学 42/243、物理学 20/166、化学 22/188、生物学 43/224、统计学 36/116、基础医学 10/15、机械工程 65/205、光学工程 27/78、仪器科学与技术 32/75、材料科学与工程 27/202、电子科学与技术 72/119、信息与通信工程 65/169、控制科学与工程 85/182、计算机科学与技术 54/262、化学工程与技术 33/194、纺织科学与工程 4/20、生物医学工程 30/57、风景园林学 13/54、软件工程 42/155、畜牧学 38/48、水产 25/26、基础医学 19/97、临床医学 20/108、公共卫生与预防医学 29/70、中西医结合 66/66、药学 22/131、特种医学 5/10、护理学 25/63、管理科学与工程 94/199、工商管理 50/303、公共管理 56/206、图书情报与档案管理 42/56、音乐与舞蹈学 58/82、戏剧与影视学 49/63、美术学 68/115、设计学 16/134。

优势专业

5★-专业：马克思主义基本原理 27/267、高分子化学与物理 11/139。

4★专业：法学理论 21/111、思想政治教育 59/302、高等教育学 20/109、民族传统体育学 9/63、文艺学 27/153、中国现当代文学 20/148、比较文学与世界文学 25/127、英语语言文学 38/186、外国语言学及应用语言学 23/196、基础数学 31/189、应用数学 42/238、凝聚态物理 28/151、无机化学 19/159、分析化学 19/163、有机化学 22/164、物理化学 19/163、生物化学与分子生物学 40/204、工业工程 9/11、材料学 30/186、计算机应用技术 51/258、化学工程 25/126、应用化学 24/190、法医学 6/41、放射医学 4/21、内科学 17/97、神经病学 14/85、药理学 18/108。

```
通信地址：江苏省苏州市十梓街1号苏州大学研究生招生办公室
邮政编码：215006
电话号码：0512-65112816
电子邮箱：sudazxl@126.com
研究生院（部、处）网址：www.yjs.suda.edu.cn
```

10307　南京农业大学

在中国普通高校研究生教育竞争力排行榜中的名次：总排名 45/507，江苏省内排名 5/30，农林类排名 2/37。

共 32 个一级学科（学术学位）参评，其中 5★+学科 0 个，5★学科 2 个，5★-学科 3 个，4★学科 6 个，学科优秀率为 34.38%。

学科门类数

哲学 145/154、经济学 63/261、法学 159/351、文学 206/271、理学 57/368、工学 94/365、农学 3/100、医学 143/182、管理学 32/374。

一级学科排名

哲学 151/154、应用经济学 57/244、法学 160/188、社会学 57/88、马克思主义理论 147/328、外国语言文学 111/221、数学 212/243、化学 122/188、海洋科学 26/30、生物学 23/224、科学技术史 15/22、生态学 26/111、机械工程 95/205、计算机科学与技术 204/262、农业工程 7/47、环境科学与工程 48/174、食品科学与工程 7/92、风景园林学 32/54、作物学 5/46、园艺学 1/39、农业资源与环境 7/39、植物保护 2/44、畜牧学 5/48、兽医学 6/41、水产 9/26、草学 15/28、中药学 22/45、管理科学与工程 175/199、工商管理 122/303、农林经济管理 8/51、公共管理 27/206、图书情报与档案管理 19/56。

优势专业

5★专业：微生物学 9/167、果树学 1/39、蔬菜学 1/35、观赏园艺学 1/13、植物病理学 2/37、预防兽医学 2/39、土地资源管理 5/105。

5★-专业：食品科学 7/87、农产品加工及贮藏工程 7/67、作物栽培学与耕作学 4/42、作物遗传育种 4/45、农业昆虫与害虫防治 3/40、动物遗传育种与繁殖 4/41、动物营养与饲料科学 4/44、基础兽医学 3/39。

4★专业：金融学 30/188、产业经济学 33/204、植物学 26/141、动物学 21/126、水生生物学 9/56、遗传学 17/137、生物化学与分子生物学 34/204、生物信息学 7/10、农业机械化工程 5/41、农业电气化与自动化 5/40、粮食、油脂及植物蛋白工程 7/52、水产品加工及贮藏工程 6/40、茶学 2/17、土壤学 6/35、植物营养学 6/37、农药学 6/39、临床兽医学 4/38、农业经济管理 6/50、行政管理 31/166、教育经济与管理 19/131、社会保障 19/130。

```
通信地址：江苏省南京市玄武区卫岗1号南京农业大学研究生院
邮政编码：210095
电话号码：025-84395345
电子邮箱：liuliang@njau.edu.cn
研究生院（部、处）网址：http://grasch.njau.edu.cn/
```

10288　南京理工大学

在中国普通高校研究生教育竞争力排行榜中的名次：总排名 48/507，江苏省内排名 6/30，理工类排名 23/158。

共 39 个一级学科（学术学位）参评，其中 5★+学科 0 个，5★学科 0 个，5★-学科 2 个，4★学科 7 个，学科优秀率为 23.08%。

学科门类数

哲学 140/154、经济学 142/261、法学 105/351、教育学 152/193、文学 174/271、理学 60/368、工学 28/365、管理学 69/374、艺术学 119/198。

一级学科排名

哲学 140/154、应用经济学 121/244、法学 145/188、社会学 79/88、马克思主义理论 93/328、教育学 122/140、体育学 100/117、外国语言文学 132/221、新闻传播学 95/98、数学 55/243、物理学 56/166、化学 49/188、统计学 85/116、力学 24/102、机械工程 32/205、光学工程 13/78、仪器科学与技术 22/75、材料科学与工程 21/202、动力工程及工程热物理 30/110、电气工程 33/100、电子科学与技术 31/119、信息与通信工程 23/169、控制科学与工程 14/182、计算机科学与技术 36/262、土木工程 80/153、化学工程与技术 22/194、交通运输工程 30/62、航空宇航科学与技术 15/21、兵器科学与技术 2/7、环境科学与工程 53/174、生物医学工程 41/57、软件工程 36/155、安全科学与工程 20/54、网络空间安全 23/29、管理科学与工程 21/199、工商管理 136/303、公共管理 148/206、图书情报与档案管理 25/56、设计学 79/134。

优势专业

5★专业：材料学 10/186、模式识别与智能系统 5/142。

5★-专业：思想政治教育 21/302、工业工程 5/11、应用化学 14/190。

4★专业：运筹学与控制论 32/165、工程力学 17/95、机械制造及其自动化 32/184、机械电子工程 30/188、材料物理与化学 29/183、通信与信息系统 19/144、信号与信息处理 26/150、控制理论与控制工程 21/170、系统工程 17/110、计算机系统结构 30/172、计算机应用技术 33/258、化学工程 22/126、化学工艺 23/140、生物化工 21/119、工业催化 21/115、武器系统与运用工程 2/7、兵器发射理论与技术 2/6、火炮、自动武器与弹药工程 2/7。

通信地址：江苏省南京市孝陵卫街200号南京理工大学研究生院
邮政编码：210094
电话号码：025-84303162
电子邮箱：yzb@njust.edu.cn
研究生院（部、处）网址：http://gs.njust.edu.cn/

10294　河海大学

在中国普通高校研究生教育竞争力排行榜中的名次：总排名51/507，江苏省内排名7/30，理工类排名25/158。

共41个一级学科（学术学位）参评，其中5★+学科0个，5★学科2个，5★-学科2个，4★学科5个，学科优秀率为21.95%。

学科门类数

哲学 63/154、经济学 122/261、法学 39/351、教育学 110/193、文学 154/271、理学 126/368、工学 34/365、农学 73/100、管理学 49/374。

一级学科排名

哲学 59/154、理论经济学 80/115、应用经济学 107/244、法学 77/188、政治学 73/104、社会学 21/88、马克思主义理论 15/328、教育学 108/140、心理学 73/97、体育学 113/117、外国语言文学 182/221、新闻传播学 72/98、数学 64/243、物理学 118/166、地理学 10/82、海洋科学 7/30、地质学 18/40、统计学 40/116、力学 26/102、机械工程 68/205、仪器科学与技术 38/75、材料科学与工程 94/202、动力工程及工程热物理 56/110、电气工程 35/100、电子科学与技术 42/119、信息与通信工程 40/169、控制科学与工程 37/182、计算机科学与技术 40/262、土木工程 11/153、水利工程 3/63、测绘科学与技术 15/50、地质资源与地质工程 13/46、交通运输工程 34/62、农业工程 12/47、环境科学与工程 14/174、软件工程 50/155、农业资源与环境 15/39、管理科学与工程 45/199、工商管理 43/303、公共管理 83/206、图书情报与档案管理 46/56。

优势专业

5★专业：马克思主义基本原理 14/267、思想政治教育 7/302、岩土工程 2/131。

5★-专业：工程力学 9/95、水文学及水资源 3/54、环境工程 13/156。

4★专业：自然地理学 10/67、物理海洋学 3/16、结构工程 20/141、市政工程 12/99、防灾减灾工程及防护工程 20/115、桥梁与隧道工程 18/108、水力学及河流动力学 6/35、水工结构工程 4/36、水利水电工程 6/39、港口、海岸及近海工程 4/23、大地测量学与测量工程 7/38、环境科学 23/149、土壤学 7/35、会计学 52/259、企业管理 50/293、技术经济及管理 26/224。

通信地址：江苏省南京市西康路1号河海大学研究生院
邮政编码：210098
电话号码：025-83786303
电子邮箱：hhuyzb@hhu.edu.cn
研究生院（部、处）网址：http://gs.hhu.edu.cn/

10319　南京师范大学

在中国普通高校研究生教育竞争力排行榜中的名次：总排名54/507，江苏省内排名8/30，师范类排名5/59。

共43个一级学科（学术学位）参评，其中5★+学科0个，5★学科0个，5★-学科6个，4★学科7个，学科优秀率为30.23%。

学科门类数

哲学 22/154、经济学 86/261、法学 36/351、教育学 13/193、文学 15/271、历史学 24/116、理学 44/368、工学 126/365、农学 64/100、医学 130/182、管理学 114/374、艺术学 11/198。

一级学科排名

哲学 20/154、应用经济学 105/244、法学 30/188、政治学 22/104、社会学 30/88、马克思主义理论 29/328、教育学 10/140、心理学 27/97、体育学 15/117、中国语言文学 15/170、外国语言文学 14/221、新闻传播学 18/98、考古学 22/40、中国史 30/113、世界史 41/67、数学 44/243、物理学 75/166、化学 77/188、地理学 5/82、生物学 46/224、生态学 48/111、统计学 65/116、心理学 3/13、环境科学与工程 26/51、光学工程 52/78、动力工程及工程热物理 46/110、电气工程 42/100、电子科学与技术 59/119、控制科学与工程 143/182、计算机科学与技术 85/262、土木工程 127/153、测绘科学与技术 19/50、化学工程与技术 158/194、环境科学与工程 62/174、食品科学与工程 48/92、水产 12/26、药学 83/131、工商管理 109/303、公共管理 60/206、音乐与舞蹈学 5/82、戏剧与影视学 14/63、美术学 19/115、设计学 69/134。

优势专业

5★专业：马克思主义基本原理 9/267、中国现当代文学 7/148、地图学与地理信息系统 4/73。

5★-专业：马克思主义中国化研究 16/250、课程与教学论 6/98、英语语言文学 17/186、外国语言学及应用语言学 16/196、动物学 10/126、微生物与生化药学 7/72。

4★专业：伦理学 15/92、法学理论 22/111、法律史 12/61、宪法学与行政法学 24/131、刑法学 20/113、民商法学 29/151、诉讼法学 19/108、思想政治教育 46/302、教育学原理 12/89、比较教育学 8/45、学前教育学 6/54、高等教育学 12/109、成人教育学 6/33、职业技术教育学 6/48、教育技术学 13/71、体育人文社会学 14/78、体育教育训练学 16/106、文艺学 28/153、语言学及应用语言学 15/135、汉语言文字学 26/133、中国古典文献学 19/101、中国古代文学 25/159、比较文学与世界文学 20/127、新闻学 15/85、基础数学 37/189、计算数学 33/178、运筹学与控制论 23/165、自然地理学 8/67、人文地理学 8/65。

通信地址：江苏省南京市栖霞区文苑路1号南京师范大学研招办
邮政编码：210023
电话号码：025-85891892
电子邮箱：yzb@njnu.edu.cn
研究生院（部、处）网址：http://grad.njnu.edu.cn/

10295　江南大学

在中国普通高校研究生教育竞争力排行榜中的名次：总排名 59/507，江苏省内排名 9/30，综合类排名 19/76。

共 30 个一级学科（学术学位）参评，其中 5★+学科 0 个，5★学科 3 个，5★-学科 1 个，4★学科 2 个，学科优秀率为 20%。

学科门类数

经济学 176/261、法学 166/351、教育学 112/193、文学 150/271、理学 116/368、工学 33/365、医学 112/182、管理学 183/374、艺术学 30/198。

一级学科排名

应用经济学 168/244、法学 114/188、马克思主义理论 111/328、教育学 79/140、中国语言文学 142/170、外国语言文学 157/221、数学 106/243、化学 72/188、生物学 67/224、机械工程 59/205、光学工程 40/78、材料科学与工程 82/202、电气工程 60/100、电子科学与技术 86/119、控制科学与工程 25/182、计算机科学与技术 57/262、化学工程与技术 11/194、纺织科学与工程 3/20、轻工技术与工程 1/31、环境科学与工程 45/174、食品科学与工程 2/92、软件工程 57/155、公共卫生与预防医学 32/70、药学 67/131、护理学 20/63、管理科学与工程 128/199、工商管理 181/303、音乐与舞蹈学 62/82、美术学 56/115、设计学 2/134。

优势专业

5★专业：生物化工 6/119、发酵工程 1/26、食品科学 2/87、粮食、油脂及植物蛋白工程 2/52、农产品加工及贮藏工程 2/67、水产品加工及贮藏工程 2/40。

5★-专业：化学工艺 10/140、应用化学 11/190、工业催化 11/115、纺织工程 1/16、纺织化学与染整工程 1/18、服装设计与工程 1/15。

4★专业：马克思主义基本原理 32/267、分析化学 28/163、教育技术学 6/44、控制理论与控制工程 23/170、检测技术与自动化装置 17/160、模式识别与智能系统 16/142、化学工程 16/126、制糖工程 2/10、皮革化学与工程 2/9、环境工程 19/156。

通信地址：江苏省无锡市蠡湖大道 1800 号江南大学研招办
邮政编码：214122
电话号码：0510-85913639
电子邮箱：yzb@jiangnan.edu.cn
研究生院（部、处）网址：http://gs.jiangnan.edu.cn

10290　中国矿业大学

在中国普通高校研究生教育竞争力排行榜中的名次：总排名 62/507，江苏省内排名 10/30，理工类排名 30/158。

共 41 个一级学科（学术学位）参评，其中 5★+学科 0 个，5★学科 1 个，5★-学科 0 个，4★学科 8 个，学科优秀率为 21.95%。

学科门类数

经济学 144/261、法学 157/351、教育学 103/193、文学 152/271、理学 99/368、工学 30/365、管理学 63/374、艺术学 146/198。

一级学科排名

应用经济学 106/244、统计学 30/46、法学 158/188、马克思主义理论 87/328、教育学 114/140、体育学 36/117、中国语言文学 137/170、外国语言文学 123/221、数学 61/243、物理学 78/166、化学 128/188、地理学 51/82、地球物理学 16/22、地质学 13/40、统计学 81/116、环境科学与工程 29/51、力学 29/102、机械工程 25/205、仪器科学与技术 62/75、材料科学与工程 64/202、动力工程及工程热物理 32/110、电气工程 20/100、电子科学与技术 74/119、信息与通信工程 58/169、控制科学与工程 53/182、计算机科学与技术 46/262、土木工程 17/153、水利工程 29/63、测绘科学与技术 7/50、化学工程与技术 30/194、地质资源与地质工程 12/46、矿业工程 1/32、环境科学与工程 51/174、城乡规划学 34/51、软件工程 43/155、安全科学与工程 7/54、管理科学与工程 11/44、管理科学与工程 49/199、工商管理 121/303、公共管理 31/206、设计学 93/134。

优势专业

5★专业：岩土工程 6/131、采矿工程 1/29。

5★-专业：机械设计及理论 11/191、矿物加工工程 2/27。

4★专业：思想政治教育 36/302、工程力学 12/95、机械制造及其自动化 36/184、机械电子工程 23/188、电力电子与电力传动 12/93、计算机应用技术 49/258、结构工程 16/141、大地测量学与测量工程 5/38、地图制图学与地理信息工程 7/44、化学工艺 20/140、应用化学 29/190、矿产普查与勘探 7/38、地质工程 8/43、行政管理 35/166、教育经济与管理 23/131、土地资源管理 18/105。

通信地址：江苏省徐州市金山东路 1 号中国矿业大学研究生院
邮政编码：221008
电话号码：0516-83885990
电子邮箱：cumtyjsy@cumt.edu.cn
研究生院（部、处）网址：http://yjsb.cumt.edu.cn

10299　江苏大学

在中国普通高校研究生教育竞争力排行榜中的名次：总排名 74/507，江苏省内排名 11/30，综合类排名 24/76。

共 45 个一级学科（学术学位）参评，其中 5★+学科 0 个，5★学科 0 个，5★-学科 1 个，4★学科 4 个，学科优秀率为 11.11%。

学科门类数

哲学 138/154、经济学 137/261、法学 227/351、教育学 133/193、文学 176/271、理学 90/368、工学 42/365、医学 53/182、管理学 78/374、艺术学 159/198。

一级学科排名

哲学 136/154、应用经济学 150/244、统计学 27/46、马克思主义理论 171/328、教育学 100/140、外国语言文学

108/221、数学 85/243、化学 53/188、生物学 104/224、生态学 68/111、统计学 63/116、电子科学与技术 5/15、环境科学与工程 9/51、基础医学 8/15、力学 44/102、机械工程 22/205、光学工程 50/78、仪器科学与技术 33/75、材料科学与工程 47/202、冶金工程 12/23、动力工程及工程热物理 14/110、电气工程 34/100、电子科学与技术 55/119、信息与通信工程 87/169、控制科学与工程 47/182、计算机科学与技术 64/262、土木工程 107/153、水利工程 46/63、化学工程与技术 58/194、交通运输工程 26/62、农业工程 9/47、环境科学与工程 57/174、生物医学工程 42/57、食品科学与工程 9/92、软件工程 86/155、安全科学与工程 29/54、基础医学 64/97、临床医学 40/108、药学 65/131、中药学 38/45、管理科学与工程 62/199、工商管理 110/303、公共管理 130/206、图书情报与档案管理 26/56、美术学 60/115。

优势专业

4★专业：物理电子学 2/9、机械制造及其自动化 29/184、机械设计及理论 28/191、车辆工程 15/139、流体机械及工程 9/67、农业机械化工程 6/41、农业电气化与自动化 8/40、食品科学 12/87、粮食、油脂及植物蛋白工程 9/52、农产品加工及贮藏工程 8/67。

通信地址：江苏省镇江市学府路301号江苏大学研究生楼520室
邮政编码：212013
电话号码：0511-88780086
电子邮箱：yzb@ujs.edu.cn
研究生院（部、处）网址：http://yjsy.ujs.edu.cn/

10312　南京医科大学

在中国普通高校研究生教育竞争力排行榜中的名次：总排名77/507，江苏省内排名12/30，医药类排名3/69。

共14个一级学科（学术学位）参评，其中5★+学科0个，5★学科0个，5★-学科1个，4★学科5个，学科优秀率为42.86%。

学科门类数

法学 323/351、教育学 192/193、理学 123/368、工学 282/365、医学 11/182、管理学 264/374。

一级学科排名

马克思主义理论 297/328、心理学 91/97、生物学 33/224、生物医学工程 8/19、生物医学工程 31/57、基础医学 14/97、临床医学 11/108、口腔医学 6/44、公共卫生与预防医学 13/70、中医学 38/41、药学 24/131、特种医学 7/10、护理学 23/63、公共管理 129/206。

优势专业

5★-专业：生物化学与分子生物学 20/204、内科学 6/97、外科学 9/96、肿瘤学 8/88、卫生毒理学 5/49。

4★专业：人体解剖与组织胚胎学 14/87、免疫学 13/86、病原生物学 11/86、病理学与病理生理学 10/91、儿科学 10/84、老年医学 8/59、神经病学 17/85、精神病与精神卫生学 12/59、影像医学与核医学 12/96、临床检验诊断学 16/93、妇产科学 14/87、眼科学 15/78、康复医学与理疗学 11/63、麻醉学 15/82、口腔临床医学 5/42、流行病与卫生统计学 11/64、劳动卫生与环境卫生学 9/53、儿少卫生与妇幼保健学 8/41、药理学 16/108、临床药学 3/10。

通信地址：江苏省南京市汉中路140号南京医科大学研究生院招生办公室
邮政编码：210029
电话号码：025-86862689
电子邮箱：degree@njmu.edu.cn
研究生院（部、处）网址：http://yjszs.njmu.edu.cn/

11117　扬州大学

在中国普通高校研究生教育竞争力排行榜中的名次：总排名78/507，江苏省内排名13/30，综合类排名25/76。

共57个一级学科（学术学位）参评，其中5★+学科0个，5★学科1个，5★-学科0个，4★学科3个，学科优秀率为7.02%。

学科门类数

哲学 120/154、经济学 97/261、法学 106/351、教育学 33/193、文学 42/271、历史学 60/116、理学 69/368、工学 99/365、农学 10/100、医学 63/182、管理学 193/374、艺术学 66/198。

一级学科排名

哲学 120/154、应用经济学 77/244、法学 72/188、政治学 90/104、马克思主义理论 94/328、教育学 33/140、心理学 56/97、体育学 54/117、中国语言文学 33/170、外国语言文学 75/221、中国史 48/113、数学 67/243、物理学 100/166、化学 58/188、生物学 60/224、生态学 46/111、统计学 87/116、环境科学与工程 39/51、基础医学 11/15、机械工程 129/205、材料科学与工程 95/202、动力工程及工程热物理 64/110、电气工程 73/100、信息与通信工程 122/169、控制科学与工程 114/182、计算机科学与技术 140/262、土木工程 60/153、水利工程 27/63、化学工程与技术 74/194、农业工程 16/47、环境科学与工程 110/174、食品科学与工程 25/92、软件工程 110/155、管理科学与工程 15/44、作物学 6/46、园艺学 21/39、农业资源与环境 30/39、植物保护 16/44、畜牧学 7/48、兽医学 2/41、草学 14/28、食品科学与工程 22/25、基础医学 57/97、临床医学 55/108、公共卫生与预防医学 57/70、中西医结合 33/66、药学 95/131、中药学 44/45、护理学 54/63、管理科学与工程 153/199、工商管理 196/303、农林经济管理 39/51、公共管理 190/206、艺术学理论 48/63、音乐与舞蹈学 34/82、戏剧与影视学 44/63、美术学 48/115。

优势专业

5★专业：基础兽医学 2/39。

5★-专业：马克思主义中国化研究 17/250。

4★专业：课程与教学论 18/98、文艺学 26/153、汉语言文字学 23/133、中国古典文献学 13/101、农业水土工程 6/34、作物栽培学与耕作学 6/42、动物遗传育种与繁殖

5/41、预防兽医学 5/39、临床兽医学 5/38。

> 通信地址：江苏省扬州市大学南路88号扬州大学研招办
> 邮政编码：225009
> 电话号码：0514-87979213
> 电子邮箱：yjszs@yzu.edu.cn
> 研究生院（部、处）网址：http://yjsc.yzu.edu.cn/

10291　南京工业大学

在中国普通高校研究生教育竞争力排行榜中的名次：总排名84/507，江苏省内排名14/30，理工类排名40/158。

共30个一级学科（学术学位）参评，其中5★+学科0个，5★学科1个，5★-学科0个，4★学科4个，学科优秀率为16.67%。

学科门类数

法学 171/351、文学 251/271、理学 120/368、工学 56/365、医学 140/182、管理学 184/374。

一级学科排名

法学 99/188、马克思主义理论 317/328、外国语言文学 192/221、化学 31/188、生物学 117/224、力学 73/102、机械工程 76/205、材料科学与工程 41/202、动力工程及工程热物理 31/110、信息与通信工程 126/169、控制科学与工程 91/182、计算机科学与技术 111/262、建筑学 31/57、土木工程 28/153、测绘科学与技术 31/50、化学工程与技术 7/194、地质资源与地质工程 30/46、矿业工程 22/32、轻工技术与工程 4/31、环境科学与工程 75/174、食品科学与工程 66/92、城乡规划学 36/51、风景园林学 29/54、软件工程 114/155、安全科学与工程 18/54、管理科学与工程 20/44、药学 68/131、管理科学与工程 135/199、工商管理 175/303、公共管理 193/206。

优势专业

5★专业：生物化工 2/119。

5★-专业：化学工艺 11/140。

4★专业：微生物学 31/167、化学工程 18/126、应用化学 26/190、工业催化 13/115、制药工程 7/15、发酵工程 4/26。

> 通信地址：江苏省南京市浦口区浦珠南路30号南京工业大学研究生院招生与就业办
> 邮政编码：211800
> 电话号码：025-58139194
> 电子邮箱：yzb@njut.edu.cn
> 研究生院（部、处）网址：http://gra.njtech.edu.cn/default.do

10300　南京信息工程大学

在中国普通高校研究生教育竞争力排行榜中的名次：总排名129/507，江苏省内排名15/30，理工类排名53/158。

共14个一级学科（学术学位）参评，其中5★+学科0个，5★学科1个，5★-学科1个，4★学科1个，学科优秀率为21.43%。

学科门类数

法学 217/351、理学 49/368、工学 169/365、管理学 217/374。

一级学科排名

马克思主义理论 148/328、数学 89/243、地理学 19/82、大气科学 1/16、科学技术史 5/22、生态学 29/111、环境科学与工程 2/51、光学工程 33/78、信息与通信工程 53/169、控制科学与工程 44/182、计算机科学与技术 101/262、软件工程 39/155、管理科学与工程 112/199、工商管理 234/303。

优势专业

5★-专业：气象学 1/15、大气物理学与大气环境 1/11、环境科学 3/47、环境工程 2/22。

4★专业：自然地理学 12/67、地图学与地理信息系统 10/73、计算机系统结构 31/172。

> 通信地址：江苏省南京市浦口区宁六路219号南京信息工程大学研招办
> 邮政编码：210044
> 电话号码：025-58731201
> 电子邮箱：yzb@nuist.edu.cn
> 研究生院（部、处）网址：http://yjs.nuist.edu.cn/

10298　南京林业大学

在中国普通高校研究生教育竞争力排行榜中的名次：总排名131/507，江苏省内排名16/30，农林类排名11/37。

共26个一级学科（学术学位）参评，其中5★+学科0个，5★学科0个，5★-学科1个，4★学科3个，学科优秀率为15.38%。

学科门类数

哲学 75/154、法学 302/351、文学 230/271、理学 89/368、工学 87/365、农学 19/100、管理学 110/374、艺术学 126/198。

一级学科排名

哲学 68/154、马克思主义理论 283/328、新闻传播学 89/98、生物学 59/224、生态学 31/111、环境科学与工程 10/51、机械工程 79/205、材料科学与工程 106/202、电子科学与技术 78/119、控制科学与工程 120/182、土木工程 47/153、化学工程与技术 103/194、轻工技术与工程 6/31、交通运输工程 37/62、农业工程 35/47、林业工程 4/13、环境科学与工程 93/174、城乡规划学 32/51、风景园林学 19/54、软件工程 79/155、农业资源与环境 17/39、林学 3/44、管理科学与工程 127/199、工商管理 298/303、农林经济管理 6/51、设计学 46/134。

优势专业

5★-专业：林木遗传育种 2/25、森林经理学 2/22、水土保持与荒漠化防治 2/31、林业经济管理 2/27。

4★专业：植物学 28/141、环境科学 6/47、制浆造纸工程 2/15、森林工程 2/8、森林培育 3/28、森林保护学 3/23、园林植物与观赏园艺 4/26。

> 通信地址：江苏省南京市龙蟠路159号南京林业大学研究生院
> 　　　　　招生办公室
> 邮政编码：210037
> 电话号码：025-85427772
> 电子邮箱：grad2@njfu.edu.cn
> 研究生院（部、处）网址：gsnfu.njfu.edu.cn/

10316　中国药科大学

在中国普通高校研究生教育竞争力排行榜中的名次：总排名137/507，江苏省内排名17/30，医药类排名10/69。

共8个一级学科（学术学位）参评，其中5★+学科1个，5★学科1个，5★-学科0个，4★学科0个，学科优秀率为25%。

学科门类数

理学111/368、医学29/182、管理学336/374。

一级学科排名

马克思主义理论141/328、化学76/188、生物学71/224、生物医学工程6/19、基础医学38/97、药学1/131、中药学2/45、工商管理261/303。

优势专业

5★+专业：药物化学1/110、药剂学1/95、生药学1/78、微生物与生化药学1/72。

5★专业：药物分析学2/95、药理学2/108。

> 通信地址：江苏省南京市江宁区龙眠大道639号中国药科大学
> 　　　　　研招办
> 邮政编码：211198
> 电话号码：025-86185281
> 电子邮箱：cpuyzb@163.com
> 研究生院（部、处）网址：http://yjsy.cpu.edu.cn/

10293　南京邮电大学

在中国普通高校研究生教育竞争力排行榜中的名次：总排名152/507，江苏省内排名18/30，理工类排名62/158。

共12个一级学科（学术学位）参评，其中5★+学科0个，5★学科0个，5★-学科2个，4★学科2个，学科优秀率为33.33%。

学科门类数

教育学79/193、理学172/368、工学65/365、管理学219/374。

一级学科排名

教育学49/140、数学100/243、物理学59/166、光学工程6/78、仪器科学与技术34/75、电子科学与技术14/119、信息与通信工程11/169、控制科学与工程50/182、计算机科学与技术42/262、软件工程40/155、管理科学与工程80/199、工商管理212/303。

优势专业

5★-专业：光学14/137、通信与信息系统9/144、信号与信息处理10/150。

4★专业：应用数学38/238、计算机应用技术43/258。

> 通信地址：江苏省南京市新模范马路66号南京邮电大学研究
> 　　　　　生招生办公室
> 邮政编码：210003
> 电话号码：025-83492350
> 电子邮箱：yzb@njupt.edu.cn
> 研究生院（部、处）网址：yzb.njupt.edu.cn/

10315　南京中医药大学

在中国普通高校研究生教育竞争力排行榜中的名次：总排名155/507，江苏省内排名19/30，医药类排名13/69。

共7个一级学科（学术学位）参评，其中5★+学科0个，5★学科0个，5★-学科2个，4★学科1个，学科优秀率为42.86%。

学科门类数

医学23/182、管理学298/374。

一级学科排名

临床医学48/108、中医学3/41、中西医结合6/66、药学39/131、中药学6/45、护理学36/63、公共管理140/206。

优势专业

5★专业：康复医学与理疗学1/63。

5★-专业：中医基础理论3/30、中医内科学3/36、中西医结合基础4/41、中西医结合临床4/61。

4★专业：中医临床基础5/29、中医医史文献4/27、中医外科学4/28、中医骨伤科学4/24、中医妇科学4/26、中医儿科学3/20、针灸推拿学5/31。

> 通信地址：江苏省南京市仙林大学城仙林大道138号南京中医
> 　　　　　药大学研招办
> 邮政编码：210046
> 电话号码：025-85811028
> 电子邮箱：yzb@njutcm.edu.cn
> 研究生院（部、处）网址：http://gra.njutcm.edu.cn

10304　南通大学

在中国普通高校研究生教育竞争力排行榜中的名次：总排名158/507，江苏省内排名20/30，综合类排名42/76。

共19个一级学科（学术学位）参评。

学科门类数

法学197/351、教育学106/193、文学115/271、理学193/368、工学203/365、医学48/182、管理学240/374、艺术学140/198。

一级学科排名

马克思主义理论158/328、教育学80/140、体育学83/117、中国语言文学90/170、外国语言文学146/221、数学189/243、物理学120/166、生物学74/224、机械工程113/205、信息与通信工程74/169、控制科学与工程117/182、纺织科学与工程9/20、基础医学43/97、临床医学38/108、公共卫生与预防医学 43/70、药学 81/131、特种医学 9/10、公共管理 119/206、美术学 76/115。

> 通信地址：江苏省南通市啬园路9号南通大学研究生招生办公室
> 邮政编码：226019
> 电话号码：0513-85012093
> 电子邮箱：yzb@ntu.edu.cn
> 研究生院（部、处）网址：http://www.ntu.edu.cn/yjszs/list.htm

10292　常州大学

在中国普通高校研究生教育竞争力排行榜中的名次：总排名177/507，江苏省内排名21/30，理工类排名68/158。

共 12 个一级学科（学术学位）参评。

学科门类数

法学 200/351、理学 147/368、工学 116/365、管理学 267/374。

一级学科排名

法学 83/188、化学 54/188、机械工程 116/205、材料科学与工程 60/202、动力工程及工程热物理 71/110、电子科学与技术 88/119、计算机科学与技术 135/262、化学工程与技术 49/194、石油与天然气工程 13/17、环境科学与工程 92/174、安全科学与工程 43/54、工商管理 124/303。

> 通信地址：江苏省常州市武进区常州大学研招办
> 邮政编码：213164
> 电话号码：0519-86330238
> 电子邮箱：yzb@cczu.edu.cn
> 研究生院（部、处）网址：http://gs.cczu.edu.cn

10289　江苏科技大学

在中国普通高校研究生教育竞争力排行榜中的名次：总排名216/507，江苏省内排名22/30，理工类排名80/158。

共 18 个一级学科（学术学位）参评。

学科门类数

文学 245/271、理学 231/368、工学 122/365、农学 53/100、管理学 129/374。

一级学科排名

外国语言文学 171/221、生物学 114/224、力学 67/102、机械工程 88/205、材料科学与工程 76/202、冶金工程 14/23、电气工程 69/100、电子科学与技术 90/119、信息与通信工程 102/169、控制科学与工程 71/182、计算机科学与技术 108/262、土木工程 93/153、化学工程与技术 85/194、船舶与海洋工程 13/16、软件工程 113/155、畜牧学 17/48、管理科学与工程 82/199、工商管理 150/303。

> 通信地址：江苏省镇江市梦溪路2号江苏科技大学研究生招生办公室
> 邮政编码：212003
> 电话号码：0511-84402362
> 电子邮箱：tiaoji2015@163.com
> 研究生院（部、处）网址：http://yjsb.just.edu.cn/

10320　江苏师范大学

在中国普通高校研究生教育竞争力排行榜中的名次：总排名245/507，江苏省内排名23/30，师范类排名29/59。

共 31 个一级学科（学术学位）参评。

学科门类数

哲学 71/154、经济学 117/261、法学 177/351、教育学 53/193、文学 82/271、历史学 82/116、理学 102/368、工学 240/365、管理学 243/374、艺术学 77/198。

一级学科排名

哲学 72/154、应用经济学 166/244、法学 175/188、马克思主义理论 136/328、教育学 39/140、体育学 63/117、中国语言文学 56/170、外国语言文学 121/221、考古学 39/40、中国史 111/113、世界史 60/67、数学 81/243、物理学 107/166、化学 108/188、地理学 66/82、生物学 128/224、生态学 110/111、统计学 114/116、心理学 13/13、材料科学与工程 7/7、机械工程 154/205、光学工程 57/78、测绘科学与技术 25/50、管理科学与工程 18/44、管理科学与工程 160/199、公共管理 143/206、艺术学理论 61/63、音乐与舞蹈学 80/82、戏剧与影视学 59/63、美术学 97/115、设计学 126/134。

> 通信地址：江苏省徐州市铜山新区上海路101号江苏师范大学研招办
> 邮政编码：221116
> 电话号码：0516-83403272
> 电子邮箱：yzb@xznu.edu.cn
> 研究生院（部、处）网址：http://yjsy.jsnu.edu.cn

10331　南京艺术学院

在中国普通高校研究生教育竞争力排行榜中的名次：总排名266/507，江苏省内排名24/30，艺术类排名3/27。

共 5 个一级学科（学术学位）参评，其中 5★+学科 0 个，5★学科 1 个，5★-学科 0 个，4★学科 2 个，学科优秀率为 60%。

学科门类数

艺术学 4/198。

一级学科排名

艺术学理论 26/63、音乐与舞蹈学 12/82、戏剧与影视学 16/63、美术学 5/115、设计学 21/134。

> 通信地址：江苏省南京市北京西路74号南京艺术学院研究生招生办公室
> 邮政编码：210013
> 电话号码：025-83498696
> 电子邮箱：njartiyjs@163.com
> 研究生院（部、处）网址：http://grad.nua.edu.cn/

10327　南京财经大学

在中国普通高校研究生教育竞争力排行榜中的名次：

总排名 272/507，江苏省内排名 25/30，财经类排名 14/34。

共 12 个一级学科（学术学位）参评，其中 5★+学科 0 个，5★学科 0 个，5★-学科 0 个，4★学科 1 个，学科优秀率为 8.33%。

学科门类数

经济学 52/261、法学 184/351、文学 264/271、理学 319/368、工学 272/365、管理学 115/374。

一级学科排名

理论经济学 28/115、应用经济学 56/244、统计学 37/46、法学 117/188、马克思主义理论 133/328、外国语言文学 207/221、数学 159/243、计算机科学与技术 209/262、食品科学与工程 42/92、软件工程 139/155、管理科学与工程 109/199、工商管理 49/303。

优势专业

4★专业：会计学 46/259。

通信地址：江苏省南京市亚东新城区文苑路 3 号南京财经大学研招办
邮政编码：210023
电话号码：025-84028597
电子邮箱：yjsc@njue.edu.cn
研究生院（部、处）网址：http://yjsc.njue.edu.cn

10313　徐州医科大学

在中国普通高校研究生教育竞争力排行榜中的名次：总排名 278/507，江苏省内排名 26/30，医药类排名 30/69。

共 6 个一级学科（学术学位）参评。

学科门类数

理学 223/368、医学 67/182。

一级学科排名

生物学 106/224、基础医学 13/15、基础医学 52/97、临床医学 58/108、公共卫生与预防医学 45/70、药学 70/131。

通信地址：江苏省徐州市铜山路 209 号徐州医科大学研究生学院
邮政编码：221000
电话号码：0516-85748499
电子邮箱：yj1088@163.com
研究生院（部、处）网址：http://yjs.xzhmu.edu.cn/

10332　苏州科技大学

在中国普通高校研究生教育竞争力排行榜中的名次：总排名 358/507，江苏省内排名 27/30，综合类排名 64/76。

共 13 个一级学科（学术学位）参评。

学科门类数

哲学 93/154、历史学 96/116、理学 286/368、工学 225/365、管理学 332/374。

一级学科排名

哲学 99/154、中国史 108/113、世界史 52/67、数学 120/243、光学工程 73/78、材料科学与工程 175/202、建筑学 49/57、土木工程 75/153、化学工程与技术 169/194、环境科学与工程 112/174、城乡规划学 40/51、风景园林学 44/54、管理科学与工程 139/199。

通信地址：江苏省苏州市高新区科锐路 1 号苏州科技大学研招办
邮政编码：215009
电话号码：0512-68093182
电子邮箱：yzb@usts.edu.cn
研究生院（部、处）网址：http://yjsc.usts.edu.cn/2013/

11287　南京审计大学

在中国普通高校研究生教育竞争力排行榜中的名次：总排名 414/507，江苏省内排名 28/30，财经类排名 27/34。

共 3 个一级学科（学术学位）参评。

学科门类数

经济学 78/261、管理学 318/374。

一级学科排名

理论经济学 45/115、应用经济学 131/244、工商管理 238/303。

通信地址：江苏省南京市浦口区江浦街道雨山西路 86 号南京审计大学研招办
邮政编码：211815
电话号码：025-58318146
电子邮箱：yjsb@nau.edu.cn
研究生院（部、处）网址：http://yjsc.nau.edu.cn

11641　淮海工学院

在中国普通高校研究生教育竞争力排行榜中的名次：总排名 423/507，江苏省内排名 29/30，理工类排名 146/158。

共 3 个一级学科（学术学位）参评。

学科门类数

理学 333/368、工学 283/365。

一级学科排名

海洋科学 18/30、机械工程 144/205、化学工程与技术 113/194。

通信地址：江苏省连云港市新浦区苍梧路 59 号淮海工学院研招办
邮政编码：222005
电话号码：0518-85895243
电子邮箱：yjsc@hhit.edu.cn
研究生院（部、处）网址：http://yjsc.hhit.edu.cn/

10330　南京体育学院

在中国普通高校研究生教育竞争力排行榜中的名次：总排名 498/507，江苏省内排名 30/30，体育类排名 13/13。

共 1 个一级学科（学术学位）参评。

学科门类数

教育学 92/193。

一级学科排名

体育学 32/117。

```
通信地址 江苏省南京市灵谷寺路8号南京体育学院研招办
邮政编码 210014
电话号码 025-84755772
电子邮箱 jackey520@gmail.com
研究生院（部、处）网址：http://www.nipes.cn/yjs/644/list.htm
```

11049　淮阴工学院

在中国仅专业硕士招生普通高校研究生教育竞争力排行榜中的名次：总排名 9/66，江苏省内排名 3/3，理工类排名 5/20。

共 1 个一级学科（专业学位）参评。

一级学科排名

工程（专业学位）208/380。

```
通信地址 江苏省淮安市枚乘东路1号淮阴工学院研招办
邮政编码 223003
电话号码 0517-83559107
电子邮箱 graduate@hyit.edu.cn
研究生院（部、处）网址：http://gd.hyit.edu.cn/
```

11276　南京工程学院

在中国仅专业硕士招生普通高校研究生教育竞争力排行榜中的名次：总排名 7/66，江苏省内排名 2/3，理工类排名 4/20。

共 1 个一级学科（专业学位）参评，其中 5★+学科 0 个，5★学科 0 个，5★-学科 0 个，4★学科 1 个，学科优秀率为 100%。

一级学科排名

工程（专业学位）70/380。

优势专业

4★专业：工程（专业学位）70/380。

```
通信地址 江苏省南京市弘景大道1号南京工程学院研招办
邮政编码 211167
电话号码 025-86118981
电子邮箱 grad@njit.edu.cn
研究生院（部、处）网址：http://grad.njit.edu.cn/
```

11463　江苏理工学院

在中国仅专业硕士招生普通高校研究生教育竞争力排行榜中的名次：总排名 4/66，江苏省内排名 1/3，理工类排名 3/20。

共 1 个一级学科（专业学位）参评，其中 5★+学科 0 个，5★学科 0 个，5★-学科 0 个，4★学科 1 个，学科优秀率为 100%。

一级学科排名

工程（专业学位）76/380。

优势专业

4★专业：工程（专业学位）76/380。

```
通信地址 江苏省常州市中吴大道1801号江苏理工学院研招办
邮政编码 213001
电话号码 0519-86953091
电子邮箱 yjsc@jsut.edu.cn
研究生院（部、处）网址：http://yjsc.jsut.edu.cn/
```

上海市

10248　上海交通大学

在中国普通高校研究生教育竞争力排行榜中的名次：总排名 4/507，上海市内排名 1/23，理工类排名 2/158。

共 58 个一级学科（学术学位）参评，其中 5★+学科 3 个，5★学科 16 个，5★-学科 13 个，4★学科 12 个，学科优秀率为 75.86%。

学科门类数

哲学 56/154、经济学 26/261、法学 24/351、教育学 38/193、文学 16/271、历史学 61/116、理学 7/368、工学 4/365、农学 37/100、医学 1/182、管理学 10/374、艺术学 79/198。

一级学科排名

哲学 48/154、应用经济学 22/244、法学 12/188、政治学 27/104、马克思主义理论 46/328、教育学 52/140、心理学 23/97、体育学 35/117、中国语言文学 38/170、外国语言文学 5/221、新闻传播学 10/98、中国史 53/113、数学 7/243、物理学 7/166、化学 16/188、天文学 6/15、生物学 3/224、科学技术史 8/22、生态学 4/111、统计学 25/116、基础医学 5/15、药学 3/18、力学 7/102、机械工程 1/205、仪器科学与技术 6/75、材料科学与工程 5/202、动力工程及工程热物理 4/110、电气工程 5/100、电子科学与技术 4/119、信息与通信工程 5/169、控制科学与工程 2/182、计算机科学与技术 6/262、建筑学 7/57、土木工程 16/153、化学工程与技术 4/194、交通运输工程 7/62、船舶与海洋工程 1/16、航空宇航科学与技术 9/21、核科学与技术 3/19、环境科学与工程 15/174、生物医学工程 4/57、食品科学与工程 23/92、风景园林学 11/54、软件工程 8/155、网络空间安全 4/29、园艺学 5/39、畜牧学 23/48、基础医学 7/97、临床医学 1/108、口腔医学 3/44、公共卫生与预防医学 9/70、中西医结合 13/66、药学 5/131、护理学 9/63、管理科学与工程 6/199、工商管理 9/303、公共管理 14/206、设计学 25/134。

第二部分　中国研究生培养单位各类排名结果、学科等级分布、优势专业及联系方式

优势专业

5★+专业：产业经济学 1/204、马克思主义中国化研究 3/250、外国语言学及应用语言学 1/196、遗传学 2/137、发育生物学 1/74、生物化学与分子生物学 1/204、机械电子工程 1/188、机械设计及理论 2/191、车辆工程 2/139、内科学 1/97、儿科学 1/84、神经病学 1/85、皮肤病与性病学 1/72、影像医学与核医学 1/96、临床检验诊断学 1/93、外科学 1/96、妇产科学 1/87、眼科学 1/78、耳鼻咽喉科学 1/75、麻醉学 1/82、急诊医学 1/71。

5★专业：国际贸易学 5/168、宪法学与行政法学 7/131、英语语言文学 7/186、日语语言文学 6/112、基础数学 3/189、计算数学 5/178、概率论与数理统计 8/156、应用数学 10/238、凝聚态物理 7/151、光学 4/137、微生物学 3/167、神经生物学 2/66、机械制造及其自动化 3/184、工业工程 1/11、材料物理与化学 4/183、材料学 4/186、材料加工工程 3/164、工程热物理 3/60、热能工程 3/77、制冷及低温工程 2/58、电机与电器 3/74、电力系统及其自动化 3/84、高电压与绝缘技术 2/53、电力电子与电力传动 3/93、电工理论与新技术 2/73、电路与系统 3/99、微电子学与固体电子学 3/88、电磁场与微波技术 3/73、通信与信息系统 5/144、信号与信息处理 3/150、控制理论与控制工程 4/170、检测技术与自动化装置 5/160、系统工程 4/110、模式识别与智能系统 6/142、计算机系统结构 7/172、计算机软件与理论 3/198、计算机应用技术 11/258、岩土工程 7/131、供热、供燃气、通风及空调工程 3/89、应用化学 3/190、工业催化 3/115、环境科学 8/149、人体解剖与组织胚胎学 3/87、免疫学 4/86、病理学与病理生理学 4/91、老年医学 1/59、精神病与精神卫生学 1/59、肿瘤学 3/88、口腔临床医学 2/42、生药学 3/78、药剂学 5/108、企业管理 10/293、旅游管理 9/181、行政管理 8/166、社会医学与卫生事业管理 3/68、社会保障 5/130。

5★-专业：金融学 12/188、法学理论 8/111、民商法学 10/151、诉讼法学 6/108、经济法学 13/129、高等教育学 8/109、传播学 8/93、理论物理 9/134、物理化学 16/163、细胞生物学 8/138、生物物理学 5/72、固体力学 6/79、流体力学 6/60、工程力学 7/95、精密仪器及机械 5/63、测试计量技术及仪器 7/73、动力机械及工程 5/71、流体机械及工程 4/67、导航、制导与控制 5/69、结构工程 13/141、防灾减灾工程及防护工程 9/115、化学工程 11/126、生物化工 11/119、船舶与海洋结构物设计制造 1/16、轮机工程 1/13、水声工程 1/10、环境工程 12/156、食品科学 8/87、病原生物学 7/86、口腔基础医学 3/29、营养与食品卫生学 4/58、药物化学 8/110、药剂学 6/95、药物分析学 6/95、会计学 19/259、技术经济及管理 18/224。

4★专业：科学技术哲学 18/101、刑法学 15/113、环境与资源保护法学 10/77、国际法学 15/105、马克思主义基本原理 54/267、应用心理学 12/81、语言学及应用语言学 25/135、粒子物理与原子核物理 7/56、原子与分子物理 8/75、等离子体物理 4/36、无机化学 20/159、分析化学 18/163、有机化学 20/164、高分子化学与物理 17/139、免疫学 2/9、药物分析学 2/9、一般力学与力学基础 6/55、建筑历史与理论 5/43、建筑设计及其理论 8/53、建筑技术科学 8/45、化学工艺 19/140、道路与铁道工程 9/47、交通信息工程及控制 9/50、交通运输规划与管理 9/50、果树学 5/39、蔬菜学 5/35、劳动卫生与环境卫生学 6/53、中西医结合临床 11/61、微生物与生化药学 8/72。

通信地址：上海市闵行区东川路800号上海交通大学研究生院
邮政编码：200240
电话号码：021-62821069
电子邮箱：yzb@sjtu.edu.cn
研究生院（部、处）网址：http://yzb.sjtu.edu.cn/

10246　复旦大学

在中国普通高校研究生教育竞争力排行榜中的名次：总排名6/507，上海市内排名2/23，综合类排名4/76。

共45个一级学科（学术学位）参评，其中5★+学科2个，5★学科15个，5★-学科13个，4★学科7个，学科优秀率为82.22%。

学科门类数

哲学 2/154、经济学 10/261、法学 5/351、教育学 81/193、文学 3/271、历史学 2/116、理学 6/368、工学 32/365、医学 2/182、管理学 16/374、艺术学 142/198。

一级学科排名

哲学 3/154、理论经济学 5/115、应用经济学 19/244、统计学 1/46、法学 20/188、政治学 1/104、社会学 14/88、马克思主义理论 18/328、教育学 59/140、心理学 31/97、中国语言文学 3/170、外国语言文学 21/221、新闻传播学 4/98、考古学 4/40、中国史 2/113、世界史 5/67、数学 4/243、物理学 5/166、化学 6/188、生物学 4/224、生态学 7/111、统计学 10/116、力学 15/102、光学工程 8/78、材料科学与工程 22/202、电子科学与技术 12/119、信息与通信工程 47/169、控制科学与工程 109/182、计算机科学与技术 24/262、航空宇航科学与技术 11/21、环境科学与工程 18/174、生物医学工程 6/57、软件工程 6/155、基础医学 1/97、临床医学 2/108、口腔医学 21/44、公共卫生与预防医学 6/70、中西医结合 9/66、药学 6/131、护理学 3/63、生物医学工程 6/13、管理科学与工程 24/199、工商管理 29/303、公共管理 11/206、戏剧与影视学 22/63。

优势专业

5★+专业：政治学理论 1/83、语言学及应用语言学 2/135、中国古代文学 1/159、应用数学 3/238、理论物理 2/134、凝聚态物理 2/151、遗传学 1/137、人体解剖与组织胚胎学 1/87、免疫学 1/86、病原生物学 1/86、病理学与病理生理学 1/91。

5★专业：马克思主义哲学 4/104、中国哲学 4/87、逻辑学 1/39、宗教学 3/55、科学技术哲学 2/101、西方经济学 4/84、中共党史 2/60、国际政治 1/61、国际关系 1/54、马克思主义基本原理 6/267、马克思主义中国化研究 9/250、

思想政治教育 12/302、文艺学 4/153、汉语言文字学 4/133、中国古典文献学 4/101、中国现当代文学 6/148、比较文学与世界文学 5/127、英语语言文学 6/186、新闻学 2/85、基础数学 4/189、计算数学 4/178、概率论与数理统计 7/156、运筹学与控制论 4/165、原子与分子物理 2/75、光学 6/137、无机化学 5/159、分析化学 7/163、有机化学 9/164、物理化学 4/163、高分子化学与物理 7/139、化学生物学 2/18、生理学 4/104、微生物学 8/167、神经生物学 1/66、生物化学与分子生物学 4/204、材料物理与化学 3/183、内科学 2/97、儿科学 2/84、老年医学 2/59、神经病学 3/85、影像医学与核医学 2/96、临床检验诊断学 2/93、外科学 2/96、妇产科学 3/87、眼科学 2/78、耳鼻咽喉科学 2/75、肿瘤学 2/88、康复医学与理疗学 2/63、运动医学 1/29、麻醉学 2/82、急诊医学 2/71、药剂学 5/95、生药学 4/78、旅游管理 8/181。

5★-专业：外国哲学 5/75、伦理学 6/92、政治经济学 8/96、世界经济 7/82、人口、资源与环境经济学 9/86、国民经济学 7/91、金融学 14/188、产业经济学 14/204、劳动经济学 6/82、中外政治制度 4/59、科学社会主义与国际共产主义运动 4/50、传播学 6/93、粒子物理与原子核物理 5/56、无线电物理 4/58、植物学 10/141、发育生物学 6/74、生物物理学 7/72、生物信息学 4/10、材料学 16/186、物理电子学 6/89、电路与系统 10/99、微电子学与固体电子学 6/88、计算机软件与理论 11/198、计算机应用技术 18/258、环境科学 9/149、法医学 3/41、放射医学 2/21、精神病与精神卫生学 4/59、皮肤病与性病学 6/72、劳动卫生与环境卫生学 3/53、儿少卫生与妇幼保健学 4/41、药物化学 7/110、药物分析学 8/95、药理学 6/108、临床药学 1/10、会计学 16/259、企业管理 23/293、技术经济及管理 16/224、社会医学与卫生事业管理 5/68。

4★专业：美学 7/53、经济思想史 6/34、经济史 7/40、区域经济学 23/175、国际贸易学 23/168、数量经济学 18/113、法学理论 20/111、宪法学与行政法学 14/131、民商法学 19/151、诉讼法学 15/108、环境与资源保护法学 12/77、国际法学 14/105、外交学 3/22、社会学 13/80、人口学 6/37、人类学 5/38、民俗学 6/41、教育经济与管理 2/10、外国语言学及应用语言学 21/196、动物学 15/126、细胞生物学 16/138、流体力学 7/60、电磁场与微波技术 13/73、计算机系统结构 33/172、环境工程 22/156、流行病与卫生统计学 8/64、卫生毒理学 7/49、中西医结合基础 7/41、中西医结合临床 10/61、微生物与生化药学 13/72、行政管理 19/166、教育经济与管理 20/131、社会保障 23/130。

通信地址：上海市邯郸路 220 号复旦大学研究生院
邮政编码：200433
电话号码：021-65643991
电子邮箱：gs_admission@fudan.edu.cn
研究生院（部、处）网址：www.gsao.fudan.edu.cn

10247　同济大学

在中国普通高校研究生教育竞争力排行榜中的名次：总排名 18/507，上海市内排名 3/23，理工类排名 7/158。

共 47 个一级学科（学术学位）参评，其中 5★+学科 0 个，5★学科 7 个，5★-学科 8 个，4★学科 17 个，学科优秀率为 68.09%。

学科门类数

哲学 31/154、经济学 35/261、法学 44/351、教育学 68/193、文学 41/271、理学 19/368、工学 11/365、医学 24/182、管理学 31/374、艺术学 53/198。

一级学科排名

哲学 33/154、应用经济学 28/244、法学 41/188、政治学 26/104、马克思主义理论 28/328、教育学 47/140、体育学 51/117、中国语言文学 89/170、外国语言文学 23/221、新闻传播学 63/98、数学 29/243、物理学 29/166、化学 32/188、海洋科学 3/30、地球物理学 6/22、生物学 26/224、生物医学工程 3/19、基础医学 2/15、力学 14/102、机械工程 18/205、材料科学与工程 32/202、动力工程及工程热物理 21/110、电气工程 26/100、信息与通信工程 42/169、控制科学与工程 15/182、计算机科学与技术 11/262、建筑学 1/57、土木工程 6/153、水利工程 12/63、测绘科学与技术 3/50、地质资源与地质工程 7/46、交通运输工程 3/62、航空宇航科学与技术 8/21、环境科学与工程 4/174、城乡规划学 3/51、风景园林学 2/54、软件工程 17/155、设计学 2/10、基础医学 25/97、临床医学 17/108、口腔医学 8/44、公共卫生与预防医学 30/70、药学 86/131、管理科学与工程 19/199、工商管理 33/303、公共管理 48/206、设计学 3/134。

优势专业

5★+专业：马克思主义基本原理 3/267。

5★专业：计算机软件与理论 5/198、建筑历史与理论 2/43、建筑技术科学 1/45、结构工程 7/141、桥梁与隧道工程 5/108、地质工程 2/43、交通信息工程及控制 1/50、交通运输规划与管理 2/50、载运工具运用工程 2/42、环境科学 5/149、环境工程 4/156。

5★-专业：区域经济学 14/175、产业经济学 12/204、德语语言文学 3/36、教育技术学 3/44、机械电子工程 19/188、机械设计及理论 19/191、车辆工程 9/139、工业工程 3/11、控制理论与控制工程 17/170、检测技术与自动化装置 14/160、系统工程 11/110、计算机系统结构 17/172、计算机应用技术 15/258、岩土工程 11/131、市政工程 6/99、供热、供燃气、通风及空调工程 8/89、防灾减灾工程及防护工程 7/115、地图制图学与地理信息工程 4/44、道路与铁道工程 3/47、会计学 24/259、企业管理 18/293、技术经济及管理 14/224。

4★专业：伦理学 17/92、美学 10/53、科学技术哲学 19/101、财政学 15/88、金融学 22/188、国际贸易学 22/168、马克思主义中国化研究 50/250、思想政治教育 35/302、运动人体科学 12/67、英语语言文学 25/186、日语语言文学 15/112、外国语言学及应用语言学 26/196、基础数学 21/189、计算数学 35/178、应用数学 31/238、运筹学与控制论 33/165、理论物理 27/134、凝聚态物理 20/151、声学

6/31、无机化学 32/159、有机化学 33/164、物理化学 30/163、海洋化学 3/21、海洋地质 3/16、微生物学 32/167、发育生物学 13/74、细胞生物学 19/138、生物化学与分子生物学 27/204、工程力学 14/95、机械制造及其自动化 20/184、材料物理与化学 22/183、材料学 26/186、材料加工工程 21/164、动力机械及工程 12/71、信号与信息处理 30/150、模式识别与智能系统 18/142、建筑设计及其理论 7/53、大地测量学与测量工程 4/38、摄影测量与遥感 5/38、内科学 13/97、儿科学 16/84、精神病与精神卫生学 11/59、影像医学与核医学 17/96、临床检验诊断学 19/93、外科学 14/96、妇产科学 12/87、眼科学 14/78、康复医学与理疗学 10/63、口腔基础医学 5/29、口腔临床医学 6/42。

通信地址：上海市四平路1239号瑞安楼同济大学研究生院
邮政编码：200092
电话号码：021-65982944
电子邮箱：yzb@gs.tongji.edu.cn
研究生院（部、处）网址：http://gs.tongji.edu.cn/

10269　华东师范大学

在中国普通高校研究生教育竞争力排行榜中的名次：总排名32/507，上海市内排名4/23，师范类排名2/59。

共42个一级学科（学术学位）参评，其中5★+学科1个，5★学科5个，5★-学科8个，4★学科18个，学科优秀率为76.19%。

学科门类数

哲学 9/154、经济学 37/261、法学 21/351、教育学 2/193、文学 10/271、历史学 15/116、理学 23/368、工学 86/365、医学 86/182、管理学 33/374、艺术学 16/198。

一级学科排名

哲学 10/154、理论经济学 49/115、应用经济学 34/244、法学 113/188、政治学 13/104、社会学 6/88、马克思主义理论 35/328、教育学 2/140、心理学 6/97、体育学 3/117、中国语言文学 6/170、外国语言文学 18/221、新闻传播学 11/98、中国史 21/113、世界史 2/67、数学 19/243、物理学 21/166、化学 29/188、地理学 6/82、大气科学 9/16、海洋科学 11/30、生物学 25/224、生态学 3/111、统计学 13/116、心理学 2/13、环境科学与工程 3/51、材料科学与工程 72/202、电子科学与技术 26/119、信息与通信工程 49/169、计算机科学与技术 30/262、水利工程 33/63、化学工程与技术 128/194、环境科学与工程 30/174、软件工程 2/155、药学 46/131、工商管理 46/303、公共管理 26/206、图书情报与档案管理 9/56、音乐与舞蹈学 16/82、戏剧与影视学 8/63、美术学 9/115、设计学 22/134。

优势专业

5★专业：教育学原理 2/89、课程与教学论 2/98、教育史 2/39、比较教育学 2/45、学前教育学 2/54、高等教育学 2/109、成人教育学 1/33、职业技术教育学 2/48、教育技术学 3/71、应用心理学 4/81、体育人文社会学 2/78、运动人体科学 3/67、体育教育训练学 4/106、文艺学 7/153、语言学及应用语言学 7/135、中国古代文学 5/159、自然地理学 3/67、动物学 4/126、环境科学 2/47、教育技术学 2/44、教育经济与管理 7/131。

5★-专业：外国哲学 7/75、思想政治教育 26/302、发展与教育心理学 5/56、汉语言文字学 8/133、中国古典文献学 10/101、新闻学 6/85、基础数学 12/189、应用数学 23/238、数学教育 1/6、人文地理学 4/65、地图学与地理信息系统 6/73、植物学 13/141、计算机软件与理论 19/198、社会保障 13/130。

4★专业：马克思主义哲学 21/104、中国哲学 10/87、伦理学 13/92、区域经济学 21/175、金融学 21/188、产业经济学 38/204、国际贸易学 33/168、政治学理论 12/83、中共党史 12/60、国际关系 9/54、社会学 9/80、民俗学 7/41、马克思主义基本原理 40/267、马克思主义中国化研究 33/250、特殊教育学 2/18、基础心理学 8/48、中国现当代文学 18/148、比较文学与世界文学 23/127、英语语言文学 20/186、俄语语言文学 12/64、传播学 18/93、计算数学 29/178、理论物理 24/134、光学 19/137、无机化学 26/159、分析化学 21/163、有机化学 23/164、物理化学 29/163、生理学 20/104、生物化学与分子生物学 23/204、基础心理学 2/8、物理电子学 14/89、微电子学与固体电子学 13/88、计算机应用技术 36/258、环境科学 29/149、药物化学 17/110、药理学 21/108、企业管理 42/293、旅游管理 20/181、行政管理 20/166、情报学 9/48。

通信地址：上海市东川路500号华东师范大学研究生院
邮政编码：200241
电话号码：021-54344721
电子邮箱：yjszs@admin.ecnu.edu.cn
研究生院（部、处）网址：http://www.yjsy.ecnu.edu.cn/

10251　华东理工大学

在中国普通高校研究生教育竞争力排行榜中的名次：总排名38/507，上海市内排名5/23，理工类排名19/158。

共32个一级学科（学术学位）参评，其中5★+学科0个，5★学科1个，5★-学科1个，4★学科5个，学科优秀率为21.88%。

学科门类数

哲学 85/154、经济学 69/261、法学 65/351、教育学 132/193、文学 232/271、理学 59/368、工学 44/365、农学 41/100、医学 83/182、管理学 81/374、艺术学 147/198。

一级学科排名

哲学 88/154、应用经济学 49/244、法学 102/188、社会学 28/88、马克思主义理论 98/328、教育学 115/140、体育学 81/117、外国语言文学 149/221、数学 60/243、物理学 60/166、化学 15/188、生物学 53/224、生物医学工程 12/19、力学 60/102、机械工程 49/205、材料科学与工程 24/202、动力工程及工程热物理 19/110、信息与通信工程 107/169、控制科学与工程 31/182、计算机科学与技术

65/262、化学工程与技术 6/194、石油与天然气工程 7/17、环境科学与工程 38/174、食品科学与工程 51/92、安全科学与工程 21/54、植物保护 12/44、药学 21/131、管理科学与工程 57/199、工商管理 75/303、公共管理 70/206、图书情报与档案管理 51/56、设计学 59/134。

优势专业

5★专业：化学工艺 7/140、应用化学 9/190、药物化学 4/110、药剂学 4/95。

5★-专业：分析化学 16/163、有机化学 15/164、化学工程 8/126、生物化工 10/119、农药学 4/39、微生物与生化药学 4/72。

4★专业：国民经济学 17/91、马克思主义中国化研究 45/250、无机化学 18/159、物理化学 18/163、高分子化学与物理 18/139、微生物学 34/167、生物化学与分子生物学 30/204、控制理论与控制工程 27/170、检测技术与自动化装置 32/160、计算机应用技术 40/258、工业催化 15/115、环境工程 25/156。

> 通信地址：上海市梅陇路130号华东理工大学研究生院
> 邮政编码：200237
> 电话号码：021-64252453
> 电子邮箱：yzb@ecust.edu.cn
> 研究生院（部、处）网址：http://gschool.ecust.edu.cn/

10280　上海大学

在中国普通高校研究生教育竞争力排行榜中的名次：总排名 42/507，上海市内排名 6/23，综合类排名 17/76。

共43个一级学科（学术学位）参评，其中5★+学科0个，5★学科0个，5★-学科4个，4★学科13个，学科优秀率为39.53%。

学科门类数

哲学 54/154、经济学 39/261、法学 28/351、文学 24/271、历史学 37/116、理学 47/368、工学 36/365、管理学 34/374、艺术学 10/198。

一级学科排名

哲学 49/154、理论经济学 42/115、应用经济学 52/244、统计学 20/46、法学 66/188、社会学 12/88、马克思主义理论 61/328、中国语言文学 23/170、外国语言文学 53/221、新闻传播学 16/98、中国史 36/113、世界史 23/67、数学 30/243、物理学 30/166、化学 47/188、生物学 82/224、统计学 77/116、力学 17/102、机械工程 21/205、仪器科学与技术 30/75、材料科学与工程 28/202、冶金工程 5/23、电气工程 32/100、电子科学与技术 41/119、信息与通信工程 26/169、控制科学与工程 36/182、计算机科学与技术 44/262、土木工程 41/153、化学工程与技术 59/194、核科学与技术 14/19、环境科学与工程 39/174、生物医学工程 38/57、食品科学与工程 55/92、软件工程 61/155、管理科学与工程 27/199、工商管理 52/303、公共管理 160/206、图书情报与档案管理 13/56、艺术学理论 14/63、音乐与舞蹈学 43/82、戏剧与影视学 5/63、美术学 12/115、设计学 9/134。

优势专业

5★-专业：思想政治教育 20/302、比较文学与世界文学 13/127、机械制造及其自动化 17/184、机械电子工程 15/188、材料物理与化学 18/183。

4★专业：区域经济学 29/175、金融学 37/188、产业经济学 36/204、国际贸易学 27/168、社会学 10/80、中国古典文献学 16/101、中国古代文学 30/159、中国现当代文学 27/148、新闻学 10/85、传播学 11/93、基础数学 27/189、计算数学 25/178、概率论与数理统计 27/156、应用数学 32/238、运筹学与控制论 18/165、凝聚态物理 25/151、光学 25/137、无线电物理 9/58、机械设计及理论 24/191、材料学 33/186、材料加工工程 32/164、检测技术与自动化装置 28/160、模式识别与智能系统 29/142、计算机应用技术 47/258、结构工程 24/141、会计学 42/259、企业管理 40/293、档案学 5/27。

> 通信地址：上海市上大路99号上海大学研究生招生办公室
> 邮政编码：200444
> 电话号码：021-66133763
> 电子邮箱：yhb@t.shu.edu.cn
> 研究生院（部、处）网址：http://yjsb.shu.edu.cn/

10255　东华大学

在中国普通高校研究生教育竞争力排行榜中的名次：总排名 81/507，上海市内排名 7/23，理工类排名 38/158。

共31个一级学科（学术学位）参评，其中5★+学科0个，5★学科1个，5★-学科0个，4★学科2个，学科优秀率为9.68%。

学科门类数

经济学 93/261、法学 257/351、文学 162/271、历史学 101/116、理学 66/368、工学 50/365、管理学 84/374、艺术学 76/198。

一级学科排名

理论经济学 107/115、应用经济学 84/244、马克思主义理论 198/328、外国语言文学 104/221、中国史 98/113、数学 94/243、物理学 101/166、化学 42/188、生物学 154/224、科学技术史 17/22、生物医学工程 17/19、力学 76/102、机械工程 39/205、光学工程 41/78、材料科学与工程 34/202、动力工程及工程热物理 66/110、电气工程 63/100、信息与通信工程 71/169、控制科学与工程 43/182、计算机科学与技术 70/262、土木工程 78/153、化学工程与技术 61/194、纺织科学与工程 1/20、环境科学与工程 40/174、软件工程 55/155、管理科学与工程 53/199、工商管理 63/303、公共管理 146/206、艺术学理论 29/63、美术学 94/115、设计学 35/134。

优势专业

4★专业：外国语言学及应用语言学 39/196、高分子化学与物理 28/139、机械电子工程 38/188、机械设计及理论 29/191、材料物理与化学 36/183、材料学 34/186、材料加工工程 30/164、供热、供燃气、通风及空调工程 14/89、应用化学 35/190、纺织工程 2/16、纺织材料与纺织品设计 2/17、纺织化学与染整工程 2/18、服装设计与工程 2/15、企业管理 46/293。

```
通信地址：上海市松江区大学城人民北路 2999 号东华大学研招办
邮政编码：201620
电话号码：021-62373266
电子邮箱：yzb@dhu.edu.cn
研究生院（部、处）网址：http://yjszs.dhu.edu.cn/
```

10270　上海师范大学

在中国普通高校研究生教育竞争力排行榜中的名次：总排名 111/507，上海市内排名 8/23，师范类排名 13/59。

共 34 个一级学科（学术学位）参评，其中 5★+学科 0 个，5★学科 0 个，5★-学科 2 个，4★学科 5 个，学科优秀率为 20.59%。

学科门类数

哲学 33/154、经济学 151/261、法学 68/351、教育学 16/193、文学 28/271、历史学 17/116、理学 95/368、工学 198/365、管理学 166/374、艺术学 56/198。

一级学科排名

哲学 31/154、应用经济学 142/244、法学 95/188、政治学 59/104、社会学 46/88、马克思主义理论 41/328、教育学 14/140、心理学 13/97、体育学 61/117、中国语言文学 17/170、外国语言文学 61/221、新闻传播学 48/98、考古学 18/40、中国史 14/113、世界史 22/67、数学 39/243、物理学 109/166、化学 93/188、天文学 11/15、地理学 58/82、生物学 99/224、生态学 78/111、环境科学与工程 33/51、信息与通信工程 69/169、计算机科学与技术 92/262、化学工程与技术 60/194、环境科学与工程 86/174、工商管理 151/303、公共管理 91/206、艺术学理论 53/63、音乐与舞蹈学 32/82、戏剧与影视学 20/63、美术学 63/115、设计学 133/134。

优势专业

5★专业：马克思主义中国化研究 11/250。

5★-专业：少年儿童组织与思想意识教育 3/21、文艺学 14/153、汉语言文字学 10/133、比较文学与世界文学 7/127。

4★专业：教育学原理 18/89、课程与教学论 12/98、比较教育学 6/45、学前教育学 7/54、高等教育学 14/109、职业技术教育学 8/48、发展与教育心理学 7/56、语言学及应用语言学 19/135、中国古典文献学 14/101、中国古代文学 19/159、中国现当代文学 22/148、中国少数民族语言文学 5/41、计算数学 34/178、应用数学 47/238。

```
通信地址：上海市桂林路 100 号上海师范大学研招办
邮政编码：200234
电话号码：021-64322314
电子邮箱：yzb@shnu.edu.cn
研究生院（部、处）网址：http://yjsc.shnu.edu.cn/
```

10272　上海财经大学

在中国普通高校研究生教育竞争力排行榜中的名次：总排名 113/507，上海市内排名 9/23，财经类排名 2/34。

共 16 个一级学科（学术学位）参评，其中 5★+学科 0 个，5★学科 1 个，5★-学科 1 个，4★学科 5 个，学科优秀率为 43.75%。

学科门类数

哲学 41/154、经济学 16/261、法学 47/351、文学 97/271、历史学 85/116、理学 201/368、管理学 42/374。

一级学科排名

哲学 39/154、理论经济学 21/115、应用经济学 10/244、法学 26/188、社会学 45/88、马克思主义理论 58/328、中国语言文学 85/170、外国语言文学 173/221、新闻传播学 39/98、中国史 85/113、数学 130/243、统计学 20/116、管理科学与工程 34/199、工商管理 28/303、农林经济管理 28/51、公共管理 61/206。

优势专业

5★专业：会计学 13/259。

5★-专业：区域经济学 12/175、中国近现代史基本问题研究 15/148。

4★专业：马克思主义哲学 19/104、政治经济学 15/96、国民经济学 16/91、金融学 38/188、产业经济学 31/204、国际贸易学 25/168、劳动经济学 15/82、数量经济学 17/113、经济法学 18/129、马克思主义中国化研究 34/250、专门史 3/25、电子商务 2/6、企业管理 34/293、旅游管理 30/181。

```
通信地址：上海市国定路 777 号上海财经大学研招办
邮政编码：200433
电话号码：021-6590379
电子邮箱：yzb@shufe.edu.cn
研究生院（部、处）网址：http://yjs.shufe.edu.cn/
```

10252　上海理工大学

在中国普通高校研究生教育竞争力排行榜中的名次：总排名 114/507，上海市内排名 10/23，理工类排名 49/158。

共 26 个一级学科（学术学位）参评。

学科门类数

经济学 115/261、法学 316/351、文学 87/271、理学 141/368、工学 76/365、管理学 76/374。

一级学科排名

应用经济学 92/244、马克思主义理论 253/328、外国语言文学 88/221、新闻传播学 27/98、数学 71/243、物理学 72/166、系统科学 4/17、力学 71/102、机械工程 44/205、光学工程 25/78、仪器科学与技术 35/75、材料科学与工程 85/202、动力工程及工程热物理 24/110、电气工程 58/100、信息与通信工程 95/169、控制科学与工程 52/182、计算机科学与技术 122/262、土木工程 62/153、交通运输工程 38/62、环境科学与工程 68/174、生物医学工程 26/57、食品科学与工程 44/92、软件工程 67/155、管理科学与工

54/199、工商管理 103/303、公共管理 134/206。

通信地址：上海市军工路 516 号上海理工大学研招办
邮政编码：200093
电话号码：021-55277040
电子邮箱：yzb@usst.edu.cn
研究生院（部、处）网址：http://yjs.usst.edu.cn/

10268　上海中医药大学

在中国普通高校研究生教育竞争力排行榜中的名次：总排名 150/507，上海市内排名 11/23，医药类排名 12/69。

共 4 个一级学科（学术学位）参评，其中 5★+学科 0 个，5★学科 2 个，5★-学科 1 个，4★学科 0 个，学科优秀率为 75%。

学科门类数

医学 28/182。

一级学科排名

中医学 1/41、中西医结合 2/66、药学 28/131、中药学 3/45。

优势专业

5★专业：中医医史文献 1/27、方剂学 1/28、中医诊断学 1/25、中医内科学 1/36、中医外科学 1/28、中医骨伤科学 1/24、中医妇科学 1/26、针灸推拿学 1/31、中西医结合基础 2/41、中西医结合临床 1/61。

5★-专业：中医基础理论 2/30、中医临床基础 2/29、中医儿科学 2/20、中医五官科学 1/17、生药学 8/78。

4★专业：药剂学 19/95。

通信地址：上海市蔡伦路 1200 号上海中医药大学研招办
邮政编码：201203
电话号码：021-51322530
电子邮箱：shutcmyjs@163.com
研究生院（部、处）网址：www.shutcm.com/shutcm/yjsy/index.shtml

10254　上海海事大学

在中国普通高校研究生教育竞争力排行榜中的名次：总排名 178/507，上海市内排名 12/23，理工类排名 69/158。

共 17 个一级学科（学术学位）参评，其中 5★+学科 0 个，5★学科 0 个，5★-学科 0 个，4★学科 1 个，学科优秀率为 5.88%。

学科门类数

经济学 149/261、法学 110/351、文学 90/271、工学 112/365、管理学 116/374。

一级学科排名

应用经济学 152/244、法学 45/188、马克思主义理论 259/328、外国语言文学 24/221、机械工程 93/205、动力工程及工程热物理 59/110、电气工程 46/100、电子科学与技术 93/119、信息与通信工程 82/169、控制科学与工程 80/182、计算机科学与技术 80/262、水利工程 24/63、交通运输工程 13/62、船舶与海洋工程 14/16、软件工程 123/155、管理科学与工程 52/199、工商管理 99/303。

5★-专业：外国语言学及应用语言学 13/196。

4★专业：国际法学 21/105。

通信地址：上海市临港新城海港大道 1550 号上海海事大学研招办
邮政编码：201306
电话号码：021-38284586
电子邮箱：gs_admission@shmtu.edu.cn
研究生院（部、处）网址：yz.shmtu.edu.cn

10277　上海体育学院

在中国普通高校研究生教育竞争力排行榜中的名次：总排名 209/507，上海市内排名 13/23，体育类排名 2/13。

共 3 个一级学科（学术学位）参评，其中 5★+学科 1 个，5★学科 0 个，5★-学科 0 个，4★学科 0 个，学科优秀率为 33.33%。

学科门类数

教育学 5/193、文学 198/271、医学 145/182。

一级学科排名

心理学 38/97、体育学 1/117、新闻传播学 82/98。

优势专业

5★专业：体育人文社会学 3/78、运动人体科学 2/67、体育教育训练学 2/106、民族传统体育学 1/63。

通信地址：上海市清源环路 650 号上海体育学院研究生招生办公室
邮政编码：200438
电话号码：021-51253164
电子邮箱：t3164@126.com
研究生院（部、处）网址：http://yjsc.sus.edu.cn/

10264　上海海洋大学

在中国普通高校研究生教育竞争力排行榜中的名次：总排名 213/507，上海市内排名 14/23，农林类排名 19/37。

共 15 个一级学科（学术学位）参评，其中 5★+学科 0 个，5★学科 0 个，5★-学科 1 个，4★学科 1 个，学科优秀率为 13.33%。

学科门类数

经济学 197/261、理学 127/368、工学 167/365、农学 27/100、管理学 321/374。

一级学科排名

应用经济学 192/244、海洋科学 17/30、生物学 51/224、生态学 52/111、环境科学与工程 11/51、机械工程 160/205、动力工程及工程热物理 99/110、计算机科学与技术 208/262、化学工程与技术 179/194、环境科学与工程 105/174、食品科学与工程 20/92、软件工程 109/155、水产 2/26、食品科学与工程 4/25、农林经济管理 48/51。

优势专业

5★-专业：水产养殖 2/26。

4★专业：水生生物学 10/56、捕捞学 2/8、渔业资源 2/14。

```
通信地址：上海市浦东新区沪城环路999号上海海洋大学研招办
邮政编码：201306
电话号码：021-61900054
电子邮箱：yzb@shou.edu.cn
研究生院（部、处）网址：http://yjs.shou.edu.cn/
```

10271　上海外国语大学

在中国普通高校研究生教育竞争力排行榜中的名次：总排名219/507，上海市内排名15/23，文法类排名4/22。

共8个一级学科（学术学位）参评，其中5★+学科0个，5★学科1个，5★-学科0个，4★学科1个，学科优秀率为25%。

学科门类数

经济学 174/261、法学 84/351、教育学 123/193、文学 18/271、管理学 289/374。

一级学科排名

应用经济学 165/244、政治学 21/104、马克思主义理论 325/328、教育学 93/140、中国语言文学 79/170、外国语言文学 3/221、新闻传播学 57/98、工商管理 232/303。

优势专业

5★+专业：日语语言文学 1/112。

5★专业：英语语言文学 3/186、外国语言学及应用语言学 4/196。

5★-专业：俄语语言文学 4/64、法语语言文学 3/38、亚非语言文学 3/32、翻译学 1/7。

4★专业：德语语言文学 4/36、阿拉伯语语言文学 2/11、欧洲语言文学 2/10。

```
通信地址：上海市大连西路550号1号楼411室上海外国语大学研招办
邮政编码：200083
电话号码：021-35373072
电子邮箱：shisuyzb@126.com
研究生院（部、处）网址：http://graduate.shisu.edu.cn/
```

10276　华东政法大学

在中国普通高校研究生教育竞争力排行榜中的名次：总排名241/507，上海市内排名16/23，文法类排名8/22。

共5个一级学科（学术学位）参评，其中5★+学科0个，5★学科1个，5★-学科0个，4★学科1个，学科优秀率为40%。

学科门类数

经济学 121/261、法学 22/351、管理学 159/374。

一级学科排名

应用经济学 101/244、法学 8/188、政治学 44/104、马克思主义理论 128/328、公共管理 37/206。

优势专业

5★-专业：法学理论 11/111、民商法学 11/151、经济法学 10/129、国际法学 10/105。

4★专业：法律史 7/61、宪法学与行政法学 15/131、刑法学 12/113、诉讼法学 12/108、政治学理论 17/83、行政管理 32/166。

```
通信地址：上海市松江大学园区龙源路555号
邮政编码：201620
电话号码：021-62071885
电子邮箱：y_zsb@163.com
研究生院（部、处）网址：http://yjsy.ecupl.edu.cn/
```

10278　上海音乐学院

在中国普通高校研究生教育竞争力排行榜中的名次：总排名291/507，上海市内排名17/23，艺术类排名5/27。

共3个一级学科（学术学位）参评，其中5★+学科0个，5★学科1个，5★-学科1个，4★学科0个，学科优秀率为66.67%。

学科门类数

艺术学 6/198。

一级学科排名

艺术学理论 6/63、音乐与舞蹈学 3/82、戏剧与影视学 26/63。

```
通信地址：上海市汾阳路20号上海音乐学院研究生部
邮政编码：200031
电话号码：021-64330407
电子邮箱：yjsb@shcmusic.edu.cn
研究生院（部、处）网址：http://yjsb.shcmusic.edu.cn/
```

10856　上海工程技术大学

在中国普通高校研究生教育竞争力排行榜中的名次：总排名322/507，上海市内排名18/23，理工类排名119/158。

共5个一级学科（学术学位）参评。

学科门类数

工学 206/365、管理学 111/374。

一级学科排名

机械工程 73/205、材料科学与工程 81/202、纺织科学与工程 12/20、工商管理 84/303、公共管理 73/206。

优势专业

4★专业：社会保障 14/130。

```
通信地址：上海市松江大学城龙腾333号上海工程技术大学研招办
邮政编码：201620
电话号码：021-67791223
电子邮箱：yzb@sues.edu.cn
研究生院（部、处）网址：http://ge.sues.edu.cn/
```

10259　上海应用技术大学

在中国普通高校研究生教育竞争力排行榜中的名次：总排名327/507，上海市内排名19/23，理工类排名122/158。

共4个一级学科（学术学位）参评，其中5★+学科0个，5★学科0个，5★-学科0个，4★学科1个，学科优秀率为25%。

学科门类数
理学 218/368、工学 243/365、管理学 224/374。

一级学科排名
生态学 13/111、机械工程 112/205、化学工程与技术 120/194、管理科学与工程 95/199。

```
通信地址：上海市海泉路100号上海应用技术大学研招办
邮政编码：201418
电话号码：021-60873564
电子邮箱：gs@sit.edu.cn
研究生院（部、处）网址：http://gs.sit.edu.cn/
```

10256　上海电力学院

在中国普通高校研究生教育竞争力排行榜中的名次：总排名342/507，上海市内排名20/23，理工类排名124/158。

共4个一级学科（学术学位）参评。

学科门类数
理学 233/368、工学 211/365。

一级学科排名
物理学 68/166、动力工程及工程热物理 63/110、电气工程 38/100、化学工程与技术 96/194。

```
通信地址：上海市平凉路2103号上海电力学院研究生处
邮政编码：200090
电话号码：021-35303739
电子邮箱：yzb@shiep.edu.cn
研究生院（部、处）网址：http://yjsc.shiep.edu.cn
```

10273　上海对外经贸大学

在中国普通高校研究生教育竞争力排行榜中的名次：总排名354/507，上海市内排名21/23，财经类排名18/34。

共5个一级学科（学术学位）参评。

学科门类数
经济学 68/261、法学 182/351、文学 101/271、管理学 156/374。

一级学科排名
应用经济学 60/244、法学 92/188、马克思主义理论 280/328、外国语言文学 49/221、工商管理 87/303。

优势专业
4★专业：知识产权法 5/8、外国语言学及应用语言学 34/196。

```
通信地址：上海市古北路620号4号楼502室上海对外经贸大学研招办
邮政编码：200336
电话号码：021-52067316
电子邮箱：yjsb@suibe.edu.cn
研究生院（部、处）网址：http://www.suibe.edu.cn/yjsy/
```

10279　上海戏剧学院

在中国普通高校研究生教育竞争力排行榜中的名次：总排名395/507，上海市内排名22/23，艺术类排名12/27。

共4个一级学科（学术学位）参评。

学科门类数
艺术学 32/198。

一级学科排名
艺术学理论 17/63、音乐与舞蹈学 67/82、戏剧与影视学 13/63、设计学 131/134。

```
通信地址：上海市华山路630号上海戏剧学院研招办
邮政编码：200040
电话号码：021-62482724
电子邮箱：yzb@sta.edu.cn
研究生院（部、处）网址：http://yjs.sta.edu.cn/
```

11835　上海政法学院

在中国普通高校研究生教育竞争力排行榜中的名次：总排名475/507，上海市内排名23/23，文法类排名19/22。

共1个一级学科（学术学位）参评。

学科门类数
法学 117/351。

一级学科排名
法学 48/188。

```
通信地址：上海市青浦区外青松公路7989号上海政法学院研招办
邮政编码：201701
电话号码：021-39225119
电子邮箱：yzb@shupl.edu.cn
研究生院（部、处）网址：http://www4.shupl.edu.cn/html/yjsc
```

10274　上海海关学院

在中国仅专业硕士招生普通高校研究生教育竞争力排行榜中的名次：总排名49/66，上海市内排名4/4，文法类排名3/9。

共1个一级学科（专业学位）参评。

一级学科排名
税务（专业学位）18/38。

```
通信地址：上海市浦东新区华夏西路5677号上海海关学院研招办
邮政编码：201204
电话号码：021-28992899
电子邮箱：shcc_gs@126.com
研究生院（部、处）网址：http://yjsc.shcc.edu.cn
```

11047　上海立信会计金融学院

在中国仅专业硕士招生普通高校研究生教育竞争力排行榜中的名次：总排名23/66，上海市内排名3/4，财经类排名1/5。

共1个一级学科（专业学位）参评，其中5★+学科0个，5★学科0个，5★-学科0个，4★学科1个，学科优秀率为100%。

一级学科排名

审计（专业学位）5/28。

优势专业

4★专业：审计（专业学位）5/28。

```
通信地址：上海市松江区文翔路2800号上海立信会计金融学院
         研招办
邮政编码：201620
电话号码：021-67705124
电子邮箱：yjsc@lixin.edu.cn
研究生院（部、处）网址：http://gs.lixin.edu.cn/
```

11458　上海电机学院

在中国仅专业硕士招生普通高校研究生教育竞争力排行榜中的名次：总排名16/66，上海市内排名2/4，理工类排名10/20。

共1个一级学科（专业学位）参评。

一级学科排名

工程（专业学位）125/380。

```
通信地址：上海市浦东新区橄榄路1350号上海电机学院研招办
邮政编码：201306
电话号码：021-38223020
电子邮箱：yjs@sdju.edu.cn
研究生院（部、处）网址：http://yjs.sdju.edu.cn/
```

12044　上海第二工业大学

在中国仅专业硕士招生普通高校研究生教育竞争力排行榜中的名次：总排名13/66，上海市内排名1/4，理工类排名7/20。

共1个一级学科（专业学位）参评。

一级学科排名

工程（专业学位）186/380。

```
通信地址：上海市浦东新区金海路2360号综合楼1201室上海
         第二工业大学研招办
邮政编码：201209
电话号码：021-50214986
电子邮箱：yjs@sspu.cn
研究生院（部、处）网址：http://yjs.sspu.edu.cn/
```

广东省

10558　中山大学

在中国普通高校研究生教育竞争力排行榜中的名次：总排名5/507，广东省内排名1/24，综合类排名3/76。

共58个一级学科（学术学位）参评，其中5★+学科0个，5★学科12个，5★-学科15个，4★学科15个，学科优秀率为72.41%。

学科门类数

哲学 4/154、经济学 12/261、法学 11/351、教育学 24/193、文学 17/271、历史学 10/116、理学 10/368、工学 60/365、农学 36/100、医学 4/182、管理学 8/374。

一级学科排名

哲学 4/154、理论经济学 7/115、应用经济学 20/244、法学 21/188、政治学 8/104、社会学 4/88、民族学 9/41、马克思主义理论 24/328、心理学 8/97、体育学 91/117、中国语言文学 9/170、外国语言文学 19/221、新闻传播学 15/98、考古学 14/40、中国史 4/113、世界史 13/67、数学 8/243、物理学 25/166、化学 14/188、地理学 8/82、大气科学 5/16、海洋科学 10/30、地质学 11/40、生物学 7/224、生态学 8/111、统计学 16/116、心理学 1/13、力学 19/102、光学工程 16/78、材料科学与工程 33/202、动力工程及工程热物理 54/110、电气工程 39/100、电子科学与技术 29/119、信息与通信工程 30/169、控制科学与工程 49/182、计算机科学与技术 29/262、土木工程 117/153、水利工程 18/63、化学工程与技术 27/194、交通运输工程 16/62、核科学与技术 7/19、环境科学与工程 19/174、生物医学工程 16/57、软件工程 16/155、网络空间安全 2/29、草学 2/28、基础医学 3/97、临床医学 3/108、口腔医学 5/44、公共卫生与预防医学 5/70、中西医结合 24/66、药学 4/131、特种医学 2/10、护理学 7/63、管理科学与工程 15/199、工商管理 4/303、公共管理 5/206、图书情报与档案管理 5/56。

优势专业

5★+专业：肿瘤学 1/88、旅游管理 1/181。

5★专业：马克思主义哲学 2/104、中国哲学 3/87、外国哲学 3/75、逻辑学 2/39、伦理学 2/92、美学 2/53、科学技术哲学 5/101、区域经济学 7/175、金融学 10/188、产业经济学 9/204、国际贸易学 9/168、数量经济学 3/113、中国现当代文学 5/148、基础数学 9/189、计算数学 8/178、应用数学 9/238、植物学 7/141、动物学 3/126、微生物学 5/167、遗传学 6/137、生物化学与分子生物学 7/204、人体解剖学与组织胚胎学 4/87、病理学与病理生理学 3/91、法医学 2/41、内科学 4/97、儿科学 4/84、神经病学 4/85、影像医学与核医学 3/96、临床检验诊断学 4/93、外科学 4/96、眼科学 3/78、耳鼻咽喉科学 3/75、康复医学与理疗学 3/63、麻醉学 3/82、急诊医学 3/71、流行病与卫生统计学 1/64、营养与食品卫生学 2/58、药理学 3/108、会计学 10/259、企业管理 6/293、技术经济及管理 8/224、行政管理 9/166、社会保障 2/130。

5★-专业：世界经济 5/82、财政学 7/88、社会学 6/80、民俗学 4/41、马克思主义基本原理 23/267、马克思主义中国化研究 20/250、思想政治教育 25/302、基础心理学 3/48、语言学及应用语言学 12/135、中国古典文献学 8/101、中国古代文学 10/159、英语语言文学 15/186、概率论与数理统计 9/156、运筹学与控制论 12/165、无机化学 9/159、分析化学 14/163、自然地理学 6/67、人文地理学 5/65、神经生物学 6/66、发育生物学 7/74、细胞生物学 12/138、基础心理学 1/8、发展与教育心理学 1/9、免疫学 6/86、病原生物学 6/86、老年医学 4/59、皮肤病与性病学 4/72、妇产科学 5/87、运动医学 3/29、重症医学 1/10、口腔临床医学 4/42、劳动卫生与环境卫生学 4/53、儿少卫生与妇幼保健学 3/41、卫生毒理学 4/49、药物化学 10/110、药剂学 8/95、生药学 6/78、药物分析学 7/95、土地资源管理 9/105。

4★专业：宗教学 6/55、政治经济学 13/96、宪法学与行政法学 19/131、诉讼法学 17/108、国际法学 19/105、政治学理论 13/83、中外政治制度 11/59、人口学 7/37、人类学 4/38、民族学 5/34、文艺学 21/153、汉语言文字学 15/133、比较文学与世界文学 21/127、外国语言学及应用语言学 28/196、新闻学 17/85、传播学 15/93、理论物理 20/134、原子与分子物理 15/75、凝聚态物理 24/151、光学 24/137、有机化学 19/164、物理化学 20/163、高分子化学与物理 20/139、化学生物学 5/18、地图学与地理信息系统 8/73、生理学 11/104、水生生物学 6/56、生物信息学 5/10、应用心理学 1/8、固体力学 15/79、材料物理与化学 25/183、材料学 31/186、材料加工工程 28/164、电力电子与电力传动 19/93、通信与信息系统 26/144、检测技术与自动化装置 27/160、模式识别与智能系统 19/142、计算机系统结构 26/172、计算机软件与理论 25/198、计算机应用技术 35/258、水文学与水资源 11/54、化学工艺 28/140、环境科学 17/149、环境工程 18/156、微生物与生化药学 12/72、教育经济与管理 18/131、图书馆学 5/37、情报学 8/48、档案学 4/27。

通信地址：广东省广州市海珠区新港西路135号
邮政编码：510275
电话号码：020-84113696
电子邮箱：yzb@sysu.edu.cn
研究生院（部、处）网址：http://graduate.sysu.edu.cn

10561 华南理工大学

在中国普通高校研究生教育竞争力排行榜中的名次：总排名 26/507，广东省内排名 2/24，理工类排名 12/158。

共 45 个一级学科（学术学位）参评，其中 5★+学科 0 个，5★学科 7 个，5★-学科 6 个，4★学科 12 个，学科优秀率为 55.56%。

学科门类数

经济学 77/261、法学 67/351、教育学 86/193、文学 107/271、理学 17/368、工学 9/365、医学 71/182、管理学 13/374、艺术学 90/198。

一级学科排名

应用经济学 58/244、法学 55/188、马克思主义理论 42/328、教育学 75/140、体育学 45/117、外国语言文学 78/221、新闻传播学 20/98、数学 31/243、物理学 37/166、化学 9/188、生物学 61/224、生物医学工程 5/19、力学 33/102、机械工程 20/205、材料科学与工程 11/202、动力工程及工程热物理 17/110、电气工程 14/100、电子科学与技术 19/119、信息与通信工程 15/169、控制科学与工程 17/182、计算机科学与技术 25/262、建筑学 6/57、土木工程 19/153、水利工程 20/63、化学工程与技术 3/194、石油与天然气工程 5/17、轻工技术与工程 2/31、交通运输工程 14/62、船舶与海洋工程 9/16、环境科学与工程 6/174、生物医学工程 15/57、食品科学与工程 4/92、城乡规划学 10/51、风景园林学 6/54、软件工程 23/155、安全科学与工程 14/54、网络空间安全 17/29、设计学 6/10、临床医学 57/108、生物医学工程 3/13、管理科学与工程 7/199、工商管理 15/303、公共管理 33/206、音乐与舞蹈学 37/82、设计学 13/134。

优势专业

5★+专业：化学工程 1/126。

5★专业：马克思主义中国化研究 6/250、物理化学 5/163、高分子化学与物理 4/139、材料物理与化学 6/183、材料学 7/186、材料加工工程 6/164、化工过程机械 3/62、建筑设计及其理论 2/53、化学工艺 5/140、应用化学 5/190、工业催化 4/115、食品科学 4/87、农产品加工及贮藏工程 3/67、企业管理 12/293。

5★-专业：分析化学 11/163、有机化学 16/164、机械制造及其自动化 16/184、机械电子工程 14/188、机械设计及理论 18/191、通信与信息系统 12/144、控制理论与控制工程 10/170、计算机应用技术 26/258、结构工程 11/141、生物化工 8/119、制浆造纸工程 1/15、制糖工程 1/10、发酵工程 2/26、环境工程 11/156、粮食、油脂及植物蛋白工程 3/52、水产品加工及贮藏工程 3/40。

4★专业：基础数学 29/189、应用数学 26/238、运筹学与控制论 19/165、无机化学 17/159、微生物学 20/167、生物化学与分子生物学 37/204、车辆工程 17/139、工程热物理 10/60、电力系统及其自动化 16/84、电力电子与电力传动 11/93、物理电子学 17/89、电路与系统 20/99、信号与信息处理 16/150、检测技术与自动化装置 24/160、系统工程 19/110、模式识别与智能系统 22/142、计算机系统结构 21/172、计算机软件与理论 22/198、建筑技术科学 9/45、岩土工程 19/131、市政工程 20/99、防灾减灾工程及防护工程 17/115、桥梁与隧道工程 17/108、交通信息工程及控制 10/50、环境科学 19/149、会计学 51/259、旅游管理 21/181、技术经济及管理 27/224、行政管理 28/166。

通信地址：广东省广州市天河区五山路381号一号楼1210室
邮政编码：510640
电话号码：020-87113401
电子邮箱：yzb@scut.edu.cn
研究生院（部、处）网址：admission.scut.edu.cn/Master/

10559　暨南大学

在中国普通高校研究生教育竞争力排行榜中的名次：总排名46/507，广东省内排名3/24，综合类排名18/76。

共46个一级学科（学术学位）参评，其中5★+学科0个，5★学科0个，5★-学科3个，4★学科4个，学科优秀率为15.22%。

学科门类数

哲学139/154、经济学23/261、法学63/351、教育学115/193、文学19/271、历史学39/116、理学52/368、工学108/365、医学32/182、管理学29/374。

一级学科排名

哲学137/154、理论经济学30/115、应用经济学23/244、统计学10/46、法学60/188、政治学18/104、马克思主义理论172/328、心理学25/97、中国语言文学22/170、外国语言文学94/221、新闻传播学9/98、中国史28/113、世界史18/67、数学131/243、物理学83/166、化学66/188、生物学31/224、生态学25/111、统计学37/116、环境科学与工程38/51、生物医学工程18/19、基础医学14/15、药学5/18、力学50/102、光学工程30/78、材料科学与工程74/202、电子科学与技术58/119、信息与通信工程81/169、计算机科学与技术68/262、土木工程123/153、化学工程与技术107/194、环境科学与工程54/174、生物医学工程22/57、食品科学与工程26/92、软件工程58/155、基础医学42/97、临床医学39/108、公共卫生与预防医学38/70、中医学30/41、中西医结合34/66、药学23/131、中药学16/45、护理学52/63、管理科学与工程55/199、工商管理20/303、公共管理57/206。

优势专业

5★专业：产业经济学10/204、企业管理15/293。

5★-专业：区域经济学11/175、文艺学11/153、传播学9/93、旅游管理12/181。

4★专业：政治经济学17/96、国民经济学14/91、金融学26/188、国际贸易学19/168、劳动经济学13/82、数量经济学22/113、国际关系10/54、应用心理学14/81、语言学及应用语言学21/135、汉语言文字学22/133、中国古代文学24/159、中国现当代文学24/148、比较文学与世界文学16/127、新闻学13/85、水生生物学7/56、生物化学与分子生物学24/204、药理学17/108、会计学34/259、技术经济及管理43/224。

通信地址：广东省广州市黄埔大道西601号
邮政编码：510632
电话号码：020-85220045
电子邮箱：oyzb@jnu.edu.cn
研究生院（部、处）网址：https://gs.jnu.edu.cn/

10574　华南师范大学

在中国普通高校研究生教育竞争力排行榜中的名次：总排名57/507，广东省内排名4/24，师范类排名6/59。

共33个一级学科（学术学位）参评，其中5★+学科0个，5★学科1个，5★-学科1个，4★学科6个，学科优秀率为24.24%。

学科门类数

哲学27/154、经济学47/261、法学70/351、教育学9/193、文学43/271、历史学32/116、理学48/368、工学145/365、农学65/100、医学127/182、管理学91/374、艺术学94/198。

一级学科排名

哲学26/154、理论经济学47/115、应用经济学67/244、统计学46/46、法学78/188、政治学34/104、马克思主义理论38/328、教育学12/140、心理学5/97、体育学13/117、中国语言文学42/170、外国语言文学76/221、新闻传播学67/98、中国史25/113、世界史30/67、数学38/243、物理学28/166、化学59/188、地理学9/82、生物学52/224、生态学61/111、材料科学与工程119/202、电子科学与技术43/119、计算机科学与技术82/262、化学工程与技术131/194、环境科学与工程77/174、水产14/26、药学57/131、工商管理139/303、公共管理47/206、图书情报与档案管理20/56、音乐与舞蹈学54/82、美术学33/115。

优势专业

5★-专业：马克思主义基本原理28/267、课程与教学论8/98、应用心理学5/81。

4★专业：科学技术哲学20/101、马克思主义中国化研究43/250、国外马克思主义研究17/83、思想政治教育41/302、中国近现代史基本问题研究20/148、高等教育学15/109、教育技术学12/71、基础心理学9/48、发展与教育心理学8/56、体育人文社会学13/78、运动人体科学9/67、体育教育训练学14/106、民族传统体育学8/63、光学21/137、环境化学2/6、微生物与生化药学9/72。

通信地址：广东省广州市天河区中山大道西55号华南师范大学研究生招生办公室
邮政编码：510631
电话号码：020-85213863
电子邮箱：yjshc2@scnu.edu.cn
研究生院（部、处）网址：https://yjsy.scnu.edu.cn/

12121　南方医科大学

在中国普通高校研究生教育竞争力排行榜中的名次：总排名79/507，广东省内排名5/24，医药类排名4/69。

共16个一级学科（学术学位）参评，其中5★+学科0个，5★学科0个，5★-学科0个，4★学科2个，学科优秀率为12.5%。

学科门类数

法学286/351、教育学163/193、理学107/368、工学241/365、医学20/182、管理学261/374。

一级学科排名

马克思主义理论238/328、心理学63/97、生物学30/224、计算机科学与技术233/262、生物医学工程25/57、基础医学22/97、临床医学18/108、口腔医学22/44、公共卫生与预防医学16/70、中医学29/41、中西医结合17/66、药学 36/131、中药学 42/45、特种医学 10/10、护理学 27/63、公共管理 150/206。

优势专业

4★专业：神经生物学 12/66、生物化学与分子生物学 32/204、人体解剖学与组织胚胎学 10/87、病原生物学 14/86、病理学与病理生理学 12/91、内科学 16/97、影像医学与核医学 18/96、外科学 13/96、妇产科学 16/87、肿瘤学 17/88、营养与食品卫生学 10/58、中西医结合临床 9/61。

通信地址：广东省广州市沙太南路 1023 号南方医科大学研招办
邮政编码：510515
电话号码：020-61648036
电子邮箱：manqiang@fimmu.com
研究生院（部、处）网址：http://yjs.fimmu.com/

10564 华南农业大学

在中国普通高校研究生教育竞争力排行榜中的名次：总排名 87/507，广东省内排名 6/24，农林类排名 5/37。

共 29 个一级学科（学术学位）参评，其中 5★+学科 0 个，5★学科 1 个，5★-学科 1 个，4★学科 8 个，学科优秀率为 34.48%。

学科门类数

经济学 131/261、法学 288/351、教育学 173/193、理学 65/368、工学 85/365、农学 12/100、管理学 86/374。

一级学科排名

应用经济学 104/244、马克思主义理论 282/328、数学 122/243、地理学 46/82、生物学 34/224、科学技术史 6/22、生态学 22/111、计算机科学与技术 2/38、环境科学与工程 4/51、机械工程 119/205、计算机科学与技术 128/262、化学工程与技术 101/194、农业工程 5/47、林业工程 11/13、环境科学与工程 99/174、食品科学与工程 18/92、风景园林学 34/54、作物学 9/46、园艺学 12/39、农业资源与环境 11/39、植物保护 9/44、畜牧学 8/48、兽医学 9/41、林学 24/44、水产 19/26、草学 24/28、工商管理 247/303、农林经济管理 9/51、公共管理 92/206。

优势专业

5★-专业：计算机应用技术 2/31、环境科学 4/47、农业电气化与自动化 4/40。

4★专业：植物学 21/141、动物学 17/126、微生物学 22/167、遗传学 23/137、计算机系统结构 3/18、计算机软件与理论 3/25、环境工程 3/22、农业生物环境与能源工程 6/30、作物遗传育种 7/45、农业昆虫与害虫防治 6/40、动物营养与饲料科学 8/44、预防兽医学 7/39。

通信地址：广东省广州市天河区五山路 483 号华南农业大学研究生招生办公室（行政楼 316 室）
邮政编码：510640
电话号码：020-85280066
电子邮箱：yab@scau.edu.cn
研究生院（部、处）网址：www.scau.edu.cn/yzb

10590 深圳大学

在中国普通高校研究生教育竞争力排行榜中的名次：总排名 99/507，广东省内排名 7/24，综合类排名 30/76。

共 41 个一级学科（学术学位）参评，其中 5★+学科 0 个，5★学科 0 个，5★-学科 0 个，4★学科 3 个，学科优秀率为 7.32%。

学科门类数

哲学 52/154、经济学 84/261、法学 104/351、教育学 60/193、文学 81/271、理学 114/368、工学 84/365、医学 76/182、管理学 128/374、艺术学 42/198。

一级学科排名

哲学 52/154、理论经济学 38/115、应用经济学 122/244、统计学 39/46、法学 63/188、政治学 61/104、马克思主义理论 166/328、教育学 61/140、心理学 42/97、体育学 70/117、中国语言文学 95/170、外国语言文学 102/221、新闻传播学 26/98、数学 110/243、物理学 51/166、化学 112/188、生物学 62/224、生态学 51/111、统计学 84/116、材料科学与工程 6/7、机械工程 132/205、光学工程 15/78、材料科学与工程 73/202、电子科学与技术 36/119、信息与通信工程 45/169、控制科学与工程 62/182、计算机科学与技术 60/262、建筑学 25/57、土木工程 43/153、化学工程与技术 142/194、城乡规划学 16/51、管理科学与工程 5/44、基础医学 13/97、管理科学与工程 64/199、工商管理 96/303、公共管理 136/206、艺术学理论 44/63、音乐与舞蹈学 63/82、戏剧与影视学 40/63、美术学 39/115、设计学 62/134。

优势专业

5★-专业：人体解剖学与组织胚胎学 5/87、病原生物学 8/86。

4★专业：计算机软件与理论 39/198、计算机应用技术 42/258、病理学与病理生理学 14/91。

通信地址：广东省深圳市南山区南海大道 3688 号深圳大学办公楼 435 室
邮政编码：518060
电话号码：0755-26536177
电子邮箱：szuyz@szu.edu.cn
研究生院（部、处）网址：http://zsb.szu.edu.cn

11845 广东工业大学

在中国普通高校研究生教育竞争力排行榜中的名次：总排名 130/507，广东省内排名 8/24，理工类排名 54/158。

共 21 个一级学科（学术学位）参评，其中 5★+学科 0 个，5★学科 0 个，5★-学科 0 个，4★学科 3 个，学科优秀率为 14.29%。

学科门类数

经济学 109/261、理学 214/368、工学 75/365、管理学 95/374、艺术学 91/198。

一级学科排名

应用经济学 128/244、数学 53/243、机械工程 38/205、仪器科学与技术 43/75、材料科学与工程 55/202、动力工程及工程热物理 41/110、电气工程 45/100、电子科学与技术 56/119、信息与通信工程 59/169、控制科学与工程 20/182、计算机科学与技术 55/262、建筑学 33/57、土木工程 50/153、测绘科学与技术 24/50、化学工程与技术 31/194、环境科学与工程 63/174、软件工程 63/155、管理科学与工程 48/199、工商管理 127/303、公共管理 180/206、设计学 28/134。

优势专业

4★专业：计算数学 36/178、运筹学与控制论 29/165、机械制造及其自动化 35/184、机械设计及理论 39/191、控制理论与控制工程 25/170、模式识别与智能系统 20/142。

```
通信地址：广东省广州市番禺区大学城外环西路 100 号广东工
        业大学研招办
邮政编码：510006
电话号码：020-39322722
电子邮箱：yzb@gdut.edu.cn
研究生院（部、处）网址：http://yzw.gdut.edu.cn
```

11078 广州大学

在中国普通高校研究生教育竞争力排行榜中的名次：总排名 166/507，广东省内排名 9/24，综合类排名 44/76。

共 32 个一级学科（学术学位）参评，其中 5★+学科 0 个，5★学科 0 个，5★-学科 0 个，4★学科 1 个，学科优秀率为 3.13%。

学科门类数

哲学 58/154、经济学 191/261、法学 169/351、教育学 71/193、文学 121/271、历史学 103/116、理学 152/368、工学 140/365、管理学 178/374、艺术学 97/198。

一级学科排名

哲学 64/154、统计学 9/46、法学 107/188、马克思主义理论 110/328、教育学 57/140、心理学 32/97、体育学 96/117、中国语言文学 126/170、外国语言文学 217/221、新闻传播学 90/98、中国史 101/113、数学 72/243、物理学 154/166、化学 155/188、天文学 10/15、地理学 59/82、生物学 208/224、统计学 55/116、环境科学与工程 35/51、力学 80/102、机械工程 121/205、电子科学与技术 99/119、建筑学 40/57、土木工程 33/153、化学工程与技术 111/194、城乡规划学 39/51、工商管理 128/303、公共管理 124/206、音乐与舞蹈学 78/82、戏剧与影视学 61/63、美术学 98/115、设计学 117/134。

```
通信地址：广东省广州大学城外环西路 230 号广州大学研招办
邮政编码：510006
电话号码：020-39366238
电子邮箱：zhangjiansheng@gzhu.edu.cn
研究生院（部、处）网址：http://portal.gzhu.edu.cn/web/yjsc/
```

10560 汕头大学

在中国普通高校研究生教育竞争力排行榜中的名次：总排名 171/507，广东省内排名 10/24，综合类排名 45/76。

共 26 个一级学科（学术学位）参评。

学科门类数

经济学 229/261、法学 343/351、教育学 95/193、文学 106/271、理学 131/368、工学 238/365、医学 57/182、管理学 218/374、艺术学 169/198。

一级学科排名

应用经济学 221/244、马克思主义理论 314/328、教育学 81/140、中国语言文学 111/170、外国语言文学 209/221、新闻传播学 53/98、数学 83/243、化学 146/188、海洋科学 19/30、生物学 96/224、环境科学与工程 42/51、机械工程 140/205、光学工程 67/78、材料科学与工程 186/202、信息与通信工程 138/169、计算机科学与技术 195/262、土木工程 121/153、化学工程与技术 176/194、基础医学 39/97、临床医学 56/108、公共卫生与预防医学 68/70、药学 75/131、工商管理 176/303、公共管理 172/206、美术学 113/115、设计学 118/134。

优势专业

5★-专业：高等教育学 11/109。

```
通信地址：广东省汕头市大学路 243 号汕头大学研究生学院
邮政编码：515063
电话号码：0754-86502424
电子邮箱：o_yjsc@stu.edu.cn
研究生院（部、处）网址：http://www.gs.stu.edu.cn/xxfw/master/
```

10572 广州中医药大学

在中国普通高校研究生教育竞争力排行榜中的名次：总排名 172/507，广东省内排名 11/24，医药类排名 16/69。

共 9 个一级学科（学术学位）参评，其中 5★+学科 0 个，5★学科 0 个，5★-学科 2 个，4★学科 0 个，学科优秀率为 22.22%。

学科门类数

哲学 151/154、法学 339/351、医学 33/182、管理学 360/374。

一级学科排名

哲学 149/154、马克思主义理论 310/328、临床医学 47/108、中医学 4/41、中西医结合 5/66、药学 60/131、中药学 14/45、护理学 37/63、公共管理 185/206。

优势专业

5★专业：中医儿科学 1/20。

5★-专业：中医临床基础 3/29、针灸推拿学 3/31、中西医结合基础 3/41、中西医结合临床 5/61。

4★专业：中医基础理论 6/30、中医医史文献 5/27、方剂学 3/28、中医诊断学 4/25、中医内科学 4/36、中医外科学 3/28、中医骨伤科学 3/24、中医妇科学 3/26、中医五官科学 3/17。

> 通信地址：广东省广州市番禺区广州大学城外环东路 232 号广州中医药大学
> 邮政编码：510006
> 电话号码：020-39358233
> 电子邮箱：yzb@gzhtcm.edu.cn
> 研究生院（部、处）网址：http://yjsy.gzucm.edu.cn/

10570　广州医科大学

在中国普通高校研究生教育竞争力排行榜中的名次：总排名 185/507，广东省内排名 12/24，医药类排名 19/69。

共 8 个一级学科（学术学位）参评。

学科门类数

理学 239/368、医学 37/182、管理学 367/374。

一级学科排名

生物学 140/224、基础医学 40/97、临床医学 29/108、公共卫生与预防医学 46/70、中西医结合 45/66、药学 87/131、护理学 21/63、管理科学与工程 187/199。

> 通信地址：广东省广州市东风西路 195 号
> 邮政编码：511436
> 电话号码：020-81340448
> 电子邮箱：yzb@gzhmc.edu.cn
> 研究生院（部、处）网址：http://yjs.gzhmu.edu.cn/

11846　广东外语外贸大学

在中国普通高校研究生教育竞争力排行榜中的名次：总排名 240/507，广东省内排名 13/24，文法类排名 7/22。

共 9 个一级学科（学术学位）参评，其中 5★+学科 0 个，5★学科 1 个，5★-学科 0 个，4★学科 0 个，学科优秀率为 11.11%。

学科门类数

经济学 70/261、法学 129/351、文学 32/271、管理学 117/374。

一级学科排名

理论经济学 69/115、应用经济学 65/244、法学 51/188、政治学 52/104、马克思主义理论 216/328、中国语言文学 82/170、外国语言文学 6/221、管理科学与工程 115/199、工商管理 65/303。

优势专业

5★专业：外国语言学及应用语言学 5/196。

5★-专业：英语语言文学 16/186。

4★专业：宪法学与行政法学 23/131、俄语语言文学 8/64、法语语言文学 5/38、德语语言文学 7/36、日语语言文学 12/112、翻译学 2/7、企业管理 58/293。

> 通信地址：广东省广州市白云大道北 2 号广东外语外贸大学研招办
> 邮政编码：510420
> 电话号码：020-36207044
> 电子邮箱：zzpzzf@163.com
> 研究生院（部、处）网址：http://yz.gdufs.edu.cn/

10571　广东医科大学

在中国普通高校研究生教育竞争力排行榜中的名次：总排名 304/507，广东省内排名 14/24，医药类排名 35/69。

共 4 个一级学科（学术学位）参评。

学科门类数

理学 290/368、医学 65/182。

一级学科排名

生物学 138/224、基础医学 62/97、临床医学 45/108、药学 101/131。

> 通信地址：广东省湛江市文明东路 2 号广东医科大学研究生学院
> 邮政编码：524023
> 电话号码：0759-2388246
> 电子邮箱：gdmcyjszs@126.com
> 研究生院（部、处）网址：https://yjsxy.gdmu.edu.cn/

10566　广东海洋大学

在中国普通高校研究生教育竞争力排行榜中的名次：总排名 336/507，广东省内排名 15/24，农林类排名 31/37。

共 11 个一级学科（学术学位）参评。

学科门类数

经济学 194/261、法学 297/351、理学 256/368、工学 235/365、农学 49/100、管理学 372/374。

一级学科排名

应用经济学 191/244、马克思主义理论 275/328、海洋科学 16/30、机械工程 188/205、计算机科学与技术 186/262、食品科学与工程 33/92、作物学 43/46、畜牧学 47/48、水产 7/26、食品科学与工程 16/25、公共管理 195/206。

> 通信地址：广东省湛江市湖光岩东广东海洋大学研究生处招生与就业办公室
> 邮政编码：524088
> 电话号码：0759-2362490
> 电子邮箱：Yjs@gdou.edu.cn
> 研究生院（部、处）网址：http://yjs.gdou.edu.cn/default.aspx

10573　广东药科大学

在中国普通高校研究生教育竞争力排行榜中的名次：总排名 357/507，广东省内排名 16/24，医药类排名 44/69。

共 4 个一级学科（学术学位）参评，其中 5★+学科 0 个，5★学科 0 个，5★-学科 0 个，4★学科 2 个，学科优秀率为 50%。

学科门类数

医学 77/182。

一级学科排名

基础医学 33/97、公共卫生与预防医学 23/70、中西医结合 11/66、药学 25/131。

优势专业

4★专业：中西医结合基础 6/41、药剂学 17/95。

通信地址：广东省广州大学城外环东路 280 号
邮政编码：510006
电话号码：020-39352060
电子邮箱：gyyjsc@126.com
研究生院（部、处）网址：www.gdpu.edu.cn/

10592　广东财经大学

在中国普通高校研究生教育竞争力排行榜中的名次：总排名 383/507，广东省内排名 17/24，财经类排名 23/34。

共 7 个一级学科（学术学位）参评。

学科门类数

经济学 80/261、法学 125/351、文学 248/271、工学 353/365、管理学 142/374。

一级学科排名

应用经济学 64/244、统计学 23/46、法学 64/188、马克思主义理论 218/328、外国语言文学 188/221、管理科学与工程 25/44、工商管理 66/303。

通信地址：广东省广州市海珠区仓头路 21 号
邮政编码：510320
电话号码：020-84096844
电子邮箱：yzb@gdufe.edu.cn
研究生院（部、处）网址：http://yjsc.gdufe.edu.cn/230/list.htm

10585　广州体育学院

在中国普通高校研究生教育竞争力排行榜中的名次：总排名 418/507，广东省内排名 18/24，体育类排名 9/13。

共 2 个一级学科（学术学位）参评。

学科门类数

教育学 80/193、医学 173/182。

一级学科排名

体育学 25/117、临床医学 105/108。

优势专业

4★专业：体育教育训练学 20/106。

通信地址：广东省广州市广州大道中 1268 号
邮政编码：510500
电话号码：020-87553731
电子邮箱：yanzhaobanzhang@163.com
研究生院（部、处）网址：http://grad.gipe.edu.cn/Default.asp

10586　广州美术学院

在中国普通高校研究生教育竞争力排行榜中的名次：总排名 421/507，广东省内排名 19/24，艺术类排名 13/27。

共 3 个一级学科（学术学位）参评，其中 5★+学科 0 个，5★学科 0 个，5★-学科 0 个，4★学科 2 个，学科优秀率为 66.67%。

学科门类数

艺术学 51/198。

一级学科排名

艺术学理论 25/63、美术学 20/115、设计学 27/134。

通信地址：广东省广州市海珠区昌岗东路 257 号
邮政编码：510260
电话号码：020-84019197
电子邮箱：yzb@gzarts.edu.cn
研究生院（部、处）网址：http://yjs.gzarts.edu.cn

11349　五邑大学

在中国普通高校研究生教育竞争力排行榜中的名次：总排名 441/507，广东省内排名 20/24，综合类排名 73/76。

共 10 个一级学科（学术学位）参评。

学科门类数

理学 310/368、工学 276/365、管理学 348/374。

一级学科排名

数学 182/243、机械工程 202/205、信息与通信工程 160/169、控制科学与工程 177/182、计算机科学与技术 247/262、化学工程与技术 186/194、纺织科学与工程 20/20、交通运输工程 58/62、管理科学与工程 188/199、工商管理 296/303。

通信地址：广东省江门市东成村 22 号五邑大学研招办
邮政编码：529020
电话号码：0750-3296951
电子邮箱：yjs@wyu.edu.cn
研究生院（部、处）网址：http://www.wyu.edu.cn/yjsc/

11347　仲恺农业工程学院

在中国普通高校研究生教育竞争力排行榜中的名次：总排名 452/507，广东省内排名 21/24，农林类排名 36/37。

共 4 个一级学科（学术学位）参评。

学科门类数

工学 325/365、农学 63/100。

一级学科排名

化学工程与技术 161/194、食品科学与工程 73/92、植物保护 23/44、林学 26/44。

通信地址：广东省广州市海珠区纺织路东沙街 24 号仲恺农业
　　　　　工程学院研招办
邮政编码：510225
电话号码：020-89002097
电子邮箱：xkb@zhku.edu.cn
研究生院（部、处）网址：http://yjs.zhku.edu.cn/

11847　佛山科学技术学院

在中国普通高校研究生教育竞争力排行榜中的名次：总排名 462/507，广东省内排名 22/24，理工类排名 152/158。

共 3 个一级学科（学术学位）参评。

学科门类数

工学 277/365、农学 76/100。

一级学科排名

机械工程 136/205、土木工程 109/153、兽医学 19/41。

通信地址：广东省佛山市江湾一路 18 号佛山科学技术学院研招办
邮政编码：528000
电话号码：0757-82982395
电子邮箱：interbecker@qq.com
研究生院（部、处）网址：http://web.fosu.edu.cn/yanjiusheng/

10588　广东技术师范学院

在中国普通高校研究生教育竞争力排行榜中的名次：总排名 463/507，广东省内排名 23/24，师范类排名 53/59。

共 4 个一级学科（学术学位）参评。

学科门类数

法学 240/351、教育学 108/193、文学 203/271、工学 329/365。

一级学科排名

民族学 33/41、教育学 74/140、新闻传播学 59/98、控制科学与工程 113/182。

优势专业

4★专业：职业技术教育学 9/48。

通信地址：广东省广州市天河区中山大道西 293 号广东技术师范学院研招办
邮政编码：510665
电话号码：020-38256458
电子邮箱：gsyjsc@163.com
研究生院（部、处）网址：http://yjsc.gpnu.edu.cn/

10587　星海音乐学院

在中国普通高校研究生教育竞争力排行榜中的名次：总排名 503/507，广东省内排名 24/24，艺术类排名 27/27。

共 1 个一级学科（学术学位）参评。

学科门类数

艺术学 114/198。

一级学科排名

音乐与舞蹈学 20/82。

通信地址：广东省广州大学城外环西路 398 号星海音乐学院研究生部
邮政编码：510006
电话号码：020-39363999
电子邮箱：yzb@xhzsb.edu.cn
研究生院（部、处）网址：http://yjsb.xhcom.edu.cn/

11540　广东金融学院

在中国仅专业硕士招生普通高校研究生教育竞争力排行榜中的名次：总排名 32/66，广东省内排名 1/1，财经类排名 3/5。

共 1 个一级学科（专业学位）参评，其中 5★+学科 0 个，5★学科 0 个，5★-学科 0 个，4★学科 1 个，学科优秀率为 100%。

一级学科排名

金融（专业学位）21/145。

优势专业

4★专业：金融（专业学位）21/145。

通信地址：广东省广州市天河区迎福路 527 号广东金融学院研招办
邮政编码：510521
电话号码：020-87217040
电子邮箱：yjschu@163.com
研究生院（部、处）网址：http://yjs.gduf.edu.cn/

湖北省

10486　武汉大学

在中国普通高校研究生教育竞争力排行榜中的名次：总排名 7/507，湖北省内排名 1/25，综合类排名 5/76。

共 60 个一级学科（学术学位）参评，其中 5★+学科 3 个，5★学科 15 个，5★-学科 8 个，4★学科 15 个，学科优秀率为 68.33%。

学科门类数

哲学 6/154、经济学 3/261、法学 4/351、教育学 48/193、文学 13/271、历史学 9/116、理学 8/368、工学 14/365、医

学 13/182、管理学 3/374、艺术学 58/198。

一级学科排名

哲学 6/154、理论经济学 4/115、应用经济学 7/244、统计学 2/46、法学 2/188、政治学 11/104、社会学 13/88、马克思主义理论 1/328、教育学 37/140、心理学 19/97、中国语言文学 20/170、外国语言文学 32/221、新闻传播学 3/98、考古学 11/40、中国史 6/113、世界史 14/67、数学 17/243、物理学 18/166、化学 12/188、地理学 3/82、地球物理学 1/22、生物学 8/224、生态学 33/111、统计学 7/116、药学 1/18、力学 34/102、机械工程 46/205、光学工程 32/78、仪器科学与技术 27/75、材料科学与工程 31/202、动力工程及工程热物理 27/110、电气工程 11/100、电子科学与技术 24/119、信息与通信工程 18/169、控制科学与工程 35/182、计算机科学与技术 3/262、建筑学 14/57、土木工程 20/153、水利工程 2/63、测绘科学与技术 1/50、化学工程与技术 44/194、轻工技术与工程 11/31、交通运输工程 44/62、环境科学与工程 16/174、城乡规划学 11/51、软件工程 4/155、网络空间安全 16/29、基础医学 9/97、临床医学 19/108、口腔医学 4/44、公共卫生与预防医学 22/70、中西医结合 41/66、药学 18/131、护理学 8/63、生物医学工程 5/13、管理科学与工程 11/199、工商管理 11/303、公共管理 7/206、图书情报与档案管理 1/56、戏剧与影视学 19/63。

优势专业

5★+专业：环境与资源保护法学 1/77、马克思主义基本原理 2/267、马克思主义中国化研究 2/250、思想政治教育 1/302、中国近现代史基本问题研究 2/148、动物学 1/126、计算机系统结构 2/172。

5★专业：政治经济学 5/96、世界经济 3/82、人口、资源与环境经济学 3/86、区域经济学 6/175、法学理论 2/111、法律史 3/61、宪法学与行政法学 5/131、刑法学 6/113、民商法学 3/151、诉讼法学 4/108、经济法学 4/129、国际法学 2/105、马克思主义发展史 2/88、国外马克思主义研究 2/83、传播学 3/93、地图学与地理信息系统 2/73、固体地球物理学 1/19、植物学 3/141、生理学 2/104、微生物学 7/167、发育生物学 3/74、细胞生物学 3/138、生物化学与分子生物学 8/204、生物物理学 3/72、计算机软件与理论 9/198、计算机应用技术 9/258、信息安全 1/8、水文学及水资源 1/54、大地测量学与测量工程 1/38、摄影测量与遥感 1/38、地图制图学与地理信息工程 1/44、会计学 14/259、企业管理 9/293、社会保障 7/130、土地资源管理 3/105、图书馆学 1/37、情报学 1/48。

5★-专业：马克思主义哲学 6/104、中国哲学 6/87、外国哲学 6/75、美学 5/53、科学技术哲学 10/101、西方经济学 5/84、金融学 13/188、数量经济学 11/113、金融工程 1/7、科学社会主义与国际共产主义运动 3/50、民俗学 3/41、文艺学 13/153、汉语言文字学 9/133、中国古代文学 16/159、中国现当代文学 13/148、比较文学与世界文学 12/127、新闻学 7/85、基础数学 11/189、计算数学 12/178、概率论与数理统计 13/156、应用数学 17/238、理论物理学 14/134、凝聚态物理 13/151、无机化学 16/159、分析化学 10/163、有机化学 10/164、物理化学 17/163、高分子化学与物理 13/139、化学生物学 3/18、自然地理学 5/67、人文地理学 6/65、空间物理学 1/15、遗传学 8/137、药物化学 1/14、药剂学 1/7、药物分析学 1/9、药理学 1/8、电力系统及其自动化 6/84、市政工程 10/99、水力学及河流动力学 3/35、水工结构工程 2/36、水利水电工程 3/39、港口、海岸及近海工程 2/23、环境科学 10/149、免疫学 9/86、病原生物学 9/86、口腔临床医学 3/42、电子商务 1/6、行政管理 13/166、社会医学与卫生事业管理 6/68、教育经济与管理 9/131、档案学 2/27。

4★专业：伦理学 12/92、宗教学 7/55、经济思想史 5/34、经济史 5/40、国民经济学 15/91、财政学 12/88、产业经济学 24/204、国际贸易学 32/168、劳动经济学 11/82、政治学理论 11/83、中外政治制度 9/59、中共党史 7/60、国际政治 12/61、国际关系 7/54、社会学 14/80、高等教育学 18/109、语言学及应用语言学 20/135、中国古典文献学 12/101、英语语言文学 27/186、俄语语言文学 11/64、法语语言文学 6/38、翻译学 3/7、运筹学与控制论 30/165、粒子物理与原子核物理 8/56、无线电物理 7/58、微生物与生化药学 2/10、机械电子工程 32/188、机械设计及理论 36/191、材料物理与化学 28/183、材料学 28/186、材料加工工程 26/164、流体机械及工程 11/67、高电压与绝缘技术 8/53、电力电子与电力传动 13/93、电工理论与新技术 11/73、电路与系统 19/99、通信与信息系统 17/144、信号与信息处理 25/150、系统工程 15/110、模式识别与智能系统 27/142、岩土工程 16/131、结构工程 19/141、防灾减灾工程及防护工程 13/115、应用化学 31/190、制浆造纸工程 3/15、环境工程 21/156、病理学与病理生理学 18/91、精神病与精神卫生学 8/59、临床检验诊断学 17/93、耳鼻咽喉科学 14/75、急诊医学 11/71、重症医学 2/10、口腔基础医学 4/29、旅游管理 35/181。

通信地址：湖北省武汉市武昌区珞珈山街16号武汉大学研究生院
邮政编码：430072
电话号码：027-68754125
电子邮箱：bbgs@whu.edu.cn
研究生院（部、处）网址：www.gs.whu.edu.cn

10487 华中科技大学

在中国普通高校研究生教育竞争力排行榜中的名次：总排名11/507，湖北省内排名2/25，理工类排名4/158。

共48个一级学科（学术学位）参评，其中5★+学科0个，5★学科7个，5★-学科18个，4★学科14个，学科优秀率为81.25%。

学科门类数

哲学 18/154、经济学 24/261、法学 29/351、教育学 14/193、文学 23/271、理学 20/368、工学 8/365、医学 8/182、管理学 17/374、艺术学 74/198。

一级学科排名

哲学 17/154、理论经济学 19/115、应用经济学 18/244、法学 49/188、社会学 18/88、马克思主义理论 32/328、教育学 9/140、中国语言文学 28/170、外国语言文学 48/221、新闻传播学 13/98、数学 20/243、物理学 6/166、化学 27/188、生物学 20/224、系统科学 6/17、统计学 17/116、力学 22/102、机械工程 13/205、光学工程 3/78、仪器科学与技术 13/75、材料科学与工程 4/202、动力工程及工程热物理 8/110、电气工程 6/100、电子科学与技术 7/119、信息与通信工程 19/169、控制科学与工程 5/182、计算机科学与技术 7/262、建筑学 13/57、土木工程 12/153、水利工程 5/63、交通运输工程 22/62、船舶与海洋工程 8/16、环境科学与工程 29/174、生物医学工程 5/57、城乡规划学 2/51、风景园林学 4/54、网络空间安全 12/29、基础医学 12/97、临床医学 10/108、口腔医学 15/44、公共卫生与预防医学 2/70、中西医结合 8/66、药学 14/131、护理学 6/63、管理科学与工程 17/199、工商管理 18/303、公共管理 13/206、设计学 20/134。

优势专业

5★+专业：光学 1/137。

5★专业：区域经济学 8/175、国际贸易学 4/168、数量经济学 6/113、高等教育学 4/109、运筹学与控制论 9/165、机械制造及其自动化 9/184、机械电子工程 9/188、机械设计及理论 7/191、材料学 6/186、电力电子与电力传动 5/93、控制理论与控制工程 7/170、模式识别与智能系统 3/142、计算机系统结构 3/172、水利水电工程 2/39、劳动卫生与环境卫生学 2/53、营养与食品卫生学 1/58、儿少卫生与妇幼保健学 2/41、技术经济及管理 5/224。

5★-专业：金融学 15/188、产业经济学 16/204、马克思主义基本原理 19/267、教育学原理 7/89、基础数学 19/189、计算数学 17/178、应用数学 24/238、理论物理 12/134、凝聚态物理 15/151、无线电物理 6/58、生物化学与分子生物学 14/204、车辆工程 10/139、精密仪器及机械 4/63、材料物理与化学 15/183、材料加工工程 13/164、工程热物理 6/60、热能工程 5/77、流体机械 7/67、制冷及低温工程 4/58、化工过程机械 6/62、电机与电器 7/74、电工理论与新技术 7/73、物理电子学 5/89、电路与系统 9/99、微电子学与固体电子学 9/88、电磁场与微波技术 7/73、检测技术与自动化装置 11/160、计算机应用技术 22/258、结构工程 14/141、防灾减灾工程及防护工程 12/115、水文学及水资源 5/54、病原生物学 5/86、病理学与病理生理学 8/91、儿科学 7/84、神经病学 6/85、影像医学与核医学 9/96、妇产科学 9/87、耳鼻咽喉科学 7/75、康复医学与理疗学 5/63、麻醉学 8/82、急诊医学 7/71、重症医学 1/7、会计学 25/259、行政管理 16/166、教育经济与管理 11/131。

4★专业：马克思主义哲学 16/104、外国哲学 13/75、伦理学 11/92、科学技术哲学 13/101、西方经济学 10/84、文艺学 20/153、语言学及应用语言学 17/135、汉语言文字学 14/133、外国语言学及应用语言学 38/196、新闻学 14/85、传播学 16/93、概率论与数理统计 17/156、原子与分子物理 10/75、等离子体物理 6/36、无机化学 31/159、分析化学 29/163、有机化学 26/164、化学生物学 7/18、植物学 24/141、生理学 18/104、水生生物学 11/56、微生物学 21/167、神经生物学 7/66、遗传学 28/137、生物物理学 10/72、动力机械及工程 9/71、电力系统及其自动化 10/84、高电压与绝缘技术 7/53、通信与信息系统 20/144、信号与信息处理 17/150、系统工程 13/110、导航、制导与控制 12/69、计算机软件与理论 23/198、岩土工程 14/131、市政工程 13/99、供热、供燃气、通风及空调工程 12/89、桥梁与隧道工程 14/108、环境科学 30/149、环境工程 28/156、人体解剖与组织胚胎学 11/87、免疫学 12/86、法医学 5/41、内科学 11/97、老年医学 7/59、皮肤病与性病学 13/72、临床检验诊断学 15/93、外科学 11/96、眼科学 11/78、肿瘤学 12/88、流行病与卫生统计学 12/64、卫生毒理学 6/49、中西医结合基础 8/41、中西医结合临床 12/61、药剂学 18/95、药物分析学 19/95、药理学 13/108、企业管理 32/293、社会医学与卫生事业管理 8/68、社会保障 24/130、土地资源管理 15/105。

```
通信地址：湖北省武汉市武昌区珞瑜路 1037 号
邮政编码：430074
电话号码：027-87542552
电子邮箱：zhaoban@mail.hust.edu.cn
研究生院（部、处）网址：http://gs.hust.edu.cn/
```

10504　华中农业大学

在中国普通高校研究生教育竞争力排行榜中的名次：总排名 47/507，湖北省内排名 3/25，农林类排名 3/37。

共 26 个一级学科（学术学位）参评，其中 5★+学科 0 个，5★学科 2 个，5★-学科 5 个，4★学科 6 个，学科优秀率为 50%。

学科门类数

经济学 95/261、法学 95/351、文学 244/271、理学 40/368、工学 111/365、农学 5/100、管理学 40/374。

一级学科排名

应用经济学 96/244、法学 155/188、社会学 27/88、马克思主义理论 213/328、新闻传播学 85/98、大气科学 10/16、生物学 10/224、生态学 24/111、环境科学与工程 1/51、化学工程与技术 134/194、轻工技术与工程 23/31、农业工程 6/47、环境科学与工程 72/174、食品科学与工程 10/92、风景园林学 20/54、作物学 4/46、园艺学 7/39、农业资源与环境 4/39、植物保护 5/44、畜牧学 4/48、兽医学 4/41、林学 14/44、水产 5/26、工商管理 205/303、农林经济管理 4/51、公共管理 34/206。

优势专业

5★专业：植物学 5/141、水生生物学 2/56、微生物学 4/167、遗传学 5/137、发育生物学 4/74、细胞生物学 5/138、生物信息学 2/10、环境科学 1/47、环境工程 1/22。

5★-专业：生物化学与分子生物学 15/204、土壤学

3/35、植物营养学 3/37、农业昆虫与害虫防治 4/40、动物遗传育种与繁殖 3/41、基础兽医学 4/39、预防兽医学 4/39、农业经济管理 4/50、土地资源管理 10/105。

4★专业：产业经济学 32/204、生理学 12/104、农业机械化工程 8/41、农业生物环境与能源工程 4/30、农业电气化与自动化 6/40、食品科学 11/87、粮食、油脂及植物蛋白工程 8/52、农产品加工及贮藏工程 9/67、水产品加工及贮藏工程 8/40、作物栽培学与耕作学 5/42、作物遗传育种 5/45、果树学 7/39、蔬菜学 7/35、设施园艺学 3/13、植物病理学 5/37、农药学 7/39、动物营养与饲料科学 9/44、特种经济动物饲养 4/26、水产养殖 4/26、林业经济管理 3/27。

```
通信地址：湖北省武汉市洪山区狮子山街1号
邮政编码：430070
电话号码：027-87280470
电子邮箱：yjs10504@mail.hzau.edu.cn
研究生院（部、处）网址：http://yjs.hzau.edu.cn/
```

10497　武汉理工大学

在中国普通高校研究生教育竞争力排行榜中的名次：总排名 49/507，湖北省内排名 4/25，理工类排名 24/158。

共 43 个一级学科（学术学位）参评，其中 5★+学科 0 个，5★学科 0 个，5★-学科 2 个，4★学科 6 个，学科优秀率为 18.60%。

学科门类数

哲学 76/154、经济学 66/261、法学 93/351、教育学 119/193、文学 140/271、历史学 94/116、理学 112/368、工学 35/365、医学 144/182、管理学 68/374、艺术学 29/198。

一级学科排名

哲学 83/154、理论经济学 75/115、应用经济学 63/244、法学 125/188、政治学 70/104、马克思主义理论 17/328、教育学 98/140、体育学 86/117、外国语言文学 98/221、新闻传播学 74/98、中国史 86/113、数学 118/243、物理学 58/166、化学 36/188、统计学 60/116、力学 35/102、机械工程 28/205、仪器科学与技术 25/75、材料科学与工程 15/202、动力工程及工程热物理 40/110、电气工程 40/100、电子科学与技术 46/119、信息与通信工程 44/169、控制科学与工程 54/182、计算机科学与技术 67/262、建筑学 21/57、土木工程 26/153、化学工程与技术 41/194、矿业工程 9/32、交通运输工程 12/62、船舶与海洋工程 10/16、环境科学与工程 60/174、生物医学工程 34/57、城乡规划学 21/51、软件工程 60/155、安全科学与工程 8/54、药学 73/131、管理科学与工程 47/199、工商管理 60/303、公共管理 179/206、艺术学理论 20/63、美术学 54/115、设计学 32/134。

优势专业

5★专业：材料物理与化学 9/183、材料加工工程 9/164。

5★-专业：中国近现代史基本问题研究 11/148、工业工程 4/11、材料学 17/186。

4★专业：产业经济学 41/204、马克思主义基本原理 41/267、马克思主义发展史 10/88、马克思主义中国化研究 42/250、国外马克思主义研究 16/83、思想政治教育 47/302、机械制造及其自动化 30/184、机械设计及理论 38/191、车辆工程 24/139、动力机械及工程 8/71、结构工程 25/141、桥梁与隧道工程 16/108、企业管理 53/293、技术经济及管理 42/224。

```
通信地址：湖北省武汉市洪山区珞狮路122号
邮政编码：430070
电话号码：027-87651413
电子邮箱：yzb@whut.edu.cn
研究生院（部、处）网址：http://gd.whut.edu.cn
```

10511　华中师范大学

在中国普通高校研究生教育竞争力排行榜中的名次：总排名 50/507，湖北省内排名 5/25，师范类排名 4/59。

共 39 个一级学科（学术学位）参评，其中 5★+学科 0 个，5★学科 5 个，5★-学科 2 个，4★学科 10 个，学科优秀率为 43.59%。

学科门类数

哲学 24/154、经济学 72/261、法学 15/351、教育学 6/193、文学 14/271、历史学 20/116、理学 38/368、工学 179/365、农学 47/100、管理学 27/374、艺术学 52/198。

一级学科排名

哲学 22/154、理论经济学 46/115、应用经济学 72/244、法学 58/188、政治学 6/104、社会学 17/88、马克思主义理论 13/328、教育学 5/140、心理学 4/97、体育学 6/117、中国语言文学 8/170、外国语言文学 47/221、新闻传播学 35/98、中国史 10/113、世界史 8/67、数学 43/243、物理学 32/166、化学 41/188、大文学 7/15、地理学 30/82、生物学 90/224、生态学 39/111、统计学 46/116、材料科学与工程 128/202、电子科学与技术 83/119、信息与通信工程 93/169、计算机科学与技术 71/262、化学工程与技术 153/194、环境科学与工程 154/174、软件工程 120/155、管理科学与工程 23/44、植物保护 13/44、管理科学与工程 30/199、工商管理 201/303、公共管理 29/206、图书情报与档案管理 8/56、音乐与舞蹈学 13/82、美术学 22/115、设计学 73/134。

优势专业

5★专业：政治学理论 4/83、思想政治教育 9/302、少年儿童组织与思想意识教育 2/21、发展与教育心理学 2/56、应用心理学 2/81、体育人文社会学 4/78、民族传统体育学 3/63、文艺学 8/153、汉语言文字学 3/133、比较文学与世界文学 2/127。

5★-专业：社会学 5/80、马克思主义基本原理 15/267、马克思主义中国化研究 22/250、教育学原理 5/89、学前教育学 5/54、高等教育学 10/109、教育技术学 7/71、基础心理学 5/48、体育教育训练学 7/106、语言学及应用语言学 11/135、中国古典文献学 7/101、中国古代文学 11/159、中国现当代文学 12/148、农药学 3/39、行政管理 17/166、教育经济与管理 8/131。

4★专业：马克思主义哲学 12/104、中外政治制度 8/59、科学社会主义与国际共产主义运动 6/50、中共党史 8/60、国际政治 10/61、马克思主义发展史 11/88、国外马克思主义研究 13/83、课程与教学论 14/98、教育史 7/39、比较教育学 9/45、成人教育学 4/33、特殊教育学 3/18、运动人体科学 13/67、英语语言文学 26/186、基础数学 35/189、应用数学 44/238、理论物理 22/134、有机化学 28/164、教育技术学 8/44、情报学 6/48。

```
通信地址：湖北省武汉市珞瑜路 152 号
邮政编码：430079
电话号码：027-67861488
电子邮箱：yjszb@mail.ccnu.edu.cn
研究生院（部、处）网址：http://gs.ccnu.edu.cn/
```

10491　中国地质大学（武汉）

在中国普通高校研究生教育竞争力排行榜中的名次：总排名 71/507，湖北省内排名 6/25，理工类排名 36/158。

共 36 个一级学科（学术学位）参评，其中 5★+学科 0 个，5★学科 0 个，5★-学科 1 个，4★学科 7 个，学科优秀率为 22.22%。

学科门类数

经济学 60/261、法学 98/351、教育学 90/193、文学 131/271、理学 34/368、工学 64/365、管理学 62/374、艺术学 81/198。

一级学科排名

应用经济学 48/244、法学 101/188、马克思主义理论 52/328、教育学 77/140、心理学 64/97、体育学 59/117、外国语言文学 80/221、新闻传播学 56/98、数学 143/243、物理学 98/166、化学 121/188、地理学 14/82、大气科学 14/16、海洋科学 15/30、地球物理学 5/22、地质学 4/40、生物学 171/224、环境科学与工程 18/51、机械工程 125/205、光学工程 65/78、材料科学与工程 97/202、信息与通信工程 89/169、控制科学与工程 99/182、计算机科学与技术 88/262、土木工程 34/153、水利工程 40/63、测绘科学与技术 12/50、地质资源与地质工程 5/46、石油与天然气工程 12/17、环境科学与工程 32/174、软件工程 62/155、安全科学与工程 35/54、管理科学与工程 73/199、工商管理 120/303、公共管理 30/206、设计学 18/134。

优势专业

5★-专业：思想政治教育 17/302、矿物学、岩石学、矿床学 3/33、土地资源管理 6/105。

4★专业：区域经济学 31/175、产业经济学 35/204、自然地理学 9/67、地球化学 5/29、古生物学与地层学 3/28、构造地质学 5/29、第四纪地质学 5/25、信息安全 5/8、岩土工程 20/131、防灾减灾工程及防护工程 22/115、地图制图学与地理信息工程 9/44、矿产普查与勘探 6/38、地球探测与信息技术 7/35、地质工程 7/43、环境科学 26/149、环境工程 31/156。

```
通信地址：湖北省武汉市洪山区鲁磨路 388 号
邮政编码：430074
电话号码：027-67885153
电子邮箱：yzb@cug.edu.cn
研究生院（部、处）网址：http://yanzhao.cug.edu.cn
```

10520　中南财经政法大学

在中国普通高校研究生教育竞争力排行榜中的名次：总排名 123/507，湖北省内排名 7/25，财经类排名 3/34。

共 16 个一级学科（学术学位）参评，其中 5★+学科 0 个，5★学科 1 个，5★-学科 3 个，4★学科 2 个，学科优秀率为 37.5%。

学科门类数

哲学 36/154、经济学 21/261、法学 17/351、文学 128/271、历史学 78/116、理学 283/368、工学 327/365、管理学 24/374。

一级学科排名

哲学 35/154、理论经济学 18/115、应用经济学 14/244、法学 6/188、政治学 54/104、社会学 29/88、马克思主义理论 114/328、外国语言文学 92/221、新闻传播学 52/98、中国史 67/113、统计学 19/116、计算机科学与技术 174/262、管理科学与工程 90/199、工商管理 16/303、农林经济管理 24/51、公共管理 16/206。

优势专业

5★专业：金融学 9/188、宪法学与行政法学 3/131、经济法学 7/129。

5★-专业：法学理论 9/111、法律史 6/61、刑法学 8/113、民商法学 9/151、诉讼法学 9/108、环境与资源保护法学 6/77、国际法学 6/105、知识产权法 2/8、会计学 15/259、社会保障 11/130。

4★专业：政治经济学 14/96、经济史 6/40、西方经济学 13/84、人口、资源与环境经济学 16/86、区域经济学 28/175、财政学 10/88、产业经济学 25/204、国际贸易学 21/168、劳动经济学 12/82、数量经济学 19/113、企业管理 36/293、旅游管理 26/181、技术经济及管理 39/224、行政管理 27/166、教育经济与管理 26/131。

```
通信地址：湖北省武汉市东湖高新技术开发区南湖大道 182 号
　　　　　中南财经政法大学研究生招生办公室
邮政编码：430073
电话号码：027-88386706
电子邮箱：yjszsb@zuel.edu.cn
研究生院（部、处）网址：http://ygb.zuel.edu.cn/
```

10512　湖北大学

在中国普通高校研究生教育竞争力排行榜中的名次：总排名 145/507，湖北省内排名 8/25，综合类排名 40/76。

共 31 个一级学科（学术学位）参评，其中 5★+学科 0

个, 5★学科 0 个, 5★-学科 0 个, 4★学科 1 个, 学科优秀率为 3.23%。

学科门类数

哲学 29/154、经济学 129/261、法学 108/351、教育学 76/193、文学 79/271、历史学 58/116、理学 108/368、工学 152/365、医学 171/182、管理学 158/374。

一级学科排名

哲学 29/154、理论经济学 55/115、应用经济学 213/244、法学 120/188、政治学 62/104、马克思主义理论 68/328、教育学 73/140、心理学 86/97、体育学 65/117、中国语言文学 74/170、外国语言文学 79/221、新闻传播学 78/98、中国史 72/113、世界史 45/67、数学 86/243、物理学 110/166、化学 82/188、地理学 56/82、生物学 107/224、生态学 77/111、电子科学与技术 8/15、计算机科学与技术 31/38、材料科学与工程 66/202、电子科学与技术 91/119、计算机科学与技术 194/262、化学工程与技术 173/194、网络空间安全 27/29、药学 123/131、工商管理 145/303、公共管理 114/206、图书情报与档案管理 49/56。

优势专业

4★专业：马克思主义基本原理 36/267。

```
通信地址: 湖北省武汉市武昌区友谊大道 368 号
邮政编码: 430062
电话号码: 027-88663060
电子邮箱: yjsc@hubu.edu.cn
研究生院（部、处）网址: http://gs.hubu.edu.cn/
```

10488　武汉科技大学

在中国普通高校研究生教育竞争力排行榜中的名次：总排名 149/507，湖北省内排名 9/25，理工类排名 60/158。

共 26 个一级学科（学术学位）参评。

学科门类数

哲学 130/154、经济学 183/261、法学 275/351、文学 241/271、理学 198/368、工学 80/365、医学 122/182、管理学 161/374。

一级学科排名

哲学 135/154、理论经济学 82/115、马克思主义理论 169/328、外国语言文学 176/221、数学 163/243、物理学 103/166、生物学 125/224、统计学 43/116、力学 77/102、机械工程 52/205、材料科学与工程 56/202、冶金工程 7/23、动力工程及工程热物理 83/110、电子科学与技术 95/119、控制科学与工程 57/182、计算机科学与技术 91/262、土木工程 65/153、化学工程与技术 63/194、矿业工程 12/32、环境科学与工程 128/174、软件工程 71/155、安全科学与工程 12/54、管理科学与工程 13/44、公共卫生与预防医学 28/70、工商管理 118/303、公共管理 94/206。

优势专业

4★专业：工业工程 7/11。

```
通信地址: 湖北省武汉市青山区建设一路
邮政编码: 430081
电话号码: 027-68862830
电子邮箱: yzb@wust.edu.cn
研究生院（部、处）网址: https://yjsc.wust.edu.cn/
```

10524　中南民族大学

在中国普通高校研究生教育竞争力排行榜中的名次：总排名 173/507，湖北省内排名 10/25，民族类排名 2/12。

共 19 个一级学科（学术学位）参评，其中 5★+学科 0 个, 5★学科 0 个, 5★-学科 0 个, 4★学科 1 个, 学科优秀率为 5.26%。

学科门类数

哲学 134/154、经济学 118/261、法学 37/351、教育学 100/193、文学 100/271、理学 155/368、工学 250/365、医学 155/182、管理学 194/374。

一级学科排名

哲学 141/154、理论经济学 81/115、应用经济学 183/244、法学 104/188、社会学 52/88、民族学 5/41、马克思主义理论 228/328、教育学 50/140、中国语言文学 78/170、外国语言文学 199/221、新闻传播学 70/98、数学 198/243、化学 107/188、生物学 159/224、信息与通信工程 96/169、计算机科学与技术 129/262、药学 99/131、工商管理 152/303、公共管理 117/206。

优势专业

5★-专业：中国少数民族经济 2/28。

4★专业：马克思主义民族理论与政策 3/26、中国少数民族艺术 4/23。

```
通信地址: 湖北省武汉市武昌区民族大道 708 号中南民族大学研究生院
邮政编码: 430074
电话号码: 027-67843396
电子邮箱: yjsb@scuec.edu.cn
研究生院（部、处）网址: http://www.scuec.edu.cn/yjsy/
```

10489　长江大学

在中国普通高校研究生教育竞争力排行榜中的名次：总排名 193/507，湖北省内排名 11/25，综合类排名 48/76。

共 33 个一级学科（学术学位）参评。

学科门类数

经济学 211/261、法学 277/351、教育学 117/193、文学 231/271、历史学 86/116、理学 151/368、工学 131/365、农学 48/100、医学 124/182、管理学 215/374。

一级学科排名

应用经济学 210/244、马克思主义理论 180/328、教育学 90/140、体育学 111/117、外国语言文学 151/221、中国史 78/113、数学 230/243、物理学 127/166、地理学 64/82、地球物理学 14/22、地质学 25/40、生物学 121/224、生态

学 81/111、计算机科学与技术 8/38、环境科学与工程 15/51、机械工程 133/205、动力工程及工程热物理 98/110、信息与通信工程 133/169、控制科学与工程 171/182、计算机科学与技术 150/262、土木工程 98/153、化学工程与技术 124/194、地质资源与地质工程 17/46、石油与天然气工程 10/17、环境科学与工程 149/174、风景园林学 38/54、软件工程 127/155、作物学 21/46、植物保护 19/44、水产 20/26、临床医学 85/108、工商管理 163/303、农林经济管理 44/51。

通信地址：湖北省荆州市南环路 1 号
邮政编码：434023
电话号码：0716-8060564
电子邮箱：yzb@yangtzeu.edu.cn
研究生院（部、处）网址：http://yjsc.yangtzeu.edu.cn/

11075 三峡大学

在中国普通高校研究生教育竞争力排行榜中的名次：总排名 208/507，湖北省内排名 12/25，综合类排名 51/76。

共 25 个一级学科（学术学位）参评。

学科门类数

法学 212/351、教育学 139/193、文学 135/271、理学 191/368、工学 143/365、医学 114/182、管理学 253/374。

一级学科排名

法学 168/188、马克思主义理论 108/328、教育学 103/140、中国语言文学 114/170、外国语言文学 133/221、数学 140/243、物理学 124/166、化学 124/188、生物学 172/224、生态学 70/111、力学 92/102、机械工程 128/205、动力工程及工程热物理 65/110、电气工程 76/100、信息与通信工程 135/169、控制科学与工程 156/182、计算机科学与技术 131/262、土木工程 61/153、水利工程 17/63、地质资源与地质工程 43/46、管理科学与工程 27/44、基础医学 61/97、临床医学 81/108、管理科学与工程 118/199、工商管理 210/303。

通信地址：湖北省宜昌市大学路 8 号三峡大学研招办
邮政编码：443002
电话号码：0717-6392638
电子邮箱：yzb@ctgu.edu.cn
研究生院（部、处）网址：http://yjs.ctgu.edu.cn:82/

10490 武汉工程大学

在中国普通高校研究生教育竞争力排行榜中的名次：总排名 231/507，湖北省内排名 13/25，理工类排名 88/158。

共 18 个一级学科（学术学位）参评。

学科门类数

法学 189/351、教育学 118/193、理学 224/368、工学 133/365、管理学 203/374。

一级学科排名

马克思主义理论 129/328、教育学 69/140、化学 101/188、计算机科学与技术 11/38、环境科学与工程 20/51、机械工程 168/205、光学工程 70/78、材料科学与工程 99/202、动力工程及工程热物理 75/110、控制科学与工程 81/182、计算机科学与技术 171/262、土木工程 102/153、化学工程与技术 46/194、矿业工程 23/32、环境科学与工程 119/174、软件工程 72/155、管理科学与工程 124/199、工商管理 221/303。

优势专业

4★专业：高等教育学 22/109、计算机应用技术 6/31。

通信地址：湖北省武汉市东雄楚大街 693 号
邮政编码：430073
电话号码：027-87194626
电子邮箱：yzb@hust.edu.cn
研究生院（部、处）网址：https://yjs.wit.edu.cn

10522 武汉体育学院

在中国普通高校研究生教育竞争力排行榜中的名次：总排名 279/507，湖北省内排名 14/25，体育类排名 3/13。

共 7 个一级学科（学术学位）参评，其中 5★+学科 0 个，5★学科 0 个，5★-学科 1 个，4★学科 0 个，学科优秀率为 14.29%。

学科门类数

经济学 260/261、教育学 36/193、医学 158/182、管理学 374/374、艺术学 164/198。

一级学科排名

应用经济学 244/244、心理学 88/97、体育学 8/117、临床医学 104/108、特种医学 6/10、工商管理 294/303、音乐与舞蹈学 36/82。

优势专业

5★-专业：体育教育训练学 6/106、民族传统体育学 6/63。

4★专业：体育人文社会学 12/78、运动人体科学 10/67。

通信地址：湖北省武汉市武昌区珞瑜路 461 号
邮政编码：430079
电话号码：027-87191802
电子邮箱：Webmaster@wipe.edu.cn
研究生院（部、处）网址：http://yjsy.whsu.edu.cn/

10500 湖北工业大学

在中国普通高校研究生教育竞争力排行榜中的名次：总排名 280/507，湖北省内排名 15/25，理工类排名 101/158。

共 22 个一级学科（学术学位）参评，其中 5★+学科 0 个，5★学科 0 个，5★-学科 1 个，4★学科 0 个，学科优秀率为 4.55%。

学科门类数

经济学 187/261、法学 247/351、教育学 145/193、文学 268/271、理学 261/368、工学 184/365、管理学 232/374、艺术学 115/198。

一级学科排名

应用经济学 186/244、政治学 101/104、马克思主义理论 177/328、教育学 109/140、外国语言文学 216/221、计算机科学与技术 3/38、力学 93/102、机械工程 171/205、光学工程 75/78、仪器科学与技术 67/75、材料科学与工程 142/202、电气工程 80/100、控制科学与工程 126/182、计算机科学与技术 160/262、土木工程 124/153、化学工程与技术 141/194、轻工技术与工程 24/31、食品科学与工程 67/92、管理科学与工程 37/44、管理科学与工程 146/199、工商管理 217/303、设计学 29/134。

优势专业

5★-专业：计算机软件与理论 2/25。
4★专业：计算机系统结构 2/18。

通信地址：湖北省武汉市武昌区南湖李家墩一村一号
邮政编码：430068
电话号码：027-59752000
电子邮箱：88034021@sohu.com
研究生院（部、处）网址：http://yjs.hbut.edu.cn/

10495　武汉纺织大学

在中国普通高校研究生教育竞争力排行榜中的名次：总排名 329/507，湖北省内排名 16/25，理工类排名 123/158。

共 12 个一级学科（学术学位）参评，其中 5★+学科 0 个，5★学科 0 个，5★-学科 0 个，4★学科 1 个，学科优秀率为 8.33%。

学科门类数

法学 255/351、理学 270/368、工学 230/365、管理学 147/374、艺术学 128/198。

一级学科排名

马克思主义理论 182/328、化学 144/188、材料科学与工程 5/7、电子科学与技术 6/15、计算机科学与技术 9/38、环境科学与工程 19/51、机械工程 123/205、纺织科学与工程 8/20、管理科学与工程 117/199、工商管理 129/303、艺术学理论 31/63、设计学 24/134。

通信地址：湖北省武汉市江夏区阳光大道 1 号
邮政编码：430200
电话号码：027-59367500
电子邮箱：yjsc@wtu.edu.cn
研究生院（部、处）网址：http://gs.wtu.edu.cn

10507　湖北中医药大学

在中国普通高校研究生教育竞争力排行榜中的名次：总排名 332/507，湖北省内排名 17/25，医药类排名 39/69。

共 7 个一级学科（学术学位）参评，其中 5★+学科 0 个，5★学科 0 个，5★-学科 0 个，4★学科 1 个，学科优秀率为 14.29%。

学科门类数

工学 355/365、医学 74/182、管理学 358/374。

一级学科排名

管理科学与工程 24/44、临床医学 95/108、中医学 6/41、中西医结合 48/66、药学 119/131、中药学 27/45、管理科学与工程 174/199。

优势专业

4★专业：中医诊断学 5/25。

通信地址：湖北省武汉市洪山区黄家湖西路 1 号湖北中医药大学研究生招生办公室
邮政编码：430065
电话号码：027-68890083
电子邮箱：hbzyyzb@163.com
研究生院（部、处）网址：http://yjs.hbtcm.edu.cn

10496　武汉轻工大学

在中国普通高校研究生教育竞争力排行榜中的名次：总排名 362/507，湖北省内排名 18/25，理工类排名 133/158。

共 11 个一级学科（学术学位）参评。

学科门类数

法学 266/351、理学 260/368、工学 248/365、农学 77/100、医学 166/182、管理学 230/374。

一级学科排名

马克思主义理论 159/328、生物学 126/224、机械工程 169/205、土木工程 143/153、化学工程与技术 110/194、食品科学与工程 43/92、管理科学与工程 30/44、畜牧学 36/48、药学 106/131、管理科学与工程 182/199、工商管理 167/303。

通信地址：湖北省武汉市汉口常青花园学府南路 68 号武汉轻工大学研究生招生办公室
邮政编码：430023
电话号码：027-83913149
电子邮箱：yjschu@whpu.edu.cn
研究生院（部、处）网址：http://yjsc.whpu.edu.cn/

11072　江汉大学

在中国普通高校研究生教育竞争力排行榜中的名次：总排名 407/507，湖北省内排名 19/25，综合类排名 68/76。

共 5 个一级学科（学术学位）参评，其中 5★+学科 0 个，5★学科 0 个，5★-学科 1 个，4★学科 0 个，学科优秀率为 20%。

学科门类数

理学 321/368、工学 303/365、管理学 361/374。

一级学科排名

材料科学与工程 1/7、材料科学与工程 183/202、化学工程与技术 99/194、管理科学与工程 32/44、管理科学与工程 96/199。

优势专业

4★专业：材料物理与化学 2/6。

```
通信地址：湖北省武汉经济技术开发区三角湖路江汉大学研招办
邮政编码：430056
电话号码：027-84225310
电子邮箱：yzb@jhun.edu.cn
研究生院（部、处）网址：http://gs.jhun.edu.cn
```

10513　湖北师范大学

在中国普通高校研究生教育竞争力排行榜中的名次：总排名 413/507，湖北省内排名 20/25，师范类排名 46/59。

共 6 个一级学科（学术学位）参评。

学科门类数

经济学 242/261、教育学 124/193、文学 189/271、理学 274/368、工学 315/365。

一级学科排名

应用经济学 219/244、教育学 86/140、中国语言文学 146/170、数学 207/243、化学 166/188、光学工程 56/78。

```
通信地址：湖北省黄石市磁湖路 11 号
邮政编码：435002
电话号码：0714-6570761
电子邮箱：hbnuyz@sohu.com
研究生院（部、处）网址：www.grad.hbnu.edu.cn
```

10929　湖北医药学院

在中国普通高校研究生教育竞争力排行榜中的名次：总排名 416/507，湖北省内排名 21/25，医药类排名 53/69。

共 2 个一级学科（学术学位）参评。

学科门类数

医学 73/182。

一级学科排名

基础医学 60/97、临床医学 52/108。

```
通信地址：湖北省十堰市人民南路 30 号湖北医药学院研招办
邮政编码：442000
电话号码：0719-8891088
电子邮箱：yjs@hbmu.edu.cn
研究生院（部、处）网址：http://yjsc.hbmu.edu.cn/
```

10517　湖北民族学院

在中国普通高校研究生教育竞争力排行榜中的名次：总排名 435/507，湖北省内排名 22/25，民族类排名 11/12。

共 6 个一级学科（学术学位）参评。

学科门类数

法学 147/351、文学 181/271、理学 301/368、工学 309/365、农学 92/100、医学 163/182。

一级学科排名

民族学 21/41、中国语言文学 103/170、数学 125/243、化学工程与技术 137/194、林学 40/44、中医学 26/41。

```
通信地址：湖北省恩施市学院路 39 号
邮政编码：445000
电话号码：0718-8437422
电子邮箱：hbmzxyyz@163.com
研究生院（部、处）网址：http://www.hbmy.edu.cn/templet/yjsc/index.html/
```

11524　武汉音乐学院

在中国普通高校研究生教育竞争力排行榜中的名次：总排名 454/507，湖北省内排名 23/25，艺术类排名 20/27。

共 2 个一级学科（学术学位）参评，其中 5★+学科 0 个，5★学科 0 个，5★-学科 0 个，4★学科 1 个，学科优秀率为 50%。

学科门类数

法学 350/351、艺术学 75/198。

一级学科排名

马克思主义理论 326/328、音乐与舞蹈学 9/82。

```
通信地址：湖北省武汉市武昌区解放路 255 号武汉音乐学院研招办
邮政编码：430000
电话号码：027-88068297
电子邮箱：yjsb8297@whcm.edu.cn
研究生院（部、处）网址：http://yjsb.whcm.edu.cn/
```

10523　湖北美术学院

在中国普通高校研究生教育竞争力排行榜中的名次：总排名 466/507，湖北省内排名 24/25，艺术类排名 21/27。

共 3 个一级学科（学术学位）参评，其中 5★+学科 0 个，5★学科 0 个，5★-学科 0 个，4★学科 1 个，学科优秀率为 33.33%。

学科门类数

艺术学 86/198。

一级学科排名

艺术学理论 40/63、美术学 21/115、设计学 34/134。

```
通信地址：湖北省武汉市江夏区藏龙岛科技园栗庙路 6 号湖北美术学院研究生处
邮政编码：430205
电话号码：027-81317219
电子邮箱：yzb@hifa.edu.cn
研究生院（部、处）网址：www.hifa.edu.cn
```

10525　湖北汽车工业学院

在中国普通高校研究生教育竞争力排行榜中的名次：

总排名506/507,湖北省内排名25/25,理工类排名158/158。

共2个一级学科（学术学位）参评。

学科门类数
工学 323/365。

一级学科排名
机械工程 184/205、材料科学与工程 198/202。

```
通信地址：湖北省十堰市车城西路167号
邮政编码：442002
电话号码：0719-8238177
电子邮箱：huatxkxw@163.com
研究生院（部、处）网址：http://yjsc.huat.edu.cn/
```

10514 黄冈师范学院

在中国仅专业硕士招生普通高校研究生教育竞争力排行榜中的名次：总排名33/66,湖北省内排名3/3,师范类排名4/14。

共1个一级学科（专业学位）参评，其中5★+学科0个,5★学科0个,5★-学科1个,4★学科0个,学科优秀率为100%。

一级学科排名
教育（专业学位）13/135。

优势专业
5★-专业：教育（专业学位）13/135。

```
通信地址：湖北省黄冈市开发区新港二路146号
邮政编码：438000
电话号码：0713-8835535
电子邮箱：yanjiusheng@hgnu.edu.cn
研究生院（部、处）网址：http://221.233.162.227/newyjs/yjs/index.jsp
```

11600 湖北经济学院

在中国仅专业硕士招生普通高校研究生教育竞争力排行榜中的名次：总排名26/66,湖北省内排名2/3,财经类排名2/5。

共1个一级学科（专业学位）参评，其中5★+学科0个,5★学科0个,5★-学科0个,4★学科1个,学科优秀率为100%。

一级学科排名
会计（专业学位）27/180。

优势专业
4★专业：会计（专业学位）27/180。

```
通信地址：湖北省武汉市江夏区藏龙岛开发区杨桥湖大道8号
         湖北财经学院研招办
邮政编码：100873
电话号码：027-81973948
电子邮箱：yjsjyc@hbue.edu.cn
研究生院（部、处）网址：http://yjs.hbue.edu.cn/
```

10927 湖北科技学院

在中国仅专业硕士招生普通高校研究生教育竞争力排行榜中的名次：总排名15/66,湖北省内排名1/3,理工类排名9/20。

共1个一级学科（专业学位）参评，其中5★+学科0个,5★学科0个,5★-学科0个,4★学科1个,学科优秀率为100%。

一级学科排名
药学（专业学位）7/68。

优势专业
4★专业：药学（专业学位）7/68。

```
通信地址：湖北省咸宁市咸宁大道88号湖北科技学院研招办
邮政编码：437100
电话号码：0715-8250857
电子邮箱：yzb@hbust.edu.cn
研究生院（部、处）网址：http://yjsc.hbust.com.cn/
```

四川省

10610 四川大学

在中国普通高校研究生教育竞争力排行榜中的名次：总排名8/507,四川省内排名1/22,综合类排名6/76。

共74个一级学科（学术学位）参评，其中5★+学科0个,5★学科11个,5★-学科21个,4★学科13个,学科优秀率为60.81%。

学科门类数
哲学 12/154、经济学 19/261、法学 16/351、教育学 34/193、文学 9/271、历史学 11/116、理学 11/368、工学 20/365、农学 42/100、医学 6/182、管理学 12/374、艺术学 14/198。

一级学科排名
哲学 13/154、理论经济学 11/115、应用经济学 33/244、统计学 4/46、法学 11/188、政治学 25/104、社会学 22/88、民族学 4/41、马克思主义理论 33/328、教育学 104/140、心理学 21/97、体育学 34/117、中国语言文学 13/170、外国语言文学 29/221、新闻传播学 5/98、考古学 9/40、中国史 16/113、世界史 15/67、数学 14/243、物理学 14/166、化学 8/188、生物学 9/224、系统科学 5/17、生态学 19/111、统计学 3/116、计算机科学与技术 1/38、力学 30/102、机械工程 37/205、光学工程 24/78、仪器科学与技术 17/75、材料科学与工程 12/202、冶金工程 10/23、动力工程及工程热物理 35/110、电气工程 25/100、电子科学与技术 38/119、信息与通信工程 34/169、控制科学与工程 56/182、计算机科学与技术 31/262、建筑学 26/57、土木工程 21/153、水利工程 7/63、化学工程与技术 14/194、纺织科学与工程 5/20、轻工技术与工程 3/31、航空宇航科学与技术 16/21、核科学与技术 8/19、农业工程 30/47、环境科学与工程 20/174、生物医学工程 8/57、食品科学与工程 27/92、城乡规划学 28/51、风景园林学 35/54、软件工程 14/155、网络空间安全 20/29、农业资源与环境 18/39、植物保护 25/44、林学 30/44、食品科学与工程 1/25、基础医学 8/97、临床医学 8/108、口腔医学 2/44、公共卫生与预防医学 4/70、中西医结合 27/66、药学 8/131、特种医学 1/10、护理学 1/63、生物医学工程 4/13、管理科学与工程 10/199、工商管理 24/303、公共管理 19/206、图书情报与档案管理 14/56、艺术学理论 4/63、美术学 4/115、设计学 4/134。

优势专业

5★专业：中国古典文献学 5/101、中国少数民族语言文学 2/41、英语语言文学 9/186、外国语言学及应用语言学 7/196、新闻学 4/85、基础数学 10/189、分析化学 8/163、有机化学 7/164、高分子化学与物理 5/139、细胞生物学 7/138、生物化学与分子生物学 9/204、计算机软件与理论 1/25、计算机应用技术 1/31、化工过程机械 2/62、病理学与病理生理学 2/91、法医学 1/41、老年医学 3/59、外科学 5/96、口腔临床医学 1/42、流行病与卫生统计学 2/64、临床药学 2/10、旅游管理 5/181。

5★-专业：宗教学 4/55、政治经济学 10/96、宪法学与行政法学 10/131、民商法学 13/151、经济法学 12/129、国际法学 11/105、民族学 2/34、马克思主义中国化研究 15/250、文艺学 12/153、比较文学与世界文学 11/127、概率论与数理统计 15/156、应用数学 16/238、运筹学与控制论 10/165、无机化学 14/159、物理化学 15/163、植物学 9/141、微生物学 14/167、遗传学 10/137、计算机系统结构 1/18、材料物理与化学 16/183、材料学 13/186、材料加工工程 15/164、计算机应用技术 23/258、化学工程 10/126、化学工艺 9/140、应用化学 19/190、皮革化学与工程 1/9、粮食、油脂及植物蛋白工程 1/9、农产品加工及贮藏工程 1/18、人体解剖与组织胚胎学 6/87、内科学 9/97、儿科学 6/84、精神病与精神卫生学 5/59、皮肤病与性病学 7/72、影像医学与核医学 7/96、临床检验诊断学 9/93、妇产科学 6/87、康复医学与理疗学 6/63、麻醉学 7/82、急诊医学 5/71、口腔基础医学 2/29、劳动卫生与环境卫生学 5/53、药剂学 7/95、药理学 7/108、企业管理 29/293、技术经济及管理 22/224、社会保障 10/130。

4★专业：美学 9/53、西方经济学 17/84、世界经济 12/82、人口、资源与环境经济学 14/86、区域经济学 27/175、法学理论 12/111、法律史 9/61、刑法学 13/113、诉讼法学 13/108、环境与资源保护法学 13/77、马克思主义发展史 17/88、应用心理学 13/81、语言学及应用语言学 23/135、汉语言文字学 18/133、中国古代文学 18/159、中国现当代文学 16/148、日语语言文学 19/112、传播学 13/93、计算数学 21/178、原子与分子物理 9/75、凝聚态物理 19/151、光学 23/137、动物学 18/126、生理学 15/104、生物信息学 6/10、机械制造及其自动化 31/184、机械电子工程 35/188、机械设计及理论 35/191、信号与信息处理 29/150、计算机系统结构 25/172、计算机软件与理论 37/198、岩土工程 17/131、结构工程 22/141、市政工程 15/99、供热、供燃气、通风及空调工程 17/89、防灾减灾工程及防护工程 16/115、水文学及水资源 10/54、水力学及河流动力学 7/35、生物化工 18/119、工业催化 17/115、发酵工程 3/26、环境科学 24/149、环境工程 29/156、免疫学 10/86、病原生物学 10/86、神经病学 9/85、眼科学 9/78、耳鼻咽喉科学 9/75、肿瘤学 13/88、营养与食品卫生学 11/58、儿少卫生与妇幼保健学 5/41、卫生毒理学 8/49、药物化学 16/110、生药学 13/78、药物分析学 14/95、会计学 30/259、行政管理 23/166、社会医学与卫生事业管理 10/68、教育经济与管理 15/131、土地资源管理 13/105。

```
通信地址：四川省成都市一环路南一段24号四川大学研究生院
邮政编码：610065
电话号码：028-85406035
电子邮箱：scuyz@sina.com
研究生院（部、处）网址：http://gs.scu.edu.cn/
```

10614 电子科技大学

在中国普通高校研究生教育竞争力排行榜中的名次：总排名 37/507，四川省内排名 2/22，理工类排名 18/158。

共 27 个一级学科（学术学位）参评，其中 5★+学科 0 个，5★学科 6 个，5★-学科 7 个，4★学科 5 个，学科优秀率为 66.67%。

学科门类数

经济学 112/261、法学 83/351、教育学 130/193、文学 130/271、理学 43/368、工学 25/365、医学 99/182、管理学 30/374。

一级学科排名

应用经济学 87/244、马克思主义理论 11/328、心理学 26/97、外国语言文学 96/221、新闻传播学 65/98、数学 24/243、物理学 12/166、生物学 95/224、统计学 42/116、机械工程 29/205、光学工程 5/78、仪器科学与技术 14/75、材料科学与工程 26/202、电气工程 7/100、电子科学与技术 3/119、信息与通信工程 3/169、控制科学与工程 13/182、计算机科学与技术 12/262、测绘科学与技术 6/50、化学工程与技术 56/194、生物医学工程 13/57、软件工程 7/155、网络空间安全 1/29、生物医学工程 1/13、管理科学与工程 18/199、工商管理 31/303、公共管理 53/206。

优势专业

5★+专业：通信与信息系统 1/144、信号与信息处理 2/150。

5★专业：马克思主义基本原理 8/267、思想政治教育 4/302、无线电物理 3/58、电磁场与微波技术 4/73、检测技术与自动化装置 6/160、计算机系统结构 8/172、计算机软件与理论 7/198、计算机应用技术 10/258。

5★-专业：概率论与数理统计 14/156、运筹学与控制论 17/165、理论物理 8/134、凝聚态物理 14/151、光学 13/137、机械电子工程 12/188、物理电子学 7/89、电路与系统 6/99、微电子学与固体电子学 5/88、系统工程 7/110、模式识别与智能系统 9/142、导航、制导与控制 6/69、企业管理 17/293、技术经济及管理 21/224。

4★专业：中国近现代史基本问题研究 26/148、应用心理学 9/81、计算数学 22/178、应用数学 30/238、等离子体物理 5/36、机械制造及其自动化 22/184、机械设计及理论 21/191、精密仪器及机械 12/63、测试计量技术及仪器 12/73、材料物理与化学 27/183、材料学 27/186、材料加工工程 22/164、电机与电器 12/74、电力系统及其自动化 9/84、控制理论与控制工程 19/170、大地测量学与测量工程 6/38、摄影测量与遥感 6/38、地图制图学与地理信息工程 5/44。

通信地址：四川省成都市高新西区西源大道 2006 号电子科技大学研究生院
邮政编码：611731
电话号码：028-61830153
电子邮箱：yzb@uestc.edu.cn
研究生院（部、处）网址：http://gr.uestc.edu.cn/

10613　西南交通大学

在中国普通高校研究生教育竞争力排行榜中的名次：总排名 53/507，四川省内排名 3/22，理工类排名 26/158。

共 43 个一级学科（学术学位）参评，其中 5★+学科 0 个，5★学科 0 个，5★-学科 2 个，4★学科 6 个，学科优秀率为 18.60%。

学科门类数

哲学 90/154、经济学 82/261、法学 102/351、教育学 136/193、文学 93/271、理学 154/368、工学 37/365、医学 137/182、管理学 45/374、艺术学 101/198。

一级学科排名

哲学 90/154、理论经济学 66/115、应用经济学 97/244、法学 156/188、政治学 60/104、马克思主义理论 66/328、心理学 60/97、中国语言文学 81/170、外国语言文学 116/221、新闻传播学 36/98、数学 90/243、物理学 57/166、生物学 183/224、系统科学 8/17、统计学 47/116、力学 31/102、机械工程 30/205、材料科学与工程 50/202、动力工程及工程热物理 58/110、电气工程 18/100、电子科学与技术 40/119、信息与通信工程 29/169、控制科学与工程 45/182、计算机科学与技术 48/262、建筑学 22/57、土木工程 14/153、测绘科学与技术 11/50、地质资源与地质工程 9/46、交通运输工程 4/62、环境科学与工程 80/174、生物医学工程 37/57、城乡规划学 19/51、风景园林学 21/54、软件工程 59/155、安全科学与工程 27/54、临床医学 99/108、药学 100/131、生物医学工程 8/13、管理科学与工程 46/199、工商管理 54/303、公共管理 68/206、美术学 99/115、设计学 76/134。

优势专业

5★-专业：机械设计及理论 17/191、桥梁与隧道工程 7/108、道路与铁道工程 4/47、交通运输规划与管理 4/50。

4★专业：马克思主义基本原理 33/267、机械制造及其自动化 26/184、机械电子工程 24/188、车辆工程 20/139、电力系统及其自动化 11/84、通信与信息系统 28/144、岩土工程 22/131、结构工程 17/141、市政工程 18/99、供热、供燃气、通风及空调工程 16/89、防灾减灾工程及防护工程 21/115、地图制图学与地理信息工程 6/44、地球探测与信息技术 6/35、交通信息工程及控制 8/50、载运工具运用工程 5/42、会计学 43/259、企业管理 48/293、旅游管理 33/181、技术经济及管理 38/224。

通信地址：四川省成都市二环路北一段 111 号西南交通大学研究生院
邮政编码：610031
电话号码：028-87600114
电子邮箱：yzb@home.swjtu.edu.cn
研究生院（部、处）网址：http://gs.swjtu.edu.cn/

10626　四川农业大学

在中国普通高校研究生教育竞争力排行榜中的名次：总排名 120/507，四川省内排名 4/22，农林类排名 10/37。

共 19 个一级学科（学术学位）参评，其中 5★+学科 0 个，5★学科 0 个，5★-学科 0 个，4★学科 4 个，学科优秀率为 21.05%。

学科门类数

经济学 205/261、法学 268/351、理学 119/368、工学 172/365、农学 7/100、管理学 172/374。

一级学科排名

应用经济学 187/244、马克思主义理论 237/328、生物学 39/224、环境科学与工程 13/51、农业工程 20/47、环境科学与工程 104/174、食品科学与工程 50/92、风景园林学 10/54、作物学 7/46、园艺学 28/39、农业资源与环境 24/39、植物保护 26/44、畜牧学 6/48、兽医学 14/41、林学 17/44、水产 11/26、草学 13/28、工商管理 276/303、农林经济管理 20/51。

优势专业

4★专业：微生物学 26/167、生物化学与分子生物学 36/204、作物栽培学与耕作学 7/42、作物遗传育种 6/45、动物遗传育种与繁殖 6/41、动物营养与饲料科学 5/44。

通信地址：四川省雅安市新康路46号四川农业大学研招办
邮政编码：625014
电话号码：0835-2882911
电子邮箱：1320885073@qq.com
研究生院（部、处）网址：www.yan.sicau.edu.cn/

10651　西南财经大学

在中国普通高校研究生教育竞争力排行榜中的名次：总排名 126/507，四川省内排名 5/22，财经类排名 4/34。

共 12 个一级学科（学术学位）参评，其中 5★+学科 1

个，5★学科1个，5★-学科0个，4★学科2个，学科优秀率为33.33%。

学科门类数

经济学 5/261、法学 42/351、文学 215/271、理学 289/368、工学 313/365、管理学 20/374。

一级学科排名

理论经济学 16/115、应用经济学 2/244、法学 28/188、社会学 32/88、马克思主义理论 77/328、外国语言文学 137/221、数学 113/243、计算机科学与技术 182/262、管理科学与工程 51/199、工商管理 10/303、农林经济管理 33/51、公共管理 58/206。

优势专业

5★+专业：金融学 1/188。

5★专业：国民经济学 5/91、国际贸易学 6/168、会计学 9/259。

5★-专业：财政学 5/88、产业经济学 19/204、统计学 3/36、数量经济学 7/113、企业管理 30/293。

4★专业：政治经济学 12/96、西方经济学 11/84、世界经济 15/82、人口、资源与环境经济学 17/86、区域经济学 19/175、劳动经济学 9/82、国防经济 4/20、刑法学 21/113、民商法学 17/151、诉讼法学 22/108、经济法学 22/129、思想政治教育 48/302、旅游管理 29/181、技术经济及管理 40/224。

```
通信地址：四川成都温江柳台大道555号
邮政编码：611130
电话号码：028-87092244
电子邮箱：yzb@swufe.edu.cn
研究生院（部、处）网址：http://graduate.swufe.edu.cn/
```

10615　西南石油大学

在中国普通高校研究生教育竞争力排行榜中的名次：总排名140/507，四川省内排名6/22，理工类排名57/158。

共20个一级学科（学术学位）参评，其中5★+学科0个，5★学科0个，5★-学科0个，4★学科3个，学科优秀率为15%。

学科门类数

经济学 230/261、法学 201/351、文学 270/271、理学 200/368、工学 78/365、管理学 237/374。

一级学科排名

应用经济学 216/244、马克思主义理论 113/328、外国语言文学 218/221、数学 136/243、地质学 20/40、计算机科学与技术 4/38、力学 53/102、机械工程 55/205、仪器科学与技术 36/75、材料科学与工程 69/202、动力工程及工程热物理 44/110、控制科学与工程 131/182、土木工程 59/153、化学工程与技术 39/194、地质资源与地质工程 18/46、石油与天然气工程 3/17、环境科学与工程 131/174、软件工程 116/155、管理科学与工程 164/199、工商管理 233/303。

优势专业

5★-专业：计算机应用技术 3/31。

4★专业：计算机软件与理论 4/25、制药工程 6/15、油气井工程 2/12、油气储运工程 2/11。

```
通信地址：四川省成都市新都区新都大道8号西南石油大学研招办
邮政编码：610500
电话号码：028-83032120
电子邮箱：yzb@swpu.edu.cn
研究生院（部、处）网址：http://gs.swpu.edu.cn/
```

10616　成都理工大学

在中国普通高校研究生教育竞争力排行榜中的名次：总排名141/507，四川省内排名7/22，理工类排名58/158。

共23个一级学科（学术学位）参评，其中5★+学科0个，5★学科0个，5★-学科0个，4★学科2个，学科优秀率为8.70%。

学科门类数

哲学 106/154、经济学 158/261、法学 232/351、文学 180/271、理学 79/368、工学 96/365、管理学 221/374。

一级学科排名

哲学 105/154、应用经济学 137/244、马克思主义理论 161/328、外国语言文学 211/221、新闻传播学 87/98、数学 219/243、化学 171/188、地理学 39/82、地球物理学 13/22、地质学 5/40、仪器科学与技术 68/75、材料科学与工程 143/202、信息与通信工程 141/169、计算机科学与技术 179/262、土木工程 57/153、测绘科学与技术 43/50、化学工程与技术 159/194、地质资源与地质工程 11/46、石油与天然气工程 15/17、核科学与技术 17/19、环境科学与工程 130/174、管理科学与工程 119/199、工商管理 251/303。

优势专业

4★专业：矿物学、岩石学、矿床学 6/33、第四纪地质学 3/25。

```
通信地址：四川省成都市成华区二仙桥东三路1号成都理工大学研招办
邮政编码：610059
电话号码：028-84078699
电子邮箱：yzb@cdut.edu.cn
研究生院（部、处）网址：http://www.gra.cdut.edu.cn/
```

10636　四川师范大学

在中国普通高校研究生教育竞争力排行榜中的名次：总排名198/507，四川省内排名8/22，师范类排名25/59。

共27个一级学科（学术学位）参评。

学科门类数

哲学 46/154、经济学 152/261、法学 190/351、教育学 42/193、文学 65/271、历史学 44/116、理学 162/368、工学

266/365、管理学 207/374、艺术学 65/198。

一级学科排名

哲学 44/154、理论经济学 43/115、法学 130/188、马克思主义理论 212/328、教育学 31/140、心理学 68/97、体育学 72/117、中国语言文学 43/170、外国语言文学 113/221、中国史 39/113、世界史 34/67、数学 91/243、物理学 123/166、化学 138/188、地理学 60/82、生物学 203/224、生态学 76/111、计算机科学与技术 27/38、材料科学与工程 169/202、计算机科学与技术 144/262、环境科学与工程 114/174、软件工程 102/155、工商管理 107/303、艺术学理论 33/63、音乐与舞蹈学 39/82、戏剧与影视学 23/63、美术学 61/115。

优势专业

4★专业：学前教育学 11/54、中国古代文学 32/159。

```
通信地址：四川省成都市锦江区静安路 5 号四川师范大学研究生院
邮政编码：610068
电话号码：028-84760732
电子邮箱：yzb@sicnu.edu.cn
研究生院（部、处）网址：http://yjsc.sicnu.edu.cn/
```

10633　成都中医药大学

在中国普通高校研究生教育竞争力排行榜中的名次：总排名 224/507，四川省内排名 9/22，医药类排名 25/69。

共 9 个一级学科（学术学位）参评，其中 5★+学科 0 个，5★学科 0 个，5★-学科 1 个，4★学科 1 个，学科优秀率为 22.22%。

学科门类数

法学 348/351、医学 46/182、管理学 339/374。

一级学科排名

马克思主义理论 322/328、基础医学 96/97、临床医学 82/108、中医学 11/41、中西医结合 12/66、药学 30/131、中药学 4/45、护理学 62/63、公共管理 178/206。

优势专业

4★专业：中医五官科学 2/17、针灸推拿学 6/31、药剂学 11/95。

```
通信地址：四川省成都市十二桥路 37 号成都中医药大学研招办
邮政编码：610072
电话号码：028-87786551
电子邮箱：yzb@cdutcm.edu.cn
研究生院（部、处）网址：http://yjs.cdutcm.edu.cn/
```

10619　西南科技大学

在中国普通高校研究生教育竞争力排行榜中的名次：总排名 233/507，四川省内排名 10/22，理工类排名 89/158。

共 21 个一级学科（学术学位）参评。

学科门类数

法学 161/351、文学 211/271、理学 175/368、工学 161/365、管理学 228/374。

一级学科排名

法学 162/188、马克思主义理论 120/328、中国语言文学 166/170、外国语言文学 208/221、物理学 126/166、化学 119/188、生物学 167/224、机械工程 181/205、材料科学与工程 86/202、信息与通信工程 123/169、控制科学与工程 82/182、计算机科学与技术 181/262、土木工程 132/153、化学工程与技术 115/194、地质资源与地质工程 37/46、矿业工程 30/32、环境科学与工程 88/174、城乡规划学 26/51、软件工程 124/155、安全科学与工程 44/54、工商管理 154/303。

```
通信地址：四川省绵阳市涪城区青龙大道中段 59 号西南科技大学研招办
邮政编码：621010
电话号码：0816-6089115
电子邮箱：yjsy@swust.edu.cn
研究生院（部、处）网址：http://www.gd.swust.edu.cn/
```

10638　西华师范大学

在中国普通高校研究生教育竞争力排行榜中的名次：总排名 252/507，四川省内排名 11/22，师范类排名 32/59。

共 19 个一级学科（学术学位）参评。

学科门类数

经济学 226/261、法学 153/351、教育学 50/193、文学 143/271、历史学 90/116、理学 177/368、工学 308/365、农学 98/100、管理学 275/374。

一级学科排名

理论经济学 99/115、政治学 49/104、马克思主义理论 107/328、教育学 38/140、体育学 55/117、中国语言文学 106/170、考古学 38/40、中国史 110/113、世界史 67/67、数学 158/243、物理学 128/166、化学 129/188、地理学 82/82、生物学 162/224、生态学 109/111、计算机科学与技术 196/262、环境科学与工程 125/174、林学 44/44、公共管理 105/206。

优势专业

4★专业：计算机应用技术 4/31、环境科学 5/47。

```
通信地址：四川省南充市师大路 1 号
邮政编码：637002
电话号码：0817-2568034
电子邮箱：yjszs@cwnu.edu.cn
研究生院（部、处）网址：http://218.6.128.155/
```

10656　西南民族大学

在中国普通高校研究生教育竞争力排行榜中的名次：总排名 253/507，四川省内排名 12/22，民族类排名 3/12。

共 22 个一级学科（学术学位）参评，其中 5★+学科 0 个，5★学科 0 个，5★-学科 0 个，4★学科 1 个，学科优秀率为 4.55%。

学科门类数

哲学 55/154、经济学 119/261、法学 50/351、文学 83/271、历史学 43/116、理学 277/368、农学 75/100、管理学 187/374、艺术学 148/198。

一级学科排名

哲学 71/154、理论经济学 109/115、应用经济学 132/244、法学 75/188、社会学 73/88、民族学 6/41、马克思主义理论 307/328、中国语言文学 71/170、外国语言文学 81/221、考古学 31/40、中国史 49/113、化学 170/188、生物学 210/224、生态学 87/111、电子科学与技术 7/15、畜牧学 40/48、兽医学 29/41、管理科学与工程 192/199、工商管理 228/303、公共管理 100/206、音乐与舞蹈学 72/82、美术学 84/115。

优势专业

5★-专业：历史文献学 1/9。

4★专业：马克思主义民族理论与政策 4/26、中国少数民族经济 5/28、中国少数民族史 5/29、中国少数民族艺术 3/23。

通信地址：四川省成都市一环路南四段 16 号
邮政编码：610041
电话号码：028-85522112
电子邮箱：webmaster@swun.edu.cn
研究生院（部、处）网址：http://222.210.17.133/

10653　成都体育学院

在中国普通高校研究生教育竞争力排行榜中的名次：总排名 311/507，四川省内排名 13/22，体育类排名 4/13。

共 4 个一级学科（学术学位）参评，其中 5★+学科 0 个，5★学科 1 个，5★-学科 0 个，4★学科 0 个，学科优秀率为 25%。

学科门类数

教育学 31/193、文学 255/271、医学 172/182。

一级学科排名

体育学 4/117、新闻传播学 94/98、临床医学 107/108、中西医结合 50/66。

优势专业

5★专业：体育教育训练学 3/106。

5★-专业：体育人文社会学 8/78、运动人体科学 7/67、民族传统体育学 5/63。

通信地址：四川省成都市武侯区体院路 2 号成都体育学院研招办
邮政编码：610041
电话号码：028-85096075
电子邮箱：cdgaojg@163.com
研究生院（部、处）网址：http://yjs.cdsu.edu.cn/

10623　西华大学

在中国普通高校研究生教育竞争力排行榜中的名次：总排名 317/507，四川省内排名 14/22，综合类排名 59/76。

共 17 个一级学科（学术学位）参评。

学科门类数

经济学 193/261、法学 256/351、文学 239/271、理学 314/368、工学 195/365、管理学 257/374、艺术学 166/198。

一级学科排名

应用经济学 179/244、马克思主义理论 119/328、外国语言文学 185/221、数学 220/243、物理学 145/166、机械工程 138/205、仪器科学与技术 65/75、材料科学与工程 153/202、动力工程及工程热物理 87/110、电气工程 81/100、信息与通信工程 155/169、计算机科学与技术 173/262、土木工程 116/153、食品科学与工程 77/92、软件工程 137/155、工商管理 164/303、设计学 96/134。

通信地址：四川省成都市金牛区西华大学研招办
邮政编码：610039
电话号码：028-87720075
电子邮箱：yzb@xhu.edu.cn
研究生院（部、处）网址：http://yjs.xhu.edu.cn/

10621　成都信息工程大学

在中国普通高校研究生教育竞争力排行榜中的名次：总排名 359/507，四川省内排名 15/22，理工类排名 131/158。

共 12 个一级学科（学术学位）参评。

学科门类数

经济学 208/261、理学 242/368、工学 233/365、管理学 317/374。

一级学科排名

应用经济学 204/244、统计学 41/46、数学 224/243、大气科学 11/16、统计学 71/116、环境科学与工程 30/51、信息与通信工程 72/169、计算机科学与技术 168/262、环境科学与工程 139/174、软件工程 65/155、管理科学与工程 29/44、管理科学与工程 162/199。

通信地址：四川省成都市西南航空港经济开发区学府路一段 24 号成都信息工程大学研招办
邮政编码：610225
电话号码：028-85966365
电子邮箱：yzb@cuit.edu.cn
研究生院（部、处）网址：http://yjsc.cuit.edu.cn/

10632　西南医科大学

在中国普通高校研究生教育竞争力排行榜中的名次：总排名 370/507，四川省内排名 16/22，医药类排名 46/69。

共 9 个一级学科（学术学位）参评。

学科门类数

理学 336/368、医学 56/182。

一级学科排名

生物学 189/224、基础医学 67/97、临床医学 46/108、口腔医学 28/44、中医学 32/41、中西医结合 49/66、药学

55/131、中药学 40/45、护理学 49/63。

优势专业

4★专业：临床药学 4/10。

> **通信地址**：四川省泸州市忠山路3段319号西南医科大学研招办
> **邮政编码**：646000
> **电话号码**：0830-3162811
> **电子邮箱**：tiaoji10632@126.com
> **研究生院（部、处）网址**：http://yjs.swmu.edu.cn/

10622 四川理工学院

在中国普通高校研究生教育竞争力排行榜中的名次：总排名 417/507，四川省内排名 17/22，理工类排名 143/158。

共 5 个一级学科（学术学位）参评。

学科门类数

工学 247/365、管理学 343/374。

一级学科排名

机械工程 156/205、控制科学与工程 122/182、化学工程与技术 88/194、轻工技术与工程 28/31、管理科学与工程 156/199。

> **通信地址**：四川省自贡市汇兴路学苑街180号四川理工学院研招办
> **邮政编码**：643000
> **电话号码**：0813-5505850
> **电子邮箱**：suseyjs@163.com
> **研究生院（部、处）网址**：http://yjs.suse.edu.cn/

10634 川北医学院

在中国普通高校研究生教育竞争力排行榜中的名次：总排名 437/507，四川省内排名 18/22，医药类排名 58/69。

共 3 个一级学科（学术学位）参评。

学科门类数

医学 89/182。

一级学科排名

基础医学 75/97、临床医学 65/108、药学 131/131。

> **通信地址**：四川省南充市涪江路234号川北医学院研究生处
> **邮政编码**：637000
> **电话号码**：0817-2240136
> **电子邮箱**：yjscyzb@126.com
> **研究生院（部、处）网址**：http://web.nsmc.edu.cn/gs

10654 四川音乐学院

在中国普通高校研究生教育竞争力排行榜中的名次：总排名 450/507，四川省内排名 19/22，艺术类排名 18/27。

共 3 个一级学科（学术学位）参评。

学科门类数

艺术学 61/198。

一级学科排名

艺术学理论 41/63、音乐与舞蹈学 45/82、美术学 78/115。

> **通信地址**：四川省成都市武侯区新生路6号四川音乐学院研究生处
> **邮政编码**：610021
> **电话号码**：028-85430277
> **电子邮箱**：123224440@qq.com
> **研究生院（部、处）网址**：http://yzw.sccm.cn/

11079 成都学院（成都大学）

在中国普通高校研究生教育竞争力排行榜中的名次：总排名 473/507，四川省内排名 20/22，综合类排名 74/76。

共 2 个一级学科（学术学位）参评。

学科门类数

医学 151/182、管理学 347/374。

一级学科排名

药学 91/131、工商管理 252/303。

> **通信地址**：四川省成都市外东十陵成都大学研究生处
> **邮政编码**：610106
> **电话号码**：028-84616702
> **电子邮箱**：cdyz@cdu.edu.cn
> **研究生院（部、处）网址**：http://yjsc.cdu.edu.cn/

13705 成都医学院

在中国普通高校研究生教育竞争力排行榜中的名次：总排名 494/507，四川省内排名 21/22，医药类排名 67/69。

共 1 个一级学科（学术学位）参评。

学科门类数

医学 153/182。

一级学科排名

基础医学 56/97。

> **通信地址**：新都校区为四川省成都市新都区新都大道200号研招办；天回校区为四川省成都市金牛区蓉都大道天回路601号
> **邮政编码**：610500
> **电话号码**：028-68289141
> **电子邮箱**：cyyjsc001@163.com
> **研究生院（部、处）网址**：http://222.197.129.113/

10624 中国民用航空飞行学院

在中国普通高校研究生教育竞争力排行榜中的名次：总排名 496/507，四川省内排名 22/22，理工类排名 156/158。

共 1 个一级学科（学术学位）参评。

学科门类数

工学 318/365。

一级学科排名

交通运输工程 35/62。

通信地址：四川省广汉市南昌路四段 46 号中国民用航空飞行学院研招办
邮政编码：618307
电话号码：0838-5182078
电子邮箱：yzb@cafuc.edu.cn
研究生院（部、处）网址：http://www.cafuc.edu.cn/info/iList.jsp?cat_id=10216

12212 四川警察学院

在中国仅专业硕士招生普通高校研究生教育竞争力排行榜中的名次：总排名 66/66，四川省内排名 2/2，文法类排名 8/9。

共 1 个一级学科（专业学位）参评。

通信地址：四川省泸州市江阳区江阳西路 34 号四川警察学院研招办
邮政编码：646000
电话号码：0830-3115671
电子邮箱：yzb@scpolicec.edu.cn
研究生院（部、处）网址：http://www.scpolicec.edu.cn/zzjg/kybm/kys_yjsgzc_.htm

10639 绵阳师范学院

在中国仅专业硕士招生普通高校研究生教育竞争力排行榜中的名次：总排名 48/66，四川省内排名 1/2，师范类排名 8/14。

共 1 个一级学科（专业学位）参评。

一级学科排名

工程（专业学位）300/380。

通信地址：四川省绵阳市游仙区仙人路一段 30 号绵阳师范学院研招办
邮政编码：621000
电话号码：0816-2203710
电子邮箱：yzb@mnu.cn
研究生院（部、处）网址：http://xwb.mnu.cn/

浙江省

10335 浙江大学

在中国普通高校研究生教育竞争力排行榜中的名次：总排名 3/507，浙江省内排名 1/19，综合类排名 2/76。

共 60 个一级学科（学术学位）参评，其中 5★+学科 3 个，5★学科 30 个，5★-学科 11 个，4★学科 9 个，学科优秀率为 88.33%。

学科门类数

哲学 14/154、经济学 13/261、法学 18/351、教育学 8/193、文学 8/271、历史学 28/116、理学 3/368、工学 2/365、农学 4/100、医学 3/182、管理学 2/374、艺术学 43/198。

一级学科排名

哲学 14/154、理论经济学 10/115、应用经济学 12/244、法学 13/188、社会学 11/88、马克思主义理论 25/328、教育学 7/140、心理学 11/97、体育学 7/117、中国语言文学 7/170、外国语言文学 7/221、新闻传播学 12/98、考古学 21/40、中国史 26/113、世界史 21/67、数学 13/243、物理学 8/166、化学 2/188、大气科学 8/16、海洋科学 6/30、地质学 9/40、生物学 6/224、生态学 9/111、力学 9/102、机械工程 4/205、光学工程 1/78、材料科学与工程 6/202、动力工程及工程热物理 2/110、电气工程 2/100、电子科学与技术 6/119、信息与通信工程 12/169、控制科学与工程 6/182、计算机科学与技术 4/262、建筑学 11/57、土木工程 2/153、化学工程与技术 5/194、航空宇航科学与技术 7/21、农业工程 2/47、环境科学与工程 5/174、生物医学工程 1/57、食品科学与工程 3/92、软件工程 11/155、网络空间安全 6/29、作物学 2/46、园艺学 2/39、农业资源与环境 2/39、植物保护 7/44、畜牧学 3/48、兽医学 11/41、基础医学 5/97、临床医学 5/108、口腔医学 7/44、公共卫生与预防医学 3/70、药学 2/131、护理学 11/63、管理科学与工程 4/199、工商管理 13/303、农林经济管理 2/51、公共管理 3/206、设计学 8/134。

优势专业

5★+专业：分析化学 2/163、有机化学 1/164、物理化学 1/163、高分子化学与物理 1/139、微生物学 2/167、生物化学与分子生物学 3/204、机械制造及其自动化 2/184、电力电子与电力传动 1/93、计算机应用技术 3/258、药理学 1/108。

5★专业：劳动经济学 4/82、语言学及应用语言学 4/135、汉语言文字学 6/133、英语语言文学 10/186、俄语语言文学 3/64、应用数学 7/238、运筹学与控制论 6/165、无机化学 3/159、植物学 6/141、动物学 6/126、遗传学 3/137、细胞生物学 4/138、机械电子工程 5/188、机械设计及理论 5/191、车辆工程 5/139、工业工程 2/11、材料学 9/186、热能工程 4/77、制冷及低温工程 3/58、电机与电器 4/74、电工理论与新技术 4/73、物理电子学 4/89、电路与系统 5/99、控制理论与控制工程 6/170、检测技术与自动化装置 3/160、系统工程 3/110、计算机系统结构 6/172、岩土工程 5/131、结构工程 5/141、防灾减灾工程及防护工程 4/115、桥梁与隧道工程 2/108、化学工艺 3/140、生物化工 3/119、应用化学 10/190、环境科学 6/149、环境工程 6/156、食品科学 3/87、作物栽培学与耕作学 2/42、植物营养学 2/37、动物营养与饲料科学 2/44、特种经济动物饲养 1/26、病原生物学 2/86、妇产科学 4/87、流行病与卫生统计学 3/64、药物分析学 3/95、农业经济管理 2/50、行政管理 3/166、土地资源管理 4/105。

5★-专业：人口、资源与环境经济学 8/86、国民经济学 8/91、产业经济学 20/204、国际贸易学 11/168、宪法学与行政法学 12/131、诉讼法学 10/108、国际法学 8/105、社会学 7/80、马克思主义基本原理 24/267、思想政治教育 28/302、中国近现代史基本问题研究 12/148、教育学原理 6/89、教育史 4/39、高等教育学 7/109、教育技术学 5/71、应用心理学 8/81、体育人文社会学 6/78、文艺学 9/153、中国古典文献学 6/101、中国古代文学 9/159、比较文学与世界文学 9/127、外国语言学及应用语言学 11/196、基础数学 13/189、计算数学 13/178、概率论与数理统计 11/156、理论物理 13/134、凝聚态物理 11/151、光学 8/137、无线电物理 5/58、生理学 7/104、神经生物学 4/66、发育生物学 5/74、生物物理学 4/72、生物信息学 3/10、材料物理与化学 13/183、材料加工工程 10/164、工程热物理 4/60、动力机械及工程 6/71、流体机械及工程 5/67、化工过程机械 4/62、电力系统及其自动化 5/84、高电压与绝缘技术 4/53、微电子学与固体电子学 7/88、电磁场与微波技术 6/73、通信与信息系统 13/144、信号与信息处理 12/150、模式识别与智能系统 12/142、导航、制导与控制 4/69、市政工程 7/99、供热、供燃气、通风及空调工程 6/89、化学工程 7/126、工业催化 7/115、农业机械化工程 3/41、农业水土工程 3/34、农业生物环境与能源工程 2/30、农业电气化与自动化 3/40、粮食、油脂及植物蛋白工程 4/52、农产品加工及贮藏工程 4/67、作物遗传育种 3/45、果树学 3/39、蔬菜学 2/35、茶学 1/17、观赏园艺学 2/13、土壤学 2/35、人体解剖与组织胚胎学 9/87、免疫学 7/86、病理学与病理生理学 6/91、内科学 8/97、儿科学 5/84、神经病学 7/85、精神病与精神卫生学 6/59、影像医学与核医学 6/96、临床检验诊断学 7/93、外科学 8/96、眼科学 6/78、肿瘤学 5/88、麻醉学 6/82、急诊医学 4/71、营养与食品卫生学 5/58、卫生毒理学 3/49、药剂学 9/95、企业管理 21/293、旅游管理 17/181、技术经济及管理 20/224。

4★专业：外国哲学 11/75、美学 6/53、宗教学 8/55、科学技术哲学 15/101、政治经济学 16/96、经济思想史 4/34、西方经济学 14/84、区域经济学 35/175、金融学 24/188、法学理论 13/111、刑法学 22/113、民商法学 18/151、经济法学 16/129、人口学 4/37、马克思主义中国化研究 30/250、国外马克思主义研究 15/83、比较教育学 5/45、基础心理学 7/48、体育教育训练学 21/106、中国现当代文学 29/148、法语语言文学 7/38、日语语言文学 18/112、新闻学 11/85、传播学 14/93、中国古代史 2/11、中国近现代史 2/15、粒子物理与原子核物理 11/56、原子与分子物理 14/75、一般力学与力学基础 9/55、固体力学 10/79、流体力学 12/60、工程力学 15/95、建筑设计及其理论 10/53、植物病理学 4/37、农业昆虫与害虫防治 5/40、农药学 5/39、动物遗传育种与繁殖 7/41、老年医学 9/59、皮肤病与性病学 9/72、耳鼻咽喉科学 8/75、运动医学 5/29、口腔临床医学 7/42、劳动卫生与环境卫生学 10/53、药物化学 13/110、微生物与生化药学 10/72、会计学 37/259、林业经济管理 4/27、社会医学与卫生事业管理 13/68、教育经济与管理 14/131、社会保障 16/130。

通信地址：浙江省杭州市浙大路38号浙江大学研究生院
邮政编码：310027
电话号码：0571-87951349
电子邮箱：yjsy-zsb@zju.edu.cn
研究生院（部、处）网址：http://grs.zju.edu.cn/

10337 浙江工业大学

在中国普通高校研究生教育竞争力排行榜中的名次：总排名 64/507，浙江省内排名 2/19，理工类排名 31/158。

共31个一级学科（学术学位）参评，其中5★+学科0个，5★学科1个，5★-学科0个，4★学科9个，学科优秀率为32.26%。

学科门类数

哲学 105/154、经济学 58/261、法学 156/351、教育学 62/193、文学 86/271、理学 82/368、工学 58/365、农学 82/100、医学 82/182、管理学 46/374、艺术学 82/198。

一级学科排名

哲学 108/154、应用经济学 54/244、法学 94/188、马克思主义理论 195/328、教育学 34/140、中国语言文学 66/170、新闻传播学 79/98、数学 99/243、物理学 53/166、化学 39/188、生物学 87/224、力学 54/102、机械工程 34/205、光学工程 38/78、材料科学与工程 63/202、动力工程及工程热物理 36/110、信息与通信工程 62/169、控制科学与工程 29/182、计算机科学与技术 49/262、土木工程 44/153、化学工程与技术 10/194、环境科学与工程 34/174、食品科学与工程 38/92、城乡规划学 14/51、软件工程 27/155、植物保护 37/44、药学 19/131、管理科学与工程 43/199、工商管理 48/303、公共管理 79/206、设计学 26/134。

优势专业

5★-专业：职业技术教育学 5/48、药物化学 9/110、技术经济及管理 15/224。

4★专业：国际贸易学 18/168、诉讼法学 20/108、教育技术学 10/71、教育技术学 5/44、机械制造及其自动化 24/184、机械设计及理论 37/191、化工过程机械 11/62、控制理论与控制工程 29/170、检测技术与自动化装置 25/160、系统工程 21/110、模式识别与智能系统 28/142、计算机应用技术 52/258、化学工程 20/126、化学工艺 21/140、生物化工 16/119、应用化学 30/190、工业催化

20/115、生药学 10/78、会计学 41/259、企业管理 39/293、旅游管理 24/181。

> 通信地址 浙江省杭州市朝晖六区潮王路 18 号浙江工业大学研究生招生办公室
> 邮政编码 310014
> 电话号码 0571-88320119
> 电子邮箱 yzb@zjut.edu.cn
> 研究生院（部、处）网址 www.yz.zjut.edu.cn

11646　宁波大学

在中国普通高校研究生教育竞争力排行榜中的名次：总排名 98/507，浙江省内排名 3/19，综合类排名 29/76。

共 28 个一级学科（学术学位）参评，其中 5★+学科 0 个，5★学科 1 个，5★-学科 0 个，4★学科 7 个，学科优秀率为 28.57%。

学科门类数

经济学 55/261、法学 92/351、教育学 32/193、文学 58/271、历史学 55/116、理学 104/368、工学 90/365、农学 31/100、医学 62/182、管理学 150/374。

一级学科排名

应用经济学 62/244、法学 65/188、马克思主义理论 60/328、教育学 28/140、心理学 40/97、体育学 20/117、中国语言文学 76/170、外国语言文学 38/221、中国史 50/113、数学 133/243、物理学 34/166、化学 92/188、地理学 62/82、海洋科学 22/30、生物学 136/224、力学 20/102、机械工程 62/205、电子科学与技术 61/119、信息与通信工程 9/169、计算机科学与技术 110/262、土木工程 37/153、船舶与海洋工程 11/16、食品科学与工程 19/92、水产 3/26、临床医学 49/108、公共卫生与预防医学 37/70、工商管理 101/303、公共管理 131/206。

优势专业

4★专业：马克思主义中国化研究 37/250、外国语言学及应用语言学 31/196、工程力学 19/95、通信与信息系统 21/144、信号与信息处理 22/150、水产品加工及贮藏工程 5/40、水产养殖 3/26。

> 通信地址 浙江省宁波市风华路 818 号宁波大学研招办
> 邮政编码 315211
> 电话号码 0574-87600226
> 电子邮箱 yzb@nbu.edu.cn
> 研究生院（部、处）网址 http://graduate.nbu.edu.cn/

10345　浙江师范大学

在中国普通高校研究生教育竞争力排行榜中的名次：总排名 100/507，浙江省内排名 4/19，师范类排名 11/59。

共 27 个一级学科（学术学位）参评，其中 5★+学科 0 个，5★学科 0 个，5★-学科 0 个，4★学科 10 个，学科优秀率为 37.04%。

学科门类数

经济学 105/261、法学 78/351、教育学 17/193、文学 34/271、历史学 68/116、理学 93/368、工学 173/365、管理学 119/374、艺术学 48/198。

一级学科排名

应用经济学 118/244、法学 152/188、政治学 63/104、社会学 35/88、马克思主义理论 64/328、教育学 15/140、心理学 20/97、体育学 46/117、中国语言文学 24/170、外国语言文学 65/221、中国史 63/113、世界史 35/67、数学 45/243、物理学 74/166、化学 79/188、地理学 49/82、生物学 120/224、生态学 73/111、统计学 103/116、电子科学与技术 60/119、计算机科学与技术 52/262、软件工程 32/155、工商管理 126/303、公共管理 41/206、音乐与舞蹈学 15/82、戏剧与影视学 31/63、美术学 23/115。

优势专业

5★-专业：教育学原理 9/89。

4★专业：学前教育学 8/54、高等教育学 21/109、教育技术学 9/71、汉语言文字学 16/133、中国古典文献学 11/101、中国古代文学 17/159、中国现当代文学 17/148、基础数学 38/189、行政管理 34/166。

> 通信地址 浙江省金华市迎宾大道 688 号浙江师范大学研招办
> 邮政编码 321004
> 电话号码 0579-82283026
> 电子邮箱 yzb@zjnu.cn
> 研究生院（部、处）网址 http://yzw.zjnu.edu.cn/

10336　杭州电子科技大学

在中国普通高校研究生教育竞争力排行榜中的名次：总排名 108/507，浙江省内排名 5/19，理工类排名 48/158。

共 17 个一级学科（学术学位）参评，其中 5★+学科 0 个，5★学科 1 个，5★-学科 1 个，4★学科 4 个，学科优秀率为 35.29%。

学科门类数

经济学 128/261、法学 274/351、文学 149/271、理学 185/368、工学 73/365、管理学 123/374。

一级学科排名

应用经济学 153/244、统计学 36/46、马克思主义理论 193/328、外国语言文学 85/221、数学 49/243、统计学 30/116、机械工程 40/205、仪器科学与技术 29/75、电子科学与技术 20/119、信息与通信工程 52/169、控制科学与工程 19/182、计算机科学与技术 14/262、生物医学工程 35/57、软件工程 49/155、网络空间安全 14/29、管理科学与工程 40/199、工商管理 74/303。

优势专业

5★-专业：计算机应用技术 27/258。

4★专业：控制理论与控制工程 32/170、检测技术与自动化装置 23/160、模式识别与智能系统 26/142、计算机系统结构 35/172、计算机软件与理论 40/198。

> 通信地址：浙江省杭州市下沙高教园区 2 号大街杭州电子科技大学研招办
> 邮政编码：310018
> 电话号码：0571-86919140
> 电子邮箱：yzb@hdu.edu.cn
> 研究生院（部、处）网址：http://grs.hdu.edu.cn/

10338　浙江理工大学

在中国普通高校研究生教育竞争力排行榜中的名次：总排名125/507，浙江省内排名6/19，理工类排名51/158。

共 23 个一级学科（学术学位）参评，其中 5★+学科 0 个，5★学科 0 个，5★-学科 1 个，4★学科 4 个，学科优秀率为 21.74%。

学科门类数

经济学 103/261、法学 148/351、教育学 97/193、理学 117/368、工学 83/365、管理学 191/374、艺术学 45/198。

一级学科排名

应用经济学 91/244、统计学 28/46、马克思主义理论 91/328、心理学 34/97、数学 111/243、化学 75/188、生物学 141/224、生态学 58/111、机械工程 41/205、仪器科学与技术 44/75、材料科学与工程 61/202、动力工程及工程热物理 61/110、信息与通信工程 97/169、控制科学与工程 86/182、计算机科学与技术 95/262、化学工程与技术 90/194、纺织科学与工程 2/20、软件工程 31/155、管理科学与工程 113/199、工商管理 214/303、艺术学理论 11/63、美术学 43/115、设计学 17/134。

优势专业

5★-专业：纺织材料与纺织品设计 1/17。

4★专业：中国近现代史基本问题研究 28/148、马克思主义法学 3/8、纺织工程 3/16。

> 通信地址：浙江省杭州市下沙高教园区 2 号大街 928 号浙江理工大学研招办
> 邮政编码：310018
> 电话号码：0571-86843082
> 电子邮箱：zstuyjs@gmail.com
> 研究生院（部、处）网址：http://gradschool.zstu.edu.cn/

10346　杭州师范大学

在中国普通高校研究生教育竞争力排行榜中的名次：总排名168/507，浙江省内排名7/19，师范类排名20/59。

共 21 个一级学科（学术学位）参评，其中 5★+学科 0 个，5★学科 0 个，5★-学科 0 个，4★学科 2 个，学科优秀率为 9.52%。

学科门类数

哲学 129/154、法学 195/351、教育学 43/193、文学 46/271、历史学 98/116、理学 128/368、工学 286/365、医学 87/182、管理学 139/374、艺术学 18/198。

一级学科排名

哲学 133/154、法学 132/188、马克思主义理论 154/328、教育学 43/140、心理学 29/97、体育学 62/117、中国语言文学 47/170、外国语言文学 40/221、中国史 71/113、数学 117/243、物理学 129/166、化学 96/188、生物学 93/224、生态学 57/111、计算机科学与技术 151/262、护理学 13/63、公共管理 49/206、艺术学理论 8/63、戏剧与影视学 45/63、美术学 69/115、设计学 89/134。

优势专业

4★专业：少年儿童组织与思想意识教育 8/21。

> 通信地址：浙江省杭州市余杭区仓前街道海曙路 58 号杭州师范大学研招办
> 邮政编码：311121
> 电话号码：0571-28861023
> 电子邮箱：yjs_zsb@126.com
> 研究生院（部、处）网址：http://yjs.hznu.edu.cn

10353　浙江工商大学

在中国普通高校研究生教育竞争力排行榜中的名次：总排名174/507，浙江省内排名8/19，财经类排名7/34。

共 17 个一级学科（学术学位）参评，其中 5★+学科 0 个，5★学科 1 个，5★-学科 2 个，4★学科 4 个，学科优秀率为 41.18%。

学科门类数

经济学 31/261、法学 160/351、文学 104/271、理学 182/368、工学 154/365、管理学 56/374、艺术学 124/198。

一级学科排名

理论经济学 57/115、应用经济学 40/244、统计学 6/46、法学 67/188、马克思主义理论 246/328、中国语言文学 128/170、外国语言文学 54/221、统计学 5/116、计算机科学与技术 6/38、信息与通信工程 67/169、计算机科学与技术 84/262、环境科学与工程 83/174、食品科学与工程 15/92、管理科学与工程 4/44、工商管理 25/303、公共管理 104/206、设计学 41/134。

优势专业

5★专业：企业管理 16/293。

5★-专业：旅游管理 11/181。

4★专业：产业经济学 29/204、国际贸易学 29/168、食品科学 15/87、会计学 36/259、技术经济及管理 36/224。

> 通信地址：浙江省杭州市下沙高教园区学正街 18 号浙江工商大学研招办
> 邮政编码：310018
> 电话号码：0571-28877235
> 电子邮箱：yjsy@zjsu.edu.cn
> 研究生院（部、处）网址：http://yjs.zjgsu.edu.cn/

10343 温州医科大学

在中国普通高校研究生教育竞争力排行榜中的名次：总排名190/507，浙江省内排名9/19，医药类排名21/69。

共9个一级学科（学术学位）参评，其中5★+学科0个，5★学科0个，5★-学科0个，4★学科1个，学科优秀率为11.11%。

学科门类数
理学 190/368、工学 275/365、医学 26/182。

一级学科排名
生物学 72/224、生物医学工程 33/57、基础医学 35/97、临床医学 22/108、口腔医学 20/44、中西医结合 39/66、药学 41/131、中药学 39/45、护理学 46/63。

优势专业
5★-专业：眼科学 7/78。

4★专业：临床检验诊断学 13/93、麻醉学 16/82、急诊医学 14/71。

通信地址：浙江省温州市茶山高教园区温州医科大学
邮政编码：325035
电话号码：0577-86689753
电子邮箱：wmczs@126.com
研究生院（部、处）网址：http://yjsy.wmu.edu.cn/

10356 中国计量大学

在中国普通高校研究生教育竞争力排行榜中的名次：总排名192/507，浙江省内排名10/19，理工类排名73/158。

共13个一级学科（学术学位）参评，其中5★+学科0个，5★学科1个，5★-学科0个，4★学科1个，学科优秀率为15.38%。

学科门类数
哲学 95/154、法学 254/351、理学 179/368、工学 129/365、管理学 297/374。

一级学科排名
哲学 92/154、法学 169/188、马克思主义理论 294/328、数学 127/243、生物学 135/224、光学工程 11/78、仪器科学与技术 4/75、材料科学与工程 92/202、电子科学与技术 54/119、信息与通信工程 66/169、控制科学与工程 60/182、计算机科学与技术 163/262、管理科学与工程 93/199。

通信地址：浙江省杭州市下沙高教园区学源街258号中国计量大学研招办
邮政编码：310018
电话号码：0571-87676168
电子邮箱：yjsy@cjlu.edu.cn
研究生院（部、处）网址：http://yjsb.cjlu.edu.cn/

10351 温州大学

在中国普通高校研究生教育竞争力排行榜中的名次：总排名201/507，浙江省内排名11/19，综合类排名50/76。

共13个一级学科（学术学位）参评，其中5★+学科0个，5★学科0个，5★-学科1个，4★学科0个，学科优秀率为7.69%。

学科门类数
法学 151/351、教育学 58/193、文学 61/271、历史学 105/116、理学 150/368、工学 209/365、艺术学 156/198。

一级学科排名
社会学 74/88、马克思主义理论 79/328、教育学 45/140、体育学 102/117、中国语言文学 37/170、外国语言文学 212/221、中国史 94/113、数学 167/243、物理学 121/166、化学 91/188、计算机科学与技术 113/262、化学工程与技术 121/194、音乐与舞蹈学 6/82。

优势专业
5★专业：课程与教学论 5/98。

4★专业：中国近现代史基本问题研究 27/148、马克思主义法学 2/8、中国古代文学 23/159。

通信地址：浙江省温州市茶山高教园区温州大学南校区温州大学研招办
邮政编码：325035
电话号码：0577-86680868
电子邮箱：yjs@wzu.edu.cn
研究生院（部、处）网址：http://yjsb.wzu.edu.cn/zsw/

10344 浙江中医药大学

在中国普通高校研究生教育竞争力排行榜中的名次：总排名214/507，浙江省内排名12/19，医药类排名24/69。

共7个一级学科（学术学位）参评，其中5★+学科0个，5★学科1个，5★-学科0个，4★学科1个，学科优秀率为28.57%。

学科门类数
工学 349/365、医学 43/182。

一级学科排名
化学工程与技术 167/194、临床医学 51/108、中医学 5/41、中西医结合 3/66、药学 59/131、中药学 10/45、护理学 38/63。

优势专业
5★专业：中西医结合临床 3/61。

4★专业：中医基础理论 4/30、中医临床基础 4/29。

通信地址：浙江省杭州市滨江区滨文路548号浙江中医药大学研招办
邮政编码：310053
电话号码：0571-86613539
电子邮箱：yzb@zjtcm.edu.cn
研究生院（部、处）网址：http://yjsgl.zjtcm.net/www/

10341 浙江农林大学

在中国普通高校研究生教育竞争力排行榜中的名次：

总排名230/507，浙江省内排名13/19，农林类排名22/37。

共12个一级学科（学术学位）参评，其中5★+学科0个，5★学科0个，5★-学科0个，4★学科2个，学科优秀率为16.67%。

学科门类数
法学 186/351、理学 171/368、工学 183/365、农学 39/100、管理学 276/374、艺术学 108/198。

一级学科排名
法学 136/188、马克思主义理论 204/328、生物学 69/224、生态学 32/111、建筑学 41/57、林业工程 3/13、城乡规划学 8/51、风景园林学 14/54、农业资源与环境 10/39、林学 8/44、农林经济管理 26/51、设计学 33/134。

优势专业
4★专业：马克思主义中国化研究 51/250。

通信地址：浙江省临安市浙江农林大学研究生处
邮政编码：311300
电话号码：0571-63743970
电子邮箱：yzb@zafu.edu.cn
研究生院（部、处）网址：http://yjsb.zafu.edu.cn/

11482　浙江财经大学

在中国普通高校研究生教育竞争力排行榜中的名次：总排名259/507，浙江省内排名14/19，财经类排名12/34。

共10个一级学科（学术学位）参评，其中5★+学科0个，5★学科0个，5★-学科0个，4★学科4个，学科优秀率为40%。

学科门类数
哲学 111/154、经济学 32/261、法学 172/351、文学 146/271、理学 356/368、管理学 82/374。

一级学科排名
哲学 112/154、理论经济学 33/115、应用经济学 46/244、统计学 8/46、法学 90/188、中国语言文学 131/170、外国语言文学 153/221、统计学 15/116、工商管理 57/303、公共管理 45/206。

优势专业
4★专业：会计学 47/259。

通信地址：浙江省杭州市下沙高教园区学源街18号浙江财经大学研招办
邮政编码：310018
电话号码：0571-86754635
电子邮箱：yjs@zufe.edu.cn
研究生院（部、处）网址：https://yjsc.zufe.edu.cn/

10355　中国美术学院

在中国普通高校研究生教育竞争力排行榜中的名次：总排名261/507，浙江省内排名15/19，艺术类排名2/27。

共4个一级学科（学术学位）参评，其中5★+学科0个，5★学科2个，5★-学科0个，4★学科1个，学科优秀率为75%。

学科门类数
艺术学 2/198。

一级学科排名
艺术学理论 9/63、戏剧与影视学 18/63、美术学 2/115、设计学 7/134。

通信地址：浙江省杭州市南山路218号中国美术学院研招办
邮政编码：310002
电话号码：0571-87164629
电子邮箱：yjsc@caa.edu.cn
研究生院（部、处）网址：http://www.caa.edu.cn/xy/dzjf/ygyjsc/

10340　浙江海洋大学

在中国普通高校研究生教育竞争力排行榜中的名次：总排名331/507，浙江省内排名16/19，农林类排名30/37。

共3个一级学科（学术学位）参评，其中5★+学科0个，5★学科0个，5★-学科0个，4★学科3个，学科优秀率为100%。

学科门类数
理学 230/368、工学 245/365、农学 54/100。

一级学科排名
海洋科学 4/30、船舶与海洋工程 3/16、水产 4/26。

通信地址：浙江省舟山市临城海大南路1号浙江海洋大学研招办
邮政编码：316000
电话号码：0580-8180690
电子邮箱：yjscs@163.com
研究生院（部、处）网址：http://yjs.zjou.edu.cn/

11057　浙江科技学院

在中国普通高校研究生教育竞争力排行榜中的名次：总排名420/507，浙江省内排名17/19，理工类排名144/158。

共3个一级学科（学术学位）参评。

学科门类数
工学 251/365。

一级学科排名
机械工程 126/205、土木工程 105/153、化学工程与技术 117/194。

通信地址：浙江省杭州市留和路318号浙江科技学院研招办
邮政编码：310023
电话号码：0571-85070293
电子邮箱：webmaster@zust.edu.cn
研究生院（部、处）网址：http://yzw.zust.edu.cn/

10349　绍兴文理学院

在中国普通高校研究生教育竞争力排行榜中的名次：

总排名 430/507，浙江省内排名 18/19，综合类排名 71/76。

共 3 个一级学科（学术学位）参评。

学科门类数

文学 114/271、理学 262/368、管理学 313/374。

一级学科排名

中国语言文学 83/170、化学 123/188、工商管理 237/303。

通信地址：浙江省绍兴市越城区环城西路 508 号绍兴文理学院研究生处
邮政编码：312000
电话号码：0575-88348557
电子邮箱：yzb@usx.edu.cn
研究生院（部、处）网址：http://yzw.usx.edu.cn/

10347　湖州师范学院

在中国普通高校研究生教育竞争力排行榜中的名次：总排名 442/507，浙江省内排名 19/19，师范类排名 50/59。

共 3 个一级学科（学术学位）参评。

学科门类数

理学 285/368、医学 162/182。

一级学科排名

生态学 28/111、公共卫生与预防医学 53/70、护理学 33/63。

通信地址：浙江省湖州市二环东路 759 号湖州师范学院研招办
邮政编码：313000
电话号码：0572-2321128
电子邮箱：hutcyjs@163.com
研究生院（部、处）网址：http://www.zjhu.edu.cn/

11647　浙江传媒学院

在中国仅专业硕士招生普通高校研究生教育竞争力排行榜中的名次：总排名 8/66，浙江省内排名 1/2，文法类排名 1/9。

共 1 个一级学科（专业学位）参评，其中 5★+学科 0 个，5★学科 1 个，5★-学科 0 个，4★学科 0 个，学科优秀率为 100%。

一级学科排名

新闻与传播（专业学位）2/105。

优势专业

5★专业：新闻与传播（专业学位）2/105。

通信地址：浙江省杭州市下沙高教园区学源街 998 号浙江传媒学院研招办
邮政编码：310018
电话号码：0571-86706226
电子邮箱：yjsc@zjicm.edu.cn
研究生院（部、处）网址：http://yjsw.zjicm.edu.cn/

10876　浙江万里学院

在中国仅专业硕士招生普通高校研究生教育竞争力排行榜中的名次：总排名 22/66，浙江省内排名 2/2，理工类排名 14/20。

共 1 个一级学科（专业学位）参评。

一级学科排名

工程（专业学位）144/380。

通信地址：浙江宁波鄞州区钱湖南路 8 号浙江万里学院研招办
邮政编码：315100
电话号码：0574-88222065
电子邮箱：yjsb@zwu.edu.cn
研究生院（部、处）网址：http://yjs.zwu.edu.cn/

陕西省

10698　西安交通大学

在中国普通高校研究生教育竞争力排行榜中的名次：总排名 14/507，陕西省内排名 1/25，理工类排名 6/158。

共 47 个一级学科（学术学位）参评，其中 5★+学科 5 个，5★学科 6 个，5★-学科 8 个，4★学科 9 个，学科优秀率为 59.57%。

学科门类数

哲学 21/154、经济学 8/261、法学 25/351、教育学 72/193、文学 103/271、理学 22/368、工学 5/365、医学 18/182、管理学 7/374。

一级学科排名

哲学 24/154、理论经济学 15/115、应用经济学 8/244、法学 57/188、政治学 76/104、社会学 16/88、马克思主义理论 7/328、教育学 58/140、体育学 41/117、中国语言文学 139/170、外国语言文学 59/221、新闻传播学 60/98、数学 21/243、物理学 10/166、化学 40/188、生物学 24/224、统计学 8/116、力学 6/102、机械工程 3/205、仪器科学与技术 1/75、材料科学与工程 2/202、动力工程及工程热物理 1/110、电气工程 3/100、电子科学与技术 15/119、信息与通信工程 16/169、控制科学与工程 12/182、计算机科学与技术 13/262、建筑学 19/57、土木工程 36/153、化学工程与技术 13/194、航空宇航科学与技术 10/21、核科学与技术 2/19、环境科学与工程 47/174、生物医学工程 12/57、软件工程 10/155、网络空间安全 9/29、基础医学 15/97、临床医学 14/108、口腔医学 13/44、公共卫生与预防医学 21/70、中西医结合 35/66、药学 17/131、护理学 15/63、管理科学与工程 2/199、工商管理 1/303、公共管理 9/206、图书情报与档案管理 27/56。

优势专业

5★+专业：产业经济学 3/204、机械制造及其自动化 1/184、材料物理与化学 2/183、材料学 2/186、材料加工工程 2/164、热能工程 1/77、动力机械及工程 1/71、会计学 3/259、企业管理 2/293、旅游管理 2/181、技术经济及管理 1/224。

5★专业：财政学 4/88、国际贸易学 7/168、国防经济 1/20、应用数学 13/238、理论物理 7/134、固体力学 4/79、工程力学 5/95、机械电子工程 4/188、机械设计及理论 4/191、车辆工程 4/139、精密仪器及机械 1/63、测试计量技术及仪器 2/73、工程热物理 1/60、流体机械及工程 2/67、制冷及低温工程 1/58、化工过程机械 1/62、电力系统及其自动化 2/84、系统工程 6/110、计算机应用技术 5/258、化学工程 4/126。

5★-专业：人口、资源与环境经济学 7/86、区域经济学 13/175、金融学 18/188、数量经济学 10/113、马克思主义发展史 9/88、马克思主义中国化研究 26/250、思想政治教育 24/302、中国近现代史基本问题研究 10/148、计算数学 14/178、运筹学与控制论 14/165、原子与分子物理 5/75、凝聚态物理 9/151、光学 12/137、生理学 10/104、生物化学与分子生物学 17/204、一般力学与力学基础 4/55、流体力学 5/60、电机与电器 5/74、高电压与绝缘技术 5/53、电力电子与电力传动 6/93、电工理论与新技术 5/73、通信与信息系统 14/144、信号与信息处理 13/150、控制理论与控制工程 12/170、检测技术与自动化装置 9/160、模式识别与智能系统 8/142、计算机系统结构 11/172、计算机软件与理论 18/198、化学工艺 14/140、应用化学 16/190、核能科学与工程 1/12、法医学 4/41、行政管理 15/166、社会医学与卫生事业管理 4/68、社会保障 8/130、土地资源管理 7/105。

4★专业：科学技术哲学 16/101、西方经济学 16/84、世界经济 16/82、统计学 5/36、社会学 12/80、马克思主义基本原理 29/267、国外马克思主义研究 9/83、基础数学 20/189、概率论与数理统计 20/156、神经生物学 8/66、遗传学 18/137、细胞生物学 22/138、生物物理学 9/72、物理电子学 12/89、电路与系统 11/99、微电子学与固体电子学 12/88、电磁场与微波技术 11/73、导航、制导与控制 9/69、供热、供燃气、通风及空调工程 15/89、病理学与病理生理学 13/91、儿科学 12/84、神经病学 15/85、精神病与精神卫生学 9/59、皮肤病与性病学 11/72、外科学 12/96、耳鼻咽喉科学 12/75、肿瘤学 14/88、康复医学与理疗学 8/63、麻醉学 14/82、急诊医学 13/71、药物分析学 12/95、药理学 14/108。

通信地址：陕西省西安市咸宁西路28号西安交通大学研究生院
邮政编码：710049
电话号码：029-82668336
电子邮箱：yzb@mail.xjtu.edu.cn
研究生院（部、处）网址：http://gs.xjtu.edu.cn/

10699 西北工业大学

在中国普通高校研究生教育竞争力排行榜中的名次：总排名 27/507，陕西省内排名 2/25，理工类排名 13/158。

共38个一级学科（学术学位）参评，其中5★+学科0个，5★学科3个，5★-学科3个，4★学科9个，学科优秀率为39.47%。

学科门类数

经济学 126/261、法学 109/351、教育学 138/193、文学 184/271、理学 51/368、工学 13/365、管理学 89/374、艺术学 137/198。

一级学科排名

应用经济学 138/244、法学 128/188、马克思主义理论 55/328、教育学 89/140、体育学 89/117、外国语言文学 84/221、数学 32/243、物理学 33/166、化学 65/188、生物学 173/224、系统科学 7/17、力学 8/102、机械工程 12/205、光学工程 26/78、仪器科学与技术 18/75、材料科学与工程 9/202、动力工程及工程热物理 15/110、电气工程 17/100、电子科学与技术 21/119、信息与通信工程 17/169、控制科学与工程 8/182、计算机科学与技术 9/262、建筑学 27/57、土木工程 101/153、化学工程与技术 71/194、交通运输工程 18/62、船舶与海洋工程 7/16、航空宇航科学与技术 3/21、兵器科学与技术 3/7、环境科学与工程 90/174、生物医学工程 21/57、软件工程 22/155、网络空间安全 18/29、管理科学与工程 28/199、工商管理 80/303、公共管理 133/206、艺术学理论 56/63、设计学 114/134。

优势专业

5★+专业：模式识别与智能系统 2/142。

5★专业：思想政治教育 14/302、机械电子工程 6/188、机械设计及理论 10/191、工业设计 1/6、材料物理与化学 5/183、材料学 3/186、材料加工工程 4/164、控制理论与控制工程 8/170、计算机应用技术 4/258。

5★-专业：固体力学 7/79、机械制造及其自动化 11/184、车辆工程 14/139、信号与信息处理 14/150、检测技术与自动化装置 13/160、计算机系统结构 10/172、计算机软件与理论 13/198。

4★专业：基础数学 36/189、计算数学 26/178、概率论与数理统计 31/156、应用数学 29/238、运筹学与控制论 26/165、凝聚态物理 30/151、物理化学 32/163、高分子化学与物理 21/139、教育技术学 9/44、流体力学 9/60、工程力学 13/95、测试计量技术及仪器 13/73、工程热物理 12/60、热能工程 14/77、动力机械及工程 13/71、流体机械及工程 10/67、电机与电器 14/74、电力电子与电力传动 15/93、电工理论与新技术 13/73、物理电子学 18/89、通信与信息系统 16/144、系统工程 12/110、导航、制导与控制 10/69、结构工程 28/141、飞行器设计 3/19、航空宇航推进理论与工程 2/16、航空宇航制造工程 2/15。

通信地址：陕西省西安市友谊西路127号西北工业大学研究生院
邮政编码：710072
电话号码：029-88493042
电子邮箱：yzb@nwpu.edu.cn
研究生院（部、处）网址：http://gs.nwpu.edu.cn/

10712　西北农林科技大学

在中国普通高校研究生教育竞争力排行榜中的名次：总排名 52/507，陕西省内排名 3/25，农林类排名 4/37。

共 30 个一级学科（学术学位）参评，其中 5★+学科 0 个，5★学科 3 个，5★-学科 6 个，4★学科 5 个，学科优秀率为 46.67%。

学科门类数

经济学 162/261、法学 163/351、历史学 83/116、理学 53/368、工学 68/365、农学 2/100、医学 139/182、管理学 57/374。

一级学科排名

应用经济学 100/244、法学 163/188、社会学 54/88、马克思主义理论 145/328、中国史 82/113、数学 211/243、生物学 12/224、科学技术史 7/22、生态学 20/111、机械工程 163/205、计算机科学与技术 115/262、土木工程 112/153、水利工程 9/63、化学工程与技术 109/194、农业工程 3/47、林业工程 6/13、环境科学与工程 27/174、食品科学与工程 5/92、风景园林学 17/54、作物学 3/46、园艺学 4/39、农业资源与环境 5/39、植物保护 3/44、畜牧学 2/48、兽医学 5/41、林学 4/44、水产 16/26、草学 7/28、中药学 17/45、农林经济管理 3/51、应用经济学 100/244、法学 163/188、社会学 54/88、马克思主义理论 145/328、中国史 82/113、数学 211/243、生物学 12/224、科学技术史 7/22、生态学 20/111、机械工程 163/205、计算机科学与技术 115/262、土木工程 112/153、水利工程 9/63、化学工程与技术 109/194、农业工程 3/47、林业工程 6/13、环境科学与工程 27/174、食品科学与工程 5/92、风景园林学 17/54、作物学 3/46、园艺学 4/39、农业资源与环境 5/39、植物保护 3/44、畜牧学 2/48、兽医学 5/41、林学 4/44、水产 16/26、草学 7/28、中药学 17/45、农林经济管理 3/51。

优势专业

5★专业：农业电气化与自动化 2/40、作物遗传育种 2/45、农业昆虫与害虫防治 2/40、动物遗传育种与繁殖 2/41。

5★-专业：专门史 2/25、植物学 8/141、动物学 12/126、水生生物学 4/56、微生物学 13/167、生物化学与分子生物学 21/204、农业机械化工程 4/41、农业水土工程 2/34、农业生物环境与能源工程 3/30、食品科学 5/87、粮食、油脂及植物蛋白工程 5/52、农产品加工及贮藏工程 5/67、作物栽培学与耕作学 3/42、果树学 4/39、动物营养与饲料科学 3/44、特种经济动物饲养 2/26、预防兽医学 3/39、临床兽医学 3/38、农业经济管理 5/50。

4★专业：生理学 19/104、遗传学 15/137、发育生物学 10/74、细胞生物学 15/138、水工结构工程 7/36、环境科学 20/149、蔬菜学 4/35、设施园艺学 4/13、土壤学 4/35、植物营养学 5/37、植物病理学 7/37、基础兽医学 7/39、森林保护学 4/23、水土保持与荒漠化防治 4/31。

通信地址：陕西省杨凌区邰城路3号西北农林科技大学研究生院
邮政编码：712100
电话号码：029-87080151
电子邮箱：zhsh@nwsuaf.edu.cn
研究生院（部、处）网址：http://yjshy.nwsuaf.edu.cn/

10701　西安电子科技大学

在中国普通高校研究生教育竞争力排行榜中的名次：总排名 55/507，陕西省内排名 4/25，理工类排名 27/158。

共 27 个一级学科（学术学位）参评，其中 5★+学科 1 个，5★学科 2 个，5★-学科 0 个，4★学科 3 个，学科优秀率为 22.22%。

学科门类数

哲学 104/154、经济学 165/261、法学 260/351、教育学 172/193、文学 242/271、理学 122/368、工学 29/365、管理学 103/374。

一级学科排名

哲学 103/154、应用经济学 163/244、马克思主义理论 209/328、体育学 93/117、外国语言文学 184/221、数学 59/243、物理学 40/166、统计学 100/116、生物医学工程 13/19、力学 61/102、机械工程 36/205、光学工程 34/78、仪器科学与技术 26/75、材料科学与工程 101/202、电气工程 49/100、电子科学与技术 5/119、信息与通信工程 2/169、控制科学与工程 28/182、计算机科学与技术 15/262、交通运输工程 42/62、环境科学与工程 100/174、生物医学工程 40/57、软件工程 37/155、网络空间安全 5/29、管理科学与工程 81/199、工商管理 184/303、图书情报与档案管理 39/56。

优势专业

5★专业：通信与信息系统 3/144、信号与信息处理 6/150、计算机应用技术 12/258。

5★-专业：工业设计 2/6、电路与系统 8/99、微电子学与固体电子学 8/88、模式识别与智能系统 14/142、计算机系统结构 14/172、计算机软件与理论 16/198。

4★专业：概率论与数理统计 30/156、应用数学 33/238、运筹学与控制论 22/165、机械电子工程 29/188、物理电子学 15/89、电磁场与微波技术 10/73、控制理论与控制工程 33/170。

通信地址：陕西省西安市太白南路2号西安电子科技大学研究生院
邮政编码：710071
电话号码：029-88201947
电子邮箱：gr@xidian.edu.cn
研究生院（部、处）网址：http://yz.xidian.edu.cn/

10718　陕西师范大学

在中国普通高校研究生教育竞争力排行榜中的名次：总排名 60/507，陕西省内排名 5/25，师范类排名 7/59。

共 37 个一级学科（学术学位）参评，其中 5★+学科 0 个，5★学科 0 个，5★-学科 3 个，4★学科 7 个，学科优秀率为 27.03%。

学科门类数

哲学 20/154、经济学 54/261、法学 35/351、教育学 11/193、文学 21/271、历史学 23/116、理学 50/368、工学 114/365、农学 68/100、医学 148/182、管理学 98/374、艺

术学 67/198。

一级学科排名

哲学 18/154、理论经济学 31/115、应用经济学 89/244、法学 181/188、政治学 47/104、社会学 47/88、民族学 7/41、马克思主义理论 20/328、教育学 11/140、心理学 7/97、体育学 30/117、中国语言文学 18/170、外国语言文学 58/221、新闻传播学 41/98、中国史 15/113、世界史 25/67、数学 57/243、物理学 66/166、化学 44/188、地理学 16/82、地质学 37/40、生物学 40/224、生态学 96/111、计算机科学与技术 23/38、材料科学与工程 77/202、信息与通信工程 73/169、计算机科学与技术 63/262、化学工程与技术 57/194、环境科学与工程 96/174、食品科学与工程 24/92、林学 29/44、食品科学与工程 3/25、药学 111/131、工商管理 73/303、农林经济管理 49/51、公共管理 86/206、音乐与舞蹈学 19/82。

优势专业

5★-专业：中国少数民族史 3/29、语言学及应用语言学 10/135、汉语言文字学 12/133。

4★专业：中国哲学 12/87、马克思主义基本原理 39/267、马克思主义中国化研究 40/250、思想政治教育 55/302、中国近现代史基本问题研究 21/148、教育学原理 14/89、课程与教学论 11/98、基础心理学 6/48、发展与教育心理学 11/56、应用心理学 10/81、文艺学 19/153、中国古典文献学 17/101、中国古代文学 22/159、中国现当代文学 25/148、中国少数民族语言文学 6/41、应用数学 37/238、计算机软件与理论 32/198、应用化学 32/190、农产品加工及贮藏工程 2/18、药物分析学 15/95、旅游管理 31/181。

> 通信地址：陕西省西安市长安区西长安街 620 号陕西师范大学研招办
> 邮政编码：710119
> 电话号码：029-85310346
> 电子邮箱：yjsc4@snnu.edu.cn
> 研究生院（部、处）网址：http://newyjs.snnu.edu.cn/#

10697　西北大学

在中国普通高校研究生教育竞争力排行榜中的名次：总排名 61/507，陕西省内排名 6/25，综合类排名 20/76。

共 43 个一级学科（学术学位）参评，其中 5★+学科 0 个，5★学科 0 个，5★-学科 0 个，4★学科 7 个，学科优秀率为 16.28%。

学科门类数

哲学 48/154、经济学 36/261、法学 82/351、教育学 143/193、文学 49/271、历史学 25/116、理学 25/368、工学 91/365、医学 102/182、管理学 80/374、艺术学 100/198。

一级学科排名

哲学 45/154、理论经济学 23/115、应用经济学 39/244、法学 106/188、政治学 82/104、社会学 53/88、马克思主义理论 80/328、心理学 74/97、中国语言文学 39/170、外国语言文学 103/221、新闻传播学 51/98、考古学 7/40、中国史 42/113、世界史 27/67、数学 65/243、物理学 46/166、化学 33/188、地理学 38/82、地球物理学 18/22、地质学 10/40、生物学 65/224、科学技术史 11/22、生态学 84/111、统计学 72/116、环境科学与工程 49/51、光学工程 35/78、动力工程及工程热物理 68/110、电子科学与技术 50/119、信息与通信工程 56/169、计算机科学与技术 56/262、化学工程与技术 21/194、地质资源与地质工程 10/46、石油与天然气工程 8/17、环境科学与工程 69/174、食品科学与工程 68/92、城乡规划学 20/51、软件工程 38/155、中药学 8/45、工商管理 64/303、公共管理 64/206、图书情报与档案管理 40/56、戏剧与影视学 33/63、美术学 70/115。

优势专业

5★-专业：信息安全 2/8。

4★专业：政治经济学 18/96、区域经济学 26/175、产业经济学 30/204、马克思主义中国化研究 27/250、中国古代文学 21/159、无机化学 27/159、分析化学 31/163、有机化学 32/164、古生物学与地层学 5/28、计算机应用技术 41/258、化学工程 23/126、生物化工 19/119、应用化学 27/190、矿产普查与勘探 4/38、企业管理 54/293、旅游管理 32/181。

> 通信地址：陕西省西安市太白北路 229 号西北大学研招办
> 邮政编码：710069
> 电话号码：029-88302210
> 电子邮箱：yjszb@nwu.edu.cn
> 研究生院（部、处）网址：http://yjs.nwu.edu.cn/

10703　西安建筑科技大学

在中国普通高校研究生教育竞争力排行榜中的名次：总排名 103/507，陕西省内排名 7/25，理工类排名 46/158。

共 29 个一级学科（学术学位）参评，其中 5★+学科 0 个，5★学科 2 个，5★-学科 1 个，4★学科 5 个，学科优秀率为 27.59%。

学科门类数

哲学 125/154、法学 233/351、教育学 165/193、理学 265/368、工学 74/365、管理学 204/374、艺术学 112/198。

一级学科排名

哲学 116/154、法学 183/188、马克思主义理论 131/328、教育学 123/140、数学 146/243、物理学 112/166、力学 62/102、机械工程 87/205、材料科学与工程 36/202、冶金工程 9/23、信息与通信工程 115/169、控制科学与工程 100/182、计算机科学与技术 125/262、建筑学 10/57、土木工程 7/153、化学工程与技术 104/194、矿业工程 18/32、交通运输工程 46/62、环境科学与工程 24/174、城乡规划学 4/51、风景园林学 3/54、安全科学与工程 33/54、管理科学与工程 9/44、管理科学与工程 36/199、工商管理 162/303、公共管理 164/206、戏剧与影视学 52/63、美术学 102/115、设计学 54/134。

优势专业

5★-专业：结构工程 10/141、市政工程 9/99。

4★专业：防灾减灾工程及防护工程 19/115、环境工程 24/156。

通信地址：陕西省西安市雁塔路13号西安建筑科技大学研招办
邮政编码：710055
电话号码：029-82202244
电子邮箱：liyun@xauat.edu.cn
研究生院（部、处）网址：http://gs.xauat.edu.cn/

10710 长安大学

在中国普通高校研究生教育竞争力排行榜中的名次：总排名106/507，陕西省内排名8/25，理工类排名47/158。

共32个一级学科（学术学位）参评，其中5★+学科0个，5★学科0个，5★-学科0个，4★学科3个，学科优秀率为9.38%。

学科门类数

哲学 91/154、经济学 188/261、法学 251/351、文学 227/271、理学 148/368、工学 63/365、农学 96/100、管理学 146/374。

一级学科排名

哲学 87/154、应用经济学 203/244、统计学 44/46、法学 188/188、马克思主义理论 125/328、外国语言文学 174/221、数学 142/243、地理学 41/82、地球物理学 17/22、地质学 17/40、力学 59/102、机械工程 50/205、材料科学与工程 98/202、动力工程及工程热物理 62/110、信息与通信工程 83/169、控制科学与工程 95/182、计算机科学与技术 98/262、建筑学 30/57、土木工程 24/153、水利工程 35/63、测绘科学与技术 20/50、化学工程与技术 172/194、地质资源与地质工程 8/46、交通运输工程 10/62、环境科学与工程 58/174、城乡规划学 35/51、风景园林学 40/54、软件工程 81/155、林学 43/44、管理科学与工程 172/199、工商管理 113/303、公共管理 132/206。

优势专业

5★-专业：防灾减灾工程及防护工程 11/115。

4★专业：岩土工程 25/131、桥梁与隧道工程 19/108、交通运输规划与管理 7/50。

通信地址：陕西省西安市南二环路长安大学研招办
邮政编码：710064
电话号码：029-82334323
电子邮箱：yzban@chd.edu.cn
研究生院（部、处）网址：http://yzb.chd.edu.cn/

10700 西安理工大学

在中国普通高校研究生教育竞争力排行榜中的名次：总排名139/507，陕西省内排名9/25，理工类排名56/158。

共30个一级学科（学术学位）参评，其中5★+学科0个，5★学科0个，5★-学科0个，4★学科1个，学科优秀率为3.33%。

学科门类数

经济学 163/261、法学 143/351、教育学 177/193、文学 257/271、理学 266/368、工学 70/365、农学 93/100、管理学 88/374、艺术学 131/198。

一级学科排名

理论经济学 104/115、应用经济学 167/244、马克思主义理论 73/328、教育学 130/140、外国语言文学 200/221、数学 135/243、物理学 146/166、力学 66/102、机械工程 51/205、光学工程 58/78、仪器科学与技术 41/75、材料科学与工程 83/202、动力工程及工程热物理 85/110、电气工程 54/100、电子科学与技术 45/119、信息与通信工程 91/169、控制科学与工程 66/182、计算机科学与技术 105/262、土木工程 49/153、水利工程 14/63、化学工程与技术 160/194、轻工技术与工程 21/31、农业工程 27/47、环境科学与工程 79/174、食品科学与工程 71/92、软件工程 99/155、林学 41/44、管理科学与工程 76/199、工商管理 55/303、设计学 53/134。

优势专业

4★专业：思想政治教育 54/302、会计学 40/259、企业管理 44/293、技术经济及管理 30/224。

通信地址：陕西省西安市金花路5号西安理工大学研招办
邮政编码：710048
电话号码：029-82312416
电子邮箱：yjsy@xaut.edu.cn
研究生院（部、处）网址：http://yjsy.xaut.edu.cn/

10708 陕西科技大学

在中国普通高校研究生教育竞争力排行榜中的名次：总排名196/507，陕西省内排名10/25，理工类排名74/158。

共18个一级学科（学术学位）参评，其中5★+学科0个，5★学科0个，5★-学科0个，4★学科1个，学科优秀率为5.56%。

学科门类数

法学 243/351、理学 187/368、工学 92/365、医学 169/182、管理学 233/374、艺术学 89/198。

一级学科排名

马克思主义理论 152/328、数学 201/243、化学 115/188、机械工程 122/205、材料科学与工程 57/202、动力工程及工程热物理 92/110、电气工程 94/100、控制科学与工程 111/182、计算机科学与技术 219/262、化学工程与技术 37/194、轻工技术与工程 7/31、环境科学与工程 111/174、食品科学与工程 63/92、软件工程 118/155、中药学 30/45、工商管理 144/303、艺术学理论 47/63、设计学 78/134。

优势专业

4★专业：应用化学 33/190。

通信地址：陕西省西安市未央大学园区陕西科技大学研招办
邮政编码：710021
电话号码：029-86168200
电子邮箱：yjszs@sust.edu.cn
研究生院（部、处）网址：http://yjszs.sust.edu.cn/

10704　西安科技大学

在中国普通高校研究生教育竞争力排行榜中的名次：总排名218/507，陕西省内排名11/25，理工类排名81/158。

共23个一级学科（学术学位）参评，其中5★+学科0个，5★学科0个，5★-学科1个，4★学科0个，学科优秀率为4.35%。

学科门类数

经济学 238/261、法学 170/351、历史学 116/116、理学 254/368、工学 105/365、管理学 246/374。

一级学科排名

应用经济学 227/244、马克思主义理论 71/328、数学 188/243、地理学 24/82、力学 98/102、机械工程 78/205、仪器科学与技术 73/75、材料科学与工程 150/202、电气工程 84/100、电子科学与技术 89/119、信息与通信工程 98/169、控制科学与工程 130/182、计算机科学与技术 155/262、土木工程 58/153、测绘科学与技术 32/50、化学工程与技术 130/194、地质资源与地质工程 36/46、矿业工程 15/32、环境科学与工程 148/174、软件工程 142/155、安全科学与工程 5/54、管理科学与工程 163/199、工商管理 185/303。

通信地址：陕西省西安市雁塔中路58号西安科技大学研招办
邮政编码：710054
电话号码：029-85583845
电子邮箱：yjsy@xust.edu.cn
研究生院（部、处）网址：https://yjs.xust.edu.cn/

10702　西安工业大学

在中国普通高校研究生教育竞争力排行榜中的名次：总排名286/507，陕西省内排名12/25，理工类排名102/158。

共18个一级学科（学术学位）参评。

学科门类数

经济学 207/261、法学 249/351、文学 202/271、理学 284/368、工学 174/365、管理学 260/374。

一级学科排名

应用经济学 193/244、马克思主义理论 134/328、中国语言文学 155/170、外国语言文学 202/221、物理学 88/166、机械工程 110/205、光学工程 46/78、仪器科学与技术 51/75、材料科学与工程 118/202、电子科学与技术 113/119、信息与通信工程 150/169、控制科学与工程 87/182、计算机科学与技术 139/262、土木工程 115/153、兵器科学与技术 6/7、软件工程 129/155、管理科学与工程 197/199、工商管理 223/303。

通信地址：陕西省西安市未央大学园区学府中路2号西安工业大学研招办
邮政编码：710032
电话号码：029-86173235
电子邮箱：120699833@qq.com
研究生院（部、处）网址：http://grs.xatu.edu.cn/

10709　西安工程大学

在中国普通高校研究生教育竞争力排行榜中的名次：总排名292/507，陕西省内排名13/25，理工类排名103/158。

共17个一级学科（学术学位）参评，其中5★+学科0个，5★学科0个，5★-学科1个，4★学科0个，学科优秀率为5.88%。

学科门类数

法学 178/351、文学 261/271、理学 304/368、工学 224/365、管理学 195/374、艺术学 116/198。

一级学科排名

马克思主义理论 168/328、外国语言文学 205/221、数学 149/243、环境科学与工程 17/51、机械工程 147/205、电气工程 99/100、信息与通信工程 153/169、控制科学与工程 68/182、计算机科学与技术 223/262、土木工程 148/153、化学工程与技术 97/194、纺织科学与工程 14/20、环境科学与工程 108/174、管理科学与工程 42/44、管理科学与工程 103/199、工商管理 186/303、设计学 10/134。

优势专业

4★专业：中国近现代史基本问题研究 29/148。

通信地址：陕西省西安市金花南路19号（金花校区）西安工程大学研招办
邮政编码：710048
电话号码：029-82330076
电子邮箱：yanjiu@xaist.edu.cn
研究生院（部、处）网址：http://yjsy.xpu.edu.cn/

10705　西安石油大学

在中国普通高校研究生教育竞争力排行榜中的名次：总排名319/507，陕西省内排名14/25，理工类排名117/158。

共17个一级学科（学术学位）参评。

学科门类数

经济学 212/261、法学 265/351、理学 302/368、工学 189/365、管理学 216/374。

一级学科排名

应用经济学 202/244、马克思主义理论 233/328、地质学 27/40、机械工程 164/205、光学工程 78/78、仪器科学与技术 59/75、材料科学与工程 158/202、动力工程及工程热物理 97/110、电气工程 93/100、电子科学与技术 118/119、控制科学与工程 158/182、计算机科学与技术 190/262、化学工程与技术 144/194、地质资源与地质工程 38/46、石油与天然气工程 14/17、管理科学与工程 180/199、工商管理 157/303。

通信地址：陕西省西安市电子二路东段18号西安石油大学研招办
邮政编码：710065
电话号码：029-88382328
电子邮箱：yanzb@xsyu.edu.cn
研究生院（部、处）网址：http://yjs.xsyu.edu.cn/

10719　延安大学

在中国普通高校研究生教育竞争力排行榜中的名次：总排名324/507，陕西省内排名15/25，综合类排名61/76。

共17个一级学科（学术学位）参评。

学科门类数

哲学 115/154、经济学 233/261、法学 141/351、教育学 150/193、文学 151/271、历史学 84/116、理学 255/368、工学 331/365、医学 146/182、管理学 271/374。

一级学科排名

哲学 119/154、应用经济学 223/244、政治学 66/104、马克思主义理论 101/328、教育学 128/140、体育学 109/117、中国语言文学 120/170、外国语言文学 190/221、中国史 75/113、数学 236/243、化学 185/188、生物学 174/224、生态学 100/111、化学工程与技术 140/194、基础医学 51/97、工商管理 290/303、公共管理 166/206。

优势专业

4★专业：中国近现代史基本问题研究 25/148。

通信地址：陕西省延安市杨家岭延安大学研招办
邮政编码：716000
电话号码：0911-2332224
电子邮箱：yjsc@163.com
研究生院（部、处）网址：http://yjsc.yau.edu.cn

10724　西安外国语大学

在中国普通高校研究生教育竞争力排行榜中的名次：总排名335/507，陕西省内排名16/25，文法类排名10/22。

共7个一级学科（学术学位）参评，其中5★+学科0个，5★学科1个，5★-学科0个，4★学科0个，学科优秀率为14.29%。

学科门类数

经济学 250/261、法学 346/351、教育学 144/193、文学 52/271、理学 367/368、管理学 330/374。

一级学科排名

应用经济学 235/244、马克思主义理论 315/328、教育学 106/140、中国语言文学 101/170、外国语言文学 9/221、地理学 77/82、工商管理 245/303。

优势专业

5★-专业：外国语言学及应用语言学 15/196。
4★专业：英语语言文学 31/186、翻译学 4/7。

通信地址：陕西省西安市郭杜教育科技产业开发区文苑南路
邮政编码：710128
电话号码：029-85319427
电子邮箱：wyyjsb@xisu.edu.cn
研究生院（部、处）网址：http://gs.xisu.edu.cn/

10726　西北政法大学

在中国普通高校研究生教育竞争力排行榜中的名次：总排名338/507，陕西省内排名17/25，文法类排名12/22。

共7个一级学科（学术学位）参评，其中5★+学科0个，5★学科0个，5★-学科0个，4★学科1个，学科优秀率为14.29%。

学科门类数

哲学 70/154、经济学 241/261、法学 48/351、文学 229/271、管理学 322/374、哲学 70/154、经济学 241/261、法学 48/351、文学 229/271、管理学 322/374。

一级学科排名

哲学 73/154、理论经济学 106/115、法学 22/188、政治学 86/104、马克思主义理论 196/328、新闻传播学 83/98、公共管理 141/206。

优势专业

5★-专业：民商法学 15/151。
4★专业：宪法学与行政法学 22/131、经济法学 20/129。

通信地址：陕西省西安市长安南路300号西北政法大学雁塔校区
邮政编码：710063
电话号码：029-85385134
电子邮箱：YJSZSK@163.com
研究生院（部、处）网址：http://grs.nwupl.edu.cn/plus/list.php?tid=7

10729　西安美术学院

在中国普通高校研究生教育竞争力排行榜中的名次：总排名350/507，陕西省内排名18/25，艺术类排名8/27。

共3个一级学科（学术学位）参评，其中5★+学科0个，5★学科0个，5★-学科2个，4★学科0个，学科优秀率为66.67%。

学科门类数

艺术学 25/198。

一级学科排名

艺术学理论 19/63、美术学 8/115、设计学 12/134。

通信地址：陕西省西安市雁塔区含光南路100号
邮政编码：710065
电话号码：029-88278054
电子邮箱：yzb@xafa.edu.cn
研究生院（部、处）网址：http://yanjiusheng.xafa.edu.cn/

11664　西安邮电大学

在中国普通高校研究生教育竞争力排行榜中的名次：总排名389/507，陕西省内排名19/25，理工类排名139/158。

共12个一级学科（学术学位）参评，其中5★+学科0个，5★学科0个，5★-学科0个，4★学科1个，学科优秀率为8.33%。

学科门类数

经济学 203/261、法学 228/351、理学 347/368、工学 236/365、管理学 302/374。

一级学科排名

应用经济学 175/244、马克思主义理论 178/328、电子科学与技术 2/15、计算机科学与技术 20/38、光学工程 64/78、电子科学与技术 69/119、信息与通信工程 64/169、计算机科学与技术 83/262、软件工程 115/155、管理科学与工程 35/44、管理科学与工程 166/199、工商管理 277/303。

优势专业

5★-专业：电路与系统 1/8。

4★专业：微电子学与固体电子学 2/10。

> 通信地址：陕西省西安市长安区韦郭路西安邮电大学南校区研招办
> 邮政编码：710121
> 电话号码：029-88166177
> 电子邮箱：gr@xupt.edu.cn
> 研究生院（部、处）网址：http://gr.xupt.edu.cn/

10727　西安体育学院

在中国普通高校研究生教育竞争力排行榜中的名次：总排名 404/507，陕西省内排名 20/25，体育类排名 8/13。

共 4 个一级学科（学术学位）参评，其中 5★+学科 0 个，5★学科 0 个，5★-学科 0 个，4★学科 1 个，学科优秀率为 25%。

学科门类数

教育学 70/193、医学 181/182。

一级学科排名

教育学 140/140、心理学 96/97、体育学 23/117、临床医学 108/108。

> 通信地址：陕西省西安市含光北路65号西安体育学院研招办
> 邮政编码：710068
> 电话号码：029-88409422
> 电子邮箱：Xtyjsb@pub.xaonline.com
> 研究生院（部、处）网址：http://www.xaipe.edu.cn/yjsb/

10720　陕西理工大学

在中国普通高校研究生教育竞争力排行榜中的名次：总排名 415/507，陕西省内排名 21/25，综合类排名 69/76。

共 4 个一级学科（学术学位）参评。

学科门类数

文学 190/271、理学 300/368、工学 296/365。

一级学科排名

中国语言文学 144/170、生物学 145/224、机械工程 141/205、材料科学与工程 184/202。

> 通信地址：陕西省汉中市朝阳路陕西理工大学研招办
> 邮政编码：723001
> 电话号码：0916-2641564
> 电子邮箱：yjsc@snut.edu.cn
> 研究生院（部、处）网址：http://yjs.snut.edu.cn/

10716　陕西中医药大学

在中国普通高校研究生教育竞争力排行榜中的名次：总排名 436/507，陕西省内排名 22/25，医药类排名 57/69。

共 3 个一级学科（学术学位）参评。

学科门类数

医学 115/182。

一级学科排名

中医学 13/41、中西医结合 18/66、中药学 18/45。

> 通信地址：陕西省咸阳市世纪大道沣河桥西侧陕西中医药大学研招办
> 邮政编码：712046
> 电话号码：029-38185073
> 电子邮箱：sxzyxyyzb@163.com
> 研究生院（部、处）网址：http://yjsc.sntcm.edu.cn/

10728　西安音乐学院

在中国普通高校研究生教育竞争力排行榜中的名次：总排名 453/507，陕西省内排名 23/25，艺术类排名 19/27。

共 2 个一级学科（学术学位）参评，其中 5★+学科 0 个，5★学科 0 个，5★-学科 0 个，4★学科 1 个，学科优秀率为 50%。

学科门类数

艺术学 54/198。

一级学科排名

艺术学理论 27/63、音乐与舞蹈学 11/82。

> 通信地址：陕西省西安市长安中路108号
> 邮政编码：710061
> 电话号码：029-85237451
> 电子邮箱：xiyinkeyan@163.com
> 研究生院（部、处）网址：http://yjsb.xacom.edu.cn/

11560　西安财经学院

在中国普通高校研究生教育竞争力排行榜中的名次：总排名 467/507，陕西省内排名 24/25，财经类排名 32/34。

共 4 个一级学科（学术学位）参评。

学科门类数

经济学 101/261、法学 238/351、理学 346/368、管理学 306/374。

一级学科排名

应用经济学 80/244、法学 131/188、统计学 50/116、工商管理 146/303。

> 通信地址：陕西省西安市长安区韦常路2号西安财经学院研招办
> 邮政编码：100872
> 电话号码：029-81556499
> 电子邮箱：yjszsb@mail.xaufe.edu.cn
> 研究生院（部、处）网址：http://yanjiusheng.xaufe.edu.cn/

10721　宝鸡文理学院

在中国普通高校研究生教育竞争力排行榜中的名次：总排名495/507，陕西省内排名25/25，师范类排名58/59。

共3个一级学科（学术学位）参评。

学科门类数
文学 145/271、理学 279/368。

一级学科排名
中国语言文学 107/170、化学 149/188、地理学 55/82。

```
通信地址：陕西省宝鸡市高新大道1号
邮政编码：721016
电话号码：0917-3565611
电子邮箱：webmaster@bjwlxy.edu.cn
研究生院（部、处）网址：www.yixunedu.com/yjsjx/
```

12715　西京学院

在中国仅专业硕士招生普通高校研究生教育竞争力排行榜中的名次：总排名30/66，陕西省内排名2/2，综合类排名4/11。

共3个一级学科（专业学位）参评。

一级学科排名
审计（专业学位）13/28、工程（专业学位）203/380、艺术（专业学位）124/199。

```
通信地址：陕西省西安市长安区西京路1号西京学院研招办
邮政编码：710123
电话号码：029-85628112
电子邮箱：renlinzheng@163.com
研究生院（部、处）网址：www.xijing.com.cn/info/1012/1179.htm
```

11840　西安医学院

在中国仅专业硕士招生普通高校研究生教育竞争力排行榜中的名次：总排名19/66，陕西省内排名1/2，医药类排名2/3。

共1个一级学科（专业学位）参评。

一级学科排名
临床医学（专业学位）27/112。

```
通信地址：陕西省西安市未央区辛王路1号西安医学院研招办
邮政编码：710021
电话号码：029-86168677
电子邮箱：xyyzb2011@163.com
研究生院（部、处）网址：yjsc.xiyi.edu.cn/
```

山东省

10422　山东大学

在中国普通高校研究生教育竞争力排行榜中的名次：总排名17/507，山东省内排名1/26，综合类排名10/76。

共57个一级学科（学术学位）参评，其中5★+学科0个，5★学科2个，5★-学科21个，4★学科14个，学科优秀率为64.91%。

学科门类数
哲学 11/154、经济学 17/261、法学 19/351、教育学 61/193、文学 20/271、历史学 12/116、理学 13/368、工学 31/365、医学 12/182、管理学 41/374、艺术学 35/198。

一级学科排名
哲学 11/154、理论经济学 25/115、应用经济学 16/244、法学 17/188、政治学 17/104、社会学 19/88、马克思主义理论 26/328、体育学 52/117、中国语言文学 10/170、外国语言文学 22/221、新闻传播学 31/98、考古学 8/40、中国史 11/113、世界史 20/67、数学 6/243、物理学 16/166、化学 21/188、海洋科学 5/30、地球物理学 8/22、生物学 11/224、生态学 17/111、统计学 11/116、电子科学与技术 1/15、基础医学 1/15、力学 32/102、机械工程 16/205、光学工程 19/78、材料科学与工程 19/202、动力工程及工程热物理 18/110、电气工程 15/100、电子科学与技术 25/119、信息与通信工程 33/169、控制科学与工程 16/182、计算机科学与技术 35/262、土木工程 25/153、水利工程 26/63、化学工程与技术 54/194、交通运输工程 21/62、环境科学与工程 12/174、生物医学工程 18/57、软件工程 15/155、网络空间安全 11/29、设计学 3/10、基础医学 10/97、临床医学 12/108、口腔医学 11/44、公共卫生与预防医学 11/70、药学 9/131、护理学 4/63、管理科学与工程 31/199、工商管理 44/303、公共管理 21/206、图书情报与档案管理 30/56、艺术学理论 52/63、音乐与舞蹈学 30/82、美术学 86/115、设计学 52/134。

优势专业
5★专业：金融学 7/188、马克思主义中国化研究 13/250、文艺学 6/153、中国古代文学 7/159、中国现当代文学 4/148、基础数学 5/189、概率论与数理统计 5/156、应用数学 11/238、运筹学与控制论 5/165、无机化学 7/159、微生物学 6/167、生物化学与分子生物学 10/204、材料物理与化学 10/183、环境工程 8/156、行政管理 7/166、社会保障 6/130。

5★-专业：马克思主义哲学 9/104、中国哲学 8/87、科学技术哲学 8/101、产业经济学 13/204、国际贸易学 13/168、宪法学与行政法学 9/131、刑法学 10/113、马克思主义基本原理 18/267、思想政治教育 19/302、中国古典文献学 9/101、计算数学 10/178、分析化学 9/163、有机化学 13/164、物理化学 10/163、海洋生物学 2/24、微电子学与固体电子学 1/10、免疫学 1/9、病原生物学 1/7、机械制造及其自动化 15/184、机械设计及理论 20/191、材料学 15/186、材料加工工程 17/164、控制理论与控制工程 15/170、检测技术与自动化装置 12/160、岩土工程 12/131、环境科学 15/149、人体解剖与组织胚胎学 7/87、免疫学

8/86、内科学 10/97、临床检验诊断学 6/93、妇产科学 7/87、流行病与卫生统计学 6/64、企业管理 19/293、社会医学与卫生事业管理 7/68。

4★专业：外国哲学 15/75、伦理学 16/92、宗教学 9/55、法学理论 16/111、民商法学 16/151、诉讼法学 16/108、经济法学 23/129、国际法学 18/105、政治学理论 14/83、科学社会主义与国际共产主义运动 7/50、中共党史 10/60、国际政治 9/61、民俗学 8/41、国外马克思主义研究 10/83、汉语言文字学 24/133、比较文学与世界文学 19/127、英语语言文学 23/186、日语语言文学 16/112、亚非语言文学 5/32、外国语言学及应用语言学 22/196、理论物理 19/134、粒子物理与原子核物理 10/56、凝聚态物理 17/151、光学 18/137、高分子化学与物理 24/139、空间物理学 3/15、植物学 22/141、动物学 24/126、生理学 17/104、遗传学 16/137、细胞生物学 17/138、生物物理学 14/72、机械电子工程 27/188、车辆工程 22/139、热能工程 15/77、化工过程机械 10/62、电机与电器 13/74、电力系统及其自动化 13/84、电力电子与电力传动 17/93、电工理论与新技术 14/73、信号与信息处理 21/150、系统工程 14/110、模式识别与智能系统 17/142、计算机系统结构 34/172、计算机软件与理论 28/198、计算机应用技术 29/258、结构工程 18/141、防灾减灾工程及防护工程 15/115、桥梁与隧道工程 15/108、化学工程 24/126、病原生物学 12/86、病理学与病理生理学 11/91、儿科学 11/84、老年医学 12/59、神经病学 12/85、皮肤病与性病学 12/72、影像医学与核医学 11/96、眼科学 13/78、耳鼻咽喉科学 10/75、肿瘤学 10/88、康复医学与理疗学 12/63、麻醉学 12/82、急诊医学 12/71、药物化学 19/110、药剂学 15/95、药理学 12/108、社会医学与卫生事业管理 3/18、会计学 32/259、旅游管理 37/181。

通信地址：山东省济南市山大南路 27 号山东大学研究生院
邮政编码：250100
电话号码：0531-88364334
电子邮箱：sduyzb@163.com
研究生院（部、处）网址：www.grad.sdu.edu.cn/default.site

10423 中国海洋大学

在中国普通高校研究生教育竞争力排行榜中的名次：总排名 56/507，山东省内排名 2/26，理工类排名 28/158。

共 39 个一级学科（学术学位）参评，其中 5★+学科 0 个，5★学科 2 个，5★-学科 2 个，4★学科 6 个，学科优秀率为 25.64%。

学科门类数

经济学 62/261、法学 30/351、教育学 162/193、文学 77/271、历史学 74/116、理学 27/368、工学 67/365、农学 15/100、医学 81/182、管理学 67/374。

一级学科排名

应用经济学 51/244、法学 24/188、政治学 36/104、社会学 60/88、马克思主义理论 223/328、体育学 67/117、中国语言文学 97/170、外国语言文学 46/221、中国史 69/113、数学 92/243、物理学 97/166、化学 68/188、地理学 21/82、大气科学 7/16、海洋科学 1/30、地质学 14/40、生物学 29/224、生态学 21/111、统计学 90/116、机械工程 131/205、光学工程 43/78、材料科学与工程 87/202、信息与通信工程 60/169、控制科学与工程 106/182、计算机科学与技术 58/262、土木工程 86/153、水利工程 10/63、测绘科学与技术 28/50、化学工程与技术 73/194、地质资源与地质工程 15/46、环境科学与工程 17/174、食品科学与工程 8/92、软件工程 35/155、水产 1/26、药学 15/131、管理科学与工程 87/199、工商管理 41/303、农林经济管理 18/51、公共管理 101/206。

优势专业

5★专业：海洋化学 1/21、海洋生物学 1/24、水生生物学 3/56、水产养殖 1/26、药物化学 6/110。

5★-专业：环境与资源保护法学 7/77、物理海洋学 1/16、海洋地质 1/16、食品科学 6/87、水产品加工及贮藏工程 4/40、捕捞学 1/8、渔业资源 1/14、生药学 5/78、药物分析学 9/95、会计学 26/259。

4★专业：地图学与地理信息系统 9/73、动物学 14/126、微生物学 27/167、环境科学 16/149、药剂学 13/95、微生物与生化药学 14/72、企业管理 59/293、旅游管理 23/181、财务管理 2/10。

通信地址：山东省青岛市崂山区松岭路 238 号中国海洋大学研招办
邮政编码：266100
电话号码：0532-66782080
电子邮箱：yjsy@ouc.edu.cn
研究生院（部、处）网址：http://web.ouc.edu.cn/yzb/main.htm

10425 中国石油大学（华东）

在中国普通高校研究生教育竞争力排行榜中的名次：总排名 91/507，山东省内排名 3/26，理工类排名 44/158。

共 33 个一级学科（学术学位）参评，其中 5★+学科 0 个，5★学科 0 个，5★-学科 0 个，4★学科 2 个，学科优秀率为 6.06%。

学科门类数

经济学 189/261、法学 150/351、教育学 131/193、文学 157/271、理学 88/368、工学 45/365、管理学 135/374。

一级学科排名

应用经济学 156/244、法学 119/188、马克思主义理论 82/328、教育学 112/140、体育学 85/117、外国语言文学 140/221、数学 119/243、物理学 95/166、化学 62/188、海洋科学 28/30、地球物理学 12/22、地质学 19/40、力学 64/102、机械工程 58/205、光学工程 63/78、材料科学与工程 96/202、动力工程及工程热物理 50/110、电气工程 68/100、信息与通信工程 106/169、控制科学与工程 84/182、计算机科学与技术 176/262、土木工程 66/153、测绘科学与技术 30/50、化学工程与技术 29/194、地质资源与地质工程 16/46、石油与天然气工程 2/17、船舶与海洋工程 16/16、环境科学与工程 101/174、软件工程 92/155、安全科学与工程 32/54、管理科学与工程 69/199、工商管理 165/303、公共管理 187/206。

优势专业

5★-专业：马克思主义中国化研究 18/250、油气田开发工程 1/13。

4★专业：应用化学 36/190。

通信地址：山东省青岛经济技术开发区长江西路66号
邮政编码：266580
电话号码：0532-86981390
电子邮箱：sdyzb@upc.edu.cn
研究生院（部、处）网址：http://gs.upc.edu.cn

11065　青岛大学

在中国普通高校研究生教育竞争力排行榜中的名次：总排名 **96/507**，山东省内排名 **4/26**，综合类排名 **28/76**。

共 **40** 个一级学科（学术学位）参评。

学科门类数

经济学 110/261、法学 158/351、教育学 129/193、文学 105/271、历史学 104/116、理学 91/368、工学 119/365、医学 39/182、管理学 109/374、艺术学 141/198。

一级学科排名

理论经济学 58/115、应用经济学 139/244、法学 103/188、政治学 84/104、马克思主义理论 181/328、教育学 99/140、中国语言文学 86/170、外国语言文学 105/221、中国史 102/113、数学 145/243、物理学 114/166、化学 111/188、生物学 56/224、系统科学 9/17、机械工程 118/205、材料科学与工程 68/202、动力工程及工程热物理 76/110、电气工程 71/100、信息与通信工程 103/169、控制科学与工程 101/182、计算机科学与技术 87/262、化学工程与技术 65/194、纺织科学与工程 7/20、环境科学与工程 73/174、软件工程 78/155、网络空间安全 24/29、基础医学 45/97、临床医学 33/108、口腔医学 26/44、公共卫生与预防医学 34/70、中西医结合 60/66、药学 61/131、特种医学 8/10、护理学 43/63、管理科学与工程 102/199、工商管理 82/303、公共管理 107/206、音乐与舞蹈学 65/82、美术学 112/115、设计学 122/134。

优势专业

4★专业：分析化学 32/163。

通信地址：山东省青岛市宁夏路308号青岛大学研招办
邮政编码：266071
电话号码：0532-85954377
电子邮箱：grad@qdu.edu.cn
研究生院（部、处）网址：http://grad.qdu.edu.cn/

10445　山东师范大学

在中国普通高校研究生教育竞争力排行榜中的名次：总排名 **104/507**，山东省内排名 **5/26**，师范类排名 **12/59**。

共 **35** 个一级学科（学术学位）参评，其中 5★+学科 0 个，5★学科 0 个，5★-学科 2 个，4★学科 3 个，学科优秀率为 **14.29%**。

学科门类数

哲学 74/154、经济学 136/261、法学 75/351、教育学 15/193、文学 40/271、历史学 41/116、理学 73/368、工学 221/365、农学 69/100、管理学 126/374、艺术学 39/198。

一级学科排名

哲学 77/154、理论经济学 65/115、应用经济学 189/244、法学 86/188、政治学 69/104、马克思主义理论 49/328、教育学 17/140、心理学 10/97、体育学 29/117、中国语言文学 29/170、外国语言文学 89/221、新闻传播学 91/98、中国史 40/113、世界史 28/67、数学 95/243、物理学 73/166、化学 56/188、地理学 45/82、生物学 97/224、生态学 105/111、统计学 109/116、电子科学与技术 14/15、计算机科学与技术 19/38、环境科学与工程 45/51、电子科学与技术 73/119、信息与通信工程 76/169、化学工程与技术 112/194、食品科学与工程 2/25、管理科学与工程 67/199、工商管理 135/303、公共管理 116/206、艺术学理论 30/63、音乐与舞蹈学 29/82、戏剧与影视学 28/63、美术学 74/115。

优势专业

5★专业：中国现当代文学 8/148。

5★-专业：食品科学 1/11。

4★专业：马克思主义基本原理 50/267、马克思主义中国化研究 46/250、思想政治教育 52/302、教育学原理 11/89、课程与教学论 15/98、少年儿童组织与思想意识教育 6/21、发展与教育心理学 6/56、文艺学 24/153。

通信地址：山东省济南市文化东路88号
邮政编码：250014
电话号码：0531-86180804
电子邮箱：yzb@sdsf.edu.cn
研究生院（部、处）网址：www.yjs.sdnu.edu.cn

10424　山东科技大学

在中国普通高校研究生教育竞争力排行榜中的名次：总排名 **127/507**，山东省内排名 **6/26**，理工类排名 **52/158**。

共 **29** 个一级学科（学术学位）参评。

学科门类数

法学 175/351、文学 216/271、理学 166/368、工学 81/365、管理学 160/374。

一级学科排名

法学 82/188、马克思主义理论 304/328、外国语言文学 119/221、数学 63/243、地理学 26/82、地质学 21/40、系统科学 15/17、统计学 96/116、力学 63/102、机械工程 45/205、仪器科学与技术 49/75、材料科学与工程 109/202、动力工程及工程热物理 49/110、电气工程 59/100、电子科学与技术 81/119、信息与通信工程 101/169、控制科学与工程 42/182、计算机科学与技术 89/262、土木工程 74/153、测绘科学与技术 16/50、化学工程与技术 81/194、地质资源与地质工程 26/46、矿业工程 8/32、交通运输工程 48/62、环境科学与工程 159/174、安全科学与工程 30/54、管理科学与工程 86/199、工商管理 166/303、图书情报与档案管理 52/56。

优势专业

4★专业：工业设计 5/6。

通信地址：山东省青岛经济技术开发区前湾港路579号
邮政编码：266590
电话号码：0532-86057150（传真）
电子邮箱：yzb@sdust.edu.cn
研究生院（部、处）网址：http://yjsy.sdust.edu.cn

10434 山东农业大学

在中国普通高校研究生教育竞争力排行榜中的名次：总排名136/507，山东省内排名7/26，农林类排名12/37。

共28个一级学科（学术学位）参评，其中5★+学科0个，5★学科0个，5★-学科0个，4★学科2个，学科优秀率为7.14%。

学科门类数

经济学 184/261、法学 304/351、文学 260/271、理学 115/368、工学 142/365、农学 11/100、管理学 154/374。

一级学科排名

应用经济学 176/244、马克思主义理论 262/328、外国语言文学 198/221、化学 141/188、生物学 49/224、生态学 49/111、机械工程 162/205、计算机科学与技术 172/262、土木工程 137/153、水利工程 55/63、测绘科学与技术 44/50、化学工程与技术 185/194、轻工技术与工程 26/31、农业工程 15/47、环境科学与工程 126/174、食品科学与工程 41/92、风景园林学 45/54、作物学 8/46、园艺学 6/39、农业资源与环境 16/39、植物保护 14/44、畜牧学 13/48、兽医学 15/41、林学 20/44、草学 25/28、工商管理 275/303、农林经济管理 25/51、公共管理 71/206。

优势专业

4★专业：植物学 27/141、微生物学 29/167、果树学 6/39、观赏园艺学 5/13。

通信地址：山东省泰安市岱宗大街61号
邮政编码：271018
电话号码：0538-8242639
电子邮箱：yzb2008@sdau.edu.cn
研究生院（部、处）网址：http://yjsc.sdau.edu.cn/

10427 济南大学

在中国普通高校研究生教育竞争力排行榜中的名次：总排名146/507，山东省内排名8/26，综合类排名41/76。

共26个一级学科（学术学位）参评，其中5★+学科0个，5★学科0个，5★-学科0个，4★学科1个，学科优秀率为3.85%。

学科门类数

经济学 171/261、法学 216/351、教育学 174/193、文学 156/271、理学 153/368、工学 138/365、医学 94/182、管理学 239/374。

一级学科排名

应用经济学 170/244、社会学 63/88、马克思主义理论 186/328、心理学 79/97、中国语言文学 136/170、外国语言文学 193/221、数学 206/243、物理学 90/166、化学 69/188、机械工程 98/205、材料科学与工程 52/202、信息与通信工程 118/169、控制科学与工程 65/182、计算机科学与技术 96/262、土木工程 73/153、水利工程 45/63、化学工程与技术 35/194、环境科学与工程 71/174、基础医学 84/97、临床医学 64/108、公共卫生与预防医学 60/70、中西医结合 52/66、药学 113/131、管理科学与工程 140/199、工商管理 239/303、图书情报与档案管理 54/56。

通信地址：山东省济南市南辛庄西路336号
邮政编码：250022
电话号码：0531-82765949
电子邮箱：yjs_zcm@ujn.edu.cn
研究生院（部、处）网址：http://yjs.ujn.edu.cn/

10426 青岛科技大学

在中国普通高校研究生教育竞争力排行榜中的名次：总排名147/507，山东省内排名9/26，理工类排名59/158。

共23个一级学科（学术学位）参评，其中5★+学科0个，5★学科0个，5★-学科0个，4★学科1个，学科优秀率为4.35%。

学科门类数

经济学 195/261、法学 287/351、文学 219/271、理学 94/368、工学 102/365、医学 161/182、管理学 225/374、艺术学 178/198。

一级学科排名

应用经济学 182/244、马克思主义理论 217/328、外国语言文学 148/221、数学 195/243、化学 46/188、海洋科学 27/30、统计学 68/116、力学 74/102、机械工程 91/205、材料科学与工程 62/202、动力工程及工程热物理 38/110、控制科学与工程 78/182、计算机科学与技术 156/262、化学工程与技术 28/194、石油与天然气工程 11/17、轻工技术与工程 13/31、环境科学与工程 103/174、软件工程 74/155、安全科学与工程 26/54、药学 108/131、工商管理 169/303、图书情报与档案管理 56/56、美术学 85/115。

优势专业

4★专业：应用化学 34/190、制药工程 8/15。

通信地址：山东省青岛市市北区郑州路53号
邮政编码：266042
电话号码：0532-88958383
电子邮箱：yzb@qust.edu.cn
研究生院（部、处）网址：http://grad.qust.edu.cn

10446　曲阜师范大学

在中国普通高校研究生教育竞争力排行榜中的名次：总排名170/507，山东省内排名10/26，师范类排名21/59。

共29个一级学科（学术学位）参评，其中5★+学科0个，5★学科0个，5★-学科0个，4★学科3个，学科优秀率为10.34%。

学科门类数

哲学 72/154、经济学 234/261、法学 121/351、教育学 18/193、文学 70/271、历史学 49/116、理学 106/368、工学 187/365、管理学 245/374、艺术学 60/198。

一级学科排名

哲学 80/154、统计学 17/46、政治学 75/104、马克思主义理论 65/328、教育学 16/140、心理学 57/97、体育学 17/117、中国语言文学 68/170、外国语言文学 52/221、中国史 57/113、世界史 36/67、数学 68/243、物理学 102/166、化学 103/188、地理学 68/82、生物学 191/224、生态学 91/111、统计学 56/116、计算机科学与技术 24/38、信息与通信工程 129/169、控制科学与工程 103/182、软件工程 54/155、管理科学与工程 151/199、公共管理 174/206、图书情报与档案管理 43/56、艺术学理论 23/63、音乐与舞蹈学 50/82、戏剧与影视学 47/63、美术学 88/115。

优势专业

5★-专业：少年儿童组织与思想意识教育 5/21。

4★专业：马克思主义中国化研究 29/250、教育学原理 17/89、成人教育学 5/33、体育人文社会学 10/78。

通信地址：山东省曲阜市静轩西路57号
邮政编码：273165
电话号码：0537-4455327
电子邮箱：yzb@qfsf.edu.cn
研究生院（部、处）网址：http://yjs.qfnu.edu.cn/

10433　山东理工大学

在中国普通高校研究生教育竞争力排行榜中的名次：总排名238/507，山东省内排名11/26，理工类排名92/158。

共25个一级学科（学术学位）参评。

学科门类数

经济学 167/261、法学 208/351、文学 218/271、理学 189/368、工学 190/365、管理学 175/374。

一级学科排名

理论经济学 102/115、应用经济学 172/244、社会学 84/88、马克思主义理论 174/328、中国语言文学 156/170、数学 157/243、化学 130/188、生物学 150/224、统计学 86/116、机械工程 96/205、仪器科学与技术 69/75、材料科学与工程 136/202、动力工程及工程热物理 94/110、电气工程 79/100、控制科学与工程 164/182、计算机科学与技术 226/262、测绘科学与技术 46/50、化学工程与技术 118/194、矿业工程 32/32、交通运输工程 51/62、农业工程 29/47、食品科学与工程 80/92、管理科学与工程 33/44、工商管理 268/303、图书情报与档案管理 33/56。

通信地址：山东省淄博市张店区新村西路266号
邮政编码：255049
电话号码：0533-2782143
电子邮箱：yzb@sdlg.edu.cn
研究生院（部、处）网址：http://yjsh.sdut.edu.cn/

10456　山东财经大学

在中国普通高校研究生教育竞争力排行榜中的名次：总排名243/507，山东省内排名12/26，财经类排名10/34。

共11个一级学科（学术学位）参评，其中5★+学科0个，5★学科0个，5★-学科0个，4★学科2个，学科优秀率为18.18%。

学科门类数

经济学 45/261、法学 193/351、文学 188/271、理学 365/368、工学 298/365、管理学 73/374。

一级学科排名

理论经济学 61/115、应用经济学 38/244、统计学 34/46、法学 127/188、马克思主义理论 272/328、外国语言文学 130/221、统计学 70/116、计算机科学与技术 145/262、管理科学与工程 78/199、工商管理 47/303、公共管理 62/206。

优势专业

4★专业：金融学 29/188、会计学 39/259。

通信地址：山东省济南市市中区舜耕路40号
邮政编码：250002
电话号码：0531-82911053
电子邮箱：yzb@sdcj.edu.cn
研究生院（部、处）网址：http://yjsy.sdufe.edu.cn/

10447　聊城大学

在中国普通高校研究生教育竞争力排行榜中的名次：总排名244/507，山东省内排名13/26，师范类排名28/59。

共23个一级学科（学术学位）参评。

学科门类数

经济学 240/261、法学 174/351、教育学 74/193、文学 171/271、历史学 47/116、理学 160/368、工学 249/365、农学 83/100、艺术学 123/198。

一级学科排名

应用经济学 226/244、政治学 65/104、马克思主义理论 137/328、教育学 67/140、心理学 87/97、体育学 79/117、中国语言文学 149/170、外国语言文学 154/221、中国史 45/113、世界史 46/67、数学 208/243、物理学 158/166、化学 114/188、地理学 81/82、生物学 176/224、系统科学 17/17、材料科学与工程 134/202、信息与通信工程 121/169、风景园林学 33/54、软件工程 104/155、艺术学理论 59/63、音乐与舞蹈学 64/82、美术学 108/115。

通信地址：山东省聊城市湖南路1号
邮政编码：252059
电话号码：0635-8239267
电子邮箱：yzb@lcu.edu.cn
研究生院（部、处）网址：http://yjsc.lcu.edu.cn

10435　青岛农业大学

在中国普通高校研究生教育竞争力排行榜中的名次：总排名 250/507，山东省内排名 14/26，农林类排名 24/37。

共 13 个一级学科（学术学位）参评。

学科门类数

理学 168/368、工学 180/365、农学 45/100、管理学 258/374。

一级学科排名

生物学 83/224、化学工程与技术 100/194、农业工程 13/47、食品科学与工程 56/92、作物学 32/46、园艺学 29/39、农业资源与环境 31/39、植物保护 35/44、畜牧学 31/48、兽医学 33/41、水产 18/26、草学 20/28、农林经济管理 21/51。

通信地址：山东省青岛市城阳区长城路700号青岛农业大学研招办
邮政编码：266109
电话号码：0532-86080598（传真）
电子邮箱：yzb@qau.edu.cn
研究生院（部、处）网址：grad.qau.edu.cn/

11066　烟台大学

在中国普通高校研究生教育竞争力排行榜中的名次：总排名 254/507，山东省内排名 15/26，综合类排名 54/76。

共 22 个一级学科（学术学位）参评。

学科门类数

经济学 246/261、法学 69/351、文学 205/271、历史学 89/116、理学 170/368、工学 237/365、医学 117/182、管理学 323/374。

一级学科排名

应用经济学 228/244、法学 44/188、民族学 13/41、中国语言文学 167/170、外国语言文学 172/221、中国史 84/113、数学 115/243、物理学 131/166、化学 147/188、海洋科学 29/30、生物学 194/224、机械工程 191/205、材料科学与工程 180/202、电子科学与技术 104/119、信息与通信工程 157/169、计算机科学与技术 193/262、土木工程 131/153、化学工程与技术 135/194、环境科学与工程 167/174、食品科学与工程 89/92、药学 43/131、工商管理 244/303。

优势专业

4★专业：中国少数民族史 4/29。

通信地址：山东省烟台市莱山区清泉路30号烟台大学研招办
邮政编码：264005
电话号码：0535-6906017
电子邮箱：xwb@ytu.edu.cn；yzb@ytu.edu.cn
研究生院（部、处）网址：http://yjs.ytu.edu.cn/

10429　青岛理工大学

在中国普通高校研究生教育竞争力排行榜中的名次：总排名 273/507，山东省内排名 16/26，理工类排名 97/158。

共 22 个一级学科（学术学位）参评。

学科门类数

经济学 202/261、法学 341/351、理学 329/368、工学 134/365、管理学 280/374、艺术学 170/198。

一级学科排名

应用经济学 195/244、马克思主义理论 312/328、数学 213/243、力学 85/102、机械工程 99/205、材料科学与工程 161/202、信息与通信工程 149/169、控制科学与工程 162/182、计算机科学与技术 207/262、建筑学 47/57、土木工程 40/153、水利工程 57/63、地质资源与地质工程 44/46、交通运输工程 53/62、环境科学与工程 123/174、城乡规划学 41/51、风景园林学 46/54、软件工程 146/155、安全科学与工程 47/54、管理科学与工程 190/199、工商管理 243/303、设计学 82/134。

通信地址：山东省青岛市市北区抚顺路11号青岛理工大学研招办
邮政编码：266033
电话号码：0532-85071303
电子邮箱：yjshk@qtech.edu.cn
研究生院（部、处）网址：http://yjsh.qtech.edu.cn

10441　山东中医药大学

在中国普通高校研究生教育竞争力排行榜中的名次：总排名 275/507，山东省内排名 17/26，医药类排名 29/69。

共 9 个一级学科（学术学位）参评，其中 5★+学科 0 个，5★学科 0 个，5★-学科 0 个，4★学科 1 个，学科优秀率为 11.11%。

学科门类数

法学 321/351、教育学 180/193、医学 59/182。

一级学科排名

马克思主义理论 287/328、心理学 85/97、临床医学 84/108、中医学 7/41、中西医结合 30/66、药学 107/131、中药学 24/45、护理学 47/63、生物医学工程 10/13。

优势专业

4★专业：中医基础理论 5/30、中医医史文献 3/27、中医内科学 7/36。

通信地址：山东省济南市长清大学科技园山东中医药大学行政楼207室
邮政编码：250355
电话号码：0531-89628065（传真）
电子邮箱：yjsc8065@163.com
研究生院（部、处）网址：http://yjs.sdutcm.edu.cn/

10431　齐鲁工业大学

在中国普通高校研究生教育竞争力排行榜中的名次：
总排名 297/507，山东省内排名 18/26，理工类排名 106/158。
共 14 个一级学科（学术学位）参评。

学科门类数

法学 310/351、理学 169/368、工学 159/365、管理学 296/374、艺术学 162/198。

一级学科排名

马克思主义理论 303/328、数学 186/243、化学 98/188、材料科学与工程 4/7、计算机科学与技术 21/38、机械工程 127/205、材料科学与工程 113/202、控制科学与工程 69/182、计算机科学与技术 178/262、化学工程与技术 77/194、轻工技术与工程 12/31、食品科学与工程 37/92、工商管理 194/303、设计学 74/134。

通信地址：山东省济南市长清区大学路3501号
邮政编码：250353
电话号码：0531-89631518
电子邮箱：yjsc@qlu.edu.cn
研究生院（部、处）网址：http://yjsc.qlu.edu.cn

10451　鲁东大学

在中国普通高校研究生教育竞争力排行榜中的名次：
总排名 302/507，山东省内排名 19/26，师范类排名 36/59。
共 18 个一级学科（学术学位）参评。

学科门类数

法学 224/351、教育学 63/193、文学 94/271、历史学 65/116、理学 203/368、工学 260/365、艺术学 189/198。

一级学科排名

马克思主义理论 176/328、教育学 46/140、心理学 75/97、体育学 40/117、中国语言文学 73/170、外国语言文学 136/221、中国史 76/113、世界史 44/67、数学 204/243、物理学 133/166、化学 164/188、地理学 71/82、生物学 214/224、生态学 95/111、心理学 8/13、材料科学与工程 151/202、计算机科学与技术 201/262、美术学 90/115。

通信地址：山东省烟台市芝罘区红旗中路186号
邮政编码：264025
电话号码：0535-6681458
电子邮箱：yzb@ldu.edu.cn
研究生院（部、处）网址：http://www.grad.ldu.edu.cn/

10430　山东建筑大学

在中国普通高校研究生教育竞争力排行榜中的名次：
总排名 318/507，山东省内排名 20/26，理工类排名 116/158。
共 18 个一级学科（学术学位）参评。

学科门类数

法学 330/351、理学 354/368、工学 164/365、管理学 244/374、艺术学 136/198。

一级学科排名

马克思主义理论 300/328、物理学 144/166、力学 100/102、机械工程 176/205、材料科学与工程 155/202、动力工程及工程热物理 101/110、控制科学与工程 154/182、计算机科学与技术 238/262、建筑学 28/57、土木工程 89/153、交通运输工程 54/62、环境科学与工程 152/174、城乡规划学 48/51、风景园林学 52/54、管理科学与工程 141/199、工商管理 242/303、美术学 101/115、设计学 115/134。

通信地址：山东省济南市临港开发区凤鸣路行政办公楼BG107室（西）
邮政编码：250101
电话号码：0531-86367033（传真）
电子邮箱：yzb@sdjz.edu.cn
研究生院（部、处）网址：http://xwzx2016.sdjzu.edu.cn/yjsc/

10438　潍坊医学院

在中国普通高校研究生教育竞争力排行榜中的名次：
总排名 352/507，山东省内排名 21/26，医药类排名 43/69。
共 10 个一级学科（学术学位）参评。

学科门类数

教育学 191/193、理学 312/368、医学 78/182、管理学 326/374。

一级学科排名

心理学 90/97、生物学 144/224、基础医学 73/97、临床医学 70/108、口腔医学 40/44、公共卫生与预防医学 47/70、中西医结合 54/66、药学 118/131、护理学 53/63、公共管理 161/206。

通信地址：山东省潍坊市宝通西街7166号
邮政编码：261053
电话号码：0536-8462341
电子邮箱：yzhb@wfmc.edu.cn
研究生院（部、处）网址：http://www.wfmc.edu.cn/zzjg/list.htm

10440　滨州医学院

在中国普通高校研究生教育竞争力排行榜中的名次：
总排名 369/507，山东省内排名 22/26，医药类排名 45/69。
共 5 个一级学科（学术学位）参评。

学科门类数

医学 72/182。

一级学科排名

基础医学 54/97、临床医学 54/108、口腔医学 36/44、中西医结合 43/66、护理学 45/63。

> 通信地址：山东省烟台市莱山区观海路 346 号
> 邮政编码：264003
> 电话号码：0535-6913252
> 电子邮箱：bypeiyangke@126.com
> 研究生院（部、处）网址：http://yjsc.bzmc.edu.cn

10439　泰山医学院

在中国普通高校研究生教育竞争力排行榜中的名次：总排名 379/507，山东省内排名 23/26，医药类排名 47/69。

共 6 个一级学科（学术学位）参评。

学科门类数

理学 323/368、医学 80/182。

一级学科排名

生物学 170/224、基础医学 79/97、临床医学 66/108、公共卫生与预防医学 66/70、药学 94/131、护理学 50/63。

> 通信地址：山东省泰安市长城路 619 号
> 邮政编码：271000
> 电话号码：0538-6222218
> 电子邮箱：yjsb@tsmc.edu.cn
> 研究生院（部、处）网址：http://graduate.tsmc.edu.cn/

10458　山东艺术学院

在中国普通高校研究生教育竞争力排行榜中的名次：总排名 446/507，山东省内排名 24/26，艺术类排名 16/27。

共 5 个一级学科（学术学位）参评。

学科门类数

艺术学 36/198。

一级学科排名

艺术学理论 35/63、音乐与舞蹈学 18/82、戏剧与影视学 24/63、美术学 57/115、设计学 101/134。

> 通信地址：山东省济南市文化东路 91 号
> 邮政编码：250014
> 电话号码：0531-86522235
> 电子邮箱：yjsb@sdca.edu.cn
> 研究生院（部、处）网址：http://graduate.sdca.edu.cn/

11688　山东工商学院

在中国普通高校研究生教育竞争力排行榜中的名次：总排名 469/507，山东省内排名 25/26，财经类排名 33/34。

共 4 个一级学科（学术学位）参评。

学科门类数

经济学 135/261、工学 340/365、管理学 171/374。

一级学科排名

应用经济学 123/244、计算机科学与技术 180/262、管理科学与工程 111/199、工商管理 180/303。

> 通信地址：山东省烟台市滨海中路 191 号山东工商学院研招办
> 邮政编码：264005
> 电话号码：0535-6903764
> 电子邮箱：yjsc@sdibt.edu.cn
> 研究生院（部、处）网址：http://yjs.sdibt.edu.cn/

10457　山东体育学院

在中国普通高校研究生教育竞争力排行榜中的名次：总排名 493/507，山东省内排名 26/26，体育类排名 12/13。

共 1 个一级学科（学术学位）参评。

学科门类数

教育学 107/193。

一级学科排名

体育学 44/117。

> 通信地址：山东省济南市世纪大道 10600 号
> 邮政编码：250102
> 电话号码：0531-89655111
> 电子邮箱：sdpeiyzb@163.com
> 研究生院（部、处）网址：www.sdpei.edu.cn

14100　山东政法学院

在中国仅专业硕士招生普通高校研究生教育竞争力排行榜中的名次：总排名 55/66，山东省内排名 4/4，文法类排名 6/9。

共 1 个一级学科（专业学位）参评。

一级学科排名

法律（专业学位）68/193。

> 通信地址：山东省济南市历下区解放东路 63 号山东政法大学研招办
> 邮政编码：250014
> 电话号码：0531-88599998
> 电子邮箱：zhfalvshuoshi@126.com
> 研究生院（部、处）网址：www.yjsc.sdupsl.edu.cn/

10908　山东工艺美术学院

在中国仅专业硕士招生普通高校研究生教育竞争力排行榜中的名次：总排名 36/66，山东省内排名 3/4，艺术类排名 3/3。

共 1 个一级学科（专业学位）参评。

一级学科排名

艺术（专业学位）100/199。

> 通信地址：山东省济南市长清区大学科技园 1 号路 1255 号山东工艺美术学院研招办
> 邮政编码：250300
> 电话号码：0531-89626300
> 电子邮箱：yjszs@sdada.edu.cn
> 研究生院（部、处）网址：www.sdada.edu.cn/yjsc

11510　山东交通学院

在中国仅专业硕士招生普通高校研究生教育竞争力排行榜中的名次：总排名 20/66，山东省内排名 2/4，理工类排名 13/20。

共 1 个一级学科（专业学位）参评。

一级学科排名

工程（专业学位）142/380。

通信地址：山东省济南市长清大学科技园海棠路 5001 号山东交通学院研招办
邮政编码：250357
电话号码：0531-80683788
电子邮箱：sdjtyzb@163.com
研究生院（部、处）网址：http://xkyyjsc.sdjtu.edu.cn/

10443　济宁医学院

在中国仅专业硕士招生普通高校研究生教育竞争力排行榜中的名次：总排名 6/66，山东省内排名 1/4，医药类排名 1/3。

共 1 个一级学科（专业学位）参评。

一级学科排名

临床医学（专业学位）43/112。

通信地址：山东省济宁市太白湖新区荷花路 16 号
邮政编码：272001
电话号码：0537-3616166
电子邮箱：yjsc0537@163.com
研究生院（部、处）网址：http://grad.jnmc.edu.cn/

辽宁省

10141　大连理工大学

在中国普通高校研究生教育竞争力排行榜中的名次：总排名 28/507，辽宁省内排名 1/34，理工类排名 14/158。

共 44 个一级学科（学术学位）参评，其中 5★+学科 0 个，5★学科 5 个，5★-学科 10 个，4★学科 10 个，学科优秀率为 56.82%。

学科门类数

哲学 40/154、经济学 71/261、法学 72/351、教育学 84/193、文学 111/271、理学 21/368、工学 16/365、管理学 55/374、艺术学 37/198。

一级学科排名

哲学 41/154、应用经济学 55/244、法学 133/188、马克思主义理论 43/328、教育学 94/140、体育学 38/117、中国语言文学 133/170、外国语言文学 69/221、新闻传播学 54/98、数学 15/243、物理学 22/166、化学 20/188、生物学 89/224、生物医学工程 2/19、药学 9/18、力学 5/102、机械工程 19/205、光学工程 20/78、仪器科学与技术 15/75、材料科学与工程 16/202、动力工程及工程热物理 10/110、电气工程 24/100、电子科学与技术 33/119、信息与通信工程 28/169、控制科学与工程 9/182、计算机科学与技术 16/262、建筑学 18/57、土木工程 8/153、水利工程 6/63、化学工程与技术 8/194、交通运输工程 23/62、船舶与海洋工程 2/16、航空宇航科学与技术 14/21、环境科学与工程 13/174、生物医学工程 29/57、城乡规划学 15/51、软件工程 21/155、安全科学与工程 4/54、管理科学与工程 2/44、管理科学与工程 25/199、工商管理 22/303、公共管理 54/206、美术学 17/115、设计学 15/134。

优势专业

5★+专业：结构工程 2/141。

5★专业：运筹学与控制论 8/165、工程力学 4/95、计算机应用技术 6/258、岩土工程 4/131、应用化学 7/190、技术经济及管理 10/224。

5★-专业：基础数学 15/189、计算数学 11/178、概率论与数理统计 16/156、应用数学 19/238、无机化学 11/159、分析化学 13/163、有机化学 17/164、物理化学 12/163、机械制造及其自动化 12/184、机械电子工程 18/188、控制理论与控制工程 13/170、检测技术与自动化装置 16/160、计算机软件与理论 12/198、防灾减灾工程及防护工程 10/115、化学工艺 8/140、生物化工 12/119、工业催化 8/115、环境科学 13/149、环境工程 14/156、会计学 21/259、企业管理 24/293、旅游管理 10/181。

4★专业：产业经济学 40/204、马克思主义基本原理 46/267、马克思主义中国化研究 41/250、思想政治教育 49/302、中国近现代史基本问题研究 18/148、理论物理 23/134、原子与分子物理 11/75、等离子体物理 7/36、凝聚态物理 29/151、光学 22/137、高分子化学与物理 16/139、固体力学 14/79、机械设计及理论 22/191、车辆工程 21/139、测试计量技术及仪器 14/73、材料学 36/186、热能工程 10/77、通信与信息系统 24/144、市政工程 11/99、供热、供燃气、通风及空调工程 11/89、桥梁与隧道工程 13/108、水文学及水资源 8/54、水工结构工程 5/36、水利水电工程 7/39、化学工程 17/126、船舶与海洋结构物设计制造 2/16。

通信地址：辽宁省大连市甘井子区凌工路 2 号大连理工大学研究生院
邮政编码：116024
电话号码：0411-84708330
电子邮箱：yjsybgs@dlut.edu.cn
研究生院（部、处）网址：http://gs.dlut.edu.cn

10145　东北大学

在中国普通高校研究生教育竞争力排行榜中的名次：总排名 40/507，辽宁省内排名 2/34，理工类排名 21/158。

共 35 个一级学科（学术学位）参评，其中 5★+学科 0 个，5★学科 1 个，5★-学科 2 个，4★学科 12 个，学科优秀率为42.86%。

学科门类数

哲学 28/154、经济学 40/261、法学 86/351、教育学 176/193、文学 112/271、理学 67/368、工学 24/365、管理学 35/374、艺术学 129/198。

一级学科排名

哲学 30/154、应用经济学 43/244、法学 88/188、马克思主义理论 63/328、体育学 95/117、外国语言文学 63/221、数学 69/243、物理学 50/166、化学 51/188、生物学 133/224、力学 36/102、机械工程 27/205、材料科学与工程 18/202、冶金工程 3/23、动力工程及工程热物理 25/110、电气工程 23/100、电子科学与技术 57/119、信息与通信工程 31/169、控制科学与工程 10/182、计算机科学与技术 21/262、建筑学 24/57、土木工程 45/153、测绘科学与技术 23/50、化学工程与技术 38/194、地质资源与地质工程 25/46、矿业工程 4/32、环境科学与工程 55/174、生物医学工程 14/57、软件工程 24/155、安全科学与工程 22/54、管理科学与工程 41/199、工商管理 39/303、公共管理 23/206、音乐与舞蹈学 81/82、设计学 121/134。

优势专业

5★专业：材料加工工程 8/164、控制理论与控制工程 5/170。

5★-专业：马克思主义基本原理 16/267、机械设计及理论 12/191、检测技术与自动化装置 15/160、系统工程 8/110、模式识别与智能系统 13/142、计算机系统结构 16/172、计算机应用技术 17/258、企业管理 28/293、土地资源管理 11/105。

4★专业：马克思主义哲学 20/104、科学技术哲学 12/101、产业经济学 39/204、宪法学与行政法学 25/131、机械制造及其自动化 23/184、机械电子工程 28/188、车辆工程 23/139、材料物理与化学 24/183、材料学 23/186、冶金物理化学 3/20、钢铁冶金 3/21、有色金属冶金 4/22、流体机械及工程 13/67、电力电子与电力传动 14/93、通信与信息系统 29/144、导航、制导与控制 14/69、计算机软件与理论 27/198、岩土工程 24/131、采矿工程 5/29、矿物加工工程 3/27、会计学 29/259、技术经济及管理 28/224、行政管理 21/166、教育经济与管理 17/131、社会保障 18/130。

```
通信地址：辽宁省沈阳市和平区文化路3号巷11号东北大学
         研究生院
邮政编码：110819
电话号码：024-83687556
电子邮箱：dbdxyz@126.com
研究生院（部、处）网址：www.graduate.neu.edu.cn/
```

10159 中国医科大学

在中国普通高校研究生教育竞争力排行榜中的名次：总排名83/507，辽宁省内排名3/34，医药类排名5/69。

共13个一级学科（学术学位）参评，其中5★+学科0个，5★学科0个，5★-学科0个，4★学科4个，学科优秀率为30.77%。

学科门类数

哲学 154/154、教育学 126/193、理学 110/368、工学 321/365、医学 17/182、管理学 231/374。

一级学科排名

哲学 154/154、心理学 50/97、生物学 36/224、生物医学工程 48/57、基础医学 23/97、临床医学 16/108、口腔医学 9/44、公共卫生与预防医学 14/70、中西医结合 63/66、药学 31/131、护理学 18/63、公共管理 183/206、图书情报与档案管理 47/56。

优势专业

4★专业：遗传学 24/137、细胞生物学 27/138、生物化学与分子生物学 39/204、病原生物学 15/86、法医学 8/41、内科学 19/97、儿科学 15/84、老年医学 11/59、皮肤病与性病学 8/72、影像医学与核医学 14/96、外科学 19/96、妇产科学 17/87、肿瘤学 15/88、口腔临床医学 8/42、劳动卫生与环境卫生学 8/53、卫生毒理学 10/49。

```
通信地址：辽宁省沈阳市沈北新区蒲河路77号中国医科大学
         研招办
邮政编码：110013
电话号码：024-31939069
电子邮箱：yzb@cmu.edu.cn
研究生院（部、处）网址：http://graduate.cmu.edu.cn/main_news_
         list.asp?lvid=02
```

10140 辽宁大学

在中国普通高校研究生教育竞争力排行榜中的名次：总排名128/507，辽宁省内排名4/34，综合类排名37/76。

共33个一级学科（学术学位）参评，其中5★+学科0个，5★学科0个，5★-学科1个，4★学科4个，学科优秀率为15.15%。

学科门类数

哲学 38/154、经济学 25/261、法学 61/351、文学 62/271、历史学 67/116、理学 146/368、工学 252/365、农学 88/100、医学 170/182、管理学 77/374、艺术学 198/198。

一级学科排名

哲学 37/154、理论经济学 20/115、应用经济学 24/244、法学 43/188、政治学 58/104、社会学 65/88、马克思主义理论 45/328、中国语言文学 62/170、外国语言文学 67/221、新闻传播学 62/98、考古学 33/40、中国史 77/113、世界史 50/67、数学 231/243、物理学 141/166、化学 89/188、生物学 196/224、生态学 111/111、统计学 73/116、电子科学与技术 15/15、环境科学与工程 44/51、仪器科学与技术 61/75、计算机科学与技术 109/262、化学工程与技术 168/194、食品科学与工程 79/92、软件工程 111/155、食品科学与工程 5/25、药学 120/131、管理科学与工程 173/199、工商管理 58/303、公共管理 72/206、图书情报与档案管理 38/56、戏剧与影视学55/63。

优势专业

5★-专业：马克思主义基本原理17/267、思想政治教育27/302。

4★专业：马克思主义哲学18/104、世界经济13/82、人口、资源与环境经济学13/86、国民经济学10/91、区域经济学24/175、财政学18/88、金融学28/188、产业经济学22/204、国际贸易学20/168、经济法学24/129、文艺学31/153、食品科学2/11、会计学53/259、企业管理55/293。

通信地址：辽宁省沈阳市皇姑区崇山中路66号辽宁大学研招办
邮政编码：110036
电话号码：024-62202349
电子邮箱：yzb@lnu.edu.cn
研究生院（部、处）网址：http://grs.lnu.edu.cn

10151　大连海事大学

在中国普通高校研究生教育竞争力排行榜中的名次：总排名151/507，辽宁省内排名5/34，理工类排名61/158。

共27个一级学科（学术学位）参评，其中5★+学科0个，5★学科0个，5★-学科0个，4★学科3个，学科优秀率为11.11%。

学科门类数

哲学124/154、经济学180/261、法学58/351、文学192/271、理学221/368、工学82/365、农学97/100、管理学96/374。

一级学科排名

哲学123/154、应用经济学174/244、法学36/188、马克思主义理论36/328、外国语言文学93/221、数学151/243、物理学105/166、海洋科学23/30、生物学209/224、力学75/102、机械工程109/205、材料科学与工程123/202、动力工程及工程热物理69/110、电气工程64/100、电子科学与技术63/119、信息与通信工程68/169、控制科学与工程67/182、计算机科学与技术79/262、土木工程76/153、交通运输工程11/62、船舶与海洋工程12/16、环境科学与工程66/174、软件工程64/155、草学27/28、管理科学与工程83/199、工商管理199/303、公共管理75/206。

优势专业

4★专业：国际法学17/105、马克思主义中国化研究47/250、交通运输规划与管理8/50。

通信地址：辽宁省大连市凌海路1号大连海事大学研招办
邮政编码：116026
电话号码：0411-84727233
电子邮箱：yzb@dlmu.edu.cn
研究生院（部、处）网址：http://grs.dlmu.edu.cn/

10173　东北财经大学

在中国普通高校研究生教育竞争力排行榜中的名次：总排名156/507，辽宁省内排名6/34，财经类排名6/34。

共9个一级学科（学术学位）参评，其中5★+学科0个，5★学科2个，5★-学科0个，4★学科2个，学科优秀率为44.44%。

学科门类数

经济学18/261、法学179/351、文学234/271、管理学23/374。

一级学科排名

理论经济学27/115、应用经济学11/244、统计学7/46、法学111/188、马克思主义理论153/328、外国语言文学169/221、管理科学与工程44/199、工商管理12/303、公共管理39/206。

优势专业

5★专业：产业经济学7/204、会计学7/259。

5★-专业：财政学8/88、金融学17/188、国际贸易学15/168、数量经济学9/113。

4★专业：国民经济学13/91、区域经济学33/175、金融工程3/7、企业管理37/293、旅游管理25/181、技术经济及管理45/224、财务管理3/10、行政管理29/166、社会保障22/130。

通信地址：辽宁省大连市黑石礁尖山街217号东北财经大学研招办
邮政编码：116025
电话号码：0411-84710347
电子邮箱：graduate@dufe.edu.cn
研究生院（部、处）网址：http://graduate.dufe.edu.cn/

10161　大连医科大学

在中国普通高校研究生教育竞争力排行榜中的名次：总排名167/507，辽宁省内排名7/34，医药类排名15/69。

共13个一级学科（学术学位）参评。

学科门类数

哲学152/154、法学331/351、教育学160/193、理学136/368、医学40/182、管理学370/374。

一级学科排名

哲学152/154、马克思主义理论288/328、心理学72/97、生物学47/224、基础医学30/97、临床医学37/108、口腔医学35/44、公共卫生与预防医学39/70、中医学41/41、中西医结合15/66、药学48/131、护理学59/63、公共管理196/206。

优势专业

4★专业：生物化学与分子生物学35/204。

通信地址：辽宁省大连市旅顺南路西段9号大连医科大学研招办
邮政编码：116044
电话号码：0411-86110222
电子邮箱：dlmeduyzb@163.com
研究生院（部、处）网址：http://yjs.dmu.edu.cn/

10163　沈阳药科大学

在中国普通高校研究生教育竞争力排行榜中的名次：总排名180/507，辽宁省内排名8/34，医药类排名18/69。

共7个一级学科（学术学位）参评，其中5★+学科0个，5★学科1个，5★-学科0个，4★学科1个，学科优秀率为28.57%。

学科门类数

理学 157/368、工学 289/365、医学 50/182、管理学 351/374。

一级学科排名

化学 102/188、生物学 149/224、化学工程与技术 86/194、中西医结合 32/66、药学 3/131、中药学 7/45、工商管理 266/303。

优势专业

5★+专业：药物分析学 1/95。

5★专业：药物化学 2/110、药剂学 2/95、生药学 2/78、微生物与生化药学 3/72、药理学 4/108。

```
通信地址：辽宁省沈阳市沈河区文化路103号沈阳药科大学
邮政编码：110016
电话号码：024-23984188
电子邮箱：islandwhx@126.com
研究生院（部、处）网址：http://grs.syphu.edu.cn/
```

10165　辽宁师范大学

在中国普通高校研究生教育竞争力排行榜中的名次：总排名182/507，辽宁省内排名9/34，师范类排名23/59。

共34个一级学科（学术学位）参评，其中5★+学科0个，5★学科0个，5★-学科0个，4★学科5个，学科优秀率为14.71%。

学科门类数

哲学 149/154、经济学 166/261、法学 77/351、教育学 28/193、文学 66/271、历史学 54/116、理学 105/368、工学 291/365、管理学 202/374、艺术学 113/198。

一级学科排名

哲学 146/154、应用经济学 159/244、法学 150/188、政治学 32/104、马克思主义理论 39/328、教育学 25/140、心理学 15/97、体育学 19/117、中国语言文学 49/170、外国语言文学 42/221、考古学 34/40、中国史 62/113、世界史 66/67、数学 154/243、物理学 92/166、化学 104/188、地理学 22/82、海洋科学 30/30、地质学 40/40、生物学 152/224、科学技术史 22/22、生态学 107/111、统计学 99/116、计算机科学与技术 32/38、计算机科学与技术 120/262、水利工程 56/63、管理科学与工程 184/199、工商管理 227/303、公共管理 198/206、图书情报与档案管理 53/56、音乐与舞蹈学 76/82、戏剧与影视学 58/63、美术学 104/115、设计学 128/134。

优势专业

5★专业：思想政治教育 16/302。

4★专业：马克思主义基本原理 31/267、马克思主义中国化研究 32/250、课程与教学论 16/98、职业技术教育学 7/48、应用心理学 15/81、体育教育训练学 12/106、中国现当代文学 28/148、英语语言文学 36/186、人文地理学 9/65。

```
通信地址：辽宁省大连市黄河路850号辽宁师范大学研究生招生办公室
邮政编码：116029
电话号码：0411-82158993
电子邮箱：lsyjs@163.com
研究生院（部、处）网址：http://master.lnnu.edu.cn
```

10157　沈阳农业大学

在中国普通高校研究生教育竞争力排行榜中的名次：总排名184/507，辽宁省内排名10/34，农林类排名15/37。

共21个一级学科（学术学位）参评，其中5★+学科0个，5★学科0个，5★-学科0个，4★学科1个，学科优秀率为4.76%。

学科门类数

法学 334/351、理学 220/368、工学 148/365、农学 16/100、管理学 130/374。

一级学科排名

马克思主义理论 302/328、大气科学 15/16、生物学 122/224、生态学 83/111、环境科学与工程 22/51、机械工程 201/205、水利工程 53/63、农业工程 11/47、食品科学与工程 36/92、作物学 11/46、园艺学 8/39、农业资源与环境 6/39、植物保护 18/44、畜牧学 21/48、兽医学 22/41、林学 18/44、草学 26/28、食品科学与工程 8/25、工商管理 260/303、农林经济管理 16/51、公共管理 158/206。

优势专业

4★专业：蔬菜学 6/35、农业经济管理 9/50。

```
通信地址：辽宁省沈阳市东陵路120号沈阳农业大学研究生招生办公室
邮政编码：110866
电话号码：024-88490405
电子邮箱：10157yz@163.com
研究生院（部、处）网址：http://grs.syau.edu.cn/ZhaoSheng/
```

10167　渤海大学

在中国普通高校研究生教育竞争力排行榜中的名次：总排名221/507，辽宁省内排名11/34，综合类排名53/76。

共17个一级学科（学术学位）参评，其中5★+学科0个，5★学科0个，5★-学科0个，4★学科1个，学科优秀率为5.88%。

学科门类数

哲学 84/154、法学 168/351、教育学 91/193、文学 133/271、历史学 57/116、理学 158/368、工学 176/365、管理学 288/374、艺术学 186/198。

一级学科排名

哲学 81/154、政治学 92/104、马克思主义理论 109/328、教育学 62/140、中国语言文学 118/170、外国语言文学 145/221、新闻传播学 77/98、中国史 54/113、数学 114/243、物理学 119/166、化学 118/188、控制科学与工程 55/182、化学工程与技术 151/194、食品科学与工程 16/92、软件工程 84/155、工商管理 179/303、美术学 45/115。

优势专业

4★专业：水产品加工及贮藏工程 7/40。

```
通信地址：辽宁省锦州市松山新区科技路 19 号渤海大学研招办
邮政编码：121013
电话号码：0416-3400137
电子邮箱：webmaster@bhu.edu.cn
研究生院（部、处）网址：210.47.176.3/page/depart/yjsy/
```

10142　沈阳工业大学

在中国普通高校研究生教育竞争力排行榜中的名次：总排名 227/507，辽宁省内排名 12/34，理工类排名 85/158。

共 19 个一级学科（学术学位）参评。

学科门类数

经济学 228/261、法学 199/351、理学 306/368、工学 123/365、管理学 141/374。

一级学科排名

应用经济学 218/244、法学 135/188、马克思主义理论 189/328、数学 173/243、物理学 150/166、机械工程 72/205、仪器科学与技术 42/75、材料科学与工程 91/202、动力工程及工程热物理 106/110、电气工程 29/100、电子科学与技术 114/119、信息与通信工程 158/169、控制科学与工程 139/182、计算机科学与技术 205/262、土木工程 145/153、化学工程与技术 157/194、生物医学工程 57/57、管理科学与工程 101/199、工商管理 132/303。

```
通信地址：辽宁省沈阳市经济技术开发区沈辽西路 111 号沈阳
           工业大学研招办
邮政编码：110870
电话号码：024-25494900
电子邮箱：yzbsut@163.com
研究生院（部、处）网址：http://yjsxy.sut.edu.cn
```

10147　辽宁工程技术大学

在中国普通高校研究生教育竞争力排行榜中的名次：总排名 237/507，辽宁省内排名 13/34，理工类排名 91/158。

共 20 个一级学科（学术学位）参评。

学科门类数

经济学 209/261、理学 337/368、工学 130/365、农学 94/100、管理学 136/374。

一级学科排名

应用经济学 211/244、数学 174/243、力学 69/102、机械工程 114/205、材料科学与工程 194/202、动力工程及工程热物理 107/110、电气工程 88/100、信息与通信工程 152/169、控制科学与工程 165/182、计算机科学与技术 185/262、土木工程 68/153、测绘科学与技术 17/50、地质资源与地质工程 45/46、矿业工程 11/32、环境科学与工程 157/174、软件工程 101/155、安全科学与工程 38/54、林学 42/44、管理科学与工程 61/199、工商管理 123/303。

优势专业

4★专业：安全技术及工程 3/16。

```
通信地址：辽宁省阜新市细河区中华路 47 号辽宁工程技术大
           学研究生招生办公室
邮政编码：123000
电话号码：0429-5310147
电子邮箱：3350462@163.com
研究生院（部、处）网址：http://202.199.224.25
```

10166　沈阳师范大学

在中国普通高校研究生教育竞争力排行榜中的名次：总排名 249/507，辽宁省内排名 14/34，师范类排名 31/59。

共 25 个一级学科（学术学位）参评。

学科门类数

哲学 88/154、经济学 227/261、法学 118/351、教育学 40/193、文学 84/271、理学 192/368、工学 311/365、管理学 182/374、艺术学 105/198。

一级学科排名

哲学 85/154、理论经济学 86/115、法学 46/188、政治学 88/104、社会学 67/88、马克思主义理论 231/328、教育学 32/140、心理学 53/97、体育学 77/117、中国语言文学 99/170、外国语言文学 64/221、数学 215/243、物理学 142/166、化学 182/188、生物学 156/224、生态学 90/111、统计学 113/116、计算机科学与技术 36/38、材料科学与工程 197/202、化学工程与技术 129/194、管理科学与工程 178/199、工商管理 278/303、公共管理 67/206、音乐与舞蹈学 46/82、美术学 47/115。

```
通信地址：辽宁省沈阳市皇姑区黄河北大街 253 号沈阳师范大
           学研招办
邮政编码：110034
电话号码：024-86592979
电子邮箱：synuyzb@126.com
研究生院（部、处）网址：http://yjs.synu.edu.cn/
```

10153　沈阳建筑大学

在中国普通高校研究生教育竞争力排行榜中的名次：总排名 263/507，辽宁省内排名 15/34，理工类排名 96/158。

共 15 个一级学科（学术学位）参评。

学科门类数

法学 305/351、工学 146/365、管理学 303/374、艺术

学 154/198。

一级学科排名

马克思主义理论 234/328、力学 90/102、机械工程 105/205、材料科学与工程 182/202、控制科学与工程 152/182、计算机科学与技术 218/262、建筑学 32/57、土木工程 52/153、交通运输工程 56/62、环境科学与工程 115/174、城乡规划学 31/51、风景园林学 36/54、软件工程 128/155、管理科学与工程 129/199、设计学 58/134。

> 通信地址：辽宁省沈阳市浑南新区浑南东路9号
> 邮政编码：110168
> 电话号码：024-24692889
> 电子邮箱：yjszs@sjzu.edu.cn
> 研究生院（部、处）网址：http://grs.sjzu.edu.cn/?action-zs

11258 大连大学

在中国普通高校研究生教育竞争力排行榜中的名次：总排名282/507，辽宁省内排名16/34，综合类排名55/76。

共25个一级学科（学术学位）参评。

学科门类数

哲学 135/154、法学 281/351、教育学 151/193、文学 158/271、历史学 97/116、理学 268/368、工学 257/365、医学 116/182、管理学 284/374。

一级学科排名

哲学 131/154、马克思主义理论 221/328、教育学 136/140、体育学 103/117、中国语言文学 140/170、外国语言文学 189/221、中国史 104/113、世界史 58/67、化学 167/188、生物学 179/224、环境科学与工程 27/51、机械工程 190/205、材料科学与工程 192/202、控制科学与工程 115/182、计算机科学与技术 138/262、土木工程 135/153、环境科学与工程 166/174、软件工程 76/155、网络空间安全 29/29、管理科学与工程 43/44、基础医学 91/97、临床医学 80/108、护理学 42/63、管理科学与工程 189/199、工商管理 204/303。

> 通信地址：辽宁省大连市经济技术开发区学府大街10号大连大学研招办
> 邮政编码：116622
> 电话号码：0411-87402323
> 电子邮箱：yzb@dlu.edu.cn
> 研究生院（部、处）网址：http://yjs.dlu.edu.cn/

10160 锦州医科大学

在中国普通高校研究生教育竞争力排行榜中的名次：总排名284/507，辽宁省内排名17/34，医药类排名31/69。

共12个一级学科（学术学位）参评。

学科门类数

哲学 153/154、法学 345/351、理学 297/368、工学 335/365、农学 95/100、医学 69/182。

一级学科排名

哲学 153/154、马克思主义理论 319/328、生物学 143/224、食品科学与工程 72/92、食品科学与工程 17/25、基础医学 86/97、临床医学 60/108、口腔医学 39/44、公共卫生与预防医学 62/70、中西医结合 53/66、药学 92/131、护理学 39/63。

> 通信地址：辽宁省锦州市松坡路3段40号锦州医科大学研招办
> 邮政编码：121001
> 电话号码：0416-4673436
> 电子邮箱：yzb10160@163.com
> 研究生院（部、处）网址：https://yjsc.jzmu.edu.cn/

10152 大连工业大学

在中国普通高校研究生教育竞争力排行榜中的名次：总排名295/507，辽宁省内排名18/34，理工类排名105/158。

共15个一级学科（学术学位）参评，其中5★+学科0个，5★学科0个，5★-学科1个，4★学科0个，学科优秀率为6.67%。

学科门类数

工学 163/365、管理学 329/374、艺术学 93/198。

一级学科排名

化学 154/188、生物学 165/224、环境科学与工程 40/51、机械工程 175/205、光学工程 72/78、材料科学与工程 164/202、控制科学与工程 163/182、化学工程与技术 154/194、纺织科学与工程 13/20、轻工技术与工程 14/31、环境科学与工程 140/174、食品科学与工程 32/92、工商管理 273/303、美术学 34/115、设计学 11/134。

> 通信地址：辽宁省大连市甘井子区轻工苑一号大连工业大学研究生学院招生办
> 邮政编码：116034
> 电话号码：0411-86323661
> 电子邮箱：yzb@dlpu.edu.cn
> 研究生院（部、处）网址：http://yjs.dep.dlpu.edu.cn/

10150 大连交通大学

在中国普通高校研究生教育竞争力排行榜中的名次：总排名301/507，辽宁省内排名19/34，理工类排名108/158。

共13个一级学科（学术学位）参评。

学科门类数

法学 322/351、理学 326/368、工学 149/365、管理学 299/374。

一级学科排名

马克思主义理论 278/328、数学 172/243、力学 84/102、机械工程 67/205、材料科学与工程 121/202、电气工程 97/100、控制科学与工程 136/182、计算机科学与技术 198/262、交通运输工程 39/62、环境科学与工程 165/174、软件工程 153/155、管理科学与工程 191/199、工商管理 270/303。

> 通信地址：辽宁省大连市沙河口区黄河路 794 号大连交通大学研招办
> 邮政编码：116028
> 电话号码：0411-84106587
> 电子邮箱：yjsb@djtu.edu.cn
> 研究生院（部、处）网址：http://gs.djtu.edu.cn

10143　沈阳航空航天大学

在中国普通高校研究生教育竞争力排行榜中的名次：总排名 303/507，辽宁省内排名 20/34，理工类排名 109/158。

共 14 个一级学科（学术学位）参评。

学科门类数

法学 326/351、理学 334/368、工学 165/365、管理学 268/374、艺术学 183/198。

一级学科排名

马克思主义理论 222/328、数学 183/243、力学 72/102、机械工程 107/205、材料科学与工程 126/202、动力工程及工程热物理 67/110、信息与通信工程 111/169、控制科学与工程 88/182、计算机科学与技术 123/262、交通运输工程 50/62、航空宇航科学与技术 18/21、安全科学与工程 37/54、工商管理 250/303、设计学 37/134。

> 通信地址：辽宁省沈阳市沈北新区道义南大街 37 号沈阳航空航天大学研招办
> 邮政编码：110136
> 电话号码：024-89724692
> 电子邮箱：yzb@sau.edu.cn
> 研究生院（部、处）网址：http://yjs.sau.edu.cn/

10162　辽宁中医药大学

在中国普通高校研究生教育竞争力排行榜中的名次：总排名 340/507，辽宁省内排名 21/34，医药类排名 41/69。

共 5 个一级学科（学术学位）参评，其中 5★+学科 0 个，5★学科 0 个，5★-学科 0 个，4★学科 1 个，学科优秀率为 20%。

学科门类数

法学 349/351、医学 75/182。

一级学科排名

马克思主义理论 323/328、中医学 10/41、中西医结合 7/66、药学 50/131、中药学 21/45。

优势专业

4★专业：中医外科学 5/28、中西医结合临床 7/61、生药学 15/78。

> 通信地址：辽宁省沈阳市皇姑区崇山东路 79 号辽宁中医药大学研招办
> 邮政编码：110847
> 电话号码：024-31207666
> 电子邮箱：lnzyyzb@tom.com
> 研究生院（部、处）网址：http://yjs.lnutcm.edu.cn/home

10144　沈阳理工大学

在中国普通高校研究生教育竞争力排行榜中的名次：总排名 347/507，辽宁省内排名 22/34，理工类排名 126/158。

共 16 个一级学科（学术学位）参评。

学科门类数

经济学 255/261、法学 342/351、工学 216/365、管理学 354/374、艺术学 192/198。

一级学科排名

应用经济学 240/244、马克思主义理论 324/328、力学 102/102、机械工程 124/205、光学工程 77/78、材料科学与工程 176/202、电子科学与技术 119/119、信息与通信工程 161/169、控制科学与工程 110/182、计算机科学与技术 189/262、化学工程与技术 181/194、兵器科学与技术 7/7、环境科学与工程 174/174、软件工程 147/155、工商管理 253/303、设计学 111/134。

> 通信地址：辽宁省沈阳市浑南新区南屏中路 6 号沈阳理工大学研究生处
> 邮政编码：110159
> 电话号码：024-24686088
> 电子邮箱：dzj6028@163.com
> 研究生院（部、处）网址：http://sites.sylu.edu.cn/yanjiusheng/

10146　辽宁科技大学

在中国普通高校研究生教育竞争力排行榜中的名次：总排名 348/507，辽宁省内排名 23/34，理工类排名 127/158。

共 13 个一级学科（学术学位）参评。

学科门类数

理学 340/368、工学 178/365、管理学 279/374、艺术学 177/198。

一级学科排名

数学 196/243、机械工程 161/205、材料科学与工程 147/202、冶金工程 18/23、动力工程及工程热物理 89/110、控制科学与工程 141/182、计算机科学与技术 256/262、土木工程 152/153、化学工程与技术 72/194、矿业工程 29/32、软件工程 152/155、工商管理 195/303、设计学 95/134。

> 通信地址：辽宁省鞍山市铁东区千山中路 185 号辽宁科技大学研招办
> 邮政编码：114051
> 电话号码：0412-5929096
> 电子邮箱：wangdetao0803@163.com
> 研究生院（部、处）网址：http://www.ustl.edu.cn/yjs/

10148　辽宁石油化工大学

在中国普通高校研究生教育竞争力排行榜中的名次：总排名 349/507，辽宁省内排名 24/34，理工类排名 128/158。

共 14 个一级学科（学术学位）参评。

学科门类数

法学 263/351、理学 225/368、工学 226/365、管理学 282/374。

一级学科排名

马克思主义理论 140/328、物理学 153/166、化学 116/188、机械工程 203/205、材料科学与工程 152/202、动力工程及工程热物理 100/110、控制科学与工程 151/182、计算机科学与技术 249/262、土木工程 144/153、化学工程与技术 92/194、石油与天然气工程 16/17、环境科学与工程 163/174、安全科学与工程 54/54、工商管理 187/303。

通信地址：辽宁省抚顺市望花区丹东路（西段）1 号辽宁石油化工大学研究生学院招生办
邮政编码：113001
电话号码：0413-6865000
电子邮箱：yanjs@lnpu.edu.cn
研究生院（部、处）网址：http://ges.lnpu.edu.cn/

10149　沈阳化工大学

在中国普通高校研究生教育竞争力排行榜中的名次：总排名 351/507，辽宁省内排名 25/34，理工类排名 129/158。

共 16 个一级学科（学术学位）参评。

学科门类数

经济学 247/261、文学 252/271、理学 235/368、工学 258/365、管理学 345/374。

一级学科排名

应用经济学 230/244、外国语言文学 150/221、化学 134/188、天文学 15/15、计算机科学与技术 35/38、环境科学与工程 46/51、药学 15/18、机械工程 196/205、材料科学与工程 170/202、动力工程及工程热物理 103/110、信息与通信工程 163/169、控制科学与工程 178/182、计算机科学与技术 197/262、化学工程与技术 95/194、环境科学与工程 158/174、管理科学与工程 147/199。

通信地址：辽宁省沈阳经济技术开发区 11 号街沈阳化工大学研招办
邮政编码：110142
电话号码：024-89386567
电子邮箱：yzbsyict@126.com
研究生院（部、处）网址：http://grs.syuct.edu.cn/

10176　沈阳体育学院

在中国普通高校研究生教育竞争力排行榜中的名次：总排名 377/507，辽宁省内排名 26/34，体育类排名 6/13。

共 1 个一级学科（学术学位）参评，其中 5★+学科 0 个，5★学科 0 个，5★-学科 1 个，4★学科 0 个，学科优秀率为 100%。

学科门类数

教育学 51/193。

一级学科排名

体育学 12/117。

优势专业

5★-专业：体育教育训练学 10/106。
4★专业：民族传统体育学 11/63。

通信地址：辽宁省沈阳市苏家屯区金钱松东路 36 号沈阳体育学院研招办
邮政编码：110102
电话号码：024-89166572
电子邮箱：yzb@syty.edu.cn
研究生院（部、处）网址：http://yjs.syty.edu.cn/

10154　辽宁工业大学

在中国普通高校研究生教育竞争力排行榜中的名次：总排名 385/507，辽宁省内排名 27/34，理工类排名 137/158。

共 14 个一级学科（学术学位）参评。

学科门类数

法学 289/351、理学 350/368、工学 201/365、管理学 357/374。

一级学科排名

马克思主义理论 271/328、数学 199/243、力学 78/102、机械工程 104/205、材料科学与工程 122/202、动力工程及工程热物理 84/110、电气工程 65/100、信息与通信工程 142/169、控制科学与工程 89/182、计算机科学与技术 199/262、土木工程 90/153、交通运输工程 41/62、管理科学与工程 194/199、工商管理 300/303。

通信地址：辽宁省锦州市古塔区士英街 169 号辽宁工业大学研招办
邮政编码：121001
电话号码：0416-4198703
电子邮箱：lngxy@126.com
研究生院（部、处）网址：http://yjsxy.lnut.edu.cn/

11035　沈阳大学

在中国普通高校研究生教育竞争力排行榜中的名次：总排名 398/507，辽宁省内排名 28/34，综合类排名 67/76。

共 12 个一级学科（学术学位）参评。

学科门类数

经济学 257/261、理学 351/368、工学 294/365、管理学 290/374、艺术学 197/198。

一级学科排名

应用经济学 229/244、生物学 216/224、生态学 93/111、环境科学与工程 21/51、材料科学与工程 185/202、控制科学与工程 161/182、土木工程 151/153、环境科学与工程 155/174、管理科学与工程 44/44、管理科学与工程 185/199、工商管理 235/303、美术学 100/115。

通信地址：辽宁省沈阳市大东区联合路54号沈阳大学研招办
邮政编码：110044
电话号码：024-62266962
电子邮箱：yjsb03@syugs.org.cn
研究生院（部、处）网址：http://yjs.syu.edu.cn/

10158　大连海洋大学

在中国普通高校研究生教育竞争力排行榜中的名次：总排名 399/507，辽宁省内排名 29/34，农林类排名 33/37。

共 13 个一级学科（学术学位）参评。

学科门类数

法学 312/351、理学 257/368、工学 292/365、农学 55/100、管理学 363/374。

一级学科排名

马克思主义理论 268/328、海洋科学 24/30、生物学 184/224、生态学 106/111、计算机科学与技术 25/38、环境科学与工程 48/51、生物医学工程 19/19、控制科学与工程 166/182、水利工程 62/63、农业工程 45/47、食品科学与工程 85/92、水产 8/26、工商管理 279/303。

通信地址：辽宁省大连市沙河口区黑石礁街52号大连海洋大学研招办
邮政编码：116023
电话号码：0411-84763156
电子邮箱：yzb@dlou.edu.cn
研究生院（部、处）网址：http://gs.dlou.edu.cn/

10172　大连外国语大学

在中国普通高校研究生教育竞争力排行榜中的名次：总排名 438/507，辽宁省内排名 30/34，文法类排名 17/22。

共 3 个一级学科（学术学位）参评，其中 5★+学科 0 个，5★学科 0 个，5★-学科 1 个，4★学科 0 个，学科优秀率为 33.33%。

学科门类数

法学 347/351、文学 75/271。

一级学科排名

马克思主义理论 320/328、中国语言文学 132/170、外国语言文学 16/221。

优势专业

4★专业：英语语言文学 30/186、日语语言文学 13/112、外国语言学及应用语言学 33/196。

通信地址：辽宁省大连市旅顺口区旅顺南路西段6号大连外国语大学研招办
邮政编码：116044
电话号码：0411-86111234
电子邮箱：yzb@dlufl.edu.cn
研究生院（部、处）网址：http://gd.dlufl.edu.cn/

10177　沈阳音乐学院

在中国普通高校研究生教育竞争力排行榜中的名次：总排名 476/507，辽宁省内排名 31/34，艺术类排名 22/27。

共 2 个一级学科（学术学位）参评。

学科门类数

艺术学 95/198。

一级学科排名

艺术学理论 24/63、音乐与舞蹈学 21/82。

通信地址：辽宁省沈阳市和平区三好街61号
邮政编码：110818
电话号码：024-83910311
电子邮箱：sycmyjs@163.com
研究生院（部、处）网址：www.sycm.com.cn/info.aspx?DWid=53

10178　鲁迅美术学院

在中国普通高校研究生教育竞争力排行榜中的名次：总排名 487/507，辽宁省内排名 32/34，艺术类排名 25/27。

共 3 个一级学科（学术学位）参评。

学科门类数

艺术学 88/198。

一级学科排名

艺术学理论 62/63、美术学 53/115、设计学 81/134。

通信地址：辽宁省沈阳市和平区三好街19号鲁迅美术学院研招办
邮政编码：110816
电话号码：024-23932106
电子邮箱：yzb@lumei.edu.cn
研究生院（部、处）网址：http://www.lumei.edu.cn/

10175　中国刑事警察学院

在中国普通高校研究生教育竞争力排行榜中的名次：总排名 488/507，辽宁省内排名 33/34，文法类排名 21/22。

共 2 个一级学科（学术学位）参评。

学科门类数

法学 213/351、工学 362/365、医学 179/182。

一级学科排名

法学 166/188、基础医学 94/97。

通信地址：辽宁省沈阳市皇姑区塔湾街83号中国刑事警察学院研招办
邮政编码：110854
电话号码：024-86982265
电子邮箱：yjsc@ccpc.edu.cn
研究生院（部、处）网址：http://grs.cipuc.edu.cn/system/resource/code/auth/ipauth.htm

10164　沈阳医学院

在中国普通高校研究生教育竞争力排行榜中的名次：总排名500/507，辽宁省内排名34/34，医药类排名68/69。

共2个一级学科（学术学位）参评。

学科门类数

医学159/182。

一级学科排名

基础医学77/97、公共卫生与预防医学55/70。

通信地址：辽宁省沈阳市黄河北大街146号沈阳医学院研招办
邮政编码：110034
电话号码：024-62215829
电子邮箱：symcxkjs@126.com
研究生院（部、处）网址：http://www.symc.edu.cn/web/yjsjy/1

10169　鞍山师范学院

在中国仅专业硕士招生普通高校研究生教育竞争力排行榜中的名次：总排名56/66，辽宁省内排名3/3，师范类排名10/14。

共1个一级学科（专业学位）参评。

一级学科排名

教育（专业学位）51/135。

通信地址：辽宁省鞍山市铁东区平安街43号鞍山师范学院研究生管理办公室
邮政编码：114007
电话号码：0412-2960295
电子邮箱：asncyjs@126.com
研究生院（部、处）网址：http://web.asnc.edu.cn:8003/

11632　沈阳工程学院

在中国仅专业硕士招生普通高校研究生教育竞争力排行榜中的名次：总排名31/66，辽宁省内排名2/3，理工类排名16/20。

共1个一级学科（专业学位）参评。

一级学科排名

工程（专业学位）174/380。

通信地址：辽宁省沈阳市沈北新区蒲昌路18号沈阳工程学院研招办
邮政编码：110136
电话号码：024-31975863
电子邮箱：yzb@sie.edu.cn
研究生院（部、处）网址：yjsb.sie.edu.cn/

12026　大连民族大学

在中国仅专业硕士招生普通高校研究生教育竞争力排行榜中的名次：总排名5/66，辽宁省内排名1/3，民族类排名1/1。

共1个一级学科（专业学位）参评。

一级学科排名

工程（专业学位）154/380。

通信地址：辽宁省大连经济技术开发区辽河西路18号
邮政编码：116600
电话号码：0411-87533705
电子邮箱：yzb@dlnu.edu.cn
研究生院（部、处）网址：http://www.dlnu.edu.cn/hhh/

天津市

10056　天津大学

在中国普通高校研究生教育竞争力排行榜中的名次：总排名21/507，天津市内排名1/16，理工类排名9/158。

共45个一级学科（学术学位）参评，其中5★+学科1个，5★学科4个，5★-学科9个，4★学科13个，学科优秀率为60%。

学科门类数

哲学80/154、经济学79/261、法学142/351、教育学59/193、文学120/271、理学35/368、工学7/365、医学96/182、管理学11/374、艺术学46/198。

一级学科排名

哲学70/154、应用经济学66/244、法学139/188、政治学80/104、马克思主义理论117/328、教育学23/140、心理学54/97、中国语言文学116/170、外国语言文学115/221、数学27/243、物理学43/166、化学13/188、海洋科学8/30、地质学16/40、生物学42/224、力学13/102、机械工程14/205、光学工程4/78、仪器科学与技术7/75、材料科学与工程14/202、动力工程及工程热物理6/110、电气工程13/100、电子科学与技术22/119、信息与通信工程20/169、控制科学与工程22/182、计算机科学与技术28/262、建筑学3/57、土木工程10/153、水利工程4/63、化学工程与技术1/194、轻工技术与工程8/31、船舶与海洋工程5/16、环境科学与工程11/174、生物医学工程9/57、食品科学与工程21/92、城乡规划学6/51、风景园林学5/54、软件工程33/155、药学29/131、管理科学与工程3/199、工商管理37/303、公共管理20/206、图书情报与档案管理21/56、美术学14/115、设计学47/134。

优势专业

5★专业：高分子化学与物理6/139、材料学5/186、动力机械及工程2/71、检测技术与自动化装置7/160、化学工程2/126、化学工艺4/140、生物化工5/119、应用化学4/190、工业催化5/115。

5★-专业：经济法学9/129、职业技术教育学4/48、应用数学 22/238、无机化学 13/159、有机化学 11/164、物理化学 11/163、机械制造及其自动化 19/184、机械电子工程 13/188、机械设计及理论 16/191、测试计量技术及仪器 6/73、材料加工工程 14/164、热能工程 6/77、信号与信息处理 15/150、系统工程 10/110、计算机应用技术 20/258、建筑历史与理论 3/43、建筑设计及其理论 5/53、建筑技术科学 3/45、岩土工程 13/131、结构工程 9/141、市政工程 8/99、供热、供燃气、通风及空调工程 9/89、防灾减灾工程及防护工程 8/115、桥梁与隧道工程 8/108、水工结构工程 3/36、制药工程 1/15、环境工程 16/156、旅游管理 19/181、技术经济及管理 13/224。

4★专业：金融学 32/188、数量经济学 20/113、基础数学 23/189、计算数学 28/178、概率论与数理统计 21/156、运筹学与控制论 20/165、光学 15/137、遗传学 21/137、生物化学与分子生物学 25/204、生物物理学 8/72、一般力学与力学基础 7/55、固体力学 11/79、流体力学 10/60、工程力学 16/95、车辆工程 19/139、精密仪器及机械 9/63、材料物理与化学 21/183、工程热物理 8/60、制冷及低温工程 7/58、化工过程机械 7/62、电机与电器 8/74、电力系统及其自动化 15/84、电力电子与电力传动 18/93、电工理论与新技术 12/73、电路与系统 15/99、微电子学与固体电子学 18/88、通信与信息系统 25/144、控制理论与控制工程 18/170、模式识别与智能系统 15/142、计算机系统结构 27/172、计算机软件与理论 24/198、水文学及水资源 6/54、水力学及河流动力学 4/35、水利水电工程 5/39、港口、海岸及近海工程 3/23、环境科学 22/149、食品科学 17/87、药物化学 18/110、药剂学 12/95、生药学 11/78、药物分析学 10/95、企业管理 41/293、行政管理 22/166、教育经济与管理 16/131、社会保障 17/130、土地资源管理 16/105。

```
通信地址：天津市南开区卫津路92号天津大学研究生院
邮政编码：300072
电话号码：022-27404743
电子邮箱：yzb@tju.edu.cn
研究生院（部、处）网址：http://gs.tju.edu.cn/
```

10055 南开大学

在中国普通高校研究生教育竞争力排行榜中的名次：总排名25/507，天津市内排名2/16，综合类排名12/76。

共41个一级学科（学术学位）参评，其中5★+学科0个，5★学科9个，5★-学科9个，4★学科10个，学科优秀率为68.29%。

学科门类数

哲学 10/154、经济学 4/261、法学 10/351、教育学 82/193、文学 12/271、历史学 6/116、理学 12/368、工学 57/365、农学 33/100、医学 54/182、管理学 9/374、艺术学 104/198。

一级学科排名

哲学 9/154、理论经济学 3/115、应用经济学 6/244、法学 27/188、政治学 4/104、社会学 7/88、民族学 27/41、马克思主义理论 8/328、心理学 28/97、中国语言文学 5/170、外国语言文学 11/221、新闻传播学 30/98、考古学 3/40、中国史 18/113、世界史 9/67、数学 5/243、物理学 11/166、化学 4/188、生物学 21/224、生态学 11/111、统计学 9/116、光学工程 10/78、材料科学与工程 42/202、电子科学与技术 28/119、信息与通信工程 46/169、控制科学与工程 34/182、计算机科学与技术 50/262、环境科学与工程 10/174、软件工程 19/155、植物保护 4/44、基础医学 44/97、临床医学 42/108、口腔医学 25/44、药学 49/131、管理科学与工程 42/199、工商管理 6/303、公共管理 25/206、图书情报与档案管理 6/56、艺术学理论 50/63、美术学 66/115、设计学 100/134。

优势专业

5★+专业：运筹学与控制论 2/165。

5★专业：政治经济学 2/96、世界经济 4/82、人口、资源与环境经济学 4/86、区域经济学 4/175、财政学 2/88、金融学 6/188、产业经济学 4/204、国际贸易学 3/168、劳动经济学 2/82、数量经济学 4/113、马克思主义发展史 3/88、马克思主义中国化研究 10/250、国外马克思主义研究 3/83、中国近现代史基本问题研究 4/148、文艺学 5/153、语言学及应用语言学 6/135、中国古代文学 6/159、比较文学与世界文学 6/127、俄语语言文学 2/64、基础数学 8/189、计算数学 6/178、概率论与数理统计 3/156、应用数学 5/238、无机化学 6/159、分析化学 5/163、有机化学 3/164、物理化学 7/163、化学生物学 1/18、农药学 2/39、企业管理 11/293、旅游管理 4/181、行政管理 5/166。

5★-专业：美学 4/53、科学技术哲学 9/101、经济思想史 2/34、经济史 4/40、西方经济学 7/84、政治学理论 7/83、中外政治制度 6/59、科学社会主义与国际共产主义运动 5/50、中共党史 5/60、国际政治 5/61、马克思主义基本原理 22/267、汉语言文字学 11/133、中国现当代文学 9/148、中国少数民族语言文学 4/41、英语语言文学 18/186、日语语言文学 10/112、光学 10/137、高分子化学与物理 8/139、动物学 8/126、微生物学 11/167、细胞生物学 11/138、生物化学与分子生物学 18/204、环境科学 11/149、环境工程 10/156、教育经济与管理 13/131。

4★专业：马克思主义哲学 11/104、中国哲学 16/87、外国哲学 14/75、逻辑学 5/39、法律史 10/61、刑法学 17/113、国际法学 16/105、国际关系 6/54、社会学 15/80、人口学 5/37、思想政治教育 37/302、外国语言学及应用语言学 25/196、理论物理 16/134、凝聚态物理 16/151、植物学 16/141、遗传学 22/137、材料物理与化学 30/183、材料学 35/186、检测技术与自动化装置 30/160、模式识别与智能系统 25/142、计算机软件与理论 35/198、植物病理学 6/37、药物化学 15/110、生药学 14/78、会计学 35/259、技术经济及管理 25/224、图书馆学 4/37、情报学 7/48。

```
通信地址：天津市南开区卫津路94号南开大学研究生院
邮政编码：300071
电话号码：022-23504845
电子邮箱：yzb@nankai.edu.cn
研究生院（部、处）网址：http://graduate.nankai.edu.cn/
```

10062　天津医科大学

在中国普通高校研究生教育竞争力排行榜中的名次：总排名94/507，天津市内排名3/16，医药类排名6/69。

共14个一级学科（学术学位）参评，其中5★+学科0个，5★学科0个，5★-学科0个，4★学科1个，学科优秀率为7.14%。

学科门类数

哲学 128/154、法学 318/351、理学 176/368、工学 268/365、医学 16/182、管理学 349/374。

一级学科排名

哲学 126/154、马克思主义理论 301/328、生物学 84/224、生物医学工程 4/19、生物医学工程 28/57、基础医学 24/97、临床医学 13/108、口腔医学 19/44、公共卫生与预防医学 20/70、中西医结合 16/66、药学 32/131、护理学 22/63、生物医学工程 11/13、公共管理 173/206。

优势专业

5★-专业：眼科学 8/78、肿瘤学 9/88。

4★专业：病理学与病理生理学 16/91、内科学 14/97、老年医学 10/59、神经病学 13/85、影像医学与核医学 15/96、临床检验诊断学 18/93、外科学 16/96、麻醉学 13/82、营养与食品卫生学 7/58。

通信地址：天津市和平区气象台路22号天津医科大学研招办
邮政编码：300070
电话号码：022-83336930
电子邮箱：yzb@tijmu.edu.cn
研究生院（部、处）网址：http://gs.tmu.edu.cn/

10065　天津师范大学

在中国普通高校研究生教育竞争力排行榜中的名次：总排名142/507，天津市内排名4/16，师范类排名16/59。

共37个一级学科（学术学位）参评，其中5★+学科0个，5★学科0个，5★-学科1个，4★学科3个，学科优秀率为10.81%。

学科门类数

哲学 116/154、经济学 123/261、法学 40/351、教育学 19/193、文学 56/271、历史学 29/116、理学 125/368、工学 259/365、管理学 153/374、艺术学 134/198。

一级学科排名

哲学 121/154、理论经济学 76/115、应用经济学 148/244、法学 122/188、政治学 15/104、社会学 76/88、马克思主义理论 47/328、教育学 35/140、心理学 9/97、体育学 99/117、中国语言文学 36/170、外国语言文学 120/221、新闻传播学 75/98、考古学 28/40、中国史 55/113、世界史 12/67、数学 175/243、物理学 134/166、化学 95/188、天文学 14/15、地理学 65/82、生物学 146/224、科学技术史 19/22、生态学 66/111、计算机科学与技术 30/38、环境科学与工程 37/51、材料科学与工程 144/202、信息与通信工程 119/169、计算机科学与技术 234/262、管理科学与工程 193/199、工商管理 236/303、公共管理 181/206、图书情报与档案管理 32/56、音乐与舞蹈学 69/82、戏剧与影视学 42/63、美术学 83/115、设计学 120/134。

优势专业

5★-专业：发展与教育心理学 4/56。

4★专业：政治学理论 10/83、中外政治制度 10/59、科学社会主义与国际共产主义运动 10/50、中共党史 11/60、马克思主义基本原理 30/267、马克思主义中国化研究 38/250、思想政治教育 44/302、课程与教学论 17/98、应用心理学 11/81、比较文学与世界文学 14/127。

通信地址：天津市西青区宾水西道393号天津师范大学研招办
邮政编码：300787
电话号码：022-23766157
电子邮箱：gzc@mail.tjnu.edu.cn
研究生院（部、处）网址：http://yjsy.tjnu.edu.cn/zsxx.htm

10058　天津工业大学

在中国普通高校研究生教育竞争力排行榜中的名次：总排名169/507，天津市内排名5/16，理工类排名66/158。

共23个一级学科（学术学位）参评，其中5★+学科0个，5★学科0个，5★-学科0个，4★学科1个，学科优秀率为4.35%。

学科门类数

经济学 172/261、法学 211/351、文学 191/271、理学 149/368、工学 110/365、管理学 133/374、艺术学 158/198。

一级学科排名

应用经济学 140/244、法学 151/188、马克思主义理论 266/328、外国语言文学 179/221、数学 47/243、物理学 47/166、统计学 41/116、机械工程 84/205、光学工程 51/78、材料科学与工程 67/202、电子科学与技术 67/119、信息与通信工程 78/169、控制科学与工程 125/182、计算机科学与技术 133/262、化学工程与技术 62/194、纺织科学与工程 6/20、环境科学与工程 84/174、生物医学工程 54/57、软件工程 77/155、管理科学与工程 121/199、工商管理 148/303、公共管理 74/206、设计学 70/134。

优势专业

4★专业：纺织材料与纺织品设计 3/17、纺织化学与染整工程 3/18、服装设计与工程 3/15。

通信地址：天津市西青区宾水西道399号天津工业大学研招办
邮政编码：300387
电话号码：022-83955016
电子邮箱：yjs@tjpu.edu.cn
研究生院（部、处）网址：http://yjsb.tjpu.edu.cn/

10057　天津科技大学

在中国普通高校研究生教育竞争力排行榜中的名次：总排名181/507，天津市内排名6/16，理工类排名70/158。

共20个一级学科（学术学位）参评，其中5★+学科0

个、5★学科 0 个、5★-学科 0 个、4★学科 1 个，学科优秀率为 5%。

学科门类数

文学 222/271、理学 173/368、工学 103/365、农学 99/100、医学 123/182、管理学 300/374、艺术学 182/198。

一级学科排名

外国语言文学 144/221、海洋科学 9/30、生物学 142/224、药学 4/18、机械工程 89/205、仪器科学与技术 48/75、材料科学与工程 110/202、动力工程及工程热物理 86/110、控制科学与工程 104/182、计算机科学与技术 158/262、化学工程与技术 69/194、轻工技术与工程 5/31、环境科学与工程 94/174、食品科学与工程 22/92、食品科学与工程 18/25、公共卫生与预防医学 64/70、药学 64/131、管理科学与工程 125/199、工商管理 140/303、设计学 109/134。

优势专业

5★-专业：微生物与生化药学 1/10。

4★专业：海洋化学 4/21、海洋生物学 3/24、药物化学 2/14、发酵工程 5/26。

通信地址：天津市经济技术开发区第十三大街 29 号天津科技大学研招办
邮政编码：300457
电话号码：022-60602018
电子邮箱：yjsh@tust.edu.cn
研究生院（部、处）网址：http://yjs.tust.edu.cn/

10063　天津中医药大学

在中国普通高校研究生教育竞争力排行榜中的名次：总排名 203/507，天津市内排名 7/16，医药类排名 23/69。

共 8 个一级学科（学术学位）参评，其中 5★+学科 0 个、5★学科 0 个、5★-学科 1 个、4★学科 2 个，学科优秀率为 37.5%。

学科门类数

工学 344/365、医学 42/182、管理学 320/374。

一级学科排名

生物医学工程 49/57、临床医学 76/108、中医学 8/41、中西医结合 4/66、药学 53/131、中药学 5/45、护理学 17/63、管理科学与工程 114/199。

优势专业

5★-专业：中西医结合临床 6/61。

4★专业：中医内科学 5/36、中医儿科学 4/20、针灸推拿学 4/31、中西医结合基础 5/41。

通信地址：天津市南开区鞍山西道 312 号天津中医药大学研招办
邮政编码：300193
电话号码：022-59596191
电子邮箱：zhaosk_2011@126.com
研究生院（部、处）网址：http://yjsy.tjutcm.edu.cn/

10060　天津理工大学

在中国普通高校研究生教育竞争力排行榜中的名次：总排名 228/507，天津市内排名 8/16，理工类排名 86/158。

共 22 个一级学科（学术学位）参评。

学科门类数

法学 262/351、文学 201/271、理学 180/368、工学 181/365、医学 150/182、管理学 151/374、艺术学 180/198。

一级学科排名

社会学 87/88、马克思主义理论 252/328、外国语言文学 122/221、数学 190/243、物理学 76/166、机械工程 139/205、光学工程 68/78、材料科学与工程 108/202、电气工程 77/100、电子科学与技术 92/119、信息与通信工程 108/169、控制科学与工程 124/182、计算机科学与技术 112/262、化学工程与技术 108/194、环境科学与工程 134/174、软件工程 132/155、安全科学与工程 45/54、网络空间安全 28/29、药学 97/131、管理科学与工程 84/199、工商管理 183/303、设计学 103/134。

优势专业

4★专业：设计艺术学 3/16。

通信地址：天津市西青区宾水西道 391 号天津理工大学研招办
邮政编码：300384
电话号码：022-60215566
电子邮箱：yjys@tjut.edu.cn
研究生院（部、处）网址：http://yjs.tjut.edu.cn/

10070　天津财经大学

在中国普通高校研究生教育竞争力排行榜中的名次：总排名 262/507，天津市内排名 9/16，财经类排名 13/34。

共 9 个一级学科（学术学位）参评，其中 5★+学科 0 个、5★学科 0 个、5★-学科 1 个、4★学科 1 个，学科优秀率为 22.22%。

学科门类数

经济学 33/261、法学 203/351、文学 249/271、理学 109/368、工学 354/365、管理学 50/374。

一级学科排名

理论经济学 62/115、应用经济学 27/244、法学 115/188、马克思主义理论 321/328、外国语言文学 165/221、数学 239/243、计算机科学与技术 237/262、工商管理 21/303、公共管理 151/206。

优势专业

5★-专业：企业管理 22/293。

4★专业：财政学 17/88、金融学 33/188、产业经济学 37/204、国际贸易学 28/168、统计学 6/36、会计学 28/259。

通信地址：天津市河西区珠江道 25 号天津财经大学研招办
邮政编码：300222
电话号码：022-88186371
电子邮箱：yjs@tjufe.edu.cn
研究生院（部、处）网址：http://yjsy.tjufe.edu.cn/

10071　天津体育学院

在中国普通高校研究生教育竞争力排行榜中的名次：总排名343/507，天津市内排名10/16，体育类排名5/13。

共3个一级学科（学术学位）参评，其中5★+学科0个，5★学科0个，5★-学科1个，4★学科0个，学科优秀率为33.33%。

学科门类数

教育学 44/193、医学 175/182。

一级学科排名

教育学 127/140、体育学 11/117、临床医学 106/108。

优势专业

5★-专业：运动人体科学 5/67、体育教育训练学 9/106、民族传统体育学 4/63。

4★专业：体育人文社会学 11/78。

> 通信地址：天津市河西区卫津南路51号天津体育学院研招办
> 邮政编码：300381
> 电话号码：022-23016498
> 电子邮箱：graduate@tjus.edu.cn
> 研究生院（部、处）网址：http://yjsb.tjus.edu.cn/

10059　中国民航大学

在中国普通高校研究生教育竞争力排行榜中的名次：总排名345/507，天津市内排名11/16，理工类排名125/158。

共12个一级学科（学术学位）参评。

学科门类数

经济学 218/261、法学 248/351、理学 318/368、工学 182/365、管理学 248/374。

一级学科排名

应用经济学 215/244、法学 142/188、数学 147/243、机械工程 187/205、材料科学与工程 188/202、信息与通信工程 86/169、控制科学与工程 92/182、计算机科学与技术 170/262、石油与天然气工程 17/17、交通运输工程 43/62、航空宇航科学与技术 20/21、工商管理 188/303。

> 通信地址：天津市东丽区津北公路2898号中国民航大学研招办
> 邮政编码：300300
> 电话号码：022-24092146
> 电子邮箱：yzb@cauc.edu.cn
> 研究生院（部、处）网址：www.cauc.edu.cn/yjsb/list_more_12.html

10069　天津商业大学

在中国普通高校研究生教育竞争力排行榜中的名次：总排名381/507，天津市内排名12/16，财经类排名22/34。

共10个一级学科（学术学位）参评。

学科门类数

经济学 114/261、法学 146/351、文学 228/271、工学 271/365、管理学 200/374。

一级学科排名

理论经济学 83/115、应用经济学 119/244、法学 100/188、马克思主义理论 123/328、外国语言文学 180/221、动力工程及工程热物理 82/110、土木工程 146/153、轻工技术与工程 25/31、食品科学与工程 81/92、工商管理 25/303。

> 通信地址：天津市北辰区光荣道409号
> 邮政编码：300134
> 电话号码：022-26669611
> 电子邮箱：tsyjs@tjcu.edu.cn
> 研究生院（部、处）网址：http://gs.tjcu.edu.cn/

10792　天津城建大学

在中国普通高校研究生教育竞争力排行榜中的名次：总排名406/507，天津市内排名13/16，理工类排名141/158。

共9个一级学科（学术学位）参评。

学科门类数

理学 338/368、工学 231/365、管理学 234/374。

一级学科排名

地质学 32/40、材料科学与工程 165/202、计算机科学与技术 241/262、建筑学 51/57、土木工程 85/153、环境科学与工程 132/174、城乡规划学 44/51、风景园林学 53/54、管理科学与工程 91/199。

> 通信地址：天津市西青区津静公路26号天津城建大学研招办
> 邮政编码：300384
> 电话号码：022-23085040
> 电子邮箱：ysb@tjuci.edu.cn
> 研究生院（部、处）网址：http://master.tcu.edu.cn/

10068　天津外国语大学

在中国普通高校研究生教育竞争力排行榜中的名次：总排名411/507，天津市内排名14/16，文法类排名16/22。

共4个一级学科（学术学位）参评，其中5★+学科0个，5★学科0个，5★-学科0个，4★学科1个，学科优秀率为25%。

学科门类数

哲学 148/154、经济学 213/261、文学 59/271。

一级学科排名

哲学 144/154、理论经济学 78/115、中国语言文学 135/170、外国语言文学 27/221。

优势专业

5★-专业：英语语言文学 13/186、日语语言文学 9/112。

> 通信地址：天津市河西区马场道117号天津外国语大学研招办
> 邮政编码：300204
> 电话号码：022-23280352
> 电子邮箱：graduate@tjfsu.edu.cn
> 研究生院（部、处）网址：http://grad.tjfsu.edu.cn/

10066　天津职业技术师范大学

在中国普通高校研究生教育竞争力排行榜中的名次：总排名443/507，天津市内排名15/16，师范类排名51/59。

共9个一级学科（学术学位）参评。

学科门类数

教育学 109/193、理学 344/368、工学 304/365、管理学 366/374。

一级学科排名

教育学 78/140、数学 185/243、统计学 107/116、机械工程 152/205、信息与通信工程 168/169、控制科学与工程 175/182、计算机科学与技术 262/262、交通运输工程 62/62、管理科学与工程 176/199。

通信地址：天津市河西区大沽南路1310号天津职业技术师范大学研招办
邮政编码：300222
电话号码：022-88181618
电子邮箱：tutezyjy1618@163.com
研究生院（部、处）网址：yjsh.tute.edu.cn/

10061　天津农学院

在中国普通高校研究生教育竞争力排行榜中的名次：总排名492/507，天津市内排名16/16，农林类排名37/37。

共4个一级学科（学术学位）参评。

学科门类数

农学 67/100。

一级学科排名

作物学 44/46、园艺学 37/39、兽医学 32/41、水产 22/26。

通信地址：天津市西青区津静路22号天津农学院研招办
邮政编码：300384
电话号码：022-23785573
电子邮箱：tjauyzs@126.com
研究生院（部、处）网址：http://yjs.tjau.edu.cn/index.htm

10073　天津美术学院

在中国仅专业硕士招生普通高校研究生教育竞争力排行榜中的名次：总排名28/66，天津市内排名2/2，艺术类排名2/3。

共1个一级学科（专业学位）参评。

一级学科排名

艺术（专业学位）80/199。

通信地址：天津市河北区天纬路4号天津美术学院研招办
邮政编码：300141
电话号码：022-26241719
电子邮箱：yjsb@tjarts.edu.cn
研究生院（部、处）网址：http://yjsb.tjarts.edu.cn/

10072　天津音乐学院

在中国仅专业硕士招生普通高校研究生教育竞争力排行榜中的名次：总排名10/66，天津市内排名1/2，艺术类排名1/3。

共1个一级学科（专业学位）参评。

一级学科排名

艺术（专业学位）43/199。

通信地址：天津市河东区十一经路57号天津音乐学院研招办
邮政编码：300171
电话号码：022-24310376
电子邮箱：sjy@tjcm.edu.cn
研究生院（部、处）网址：http://xsyj.tjcm.edu.cn/

湖南省

10533　中南大学

在中国普通高校研究生教育竞争力排行榜中的名次：总排名16/507，湖南省内排名1/14，综合类排名9/76。

共46个一级学科（学术学位）参评，其中5★+学科0个，5★学科5个，5★-学科16个，4★学科12个，学科优秀率为71.74%。

学科门类数

哲学 17/154、经济学 49/261、法学 23/351、教育学 27/193、文学 47/271、理学 15/368、工学 17/365、医学 10/182、管理学 18/374、艺术学 92/198。

一级学科排名

哲学 19/154、应用经济学 44/244、法学 16/188、社会学 20/88、马克思主义理论 6/328、心理学 12/97、中国语言文学 51/170、外国语言文学 43/221、数学 11/243、物理学 31/166、化学 28/188、地质学 8/40、生物学 14/224、统计学 14/116、力学 21/102、机械工程 17/205、材料科学与工程 10/202、冶金工程 2/23、动力工程及工程热物理 22/110、电气工程 22/100、电子科学与技术 32/119、信息与通信工程 63/169、控制科学与工程 18/182、计算机科学与技术 23/262、建筑学 15/57、土木工程 9/153、测绘科学与技术 2/50、化学工程与技术 18/194、地质资源与地质工程 3/46、矿业工程 2/32、交通运输工程 2/62、航空宇航科学与技术 13/21、环境科学与工程 33/174、安全科学与工程 10/54、基础医学 11/97、临床医学 7/108、口腔医学 12/44、公共卫生与预防医学 7/70、药学 11/131、特种医学 3/10、护理学 5/63、管理科学与工程 22/199、工商管理 17/303、公共管理 12/206、艺术学理论 18/63、设计学 40/134。

优势专业

5★专业：思想政治教育 5/302、中国近现代史基本问题研究 8/148、概率论与数理统计 6/156、有色金属冶金 1/22、结构工程 6/141、矿物加工工程 1/27、道路与铁道工程 2/47、载运工具运用工程 1/42、病理学与病理生理学 5/91、精神病与精神卫生学 3/59。

5★-专业：知识产权法 3/8、应用心理学 7/81、基础数学 17/189、计算数学 18/178、应用数学 14/238、遗传学 12/137、细胞生物学 14/138、生物化学与分子生物学 13/204、机械制造及其自动化 18/184、车辆工程 13/139、材料物理与化学 12/183、材料加工工程 12/164、冶金物理化学 2/20、钢铁冶金 2/21、控制理论与控制工程 16/170、计算机系统结构 13/172、岩土工程 10/131、桥梁与隧道工程 10/108、大地测量学与测量工程 3/38、摄影测量与遥感 3/38、地图制图学与地理信息工程 3/44、应用化学 17/190、地球探测与信息技术 3/35、交通信息工程及控制 3/50、交通运输规划与管理 3/50、人体解剖与组织胚胎学 8/87、儿科学 8/84、老年医学 5/59、神经病学 8/85、皮肤病与性病学 5/72、外科学 6/96、妇产科学 8/87、耳鼻咽喉科学 6/75、肿瘤学 7/88、药理学 8/108、会计学 27/259、旅游管理 14/181。

4★专业：中国哲学 14/87、伦理学 18/92、法学理论 14/111、宪法学与行政法学 16/131、民商法学 20/151、经济法学 15/129、环境与资源保护法学 14/77、马克思主义基本原理 43/267、马克思主义中国化研究 36/250、国外马克思主义研究 12/83、发展与教育心理学 10/56、英语语言文学 29/186、运筹学与控制论 27/165、无机化学 28/159、分析化学 30/163、有机化学 30/164、物理化学 23/163、高分子化学与物理 26/139、化学生物学 6/18、构造地质学 4/29、生理学 16/104、微生物学 18/167、神经生物学 9/66、发育生物学 12/74、工程力学 11/95、机械电子工程 21/188、机械设计及理论 23/191、材料学 21/186、动力机械及工程 14/71、检测技术与自动化装置 26/160、计算机软件与理论 26/198、计算机应用技术 28/258、供热、供燃气、通风及空调工程 10/89、化学工程 14/126、化学工艺 17/140、生物化工 15/119、工业催化 14/115、地质工程 5/43、采矿工程 4/29、免疫学 11/86、内科学 15/97、影像医学与核医学 13/96、临床检验诊断学 10/93、眼科学 10/78、康复医学与理疗学 7/63、运动医学 4/29、麻醉学 9/82、急诊医学 8/71、重症医学 2/7、流行病与卫生统计学 10/64、儿少卫生与妇幼保健学 6/41、药物化学 21/110、药剂学 14/95、生药学 12/78、药物分析学 13/95、企业管理 38/293、技术经济及管理 34/224、行政管理 24/166、社会医学与卫生事业管理 9/68。

通信地址：湖南省长沙市麓山南路 932 号中南大学校本部三办公楼 301 室
邮政编码：410083
电话号码：0731-88876806
电子邮箱：admis@mail.csu.edu.cn
研究生院（部、处）网址：http://gra.its.csu.edu.cn/yjsy

10532　湖南大学

在中国普通高校研究生教育竞争力排行榜中的名次：总排名 30/507，湖南省内排名 2/14，理工类排名 15/158。

共 38 个一级学科（学术学位）参评，其中 5★+ 学科 0 个，5★ 学科 4 个，5★- 学科 6 个，4★ 学科 12 个，学科优秀率为 57.89%。

学科门类数

哲学 15/154、经济学 20/261、法学 57/351、教育学 77/193、文学 36/271、历史学 19/116、理学 28/368、工学 22/365、医学 134/182、管理学 44/374、艺术学 107/198。

一级学科排名

哲学 21/154、理论经济学 24/115、应用经济学 13/244、统计学 12/46、法学 23/188、政治学 41/104、马克思主义理论 34/328、教育学 53/140、体育学 47/117、中国语言文学 75/170、外国语言文学 28/221、新闻传播学 32/98、考古学 26/40、中国史 19/113、数学 25/243、物理学 26/166、化学 17/188、生物学 86/224、统计学 24/116、力学 18/102、机械工程 10/205、材料科学与工程 39/202、电气工程 8/100、电子科学与技术 18/119、信息与通信工程 38/169、控制科学与工程 24/182、计算机科学与技术 26/262、建筑学 8/57、土木工程 5/153、化学工程与技术 19/194、交通运输工程 17/62、环境科学与工程 8/174、城乡规划学 13/51、药学 104/131、管理科学与工程 39/199、工商管理 26/303、公共管理 50/206、设计学 31/134。

优势专业

5★+专业：桥梁与隧道工程 1/108。

5★专业：国民经济学 3/91、国际贸易学 8/168、外国语言学及应用语言学 10/196、理论物理 3/134、凝聚态物理 8/151、分析化学 6/163、机械制造及其自动化 7/184、机械电子工程 7/188、机械设计及理论 6/191、结构工程 4/141、市政工程 5/99、防灾减灾工程及防护工程 3/115、环境工程 5/156、会计学 12/259、旅游管理 6/181、技术经济及管理 12/224。

5★-专业：中国哲学 7/87、区域经济学 17/175、产业经济学 21/204、劳动经济学 8/82、运筹学与控制论 16/165、无机化学 10/159、有机化学 14/164、物理化学 13/163、车辆工程 8/139、电力系统及其自动化 8/84、电力电子与电力传动 7/93、电工理论与新技术 6/73、计算机系统结构 18/172、计算机软件与理论 20/198、计算机应用技术 25/258、岩土工程 8/131、供热、供燃气、通风及空调工程 5/89、化学工程 13/126、环境科学 12/149、企业管理 25/293。

4★专业：人口、资源与环境经济学 15/86、财政学 11/88、金融学 25/188、数量经济学 15/113、宪法学与行政法学 17/131、刑法学 18/113、民商法学 23/151、经济法学 17/129、马克思主义发展史 13/88、马克思主义中国化研究 31/250、思想政治教育 40/302、中国近现代史基本问题研究 17/148、英语语言文学 24/186、日语语言文学 14/112、计算数学 31/178、概率论与数理统计 25/156、应用数学

39/238、高分子化学与物理 15/139、材料物理与化学 32/183、材料学 32/186、材料加工工程 31/164、电机与电器 9/74、高电压与绝缘技术 9/53、电路与系统 12/99、控制理论与控制工程 28/170、检测技术与自动化装置 18/160、系统工程 20/110、模式识别与智能系统 21/142、建筑历史与理论 7/43、建筑技术科学 6/45、化学工艺 15/140、生物化工 17/119、应用化学 23/190、工业催化 16/115、道路与铁道工程 5/47、药物化学 20/110。

> 通信地址：湖南省长沙市岳麓区湖南大学
> 邮政编码：410082
> 电话号码：0731-88822856
> 电子邮箱：yzb@hnu.edu.cn
> 研究生院（部、处）网址：http://gra.hnu.edu.cn/

10542 湖南师范大学

在中国普通高校研究生教育竞争力排行榜中的名次：总排名86/507，湖南省内排名3/14，师范类排名9/59。

共38个一级学科（学术学位）参评，其中5★+学科0个，5★学科1个，5★-学科0个，4★学科6个，学科优秀率为18.42%。

学科门类数

哲学 30/154、经济学 113/261、法学 46/351、教育学 23/193、文学 25/271、历史学 35/116、理学 70/368、工学 232/365、医学 88/182、管理学 155/374、艺术学 26/198。

一级学科排名

哲学 27/154、理论经济学 54/115、应用经济学 181/244、法学 37/188、政治学 46/104、社会学 34/88、马克思主义理论 54/328、教育学 24/140、心理学 35/97、体育学 22/117、中国语言文学 45/170、外国语言文学 12/221、新闻传播学 43/98、中国史 31/113、世界史 32/67、数学 54/243、物理学 52/166、化学 85/188、天文学 12/15、地理学 29/82、生物学 54/224、生态学 72/111、统计学 76/116、心理学 9/13、电子科学与技术 87/119、计算机科学与技术 167/262、化学工程与技术 98/194、软件工程 93/155、基础医学 48/97、公共卫生与预防医学 42/70、药学 76/131、工商管理 138/303、公共管理 103/206、艺术学理论 58/63、音乐与舞蹈学 42/82、戏剧与影视学 25/63、美术学 16/115、设计学 61/134。

优势专业

5★专业：外国语言学及应用语言学 8/196。

5★-专业：伦理学 8/92、课程与教学论 9/98、英语语言文学 11/186。

4★专业：中国哲学 17/87、马克思主义基本原理 51/267、思想政治教育 60/302、教育学原理 16/89、学前教育学 9/54、高等教育学 19/109、体育人文社会学 15/78、运动人体科学 11/67、体育教育训练学 17/106、民族传统体育学 12/63、文艺学 30/153、中国现当代文学 30/148、理论物理 26/134、发育生物学 9/74。

> 通信地址：湖南省长沙市岳麓区湖南师范大学研究生招生办公室
> 邮政编码：410081
> 电话号码：0731-88872350
> 电子邮箱：yjsynews@hunnu.edu.cn
> 研究生院（部、处）网址：http://yjsc.hunnu.edu.cn/

10530 湘潭大学

在中国普通高校研究生教育竞争力排行榜中的名次：总排名105/507，湖南省内排名4/14，综合类排名32/76。

共32个一级学科（学术学位）参评，其中5★+学科0个，5★学科0个，5★-学科1个，4★学科4个，学科优秀率为15.63%。

学科门类数

哲学 43/154、经济学 67/261、法学 55/351、文学 71/271、历史学 76/116、理学 64/368、工学 98/365、管理学 59/374。

一级学科排名

哲学 43/154、理论经济学 34/115、应用经济学 125/244、法学 35/188、政治学 29/104、马克思主义理论 31/328、中国语言文学 72/170、外国语言文学 57/221、新闻传播学 68/98、中国史 93/113、世界史 53/67、数学 33/243、物理学 48/166、化学 63/188、统计学 48/116、力学 47/102、机械工程 74/205、材料科学与工程 65/202、动力工程及工程热物理 73/110、电气工程 52/100、电子科学与技术 68/119、信息与通信工程 114/169、控制科学与工程 123/182、计算机科学与技术 86/262、土木工程 110/153、化学工程与技术 34/194、环境科学与工程 97/174、软件工程 105/155、管理科学与工程 142/199、工商管理 117/303、公共管理 38/206、图书情报与档案管理 23/56。

优势专业

5★专业：马克思主义中国化研究 7/250、计算数学 7/178。

4★专业：诉讼法学 21/108、经济法学 26/129、中共党史 9/60、中国近现代史基本问题研究 16/148、比较文学与世界文学 24/127、基础数学 32/189、概率论与数理统计 22/156、应用数学 46/238、运筹学与控制论 21/165、一般力学与力学基础 10/55、生物化工 24/119、行政管理 33/166、教育经济与管理 25/131、社会保障 25/130。

> 通信地址：湖南省湘潭市湘潭大学研究生院
> 邮政编码：411105
> 电话号码：0731-58292051
> 电子邮箱：yzb@xtu.edu.cn
> 研究生院（部、处）网址：yjsc.xtu.edu.cn/

10537 湖南农业大学

在中国普通高校研究生教育竞争力排行榜中的名次：总排名148/507，湖南省内排名5/14，农林类排名13/37。

共23个一级学科（学术学位）参评。

学科门类数

法学 308/351、教育学 128/193、文学 266/271、理学

143/368、工学 177/365、农学 21/100、医学 154/182、管理学 97/374。

一级学科排名

马克思主义理论 236/328、教育学 95/140、外国语言文学 204/221、生物学 55/224、生态学 30/111、化学工程与技术 174/194、农业工程 14/47、环境科学与工程 107/174、食品科学与工程 47/92、风景园林学 37/54、作物学 15/46、园艺学 9/39、农业资源与环境 19/39、植物保护 17/44、畜牧学 11/48、兽医学 12/41、水产 21/26、草学 21/28、食品科学与工程 23/25、公共卫生与预防医学 48/70、工商管理 225/303、农林经济管理 12/51、公共管理 81/206。

优势专业

4★专业：茶学 3/17、临床兽医学 7/38、农业经济管理 10/50。

```
通信地址：湖南省长沙市芙蓉区湖南农业大学研招办
邮政编码：410128
电话号码：0731-84618111
电子邮箱：yzb@hunau.net
研究生院（部、处）网址：http://yjszs.hunau.edu.cn/
```

10536 长沙理工大学

在中国普通高校研究生教育竞争力排行榜中的名次：
总排名 165/507，湖南省内排名 6/14，理工类排名 65/158。
共 33 个一级学科（学术学位）参评。

学科门类数

哲学 94/154、经济学 127/261、法学 226/351、文学 172/271、理学 210/368、工学 104/365、管理学 94/374。

一级学科排名

哲学 95/154、应用经济学 129/244、统计学 38/46、政治学 103/104、马克思主义理论 112/328、中国语言文学 151/170、外国语言文学 152/221、数学 109/243、物理学 157/166、化学 133/188、统计学 92/116、电子科学与技术 4/15、计算机科学与技术 15/38、力学 68/102、机械工程 100/205、材料科学与工程 139/202、动力工程及工程热物理 60/110、电气工程 48/100、电子科学与技术 71/119、信息与通信工程 120/169、控制科学与工程 153/182、计算机科学与技术 104/262、土木工程 38/153、水利工程 34/63、测绘科学与技术 27/50、化学工程与技术 163/194、交通运输工程 24/62、食品科学与工程 40/92、软件工程 88/155、管理科学与工程 14/44、管理科学与工程 97/199、工商管理 72/303、公共管理 189/206。

优势专业

4★专业：企业管理 56/293。

```
通信地址：湖南省长沙市长沙理工大学金盆岭校区
邮政编码：410076
电话号码：0731-82309679
电子邮箱：csust_yzb@163.com
研究生院（部、处）网址：http://www.csust.edu.cn/yjsy/index.htm
```

10534 湖南科技大学

在中国普通高校研究生教育竞争力排行榜中的名次：
总排名 211/507，湖南省内排名 7/14，理工类排名 78/158。
共 29 个一级学科（学术学位）参评。

学科门类数

哲学 103/154、经济学 138/261、法学 116/351、教育学 116/193、文学 125/271、历史学 69/116、理学 217/368、工学 212/365、管理学 208/374、艺术学 117/198。

一级学科排名

哲学 104/154、应用经济学 98/244、马克思主义理论 85/328、教育学 96/140、体育学 110/117、中国语言文学 122/170、外国语言文学 107/221、中国史 60/113、数学 228/243、物理学 140/166、化学 142/188、生物学 215/224、机械工程 101/205、仪器科学与技术 58/75、材料科学与工程 154/202、控制科学与工程 168/182、计算机科学与技术 161/262、土木工程 108/153、测绘科学与技术 48/50、化学工程与技术 166/194、地质资源与地质工程 39/46、矿业工程 20/32、软件工程 70/155、安全科学与工程 49/54、工商管理 219/303、农林经济管理 45/51、音乐与舞蹈学 68/82、戏剧与影视学 48/63、美术学 95/115。

优势专业

5★−专业：中国近现代史基本问题研究 13/148。
4★专业：马克思主义基本原理 44/267、马克思主义中国化研究 39/250、思想政治教育 51/302、专门史 5/25。

```
通信地址：湖南省湘潭市桃源路湖南科技大学南校区
邮政编码：411201
电话号码：0731-58291000
电子邮箱：yjsc@hnust.edu.cn
研究生院（部、处）网址：http://graduate.hnust.cn/
```

10555 南华大学

在中国普通高校研究生教育竞争力排行榜中的名次：
总排名 215/507，湖南省内排名 8/14，理工类排名 79/158。
共 26 个一级学科（学术学位）参评。

学科门类数

哲学 123/154、经济学 206/261、法学 206/351、文学 262/271、理学 209/368、工学 210/365、医学 55/182、管理学 211/374。

一级学科排名

哲学 115/154、应用经济学 188/244、马克思主义理论 122/328、外国语言文学 201/221、数学 221/243、物理学 143/166、化学 156/188、生物学 147/224、机械工程 159/205、电子科学与技术 107/119、控制科学与工程 172/182、计算机科学与技术 245/262、土木工程 99/153、化学工程与技术 188/194、矿业工程 27/32、核科学与技术 15/19、城乡规划学 17/51、软件工程 134/155、安全科学与工程 28/54、基础医学 37/97、临床医学 50/108、公共卫生与预防医学 58/70、药学 96/131、管理科学与工程 169/199、工商管理

257/303、公共管理 163/206。

通信地址：湖南省衡阳市常胜西路28号南华大学研招办
邮政编码：421001
电话号码：0734-8282310
电子邮箱：nhyjszsb@usc.edu.cn
研究生院（部、处）网址：http://yjs.usc.edu.cn

10538　中南林业科技大学

在中国普通高校研究生教育竞争力排行榜中的名次：总排名217/507，湖南省内排名9/14，农林类排名20/37。

共16个一级学科（学术学位）参评，其中5★+学科0个，5★学科0个，5★-学科0个，4★学科1个，学科优秀率为6.25%。

学科门类数

经济学 147/261、法学 272/351、理学 124/368、工学 141/365、农学 38/100、管理学 198/374、艺术学 184/198。

一级学科排名

应用经济学 158/244、法学 116/188、生物学 105/224、生态学 42/111、机械工程 155/205、信息与通信工程 143/169、土木工程 111/153、化学工程与技术 143/194、林业工程 5/13、环境科学与工程 138/174、食品科学与工程 64/92、风景园林学 22/54、林学 7/44、管理科学与工程 145/199、工商管理 141/303、设计学 64/134。

优势专业

4★专业：木材科学与技术 2/12、林木遗传育种 4/25、森林培育 5/28、森林经理学 4/22、园林植物与观赏园艺 3/26、水土保持与荒漠化防治 5/31。

通信地址：湖南省长沙市天心区韶山南路498号
邮政编码：410004
电话号码：0731-85623096
电子邮箱：yzb10538@126.com
研究生院（部、处）网址：www.yjsb.csuft.edu.cn/

10541　湖南中医药大学

在中国普通高校研究生教育竞争力排行榜中的名次：总排名293/507，湖南省内排名10/14，医药类排名33/69。

共5个一级学科（学术学位）参评，其中5★+学科0个，5★学科0个，5★-学科0个，4★学科1个，学科优秀率为20%。

学科门类数

法学 332/351、医学 68/182。

一级学科排名

马克思主义理论 311/328、临床医学 94/108、中医学 9/41、中西医结合 10/66、药学 89/131。

优势专业

4★专业：方剂学 4/28、中医诊断学 3/25、中西医结合临床 8/61。

通信地址：湖南省长沙市含浦科教园区
邮政编码：410208
电话号码：0731-88459412
电子邮箱：yzb@hnctcm.edu.cn
研究生院（部、处）网址：https://yjsy.hnucm.edu.cn/

11535　湖南工业大学

在中国普通高校研究生教育竞争力排行榜中的名次：总排名310/507，湖南省内排名11/14，理工类排名113/158。

共17个一级学科（学术学位）参评，其中5★+学科0个，5★学科0个，5★-学科0个，4★学科1个，学科优秀率为5.88%。

学科门类数

哲学 114/154、法学 246/351、文学 225/271、理学 246/368、工学 196/365、管理学 185/374、艺术学 64/198。

一级学科排名

哲学 111/154、法学 137/188、马克思主义理论 277/328、外国语言文学 181/221、数学 168/243、计算机科学与技术 5/38、机械工程 145/205、材料科学与工程 120/202、电气工程 75/100、控制科学与工程 160/182、土木工程 106/153、设计学 8/10、管理科学与工程 133/199、工商管理 170/303、戏剧与影视学 21/63、美术学 55/115、设计学 48/134。

优势专业

4★专业：计算机软件与理论 5/25、计算机应用技术 5/31。

通信地址：湖南株洲泰山西路湖南工业大学研招办
邮政编码：412007
电话号码：0731-22183156
电子邮箱：hgdpyb@163.com
研究生院（部、处）网址：http://yjs.usc.edu.cn/

10531　吉首大学

在中国普通高校研究生教育竞争力排行榜中的名次：总排名315/507，湖南省内排名12/14，综合类排名58/76。

共15个一级学科（学术学位）参评。

学科门类数

哲学 64/154、经济学 201/261、法学 152/351、教育学 141/193、文学 124/271、历史学 109/116、理学 241/368、工学 314/365、管理学 265/374。

一级学科排名

哲学 62/154、应用经济学 198/244、民族学 29/41、马克思主义理论 185/328、体育学 50/117、中国语言文学 88/170、中国史 106/113、数学 223/243、物理学 161/166、化学 176/188、生物学 205/224、生态学 99/111、统计学 116/116、林业工程 9/13、工商管理 241/303。

通信地址：湖南省吉首市人民南路120号
邮政编码：416000
电话号码：0743-8565122
电子邮箱：yjsb@jsu.edu.cn
研究生院（部、处）网址：http://yjsc.jsu.edu.cn

10554　湖南商学院

在中国普通高校研究生教育竞争力排行榜中的名次：总排名434/507，湖南省内排名13/14，财经类排名29/34。

共4个一级学科（学术学位）参评，其中5★+学科0个，5★学科0个，5★-学科0个，4★学科1个，学科优秀率为25%。

学科门类数

经济学 133/261、管理学 214/374。

一级学科排名

理论经济学 70/115、应用经济学 154/244、管理科学与工程 168/199、工商管理 35/303。

优势专业

5★-专业：企业管理 26/293。

通信地址：湖南省长沙市岳麓区岳麓大道569号
邮政编码：410205
电话号码：0731-88688031
电子邮箱：yzb@hnuc.edu.cn
研究生院（部、处）网址：http://gra.hnuc.edu.cn

10543　湖南理工学院

在中国普通高校研究生教育竞争力排行榜中的名次：总排名472/507，湖南省内排名14/14，理工类排名154/158。

共3个一级学科（学术学位）参评。

学科门类数

文学 197/271、工学 324/365。

一级学科排名

中国语言文学 150/170、信息与通信工程 145/169、化学工程与技术 146/194。

通信地址：湖南省岳阳市岳阳楼区学院路湖南理工学院研究生工作处招生办公室
邮政编码：414006
电话号码：0730-8809770
电子邮箱：xkb.hnist@163.com
研究生院（部、处）网址：http://xk.hnist.cn/

10553　湖南人文科技学院

在中国仅专业硕士招生普通高校研究生教育竞争力排行榜中的名次：总排名61/66，湖南省内排名3/3，师范类排名13/14。

共1个一级学科（专业学位）参评。

一级学科排名

农业推广（专业学位）87/100。

通信地址：湖南省娄底市娄星区氐星路湖南人文科技学院研究生招生办公室
邮政编码：417000
电话号码：0738-8227671
电子邮箱：rwkjyjsc@163.com
研究生院（部、处）网址：http://www.huhst.edu.cn/yjsc/

10547　邵阳学院

在中国仅专业硕士招生普通高校研究生教育竞争力排行榜中的名次：总排名40/66，湖南省内排名2/3，综合类排名6/11。

共1个一级学科（专业学位）参评。

一级学科排名

工程（专业学位）158/380。

通信地址：湖南省邵阳市大祥区学院路邵阳学院研究生招生办公室
邮政编码：422000
电话号码：0739-5431123
电子邮箱：syxyyjsc@163.com
研究生院（部、处）网址：http://www2.hnsyu.net/xkjsc/

11342　湖南工程学院

在中国仅专业硕士招生普通高校研究生教育竞争力排行榜中的名次：总排名18/66，湖南省内排名1/3，理工类排名12/20。

共1个一级学科（专业学位）参评。

一级学科排名

工程（专业学位）93/380。

通信地址：湖南省湘潭市岳塘区福星中路88号湖南工程学院研招办
邮政编码：411104
电话号码：0731-58683922
电子邮箱：yjsc@hnie.edu.cn
研究生院（部、处）网址：http://yjs.hnie.edu.cn

安徽省

10358　中国科学技术大学

在中国普通高校研究生教育竞争力排行榜中的名次：总排名13/507，安徽省内排名1/17，理工类排名5/158。

共33个一级学科（学术学位）参评，其中5★+学科1

个，5★学科3个，5★-学科4个，4★学科14个，学科优秀率为66.67%。

学科门类数

哲学 49/154、理学 4/368、工学 19/365、管理学 61/374。

一级学科排名

哲学 58/154、数学 9/243、物理学 3/166、化学 1/188、天文学 2/15、大气科学 12/16、地球物理学 3/22、地质学 6/40、生物学 19/224、科学技术史 4/22、生态学 14/111、统计学 23/116、环境科学与工程 7/51、力学 12/102、机械工程 102/205、光学工程 18/78、仪器科学与技术 10/75、材料科学与工程 13/202、动力工程及工程热物理 16/110、电子科学与技术 17/119、信息与通信工程 25/169、控制科学与工程 21/182、计算机科学与技术 17/262、化学工程与技术 50/194、矿业工程 13/32、核科学与技术 5/19、环境科学与工程 26/174、生物医学工程 20/57、安全科学与工程 1/54、网络空间安全 8/29、管理科学与工程 20/199、工商管理 92/303、公共管理 69/206。

优势专业

5★专业：基础数学 7/189、理论物理 5/134、粒子物理与原子核物理 3/56、原子与分子物理 4/75、凝聚态物理 5/151、光学 5/137、有机化学 5/164、检测技术与自动化装置 4/160、企业管理 14/293、教育经济与管理 5/131。

5★-专业：概率论与数理统计 10/156、运筹学与控制论 11/165、等离子体物理 2/36、声学 3/31、无机化学 12/159、分析化学 15/163、物理化学 14/163、高分子化学与物理 10/139、化学生物学 4/18、材料学 14/186、模式识别与智能系统 10/142、计算机应用技术 16/258、应用化学 18/190、环境工程 15/156、技术经济及管理 19/224、财务管理 1/10。

4★专业：计算数学 19/178、应用数学 25/238、地球化学 4/29、微生物学 28/167、神经生物学 13/66、遗传学 19/137、细胞生物学 23/138、生物化学与分子生物学 28/204、环境科学 7/47、环境工程 4/22、固体力学 13/79、流体力学 11/60、工程力学 18/95、机械电子工程 37/188、精密仪器及机械 7/63、测试计量技术及仪器 8/73、材料物理与化学 20/183、材料加工工程 20/164、热能工程 11/77、制冷及低温工程 8/58、物理电子学 10/89、电路与系统 16/99、微电子学与固体电子学 16/88、控制理论与控制工程 31/170、计算机系统结构 20/172、计算机软件与理论 21/198、安全技术及工程 2/16、核燃料循环与材料 2/8、核技术及应用 3/17、辐射防护与环境保护 2/10、环境科学 25/149。

通信地址：安徽省合肥市金寨路96号中国科学技术大学研究生院
邮政编码：230026
电话号码：0551-63606625
电子邮箱：gradschl@ustc.edu.cn
研究生院（部、处）网址：http://yz.ustc.edu.cn/

10359 合肥工业大学

在中国普通高校研究生教育竞争力排行榜中的名次：总排名67/507，安徽省内排名2/17，理工类排名34/158。

共36个一级学科（学术学位）参评，其中5★+学科0个，5★学科1个，5★-学科0个，4★学科5个，学科优秀率为16.67%。

学科门类数

哲学 102/154、经济学 92/261、法学 215/351、文学 173/271、理学 87/368、工学 47/365、管理学 19/374、艺术学 138/198。

一级学科排名

哲学 101/154、应用经济学 76/244、马克思主义理论 92/328、外国语言文学 110/221、数学 107/243、物理学 87/166、化学 84/188、地质学 22/40、生物学 132/224、力学 45/102、机械工程 24/205、光学工程 44/78、仪器科学与技术 21/75、材料科学与工程 49/202、动力工程及工程热物理 45/110、电气工程 27/100、电子科学与技术 51/119、信息与通信工程 37/169、控制科学与工程 64/182、计算机科学与技术 33/262、建筑学 37/57、土木工程 27/153、水利工程 37/63、测绘科学与技术 26/50、化学工程与技术 55/194、地质资源与地质工程 27/46、交通运输工程 27/62、环境科学与工程 64/174、食品科学与工程 12/92、城乡规划学 30/51、风景园林学 24/54、软件工程 56/155、管理科学与工程 5/199、工商管理 53/303、美术学 111/115、设计学 102/134。

优势专业

5★-专业：机械设计及理论 15/191。

4★专业：高分子化学与物理 25/139、机械制造及其自动化 21/184、机械电子工程 31/188、车辆工程 28/139、工业工程 8/11、信号与信息处理 27/150、计算机软件与理论 36/198、计算机应用技术 38/258、信息安全 4/8、食品科学 13/87、农产品加工及贮藏工程 11/67、会计学 44/259、企业管理 52/293、旅游管理 28/181、技术经济及管理 35/224。

通信地址：安徽省合肥市屯溪路193号合肥工业大学研招办
邮政编码：230009
电话号码：0551-62901228
电子邮箱：hgdyzb@hfut.edu.cn
研究生院（部、处）网址：http://yjszs.hfut.edu.cn/

10357 安徽大学

在中国普通高校研究生教育竞争力排行榜中的名次：总排名110/507，安徽省内排名3/17，综合类排名34/76。

共34个一级学科（学术学位）参评，其中5★+学科0个，5★学科0个，5★-学科0个，4★学科2个，学科优秀率为5.88%。

学科门类数

哲学 73/154、经济学 87/261、法学 73/351、教育学

193/193、文学 45/271、历史学 34/116、理学 96/368、工学 106/365、管理学 101/374、艺术学 109/198。

一级学科排名

哲学 69/154、理论经济学 71/115、应用经济学 74/244、统计学 16/46、法学 39/188、社会学 50/88、马克思主义理论 59/328、教育学 139/140、中国语言文学 44/170、外国语言文学 77/221、新闻传播学 22/98、考古学 17/40、中国史 35/113、数学 73/243、物理学 91/166、化学 73/188、生物学 137/224、生态学 41/111、统计学 62/116、光学工程 54/78、材料科学与工程 89/202、电子科学与技术 44/119、信息与通信工程 70/169、控制科学与工程 76/182、计算机科学与技术 41/262、化学工程与技术 105/194、环境科学与工程 89/174、软件工程 68/155、工商管理 95/303、公共管理 118/206、图书情报与档案管理 17/56、音乐与舞蹈学 56/82、戏剧与影视学 46/63、美术学 40/115。

优势专业

5★-专业：汉语言文字学 13/133。

4★专业：马克思主义发展史 12/88、传播学 19/93、计算机应用技术 31/258。

通信地址：安徽省合肥市九龙路 111 号安徽大学研究生招生办公室
邮政编码：230601
电话号码：0551-63861850
电子邮箱：ady@ahu.edu.cn
研究生院（部、处）网址：graschool.ahu.edu.cn/

10366　安徽医科大学

在中国普通高校研究生教育竞争力排行榜中的名次：总排名 124/507，安徽省内排名 4/17，医药类排名 9/69。

共 13 个一级学科（学术学位）参评。

学科门类数

哲学 131/154、法学 291/351、教育学 156/193、理学 159/368、医学 30/182、管理学 319/374。

一级学科排名

哲学 127/154、马克思主义理论 240/328、心理学 41/97、生物学 63/224、基础医学 6/15、基础医学 34/97、临床医学 26/108、口腔医学 27/44、公共卫生与预防医学 15/70、药学 27/131、中药学 36/45、护理学 32/63、公共管理 154/206。

优势专业

4★专业：皮肤病与性病学 10/72、流行病与卫生统计学 7/64、儿少卫生与妇幼保健学 7/41、药理学 20/108。

通信地址：安徽省合肥市梅山路 81 号安徽医科大学研究生学院研招办
邮政编码：230032
电话号码：0551-65161051
电子邮箱：yzb@ahmu.edu.cn
研究生院（部、处）网址：http://yjsxy.ahmu.edu.cn/

10370　安徽师范大学

在中国普通高校研究生教育竞争力排行榜中的名次：总排名 135/507，安徽省内排名 5/17，师范类排名 15/59。

共 31 个一级学科（学术学位）参评，其中 5★+学科 0 个，5★学科 0 个，5★-学科 0 个，4★学科 2 个，学科优秀率为 6.45%。

学科门类数

哲学 59/154、经济学 175/261、法学 88/351、教育学 47/193、文学 38/271、历史学 50/116、理学 78/368、工学 244/365、农学 81/100、管理学 249/374、艺术学 57/198。

一级学科排名

哲学 56/154、理论经济学 64/115、应用经济学 205/244、法学 112/188、政治学 77/104、社会学 77/88、马克思主义理论 62/328、教育学 60/140、心理学 55/97、体育学 49/117、中国语言文学 27/170、外国语言文学 155/221、新闻传播学 69/98、中国史 44/113、世界史 39/67、数学 124/243、物理学 108/166、化学 64/188、地理学 25/82、生物学 88/224、生态学 59/111、统计学 105/116、材料科学与工程 157/202、计算机科学与技术 137/262、环境科学与工程 117/174、林学 35/44、工商管理 191/303、公共管理 186/206、音乐与舞蹈学 52/82、戏剧与影视学 37/63、美术学 67/115。

优势专业

5★-专业：马克思主义基本原理 21/267、思想政治教育 30/302、中国古代文学 13/159。

4★专业：语言学及应用语言学 26/135、人文地理学 10/65。

通信地址：安徽省芜湖市弋江区花津南路 92 号安徽师范大学研招办
邮政编码：241003
电话号码：0553-5910126
电子邮箱：yzb@ahnu.edu.cn
研究生院（部、处）网址：yjs.ahnu.edu.cn/

10364　安徽农业大学

在中国普通高校研究生教育竞争力排行榜中的名次：总排名 197/507，安徽省内排名 6/17，农林类排名 16/37。

共 25 个一级学科（学术学位）参评，其中 5★+学科 0 个，5★学科 0 个，5★-学科 0 个，4★学科 1 个，学科优秀率为 4%。

学科门类数

经济学 232/261、法学 282/351、理学 129/368、工学 200/365、农学 24/100、医学 165/182、管理学 174/374。

一级学科排名

应用经济学 222/244、马克思主义理论 197/328、化学 152/188、大气科学 16/16、生物学 64/224、生态学 65/111、机械工程 142/205、计算机科学与技术 227/262、农业工程 26/47、林业工程 12/13、环境科学与工程 122/174、食品科学与工程 61/92、风景园林学 30/54、作物学 19/46、园艺学 10/39、农业资源与环境 21/39、植物保护 15/44、畜牧学 24/48、兽医学 21/41、林学 9/44、食品科学与工程 6/25、公共卫生与预防医学 44/70、工商管理 215/303、农林经济管理 35/51、公共管理 194/206。

优势专业

4★专业：园林植物与观赏园艺 5/26、粮食、油脂及植物蛋白工程 2/9。

```
通信地址：安徽省合肥市长江西路130号安徽农业大学研招办
邮政编码：230036
电话号码：0551-5786436
电子邮箱：yjszb@ahau.edu.c
研究生院（部、处）网址：http://yjsc.ahau.edu.cn/
```

10360 安徽工业大学

在中国普通高校研究生教育竞争力排行榜中的名次：总排名 223/507，安徽省内排名 7/17，理工类排名 83/158。

共17个一级学科（学术学位）参评。

学科门类数

经济学 148/261、法学 234/351、理学 181/368、工学 125/365、管理学 201/374、艺术学 193/198。

一级学科排名

应用经济学 126/244、马克思主义理论 190/328、数学 194/243、化学 113/188、机械工程 82/205、材料科学与工程 75/202、冶金工程 8/23、动力工程及工程热物理 55/110、电气工程 55/100、控制科学与工程 102/182、计算机科学与技术 117/262、土木工程 96/153、化学工程与技术 70/194、环境科学与工程 91/174、管理科学与工程 16/44、工商管理 105/303、设计学 123/134。

优势专业

4★专业：工业设计 4/6。

```
通信地址：安徽省马鞍山市湖东路安徽工业大学研究生招生办公室
邮政编码：243002
电话号码：0555-2311612
电子邮箱：yzb@ahut.edu.cn
研究生院（部、处）网址：http://graduate.ahut.edu.cn/
```

10361 安徽理工大学

在中国普通高校研究生教育竞争力排行榜中的名次：总排名 229/507，安徽省内排名 8/17，理工类排名 87/158。

共19个一级学科（学术学位）参评。

学科门类数

理学 280/368、工学 120/365、医学 157/182、管理学 283/374。

一级学科排名

数学 129/243、力学 95/102、机械工程 149/205、动力工程及工程热物理 93/110、电气工程 70/100、电子科学与技术 103/119、控制科学与工程 135/182、计算机科学与技术 212/262、土木工程 39/153、测绘科学与技术 42/50、化学工程与技术 87/194、地质资源与地质工程 35/46、矿业工程 17/32、环境科学与工程 85/174、软件工程 140/155、安全科学与工程 24/54、基础医学 90/97、临床医学 102/108、管理科学与工程 122/199。

优势专业

4★专业：应用数学 45/238。

```
通信地址：安徽省淮南市舜耕中路168号安徽理工大学研招办
邮政编码：232001
电话号码：0554-6668749
电子邮箱：yjsk@aust.edu
研究生院（部、处）网址：http://yjsc.aust.edu.cn/
```

10369 安徽中医药大学

在中国普通高校研究生教育竞争力排行榜中的名次：总排名 330/507，安徽省内排名 9/17，医药类排名 38/69。

共4个一级学科（学术学位）参评。

学科门类数

医学 84/182。

一级学科排名

中医学 14/41、中西医结合 21/66、药学 54/131、中药学 20/45。

```
通信地址：安徽省合肥市梅山路103号安徽中医药大学研招办
邮政编码：230038
电话号码：0551-65169039
电子邮箱：yanzhaotj@qq.com
研究生院（部、处）网址：http://yjsb.ahtcm.edu.cn/
```

10373 淮北师范大学

在中国普通高校研究生教育竞争力排行榜中的名次：总排名 333/507，安徽省内排名 10/17，师范类排名 38/59。

共14个一级学科（学术学位）参评。

学科门类数

法学 279/351、教育学 94/193、文学 144/271、历史学 59/116、理学 164/368、工学 306/365、管理学 350/374、艺术学 167/198。

一级学科排名

法学 187/188、马克思主义理论 248/328、教育学 63/140、体育学 82/117、中国语言文学 113/170、中国史 56/113、数学 205/243、化学 109/188、生物学 199/224、材料科学与工程 145/202、化学工程与技术 177/194、软件工程 108/155、管理科学与工程 167/199、美术学 42/115。

通信地址：安徽省淮北市东山路100号淮北师范大学研招办
邮政编码：235000
电话号码：0561-3803593
电子邮箱：yzb@chnu.edu.cn
研究生院（部、处）网址：http://www.chnu.edu.cn/Category_153/Index.aspx

10378　安徽财经大学

在中国普通高校研究生教育竞争力排行榜中的名次：总排名361/507，安徽省内排名11/17，财经类排名20/34。

共9个一级学科（学术学位）参评。

学科门类数

经济学 53/261、法学 164/351、历史学 92/116、管理学 122/374、艺术学 191/198。

一级学科排名

理论经济学 41/115、应用经济学 61/244、法学 76/188、马克思主义理论 201/328、中国史 83/113、管理科学与工程 116/199、工商管理 90/303、公共管理 115/206、美术学 82/115。

通信地址：安徽省蚌埠市曹山路962号安徽财经大学研招办
邮政编码：233030
电话号码：0552-3169051
电子邮箱：acyjszs@126.com
研究生院（部、处）网址：http://yjs.aufe.edu.cn/

10363　安徽工程大学

在中国普通高校研究生教育竞争力排行榜中的名次：总排名382/507，安徽省内排名12/17，理工类排名136/158。

共18个一级学科（学术学位）参评。

学科门类数

经济学 225/261、法学 333/351、教育学 159/193、理学 327/368、工学 255/365、农学 100/100、管理学 294/374、艺术学 99/198。

一级学科排名

应用经济学 220/244、马克思主义理论 265/328、体育学 69/117、数学 235/243、化学 181/188、生物学 219/224、机械工程 165/205、材料科学与工程 191/202、控制科学与工程 155/182、计算机科学与技术 250/262、化学工程与技术 189/194、纺织科学与工程 17/20、环境科学与工程 161/174、食品科学与工程 78/92、食品科学与工程 20/25、管理科学与工程 131/199、美术学 103/115、设计学 44/134。

通信地址：安徽省芜湖市北京中路安徽工程大学研究生部
邮政编码：241000
电话号码：0553-2871436
电子邮箱：yjszs@auts.edu.cn
研究生院（部、处）网址：http://grs.ahpu.edu.cn/

10367　蚌埠医学院

在中国普通高校研究生教育竞争力排行榜中的名次：总排名387/507，安徽省内排名13/17，医药类排名49/69。

共4个一级学科（学术学位）参评。

学科门类数

医学 70/182。

一级学科排名

基础医学 66/97、临床医学 53/108、药学 122/131、护理学 31/63。

通信地址：安徽省蚌埠市东海大道2600号蚌埠医学院招生办
邮政编码：233030
电话号码：0552-3179907
电子邮箱：bbmczsk@126.com
研究生院（部、处）网址：http://yjsc.bbmc.edu.cn/

10878　安徽建筑大学

在中国普通高校研究生教育竞争力排行榜中的名次：总排名396/507，安徽省内排名14/17，理工类排名140/158。

共7个一级学科（学术学位）参评。

学科门类数

理学 307/368、工学 262/365、管理学 341/374。

一级学科排名

化学 158/188、力学 101/102、材料科学与工程 177/202、控制科学与工程 145/182、建筑学 55/57、土木工程 67/153、管理科学与工程 123/199。

通信地址：安徽省合肥市金寨路856号安徽建筑大学研招办
邮政编码：230022
电话号码：0551-3513085
电子邮箱：yzb@ahjzu.edu.cn
研究生院（部、处）网址：http://www.ahjzu.edu.cn/yjsc/

10368　皖南医学院

在中国普通高校研究生教育竞争力排行榜中的名次：总排名428/507，安徽省内排名15/17，医药类排名55/69。

共6个一级学科（学术学位）参评。

学科门类数

理学 352/368、医学 113/182。

一级学科排名

生物学 198/224、心理学 11/13、基础医学 74/97、临床医学 77/108、中西医结合 57/66、药学 126/131。

通信地址：安徽省芜湖市高教园区文昌西路22号皖南医学院研招办
邮政编码：241002
电话号码：0553-3932531
电子邮箱：yzb@wnmc.edu.cn
研究生院（部、处）网址：www.wnmc.edu.cn/

10372 安庆师范大学

在中国普通高校研究生教育竞争力排行榜中的名次：总排名 433/507，安徽省内排名 16/17，师范类排名 48/59。

共 5 个一级学科（学术学位）参评。

学科门类数

法学 270/351、文学 134/271、理学 263/368。

一级学科排名

马克思主义理论 308/328、中国语言文学 93/170、数学 160/243、化学 168/188、统计学 78/116。

通信地址：安徽省安庆市集贤北路 1318 号安庆师范大学研招办
邮政编码：246133
电话号码：0556-5303716
电子邮箱：1091931898@qq.com
研究生院（部、处）网址：http://grad.aqnu.edu.cn/

10371 阜阳师范学院

在中国普通高校研究生教育竞争力排行榜中的名次：总排名 464/507，安徽省内排名 17/17，师范类排名 54/59。

共 3 个一级学科（学术学位）参评。

学科门类数

文学 161/271、理学 331/368、管理学 333/374。

一级学科排名

中国语言文学 124/170、生物学 168/224、工商管理 264/303。

通信地址：安徽省阜阳市清河西路 100 号阜阳师范学院研招办
邮政编码：236037
电话号码：0558-2595335
电子邮箱：yjszs@fync.edu.cn
研究生院（部、处）网址：http://210.45.32.7/xiweb/yjsc/

14098 合肥师范学院

在中国仅专业硕士招生普通高校研究生教育竞争力排行榜中的名次：总排名 59/66，安徽省内排名 3/3，师范类排名 11/14。

共 1 个一级学科（专业学位）参评。

一级学科排名

教育（专业学位）92/135。

通信地址：安徽省合肥市经济技术开发区莲花路 1688 号合肥师范学院研究生处
邮政编码：230601
电话号码：0551-3676140
电子邮箱：junfeiz@hftc.edu.cn
研究生院（部、处）网址：http://yjsc.hfnu.edu.cn/

11059 合肥学院

在中国仅专业硕士招生普通高校研究生教育竞争力排行榜中的名次：总排名 29/66，安徽省内排名 2/3，综合类排名 3/11。

共 1 个一级学科（专业学位）参评。

一级学科排名

工程（专业学位）165/380。

通信地址：安徽省合肥市经济技术开发区 99 号合肥学院研招办
邮政编码：230601
电话号码：0551-62158059
电子邮箱：yzb@hfuu.edu.cn
研究生院（部、处）网址：www.hfuu.edu.cn/yjs/

10879 安徽科技学院

在中国仅专业硕士招生普通高校研究生教育竞争力排行榜中的名次：总排名 3/66，安徽省内排名 1/3，理工类排名 2/20。

共 2 个一级学科（专业学位）参评，其中 5★+学科 0 个，5★学科 0 个，5★-学科 1 个，4★学科 0 个，学科优秀率为 50%。

一级学科排名

城市规划（专业学位）17/26、农业推广（专业学位）10/100。

优势专业

5★-专业：农业推广（专业学位）10/100。

通信地址：安徽省凤阳县东华路 9 号安徽科技学院研招办
邮政编码：233100
电话号码：0550-6732795
电子邮箱：yzb@ahstu.edu.cn
研究生院（部、处）网址：www.ahstu.edu.cn/yjs/

黑龙江省

10213 哈尔滨工业大学

在中国普通高校研究生教育竞争力排行榜中的名次：总排名 9/507，黑龙江省内排名 1/18，理工类排名 3/158。

共 45 个一级学科（学术学位）参评，其中 5★+学科 1 个，5★学科 10 个，5★-学科 10 个，4★学科 7 个，学科优秀率为 62.22%。

学科门类数

哲学 53/154、经济学 73/261、法学 111/351、教育学 87/193、文学 109/271、理学 24/368、工学 3/365、管理学 37/374、艺术学 72/198。

一级学科排名

哲学 66/154、理论经济学 50/115、应用经济学 71/244、法学 93/188、社会学 39/88、马克思主义理论 293/328、体育学 31/117、外国语言文学 62/221、数学 10/243、物理学 13/166、化学 26/188、海洋科学 12/30、生物学 94/224、科学技术史 3/22、统计学 32/116、生物医学工程 1/19、力学 3/102、机械工程 6/205、光学工程 14/78、仪器科学与技术 8/75、材料科学与工程 3/202、动力工程及工程热物理 7/110、电气工程 4/100、电子科学与技术 11/119、信息与通信工程 10/169、控制科学与工程 4/182、计算机科学与技术 8/262、建筑学 5/57、土木工程 1/153、化学工程与技术 9/194、交通运输工程 9/62、船舶与海洋工程 6/16、航空宇航科学与技术 2/21、环境科学与工程 9/174、生物医学工程 19/57、食品科学与工程 62/92、城乡规划学 5/51、风景园林学 8/54、软件工程 20/155、网络空间安全 7/29、设计学 1/10、管理科学与工程 23/199、工商管理 27/303、公共管理 52/206、设计学 42/134。

优势专业

5★+专业：机械电子工程 2/188、控制理论与控制工程 1/170、检测技术与自动化装置 2/160、岩土工程 1/131、化学工艺 2/140、应用化学 1/190。

5★专业：运筹学与控制论 3/165、一般力学与力学基础 3/55、固体力学 3/79、工程力学 2/95、机械制造及其自动化 4/184、机械设计及理论 3/191、车辆工程 3/139、材料物理与化学 8/183、材料加工工程 5/164、电机与电器 2/74、电力系统及其自动化 4/84、电力电子与电力传动 4/93、电工理论与新技术 3/73、物理电子学 3/89、微电子学与固体电子学 4/88、信号与信息处理 7/150、系统工程 5/110、模式识别与智能系统 4/142、导航、制导与控制 3/69、计算机系统结构 4/172、计算机软件与理论 6/198、计算机应用技术 8/258、结构工程 3/141、市政工程 3/99、供热、供燃气、通风及空调工程 2/89、防灾减灾工程及防护工程 2/115、桥梁与隧道工程 4/108、化学工程 5/126、生物化工 4/119、工业催化 2/115、飞行器设计 1/19、环境科学 7/149、环境工程 7/156、技术经济及管理 11/224。

5★-专业：光学 9/137、流体力学 4/60、测试计量技术及仪器 5/73、材料学 11/186、工程热物理 5/60、热能工程 7/77、动力机械及工程 4/71、流体机械及工程 6/67、制冷及低温工程 6/58、化工过程机械 5/62、高电压与绝缘技术 3/53、电磁场与微波技术 5/73、通信与信息系统 8/144、建筑历史与理论 4/43、建筑设计及其理论 3/53、载运工具运用工程 3/42、航空宇航制造工程 1/15、会计学 20/259、旅游管理 13/181。

4★专业：马克思主义发展史 18/88、中国近现代史基本问题研究 30/148、体育教育训练学 18/106、基础数学 28/189、计算数学 24/178、概率论与数理统计 24/156、应用数学 27/238、理论物理 17/134、原子与分子物理 12/75、凝聚态物理 18/151、声学 5/31、无线电物理 11/58、物理化学 21/163、高分子化学与物理 23/139、精密仪器及机械 8/63、建筑技术科学 5/45、道路与铁道工程 6/47、交通信息工程及控制 6/50、航空宇航推进理论与工程 3/16、人机与环境工程 2/11、企业管理 35/293。

通信地址：黑龙江省哈尔滨市南岗区西大直街 92 号哈尔滨工业大学研究生院
邮政编码：150001
电话号码：0415-86416113
电子邮箱：sqc@hit.edu.cn
研究生院（部、处）网址：http://hitgs.hit.edu.cn/

10217 哈尔滨工程大学

在中国普通高校研究生教育竞争力排行榜中的名次：总排名 66/507，黑龙江省内排名 2/18，理工类排名 33/158。

共 32 个一级学科（学术学位）参评，其中 5★+ 学科 0 个，5★学科 0 个，5★-学科 0 个，4★学科 4 个，学科优秀率为 12.5%。

学科门类数

经济学 143/261、法学 99/351、教育学 157/193、文学 182/271、理学 140/368、工学 51/365、管理学 118/374。

一级学科排名

应用经济学 134/244、法学 121/188、社会学 68/88、马克思主义理论 88/328、心理学 77/97、体育学 90/117、外国语言文学 109/221、数学 51/243、物理学 54/166、系统科学 2/17、力学 23/102、机械工程 48/205、光学工程 31/78、仪器科学与技术 28/75、材料科学与工程 45/202、动力工程及工程热物理 28/110、电气工程 53/100、信息与通信工程 27/169、控制科学与工程 27/182、计算机科学与技术 39/262、土木工程 94/153、水利工程 28/63、化学工程与技术 76/194、船舶与海洋工程 4/16、航空宇航科学与技术 17/21、核科学与技术 6/19、生物医学工程 47/57、软件工程 47/155、设计学 7/10、管理科学与工程 63/199、工商管理 137/303、公共管理 156/206。

优势专业

5★专业：思想政治教育 11/302。

5★-专业：应用数学 21/238、系统理论 1/15。

4★专业：声学 4/31、机械制造及其自动化 37/184、机械电子工程 36/188、机械设计及理论 33/191、车辆工程 27/139、通信与信息系统 23/144、信号与信息处理 18/150、控制理论与控制工程 34/170、检测技术与自动化装置 21/160、系统工程 18/110、模式识别与智能系统 24/142、导航、制导与控制 11/69、计算机应用技术 45/258、船舶与海洋结构物设计制造 3/16、轮机工程 2/13、水声工程 2/10。

通信地址：黑龙江省哈尔滨市南岗区南通大街 145 号
邮政编码：150001
电话号码：0451-82519679
电子邮箱：yjszb@hrbeu.edu.cn
研究生院（部、处）网址：http://yjsy.hrbeu.edu.cn/

10226 哈尔滨医科大学

在中国普通高校研究生教育竞争力排行榜中的名次：总排名 97/507，黑龙江省内排名 3/18，医药类排名 7/69。

共 12 个一级学科（学术学位）参评，其中 5★+学科 0 个，5★学科 0 个，5★-学科 0 个，4★学科 3 个，学科优秀率为 25%。

学科门类数

法学 307/351、理学 121/368、工学 263/365、医学 25/182、管理学 164/374。

一级学科排名

马克思主义理论 295/328、生物学 45/224、生物医学工程 10/19、生物医学工程 45/57、基础医学 26/97、临床医学 25/108、口腔医学 29/44、公共卫生与预防医学 8/70、中西医结合 58/66、药学 20/131、护理学 24/63、公共管理 59/206。

优势专业

5★-专业：药理学 11/108。

4★专业：生物化学与分子生物学 33/204、重症医学 3/10、流行病与卫生统计学 9/64、营养与食品卫生学 8/58。

通信地址：黑龙江省哈尔滨市南岗区保健路 157 号哈尔滨医科大学研招办
邮政编码：150081
电话号码：0451-86671349
电子邮箱：yzb@brbmu.edu.cn
研究生院（部、处）网址：http://yjsy.hrbmu.edu.cn/

10212　黑龙江大学

在中国普通高校研究生教育竞争力排行榜中的名次：总排名 107/507，黑龙江省内排名 4/18，综合类排名 33/76。

共 34 个一级学科（学术学位）参评，其中 5★+学科 0 个，5★学科 1 个，5★-学科 1 个，4★学科 3 个，学科优秀率为 14.71%。

学科门类数

哲学 26/154、经济学 154/261、法学 33/351、教育学 161/193、文学 48/271、历史学 64/116、理学 100/368、工学 151/365、农学 86/100、管理学 92/374。

一级学科排名

哲学 16/154、理论经济学 88/115、应用经济学 177/244、法学 32/188、政治学 31/104、社会学 44/88、马克思主义理论 56/328、教育学 117/140、中国语言文学 41/170、外国语言文学 10/221、新闻传播学 49/98、考古学 32/40、中国史 88/113、世界史 51/67、数学 150/243、物理学 139/166、化学 55/188、生物学 180/224、生态学 103/111、统计学 110/116、电子科学与技术 13/15、环境科学与工程 50/51、材料科学与工程 115/202、电子科学与技术 77/119、信息与通信工程 84/169、控制科学与工程 83/182、计算机科学与技术 106/262、水利工程 50/63、化学工程与技术 89/194、软件工程 130/155、植物保护 36/44、工商管理 171/303、公共管理 102/206、图书情报与档案管理 10/56。

优势专业

5★-专业：民商法学 14/151、外国语言学及应用语言学 12/196。

4★专业：马克思主义哲学 13/104、刑法学 23/113、国外马克思主义研究 11/83、英语语言文学 28/186、俄语语言文学 7/64、日语语言文学 20/112。

通信地址：黑龙江省哈尔滨市南岗区学府路 74 号黑龙江大学研招办
邮政编码：150080
电话号码：0451-86608729
电子邮箱：yzb@hlju.edu.cn
研究生院（部、处）网址：http://210.46.97.212

10225　东北林业大学

在中国普通高校研究生教育竞争力排行榜中的名次：总排名 109/507，黑龙江省内排名 5/18，农林类排名 7/37。

共 32 个一级学科（学术学位）参评，其中 5★+学科 0 个，5★学科 1 个，5★-学科 0 个，4★学科 1 个，学科优秀率为 6.25%。

学科门类数

经济学 196/261、法学 139/351、文学 208/271、理学 63/368、工学 107/365、农学 8/100、医学 149/182、管理学 99/374、艺术学 144/198。

一级学科排名

应用经济学 200/244、法学 144/188、马克思主义理论 83/328、外国语言文学 126/221、数学 225/243、化学 126/188、生物学 50/224、生态学 27/111、统计学 91/116、环境科学与工程 28/51、机械工程 77/205、控制科学与工程 107/182、计算机科学与技术 136/262、建筑学 42/57、土木工程 84/153、轻工技术与工程 16/31、交通运输工程 29/62、农业工程 22/47、林业工程 2/13、城乡规划学 24/51、风景园林学 16/54、软件工程 89/155、管理科学与工程 12/44、农业资源与环境 14/39、畜牧学 16/48、林学 2/44、食品科学与工程 10/25、药学 90/131、工商管理 155/303、农林经济管理 14/51、公共管理 204/206、设计学 60/134。

优势专业

5★专业：森林保护学 1/23。

5★-专业：森林工程 1/8、森林培育 2/28、水土保持与荒漠化防治 3/31。

4★专业：思想政治教育 45/302、植物学 23/141、林产化学加工工程 2/11、特种经济动物饲养 5/26、林木遗传育种 3/25、森林经理学 3/22、野生动植物保护与利用 3/22。

通信地址：黑龙江省哈尔滨市香坊区和兴路 26 号东北林业大学研招办
邮政编码：150040
电话号码：0451-82190710
电子邮箱：yzb@nefu.edu.cn
研究生院（部、处）网址：http://gra.nefu.edu.cn/

10224　东北农业大学

在中国普通高校研究生教育竞争力排行榜中的名次：总排名116/507，黑龙江省内排名6/18，农林类排名8/37。

共22个一级学科（学术学位）参评，其中5★+学科0个，5★学科0个，5★-学科1个，4★学科3个，学科优秀率为18.18%。

学科门类数

经济学173/261、法学252/351、文学263/271、理学135/368、工学115/365、农学6/100、管理学52/374。

一级学科排名

应用经济学161/244、马克思主义理论127/328、外国语言文学203/221、生物学48/224、机械工程167/205、计算机科学与技术240/262、水利工程54/63、化学工程与技术148/194、农业工程10/47、食品科学与工程14/92、风景园林学41/54、作物学13/46、园艺学11/39、农业资源与环境3/39、植物保护28/44、畜牧学10/48、兽医学7/41、草学12/28、管理科学与工程198/199、工商管理283/303、农林经济管理10/51、公共管理128/206。

优势专业

5★专业：临床兽医学2/38。

5★-专业：蔬菜学3/35。

4★专业：植物学25/141、微生物学30/167、发育生物学14/74、农业机械化工程7/41、农业水土工程4/34、食品科学14/87、作物遗传育种8/45、土壤学5/35、植物营养学4/37、动物遗传育种与繁殖8/41、动物营养与饲料科学6/44、基础兽医学6/39、农业经济管理8/50。

通信地址：黑龙江省哈尔滨市香坊区木材街59号东北农业大学研究生招生办公室
邮政编码：150030
电话号码：0451-55190398
电子邮箱：neauyzb@163.com
研究生院（部、处）网址：http://graduate.neau.edu.cn/

10214　哈尔滨理工大学

在中国普通高校研究生教育竞争力排行榜中的名次：总排名187/507，黑龙江省内排名7/18，理工类排名71/158。

共25个一级学科（学术学位）参评。

学科门类数

哲学136/154、经济学159/261、法学176/351、教育学168/193、文学168/271、理学227/368、工学124/365、管理学106/374、艺术学161/198。

一级学科排名

哲学134/154、应用经济学115/244、马克思主义理论89/328、教育学124/140、外国语言文学90/221、数学180/243、物理学148/166、化学148/188、力学99/102、机械工程75/205、光学工程71/78、仪器科学与技术47/75、材料科学与工程78/202、动力工程及工程热物理105/110、电气工程30/100、电子科学与技术105/119、信息与通信工程110/169、控制科学与工程98/182、计算机科学与技术94/262、化学工程与技术136/194、软件工程149/155、安全科学与工程52/54、管理科学与工程98/199、工商管理78/303、设计学84/134。

优势专业

4★专业：技术经济及管理41/224。

通信地址：黑龙江省哈尔滨市南岗区学府路52号哈尔滨理工大学新教学楼E1320室
邮政编码：150080
电话号码：0451-86390155
电子邮箱：yzb@hrbust.edu.cn
研究生院（部、处）网址：http://graduate.hrbust.edu.cn/

10231　哈尔滨师范大学

在中国普通高校研究生教育竞争力排行榜中的名次：总排名195/507，黑龙江省内排名8/18，师范类排名24/59。

共29个一级学科（学术学位）参评，其中5★+学科0个，5★学科0个，5★-学科1个，4★学科0个，学科优秀率为3.45%。

学科门类数

哲学65/154、经济学239/261、法学90/351、教育学52/193、文学50/271、历史学52/116、理学137/368、工学185/365、管理学229/374、艺术学28/198。

一级学科排名

哲学61/154、理论经济学114/115、应用经济学231/244、政治学97/104、马克思主义理论23/328、教育学48/140、心理学81/97、体育学80/117、中国语言文学40/170、外国语言文学74/221、中国史61/113、世界史42/67、数学138/243、物理学122/166、化学131/188、地理学27/82、生物学155/224、科学技术史20/22、生态学98/111、统计学112/116、材料科学与工程159/202、计算机科学与技术200/262、软件工程125/155、公共管理63/206、艺术学理论39/63、音乐与舞蹈学22/82、戏剧与影视学34/63、美术学24/115、设计学80/134。

优势专业

5★专业：思想政治教育10/302。

4★专业：马克思主义基本原理53/267、马克思主义中国化研究44/250、文艺学25/153、中国古代文学20/159。

通信地址：黑龙江省哈尔滨市和兴路50号哈尔滨师范大学研招办
邮政编码：150025
电话号码：0451-88067222
电子邮箱：yzb@hrbnu.edu.cn
研究生院（部、处）网址：http://yjsxy.hrbnu.edu.cn/

10220　东北石油大学

在中国普通高校研究生教育竞争力排行榜中的名次：

总排名 207/507,黑龙江省内排名 9/18,理工类排名 77/158。

共 24 个一级学科（学术学位）参评。

学科门类数

法学 245/351、教育学 169/193、理学 245/368、工学 118/365、管理学 331/374。

一级学科排名

政治学 99/104、马克思主义理论 151/328、教育学 126/140、数学 243/243、化学 161/188、地球物理学 22/22、地质学 38/40、力学 79/102、机械工程 120/205、仪器科学与技术 66/75、材料科学与工程 163/202、动力工程及工程热物理 74/110、电气工程 62/100、信息与通信工程 125/169、控制科学与工程 105/182、计算机科学与技术 166/262、土木工程 92/153、化学工程与技术 52/194、地质资源与地质工程 20/46、石油与天然气工程 4/17、环境科学与工程 164/174、软件工程 98/155、安全科学与工程 40/54、工商管理 213/303。

通信地址：黑龙江省大庆市高新技术开发区发展路 199 号东北石油大学研招办
邮政编码：163318
电话号码：0459-6503721
电子邮箱：yzb@nepu.edu.cn
研究生院（部、处）网址：http://glbm3.nepu.edu.cn/yjsxy/default.html

10228 黑龙江中医药大学

在中国普通高校研究生教育竞争力排行榜中的名次：
总排名 260/507,黑龙江省内排名 10/18,医药类排名 27/69。

共 7 个一级学科（学术学位）参评。

学科门类数

医学 52/182。

一级学科排名

基础医学 95/97、临床医学 98/108、中医学 12/41、中西医结合 25/66、药学 37/131、中药学 13/45、护理学 60/63。

优势专业

4★专业：方剂学 5/28、中医妇科学 5/26。

通信地址：黑龙江省哈尔滨市香坊区和平路 24 号黑龙江中医药大学研招办
邮政编码：150040
电话号码：0451-82197018
电子邮箱：yzb@hljucm.edu.cn
研究生院（部、处）网址：http://yjsy.hljucm.net/

10240 哈尔滨商业大学

在中国普通高校研究生教育竞争力排行榜中的名次：
总排名 300/507,黑龙江省内排名 11/18,财经类排名 17/34。

共 19 个一级学科（学术学位）参评。

学科门类数

经济学 56/261、法学 242/351、理学 355/368、工学 280/365、农学 91/100、医学 147/182、管理学 100/374。

一级学科排名

理论经济学 115/115、应用经济学 70/244、法学 170/188、马克思主义理论 328/328、海洋科学 25/30、环境科学与工程 16/51、机械工程 195/205、动力工程及工程热物理 109/110、信息与通信工程 167/169、计算机科学与技术 257/262、轻工技术与工程 31/31、环境科学与工程 171/174、食品科学与工程 59/92、食品科学与工程 11/25、药学 85/131、中药学 28/45、管理科学与工程 177/199、工商管理 77/303、公共管理 159/206。

优势专业

4★专业：农产品加工及贮藏工程 3/18、会计学 48/259。

通信地址：黑龙江省哈尔滨市松北区学海街 1 号哈尔滨商业大学研招办
邮政编码：150028
电话号码：0451-84892021
电子邮箱：yzb@hrbcu.edu.cn
研究生院（部、处）网址：http://yjsc.hrbcu.edu.cn

10222 佳木斯大学

在中国普通高校研究生教育竞争力排行榜中的名次：
总排名 334/507,黑龙江省内排名 12/18,综合类排名 62/76。

共 14 个一级学科（学术学位）参评。

学科门类数

法学 306/351、文学 214/271、理学 317/368、工学 320/365、医学 111/182、艺术学 174/198。

一级学科排名

马克思主义理论 205/328、中国语言文学 164/170、外国语言文学 183/221、生物学 164/224、材料科学与工程 129/202、计算机科学与技术 259/262、农业工程 44/47、基础医学 87/97、临床医学 101/108、口腔医学 43/44、公共卫生与预防医学 70/70、药学 129/131、音乐与舞蹈学 77/82、美术学 65/115。

通信地址：黑龙江省佳木斯市学府街 148 号佳木斯大学研招办
邮政编码：154007
电话号码：0454-8618499
电子邮箱：jmsuyzb@163.com
研究生院（部、处）网址：http://yjs.jmsu.edu.cn/

10232 齐齐哈尔大学

在中国普通高校研究生教育竞争力排行榜中的名次：
总排名 364/507,黑龙江省内排名 13/18,综合类排名 65/76。

共 18 个一级学科（学术学位）参评。

学科门类数

法学 300/351、文学 212/271、历史学 111/116、理学

269/368、工学 265/365、管理学 340/374、艺术学 122/198。

一级学科排名

马克思主义理论 143/328、中国语言文学 170/170、外国语言文学 167/221、中国史 103/113、化学 159/188、生物学 193/224、机械工程 204/205、材料科学与工程 187/202、信息与通信工程 166/169、控制科学与工程 174/182、计算机科学与技术 258/262、化学工程与技术 171/194、纺织科学与工程 18/20、食品科学与工程 90/92、工商管理 271/303、音乐与舞蹈学 51/82、美术学 59/115、设计学 88/134。

通信地址：黑龙江省齐齐哈尔市文化大街 42 号齐齐哈尔大学研招办
邮政编码：161006
电话号码：0452-2742663
电子邮箱：yjsc@qqhru.edu.cn
研究生院（部、处）网址：http://yjs.qqhru.edu.cn/

10223　黑龙江八一农垦大学

在中国普通高校研究生教育竞争力排行榜中的名次：总排名 376/507，黑龙江省内排名 14/18，农林类排名 32/37。

共 11 个一级学科（学术学位）参评。

学科门类数

理学 328/368、工学 297/365、农学 51/100、管理学 316/374。

一级学科排名

生物学 181/224、机械工程 200/205、农业工程 36/47、作物学 33/46、农业资源与环境 32/39、植物保护 41/44、畜牧学 43/48、兽医学 16/41、食品科学与工程 12/25、工商管理 284/303、农林经济管理 42/51。

通信地址：黑龙江省大庆市高新技术产业开发区新风路 5 号黑龙江八一农垦大学研究生处
邮政编码：163319
电话号码：0459-6819132
电子邮箱：byndyzb@163.com
研究生院（部、处）网址：http://www2.byau.edu.cn/yanjiusheng/

10219　黑龙江科技大学

在中国普通高校研究生教育竞争力排行榜中的名次：总排名 410/507，黑龙江省内排名 15/18，理工类排名 142/158。

共 13 个一级学科（学术学位）参评。

学科门类数

经济学 251/261、法学 283/351、工学 270/365、管理学 254/374。

一级学科排名

应用经济学 234/244、马克思主义理论 208/328、机械工程 194/205、材料科学与工程 190/202、电气工程 95/100、控制科学与工程 182/182、计算机科学与技术 261/262、土木工程 150/153、化学工程与技术 191/194、矿业工程 31/32、安全科学与工程 42/54、工商管理 256/303、公共管理 165/206。

通信地址：黑龙江省哈尔滨市松北区浦源路 2468 号
邮政编码：150022
电话号码：0451-88036418
电子邮箱：88036418@163.com
研究生院（部、处）网址：http://yjsc.usth.net.cn

10229　牡丹江医学院

在中国普通高校研究生教育竞争力排行榜中的名次：总排名 477/507，黑龙江省内排名 16/18，医药类排名 62/69。

共 3 个一级学科（学术学位）参评。

学科门类数

理学 360/368、医学 132/182。

一级学科排名

生物学 213/224、基础医学 93/97、临床医学 92/108。

通信地址：黑龙江省牡丹江市爱民区通乡街 3 号牡丹江医学院研招办
邮政编码：157011
电话号码：0453-6984041
电子邮箱：13314530898@189.cn
研究生院（部、处）网址：http://www.mdjmu.cn/yjsc/

10242　哈尔滨体育学院

在中国普通高校研究生教育竞争力排行榜中的名次：总排名 486/507，黑龙江省内排名 17/18，体育类排名 11/13。

共 1 个一级学科（学术学位）参评。

学科门类数

教育学 99/193。

一级学科排名

体育学 42/117。

通信地址：黑龙江省哈尔滨市南岗区大成街 1 号哈尔滨体育学院研招办
邮政编码：150008
电话号码：0451-87023611
电子邮箱：yasi5212@126.com
研究生院（部、处）网址：http://www.hrbipe.edu.cn/html/jjs2/index.html

10233　牡丹江师范学院

在中国普通高校研究生教育竞争力排行榜中的名次：总排名 490/507，黑龙江省内排名 18/18，师范类排名 57/59。

共 5 个一级学科（学术学位）参评。

学科门类数
法学 324/351、教育学 184/193、文学 199/271、理学 361/368。

一级学科排名
马克思主义理论 235/328、体育学 105/117、中国语言文学 160/170、物理学 166/166、生物学 202/224。

通信地址：黑龙江省牡丹江市爱民区通乡街3号
邮政编码：157011
电话号码：0453-6511507
电子邮箱：msyyjsc@163.com
研究生院（部、处）网址：http://www.mdjmu.cn/yjsc/

11446　黑龙江东方学院

在中国仅专业硕士招生普通高校研究生教育竞争力排行榜中的名次：总排名 58/66，黑龙江省内排名 1/1，综合类排名 10/11。

共 2 个一级学科（专业学位）参评。

一级学科排名
国际商务（专业学位）84/85、工程（专业学位）376/380。

通信地址：黑龙江省哈尔滨市南岗区学府路 331 号黑龙江东方学院
邮政编码：150086
电话号码：0451-85963915
电子邮箱：dfxyyb@163.com
研究生院（部、处）网址：http://www.dfxy.net/ZNXB/yjsc/

吉林省

10183　吉林大学

在中国普通高校研究生教育竞争力排行榜中的名次：总排名 12/507，吉林省内排名 1/17，综合类排名 8/76。

共 68 个一级学科（学术学位）参评，其中 5★+学科 0 个，5★学科 7 个，5★-学科 15 个，4★学科 13 个，学科优秀率为 51.47%。

学科门类数
哲学 13/154、经济学 15/261、法学 8/351、教育学 45/193、文学 22/271、历史学 7/116、理学 9/368、工学 23/365、农学 25/100、医学 15/182、管理学 25/374、艺术学 22/198。

一级学科排名
哲学 12/154、理论经济学 13/115、应用经济学 17/244、法学 10/188、政治学 9/104、社会学 8/88、马克思主义理论 12/328、教育学 41/140、心理学 33/97、体育学 37/117、中国语言文学 16/170、外国语言文学 34/221、新闻传播学 38/98、考古学 2/40、中国史 24/113、世界史 16/67、数学 16/243、物理学 9/166、化学 7/188、地理学 37/82、海洋科学 21/30、地球物理学 9/22、地质学 7/40、生物学 22/224、统计学 49/116、环境科学与工程 12/51、药学 10/18、力学 42/102、机械工程 9/205、仪器科学与技术 11/75、材料科学与工程 20/202、动力工程及工程热物理 23/110、电气工程 41/100、电子科学与技术 27/119、信息与通信工程 43/169、控制科学与工程 30/182、计算机科学与技术 34/262、土木工程 46/153、水利工程 16/63、测绘科学与技术 18/50、化学工程与技术 48/194、地质资源与地质工程 4/43、交通运输工程 8/62、农业工程 4/47、环境科学与工程 37/174、生物医学工程 24/57、食品科学与工程 13/92、软件工程 25/155、作物学 20/46、植物保护 22/44、畜牧学 18/48、兽医学 3/41、基础医学 6/97、临床医学 21/108、口腔医学 10/44、公共卫生与预防医学 25/70、中西医结合 42/66、药学 16/131、护理学 10/63、生物医学工程 7/13、管理科学与工程 37/199、工商管理 19/303、农林经济管理 22/51、公共管理 17/206、图书情报与档案管理 7/56、戏剧与影视学 38/63、美术学 7/115、设计学 6/134。

优势专业

5★+专业：无机化学 2/159。

5★专业：区域经济学 5/175、金融学 8/188、数量经济学 5/113、法学理论 6/111、民商法学 6/151、马克思主义基本原理 4/267、马克思主义中国化研究 5/250、中国近现代史基本问题研究 6/148、应用数学 6/238、凝聚态物理 6/151、分析化学 4/163、有机化学 4/164、物理化学 3/163、高分子化学与物理 3/139、生物化学与分子生物学 11/204、地球探测与信息技术 1/35、农业机械化工程 2/41、免疫学 3/86、企业管理 13/293、技术经济及管理 9/224。

5★-专业：马克思主义哲学 8/104、中国哲学 9/87、伦理学 7/92、西方经济学 8/84、宪法学与行政法学 11/131、刑法学 7/113、经济法学 11/129、政治学理论 6/83、国际政治 6/61、马克思主义发展史 8/88、国外马克思主义研究 7/83、中国古代文学 12/159、日语语言文学 11/112、计算数学 16/178、运筹学与控制论 15/165、原子与分子物理 7/75、光学 11/137、微生物学 15/167、机械制造及其自动化 13/184、车辆工程 11/139、材料物理与化学 14/183、材料加工工程 11/164、计算机软件与理论 17/198、应用化学 12/190、矿产普查与勘探 3/38、地质工程 3/43、会计学 17/259、旅游管理 18/181、行政管理 11/166、社会保障 9/130、情报学 4/48。

4★专业：外国哲学 9/75、科学技术哲学 11/101、政治经济学 19/96、世界经济 9/82、人口、资源与环境经济学 10/86、产业经济学 26/204、诉讼法学 14/108、国际法学 13/105、知识产权法 4/8、社会学 11/80、思想政治教育 42/302、文艺学 29/153、语言学及应用语言学 18/135、中国现当代文学 19/148、外国语言学及应用语言学 29/196、基础数学 26/189、概率论与数理统计 19/156、理论物理 15/134、矿物学、岩石学、矿床学 5/33、细胞生物学 26/138、生物物理学 12/72、机械电子工程 26/188、机械设计及理论 25/191、测试计量技术及仪器 9/73、材料学 20/186、控制理论与控制工程 24/170、检测技术与自动化装置 19/160、计算机系统结构 28/172、计算机应用技术 32/258、交通信息工程及控制 7/50、交通运输规划与管理 10/50、农业电气化与自动化 7/40、食品科学 16/87、农产品加工及贮藏工程 13/67、基础兽医学 5/39、病原生物学 16/86、病理学与病理生理学 17/91、放射医学 3/21、内科学 18/97、神经病学 11/85、临床检验诊断学 12/93、外科学 17/96、耳鼻咽喉科学 15/75、肿瘤学 18/88、流行病与卫生统计学 13/64、药物分析学 17/95、图书馆学 7/37。

通信地址：吉林省长春市前进大街 2699 号吉林大学研究生院
邮政编码：130012
电话号码：0431-85166371
电子邮箱：yjszs@jlu.edu.cn
研究生院（部、处）网址：http://yjsy.jlu.edu.cn/

10200　东北师范大学

在中国普通高校研究生教育竞争力排行榜中的名次：总排名 44/507，吉林省内排名 2/17，师范类排名 3/59。

共 38 个一级学科（学术学位）参评，其中 5★+学科 1 个，5★学科 2 个，5★−学科 1 个，4★学科 8 个，学科优秀率为 31.58%。

学科门类数

哲学 35/154、经济学 51/261、法学 27/351、教育学 12/193、文学 51/271、历史学 4/116、理学 39/368、工学 136/365、农学 61/100、管理学 72/374、艺术学 27/198。

一级学科排名

哲学 34/154、理论经济学 63/115、应用经济学 53/244、法学 129/188、政治学 24/104、社会学 58/88、马克思主义理论 2/328、教育学 6/140、心理学 14/97、体育学 28/117、中国语言文学 57/170、外国语言文学 30/221、新闻传播学 76/98、考古学 20/40、中国史 12/113、世界史 3/67、数学 37/243、物理学 63/166、化学 35/188、地理学 18/82、生物学 44/224、生态学 23/111、统计学 27/116、计算机科学与技术 14/38、环境科学与工程 24/51、材料科学与工程 103/202、环境科学与工程 41/174、城乡规划学 22/51、软件工程 41/155、草学 3/28、工商管理 172/303、公共管理 40/206、图书情报与档案管理 24/56、艺术学理论 46/63、音乐与舞蹈学 7/82、戏剧与影视学 39/63、美术学 31/115、设计学 125/134。

优势专业

5★+专业：思想政治教育 2/302。

5★专业：马克思主义基本原理 10/267、马克思主义中国化研究 4/250、中国近现代史基本问题研究 3/148、教育学原理 4/89、课程与教学论 4/98。

5★−专业：国外马克思主义研究 8/83、比较教育学 3/45、学前教育学 4/54、教育技术学 6/71、外国语言学及应用语言学 19/196。

4★专业：马克思主义哲学 17/104、区域经济学 32/175、中外政治制度 12/59、教育史 5/39、发展与教育心理学 9/56、英语语言文学 22/186、日语语言文学 17/112、基础数学 33/189、应用数学 36/238、数学教育 2/6、无机化学 25/159、有机化学 31/164、物理化学 31/163、细胞生物学 21/138、教育经济与管理 22/131。

通信地址：吉林省长春市人民大街 5268 号东北师范大学研究生院
邮政编码：130024
电话号码：0431-85099608
电子邮箱：yzb@nenu.edu.cn
研究生院（部、处）网址：http://yjsy.nenu.edu.cn

10184　延边大学

在中国普通高校研究生教育竞争力排行榜中的名次：总排名 188/507，吉林省内排名 3/17，综合类排名 47/76。

共 33 个一级学科（学术学位）参评，其中 5★+学科 0 个，5★学科 0 个，5★−学科 0 个，4★学科 1 个，学科优秀率为 3.03%。

学科门类数

哲学 137/154、经济学 245/261、法学 101/351、教育学 114/193、文学 67/271、历史学 70/116、理学 219/368、工学 326/365、农学 58/100、医学 60/182、管理学 247/374、艺术学 155/198。

一级学科排名

哲学 128/154、理论经济学 98/115、法学 109/188、政治学 56/104、民族学 23/41、马克思主义理论 163/328、教育学 118/140、体育学 84/117、中国语言文学 121/170、外国语言文学 35/221、中国史 92/113、世界史 33/67、数学 240/243、物理学 147/166、化学 139/188、地理学 79/82、生物学 129/224、机械工程 182/205、计算机科学与技术 235/262、土木工程 141/153、作物学 38/46、园艺学 39/39、畜牧学 35/48、兽医学 30/41、基础医学 46/97、临床医学 62/108、公共卫生与预防医学 69/70、中西医结合 56/66、药学 45/131、护理学 48/63、工商管理 211/303、音乐与舞蹈学 59/82、美术学 105/115。

优势专业

4★专业：中国少数民族经济 4/28、英语语言文学 32/186、日语语言文学 22/112、亚非语言文学 6/32。

通信地址：吉林省延吉市公园路 977 号延边大学研招办
邮政编码：133002
电话号码：0433-2732079
电子邮箱：yzb@ybu.edu.cn
研究生院（部、处）网址：http://grad.ybu.edu.cn/

10186　长春理工大学

在中国普通高校研究生教育竞争力排行榜中的名次：总排名 200/507，吉林省内排名 4/17，理工类排名 75/158。

共 21 个一级学科（学术学位）参评。

学科门类数

经济学 249/261、法学 119/351、文学 163/271、理学 197/368、工学 100/365、管理学 304/374。

一级学科排名

应用经济学 233/244、法学 105/188、马克思主义理论 102/328、中国语言文学 159/170、外国语言文学 161/221、数学 210/243、物理学 69/166、化学 143/188、电子科学与技术 9/15、环境科学与工程 36/51、机械工程 92/205、光学工程 23/78、仪器科学与技术 40/75、材料科学与工程 105/202、电子科学与技术 52/119、信息与通信工程 77/169、控制科学与工程 142/182、计算机科学与技术 77/262、生物医学工程 50/57、软件工程 121/155、工商管理 295/303。

优势专业

4★专业：电路与系统 2/8。

通信地址：吉林省长春市卫星路 7186 号长春理工大学研招办
邮政编码：130022
电话号码：0431-85380204
电子邮箱：custyzb@sohu.com
研究生院（部、处）网址：http://yzb.cust.edu.cn

10193　吉林农业大学

在中国普通高校研究生教育竞争力排行榜中的名次：总排名 225/507，吉林省内排名 5/17，农林类排名 21/37。

共 26 个一级学科（学术学位）参评，其中 5★+学科 0 个，5★学科 0 个，5★-学科 0 个，4★学科 1 个，学科优秀率为 3.85%。

学科门类数

法学 187/351、教育学 182/193、理学 207/368、工学 234/365、农学 30/100、医学 133/182、管理学 140/374。

一级学科排名

社会学 80/88、马克思主义理论 139/328、教育学 133/140、生物学 103/224、生态学 69/111、计算机科学与技术 16/38、环境科学与工程 14/51、计算机科学与技术 242/262、化学工程与技术 187/194、轻工技术与工程 27/31、农业工程 33/47、环境科学与工程 144/174、食品科学与工程 30/92、作物学 23/46、园艺学 35/39、农业资源与环境 22/39、植物保护 21/44、畜牧学 22/48、兽医学 8/41、林学 38/44、草学 17/28、食品科学与工程 13/25、药学 78/131、中药学 15/45、工商管理 299/303、农林经济管理 11/51。

优势专业

4★专业：预防兽医学 6/39、农业经济管理 7/50。

通信地址：吉林省长春市新城大街 2888 号吉林农业大学研究生招生办公室
邮政编码：130118
电话号码：0431-84533049
电子邮箱：graduate@jlau.edu.cn
研究生院（部、处）网址：http://graduate.jlau.edu.cn/

10190　长春工业大学

在中国普通高校研究生教育竞争力排行榜中的名次：总排名 305/507，吉林省内排名 6/17，理工类排名 110/158。

共 20 个一级学科（学术学位）参评。

学科门类数

经济学 243/261、法学 204/351、文学 217/271、理学 236/368、工学 192/365、管理学 256/374、艺术学 176/198。

一级学科排名

应用经济学 206/244、法学 182/188、社会学 85/88、马克思主义理论 210/328、外国语言文学 166/221、数学 202/243、化学 137/188、生物学 224/224、统计学 89/116、机械工程 108/205、仪器科学与技术 74/75、材料科学与工程 116/202、电气工程 82/100、信息与通信工程 159/169、控制科学与工程 148/182、计算机科学与技术 214/262、化学工程与技术 75/194、管理科学与工程 186/199、公共管理 126/206、设计学 91/134。

通信地址：吉林省长春市延安大街 2055 号长春工业大学南湖校区办公楼 1426 室
邮政编码：130012
电话号码：0431-85716566
电子邮箱：yzb@ccut.edu.cn
研究生院（部、处）网址：www.yjsy.dept.ccut.edu.cn/

10201　北华大学

在中国普通高校研究生教育竞争力排行榜中的名次：总排名 313/507，吉林省内排名 7/17，综合类排名 57/76。

共 22 个一级学科（学术学位）参评。

学科门类数

法学 258/351、教育学 96/193、文学 153/271、历史学 108/116、理学 299/368、工学 307/365、农学 78/100、医学 141/182、管理学 353/374。

一级学科排名

马克思主义理论 165/328、教育学 91/140、体育学 114/117、中国语言文学 162/170、外国语言文学 215/221、中国史 113/113、世界史 64/67、数学 209/243、物理学 165/166、化学 186/188、生物学 218/224、机械工程 174/205、电气工程 89/100、计算机科学与技术 260/262、化学工程与技术 192/194、林业工程 13/13、风景园林学 51/54、林学 27/44、基础医学 82/97、临床医学 100/108、药学 125/131、工商管理 281/303。

通信地址：吉林省吉林市丰满区滨江东路 3999 号北华大学研招办
邮政编码：132013
电话号码：0432-64608053
电子邮箱：beihuayjs@163.com
研究生院（部、处）网址：http://grad.beihua.edu.cn/

10188　东北电力大学

在中国普通高校研究生教育竞争力排行榜中的名次：

总排名 314/507，吉林省内排名 8/17，理工类排名 114/158。

共 14 个一级学科（学术学位）参评。

学科门类数

法学 344/351、理学 345/368、工学 153/365、管理学 287/374、艺术学 196/198。

一级学科排名

马克思主义理论 313/328、数学 222/243、机械工程 197/205、仪器科学与技术 72/75、动力工程及工程热物理 53/110、电气工程 47/100、信息与通信工程 136/169、控制科学与工程 94/182、计算机科学与技术 202/262、土木工程 79/153、化学工程与技术 162/194、环境科学与工程 168/174、工商管理 231/303、设计学 130/134。

> 通信地址：吉林省吉林市船营区长春路 169 号东北电力大学研招办
> 邮政编码：132012
> 电话号码：0432-64806432
> 电子邮箱：nedu@foxmail.com
> 研究生院（部、处）网址：http://grad.nedu.edu.cn/

10203 吉林师范大学

在中国普通高校研究生教育竞争力排行榜中的名次：
总排名 328/507，吉林省内排名 9/17，师范类排名 37/59。

共 17 个一级学科（学术学位）参评。

学科门类数

哲学 81/154、法学 214/351、教育学 88/193、文学 132/271、历史学 51/116、理学 208/368、艺术学 190/198。

一级学科排名

哲学 84/154、法学 185/188、马克思主义理论 116/328、教育学 83/140、心理学 92/97、体育学 115/117、中国语言文学 117/170、外国语言文学 91/221、中国史 52/113、数学 171/243、物理学 113/166、化学 153/188、地理学 72/82、生物学 222/224、电子科学与技术 10/15、计算机科学与技术 37/38、美术学 92/115。

> 通信地址：吉林省四平市铁西区海丰大街 1301 号吉林师范大学研究生招生办公室
> 邮政编码：136000
> 电话号码：0434-3294603
> 电子邮箱：yzb@jlnu.edu.cn
> 研究生院（部、处）网址：http://web.jlnu.edu.cn/sdyjs/newsdyjs/

10207 吉林财经大学

在中国普通高校研究生教育竞争力排行榜中的名次：
总排名 367/507，吉林省内排名 10/17，财经类排名 21/34。

共 8 个一级学科（学术学位）参评。

学科门类数

经济学 64/261、法学 162/351、文学 258/271、管理学 113/374。

一级学科排名

理论经济学 79/115、应用经济学 86/244、法学 126/188、马克思主义理论 256/328、外国语言文学 195/221、管理科学与工程 157/199、工商管理 100/303、公共管理 120/206。

> 通信地址：吉林省长春市净月大街 3699 号吉林财经大学研招办
> 邮政编码：130117
> 电话号码：0431-84539140
> 电子邮箱：yzb@jlufe.edu.cn
> 研究生院（部、处）网址：http://yjsy.jlufe.edu.cn/

10199 长春中医药大学

在中国普通高校研究生教育竞争力排行榜中的名次：
总排名 397/507，吉林省内排名 11/17，医药类排名 51/69。

共 5 个一级学科（学术学位）参评。

学科门类数

医学 97/182。

一级学科排名

中医学 15/41、中西医结合 29/66、药学 84/131、中药学 11/45、护理学 35/63。

> 通信地址：吉林省长春市净月国家高新技术产业开发区博硕路 1035 号长春中医药大学研招办
> 邮政编码：130117
> 电话号码：0431-86172413
> 电子邮箱：kjming21@163.com
> 研究生院（部、处）网址：http://y.ccucm.edu.cn/

10209 吉林艺术学院

在中国普通高校研究生教育竞争力排行榜中的名次：
总排名 432/507，吉林省内排名 12/17，艺术类排名 15/27。

共 4 个一级学科（学术学位）参评。

学科门类数

艺术学 44/198。

一级学科排名

音乐与舞蹈学 28/82、戏剧与影视学 27/63、美术学 52/115、设计学 39/134。

> 通信地址：吉林省长春市自由大路 695 号吉林艺术学院研招办
> 邮政编码：130021
> 电话号码：0431-85641085
> 电子邮箱：jlartyjs@163.com
> 研究生院（部、处）网址：yjs.jlart.edu.cn/

10205 长春师范大学

在中国普通高校研究生教育竞争力排行榜中的名次：
总排名 440/507，吉林省内排名 13/17，师范类排名 49/59。

共 6 个一级学科（学术学位）参评。

学科门类数

法学 319/351、教育学 101/193、文学 233/271、历史

学 48/116、理学 296/368。

一级学科排名

马克思主义理论 274/328、教育学 88/140、中国语言文学 154/170、中国史 38/113、化学 175/188、生物学 190/224。

通信地址	吉林省长春市长吉北路 677 号长春师范大学研招办
邮政编码	130032
电话号码	0431-86168862
电子邮箱	15277147@qq.com
研究生院（部、处）网址	yjs.ccsfu.edu.cn/

10191　吉林建筑大学

在中国普通高校研究生教育竞争力排行榜中的名次：总排名 457/507，吉林省内排名 14/17，理工类排名 149/158。

共 8 个一级学科（学术学位）参评。

学科门类数

经济学 259/261、法学 309/351、工学 288/365、管理学 352/374、艺术学 163/198。

一级学科排名

应用经济学 242/244、马克思主义理论 257/328、材料科学与工程 189/202、建筑学 54/57、土木工程 70/153、城乡规划学 49/51、管理科学与工程 171/199、设计学 99/134。

通信地址	吉林省长春市新城大街 5088 号吉林建筑大学研招办
邮政编码	130118
电话号码	0431-84566037
电子邮箱	jljgyjsc@126.com
研究生院（部、处）网址	http://yjs.jlju.edu.cn/

10192　吉林化工学院

在中国普通高校研究生教育竞争力排行榜中的名次：总排名 474/507，吉林省内排名 15/17，理工类排名 155/158。

共 3 个一级学科（学术学位）参评。

学科门类数

理学 291/368、工学 322/365。

一级学科排名

化学 165/188、动力工程及工程热物理 95/110、化学工程与技术 123/194。

通信地址	吉林省吉林市承德街 45 号吉林化工学院研究生招生办公室
邮政编码	132022
电话号码	0432-63081060
电子邮箱	yjsc@jlict.edu.cn
研究生院（部、处）网址	http://yjs.jlict.edu.cn/

10208　吉林体育学院

在中国普通高校研究生教育竞争力排行榜中的名次：总排名 484/507，吉林省内排名 16/17，体育类排名 10/13。

共 1 个一级学科（学术学位）参评。

学科门类数

教育学 102/193。

一级学科排名

体育学 33/117。

通信地址	吉林省长春市南关区自由大路 2476 号吉林体育学院研招办
邮政编码	130022
电话号码	0431-85267666
电子邮箱	yanjiushengty@163.com
研究生院（部、处）网址	http://www.jlsu.edu.cn/a/xzbm/yjsc/

11726　长春大学

在中国普通高校研究生教育竞争力排行榜中的名次：总排名 497/507，吉林省内排名 17/17，综合类排名 75/76。

共 3 个一级学科（学术学位）参评。

学科门类数

工学 357/365、管理学 293/374。

一级学科排名

机械工程 198/205、食品科学与工程 92/92、工商管理 246/303。

通信地址	吉林省长春市卫星路 6543 号长春大学研招办
邮政编码	130022
电话号码	0431-85250095
电子邮箱	yanzhaoban@ccu.edu.cn
研究生院（部、处）网址	http://yjsb.ccu.edu.cn/

10964　吉林华桥外国语学院

在中国仅专业硕士招生普通高校研究生教育竞争力排行榜中的名次：总排名 46/66，吉林省内排名 2/2，文法类排名 2/9。

共 4 个一级学科（专业学位）参评，其中 5★+学科 0 个，5★学科 0 个，5★−学科 0 个，4★学科 1 个，学科优秀率为 25%。

一级学科排名

国际商务（专业学位）82/85、教育（专业学位）103/135、汉语国际教育（专业学位）74/110、翻译（专业学位）37/204。

优势专业

4★专业：翻译（专业学位）37/204。

通信地址	吉林省长春市净月大街 3658 号吉林华桥外国语学院研招办
邮政编码	130117
电话号码	0431-84533651
电子邮箱	hqyjsb@126.com
研究生院（部、处）网址	http://jigou.hqwy.com/web/yjsb/index.asp

11437 长春工程学院

在中国仅专业硕士招生普通高校研究生教育竞争力排行榜中的名次：总排名37/66，吉林省内排名1/2，理工类排名17/20。

共1个一级学科（专业学位）参评。

一级学科排名

工程（专业学位）197/380。

通信地址：吉林省长春市宽平大路395号长春工程学院研招办
邮政编码：130012
电话号码：0431-85711192
电子邮箱：xkb@ccit.edu.cn
研究生院（部、处）网址：http://yjsb2.ccit.edu.cn/

福建省

10384 厦门大学

在中国普通高校研究生教育竞争力排行榜中的名次：总排名23/507，福建省内排名1/10，综合类排名11/76。

共53个一级学科（学术学位）参评，其中5★+学科0个，5★学科3个，5★-学科12个，4★学科14个，学科优秀率为54.72%。

学科门类数

哲学23/154、经济学11/261、法学14/351、教育学10/193、文学27/271、历史学16/116、理学14/368、工学43/365、医学36/182、管理学14/374、艺术学15/198。

一级学科排名

哲学28/154、理论经济学9/115、应用经济学15/244、统计学3/46、法学14/188、政治学12/104、社会学9/88、民族学15/41、马克思主义理论100/328、教育学4/140、心理学65/97、体育学58/117、中国语言文学26/170、外国语言文学33/221、新闻传播学14/98、考古学12/40、中国史17/113、世界史17/67、数学18/243、物理学23/166、化学11/188、海洋科学2/30、生物学13/224、生态学18/111、统计学12/116、生物医学工程11/19、力学38/102、机械工程33/205、光学工程29/78、仪器科学与技术20/75、材料科学与工程35/202、电子科学与技术23/119、信息与通信工程41/169、控制科学与工程39/182、计算机科学与技术32/262、建筑学16/57、土木工程71/153、化学工程与技术16/194、航空宇航科学与技术12/21、环境科学与工程25/174、软件工程91/155、基础医学31/97、临床医学30/108、公共卫生与预防医学27/70、中医学25/41、药学47/131、管理科学与工程35/199、工商管理5/303、公共管理15/206、艺术学理论57/63、戏剧与影视学3/63、美术学71/115、设计学107/134。

优势专业

5★+专业：会计学2/259。

5★专业：物理化学8/163、水生生物学1/56、企业管理8/293、旅游管理3/181、技术经济及管理7/224。

5★-专业：政治经济学7/96、国民经济学6/91、区域经济学16/175、金融学19/188、国际贸易学14/168、法学理论10/111、诉讼法学11/108、国际法学7/105、政治学理论8/83、社会学8/80、教育史3/39、比较教育学4/45、高等教育学6/109、文艺学15/153、语言学及应用语言学14/135、英语语言文学14/186、日语语言文学8/112、基础数学14/189、计算数学15/178、概率论与数理统计12/156、应用数学18/238、无机化学15/159、分析化学17/163、海洋化学2/21、动物学7/126、微生物学10/167、遗传学13/137、细胞生物学9/138、生物化学与分子生物学19/204、工业催化12/115、教育经济与管理12/131、社会保障12/130。

4★专业：中国哲学15/87、伦理学14/92、科学技术哲学17/101、西方经济学15/84、世界经济11/82、人口、资源与环境经济学12/86、财政学13/88、产业经济学27/204、劳动经济学16/82、数量经济学14/113、金融工程2/7、宪法学与行政法学18/131、刑法学19/113、民商法学24/151、经济法学19/129、科学社会主义与国际共产主义运动8/50、国际政治11/61、人类学6/38、中国现当代文学21/148、比较文学与世界文学26/127、外国语言学及应用语言学35/196、新闻学12/85、传播学12/93、理论物理18/134、凝聚态物理22/151、无线电物理8/58、有机化学18/164、高分子化学与物理22/139、物理海洋学2/16、海洋生物学4/24、植物学15/141、生理学13/104、发育生物学15/74、机械制造及其自动化34/184、机械电子工程25/188、材料物理与化学37/183、材料学38/186、信号与信息处理28/150、系统工程22/110、计算机系统结构29/172、计算机软件与理论31/198、计算机应用技术39/258、化学工程15/126、化学工艺16/140、生物化工13/119、环境科学18/149、环境工程26/156、行政管理18/166。

通信地址：福建省厦门市思明区思明南路422号厦门大学研究生院
邮政编码：361005
电话号码：0592-2186259
电子邮箱：yjsy@xmu.edu.cn
研究生院（部、处）网址：http://gs.xmu.edu.cn/

10386 福州大学

在中国普通高校研究生教育竞争力排行榜中的名次：总排名68/507，福建省内排名2/10，综合类排名21/76。

共44个一级学科（学术学位）参评，其中5★+学科0个，5★学科0个，5★-学科1个，4★学科3个，学科优秀率为9.09%。

学科门类数

哲学147/154、经济学83/261、法学96/351、文学210/271、理学37/368、工学72/365、医学108/182、管理

学 47/374、艺术学 149/198。

一级学科排名

哲学 145/154、理论经济学 53/115、应用经济学 69/244、统计学 14/46、法学 54/188、社会学 66/88、马克思主义理论 224/328、外国语言文学 139/221、数学 66/243、物理学 80/166、化学 19/188、地理学 73/82、生物学 127/224、生物医学工程 15/19、力学 55/102、机械工程 71/205、仪器科学与技术 54/75、材料科学与工程 58/202、动力工程及工程热物理 81/110、电气工程 43/100、电子科学与技术 35/119、信息与通信工程 61/169、控制科学与工程 70/182、计算机科学与技术 66/262、建筑学 38/57、土木工程 32/153、水利工程 39/63、测绘科学与技术 38/50、化学工程与技术 36/194、地质资源与地质工程 23/46、矿业工程 19/32、轻工技术与工程 17/31、环境科学与工程 78/174、食品科学与工程 35/92、城乡规划学 33/51、软件工程 94/155、安全科学与工程 31/54、药学 35/131、管理科学与工程 56/199、工商管理 45/303、公共管理 80/206、图书情报与档案管理 41/56、美术学 109/115、设计学 98/134。

优势专业

5★-专业：环境化学 1/6。

4★专业：环境与资源保护法学 15/77、应用数学 41/238、无机化学 29/159、分析化学 27/163、有机化学 29/164、物理化学 24/163、信息安全 7/8、结构工程 26/141、桥梁与隧道工程 21/108、药物分析学 16/95。

通信地址：福建省福州市福州地区大学新区学园路2号福州大学研招办
邮政编码：350108
电话号码：0591-22865515
电子邮箱：yzb@fzu.edu.cn
研究生院（部、处）网址：http://yjsy.fzu.edu.cn

10394　福建师范大学

在中国普通高校研究生教育竞争力排行榜中的名次：总排名 93/507，福建省内排名 3/10，师范类排名 10/59。

共35个一级学科（学术学位）参评，其中5★+学科0个，5★学科1个，5★-学科1个，4★学科6个，学科优秀率为22.86%。

学科门类数

经济学 42/261、法学 64/351、教育学 21/193、文学 37/271、历史学 27/116、理学 76/368、工学 217/365、管理学 148/374、艺术学 13/198。

一级学科排名

理论经济学 22/115、应用经济学 146/244、统计学 42/46、法学 118/188、政治学 51/104、马克思主义理论 21/328、教育学 27/140、心理学 37/97、体育学 5/117、中国语言文学 30/170、外国语言文学 50/221、新闻传播学 66/98、中国史 27/113、世界史 10/67、数学 80/243、物理学 81/166、化学 83/188、地理学 20/82、生物学 98/224、生态学 44/111、统计学 88/116、光学工程 49/78、材料科学与工程 131/202、信息与通信工程 124/169、计算机科学与技术 124/262、轻工技术与工程 18/31、软件工程 106/155、工商管理 198/303、公共管理 125/206、图书情报与档案管理 29/56、艺术学理论 13/63、音乐与舞蹈学 14/82、戏剧与影视学 9/63、美术学 30/115、设计学 112/134。

优势专业

5★专业：体育教育训练学 5/106。

5★-专业：马克思主义中国化研究 25/250、中国近现代史基本问题研究 14/148、体育人文社会学 7/78、运动人体科学 6/67、中国现当代文学 14/148。

4★专业：马克思主义基本原理 49/267、马克思主义发展史 15/88、思想政治教育 43/302、课程与教学论 19/98、民族传统体育学 7/63、文艺学 23/153、语言学及应用语言学 22/135、汉语言文字学 27/133、中国古代文学 27/159、英语语言文学 34/186、外国语言学及应用语言学 27/196、专门史 4/25、中国近现代史 3/15、环境化学 3/6、人文地理学 13/65。

通信地址：福建省福州市闽侯县福建师范大学研招办
邮政编码：350117
电话号码：0591-22867434
电子邮箱：yzb@fjnu.edu.cn
研究生院（部、处）网址：http://yjsy.fjnu.edu.cn

10389　福建农林大学

在中国普通高校研究生教育竞争力排行榜中的名次：总排名 118/507，福建省内排名 4/10，农林类排名 9/37。

共27个一级学科（学术学位）参评，其中5★+学科0个、5★学科0个、5★-学科0个、4★学科3个，学科优秀率为11.11%。

学科门类数

经济学 153/261、法学 241/351、理学 97/368、工学 135/365、农学 9/100、管理学 60/374。

一级学科排名

应用经济学 135/244、马克思主义理论 164/328、地理学 40/82、生物学 35/224、生态学 35/111、统计学 66/116、机械工程 158/205、计算机科学与技术 169/262、化学工程与技术 145/194、交通运输工程 49/62、农业工程 21/47、林业工程 7/13、环境科学与工程 118/174、食品科学与工程 39/92、风景园林学 18/54、作物学 14/46、园艺学 13/39、农业资源与环境 8/39、植物保护 8/44、畜牧学 15/48、兽医学 39/41、林学 5/44、水产 23/26、食品科学与工程 24/25、工商管理 147/303、农林经济管理 19/51、公共管理 87/206。

优势专业

4★专业：植物学 20/141、动物学 25/126、微生物学 24/167、遗传学 25/137、细胞生物学 28/138、作物栽培学与耕作学 8/42、植物营养学 7/37、农业昆虫与害虫防治 8/40、森林培育 4/28。

> 通信地址：福建省福州市仓山区上下店路15号福建农林大学研究生招生办公室
> 邮政编码：350002
> 电话号码：0591-83789215
> 电子邮箱：fjnldxyzb@yahoo.com.cn
> 研究生院（部、处）网址：http://xsgl.fafu.edu.cn/

10385　华侨大学

在中国普通高校研究生教育竞争力排行榜中的名次：总排名143/507，福建省内排名5/10，综合类排名39/76。

共28个一级学科（学术学位）参评，其中5★+学科0个，5★学科0个，5★-学科0个，4★学科3个，学科优秀率为10.71%。

学科门类数

哲学25/154、经济学46/261、法学122/351、文学108/271、历史学110/116、理学130/368、工学101/365、管理学85/374。

一级学科排名

哲学25/154、应用经济学41/244、统计学19/46、法学80/188、政治37/104、马克思主义理论207/328、中国语言文学80/170、外国语言文学210/221、世界史56/67、数学165/243、化学94/188、生物学163/224、生物医学工程16/19、机械工程66/205、光学工程53/78、仪器科学与技术39/75、材料科学与工程71/202、电子科学与技术70/119、信息与通信工程105/169、控制科学与工程127/182、建筑学35/57、土木工程48/153、化学工程与技术51/194、环境科学与工程116/174、城乡规划学25/51、软件工程53/155、工商管理56/303、公共管理123/206。

优势专业

5★-专业：旅游管理15/181。

4★专业：马克思主义哲学14/104、数量经济学12/113、应用化学38/190、企业管理43/293。

> 通信地址：福建省泉州市丰泽区城华北路269号华侨大学研招办
> 邮政编码：361021
> 电话号码：0595-22695588
> 电子邮箱：yzb@hqu.edu.cn
> 研究生院（部、处）网址：http://grs.hqu.edu.cn/

10392　福建医科大学

在中国普通高校研究生教育竞争力排行榜中的名次：总排名189/507，福建省内排名6/10，医药类排名20/69。

共9个一级学科（学术学位）参评。

学科门类数

理学249/368、医学38/182、管理学356/374。

一级学科排名

生物学113/224、基础医学28/97、临床医学35/108、口腔医学18/44、公共卫生与预防医学49/70、中西医结合64/66、药学63/131、护理学30/63、公共管理192/206。

> 通信地址：福建省福州市闽侯上街学园路1号福建医科大学研究生招生办公室
> 邮政编码：350108
> 电话号码：0591-22862107
> 电子邮箱：yzb@fjmu.edu.cn
> 研究生院（部、处）网址：http://www.fjmu.edu.cn/yjs/

10390　集美大学

在中国普通高校研究生教育竞争力排行榜中的名次：总排名283/507，福建省内排名7/10，综合类排名56/76。

共12个一级学科（学术学位）参评。

学科门类数

经济学169/261、法学325/351、教育学166/193、文学139/271、理学232/368、工学253/365、农学40/100、管理学324/374。

一级学科排名

应用经济学141/244、马克思主义理论286/328、体育学73/117、中国语言文学87/170、数学108/243、生物学134/224、机械工程186/205、交通运输工程47/62、船舶与海洋工程15/16、食品科学与工程54/92、水产6/26、工商管理265/303。

优势专业

4★专业：水产养殖5/26。

> 通信地址：福建省厦门市集美区银江路185号集美大学研招办
> 邮政编码：361021
> 电话号码：0592-6181995
> 电子邮箱：yzb@jmu.edu.cn
> 研究生院（部、处）网址：yjs.jmu.edu.cn/

10393　福建中医药大学

在中国普通高校研究生教育竞争力排行榜中的名次：总排名346/507，福建省内排名8/10，医药类排名42/69。

共7个一级学科（学术学位）参评。

学科门类数

医学64/182。

一级学科排名

基础医学97/97、临床医学67/108、中医学19/41、中西医结合20/66、药学117/131、中药学41/45、护理学55/63。

> 通信地址：福建省福州市闽侯上街邱阳路1号福建中医药大学研招办
> 邮政编码：350122
> 电话号码：0591-22861321
> 电子邮箱：yzb@fjtcm.edu.cn
> 研究生院（部、处）网址：https://yjsy.fjtcm.edu.cn/

10402　闽南师范大学

在中国普通高校研究生教育竞争力排行榜中的名次：

总排名 388/507，福建省内排名 9/10，师范类排名 43/59。

共 7 个一级学科（学术学位）参评。

学科门类数

法学 280/351、教育学 105/193、文学 138/271、理学 240/368、工学 337/365。

一级学科排名

马克思主义理论 179/328、教育学 111/140、心理学 47/97、中国语言文学 105/170、数学 121/243、化学 157/188、计算机科学与技术 246/262。

```
通信地址：福建省漳州市芗城区县前直街 36 号闽南师范大学
          研招办
邮政编码：363000
电话号码：0596-2527801
电子邮箱：yzb@mnnu.edu.cn
研究生院（部、处）网址：http://yjsc.mnnu.edu.cn/
```

10388　福建工程学院

在中国普通高校研究生教育竞争力排行榜中的名次：总排名 468/507，福建省内排名 10/10，理工类排名 153/158。

共 3 个一级学科（学术学位）参评。

学科门类数

工学 278/365。

一级学科排名

材料科学与工程 174/202、土木工程 114/153、交通运输工程 52/62。

```
通信地址：福建省福州市大学新区学园路 3 号福建工程学院研
          招办
邮政编码：350118
电话号码：0591-22863083
电子邮箱：yjsc@fjut.edu.cn
研究生院（部、处）网址：http://yjszs.fjut.edu.cn/
```

10399　泉州师范学院

在中国仅专业硕士招生普通高校研究生教育竞争力排行榜中的名次：总排名 52/66，福建省内排名 3/3，师范类排名 9/14。

共 1 个一级学科（专业学位）参评。

一级学科排名

艺术（专业学位）134/199。

```
通信地址：福建省泉州市东海大街 398 号泉州师范学院研招办
邮政编码：362000
电话号码：0595-22918022
电子邮箱：yzb@qztc.edu.cn
研究生院（部、处）网址：www.qztc.edu.cn/yjsc
```

10395　闽江学院

在中国仅专业硕士招生普通高校研究生教育竞争力排行榜中的名次：总排名 41/66，福建省内排名 2/3，综合类排名 7/11。

共 1 个一级学科（专业学位）参评。

一级学科排名

工商管理（专业学位）117/171。

```
通信地址：福建省福州市大学城文贤路 1 号闽江学院研招办
邮政编码：350108
电话号码：0591-83761259
电子邮箱：mjxy@mju.edu.cn
研究生院（部、处）网址：http://www.mju.edu.cn/html/yjs/
          index.html
```

11062　厦门理工学院

在中国仅专业硕士招生普通高校研究生教育竞争力排行榜中的名次：总排名 2/66，福建省内排名 1/3，理工类排名 1/20。

共 1 个一级学科（专业学位）参评，其中 5★+学科 0 个，5★学科 0 个，5★-学科 1 个，4★学科 0 个，学科优秀率为 100%。

一级学科排名

工程（专业学位）27/380。

优势专业

5★-专业：工程（专业学位）27/380。

```
通信地址：福建省厦门市集美校区理工路 600 号厦门理工学院
          研招办
邮政编码：361024
电话号码：0592-6291079
电子邮箱：yjsb@xmut.edu.cn
研究生院（部、处）网址：http://ky.xmut.edu.cn/
```

重庆市

10611　重庆大学

在中国普通高校研究生教育竞争力排行榜中的名次：总排名 31/507，重庆市内排名 1/12，理工类排名 16/158。

共 54 个一级学科（学术学位）参评，其中 5★+学科 0 个，5★学科 1 个，5★-学科 9 个，4★学科 15 个，学科优秀率为 46.30%。

学科门类数

哲学 66/154、经济学 28/261、法学 41/351、教育学 85/193、文学 68/271、历史学 33/116、理学 41/368、工学 15/365、医学 101/182、管理学 22/374、艺术学 23/198。

一级学科排名

哲学 76/154、理论经济学 60/115、应用经济学 26/244、法学 18/188、马克思主义理论 105/328、教育学 84/140、心理学 70/97、体育学 48/117、中国语言文学 98/170、外国语言文学 60/221、新闻传播学 21/98、中国史 29/113、数学 36/243、物理学 36/166、化学 43/188、生物学 81/224、生态学 34/111、统计学 38/116、力学 28/102、机械工程 5/205、光学工程 17/78、仪器科学与技术 12/75、材料科学与工程 23/202、冶金工程 4/23、动力工程及工程热物理 11/110、电气工程 12/100、电子科学与技术 30/119、信息与通信工程 22/169、控制科学与工程 33/182、计算机科学与技术 27/262、建筑学 9/57、土木工程 13/153、测绘科学与技术 14/50、化学工程与技术 20/194、地质资源与地质工程 14/46、矿业工程 3/32、交通运输工程 19/62、核科学与技术 10/19、环境科学与工程 22/174、生物医学工程 17/57、城乡规划学 9/51、风景园林学 9/54、软件工程 18/155、安全科学与工程 3/54、药学 33/131、管理科学与工程 14/199、工商管理 30/303、公共管理 44/206、图书情报与档案管理 22/56、艺术学理论 15/63、音乐与舞蹈学 25/82、戏剧与影视学 10/63、美术学 15/115、设计学 43/134。

优势专业

5★+专业：机械设计及理论 1/191。

5★专业：机械制造及其自动化 10/184、机械电子工程 8/188、车辆工程 6/139、市政工程 4/99、防灾减灾工程及防护工程 5/115、旅游管理 7/181、技术经济及管理 4/224。

5★−专业：产业经济学 17/204、材料物理与化学 17/183、材料学 18/186、材料加工工程 16/164、有色金属冶金 2/22、电力电子与电力传动 8/93、岩土工程 9/131、结构工程 8/141、供热、供燃气、通风及空调工程 7/89、化学工艺 13/140、应用化学 13/190、采矿工程 2/29、安全技术及工程 1/16、会计学 18/259、企业管理 27/293。

4★专业：区域经济学 20/175、金融学 20/188、数量经济学 23/113、宪法学与行政法学 26/131、刑法学 16/113、民商法学 21/151、经济法学 14/129、环境与资源保护法学 11/77、基础数学 30/189、计算数学 23/178、概率论与数理统计 29/156、应用数学 34/238、运筹学与控制论 31/165、原子与分子物理 13/75、凝聚态物理 23/151、固体力学 16/79、精密仪器及机械 11/63、测试计量技术及仪器 11/73、冶金物理化学 4/20、钢铁冶金 4/21、工程热物理 9/60、热能工程 13/77、流体机械及工程 12/67、制冷及低温工程 10/58、化工过程机械 12/62、电机与电器 10/74、电力系统及其自动化 12/84、高电压与绝缘技术 6/53、电工理论与新技术 8/73、电路与系统 18/99、通信与信息系统 18/144、信号与信息处理 20/150、控制理论与控制工程 26/170、计算机系统结构 22/172、计算机软件与理论 29/198、计算机应用技术 30/258、建筑设计及其理论 9/53、建筑技术科学 7/45、桥梁与隧道工程 12/108、化学工程 21/126、生物化工 14/119、工业催化 18/115、矿物加工工程 5/27、环境科学 27/149、环境工程 20/156、药物化学 22/110。

通信地址：重庆市沙坪坝正街174号重庆大学研究生院
邮政编码：400030
电话号码：023-65105286
电子邮箱：yzb@cqu.edu.cn
研究生院（部、处）网址：www.cqug.cn/

10635 西南大学

在中国普通高校研究生教育竞争力排行榜中的名次：总排名35/507，重庆市内排名2/12，综合类排名14/76。

共54个一级学科（学术学位）参评，其中5★+学科0个，5★学科3个，5★−学科2个，4★学科6个，学科优秀率为20.37%。

学科门类数

哲学 34/154、经济学 75/261、法学 31/351、教育学 4/193、文学 31/271、历史学 42/116、理学 32/368、工学 93/365、农学 14/100、医学 92/182、管理学 90/374、艺术学 47/198。

一级学科排名

哲学 32/154、理论经济学 95/115、应用经济学 68/244、统计学 18/46、法学 91/188、政治学 38/104、社会学 42/88、民族学 25/41、马克思主义理论 9/328、教育学 3/140、心理学 3/97、体育学 71/117、中国语言文学 25/170、外国语言文学 26/221、新闻传播学 58/98、中国史 41/113、世界史 29/67、数学 40/243、物理学 89/166、化学 45/188、地理学 34/82、地质学 35/40、生物学 18/224、生态学 50/111、统计学 22/116、材料科学与工程 88/202、信息与通信工程 99/169、计算机科学与技术 61/262、化学工程与技术 147/194、农业工程 8/47、环境科学与工程 43/174、食品科学与工程 6/92、风景园林学 15/54、软件工程 45/155、作物学 18/46、园艺学 16/39、农业资源与环境 13/39、植物保护 10/44、畜牧学 9/48、兽医学 34/41、林学 31/44、水产 10/26、草学 19/28、药学 38/131、中药学 19/45、工商管理 133/303、农林经济管理 15/51、公共管理 55/206、图书情报与档案管理 18/56、艺术学理论 42/63、音乐与舞蹈学 27/82、戏剧与影视学 30/63、美术学 26/115、设计学 85/134。

优势专业

5★专业：思想政治教育 8/302、课程与教学论 3/98、基础心理学 2/48、发展与教育心理学 3/56、药物分析学 4/95、微生物与生化药学 2/72。

5★−专业：教育学原理 8/89、学前教育学 3/54、成人教育学 3/33、职业技术教育学 3/48、应用心理学 6/81、英语语言文学 12/186、动物学 13/126、食品科学 9/87、农产品加工及贮藏工程 6/67。

4★专业：民商法学 25/151、马克思主义基本原理 37/267、教育史 6/39、比较教育学 7/45、高等教育学 13/109、教育技术学 8/71、汉语言文字学 21/133、中国古典文献学 15/101、中国古代文学 26/159、中国现当代文学 23/148、比较文学与世界文学 17/127、外国语言学及应用语言学

24/196、基础数学 34/189、应用数学 35/238、分析化学 25/163、植物学 19/141、生理学 21/104、水生生物学 8/56、微生物学 19/167、遗传学 20/137、发育生物学 11/74、细胞生物学 24/138、生物化学与分子生物学 22/204、农业水土工程 5/34、农业生物环境与能源工程 5/30、粮食、油脂及植物蛋白工程 6/52、农业昆虫与害虫防治 7/40、动物营养与饲料科学 7/44、特种经济动物饲养 3/26。

> 通信地址：重庆市北碚区天生路1号
> 邮政编码：400715
> 电话号码：023-68252541
> 电子邮箱：gs@swu.edu.cn
> 研究生院（部、处）网址：http://pgs.swu.edu.cn/

10631　重庆医科大学

在中国普通高校研究生教育竞争力排行榜中的名次：总排名 112/507，重庆市内排名 3/12，医药类排名 8/69。

共 15 个一级学科（学术学位）参评。

学科门类数

法学 299/351、理学 161/368、工学 295/365、医学 22/182、管理学 269/374。

一级学科排名

马克思主义理论 281/328、生物学 57/224、生物医学工程 14/19、药学 8/18、生物医学工程 36/57、基础医学 21/97、临床医学 23/108、口腔医学 17/44、公共卫生与预防医学 33/70、中医学 37/41、中西医结合 55/66、药学 34/131、护理学 26/63、生物医学工程 12/13、公共管理 90/206。

优势专业

5★-专业：临床检验诊断学 8/93。

4★专业：人体解剖与组织胚胎学 17/87、免疫学 17/86、病原生物学 17/86、儿科学 9/84、药理学 22/108。

> 通信地址：重庆市渝中区医学院路1号重庆医科大学研招办
> 邮政编码：400016
> 电话号码：023-68485540
> 电子邮箱：yzb@cqmu.edu.cn
> 研究生院（部、处）网址：http://yjsy.cqmu.edu.cn/

10652　西南政法大学

在中国普通高校研究生教育竞争力排行榜中的名次：总排名 220/507，重庆市内排名 4/12，文法类排名 5/22。

共 9 个一级学科（学术学位）参评，其中 5★+学科 0 个，5★学科 1 个，5★-学科 0 个，4★学科 0 个，学科优秀率为 11.11%。

学科门类数

哲学 57/154、经济学 145/261、法学 20/351、文学 110/271、管理学 173/374。

一级学科排名

哲学 54/154、应用经济学 136/244、法学 7/188、政治学 57/104、马克思主义理论 115/328、外国语言文学 99/221、新闻传播学 29/98、工商管理 193/303、公共管理 98/206。

优势专业

5★专业：民商法学 7/151、经济法学 6/129。

5★-专业：法学理论 7/111、宪法学与行政法学 8/131、刑法学 9/113、诉讼法学 8/108、国际法学 9/105。

4★专业：法律史 8/61、环境与资源保护法学 9/77。

> 通信地址：重庆市渝北区宝圣大道301号西南政法大学研招办
> 邮政编码：401120
> 电话号码：023-67258892
> 电子邮箱：yzb@swupl.edu.cn
> 研究生院（部、处）网址：http://yjsy.swupl.edu.cn/

10617　重庆邮电大学

在中国普通高校研究生教育竞争力排行榜中的名次：总排名 226/507，重庆市内排名 5/12，理工类排名 84/158。

共 15 个一级学科（学术学位）参评，其中 5★+学科 0 个，5★学科 0 个，5★-学科 0 个，4★学科 2 个，学科优秀率为 13.33%。

学科门类数

法学 205/351、理学 253/368、工学 127/365、管理学 270/374。

一级学科排名

法学 174/188、马克思主义理论 138/328、物理学 93/166、系统科学 12/17、机械工程 148/205、光学工程 60/78、仪器科学与技术 57/75、电气工程 100/100、电子科学与技术 62/119、信息与通信工程 24/169、控制科学与工程 58/182、计算机科学与技术 47/262、生物医学工程 52/57、软件工程 135/155、管理科学与工程 77/199。

优势专业

4★专业：通信与信息系统 27/144、信号与信息处理 24/150。

> 通信地址：重庆市南岸区南山街道崇文路2号重庆邮电大学研招办
> 邮政编码：400065
> 电话号码：023-62460038
> 电子邮箱：yjsyyzbz@cqupt.edu.cn
> 研究生院（部、处）网址：http://yjs.cqupt.edu.cn/

10618　重庆交通大学

在中国普通高校研究生教育竞争力排行榜中的名次：总排名 235/507，重庆市内排名 6/12，理工类排名 90/158。

共 15 个一级学科（学术学位）参评。

学科门类数

法学 239/351、文学 209/271、理学 295/368、工学 137/365、管理学 149/374。

一级学科排名

马克思主义理论 126/328、外国语言文学 158/221、地理学 28/82、系统科学 11/17、力学 88/102、机械工程 117/205、材料科学与工程 167/202、计算机科学与技术 148/262、土木工程 35/153、水利工程 36/63、测绘科学与技术 34/50、交通运输工程 20/62、管理科学与工程 26/44、管理科学与工程 70/199、工商管理 189/303。

优势专业

5★-专业：桥梁与隧道工程 11/108。

```
通信地址：重庆市南岸区学府大道66号重庆交通大学研招办
邮政编码：400074
电话号码：023-62650399
电子邮箱：jyyzb@cqjtu.edu.cn
研究生院（部、处）网址：http://yjszs.cqjtu.edu.cn
```

10637　重庆师范大学

在中国普通高校研究生教育竞争力排行榜中的名次：总排名269/507，重庆市内排名7/12，师范类排名34/59。

共20个一级学科（学术学位）参评。

学科门类数

哲学 98/154、经济学 185/261、法学 231/351、教育学 83/193、文学 117/271、理学 156/368、工学 305/365、管理学 241/374、艺术学 160/198。

一级学科排名

哲学 98/154、理论经济学 112/115、应用经济学 180/244、马克思主义理论 104/328、教育学 54/140、心理学 44/97、中国语言文学 109/170、外国语言文学 127/221、数学 93/243、物理学 135/166、地理学 48/82、生物学 151/224、系统科学 14/17、生态学 82/111、计算机科学与技术 10/38、光学工程 59/78、软件工程 90/155、管理科学与工程 126/199、工商管理 303/303、美术学 32/115。

优势专业

4★专业：发展与教育心理学 2/9。

```
通信地址：重庆市大学城重庆师范大学虎溪校区重庆师范大学研招办
邮政编码：401331
电话号码：023-65910997
电子邮箱：yjsc@cqnu.edu.cn
研究生院（部、处）网址：http://graduate.cqnu.edu.cn/
```

11799　重庆工商大学

在中国普通高校研究生教育竞争力排行榜中的名次：总排名287/507，重庆市内排名8/12，财经类排名16/34。

共10个一级学科（学术学位）参评，其中5★+学科0个，5★学科0个，5★-学科0个，4★学科2个，学科优秀率为20%。

学科门类数

经济学 65/261、法学 237/351、文学 142/271、理学 271/368、工学 281/365、管理学 121/374。

一级学科排名

应用经济学 59/244、统计学 22/46、社会学 64/88、马克思主义理论 162/328、中国语言文学 161/170、新闻传播学 50/98、统计学 21/116、环境科学与工程 82/174、管理科学与工程 110/199、工商管理 61/303。

优势专业

4★专业：区域经济学 34/175、会计学 50/259。

```
通信地址：重庆市南岸区学府大道19号重庆工商大学研招办
邮政编码：400067
电话号码：023-62769448
电子邮箱：jfp@ctbu.edu.cn
研究生院（部、处）网址：http://grs.ctbu.edu.cn/
```

11660　重庆理工大学

在中国普通高校研究生教育竞争力排行榜中的名次：总排名326/507，重庆市内排名9/12，理工类排名121/158。

共13个一级学科（学术学位）参评。

学科门类数

经济学 146/261、法学 303/351、理学 294/368、工学 207/365、医学 156/182、管理学 165/374。

一级学科排名

应用经济学 143/244、马克思主义理论 263/328、数学 144/243、统计学 59/116、机械工程 103/205、仪器科学与技术 45/75、材料科学与工程 140/202、信息与通信工程 100/169、计算机科学与技术 154/262、生物医学工程 56/57、药学 102/131、管理科学与工程 148/199、工商管理 97/303。

```
通信地址：重庆市杨家坪兴胜路4号重庆理工大学研招办
邮政编码：400054
电话号码：023-68667302
电子邮箱：yjs@cqut.edu.cn
研究生院（部、处）网址：yjsy.cqut.edu.cn/
```

10650　四川外国语大学

在中国普通高校研究生教育竞争力排行榜中的名次：总排名384/507，重庆市内排名10/12，文法类排名14/22。

共4个一级学科（学术学位）参评，其中5★+学科0个，5★学科0个，5★-学科1个，4★学科0个，学科优秀率为25%。

学科门类数

法学 298/351、教育学 189/193、文学 53/271。

一级学科排名

马克思主义理论 230/328、教育学 135/140、中国语言文学 115/170、外国语言文学 13/221。

优势专业

5★专业：英语语言文学 8/186。

4★专业：外国语言学及应用语言学 30/196。

通信地址：重庆市沙坪坝区壮志路 33 号
邮政编码：400031
电话号码：023-65385296
电子邮箱：sisuyjsb@126.com
研究生院（部、处）网址：http://graduate.sisu.edu.cn/

10655　四川美术学院

在中国普通高校研究生教育竞争力排行榜中的名次：总排名 425/507，重庆市内排名 11/12，艺术类排名 14/27。

共 4 个一级学科（学术学位）参评，其中 5★+ 学科 0 个，5★ 学科 1 个，5★- 学科 0 个，4★ 学科 0 个，学科优秀率为 25%。

学科门类数

艺术学 19/198。

一级学科排名

艺术学理论 28/63、戏剧与影视学 41/63、美术学 6/115、设计学 56/134。

通信地址：重庆市沙坪坝区大学城四川美术学院
邮政编码：401331
电话号码：023-65921056
电子邮箱：zhaoban@scfai.edu.cn
研究生院（部、处）网址：http://xwyyjs.scfai.edu.cn/

10643　重庆三峡学院

在中国普通高校研究生教育竞争力排行榜中的名次：总排名 499/507，重庆市内排名 12/12，综合类排名 76/76。

共 3 个一级学科（学术学位）参评。

学科门类数

文学 247/271、工学 346/365。

一级学科排名

中国语言文学 163/170、电子科学与技术 106/119、环境科学与工程 170/174。

通信地址：重庆市万州区天星路 666 号
邮政编码：404130
电话号码：023-58105711
电子邮箱：cqsxxyyjsczb@126.com
研究生院（部、处）网址：http://www.sanxiau.edu.cn/yjsy/

11551　重庆科技学院

在中国仅专业硕士招生普通高校研究生教育竞争力排行榜中的名次：总排名 11/66，重庆市内排名 1/1，理工类排名 6/20。

共 1 个一级学科（专业学位）参评。

一级学科排名

工程（专业学位）107/380。

通信地址：重庆市沙坪坝区大学城东路 20 号博学楼 F111 重庆科技学院研招办
邮政编码：401331
电话号码：023-65023287
电子邮箱：cqustxkb@163.com
研究生院（部、处）网址：http://yjs.cqust.edu.cn/

河南省

10459　郑州大学

在中国普通高校研究生教育竞争力排行榜中的名次：总排名 41/507，河南省内排名 1/16，综合类排名 16/76。

共 54 个一级学科（学术学位）参评，其中 5★+ 学科 0 个，5★ 学科 0 个，5★- 学科 2 个，4★ 学科 9 个，学科优秀率为 20.37%。

学科门类数

哲学 45/154、经济学 90/261、法学 38/351、教育学 64/193、文学 39/271、历史学 26/116、理学 29/368、工学 59/365、医学 14/182、管理学 36/374、艺术学 41/198。

一级学科排名

哲学 60/154、应用经济学 85/244、统计学 43/46、法学 34/188、政治学 33/104、社会学 49/88、马克思主义理论 44/328、心理学 59/97、体育学 24/117、中国语言文学 53/170、外国语言文学 44/221、新闻传播学 23/98、考古学 19/40、中国史 37/113、世界史 26/67、数学 50/243、物理学 38/166、化学 23/188、生物学 70/224、统计学 106/116、环境科学与工程 41/51、药学 6/18、力学 39/102、机械工程 53/205、材料科学与工程 40/202、冶金工程 16/23、动力工程及工程热物理 39/110、电气工程 28/100、信息与通信工程 55/169、控制科学与工程 51/182、计算机科学与技术 78/262、建筑学 34/57、土木工程 29/153、水利工程 13/63、化学工程与技术 25/194、交通运输工程 40/62、核科学与技术 16/19、环境科学与工程 59/174、城乡规划学 29/51、软件工程 44/155、安全科学与工程 23/54、管理科学与工程 17/44、基础医学 20/97、临床医学 15/108、口腔医学 33/44、公共卫生与预防医学 10/70、药学 13/131、护理学 29/63、管理科学与工程 85/199、工商管理 83/303、公共管理 18/206、图书情报与档案管理 16/56、音乐与舞蹈学 70/82、美术学 72/115。

优势专业

5★-专业：病理学与病理生理学 7/91、影像医学与核医学 10/96、营养与食品卫生学 6/58、社会医学与卫生事业管理 1/18。

4★专业：宪法学与行政法学 20/131、民商法学 26/151、马克思主义基本原理 38/267、马克思主义中国化研究 49/250、思想政治教育 50/302、中国古典文献学 18/101、外国语言学及应用语言学 36/196、运筹学与控制论 25/165、凝聚态物理 26/151、无机化学 22/159、分析化学 23/163、有机化学 21/164、物理化学 28/163、化学生物学 8/18、生物化学与分子生物学 41/204、材料加工工程 33/164、化学工艺 18/140、制药工程 9/15、人体解剖与组织胚胎学 12/87、内科学 12/97、儿科学 14/84、神经病学 10/85、临床检验诊断学 14/93、外科学 18/96、妇产科学 11/87、眼科学 12/78、耳鼻咽喉科学 13/75、肿瘤学 11/88、药物化学 12/110、行政管理 26/166、教育经济与管理 21/131、土地资源管理 19/105。

通信地址：河南省郑州市科学大道100号
邮政编码：450001
电话号码：0371-67781710
电子邮箱：yzb@zzh.edu.cn
研究生院（部、处）网址：http://gs.zzu.edu.cn

10475　河南大学

在中国普通高校研究生教育竞争力排行榜中的名次：总排名 88/507，河南省内排名 2/16，综合类排名 26/76。

共 53 个一级学科（学术学位）参评，其中 5★+学科 0 个，5★学科 0 个，5★-学科 0 个，4★学科 8 个，学科优秀率为 15.09%。

学科门类数

哲学 60/154、经济学 41/261、法学 53/351、教育学 22/193、文学 35/271、历史学 30/116、理学 58/368、工学 168/365、农学 71/100、医学 100/182、管理学 134/374、艺术学 33/198。

一级学科排名

哲学 55/154、理论经济学 48/115、应用经济学 45/244、统计学 15/46、法学 56/188、政治学 35/104、社会学 43/88、民族学 36/41、马克思主义理论 50/328、教育学 21/140、心理学 52/97、体育学 14/117、中国语言文学 31/170、外国语言文学 36/221、新闻传播学 37/98、考古学 23/40、中国史 32/113、世界史 24/67、数学 103/243、物理学 85/166、化学 57/188、地理学 13/82、生物学 75/224、生态学 63/111、统计学 74/116、心理学 6/13、电子科学与技术 12/15、计算机科学与技术 17/38、环境科学与工程 47/51、光学工程 69/78、材料科学与工程 112/202、电子科学与技术 100/119、控制科学与工程 138/182、计算机科学与技术 159/262、土木工程 134/153、测绘科学与技术 49/50、化学工程与技术 119/194、环境科学与工程 156/174、软件工程 144/155、设计学 10/10、作物学 34/46、基础医学 68/97、临床医学 69/108、药学 74/131、管理科学与工程 132/199、工商管理 119/303、农林经济管理 51/51、公共管理 77/206、艺术学理论 45/63、音乐与舞蹈学 38/82、戏剧与影视学 12/63、美术学 81/115、设计学 106/134。

优势专业

5★-专业：马克思主义基本原理 25/267、中国现当代文学 15/148。

4★专业：教育学原理 10/89、体育教育训练学 15/106、英语语言文学 37/186、外国语言学及应用语言学 40/196、人文地理学 12/65。

通信地址：河南省开封市明伦街85号河南大学研究生院研究生招生办公室
邮政编码：475001
电话号码：0371-22867269
电子邮箱：gxsong@henu.edu.cn
研究生院（部、处）网址：http://grs.henu.edu.cn

10476　河南师范大学

在中国普通高校研究生教育竞争力排行榜中的名次：总排名 154/507，河南省内排名 3/16，师范类排名 18/59。

共 34 个一级学科（学术学位）参评。

学科门类数

哲学 96/154、经济学 156/261、法学 137/351、教育学 65/193、文学 123/271、历史学 45/116、理学 77/368、工学 166/365、农学 66/100、医学 168/182、管理学 186/374、艺术学 80/198。

一级学科排名

哲学 94/154、理论经济学 103/115、应用经济学 155/244、法学 96/188、政治学 64/104、马克思主义理论 167/328、教育学 42/140、体育学 60/117、中国语言文学 104/170、外国语言文学 118/221、考古学 27/40、中国史 70/113、世界史 43/67、数学 97/243、物理学 62/166、化学 61/188、生物学 112/224、生态学 79/111、统计学 79/116、计算机科学与技术 22/38、环境科学与工程 25/51、药学 13/18、光学工程 47/78、材料科学与工程 102/202、电子科学与技术 64/119、化学工程与技术 91/194、环境科学与工程 67/174、水产 15/26、药学 121/131、工商管理 226/303、公共管理 184/206、音乐与舞蹈学 26/82、戏剧与影视学 35/63、美术学 38/115。

优势专业

4★专业：少年儿童组织与思想意识教育 9/21。

通信地址：河南省新乡市牧野区建设路东段46号
邮政编码：453007
电话号码：0373-3329034
电子邮箱：yzb@htu.edu.cn
研究生院（部、处）网址：www.htu.cn/yjsxy/

10460　河南理工大学

在中国普通高校研究生教育竞争力排行榜中的名次：

总排名 159/507，河南省内排名 4/16，理工类排名 63/158。

共 25 个一级学科（学术学位）参评，其中 5★+学科 0 个，5★学科 0 个，5★-学科 0 个，4★学科 1 个，学科优秀率为 4%。

学科门类数

法学 220/351、理学 213/368、工学 89/365、管理学 138/374。

一级学科排名

马克思主义理论 130/328、数学 78/243、地理学 36/82、地质学 28/40、力学 58/102、机械工程 83/205、仪器科学与技术 60/75、材料科学与工程 90/202、动力工程及工程热物理 72/110、电气工程 57/100、信息与通信工程 116/169、控制科学与工程 72/182、计算机科学与技术 102/262、土木工程 69/153、水利工程 47/63、测绘科学与技术 22/50、化学工程与技术 155/194、地质资源与地质工程 19/46、矿业工程 5/32、环境科学与工程 109/174、软件工程 103/155、安全科学与工程 19/54、管理科学与工程 92/199、工商管理 207/303、公共管理 66/206。

优势专业

4★专业：地图学与地理信息系统 13/73。

通信地址 河南省焦作市高新区世纪路 2001 号
邮政编码 454003
电话号码 0391-3987234
电子邮箱 yanzhaoban219@hpu.edu.cn
研究生院（部、处）网址 http://adge.hpu.edu.cn/

10464 河南科技大学

在中国普通高校研究生教育竞争力排行榜中的名次：

总排名 163/507，河南省内排名 5/16，理工类排名 64/158。

共 42 个一级学科（学术学位）参评。

学科门类数

经济学 215/261、法学 183/351、文学 224/271、历史学 95/116、理学 174/368、工学 139/365、农学 50/100、医学 107/182、管理学 188/374。

一级学科排名

应用经济学 209/244、统计学 29/46、马克思主义理论 150/328、外国语言文学 160/221、中国史 89/113、数学 170/243、物理学 130/166、化学 169/188、生物学 124/224、生态学 108/111、统计学 115/116、计算机科学与技术 38/38、基础医学 15/15、药学 18/18、力学 94/102、机械工程 57/205、仪器科学与技术 55/75、材料科学与工程 84/202、冶金工程 15/23、动力工程及工程热物理 91/110、电气工程 92/100、信息与通信工程 130/169、控制科学与工程 75/182、土木工程 149/153、化学工程与技术 180/194、交通运输工程 60/62、农业工程 40/47、食品科学与工程 57/92、软件工程 145/155、管理科学与工程 34/44、作物学 35/46、园艺学 30/39、农业资源与环境 34/39、植物保护 34/44、畜牧学 34/48、兽医学 18/41、草学 23/28、基础医学 76/97、临床

医学 74/108、药学 103/131、工商管理 216/303、图书情报与档案管理 50/56。

优势专业

5★-专业：马克思主义法学 1/8。

4★专业：中国近现代史基本问题研究 24/148。

通信地址 河南省洛阳市洛龙区开元大道 263 号
邮政编码 471023
电话号码 0379-64231373
电子邮箱 yzb@haust.edu.cn
研究生院（部、处）网址 http://yjsc.haust.edu.cn/

10466 河南农业大学

在中国普通高校研究生教育竞争力排行榜中的名次：

总排名 183/507，河南省内排名 6/16，农林类排名 14/37。

共 18 个一级学科（学术学位）参评。

学科门类数

法学 230/351、理学 186/368、工学 191/365、农学 20/100、管理学 196/374。

一级学科排名

政治学 95/104、马克思主义理论 156/328、生物学 91/224、生态学 55/111、农业工程 19/47、食品科学与工程 53/92、风景园林学 27/54、作物学 10/46、园艺学 20/39、农业资源与环境 25/39、植物保护 33/44、畜牧学 20/48、兽医学 13/41、林学 15/44、食品科学与工程 9/25、工商管理 297/303、农林经济管理 27/51、公共管理 206/206。

通信地址 河南省郑州市农业路 63 号
邮政编码 450002
电话号码 0371-63558825
电子邮箱 yzb@hnau.edu.cn
研究生院（部、处）网址 http://www.henau.edu.cn/jgsz/znbm/index.shtml

10463 河南工业大学

在中国普通高校研究生教育竞争力排行榜中的名次：

总排名 222/507，河南省内排名 7/16，理工类排名 82/158。

共 27 个一级学科（学术学位）参评，其中 5★+学科 0 个，5★学科 0 个，5★-学科 0 个，4★学科 1 个，学科优秀率为 3.70%。

学科门类数

经济学 170/261、法学 273/351、文学 240/271、理学 216/368、工学 157/365、农学 79/100、管理学 242/374。

一级学科排名

理论经济学 94/115、应用经济学 185/244、马克思主义理论 203/328、外国语言文学 186/221、新闻传播学 81/98、数学 200/243、物理学 164/166、化学 135/188、生物学 195/224、药学 17/18、力学 65/102、机械工程 115/205、材料科学与工程 133/202、信息与通信工程 137/169、控制科

学与工程 108/182、计算机科学与技术 152/262、建筑学 46/57、土木工程 81/153、测绘科学与技术 36/50、化学工程与技术 83/194、轻工技术与工程 19/31、环境科学与工程 137/174、食品科学与工程 17/92、植物保护 39/44、畜牧学 44/48、管理科学与工程 152/199、工商管理 220/303。

优势专业

4★专业：粮食、油脂及植物蛋白工程 10/52、农产品加工及贮藏工程 10/67。

```
通信地址：河南省郑州市高新技术产业开发区莲花街
邮政编码：450001
电话号码：0371-67756268
电子邮箱：yzb@haut.edu.cn
研究生院（部、处）网址：http://gradstu.haut.edu.cn/
```

10471　河南中医药大学

在中国普通高校研究生教育竞争力排行榜中的名次：总排名 288/507，河南省内排名 8/16，医药类排名 32/69。

共 7 个一级学科（学术学位）参评。

学科门类数

法学 314/351、医学 58/182。

一级学科排名

马克思主义理论 255/328、基础医学 80/97、临床医学 78/108、中医学 16/41、中西医结合 14/66、药学 79/131、中药学 31/45。

优势专业

4★专业：中医内科学 6/36。

```
通信地址：河南省郑州市金水路1号河南中医药大学
邮政编码：450008
电话号码：0371-65998824
电子邮箱：yjsc@hactcm.edu.cn
研究生院（部、处）网址：http://yjs.cxx.cn/
```

10078　华北水利水电大学

在中国普通高校研究生教育竞争力排行榜中的名次：总排名 306/507，河南省内排名 9/16，理工类排名 111/158。

共 18 个一级学科（学术学位）参评。

学科门类数

经济学 244/261、法学 290/351、理学 278/368、工学 214/365、农学 87/100、管理学 259/374。

一级学科排名

应用经济学 225/244、马克思主义理论 220/328、数学 153/243、力学 86/102、机械工程 150/205、动力工程及工程热物理 79/110、控制科学与工程 129/182、计算机科学与技术 206/262、土木工程 95/153、水利工程 19/63、地质资源与地质工程 28/46、农业工程 41/47、环境科学与工程 146/174、软件工程 117/155、管理科学与工程 22/44、林学 34/44、管理科学与工程 143/199、工商管理 218/303。

```
通信地址：河南省郑州市北环路36号华北水利水电大学研招办
邮政编码：450011
电话号码：0371-65790989
电子邮箱：zhsb@ncwu.edu.cn
研究生院（部、处）网址：http://www5.ncwu.edu.cn/yanjiusheng/
```

10472　新乡医学院

在中国普通高校研究生教育竞争力排行榜中的名次：总排名 325/507，河南省内排名 10/16，医药类排名 37/69。

共 11 个一级学科（学术学位）参评。

学科门类数

法学 317/351、教育学 186/193、理学 343/368、工学 363/365、医学 85/182、管理学 342/374。

一级学科排名

马克思主义理论 289/328、心理学 89/97、生物学 201/224、心理学 5/13、基础医学 12/15、生物医学工程 55/57、基础医学 71/97、临床医学 71/108、公共卫生与预防医学 61/70、药学 128/131、图书情报与档案管理 44/56。

```
通信地址：河南省新乡市金穗大道东段新乡医学院研究生招生
         办公室
邮政编码：453003
电话号码：0373-3029444
电子邮箱：yzb@xxmu.edu.cn
研究生院（部、处）网址：http://www.xxmu.edu.cn/yjsc/
```

10462　郑州轻工业学院

在中国普通高校研究生教育竞争力排行榜中的名次：总排名 356/507，河南省内排名 11/16，理工类排名 130/158。

共 16 个一级学科（学术学位）参评。

学科门类数

法学 294/351、工学 227/365、管理学 277/374、艺术学 171/198。

一级学科排名

马克思主义理论 239/328、机械工程 185/205、仪器科学与技术 75/75、材料科学与工程 202/202、动力工程及工程热物理 110/110、电气工程 90/100、信息与通信工程 165/169、控制科学与工程 179/182、计算机科学与技术 232/262、化学工程与技术 102/194、轻工技术与工程 30/31、食品科学与工程 87/92、软件工程 133/155、管理科学与工程 155/199、工商管理 267/303、设计学 87/134。

```
通信地址：河南省郑州市东风路5号郑州轻工业学院研究生招
         生办公室
邮政编码：450002
电话号码：0371-63556320
电子邮箱：yzb_zzuli@163.com
研究生院（部、处）网址：http://yjsc.zzuli.edu.cn
```

10477　信阳师范学院

在中国普通高校研究生教育竞争力排行榜中的名次：总排名 366/507，河南省内排名 12/16，师范类排名 39/59。

共 12 个一级学科（学术学位）参评。

学科门类数

经济学 200/261、法学 207/351、教育学 125/193、文学 147/271、历史学 100/116、理学 212/368。

一级学科排名

理论经济学 73/115、马克思主义理论 142/328、教育学 105/140、心理学 76/97、中国语言文学 119/170、外国语言文学 220/221、中国史 95/113、数学 184/243、物理学 152/166、化学 151/188、生物学 177/224、计算机科学与技术 26/38。

```
通信地址：河南省信阳市南湖路 237 号
邮政编码：464000
电话号码：0376-6391259
电子邮箱：yjsc1259@163.com
研究生院（部、处）网址：http://yjs.xynu.edu.cn/
```

10465　中原工学院

在中国普通高校研究生教育竞争力排行榜中的名次：总排名 386/507，河南省内排名 13/16，理工类排名 138/158。

共 11 个一级学科（学术学位）参评。

学科门类数

哲学 119/154、法学 261/351、工学 228/365、管理学 205/374、艺术学 135/198。

一级学科排名

哲学 107/154、马克思主义理论 191/328、机械工程 173/205、材料科学与工程 148/202、信息与通信工程 162/169、控制科学与工程 157/182、计算机科学与技术 213/262、土木工程 125/153、纺织科学与工程 16/20、工商管理 115/303、设计学 51/134。

```
通信地址：河南郑州中原中路 41 号中原工学院研究生招生办公室
邮政编码：450007
电话号码：0371-67698801
电子邮箱：yjsc@zzti.edu.cn
研究生院（部、处）网址：http://www.zzti.edu.cn/xybm1.htm
```

10484　河南财经政法大学

在中国普通高校研究生教育竞争力排行榜中的名次：总排名 412/507，河南省内排名 14/16，财经类排名 26/34。

共 10 个一级学科（学术学位）参评。

学科门类数

哲学 107/154、经济学 94/261、法学 155/351、理学 348/368、工学 348/365、管理学 157/374。

一级学科排名

哲学 117/154、理论经济学 67/115、应用经济学 99/244、法学 62/188、马克思主义理论 290/328、地理学 35/82、计算机科学与技术 244/262、管理科学与工程 150/199、工商管理 104/303、农林经济管理 46/51。

```
通信地址：河南省郑州市文化路 80 号
邮政编码：450000
电话号码：0371-63519063
电子邮箱：hncyyzb@yahoo.com.cn
研究生院（部、处）网址：http://yjs.huel.edu.cn/
```

10467　河南科技学院

在中国普通高校研究生教育竞争力排行榜中的名次：总排名 431/507，河南省内排名 15/16，师范类排名 47/59。

共 6 个一级学科（学术学位）参评。

学科门类数

工学 299/365、农学 60/100。

一级学科排名

食品科学与工程 52/92、作物学 37/46、园艺学 25/39、植物保护 42/44、兽医学 27/41、食品科学与工程 14/25。

```
通信地址：河南省新乡市华兰大道东段
邮政编码：453003
电话号码：0373-3040873
电子邮箱：yzb@hist.edu.cn
研究生院（部、处）网址：http://yjsc.hist.edu.cn/
```

10485　郑州航空工业管理学院

在中国普通高校研究生教育竞争力排行榜中的名次：总排名 460/507，河南省内排名 16/16，理工类排名 150/158。

共 4 个一级学科（学术学位）参评。

学科门类数

工学 338/365、管理学 162/374。

一级学科排名

管理科学与工程 21/44、管理科学与工程 138/199、工商管理 197/303、图书情报与档案管理 37/56。

```
通信地址：河南省郑州市郑东新区龙子湖大学园区郑州航空工业管理学院东校区
邮政编码：450046
电话号码：0371-60632520
电子邮箱：yzb@zua.edu.cn
研究生院（部、处）网址：http://yjsc.zua.edu.cn/
```

10479　安阳师范学院

在中国仅专业硕士招生普通高校研究生教育竞争力排行榜中的名次：总排名 25/66，河南省内排名 3/3，师范类排名 3/14。

共1个一级学科（专业学位）参评，其中5★+学科0个，5★学科0个，5★-学科0个，4★学科1个，学科优秀率为100%。

一级学科排名
汉语国际教育（专业学位）18/110。

优势专业
4★专业：汉语国际教育（专业学位）18/110。

```
通信地址：河南省安阳市弦歌大道436号
邮政编码：455000
电话号码：0372-2900065
电子邮箱：yjsc@aynu.edu.cn
研究生院（部、处）网址：http://yjsc.aynu.edu.cn/
```

10482　洛阳师范学院

在中国仅专业硕士招生普通高校研究生教育竞争力排行榜中的名次：总排名21/66，河南省内排名2/3，师范类排名2/14。

共1个一级学科（专业学位）参评。

一级学科排名
教育（专业学位）37/135。

```
通信地址：河南省洛阳市龙门路71号
邮政编码：471022
电话号码：0379-65550991
电子邮箱：lysyyjs@126.com
研究生院（部、处）网址：http://183.170.0.11/system/index.php?m=content&c=index&a=lists&catid=195
```

10481　南阳师范学院

在中国仅专业硕士招生普通高校研究生教育竞争力排行榜中的名次：总排名12/66，河南省内排名1/3，师范类排名1/14。

共1个一级学科（专业学位）参评。

一级学科排名
工程（专业学位）136/380。

```
通信地址：河南省南阳市卧龙区卧龙路1638号
邮政编码：473061
电话号码：0377-63525367
电子邮箱：nynuyjsc@nynu.edu.cn
研究生院（部、处）网址：http://www2.nynu.edu.cn/xzbm/yjsc/
```

河北省

10216　燕山大学

在中国普通高校研究生教育竞争力排行榜中的名次：总排名75/507，河北省内排名1/16，理工类排名37/158。

共33个一级学科（学术学位）参评，其中5★+学科0个，5★学科1个，5★-学科0个，4★学科7个，学科优秀率为24.24%。

学科门类数
哲学83/154、经济学192/261、法学165/351、文学186/271、理学139/368、工学48/365、管理学120/374、艺术学110/198。

一级学科排名
哲学67/154、应用经济学116/244、法学173/188、政治学85/104、马克思主义理论99/328、中国语言文学165/170、外国语言文学83/221、数学70/243、物理学39/166、统计学35/116、力学46/102、机械工程11/205、光学工程39/78、仪器科学与技术16/75、材料科学与工程38/202、动力工程及工程热物理57/110、电气工程37/100、电子科学与技术53/119、信息与通信工程79/169、控制科学与工程38/182、计算机科学与技术51/262、土木工程87/153、化学工程与技术32/194、石油与天然气工程9/17、环境科学与工程98/174、生物医学工程44/57、软件工程26/155、管理科学与工程58/199、工商管理62/303、公共管理110/206、音乐与舞蹈学66/82、美术学110/115、设计学104/134。

优势专业
5★-专业：机械电子工程17/188、机械设计及理论14/191。

4★专业：机械制造及其自动化28/184、材料学29/186、应用化学37/190。

```
通信地址：河北省秦皇岛市海港区河北大街438号燕山大学研招办
邮政编码：066004
电话号码：0335-8057077
电子邮箱：yzb@ysu.edu.cn
研究生院（部、处）网址：http://gs.ysu.edu.cn/
```

10075　河北大学

在中国普通高校研究生教育竞争力排行榜中的名次：总排名117/507，河北省内排名2/16，综合类排名35/76。

共46个一级学科（学术学位）参评，其中5★+学科0个，5★学科0个，5★-学科0个，4★学科2个，学科优秀率为4.35%。

学科门类数
哲学44/154、经济学61/261、法学91/351、教育学67/193、文学55/271、历史学38/116、理学83/368、工学175/365、医学120/182、管理学108/374、艺术学103/198。

一级学科排名
哲学42/154、理论经济学52/115、应用经济学82/244、统计学35/46、法学87/188、社会学55/88、马克思主义理论95/328、教育学29/140、心理学67/97、中国语言文学48/170、外国语言文学87/221、新闻传播学19/98、考古学 29/40、中国史 33/113、世界史 40/67、数学 176/243、物理学 94/166、化学 86/188、生物学 85/224、生态学 92/111、心理学 10/13、药学 12/18、光学工程 42/78、仪器科学与技术 50/75、电子科学与技术 96/119、信息与通信工程 147/169、控制科学与工程 121/182、计算机科学与技术 141/262、土木工程 140/153、化学工程与技术 165/194、环境科学与工程 129/174、软件工程 112/155、网络空间安全 25/29、临床医学 90/108、公共卫生与预防医学 54/70、中西医结合 44/66、药学 80/131、护理学 40/63、管理科学与工程 137/199、工商管理 190/303、公共管理 122/206、图书情报与档案管理 28/56、艺术学理论 54/63、音乐与舞蹈学 61/82、戏剧与影视学 56/63、美术学 107/115。

优势专业

4★专业：思想政治教育 38/302、汉语言文字学 25/133、新闻学 16/85、传播学 17/93、动物学 22/126。

通信地址：河北省保定市五四东路180号河北大学研招办
邮政编码：071002
电话号码：0312-5079489
电子邮箱：master@mail.hbu.cn
研究生院（部、处）网址：http://graduate.hbu.cn/

10080 河北工业大学

在中国普通高校研究生教育竞争力排行榜中的名次：总排名134/507，河北省内排名3/16，理工类排名55/158。

共26个一级学科（学术学位）参评。

学科门类数

经济学 168/261、法学 185/351、理学 145/368、工学 71/365、管理学 93/374、艺术学 188/198。

一级学科排名

应用经济学 164/244、马克思主义理论 106/328、数学 164/243、物理学 116/166、化学 99/188、生物学 211/224、统计学 94/116、力学 81/102、机械工程 64/205、仪器科学与技术 52/75、材料科学与工程 53/202、动力工程及工程热物理 80/110、电气工程 36/100、电子科学与技术 66/119、信息与通信工程 132/169、控制科学与工程 73/182、计算机科学与技术 103/262、建筑学 48/57、土木工程 53/153、化学工程与技术 40/194、交通运输工程 55/62、生物医学工程 53/57、城乡规划学 42/51、管理科学与工程 75/199、工商管理 70/303、设计学 110/134。

优势专业

4★专业：材料物理与化学 35/183、技术经济及管理 31/224。

通信地址：天津市北辰区西平道5340号河北工业大学研招办
邮政编码：300401
电话号码：022-60438300
电子邮箱：yzb@hebut.edu.cn
研究生院（部、处）网址：http://yjs.hebut.edu.cn/

10094 河北师范大学

在中国普通高校研究生教育竞争力排行榜中的名次：总排名153/507，河北省内排名4/16，师范类排名17/59。

共29个一级学科（学术学位）参评，其中5★+学科0个，5★学科0个，5★-学科0个，4★学科2个，学科优秀率为6.90%。

学科门类数

哲学 69/154、经济学 223/261、法学 97/351、教育学 39/193、文学 76/271、历史学 36/116、理学 81/368、工学 310/365、管理学 346/374、艺术学 83/198。

一级学科排名

哲学 65/154、理论经济学 84/115、法学 157/188、政治学 93/104、马克思主义理论 37/328、教育学 66/140、心理学 45/97、体育学 18/117、中国语言文学 65/170、外国语言文学 70/221、考古学 24/40、中国史 34/113、世界史 37/67、数学 76/243、物理学 79/166、化学 117/188、天文学 13/15、地理学 42/82、生物学 78/224、科学技术史 21/22、生态学 74/111、统计学 104/116、材料科学与工程 193/202、计算机科学与技术 221/262、软件工程 75/155、公共管理 169/206、艺术学理论 55/63、音乐与舞蹈学 57/82、美术学 49/115。

优势专业

5★专业：马克思主义基本原理 11/267。

4★专业：马克思主义中国化研究 35/250、思想政治教育 53/302、体育教育训练学 13/106、细胞生物学 25/138。

通信地址：河北省石家庄市南二环东路20号河北师范大学研招办
邮政编码：050024
电话号码：0311-80786777
电子邮箱：yjs@hebtu.edu.cn
研究生院（部、处）网址：http://yjsy.hebtu.edu.cn/

10089 河北医科大学

在中国普通高校研究生教育竞争力排行榜中的名次：总排名164/507，河北省内排名5/16，医药类排名14/69。

共9个一级学科（学术学位）参评。

学科门类数

理学 163/368、医学 35/182、管理学 373/374。

一级学科排名

生物学 73/224、基础医学 27/97、临床医学 28/108、口腔医学 23/44、公共卫生与预防医学 35/70、中西医结合 22/66、药学 51/131、护理学 34/63、公共管理 197/206。

通信地址：河北省石家庄市中山东路361号河北医科大学研招办
邮政编码：050017
电话号码：0311-86266422
电子邮箱：ydzsb@hebmu.edu.cn
研究生院（部、处）网址：http://202.206.48.96/

10086 河北农业大学

在中国普通高校研究生教育竞争力排行榜中的名次：总排名212/507，河北省内排名6/16，农林类排名18/37。

共25个一级学科（学术学位）参评。

学科门类数

经济学190/261、法学285/351、理学205/368、工学155/365、农学32/100、管理学124/374。

一级学科排名

应用经济学190/244、马克思主义理论215/328、化学178/188、生物学119/224、生态学102/111、机械工程177/205、计算机科学与技术251/262、土木工程139/153、水利工程61/63、农业工程18/47、食品科学与工程34/92、城乡规划学47/51、风景园林学25/54、作物学28/46、园艺学15/39、农业资源与环境9/39、植物保护30/44、畜牧学33/48、兽医学37/41、林学12/44、水产26/26、管理科学与工程89/199、工商管理274/303、农林经济管理30/51、公共管理205/206。

通信地址：河北省保定市灵雨寺街289号河北农业大学研招办
邮政编码：071001
电话号码：0312-7521303
电子邮箱：yzb@hebau.edu.cn
研究生院（部、处）网址：http://yanjiusheng.hebau.edu.cn/

10082 河北科技大学

在中国普通高校研究生教育竞争力排行榜中的名次：总排名274/507，河北省内排名7/16，理工类排名98/158。

共25个一级学科（学术学位）参评。

学科门类数

经济学235/261、法学320/351、教育学179/193、文学253/271、理学247/368、工学158/365、医学160/182、管理学301/374、艺术学175/198。

一级学科排名

应用经济学224/244、马克思主义理论264/328、教育学132/140、外国语言文学187/221、数学139/243、物理学137/166、生物学192/224、机械工程137/205、材料科学与工程132/202、动力工程及工程热物理77/110、电气工程78/100、电子科学与技术94/119、信息与通信工程140/169、控制科学与工程132/182、计算机科学与技术215/262、土木工程100/153、化学工程与技术78/194、纺织科学与工程10/20、轻工技术与工程22/31、环境科学与工程95/174、食品科学与工程45/92、药学105/131、工商管理258/303、美术学106/115、设计学129/134。

通信地址：河北省石家庄市裕华区裕翔街26号
邮政编码：050018
电话号码：0311-81668306
电子邮箱：zhaosheng10082@163.com
研究生院（部、处）网址：http://yjsxy.web.hebust.edu.cn/

10107 石家庄铁道大学

在中国普通高校研究生教育竞争力排行榜中的名次：总排名309/507，河北省内排名8/16，理工类排名112/158。

共14个一级学科（学术学位）参评。

学科门类数

法学295/351、教育学187/193、理学322/368、工学194/365、管理学266/374。

一级学科排名

马克思主义理论232/328、教育学134/140、数学169/243、力学83/102、机械工程143/205、材料科学与工程181/202、电气工程91/100、控制科学与工程180/182、计算机科学与技术222/262、土木工程63/153、交通运输工程31/62、安全科学与工程53/54、管理科学与工程183/199、工商管理263/303。

通信地址：河北省石家庄市北二环东路17号石家庄铁道大学研招办
邮政编码：050043
电话号码：0311-87935136
电子邮箱：yanzhaoban@stdu.edu.cn
研究生院（部、处）网址：http://yjs.stdu.edu.cn/

10076 河北工程大学

在中国普通高校研究生教育竞争力排行榜中的名次：总排名371/507，河北省内排名9/16，理工类排名135/158。

共13个一级学科（学术学位）参评。

学科门类数

工学208/365、农学89/100、管理学262/374。

一级学科排名

机械工程146/205、计算机科学与技术188/262、建筑学45/57、土木工程82/153、水利工程42/63、地质资源与地质工程33/46、矿业工程28/32、农业工程46/47、环境科学与工程162/174、软件工程143/155、畜牧学41/48、管理科学与工程196/199、工商管理208/303。

通信地址：河北省邯郸市光明南大街199号
邮政编码：056038
电话号码：0310-8579567
电子邮箱：yjsb@hebeu.edu.cn
研究生院（部、处）网址：http://yanjs.hebeu.edu.cn/

11832 河北经贸大学

在中国普通高校研究生教育竞争力排行榜中的名次：总排名390/507，河北省内排名10/16，财经类排名24/34。

共10个一级学科（学术学位）参评。

学科门类数

哲学110/154、经济学96/261、法学144/351、文学196/271、理学364/368、工学360/365、管理学181/374。

一级学科排名

哲学 109/154、理论经济学 85/115、应用经济学 95/244、法学 71/188、马克思主义理论 192/328、新闻传播学 80/98、统计学 75/116、计算机科学与技术 252/262、工商管理 134/303、公共管理 149/206。

```
通信地址：河北石家庄市学府路47号河北经贸大学研招办
邮政编码：050061
电话号码：0311-87657198
电子邮箱：nyjshch@heuet.edu.cn
研究生院（部、处）网址：http://yjs.heuet.edu.cn/
```

10092 河北北方学院

在中国普通高校研究生教育竞争力排行榜中的名次：总排名 439/507，河北省内排名 11/16，综合类排名 72/76。

共 3 个一级学科（学术学位）参评。

学科门类数

医学 125/182。

一级学科排名

基础医学 83/97、临床医学 89/108、药学 116/131。

```
通信地址：河北省张家口市高新区钻石南路11号
邮政编码：075000
电话号码：0313-4029555
电子邮箱：hbnuyjs@126.com
研究生院（部、处）网址：http://yjs.hebeinu.edu.cn/
```

10077 河北地质大学

在中国普通高校研究生教育竞争力排行榜中的名次：总排名 451/507，河北省内排名 12/16，理工类排名 148/158。

共 6 个一级学科（学术学位）参评。

学科门类数

经济学 261/261、法学 338/351、理学 332/368、工学 332/365、管理学 250/374。

一级学科排名

理论经济学 113/115、法学 180/188、地质学 31/40、计算机科学与技术 224/262、地质资源与地质工程 41/46、工商管理 178/303。

```
通信地址：河北省石家庄市槐安东路136号河北地质大学研招办
邮政编码：050031
电话号码：0311-87208228
电子邮箱：yjs@sjzue.edu.cn
研究生院（部、处）网址：yjsxy.hgu.edu.cn/
```

10798 河北科技师范学院

在中国普通高校研究生教育竞争力排行榜中的名次：总排名 458/507，河北省内排名 13/16，师范类排名 52/59。

共 7 个一级学科（学术学位）参评。

学科门类数

教育学 175/193、理学 335/368、工学 350/365、农学 85/100。

一级学科排名

教育学 137/140、化学 180/188、生物学 217/224、化学工程与技术 190/194、食品科学与工程 86/92、作物学 46/46、园艺学 27/39。

```
通信地址：河北省秦皇岛市河北大街西段360号河北科技师范学院研招办
邮政编码：066004
电话号码：0335-8069851
电子邮箱：ssb2039375@163.com
研究生院（部、处）网址：http://yjsc.hevttc.edu.cn/
```

10093 承德医学院

在中国普通高校研究生教育竞争力排行榜中的名次：总排名 470/507，河北省内排名 14/16，医药类排名 61/69。

共 3 个一级学科（学术学位）参评。

学科门类数

医学 118/182。

一级学科排名

基础医学 70/97、临床医学 83/108、中药学 34/45。

```
通信地址：河北省承德市上二道河子承德医学院研究生招生办公室
邮政编码：067000
电话号码：0314-2290198
电子邮箱：yjsk@cdmc.edu.cn
研究生院（部、处）网址：yjs.cdmc.edu.cn/
```

11105 中国人民武装警察部队学院

在中国普通高校研究生教育竞争力排行榜中的名次：总排名 482/507，河北省内排名 15/16，文法类排名 20/22。

共 2 个一级学科（学术学位）参评。

学科门类数

法学 301/351、工学 342/365。

一级学科排名

法学 186/188、安全科学与工程 46/54。

```
通信地址：河北省廊坊市西昌路220号中国人民武装警察部队学院研招办
邮政编码：065000
电话号码：0316-2068260
电子邮箱：panjinlong@wjxy.edu.cn
研究生院（部、处）网址：www.wjxy.cn/
```

10084 河北建筑工程学院

在中国普通高校研究生教育竞争力排行榜中的名次：

总排名 505/507，河北省内排名 16/16，理工类排名 157/158。

共 2 个一级学科（学术学位）参评。

学科门类数

工学 343/365。

一级学科排名

建筑学 56/57、土木工程 147/153。

```
通信地址：河北省张家口市朝阳西大街 13 号河北建筑工程学院
         行政楼 A 区 217 研究生招生办公室
邮政编码：075000
电话号码：0313-4187718
电子邮箱：jyyjszs@126.com
研究生院（部、处）网址：http://wwt.hebiace.edu.cn/col8/col23/
                                col2321/col2322/index.htm1?modalid
                                =4941
```

11903　中央司法警官学院

在中国仅专业硕士招生普通高校研究生教育竞争力排行榜中的名次：总排名 63/66，河北省内排名 7/7，文法类排名 7/9。

共 1 个一级学科（专业学位）参评。

一级学科排名

法律（专业学位）69/193。

```
通信地址：河北省保定市七一中路 103 号中央司法警官学院研
         招办
邮政编码：071000
电话号码：0312-5911973
电子邮箱：zjyyjszs@163.com
研究生院（部、处）网址：http://yjs.cicp.edu.cn/
```

11420　河北金融学院

在中国仅专业硕士招生普通高校研究生教育竞争力排行榜中的名次：总排名 54/66，河北省内排名 6/7，财经类排名 5/5。

共 1 个一级学科（专业学位）参评。

一级学科排名

金融（专业学位）48/145。

```
通信地址：河北省保定市恒祥大街 3188 号河北金融学院研招办
邮政编码：071051
电话号码：0312-3338138
电子邮箱：hbcfyz@163.com
研究生院（部、处）网址：http://news.hbcf.edu.cn/yjs
```

11629　北华航天工业学院

在中国仅专业硕士招生普通高校研究生教育竞争力排行榜中的名次：总排名 53/66，河北省内排名 5/7，理工类排名 20/20。

共 1 个一级学科（专业学位）参评。

一级学科排名

工程（专业学位）276/380。

```
通信地址：河北省廊坊市爱民东道 133 号北华航天工业学院研
         招办
邮政编码：065000
电话号码：0316-2085983
电子邮箱：yanjiushengbu@nciae.edu.cn
研究生院（部、处）网址：http://yjsb.nciae.edu.cn/
```

12784　河北传媒学院

在中国仅专业硕士招生普通高校研究生教育竞争力排行榜中的名次：总排名 51/66，河北省内排名 4/7，文法类排名 5/9。

共 3 个一级学科（专业学位）参评。

一级学科排名

翻译（专业学位）172/204、新闻与传播（专业学位）90/105、艺术（专业学位）146/199。

```
通信地址：河北省石家庄市新华区警安路 8 号河北传媒学院研
         招办
邮政编码：050071
电话号码：0311-85863333
电子邮箱：yzb@hebic.edu.cn
研究生院（部、处）网址：http://yjs.hebic.cn/
```

11775　防灾科技学院

在中国仅专业硕士招生普通高校研究生教育竞争力排行榜中的名次：总排名 43/66，河北省内排名 3/7，理工类排名 19/20。

共 1 个一级学科（专业学位）参评。

一级学科排名

工程（专业学位）214/380。

```
通信地址：河北省三河市燕郊国家高新技术产业开发区学院大
         街 465 号防灾科技学院研招办
邮政编码：101601
电话号码：010-61596072
电子邮箱：yjs@cidp.edu.cn
研究生院（部、处）网址：http://yjs.cidp.edu.cn/index.aspx
```

11104　华北科技学院

在中国仅专业硕士招生普通高校研究生教育竞争力排行榜中的名次：总排名 27/66，河北省内排名 2/7，理工类排名 15/20。

共 1 个一级学科（专业学位）参评。

一级学科排名

工程（专业学位）169/380。

通信地址：北京东燕郊学院大街467号
邮政编码：065201
电话号码：010-61594811
电子邮箱：yjs@ncist.edu.cn
研究生院（部、处）网址：http://yjsy.ncist.edu.cn/index.html

10077　华北理工大学

在中国仅专业硕士招生普通高校研究生教育竞争力排行榜中的名次：总排名 1/66，河北省内排名 1/7，综合类排名 1/11。

共 9 个一级学科（专业学位）参评。

一级学科排名

金融（专业学位）144/145、法律（专业学位）85/193、翻译（专业学位）135/204、工程（专业学位）198/380、临床医学（专业学位）85/112、公共卫生（专业学位）32/53、药学（专业学位）57/68、中医（专业学位）25/37、工程管理（专业学位）48/58。

通信地址：河北省唐山市曹妃甸区唐山湾生态城渤海大道21号科技楼五层
邮政编码：063210
电话号码：0315-8816006
电子邮箱：yjsb@ncst.edu.cn
研究生院（部、处）网址：http://yjsxy.ncst.edu.cn/

山西省

10112　太原理工大学

在中国普通高校研究生教育竞争力排行榜中的名次：总排名 89/507，山西省内排名 1/10，理工类排名 42/158。

共 36 个一级学科（学术学位）参评，其中 5★+学科 0 个，5★学科 0 个，5★-学科 0 个，4★学科 3 个，学科优秀率为 8.33%。

学科门类数

经济学 237/261、法学 264/351、教育学 135/193、文学 220/271、理学 134/368、工学 55/365、管理学 169/374、艺术学 185/198。

一级学科排名

统计学 21/46、马克思主义理论 243/328、体育学 43/117、外国语言文学 177/221、数学 137/243、物理学 99/166、化学 81/188、统计学 69/116、力学 48/102、机械工程 42/205、光学工程 55/78、仪器科学与技术 46/75、材料科学与工程 48/202、冶金工程 13/23、动力工程及工程热物理 43/110、电气工程 50/100、电子科学与技术 65/119、信息与通信工程 104/169、控制科学与工程 97/182、计算机科学与技术 53/262、建筑学 23/57、土木工程 54/153、水利工程 38/63、测绘科学与技术 37/50、化学工程与技术 26/194、地质资源与地质工程 29/46、矿业工程 10/32、纺织科学与工程 15/20、环境科学与工程 76/174、生物医学工程 46/57、风景园林学 26/54、软件工程 97/155、安全科学与工程 34/54、管理科学与工程 104/199、工商管理 161/303、设计学 72/134。

优势专业

4★专业：材料加工工程 27/164、化学工艺 27/140、生物化工 23/119、应用化学 22/190、工业催化 23/115。

通信地址：山西省太原市迎泽西大街79号太原理工大学研招办
邮政编码：030024
电话号码：0351-6010370
电子邮箱：yzb@tyut.edu.cn
研究生院（部、处）网址：www.gs.tyut.edu.cn

10108　山西大学

在中国普通高校研究生教育竞争力排行榜中的名次：总排名 95/507，山西省内排名 2/10，综合类排名 27/76。

共 45 个一级学科（学术学位）参评，其中 5★+学科 0 个，5★学科 0 个，5★-学科 1 个，4★学科 0 个，学科优秀率为 2.22%。

学科门类数

哲学 16/154、经济学 85/261、法学 54/351、教育学 46/193、文学 113/271、历史学 40/116、理学 46/368、工学 117/365、农学 62/100、医学 142/182、管理学 102/374、艺术学 68/198。

一级学科排名

哲学 15/154、理论经济学 37/115、应用经济学 173/244、法学 81/188、政治学 23/104、社会学 33/88、马克思主义理论 78/328、教育学 51/140、心理学 69/97、体育学 27/117、中国语言文学 96/170、外国语言文学 100/221、新闻传播学 88/98、考古学 25/40、中国史 43/113、世界史 48/67、数学 79/243、物理学 35/166、化学 48/188、地理学 80/82、生物学 77/224、科学技术史 16/22、生态学 56/111、统计学 101/116、光学工程 36/78、电气工程 66/100、信息与通信工程 88/169、控制科学与工程 79/182、计算机科学与技术 76/262、化学工程与技术 64/194、环境科学与工程 46/174、食品科学与工程 31/92、作物学 36/46、农业资源与环境 23/39、林学 36/44、药学 77/131、管理科学与工程 107/199、工商管理 174/303、公共管理 176/206、图书情报与档案管理 35/56、艺术学理论 51/63、音乐与舞蹈学 41/82、戏剧与影视学 54/63、美术学 58/115、设计学 116/134。

优势专业

5★-专业：科学技术哲学 6/101。

4★专业：马克思主义哲学 15/104、外国哲学 12/75、政治学理论 16/83、马克思主义基本原理 47/267、马克思主义中国化研究 48/250、体育教育训练学 19/106、光学

26/137、计算机软件与理论 34/198、计算机应用技术 48/258、应用化学 20/190。

> 通信地址：山西省太原市小店区坞城路92号山西大学研招办
> 邮政编码：030006
> 电话号码：0351-7011714
> 电子邮箱：yzb@sxu.edu.cn
> 研究生院（部、处）网址：http://ygb.sxu.edu.cn/

10114　山西医科大学

在中国普通高校研究生教育竞争力排行榜中的名次：总排名176/507，山西省内排名3/10，医药类排名17/69。

共9个一级学科（学术学位）参评，其中5★+学科0个，5★学科0个，5★-学科0个，4★学科1个，学科优秀率为11.11%。

学科门类数

教育学 111/193、理学 98/368、医学 51/182。

一级学科排名

心理学 49/97、生物学 68/224、基础医学 36/97、临床医学 44/108、口腔医学 31/44、公共卫生与预防医学 19/70、中西医结合 59/66、药学 71/131、护理学 12/63。

优势专业

5★-专业：生理学 8/104。
4★专业：法医学 7/41。

> 通信地址：山西省太原市新建南路56号山西医科大学研招办
> 邮政编码：030001
> 电话号码：0351-4135123
> 电子邮箱：sxykdxyzb5123@126.com
> 研究生院（部、处）网址：http://www.sxmu.edu.cn/#

10110　中北大学

在中国普通高校研究生教育竞争力排行榜中的名次：总排名191/507，山西省内排名4/10，理工类排名72/158。

共21个一级学科（学术学位）参评。

学科门类数

法学 292/351、教育学 113/193、文学 237/271、理学 165/368、工学 97/365、管理学 309/374。

一级学科排名

马克思主义理论 227/328、体育学 39/117、外国语言文学 164/221、数学 112/243、物理学 111/166、化学 120/188、力学 87/102、机械工程 90/205、仪器科学与技术 23/75、材料科学与工程 93/202、动力工程及工程热物理 88/110、电子科学与技术 76/119、信息与通信工程 36/169、控制科学与工程 90/182、计算机科学与技术 153/262、化学工程与技术 66/194、航空宇航科学与技术 21/21、兵器科学与技术 4/7、环境科学与工程 143/174、管理科学与工程 195/199、工商管理 282/303。

> 通信地址：山西省太原市学院路3号中北大学研招办
> 邮政编码：030051
> 电话号码：0351-3922165
> 电子邮箱：yjsc1259@163.com
> 研究生院（部、处）网址：http://grs.nuc.edu.cn

10118　山西师范大学

在中国普通高校研究生教育竞争力排行榜中的名次：总排名232/507，山西省内排名5/10，师范类排名27/59。

共21个一级学科（学术学位）参评，其中5★+学科0个，5★学科0个，5★-学科1个，4★学科1个，学科优秀率为9.52%。

学科门类数

经济学 141/261、法学 131/351、教育学 55/193、文学 129/271、理学 133/368、工学 301/365、医学 176/182、管理学 359/374、艺术学 38/198。

一级学科排名

理论经济学 110/115、应用经济学 113/244、政治学 100/104、社会学 41/88、马克思主义理论 121/328、教育学 65/140、心理学 58/97、体育学 21/117、中国语言文学 102/170、外国语言文学 170/221、数学 126/243、物理学 125/166、化学 88/188、地理学 75/82、生物学 188/224、材料科学与工程 160/202、信息与通信工程 151/169、计算机科学与技术 211/262、药学 127/131、公共管理 188/206、戏剧与影视学 6/63。

优势专业

4★专业：少年儿童组织与思想意识教育 7/21、民族传统体育学 10/63。

> 通信地址：山西省临汾市贡院街一号山西师范大学研招办
> 邮政编码：041004
> 电话号码：0357-2051238
> 电子邮箱：yzb@sxnu.edu.cn
> 研究生院（部、处）网址：http://grc.sxnu.edu.cn/

10125　山西财经大学

在中国普通高校研究生教育竞争力排行榜中的名次：总排名281/507，山西省内排名6/10，财经类排名15/34。

共12个一级学科（学术学位）参评，其中5★+学科0个，5★学科0个，5★-学科0个，4★学科3个，学科优秀率为25%。

学科门类数

经济学 44/261、法学 154/351、文学 259/271、工学 361/365、管理学 66/374。

一级学科排名

理论经济学 36/115、应用经济学 42/244、统计学 11/46、法学 79/188、马克思主义理论 144/328、外国语言文学 197/221、计算机科学与技术 255/262、管理科学与工程

136/199、工商管理 38/303、农林经济管理 43/51、公共管理 42/206、图书情报与档案管理 48/56。

优势专业

4★专业：金融学 34/188、会计学 38/259、企业管理 49/293、技术经济及管理 44/224、社会保障 26/130。

> 通信地址：山西省太原市坞城路 696 号山西财经大学研究生招生办公室
> 邮政编码：030006
> 电话号码：0351-7666904
> 电子邮箱：yzb_sxufe@163.com
> 研究生院（部、处）网址：http://yjs.sxufe.edu.cn/

10113 山西农业大学

在中国普通高校研究生教育竞争力排行榜中的名次：总排名 290/507，山西省内排名 7/10，农林类排名 29/37。

共 14 个一级学科（学术学位）参评。

学科门类数

法学 336/351、理学 238/368、工学 197/365、农学 44/100、管理学 344/374。

一级学科排名

马克思主义理论 306/328、地理学 70/82、生物学 110/224、农业工程 28/47、食品科学与工程 75/92、作物学 27/46、园艺学 31/39、农业资源与环境 33/39、植物保护 20/44、畜牧学 30/48、兽医学 23/41、林学 28/44、农林经济管理 38/51、公共管理 202/206。

> 通信地址：山西省晋中市太谷县铭贤南路兴农街 1 号山西农业大学研招办
> 邮政编码：030801
> 电话号码：0354-6283456
> 电子邮箱：sxaugrs@163.com
> 研究生院（部、处）网址：http://grs.sxau.edu.cn/list.jsp?urltype=tree.TreeTempUrl&wbtreeid=1036

10109 太原科技大学

在中国普通高校研究生教育竞争力排行榜中的名次：总排名 320/507，山西省内排名 8/10，理工类排名 118/158。

共 21 个一级学科（学术学位）参评。

学科门类数

哲学 92/154、经济学 199/261、法学 244/351、理学 308/368、工学 150/365、管理学 312/374。

一级学科排名

哲学 93/154、应用经济学 194/244、法学 177/188、马克思主义理论 226/328、数学 214/243、物理学 136/166、力学 82/102、机械工程 80/205、光学工程 74/78、材料科学与工程 124/202、冶金工程 22/23、电气工程 96/100、电子科学与技术 115/119、控制科学与工程 146/182、计算机科学与技术 175/262、交通运输工程 61/62、农业工程 47/47、环境科学与工程 169/174、软件工程 154/155、管理科学与工程 41/44、工商管理 285/303。

> 通信地址：山西省太原市万柏林区瓦流路 66 号太原科技大学研招办
> 邮政编码：030024
> 电话号码：0351-6998486
> 电子邮箱：kdyzb@163.com
> 研究生院（部、处）网址：http://yjs.tyust.edu.cn/

10809 山西中医药大学

在中国普通高校研究生教育竞争力排行榜中的名次：总排名 485/507，山西省内排名 9/10，医药类排名 65/69。

共 2 个一级学科（学术学位）参评。

学科门类数

医学 152/182。

一级学科排名

中医学 23/41、中药学 37/45。

> 通信地址：山西省太原市晋祠路一段 89 号山西中医药大学研招办
> 邮政编码：030024
> 电话号码：0351-2272206
> 电子邮箱：yjsbsx@163.com
> 研究生院（部、处）网址：http://yjsb.sxtcm.edu.cn/

10119 太原师范学院

在中国普通高校研究生教育竞争力排行榜中的名次：总排名 489/507，山西省内排名 10/10，师范类排名 56/59。

共 3 个一级学科（学术学位）参评。

学科门类数

文学 183/271、理学 305/368。

一级学科排名

中国语言文学 148/170、数学 181/243、地理学 43/82。

> 通信地址：山西省晋中市榆次区大学街 319 号太原师范学院研招办
> 邮政编码：030619
> 电话号码：0351-3179270
> 电子邮箱：tysyyjsc@163.com
> 研究生院（部、处）网址：http://yjsc.tynu.edu.cn/

10117 长治医学院

在中国仅专业硕士招生普通高校研究生教育竞争力排行榜中的名次：总排名 44/66，山西省内排名 1/1，医药类排名 3/3。

共 1 个一级学科（专业学位）参评。

一级学科排名

临床医学（专业学位）65/112。

> 通信地址：山西省长治市解放东街161号长治医学院研招办
> 邮政编码：046000
> 电话号码：0355-3151153
> 电子邮箱：czmcyjs@163.com
> 研究生院（部、处）网址：http://yjsc.czmc.com/

江西省

10403 南昌大学

在中国普通高校研究生教育竞争力排行榜中的名次：总排名73/507，江西省内排名1/13，综合类排名23/76。

共53个一级学科（学术学位）参评，其中5★+学科0个，5★学科0个，5★-学科0个，4★学科3个，学科优秀率为5.66%。

学科门类数

哲学 61/154、经济学 91/261、法学 81/351、教育学 93/193、文学 95/271、历史学 79/116、理学 68/368、工学 79/365、农学 59/100、医学 34/182、管理学 74/374、艺术学 85/198。

一级学科排名

哲学 53/154、理论经济学 59/115、应用经济学 103/244、法学 68/188、政治学 42/104、马克思主义理论 84/328、教育学 64/140、心理学 80/97、体育学 94/117、中国语言文学 108/170、外国语言文学 138/221、新闻传播学 33/98、中国史 68/113、数学 128/243、物理学 86/166、化学 70/188、天文学 9/15、地理学 78/82、生物学 41/224、生态学 88/111、统计学 95/116、力学 56/102、机械工程 56/205、材料科学与工程 43/202、动力工程及工程热物理 52/110、电气工程 44/100、信息与通信工程 75/169、控制科学与工程 134/182、计算机科学与技术 116/262、建筑学 43/57、土木工程 51/153、水利工程 43/63、化学工程与技术 43/194、轻工技术与工程 15/31、环境科学与工程 65/174、食品科学与工程 11/92、林学 23/44、水产 17/26、基础医学 47/97、临床医学 31/108、口腔医学 32/44、公共卫生与预防医学 26/70、中西医结合 51/66、药学 56/131、护理学 28/63、管理科学与工程 33/199、工商管理 102/303、公共管理 65/206、图书情报与档案管理 31/56、音乐与舞蹈学 71/82、戏剧与影视学 53/63、美术学 89/115、设计学 90/134。

优势专业

5★-专业：思想政治教育 18/302。

4★专业：材料物理与化学 33/183、工业催化 22/115、食品科学 10/87、营养与食品卫生学 9/58。

> 通信地址：江西省南昌市红谷滩新区学府大道999号南昌大学研招办
> 邮政编码：330031
> 电话号码：0791-83969340
> 电子邮箱：yzb@ncu.edu.cn
> 研究生院（部、处）网址：http://yjsy.ncu.edu.cn/

10414 江西师范大学

在中国普通高校研究生教育竞争力排行榜中的名次：总排名161/507，江西省内排名2/13，师范类排名19/59。

共30个一级学科（学术学位）参评，其中5★+学科0个，5★学科0个，5★-学科1个，4★学科5个，学科优秀率为20%。

学科门类数

哲学 82/154、经济学 160/261、法学 94/351、教育学 25/193、文学 69/271、历史学 56/116、理学 113/368、工学 284/365、管理学 152/374、艺术学 55/198。

一级学科排名

哲学 51/154、应用经济学 145/244、法学 134/188、政治学 43/104、马克思主义理论 27/328、教育学 26/140、心理学 18/97、体育学 56/117、中国语言文学 32/170、外国语言文学 45/221、新闻传播学 46/98、中国史 51/113、世界史 54/67、数学 74/243、物理学 61/166、化学 37/188、地理学 33/82、生物学 186/224、生态学 80/111、统计学 80/116、材料科学与工程 173/202、计算机科学与技术 119/262、化学工程与技术 94/194、软件工程 52/155、管理科学与工程 88/199、工商管理 76/303、公共管理 137/206、音乐与舞蹈学 31/82、美术学 46/115、设计学 63/134。

优势专业

4★专业：马克思主义基本原理 48/267、马克思主义发展史 16/88。

> 通信地址：江西省南昌市紫阳大道99号江西师范大学研究生院招生考试办公室
> 邮政编码：330022
> 电话号码：0791-8120608
> 电子邮箱：yzb@jxnu.edu.cn
> 研究生院（部、处）网址：http://graduate.jxnu.edu.cn/

10421 江西财经大学

在中国普通高校研究生教育竞争力排行榜中的名次：总排名204/507，江西省内排名3/13，财经类排名8/34。

共16个一级学科（学术学位）参评，其中5★+学科0个，5★学科0个，5★-学科0个，4★学科3个，学科优秀率为18.75%。

学科门类数

经济学 34/261、法学 59/351、文学 167/271、理学 339/368、工学 290/365、管理学 53/374、艺术学 179/198。

一级学科排名

理论经济学 29/115、应用经济学 36/244、统计学 33/46、法学 33/188、社会学 56/88、马克思主义理论 200/328、外国语言文学 219/221、新闻传播学 84/98、统计学 44/116、计算机科学与技术 134/262、管理科学与工程 65/199、工商管理 34/303、农林经济管理 50/51、公共管理 84/206、戏剧与影视学 60/63、设计学 132/134。

优势专业

5★-专业：产业经济学 18/204、技术经济及管理 23/224。

4★专业：财政学 16/88、金融学 31/188、国际贸易学 31/168、会计学 31/259、企业管理 57/293。

> 通信地址：江西省南昌市昌北经济技术开发区双港东大街168号江西财经大学研招办
> 邮政编码：330013
> 电话号码：0791-83816805
> 电子邮箱：yzb@jxufe.edu.cn
> 研究生院（部、处）网址：http://grs.jxufe.edu.cn/

10406　南昌航空大学

在中国普通高校研究生教育竞争力排行榜中的名次：总排名247/507，江西省内排名4/13，理工类排名93/158。

共18个一级学科（学术学位）参评，其中5★+学科0个，5★学科0个，5★-学科1个，4★学科0个，学科优秀率为5.56%。

学科门类数

法学 149/351、文学 267/271、理学 273/368、工学 132/365、管理学 278/374。

一级学科排名

马克思主义理论 75/328、外国语言文学 206/221、数学 166/243、环境科学与工程 5/51、力学 96/102、机械工程 151/205、光学工程 62/78、仪器科学与技术 53/75、材料科学与工程 104/202、信息与通信工程 139/169、控制科学与工程 133/182、计算机科学与技术 146/262、土木工程 118/153、化学工程与技术 178/194、航空宇航科学与技术 19/21、环境科学与工程 124/174、软件工程 150/155、管理科学与工程 130/199。

优势专业

4★专业：环境科学 9/47。

> 通信地址：江西省南昌市丰和南大道696号南昌航空大学研招办
> 邮政编码：330063
> 电话号码：0791-83863725
> 电子邮箱：yzb@nchu.edu.cn
> 研究生院（部、处）网址：http://yjs.nchu.edu.cn/

10410　江西农业大学

在中国普通高校研究生教育竞争力排行榜中的名次：总排名265/507，江西省内排名5/13，农林类排名27/37。

共22个一级学科（学术学位）参评。

学科门类数

经济学 236/261、法学 236/351、教育学 170/193、理学 228/368、工学 264/365、农学 35/100、管理学 163/374。

一级学科排名

理论经济学 93/115、马克思主义理论 173/328、教育学 129/140、化学 163/188、生物学 108/224、生态学 89/111、环境科学与工程 43/51、计算机科学与技术 236/262、农业工程 39/47、食品科学与工程 74/92、风景园林学 39/54、作物学 26/46、园艺学 33/39、农业资源与环境 39/39、植物保护 31/44、畜牧学 27/48、兽医学 25/41、林学 16/44、食品科学与工程 25/25、工商管理 248/303、农林经济管理 34/51、公共管理 109/206。

> 通信地址：江西省南昌市经济技术开发区江西农业大学研招办
> 邮政编码：330045
> 电话号码：0791-83828039
> 电子邮箱：yzb@jxau.edu.cn
> 研究生院（部、处）网址：http://yanjiusheng.jxau.edu.cn/

10405　东华理工大学

在中国普通高校研究生教育竞争力排行榜中的名次：总排名276/507，江西省内排名6/13，理工类排名99/158。

共22个一级学科（学术学位）参评。

学科门类数

法学 313/351、教育学 155/193、文学 204/271、理学 188/368、工学 239/365、管理学 263/374。

一级学科排名

马克思主义理论 267/328、教育学 101/140、中国语言文学 152/170、数学 227/243、化学 140/188、地理学 61/82、地球物理学 19/22、地质学 30/40、电子科学与技术 11/15、计算机科学与技术 29/38、环境科学与工程 34/51、材料科学与工程 196/202、电子科学与技术 116/119、计算机科学与技术 220/262、土木工程 153/153、水利工程 60/63、测绘科学与技术 40/50、地质资源与地质工程 32/46、核科学与技术 18/19、环境科学与工程 160/174、工商管理 255/303、公共管理 199/206。

> 通信地址：江西省南昌市昌北经济技术开发区广兰大道418号东华理工大学研招办
> 邮政编码：330013
> 电话号码：0791-83898509
> 电子邮箱：yzb@ecit.edu.cn
> 研究生院（部、处）网址：http://yjsy.ecut.edu.cn/

10404　华东交通大学

在中国普通高校研究生教育竞争力排行榜中的名次：总排名277/507，江西省内排名7/13，理工类排名100/158。

共21个一级学科（学术学位）参评。

学科门类数

经济学 164/261、法学 194/351、教育学 154/193、文学 269/271、理学 252/368、工学 160/365、管理学 190/374。

一级学科排名

应用经济学 157/244、统计学 31/46、法学 161/188、政治学 98/104、马克思主义理论 242/328、体育学 75/117、中国语言文学 169/170、数学 155/243、化学 172/188、机械工程 135/205、仪器科学与技术 63/75、材料科学与工程 162/202、电气工程 72/100、信息与通信工程 131/169、控制科学与工程 128/182、计算机科学与技术 147/262、土木工程 83/153、交通运输工程 28/62、管理科学与工程 31/44、管理科学与工程 120/199、工商管理 160/303。

通信地址：江西省南昌市经济技术开发区双港东大街 808 号华东交通大学研招办
邮政编码：330013
电话号码：0791-87046600
电子邮箱：yzb@ecjtu.edu.cn
研究生院（部、处）网址：http://yjsy.ecjtu.edu.cn/

10407　江西理工大学

在中国普通高校研究生教育竞争力排行榜中的名次：总排名 299/507，江西省内排名 8/13，理工类排名 107/158。

共 25 个一级学科（学术学位）参评，其中 5★+学科 0 个，5★学科 0 个，5★-学科 0 个，4★学科 3 个，学科优秀率为 12%。

学科门类数

经济学 222/261、法学 196/351、理学 293/368、工学 186/365、管理学 235/374。

一级学科排名

应用经济学 196/244、法学 140/188、马克思主义理论 157/328、数学 216/243、地理学 54/82、材料科学与工程 2/7、计算机科学与技术 7/38、环境科学与工程 8/51、机械工程 166/205、仪器科学与技术 71/75、材料科学与工程 149/202、冶金工程 20/23、电气工程 86/100、信息与通信工程 154/169、控制科学与工程 144/182、计算机科学与技术 177/262、土木工程 120/153、测绘科学与技术 47/50、化学工程与技术 152/194、矿业工程 21/32、环境科学与工程 135/174、安全科学与工程 51/54、管理科学与工程 40/44、管理科学与工程 158/199、工商管理 209/303。

优势专业

4★专业：环境科学 8/47。

通信地址：江西省赣州市客家大道 156 号江西理工大学研究生招生办公室
邮政编码：341000
电话号码：0797-8312730
电子邮箱：jxustyjs@163.com
研究生院（部、处）网址：http://yjs.jxust.edu.cn/（S(q1if1ualvvwji4mf0cbxemvq))/default.aspx

10408　景德镇陶瓷大学

在中国普通高校研究生教育竞争力排行榜中的名次：总排名 365/507，江西省内排名 9/13，艺术类排名 9/27。

共 18 个一级学科（学术学位）参评。

学科门类数

哲学 127/154、经济学 256/261、法学 337/351、文学 256/271、历史学 112/116、理学 316/368、工学 273/365、管理学 364/374、艺术学 40/198。

一级学科排名

哲学 124/154、应用经济学 241/244、马克思主义理论 318/328、中国语言文学 168/170、考古学 35/40、科学技术史 12/22、统计学 33/116、机械工程 189/205、材料科学与工程 107/202、动力工程及工程热物理 108/110、电子科学与技术 117/119、控制科学与工程 181/182、计算机科学与技术 239/262、环境科学与工程 173/174、管理科学与工程 199/199、艺术学理论 63/63、美术学 35/115、设计学 49/134。

通信地址：江西省景德镇市陶阳路景德镇陶瓷大学研招办
邮政编码：333000
电话号码：0798-8499325
电子邮箱：yjs@jci.edu.cn
研究生院（部、处）网址：http://www.jci.edu.cn/#

10418　赣南师范大学

在中国普通高校研究生教育竞争力排行榜中的名次：总排名 372/507，江西省内排名 10/13，师范类排名 40/59。

共 14 个一级学科（学术学位）参评。

学科门类数

法学 188/351、教育学 104/193、文学 169/271、历史学 87/116、理学 244/368、工学 328/365、艺术学 168/198。

一级学科排名

社会学 69/88、马克思主义理论 170/328、教育学 121/140、心理学 83/97、体育学 97/117、中国语言文学 143/170、外国语言文学 213/221、中国史 100/113、世界史 61/67、数学 187/243、化学 132/188、电子科学与技术 97/119、化学工程与技术 183/194、美术学 96/115。

通信地址：江西省赣州市经济技术开发区赣南师范大学研招办
邮政编码：341000
电话号码：0797-8393666
电子邮箱：yjsb@gnnu.edu.cn
研究生院（部、处）网址：http://yjs.gnnu.cn/

10412　江西中医药大学

在中国普通高校研究生教育竞争力排行榜中的名次：总排名 380/507，江西省内排名 11/13，医药类排名 48/69。

共 6 个一级学科（学术学位）参评，其中 5★+学科 0

个，5★学科 0 个，5★-学科 0 个，4★学科 1 个，学科优秀率为 16.67%。

学科门类数
工学 352/365、医学 103/182、管理学 338/374。

一级学科排名
计算机科学与技术 229/262、中医学 17/41、中西医结合 28/66、药学 69/131、中药学 9/45、公共管理 162/206。

> 通信地址：江西省南昌市湾里区兴湾大道 818 号江西中医药大学研招办
> 邮政编码：330004
> 电话号码：0791-7118630
> 电子邮箱：jzyjsb@163.com
> 研究生院（部、处）网址：http://yjsy.jxutcm.edu.cn/

11318 江西科技师范大学

在中国普通高校研究生教育竞争力排行榜中的名次：总排名 392/507，江西省内排名 12/13，师范类排名 44/59。

共 10 个一级学科（学术学位）参评。

学科门类数
教育学 98/193、文学 223/271、理学 215/368、工学 312/365、管理学 305/374、艺术学 96/198。

一级学科排名
教育学 56/140、体育学 98/117、中国语言文学 153/170、化学 90/188、材料科学与工程 168/202、电子科学与技术 101/119、工商管理 200/303、音乐与舞蹈学 74/82、美术学 79/115、设计学 113/134。

> 通信地址：江西省南昌市经济技术开发区枫林西大街 605 号江西科技师范大学研招办
> 邮政编码：330013
> 电话号码：0791-3823357
> 电子邮箱：huyan2301@163.com
> 研究生院（部、处）网址：http://www.jxstnu.cn/

10413 赣南医学院

在中国普通高校研究生教育竞争力排行榜中的名次：总排名 491/507，江西省内排名 13/13，医药类排名 66/69。

共 2 个一级学科（学术学位）参评。

学科门类数
医学 128/182。

一级学科排名
基础医学 78/97、临床医学 88/108。

> 通信地址：江西省赣州市开发区高校园区赣南医学院研招办
> 邮政编码：341000
> 电话号码：0797-8269722
> 电子邮箱：8269722@163.com
> 研究生院（部、处）网址：http://xkb.gmu.cn/

10419 井冈山大学

在中国仅专业硕士招生普通高校研究生教育竞争力排行榜中的名次：总排名 42/66，江西省内排名 3/3，综合类排名 8/11。

共 1 个一级学科（专业学位）参评。

一级学科排名
社会工作（专业学位）21/97。

> 通信地址：江西省吉安市青原区学苑路 28 号井冈山大学研招办
> 邮政编码：343009
> 电话号码：0796-8103282
> 电子邮箱：yzb@jgsu.edu.cn
> 研究生院（部、处）网址：http://xkjs.jgsu.edu.cn/

10417 宜春学院

在中国仅专业硕士招生普通高校研究生教育竞争力排行榜中的名次：总排名 34/66，江西省内排名 2/3，综合类排名 5/11。

共 1 个一级学科（专业学位）参评。

一级学科排名
药学（专业学位）22/68。

> 通信地址：江西省宜春市学府路 576 号宜春学院研招办
> 邮政编码：336000
> 电话号码：0795-3201985
> 电子邮箱：ycxyyjsc@163.com
> 研究生院（部、处）网址：http://yjsc.ycu.jx.cn/

11319 南昌工程学院

在中国仅专业硕士招生普通高校研究生教育竞争力排行榜中的名次：总排名 17/66，江西省内排名 1/3，理工类排名 11/20。

共 1 个一级学科（专业学位）参评。

一级学科排名
工程（专业学位）97/380。

> 通信地址：江西省南昌市高新技术开发区天祥大道 289 号（瑶湖校区）南昌工程学院研招办
> 邮政编码：330099
> 电话号码：0791-88189399
> 电子邮箱：masteroffice@nit.edu.cn
> 研究生院（部、处）网址：http://yjs.nit.edu.cn

甘肃省

10730　兰州大学

在中国普通高校研究生教育竞争力排行榜中的名次：总排名34/507，甘肃省内排名1/9，综合类排名13/76。

共48个一级学科（学术学位）参评，其中5★+学科0个，5★学科2个，5★-学科5个，4★学科8个，学科优秀率为31.25%。

学科门类数

哲学 47/154、经济学 43/261、法学 34/351、教育学 149/193、文学 64/271、历史学 21/116、理学 18/368、工学 62/365、农学 22/100、医学 49/182、管理学 64/374、艺术学 130/198。

一级学科排名

哲学 57/154、理论经济学 56/115、应用经济学 50/244、法学 53/188、政治学 48/104、社会学 31/88、民族学 3/41、马克思主义理论 40/328、教育学 87/140、中国语言文学 52/170、外国语言文学 86/221、新闻传播学 34/98、考古学 13/40、中国史 20/113、数学 23/243、物理学 27/166、化学 18/188、地理学 4/82、大气科学 4/16、地质学 12/40、生物学 27/224、生态学 10/111、力学 16/102、材料科学与工程 46/202、电子科学与技术 34/119、信息与通信工程 51/169、计算机科学与技术 62/262、土木工程 88/153、水利工程 48/63、化学工程与技术 68/194、地质资源与地质工程 24/46、核科学与技术 11/19、环境科学与工程 23/174、作物学 31/46、植物保护 29/44、畜牧学 12/48、林学 19/44、草学 1/28、基础医学 50/97、临床医学 41/108、口腔医学 30/44、公共卫生与预防医学 36/70、中西医结合 19/66、药学 42/131、工商管理 71/303、农林经济管理 41/51、公共管理 10/206、戏剧与影视学 51/63。

优势专业

5★专业：马克思主义中国化研究 12/250、自然地理学 2/67、野生动植物保护与利用 1/22。

5★-专业：区域经济学 15/175、基础数学 18/189、应用数学 20/238、有机化学 12/164、地图学与地理信息系统 7/73、植物学 14/141、教育技术学 4/44、固体力学 8/79、行政管理 10/166。

4★专业：民族学 4/34、马克思主义民族理论与政策 5/26、思想政治教育 33/302、计算数学 20/178、概率论与数理统计 18/156、理论物理 25/134、凝聚态物理 21/151、无机化学 24/159、分析化学 22/163、物理化学 25/163、高分子化学与物理 27/139、人文地理学 7/65、气象学 3/15、第四纪地质学 4/25、动物学 20/126、微生物学 25/167、细胞生物学 20/138、生物化学与分子生物学 31/204、生物物理学 13/72、材料物理与化学 34/183、化学工艺 25/140、环境科学 21/149、会计学 49/259、企业管理 60/293、旅游管理 34/181、土地资源管理 21/105。

通信地址：甘肃省兰州市天水南路222号兰州大学贵勤楼三楼
邮政编码：730000
电话号码：0931-8912127
电子邮箱：yjsy@lzu.edu.cn
研究生院（部、处）网址：http://ge.lzu.cn/

10736　西北师范大学

在中国普通高校研究生教育竞争力排行榜中的名次：总排名121/507，甘肃省内排名2/9，师范类排名14/59。

共34个一级学科（学术学位）参评，其中5★+学科0个，5★学科0个，5★-学科0个，4★学科2个，学科优秀率为5.88%。

学科门类数

哲学 87/154、经济学 120/261、法学 87/351、教育学 30/193、文学 73/271、历史学 31/116、理学 61/368、工学 222/365、管理学 238/374、艺术学 49/198。

一级学科排名

哲学 82/154、理论经济学 77/115、应用经济学 108/244、统计学 40/46、法学 143/188、政治学 83/104、社会学 61/88、马克思主义理论 70/328、教育学 19/140、心理学 51/97、体育学 57/117、中国语言文学 55/170、外国语言文学 97/221、考古学 36/40、中国史 22/113、世界史 59/67、数学 58/243、物理学 65/166、化学 52/188、地理学 23/82、生物学 153/224、生态学 85/111、统计学 93/116、计算机科学与技术 12/38、环境科学与工程 31/51、电子科学与技术 75/119、化学工程与技术 93/194、环境科学与工程 127/174、软件工程 100/155、工商管理 288/303、公共管理 112/206、音乐与舞蹈学 47/82、戏剧与影视学 43/63、美术学 73/115。

优势专业

5★-专业：课程与教学论 10/98。

4★专业：马克思主义基本原理 52/267、思想政治教育 39/302、教育学原理 13/89、高等教育学 16/109、教育技术学 11/71、中国古代文学 28/159、人文地理学 11/65。

通信地址：甘肃省兰州市安宁东路805号西北师范大学研招办
邮政编码：730070
电话号码：0931-7971932
电子邮箱：yjsy@nwnu.edu.cn
研究生院（部、处）网址：http://yjsy.nwnu.edu.cn/

10731　兰州理工大学

在中国普通高校研究生教育竞争力排行榜中的名次：总排名175/507，甘肃省内排名3/9，理工类排名67/158。

共26个一级学科（学术学位）参评。

学科门类数

法学 202/351、教育学 185/193、文学 243/271、理学 194/368、工学 88/365、管理学 206/374。

一级学科排名

马克思主义理论 214/328、体育学 107/117、外国语言文学 178/221、数学 77/243、物理学 82/166、生物学 197/224、药学 11/18、力学 51/102、机械工程 47/205、材料科学与工程 51/202、冶金工程 11/23、动力工程及工程热物理 34/110、电气工程 67/100、电子科学与技术 85/119、信息与通信工程 112/169、控制科学与工程 61/182、计算机科学与技术 114/262、土木工程 42/153、水利工程 51/63、化学工程与技术 80/194、环境科学与工程 147/174、食品科学与工程 69/92、软件工程 95/155、安全科学与工程 39/54、管理科学与工程 108/199、工商管理 143/303。

优势专业

5★-专业：工业设计 3/6。

4★专业：结构工程 27/141。

通信地址：甘肃省兰州市七里河区兰工坪路 287 号
邮政编码：730050
电话号码：0931-2973744
电子邮箱：gdyzhb@lut.cn
研究生院（部、处）网址：http://ge.lut.cn/

10732 兰州交通大学

在中国普通高校研究生教育竞争力排行榜中的名次：总排名 205/507，甘肃省内排名 4/9，理工类排名 76/158。

共 23 个一级学科（学术学位）参评。

学科门类数

经济学 181/261、法学 340/351、文学 271/271、理学 211/368、工学 113/365、管理学 286/374。

一级学科排名

应用经济学 160/244、马克思主义理论 249/328、外国语言文学 221/221、数学 134/243、物理学 159/166、化学 150/188、地理学 76/82、生物学 220/224、力学 89/102、机械工程 85/205、材料科学与工程 179/202、动力工程及工程热物理 78/110、电气工程 85/100、电子科学与技术 109/119、信息与通信工程 164/169、控制科学与工程 149/182、计算机科学与技术 157/262、土木工程 55/153、水利工程 59/63、化学工程与技术 114/194、交通运输工程 32/62、环境科学与工程 61/174、工商管理 280/303。

通信地址：甘肃省兰州市安宁区安宁西路 88 号兰州交通大学研招办
邮政编码：730070
电话号码：0931-4938103
电子邮箱：yzb@lzjtu.edu.cn
研究生院（部、处）网址：http://yjsc.lzjtu.edu.cn/

10733 甘肃农业大学

在中国普通高校研究生教育竞争力排行榜中的名次：总排名 242/507，甘肃省内排名 5/9，农林类排名 23/37。

共 16 个一级学科（学术学位）参评，其中 5★+学科 0 个，5★学科 0 个，5★-学科 0 个，4★学科 1 个，学科优秀率为 6.25%。

学科门类数

经济学 217/261、理学 243/368、工学 246/365、农学 28/100、医学 174/182、管理学 274/374。

一级学科排名

应用经济学 199/244、生物学 139/224、生态学 40/111、农业工程 25/47、食品科学与工程 60/92、作物学 24/46、园艺学 17/39、农业资源与环境 29/39、植物保护 38/44、畜牧学 19/48、兽医学 10/41、林学 13/44、草学 5/28、公共卫生与预防医学 59/70、农林经济管理 40/51、公共管理 142/206。

优势专业

4★专业：临床兽医学 6/38、水土保持与荒漠化防治 6/31。

通信地址：甘肃省兰州市安宁区营门村 1 号
邮政编码：730070
电话号码：0931-7632295
电子邮箱：yzb@gsau.edu.cn
研究生院（部、处）网址：http://yjsy.gsau.edu.cn/

10742 西北民族大学

在中国普通高校研究生教育竞争力排行榜中的名次：总排名 312/507，甘肃省内排名 6/9，民族类排名 6/12。

共 15 个一级学科（学术学位）参评。

学科门类数

法学 103/351、教育学 153/193、文学 80/271、历史学 88/116、理学 341/368、工学 333/365、农学 80/100、管理学 365/374、艺术学 106/198。

一级学科排名

法学 164/188、社会学 71/88、民族学 14/41、马克思主义理论 202/328、教育学 120/140、中国语言文学 58/170、中国史 80/113、数学 218/243、计算机科学与技术 187/262、软件工程 73/155、畜牧学 42/48、兽医学 31/41、工商管理 286/303、音乐与舞蹈学 49/82、美术学 41/115。

优势专业

4★专业：中国少数民族语言文学 7/41。

通信地址：甘肃省兰州市城关区西北新村 1 号西北民族大学研招办
邮政编码：730030
电话号码：0931-2938046
电子邮箱：yzb@xbmu.edu.cn
研究生院（部、处）网址：http://cmsx.xbmu.edu.cn/frontIndex.action?siteId=86

10735　甘肃中医药大学

在中国普通高校研究生教育竞争力排行榜中的名次：总排名429/507，甘肃省内排名7/9，医药类排名56/69。

共4个一级学科（学术学位）参评。

学科门类数
医学 110/182。

一级学科排名
临床医学 93/108、中医学 24/41、中西医结合 36/66、中药学 33/45。

> 通信地址：甘肃省兰州市定西东路35号甘肃中医药大学研招办
> 邮政编码：730000
> 电话号码：0931-8765337
> 电子邮箱：yjsc@gszy.edu.cn
> 研究生院（部、处）网址：http://yjsc.gszy.edu.cn/

10741　兰州财经大学

在中国普通高校研究生教育竞争力排行榜中的名次：总排名456/507，甘肃省内排名8/9，财经类排名30/34。

共8个一级学科（学术学位）参评。

学科门类数
经济学 111/261、法学 278/351、理学 368/368、管理学 236/374。

一级学科排名
理论经济学 90/115、应用经济学 130/244、统计学 32/46、法学 184/188、马克思主义理论 309/328、统计学 102/116、管理科学与工程 181/199、工商管理 203/303。

> 通信地址：甘肃省兰州市城关区段家滩496号兰州财经大学研招办
> 邮政编码：730020
> 电话号码：0931-4670578
> 电子邮箱：yanban@lzcc.edu.cn
> 研究生院（部、处）网址：www.yjs.lzcc.edu.cn/

11406　甘肃政法学院

在中国普通高校研究生教育竞争力排行榜中的名次：总排名501/507，甘肃省内排名9/9，文法类排名22/22。

共2个一级学科（学术学位）参评。

学科门类数
法学 132/351、管理学 314/374。

一级学科排名
法学 61/188、工商管理 254/303。

> 通信地址：甘肃省兰州市安宁区安宁西路6号甘肃政法学院研招办
> 邮政编码：730070
> 电话号码：0931-7601383
> 电子邮箱：zfyzb@gsli.edu.cn
> 研究生院（部、处）网址：http://yjsc.gsli.edu.cn/

10739　天水师范学院

在中国仅专业硕士招生普通高校研究生教育竞争力排行榜中的名次：总排名38/66，甘肃省内排名1/1，师范类排名6/14。

共1个一级学科（专业学位）参评，其中5★+学科0个，5★学科0个，5★-学科0个，4★学科1个，学科优秀率为100%。

一级学科排名
教育（专业学位）27/135。

优势专业
4★专业：教育（专业学位）27/135。

> 通信地址：甘肃省天水市秦州区藉河南路天水师范学院研招办
> 邮政编码：741001
> 电话号码：0938-8367707
> 电子邮箱：yjsc@tsnc.edu.cn
> 研究生院（部、处）网址：http://yjsc.tsnu.edu.cn/

云南省

10673　云南大学

在中国普通高校研究生教育竞争力排行榜中的名次：总排名72/507，云南省内排名1/11，综合类排名22/76。

共39个一级学科（学术学位）参评，其中5★+学科0个，5★学科1个，5★-学科2个，4★学科5个，学科优秀率为20.51%。

学科门类数
哲学 39/154、经济学 59/261、法学 12/351、教育学 89/193、文学 72/271、历史学 18/116、理学 45/368、工学 171/365、管理学 48/374、艺术学 98/198。

一级学科排名
哲学 40/154、理论经济学 39/115、应用经济学 83/244、统计学 45/46、法学 50/188、政治学 10/104、社会学 40/88、民族学 2/41、马克思主义理论 67/328、教育学 70/140、中国语言文学 54/170、外国语言文学 82/221、新闻传播学 24/98、中国史 8/113、世界史 31/67、数学 46/243、物理学 70/166、化学 71/188、地理学 31/82、大气科学 13/16、地球物理学 15/22、地质学 33/40、生物学 32/224、生态学 15/111、统计学 67/116、药学 16/18、材料科学与工程 127/202、信息与通信工程 80/169、控制科学与工程 119/182、计算机科学与技术 93/262、土木工程 97/153、生物医学工程 51/57、软件工程 34/155、管理科学与工程

144/199、工商管理 42/303、公共管理 24/206、图书情报与档案管理 12/56、艺术学理论 38/63、美术学 114/115。

优势专业

5★专业：专门史 1/25。

5★-专业：中外政治制度 5/59、民族学 3/34、马克思主义民族理论与政策 2/26、中国少数民族史 2/29、中国少数民族艺术 2/23、思想政治教育 29/302、中国古代史 1/11、中国近现代史 1/15、微生物学 16/167。

4★专业：科学社会主义与国际共产主义运动 9/50、国际关系 11/54、历史文献学 2/9、植物学 18/141、动物学 16/126、旅游管理 22/181、行政管理 25/166。

通信地址：云南省昆明市翠湖北路 2 号云南大学研招办
邮政编码：650091
电话号码：0871-5033837
电子邮箱：yzb@ynu.edu.cn
研究生院（部、处）网址：www.grs.ynu.edu.cn/

10674 昆明理工大学

在中国普通高校研究生教育竞争力排行榜中的名次：总排名 92/507，云南省内排名 2/11，理工类排名 45/158。

共 44 个一级学科（学术学位）参评，其中 5★+学科 0 个，5★学科 0 个，5★-学科 0 个，4★学科 1 个，学科优秀率为 2.27%。

学科门类数

哲学 67/154、经济学 157/261、法学 140/351、理学 138/368、工学 69/365、医学 119/182、管理学 105/374、艺术学 125/198。

一级学科排名

哲学 74/154、应用经济学 111/244、法学 70/188、民族学 37/41、马克思主义理论 160/328、数学 84/243、物理学 67/166、地理学 50/82、地质学 23/40、生物学 79/224、系统科学 10/17、力学 49/102、机械工程 61/205、仪器科学与技术 64/75、材料科学与工程 59/202、冶金工程 6/23、动力工程及工程热物理 48/110、电气工程 61/100、电子科学与技术 79/119、信息与通信工程 94/169、控制科学与工程 74/182、计算机科学与技术 74/262、建筑学 44/57、土木工程 72/153、水利工程 41/63、测绘科学与技术 29/50、化学工程与技术 67/194、地质资源与地质工程 22/46、矿业工程 14/32、轻工技术与工程 20/31、交通运输工程 33/62、农业工程 23/47、环境科学与工程 35/174、食品科学与工程 58/92、城乡规划学 38/51、风景园林学 23/54、软件工程 126/155、安全科学与工程 36/54、药学 72/131、管理科学与工程 60/199、工商管理 106/303、公共管理 157/206、艺术学理论 60/63、设计学 92/134。

优势专业

5★专业：药物化学 3/110。

4★专业：工业工程 10/11、环境工程 30/156。

通信地址：云南省昆明市一二一大街文昌巷 68 号昆明理工大学研招办
邮政编码：650093
电话号码：0871-5112931
电子邮箱：zsby@kmust.edu.cn
研究生院（部、处）网址：http://yjs.kmust.edu.cn/

10681 云南师范大学

在中国普通高校研究生教育竞争力排行榜中的名次：总排名 206/507，云南省内排名 3/11，师范类排名 26/59。

共 37 个一级学科（学术学位）参评，其中 5★+学科 0 个，5★学科 0 个，5★-学科 0 个，4★学科 1 个，学科优秀率为 2.70%。

学科门类数

哲学 62/154、经济学 139/261、法学 112/351、教育学 35/193、文学 98/271、历史学 77/116、理学 132/368、工学 223/365、管理学 281/374、艺术学 71/198。

一级学科排名

哲学 63/154、理论经济学 108/115、应用经济学 147/244、政治学 91/104、社会学 25/88、马克思主义理论 183/328、教育学 36/140、心理学 46/97、体育学 53/117、中国语言文学 91/170、外国语言文学 56/221、新闻传播学 92/98、中国史 81/113、世界史 49/67、数学 102/243、物理学 132/166、化学 145/188、天文学 8/15、地理学 11/82、生物学 131/224、生态学 86/111、统计学 98/116、计算机科学与技术 13/38、光学工程 61/78、计算机科学与技术 184/262、测绘科学与技术 39/50、化学工程与技术 170/194、农业工程 31/47、环境科学与工程 145/174、软件工程 119/155、工商管理 240/303、公共管理 170/206、艺术学理论 49/63、音乐与舞蹈学 53/82、戏剧与影视学 36/63、美术学 75/115、设计学 119/134。

优势专业

4★专业：地图学与地理信息系统 14/73。

通信地址：云南省昆明市呈贡区聚贤街 768 号云南师范大学研招办
邮政编码：650500
电话号码：0871-65910081
电子邮箱：yzb@ynnu.edu.cn
研究生院（部、处）网址：http://zsb.ynnu.edu.cn

10676 云南农业大学

在中国普通高校研究生教育竞争力排行榜中的名次：总排名 258/507，云南省内排名 4/11，农林类排名 25/37。

共 16 个一级学科（学术学位）参评，其中 5★+学科 0 个，5★学科 0 个，5★-学科 0 个，4★学科 1 个，学科优秀率为 6.25%。

学科门类数

法学 329/351、理学 183/368、工学 261/365、农学 23/100、管理学 252/374。

一级学科排名

马克思主义理论 305/328、生物学 101/224、科学技术史 9/22、农业工程 34/47、环境科学与工程 133/174、食品科学与工程 83/92、作物学 30/46、园艺学 14/39、农业资源与环境 20/39、植物保护 6/44、畜牧学 28/48、兽医学 28/41、林学 37/44、草学 16/28、食品科学与工程 15/25、农林经济管理 23/51。

优势专业

5★-专业：植物病理学 3/37。

通信地址：云南省昆明市盘龙区北郊黑龙潭云南农业大学研招办
邮政编码：650201
电话号码：0871-65228283
电子邮箱：yzb@ynau.edu.cn
研究生院（部、处）网址：http://yjs.ynau.edu.cn/

10678　昆明医科大学

在中国普通高校研究生教育竞争力排行榜中的名次：总排名 270/507，云南省内排名 5/11，医药类排名 28/69。

共 9 个一级学科（学术学位）参评。

学科门类数

理学 282/368、医学 47/182、管理学 327/374。

一级学科排名

生物学 130/224、基础医学 53/97、临床医学 34/108、口腔医学 34/44、公共卫生与预防医学 50/70、中西医结合 62/66、药学 88/131、护理学 51/63、公共管理 135/206。

通信地址：云南省昆明市呈贡新城雨花街道春融西路 1168 号昆明医科大学研招办
邮政编码：650500
电话号码：0871-5333434
电子邮箱：yzb@kmmc.edu.cn
研究生院（部、处）网址：http://www.kmmc.cn/list314.aspx

10677　西南林业大学

在中国普通高校研究生教育竞争力排行榜中的名次：总排名 289/507，云南省内排名 6/11，农林类排名 28/37。

共 11 个一级学科（学术学位）参评，其中 5★+学科 0 个，5★学科 0 个，5★-学科 0 个，4★学科 1 个，学科优秀率为 9.09%。

学科门类数

理学 234/368、工学 267/365、农学 34/100、管理学 255/374、艺术学 133/198。

一级学科排名

地理学 52/82、生物学 116/224、生态学 38/111、机械工程 199/205、林业工程 8/13、风景园林学 28/54、园艺学 24/39、林学 6/44、工商管理 249/303、农林经济管理 37/51、设计学 75/134。

优势专业

4★专业：林木遗传育种 5/25、野生动植物保护与利用 4/22。

通信地址：云南省昆明市盘龙区白龙寺 300 号西南林业大学研招办
邮政编码：650224
电话号码：0871-3863013
电子邮箱：yzb@swfc.edu.cn
研究生院（部、处）网址：http://graduate.swfu.edu.cn/

10691　云南民族大学

在中国普通高校研究生教育竞争力排行榜中的名次：总排名 296/507，云南省内排名 7/11，民族类排名 5/12。

共 17 个一级学科（学术学位）参评。

学科门类数

哲学 100/154、经济学 177/261、法学 107/351、教育学 158/193、文学 102/271、历史学 81/116、理学 258/368、工学 334/365、管理学 226/374。

一级学科排名

哲学 102/154、应用经济学 149/244、政治学 89/104、社会学 51/88、民族学 17/41、马克思主义理论 244/328、教育学 125/140、体育学 106/117、中国语言文学 77/170、外国语言文学 125/221、考古学 40/40、中国史 74/113、数学 232/243、化学 136/188、信息与通信工程 127/169、工商管理 149/303、公共管理 177/206。

通信地址：云南省昆明市一二一大街 134 号云南民族大学研招办
邮政编码：650031
电话号码：0871-5177545
电子邮箱：yzb@ynni.edu.cn
研究生院（部、处）网址：http://www.ynni.edu.cn/web/11403/home

10689　云南财经大学

在中国普通高校研究生教育竞争力排行榜中的名次：总排名 355/507，云南省内排名 8/11，财经类排名 19/34。

共 11 个一级学科（学术学位）参评。

学科门类数

经济学 81/261、法学 225/351、理学 287/368、工学 347/365、管理学 127/374。

一级学科排名

理论经济学 44/115、应用经济学 94/244、统计学 24/46、法学 165/188、马克思主义理论 258/328、数学 197/243、统计学 54/116、计算机科学与技术 225/262、管理科学与工程 106/199、工商管理 85/303、公共管理 99/206。

通信地址：云南省昆明市龙泉路 237 号云南财经大学研招办
邮政编码：650221
电话号码：0871-5128174
电子邮箱：yjsc@ynuft.edu.cn
研究生院（部、处）网址：http://202.203.192.18/pub/yjsb/#ad-image-0

10679　大理大学

在中国普通高校研究生教育竞争力排行榜中的名次：总排名 426/507，云南省内排名 9/11，综合类排名 70/76。

共 6 个一级学科（学术学位）参评。

学科门类数

法学 180/351、医学 109/182。

一级学科排名

民族学 31/41、马克思主义理论 175/328、基础医学 81/97、临床医学 96/108、公共卫生与预防医学 67/70、药学 93/131。

通信地址：云南省大理市古城弘圣路 2 号大理大学研招办
邮政编码：671003
电话号码：0872-2219937
电子邮箱：dlxyyjsc@126.com
研究生院（部、处）网址：http://202.203.16.3/yjsh/

10680　云南中医学院

在中国普通高校研究生教育竞争力排行榜中的名次：总排名 480/507，云南省内排名 11/11，医药类排名 63/69。

共 4 个一级学科（学术学位）参评。

学科门类数

医学 138/182。

一级学科排名

中医学 28/41、中西医结合 37/66、药学 115/131、中药学 35/45。

通信地址：云南省昆明市呈贡县雨花路 1076 号云南中医学院研招办
邮政编码：650500
电话号码：0871-65919088
电子邮箱：yzb@ynutcm.edu.cn
研究生院（部、处）网址：www.yjsc.ynutcm.edu.cn/

10690　云南艺术学院

在中国普通高校研究生教育竞争力排行榜中的名次：总排名 478/507，云南省内排名 10/11，艺术类排名 23/27。

共 3 个一级学科（学术学位）参评。

学科门类数

艺术学 73/198。

一级学科排名

艺术学理论 37/63、音乐与舞蹈学 82/82、戏剧与影视学 63/63。

通信地址：云南省昆明市呈贡县雨花校区雨花路 1577 号云南艺术学院研招办
邮政编码：650101
电话号码：0871-5937158
电子邮箱：keyan@ynart.edu.cn
研究生院（部、处）网址：http://www.ynart.edu.cn/

11392　云南警官学院

在中国仅专业硕士招生普通高校研究生教育竞争力排行榜中的名次：总排名 65/66，云南省内排名 1/1，文法类排名 9/9。

共 1 个一级学科（专业学位）参评。

通信地址：云南省昆明市官渡区教场北路 249 号云南警官学院研招办
邮政编码：650223
电话号码：0871-5020262
电子邮箱：yzb@ypoa.edu.cn
研究生院（部、处）网址：http://210.40.208.2/site/ypoa/index.html

广西壮族自治区

10593　广西大学

在中国普通高校研究生教育竞争力排行榜中的名次：总排名 102/507，广西壮族自治区内排名 1/12，综合类排名 31/76。

共 36 个一级学科（学术学位）参评，其中 5★+学科 0 个，5★学科 0 个，5★-学科 0 个，4★学科 4 个，学科优秀率为 11.11%。

学科门类数

哲学 78/154、经济学 74/261、法学 128/351、文学 54/271、理学 103/368、工学 77/365、农学 26/100、管理学 79/374。

一级学科排名

哲学 78/154、应用经济学 31/244、法学 85/188、马克思主义理论 103/328、中国语言文学 63/170、外国语言文学 55/221、新闻传播学 44/98、数学 123/243、物理学 106/166、化学 125/188、生物学 76/224、生态学 54/111、机械工程 81/205、材料科学与工程 79/202、动力工程及工程热物理 51/110、电气工程 31/100、控制科学与工程 112/182、计算机科学与技术 72/262、土木工程 22/153、水利工程 30/63、化学工程与技术 24/194、矿业工程 16/32、轻工技术与工程 9/31、环境科学与工程 81/174、食品科学与工程 29/92、软件工程 107/155、作物学 17/46、园艺学 26/39、农业资源与环境 27/39、植物保护 24/44、畜牧学 14/48、兽医学 17/41、林学 22/44、水产 24/26、工商管理 91/303、公共管理 36/206。

优势专业

4★专业：金融学 27/188、微生物学 33/167、生物信息学 8/10、结构工程 21/141、化学工艺 24/140、制药工程 5/15、教育经济与管理 24/131。

通信地址：广西壮族自治区南宁市大学路 100 号广西大学研究生招生办公室
邮政编码：530004
电话号码：0771-3231243
电子邮箱：yzb@gxu.edu.cn
研究生院（部、处）网址：http://yjsc.gxu.edu.cn/

10602 广西师范大学

在中国普通高校研究生教育竞争力排行榜中的名次：总排名 179/507，广西壮族自治区内排名 2/12，师范类排名 22/59。

共 36 个一级学科（学术学位）参评，其中 5★+学科 0 个，5★学科 0 个，5★-学科 1 个，4★学科 0 个，学科优秀率为 2.78%。

学科门类数

哲学 86/154、经济学 132/261、法学 49/351、教育学 49/193、文学 78/271、历史学 62/116、理学 118/368、工学 229/365、农学 90/100、管理学 137/374、艺术学 70/198。

一级学科排名

哲学 86/154、理论经济学 91/115、应用经济学 120/244、法学 84/188、政治学 40/104、社会学 59/88、民族学 39/41、马克思主义理论 19/328、教育学 30/140、心理学 97/97、体育学 74/117、中国语言文学 69/170、外国语言文学 112/221、新闻传播学 86/98、考古学 37/40、中国史 65/113、世界史 57/67、数学 178/243、物理学 117/166、化学 78/188、生物学 169/224、系统科学 16/17、生态学 101/111、统计学 108/116、心理学 12/13、电子科学与技术 82/119、计算机科学与技术 130/262、化学工程与技术 132/194、环境科学与工程 136/174、软件工程 87/155、林学 39/44、工商管理 94/303、公共管理 95/206、音乐与舞蹈学 33/82、美术学 50/115、设计学 55/134。

优势专业

5★-专业：马克思主义中国化研究 24/250。

4★专业：知识产权法 7/8、马克思主义基本原理 45/267、思想政治教育 34/302、中国近现代史基本问题研究 22/148、课程与教学论 20/98、中国古代文学 31/159。

通信地址：广西壮族自治区桂林市育才路 15 号广西师范大学研招办
邮政编码：541004
电话号码：0773-5837252
电子邮箱：yzb@gxnu.edu.cn
研究生院（部、处）网址：http://www.gc.gxnu.edu.cn/

10598 广西医科大学

在中国普通高校研究生教育竞争力排行榜中的名次：总排名 194/507，广西壮族自治区内排名 3/12，医药类排名 22/69。

共 10 个一级学科（学术学位）参评。

学科门类数

理学 250/368、医学 41/182、管理学 368/374。

一级学科排名

生物学 115/224、基础医学 41/97、临床医学 32/108、口腔医学 24/44、公共卫生与预防医学 31/70、中西医结合 65/66、药学 66/131、护理学 57/63、生物医学工程 13/13、公共管理 155/206。

通信地址：广西壮族自治区南宁市双拥路 22 号广西医科大学研招办
邮政编码：530021
电话号码：0771-5354506
电子邮箱：yzb@gxmu.edu.cn
研究生院（部、处）网址：http://yjs.gxmu.edu.cn/

10596 桂林理工大学

在中国普通高校研究生教育竞争力排行榜中的名次：总排名 248/507，广西壮族自治区内排名 4/12，理工类排名 94/158。

共 21 个一级学科（学术学位）参评。

学科门类数

经济学 219/261、法学 209/351、文学 254/271、理学 206/368、工学 170/365、管理学 192/374。

一级学科排名

应用经济学 217/244、民族学 35/41、马克思主义理论 194/328、外国语言文学 191/221、化学 127/188、地质学 26/40、统计学 64/116、材料科学与工程 114/202、冶金工程 23/23、控制科学与工程 176/182、计算机科学与技术 230/262、土木工程 91/153、水利工程 63/63、测绘科学与技术 35/50、化学工程与技术 156/194、地质资源与地质工程 34/46、环境科学与工程 74/174、城乡规划学 46/51、风景园林学 31/54、软件工程 80/155、工商管理 79/303。

通信地址：广西壮族自治区桂林市建干路 12 号屏风南校区办公楼 4 楼
邮政编码：541004
电话号码：0773-5893185
电子邮箱：yjsb@glut.edu.cn
研究生院（部、处）网址：http://yjsy.glut.edu.cn/

10595 桂林电子科技大学

在中国普通高校研究生教育竞争力排行榜中的名次：总排名 256/507，广西壮族自治区内排名 5/12，理工类排名 95/158。

共 14 个一级学科（学术学位）参评。

学科门类数

经济学 254/261、法学 293/351、理学 275/368、工学

144/365、管理学 292/374。

一级学科排名

应用经济学 239/244、马克思主义理论 285/328、数学 104/243、机械工程 94/205、光学工程 66/78、仪器科学与技术 37/75、材料科学与工程 135/202、电子科学与技术 80/119、信息与通信工程 48/169、控制科学与工程 93/182、计算机科学与技术 75/262、软件工程 69/155、管理科学与工程 149/199、工商管理 287/303。

```
通信地址：广西壮族自治区桂林市金鸡路 1 号桂林电子科技大
         学研招办
邮政编码：541004
电话号码：0773-2291377
电子邮箱：10595@guet.edu.cn
研究生院（部、处）网址：http://gra.guet.edu.cn
```

10608　广西民族大学

在中国普通高校研究生教育竞争力排行榜中的名次：总排名 267/507，广西壮族自治区内排名 6/12，民族类排名 4/12。

共 17 个一级学科（学术学位）参评。

学科门类数

哲学 99/154、法学 66/351、教育学 183/193、文学 85/271、历史学 93/116、理学 276/368、工学 300/365、管理学 177/374。

一级学科排名

哲学 97/154、法学 123/188、政治学 67/104、社会学 75/88、民族学 11/41、马克思主义理论 118/328、体育学 104/117、中国语言文学 64/170、外国语言文学 68/221、中国史 87/113、数学 116/243、生物学 212/224、科学技术史 14/22、计算机科学与技术 142/262、化学工程与技术 106/194、公共管理 147/206、图书情报与档案管理 36/56。

```
通信地址：广西壮族自治区南宁市大学东路 188 号广西民族大
         学研招办
邮政编码：530006
电话号码：0771-3262606
电子邮箱：yzb@gxun.edu.cn
研究生院（部、处）网址：http://yjs.gxun.edu.cn/
```

10607　广西艺术学院

在中国普通高校研究生教育竞争力排行榜中的名次：总排名 391/507，广西壮族自治区内排名 7/12，艺术类排名 11/27。

共 6 个一级学科（学术学位）参评，其中 5★+学科 0 个、5★学科 0 个、5★-学科 0 个、4★学科 1 个，学科优秀率为 16.67%。

学科门类数

文学 265/271、艺术学 17/198。

一级学科排名

新闻传播学 96/98、艺术学理论 34/63、音乐与舞蹈学 24/82、戏剧与影视学 29/63、美术学 25/115、设计学 23/134。

```
通信地址：广西壮族自治区南宁市教育路 7 号广西艺术学院研
         招办
邮政编码：530022
电话号码：0771-5333134
电子邮箱：yjs@gxau.edu.cn
研究生院（部、处）网址：http://yjsc.gxau.edu.cn/
```

10603　广西师范学院

在中国普通高校研究生教育竞争力排行榜中的名次：总排名 401/507，广西壮族自治区内排名 8/12，师范类排名 45/59。

共 19 个一级学科（学术学位）参评。

学科门类数

哲学 143/154、经济学 258/261、法学 221/351、教育学 134/193、文学 122/271、理学 259/368、工学 330/365、管理学 272/374。

一级学科排名

哲学 148/154、应用经济学 243/244、政治学 104/104、社会学 83/88、马克思主义理论 261/328、教育学 102/140、体育学 117/117、中国语言文学 110/170、外国语言文学 214/221、新闻传播学 98/98、数学 234/243、化学 179/188、地理学 63/82、计算机科学与技术 28/38、计算机科学与技术 210/262、化学工程与技术 182/194、软件工程 122/155、工商管理 302/303、公共管理 153/206。

```
通信地址：广西壮族自治区南宁市明秀东路 175 号广西师范学
         院研招办
邮政编码：530001
电话号码：0771-3905906
电子邮箱：gxtcyzb@gxtc.edu.cn
研究生院（部、处）网址：http://www.gxtc.edu.cn/Category_3/
                      Index.aspx
```

10600　广西中医药大学

在中国普通高校研究生教育竞争力排行榜中的名次：总排名 405/507，广西壮族自治区内排名 9/12，医药类排名 52/69。

共 5 个一级学科（学术学位）参评。

学科门类数

医学 105/182。

一级学科排名

临床医学 86/108、中医学 22/41、中西医结合 31/66、药学 114/131、中药学 23/45。

> 通信地址：广西壮族自治区南宁市明秀东路179号广西中医药大学研招办
> 邮政编码：530001
> 电话号码：0771-3132106
> 电子邮箱：gxucm_yjs@163.com
> 研究生院（部、处）网址：http://210.36.99.22/

> 通信地址：广西壮族自治区桂林市环城北二路109号桂林医学院研招办
> 邮政编码：541004
> 电话号码：0773-5893516
> 电子邮箱：yjsy@glmc.edu.cn
> 研究生院（部、处）网址：https://mgmt.glmc.edu.cn/yjsxy/

10594　广西科技大学

在中国普通高校研究生教育竞争力排行榜中的名次：总排名422/507，广西壮族自治区内排名10/12，理工类排名145/158。

共5个一级学科（学术学位）参评。

学科门类数

工学242/365、管理学273/374。

一级学科排名

机械工程134/205、控制科学与工程167/182、土木工程130/153、化学工程与技术138/194、工商管理230/303。

> 通信地址：广西壮族自治区柳州市东环大道268号广西科技大学研究生处
> 邮政编码：545006
> 电话号码：0772-2685375
> 电子邮箱：gxutyzb@126.com
> 研究生院（部、处）网址：www.gxut.edu.cn/yjs

10601　桂林医学院

在中国普通高校研究生教育竞争力排行榜中的名次：总排名444/507，广西壮族自治区内排名11/12，医药类排名59/69。

共2个一级学科（学术学位）参评。

学科门类数

医学106/182。

一级学科排名

基础医学49/97、临床医学75/108。

10599　右江民族医学院

在中国普通高校研究生教育竞争力排行榜中的名次：总排名481/507，广西壮族自治区内排名12/12，医药类排名64/69。

共2个一级学科（学术学位）参评。

学科门类数

医学129/182。

一级学科排名

基础医学92/97、临床医学91/108。

> 通信地址：广西壮族自治区百色市城乡路98号右江民族医学院研招办
> 邮政编码：533000
> 电话号码：0776-2846532
> 电子邮箱：youyixkb@163.com
> 研究生院（部、处）网址：http://xkb.ymcn.gx.cn/

11548　广西财经学院

在中国仅专业硕士招生普通高校研究生教育竞争力排行榜中的名次：总排名45/66，广西壮族自治区内排名1/1，财经类排名4/5。

共1个一级学科（专业学位）参评。

一级学科排名

会计（专业学位）40/180。

> 通信地址：广西壮族自治区南宁市明秀西路100号广西财经学院研招办
> 邮政编码：530003
> 电话号码：0771-3844053
> 电子邮箱：hqyjsb@126.com
> 研究生院（部、处）网址：http://xkb.gxufe.edu.cn/xkb/myweb/home.cdi

新疆维吾尔自治区

10755　新疆大学

在中国普通高校研究生教育竞争力排行榜中的名次：总排名138/507，新疆维吾尔自治区内排名1/10，综合类排名38/76。

共38个一级学科（学术学位）参评，其中5★+学科0个，5★学科0个，5★-学科0个，4★学科4个，学科优秀率为10.53%。

学科门类数

哲学101/154、经济学50/261、法学52/351、文学44/271、历史学63/116、理学56/368、工学121/365、管理学170/374。

一级学科排名

哲学100/154、理论经济学26/115、应用经济学208/244、法学59/188、政治学39/104、社会学81/88、民

族学 12/41、马克思主义理论 57/328、中国语言文学 35/170、外国语言文学 72/221、新闻传播学 42/98、中国史 58/113、数学 48/243、物理学 84/166、化学 60/188、地理学 12/82、地质学 39/40、生物学 123/224、生态学 36/111、力学 97/102、机械工程 111/205、材料科学与工程 130/202、动力工程及工程热物理 102/110、电气工程 74/100、信息与通信工程 117/169、控制科学与工程 116/182、计算机科学与技术 97/262、建筑学 53/57、土木工程 103/153、化学工程与技术 84/194、地质资源与地质工程 31/46、纺织科学与工程 11/20、核科学与技术 19/19、环境科学与工程 141/174、食品科学与工程 91/92、软件工程 138/155、工商管理 168/303、公共管理 191/206。

优势专业

5★专业：马克思主义基本原理 12/267。

5★-专业：中国近现代史基本问题研究 9/148、中国少数民族语言文学 3/41、应用数学 15/238。

4★专业：人口、资源与环境经济学 11/86、文艺学 22/153、自然地理学 11/67、地图学与地理信息系统 12/73、计算机应用技术 44/258。

通信地址：新疆乌鲁木齐市胜利路 14 号新疆大学研招办
邮政编码：830046
电话号码：0991-8582567
电子邮箱：yzb@xju.edu.cn
研究生院（部、处）网址：http://218.195.241.196/

10759　石河子大学

在中国普通高校研究生教育竞争力排行榜中的名次：总排名 186/507，新疆维吾尔自治区内排名 2/10，综合类排名 46/76。

共 24 个一级学科（学术学位）参评。

学科门类数

经济学 106/261、法学 219/351、教育学 142/193、文学 226/271、理学 204/368、工学 202/365、农学 43/100、医学 98/182、管理学 125/374。

一级学科排名

应用经济学 93/244、马克思主义理论 146/328、教育学 76/140、中国语言文学 157/170、生物学 102/224、基础医学 9/15、机械工程 130/205、水利工程 49/63、化学工程与技术 79/194、农业工程 24/47、作物学 22/46、园艺学 19/39、农业资源与环境 28/39、植物保护 40/44、畜牧学 29/48、兽医学 20/41、食品科学与工程 19/25、基础医学 72/97、临床医学 79/108、公共卫生与预防医学 63/70、药学 82/131、护理学 61/63、工商管理 116/303、农林经济管理 17/51。

通信地址：新疆石河子市石河子大学研招办
邮政编码：832003
电话号码：0993-2058582
电子邮箱：yjsc@shzu.edu.cn
研究生院（部、处）网址：http://yz.shzu.edu.cn/

10760　新疆医科大学

在中国普通高校研究生教育竞争力排行榜中的名次：总排名 236/507，新疆维吾尔自治区内排名 3/10，医药类排名 26/69。

共 12 个一级学科（学术学位）参评。

学科门类数

法学 276/351、理学 309/368、医学 44/182、管理学 285/374。

一级学科排名

马克思主义理论 247/328、生物学 182/224、基础医学 55/97、临床医学 43/108、口腔医学 42/44、公共卫生与预防医学 40/70、中医学 34/41、中西医结合 61/66、药学 40/131、中药学 45/45、护理学 56/63、公共管理 139/206。

通信地址：新疆乌鲁木齐市新医路 8 号新疆医科大学研招办
邮政编码：830054
电话号码：0991-4362325
电子邮箱：Postgraduate@mail.xjmu.edu.cn
研究生院（部、处）网址：http://yjsy.xjmu.edu.cn/

10758　新疆农业大学

在中国普通高校研究生教育竞争力排行榜中的名次：总排名 264/507，新疆维吾尔自治区内排名 4/10，农林类排名 26/37。

共 17 个一级学科（学术学位）参评。

学科门类数

经济学 204/261、理学 272/368、工学 156/365、农学 46/100、管理学 112/374。

一级学科排名

应用经济学 127/244、生物学 185/224、水利工程 32/63、交通运输工程 57/62、农业工程 38/47、食品科学与工程 82/92、作物学 39/46、园艺学 23/39、农业资源与环境 35/39、植物保护 43/44、畜牧学 25/48、兽医学 36/41、林学 33/44、草学 11/28、食品科学与工程 21/25、农林经济管理 13/51、公共管理 127/206。

通信地址：新疆乌鲁木齐市农大东路 311 号新疆农业大学研招办
邮政编码：830052
电话号码：0991-8762140
电子邮箱：xjauyzb@xjau.edu.cn
研究生院（部、处）网址：http://yjsc.xjau.edu.cn/

10762　新疆师范大学

在中国普通高校研究生教育竞争力排行榜中的名次：总排名 271/507，新疆维吾尔自治区内排名 5/10，师范类排名 35/59。

共 21 个一级学科（学术学位）参评。

学科门类数

哲学 79/154、经济学 182/261、法学 62/351、教育学 57/193、文学 118/271、历史学 73/116、理学 248/368、管理学 362/374、艺术学 111/198。

一级学科排名

哲学 89/154、理论经济学 100/115、应用经济学 197/244、法学 178/188、政治学 74/104、民族学 10/41、马克思主义理论 72/328、教育学 44/140、心理学 84/97、体育学 64/117、中国语言文学 100/170、外国语言文学 194/221、中国史 66/113、数学 233/243、物理学 156/166、化学 174/188、地理学 53/82、生物学 200/224、工商管理 292/303、音乐与舞蹈学 44/82、美术学 51/115。

优势专业

4★专业：民族学 6/34、思想政治教育 57/302。

> 通信地址：新疆乌鲁木齐市新医路 19 号新疆师范大学研招办
> 邮政编码：830053
> 电话号码：0991-4332532
> 电子邮箱：yzb@xjnu.edu.cn
> 研究生院（部、处）网址：http://yjsc.xjnu.edu.cn/

10766　新疆财经大学

在中国普通高校研究生教育竞争力排行榜中的名次：总排名 419/507，新疆维吾尔自治区内排名 6/10，财经类排名 28/34。

共 7 个一级学科（学术学位）参评。

学科门类数

经济学 100/261、法学 267/351、文学 236/271、理学 366/368、管理学 222/374。

一级学科排名

理论经济学 101/115、应用经济学 90/244、法学 176/188、民族学 40/41、新闻传播学 93/98、统计学 82/116、工商管理 93/303。

> 通信地址：新疆乌鲁木齐市北京中路 449 号新疆财经大学研招办
> 邮政编码：830012
> 电话号码：0991-7842074
> 电子邮箱：yjsc@xjufe.edu.cn
> 研究生院（部、处）网址：http://yjsy.xjufe.edu.cn/

10757　塔里木大学

在中国普通高校研究生教育竞争力排行榜中的名次：总排名 445/507，新疆维吾尔自治区内排名 7/10，农林类排名 34/37。

共 5 个一级学科（学术学位）参评。

学科门类数

理学 357/368、工学 319/365、农学 70/100。

一级学科排名

生物学 204/224、农业工程 37/47、作物学 42/46、园艺 22/39、畜牧学 46/48。

> 通信地址：新疆阿拉尔市塔里木大学研招办
> 邮政编码：843300
> 电话号码：0997-4682652
> 电子邮箱：yjs_tlmdx@163.com
> 研究生院（部、处）网址：http://yjsb.taru.edu.cn/

10764　伊犁师范学院

在中国普通高校研究生教育竞争力排行榜中的名次：总排名 471/507，新疆维吾尔自治区内排名 8/10，师范类排名 55/59。

共 3 个一级学科（学术学位）参评。

学科门类数

文学 148/271、理学 311/368。

一级学科排名

中国语言文学 125/170、数学 229/243、物理学 163/166。

> 通信地址：新疆伊宁市解放路 298 号伊犁师范学院研招办
> 邮政编码：835000
> 电话号码：0999-8131760
> 电子邮箱：yanjsc123@126.com
> 研究生院（部、处）网址：http://yjsc.ylsy.edu.cn/

10768　新疆艺术学院

在中国普通高校研究生教育竞争力排行榜中的名次：总排名 502/507，新疆维吾尔自治区内排名 9/10，艺术类排名 26/27。

共 2 个一级学科（学术学位）参评。

学科门类数

艺术学 120/198。

一级学科排名

音乐与舞蹈学 35/82、美术学 87/115。

> 通信地址：新疆乌鲁木齐市团结路 734 号新疆艺术学院研招办
> 邮政编码：830049
> 电话号码：0991-2579283
> 电子邮箱：xjartyjs@163.com
> 研究生院（部、处）网址：http://yjsc.xjart.edu.cn/

10763　喀什大学

在中国普通高校研究生教育竞争力排行榜中的名次：总排名 504/507，新疆维吾尔自治区内排名 10/10，师范类排名 59/59。

共 3 个一级学科（学术学位）参评。

学科门类数

法学 269/351、教育学 164/193、文学 166/271。

一级学科排名

马克思主义理论 188/328、教育学 131/140、中国语言文学 127/170。

通信地址：新疆喀什市阔纳乃则尔巴格路 463 号喀什大学研招办
邮政编码：844000
电话号码：0998-2892892
电子邮箱：xyp-ks@163.com
研究生院（部、处）网址：http://yjsc.ksu.edu.cn/

10997　昌吉学院

在中国仅专业硕士招生普通高校研究生教育竞争力排行榜中的名次：总排名 47/66，新疆维吾尔自治区内排名 1/1，师范类排名 7/14。

共 1 个一级学科（专业学位）参评。

一级学科排名

工程（专业学位）324/380。

通信地址：新疆昌吉市北京北路 77 号昌吉学院研招办
邮政编码：831100
电话号码：0994-2327739
电子邮箱：yjsc@cjc.edu.cn
研究生院（部、处）网址：http://www.cjc.edu.cn/

内蒙古自治区

10126　内蒙古大学

在中国普通高校研究生教育竞争力排行榜中的名次：总排名 160/507，内蒙古自治区内排名 1/8，综合类排名 43/76。

共 31 个一级学科（学术学位）参评，其中 5★+学科 0 个，5★学科 0 个，5★-学科 0 个，4★学科 1 个，学科优秀率为 3.23%。

学科门类数

哲学 77/154、经济学 140/261、法学 74/351、文学 60/271、历史学 53/116、理学 85/368、工学 218/365、农学 74/100、管理学 176/374、艺术学 118/198。

一级学科排名

哲学 79/154、理论经济学 111/115、应用经济学 144/244、法学 97/188、政治学 94/104、民族学 8/41、马克思主义理论 90/328、中国语言文学 61/170、外国语言文学 71/221、新闻传播学 45/98、中国史 46/113、世界史 65/67、数学 88/243、物理学 96/166、化学 110/188、生物学 80/224、生态学 45/111、材料科学与工程 156/202、电子科学与技术 112/119、信息与通信工程 144/169、计算机科学与技术 90/262、化学工程与技术 184/194、环境科学与工程 120/174、软件工程 141/155、管理科学与工程 36/44、草学 8/28、工商管理 177/303、公共管理 106/206、艺术学理论 43/63、音乐与舞蹈学 73/82、美术学 93/115。

优势专业

5★-专业：马克思主义基本原理 26/267、动物学 9/126。

通信地址：内蒙古呼和浩特市大学西路 235 号内蒙古大学研招办
邮政编码：010021
电话号码：0471-4992114
电子邮箱：ndyjsyzsb@imu.edu.cn
研究生院（部、处）网址：http://gs.imu.edu.cn/

10129　内蒙古农业大学

在中国普通高校研究生教育竞争力排行榜中的名次：总排名 202/507，内蒙古自治区内排名 2/8，农林类排名 17/37。

共 25 个一级学科（学术学位）参评。

学科门类数

经济学 214/261、法学 335/351、理学 196/368、工学 128/365、农学 29/100、管理学 167/374、艺术学 195/198。

一级学科排名

应用经济学 201/244、马克思主义理论 299/328、生物学 100/224、生态学 47/111、计算机科学与技术 18/38、机械工程 172/205、材料科学与工程 200/202、土木工程 142/153、水利工程 44/63、农业工程 17/47、林业工程 10/13、风景园林学 50/54、作物学 25/46、园艺学 32/39、农业资源与环境 26/39、植物保护 32/44、畜牧学 26/48、兽医学 24/41、林学 10/44、草学 9/28、食品科学与工程 7/25、工商管理 272/303、农林经济管理 32/51、公共管理 175/206、设计学 127/134。

通信地址：内蒙古呼和浩特市赛罕区昭乌达路 306 号内蒙古农业大学研招办
邮政编码：010018
电话号码：0471-4309337
电子邮箱：yzb@imau.edu.cn
研究生院（部、处）网址：http://yjsy.imau.edu.cn/

10135　内蒙古师范大学

在中国普通高校研究生教育竞争力排行榜中的名次：总排名 246/507，内蒙古自治区内排名 3/8，师范类排名 30/59。

共 30 个一级学科（学术学位）参评。

学科门类数

哲学 89/154、经济学 220/261、法学 114/351、教育学 54/193、文学 91/271、历史学 72/116、理学 199/368、工学 345/365、管理学 337/374、艺术学 102/198。

一级学科排名

哲学 91/154、理论经济学 105/115、应用经济学 237/244、政治学 96/104、社会学 82/88、民族学 26/41、马克思主义理论 124/328、教育学 68/140、心理学 36/97、体育学 76/117、中国语言文学 70/170、外国语言文学 196/221、中国史 73/113、世界史 62/67、数学 242/243、物理学 155/166、化学 183/188、地理学 69/82、生物学 221/224、科学技术史 10/22、生态学 104/111、计算机科学与技术 34/38、环境科学与工程 51/51、材料科学与工程 199/202、计算机科学与技术 253/262、公共管理 168/206、音乐与舞蹈学 60/82、戏剧与影视学 57/63、美术学 64/115、设计学 134/134。

通信地址：内蒙古呼和浩特昭乌达路赛罕区 81 号内蒙古师范大学研招办
邮政编码：010022
电话号码：0471-4393213
电子邮箱：yjsczsk@imnu.edu.cn
研究生院（部、处）网址：http://yjsc.imnu.edu.cn

10128　内蒙古工业大学

在中国普通高校研究生教育竞争力排行榜中的名次：总排名 294/507，内蒙古自治区内排名 4/8，理工类排名 104/158。

共 24 个一级学科（学术学位）参评，其中 5★+学科 0 个，5★学科 0 个，5★-学科 0 个，4★学科 1 个，学科优秀率为 4.17%。

学科门类数

经济学 221/261、法学 250/351、文学 179/271、理学 267/368、工学 147/365、管理学 210/374、艺术学 181/198。

一级学科排名

应用经济学 214/244、民族学 34/41、马克思主义理论 296/328、外国语言文学 106/221、数学 141/243、统计学 51/116、电子科学与技术 3/15、力学 57/102、机械工程 180/205、材料科学与工程 125/202、动力工程及工程热物理 70/110、电气工程 98/100、信息与通信工程 156/169、控制科学与工程 170/182、计算机科学与技术 254/262、建筑学 52/57、土木工程 138/153、化学工程与技术 82/194、交通运输工程 59/62、环境科学与工程 172/174、城乡规划学 50/51、工商管理 173/303、公共管理 145/206、设计学 108/134。

优势专业

5★-专业：物理电子学 1/9。

通信地址：内蒙古呼和浩特市新城区爱民街 49 号内蒙古工业大学研究生招生办
邮政编码：010051
电话号码：0471-6578901
电子邮箱：yjsc@imut.edu.cn
研究生院（部、处）网址：http://yjsch.imut.edu.cn

10127　内蒙古科技大学

在中国普通高校研究生教育竞争力排行榜中的名次：总排名 323/507，内蒙古自治区内排名 5/8，理工类排名 120/158。

共 17 个一级学科（学术学位）参评。

学科门类数

经济学 248/261、法学 327/351、历史学 99/116、理学 298/368、工学 199/365、管理学 310/374。

一级学科排名

应用经济学 232/244、马克思主义理论 284/328、中国史 96/113、物理学 149/166、生物学 178/224、机械工程 178/205、材料科学与工程 146/202、冶金工程 19/23、动力工程及工程热物理 96/110、控制科学与工程 173/182、计算机科学与技术 243/262、土木工程 126/153、化学工程与技术 150/194、矿业工程 24/32、环境科学与工程 151/174、管理科学与工程 179/199、工商管理 289/303。

通信地址：内蒙古包头市阿尔丁大街 7 号内蒙古科技大学
邮政编码：014010
电话号码：0472-5951507
电子邮箱：imustyjs@163.com
研究生院（部、处）网址：http://graduate.imust.cn/

10132　内蒙古医科大学

在中国普通高校研究生教育竞争力排行榜中的名次：总排名 394/507，内蒙古自治区内排名 6/8，医药类排名 50/69。

共 8 个一级学科（学术学位）参评。

学科门类数

理学 359/368、医学 79/182。

一级学科排名

生物学 207/224、基础医学 88/97、临床医学 63/108、公共卫生与预防医学 65/70、中医学 31/41、药学 98/131、中药学 43/45、护理学 58/63。

通信地址：内蒙古呼和浩特市新华大街 5 号内蒙古医科大学招生办
邮政编码：010059
电话号码：0471-6653193
电子邮箱：yjsxy2011@163.com
研究生院（部、处）网址：https://yjsxy.immu.edu.cn/

10136　内蒙古民族大学

在中国普通高校研究生教育竞争力排行榜中的名次：总排名 409/507，内蒙古自治区内排名 7/8，民族类排名 10/12。

共 17 个一级学科（学术学位）参评。

学科门类数

法学 192/351、教育学 188/193、文学 164/271、历史

学 102/116、理学 325/368、农学 84/100、医学 135/182。

一级学科排名

民族学 30/41、马克思主义理论 187/328、体育学 112/117、中国语言文学 145/170、中国史 105/113、世界史 63/67、数学 238/243、物理学 151/166、化学 187/188、作物学 45/46、畜牧学 48/48、兽医学 41/41、草学 28/28、临床医学 97/108、中医学 39/41、中西医结合 47/66、中药学 32/45。

通信地址：内蒙古通辽市霍林河大街西 536 号内蒙古民族大学研究生招生办公室
邮政编码：028043
电话号码：0475-8313508
电子邮箱：410064331@qq.com
研究生院（部、处）网址：http://219.225.148.48:8080/pub/yjs/

10139　内蒙古财经大学

在中国普通高校研究生教育竞争力排行榜中的名次：总排名 479/507，内蒙古自治区内排名 8/8，财经类排名 34/34。

共 3 个一级学科（学术学位）参评。

学科门类数

经济学 107/261、管理学 209/374。

一级学科排名

理论经济学 87/115、应用经济学 102/244、工商管理 130/303。

通信地址：内蒙古呼和浩特市北二环路 185 号内蒙古财经大学研究生处
邮政编码：010070
电话号码：0471-5300146
电子邮箱：yzb1497@163.com
研究生院（部、处）网址：http://www.imufe.edu.cn/yjs/

10138　赤峰学院

在中国仅专业硕士招生普通高校研究生教育竞争力排行榜中的名次：总排名 60/66，内蒙古自治区内排名 1/1，师范类排名 12/14。

共 1 个一级学科（专业学位）参评。

一级学科排名

文物与博物馆（专业学位）27/32。

通信地址：内蒙古赤峰市红山区迎宾路 1 号赤峰学院研招办
邮政编码：024000
电话号码：0476-8300512
电子邮箱：xkjsghc@163.com
研究生院（部、处）网址：http://web.cfxy.cn/yjs/

贵州省

10657　贵州大学

在中国普通高校研究生教育竞争力排行榜中的名次：总排名 119/507，贵州省内排名 1/7，综合类排名 36/76。

共 53 个一级学科（学术学位）参评。

学科门类数

哲学 50/154、经济学 125/261、法学 79/351、文学 126/271、历史学 106/116、理学 84/368、工学 109/365、农学 18/100、管理学 131/374、艺术学 59/198。

一级学科排名

哲学 47/154、应用经济学 110/244、法学 69/188、政治学 72/104、社会学 62/88、民族学 22/41、马克思主义理论 149/328、中国语言文学 147/170、外国语言文学 117/221、新闻传播学 97/98、中国史 97/113、数学 62/243、物理学 138/166、化学 97/188、地质学 29/40、生物学 66/224、生态学 53/111、药学 14/18、机械工程 69/205、材料科学与工程 111/202、冶金工程 21/23、电气工程 87/100、电子科学与技术 49/119、信息与通信工程 128/169、控制科学与工程 159/182、计算机科学与技术 132/262、土木工程 122/153、测绘科学与技术 45/50、化学工程与技术 116/194、地质资源与地质工程 42/46、矿业工程 26/32、环境科学与工程 102/174、食品科学与工程 84/92、风景园林学 48/54、软件工程 131/155、安全科学与工程 50/54、设计学 9/10、作物学 16/46、园艺学 38/39、农业资源与环境 37/39、植物保护 11/44、畜牧学 32/48、兽医学 35/41、林学 21/44、草学 22/28、管理科学与工程 99/199、工商管理 222/303、农林经济管理 29/51、公共管理 78/206、艺术学理论 32/63、音乐与舞蹈学 79/82、戏剧与影视学 62/63、设计学 36/134。

优势专业

4★专业：动物学 23/126。

通信地址：贵州省贵阳市花溪区贵州大学
邮政编码：550025
电话号码：0851-88290212
电子邮箱：yzb@gzu.edu.cn
研究生院（部、处）网址：www.gs.gzu.edu.cn

10663　贵州师范大学

在中国普通高校研究生教育竞争力排行榜中的名次：总排名 255/507，贵州省内排名 2/7，师范类排名 33/59。

共 22 个一级学科（学术学位）参评。

学科门类数

哲学 113/154、法学 130/351、教育学 56/193、文学 88/271、历史学 80/116、理学 202/368、工学 274/365、管理学 334/374、艺术学 139/198。

一级学科排名

哲学 122/154、法学 154/188、政治学 78/104、马克思

主义理论 86/328、教育学 72/140、心理学 61/97、体育学 108/117、中国语言文学 59/170、外国语言文学 159/221、中国史 90/113、世界史 55/67、数学 132/243、化学 177/188、地理学 32/82、生物学 158/224、生态学 62/111、心理学 7/13、计算机科学与技术 143/262、环境科学与工程 142/174、网络空间安全 26/29、管理科学与工程 159/199、美术学 36/115。

优势专业

4★专业：中国近现代史基本问题研究 23/148。

```
通信地址：贵州省贵阳市宝山北路116号贵州师范大学研招办
邮政编码：550001
电话号码：0851-6702099
电子邮箱：gznu_yzb@126.com
研究生院（部、处）网址：http://yjsc.gznu.edu.cn/
```

10660　贵州医科大学

在中国普通高校研究生教育竞争力排行榜中的名次：总排名 308/507，贵州省内排名 3/7，医药类排名 36/69。

共 8 个一级学科（学术学位）参评。

学科门类数

理学 315/368、医学 61/182。

一级学科排名

生物学 160/224、基础医学 32/97、临床医学 72/108、口腔医学 41/44、公共卫生与预防医学 52/70、中医学 40/41、药学 58/131、护理学 63/63。

```
通信地址：贵州省贵阳市北京路9号贵州医科大学研招办
邮政编码：550004
电话号码：0851-6908282
电子邮箱：gmczkb@gmc.edu.cn
研究生院（部、处）网址：http://yjsxy.gmc.edu.cn
```

10661　遵义医学院

在中国普通高校研究生教育竞争力排行榜中的名次：总排名 339/507，贵州省内排名 4/7，医药类排名 40/69。

共 8 个一级学科（学术学位）参评。

学科门类数

法学 296/351、理学 288/368、医学 91/182。

一级学科排名

马克思主义理论 291/328、生物学 157/224、基础医学 59/97、临床医学 73/108、口腔医学 38/44、公共卫生与预防医学 51/70、药学 62/131、护理学 44/63。

```
通信地址：贵州省遵义市大连路143号遵义医学院研招办
邮政编码：563003
电话号码：0852-8609375
电子邮箱：yjsbzmc@sina.com
研究生院（部、处）网址：http://grs.zmc.edu.cn/
```

10672　贵州民族大学

在中国普通高校研究生教育竞争力排行榜中的名次：总排名 402/507，贵州省内排名 5/7，民族类排名 8/12。

共 6 个一级学科（学术学位）参评。

学科门类数

法学 89/351、文学 200/271、理学 330/368。

一级学科排名

法学 73/188、社会学 48/88、民族学 19/41、中国语言文学 84/170、数学 191/243、统计学 57/116。

```
通信地址：贵州省贵阳市花溪区贵州民族大学研招办
邮政编码：550025
电话号码：0851-3610705
电子邮箱：gznc_yz@163.com
研究生院（部、处）网址：http://yjs.gzmu.edu.cn/
```

10671　贵州财经大学

在中国普通高校研究生教育竞争力排行榜中的名次：总排名 408/507，贵州省内排名 6/7，财经类排名 25/34。

共 8 个一级学科（学术学位）参评。

学科门类数

经济学 89/261、法学 210/351、教育学 190/193、理学 349/368、工学 358/365、医学 182/182、管理学 145/374。

一级学科排名

理论经济学 68/115、应用经济学 88/244、民族学 38/41、马克思主义理论 155/328、统计学 39/116、计算机科学与技术 248/262、工商管理 86/303、公共管理 96/206。

```
通信地址：贵州省贵阳市鹿冲关路276号贵州财经大学研招办
邮政编码：550004
电话号码：0851-6902829
电子邮箱：GCYZB@mail.gufe.edu.cn
研究生院（部、处）网址：http://portal.gzife.edu.cn/yjsgzb/
```

10662　贵阳中医学院

在中国普通高校研究生教育竞争力排行榜中的名次：总排名 455/507，贵州省内排名 7/7，医药类排名 60/69。

共 4 个一级学科（学术学位）参评。

学科门类数

医学 121/182。

一级学科排名

中医学 20/41、中西医结合 26/66、药学 124/131、中药学 25/45。

```
通信地址：贵州省贵阳市市东路50号贵阳中医学院研招办
邮政编码：550002
电话号码：0851-5652079
电子邮箱：gzyyzb@sina.com
研究生院（部、处）网址：http://yjs.gyctcm.edu.cn/
```

10670　黔南民族师范学院

在中国仅专业硕士招生普通高校研究生教育竞争力排行榜中的名次：总排名64/66，贵州省内排名1/1，师范类排名14/14。

共1个一级学科（专业学位）参评。

一级学科排名

教育（专业学位）76/135。

通信地址：贵州省都匀市龙山大道黔南民族师范学院研招办
邮政编码：558000
电话号码：0854-8737536
电子邮箱：qnsyyzb@163.com
研究生院（部、处）网址：http://ygb.sgmtu.edu.cn/

宁夏回族自治区

10749　宁夏大学

在中国普通高校研究生教育竞争力排行榜中的名次：总排名210/507，宁夏回族自治区内排名1/3，综合类排名52/76。

共34个一级学科（学术学位）参评。

学科门类数

哲学 109/154、经济学 198/261、法学 85/351、教育学 120/193、文学 116/271、历史学 66/116、理学 178/368、工学 219/365、农学 52/100、管理学 335/374。

一级学科排名

哲学 106/154、理论经济学 72/115、法学 153/188、社会学 78/88、民族学 18/41、马克思主义理论 260/328、教育学 116/140、心理学 78/97、中国语言文学 94/170、外国语言文学 156/221、中国史 59/113、数学 105/243、物理学 160/166、化学 160/188、地理学 57/82、生物学 187/224、生态学 97/111、力学 91/102、机械工程 179/205、电子科学与技术 102/119、计算机科学与技术 216/262、土木工程 136/153、水利工程 25/63、化学工程与技术 175/194、农业工程 43/47、食品科学与工程 88/92、作物学 41/46、园艺学 36/39、农业资源与环境 38/39、植物保护 44/44、畜牧学 39/48、兽医学 40/41、草学 10/28、农林经济管理 47/51。

通信地址：宁夏银川市西夏区文萃北街217号宁夏大学研招办
邮政编码：750021
电话号码：0951-2061096
电子邮箱：yjsc@nxu.edu.cn
研究生院（部、处）网址：http://graduate.nxu.edu.cn/

10752　宁夏医科大学

在中国普通高校研究生教育竞争力排行榜中的名次：总排名298/507，宁夏回族自治区内排名2/3，医药类排名34/69。

共7个一级学科（学术学位）参评。

学科门类数

理学 303/368、医学 66/182。

一级学科排名

生物学 148/224、基础医学 63/97、临床医学 59/108、口腔医学 44/44、公共卫生与预防医学 56/70、中医学 35/41、药学 109/131。

通信地址：宁夏银川市胜利街692号宁夏医科大学研招办
邮政编码：750004
电话号码：0951-4095934
电子邮箱：nyyzb@nxmc.edu.cn
研究生院（部、处）网址：http://www.nxmu.edu.cn/

11407　北方民族大学

在中国普通高校研究生教育竞争力排行榜中的名次：总排名368/507，宁夏回族自治区内排名3/3，民族类排名7/12。

共10个一级学科（学术学位）参评。

学科门类数

法学 126/351、文学 178/271、历史学 115/116、理学 264/368、工学 293/365。

一级学科排名

民族学 28/41、马克思主义理论 279/328、中国语言文学 141/170、中国史 112/113、数学 101/243、生态学 64/111、材料科学与工程 178/202、电子科学与技术 110/119、计算机科学与技术 203/262、软件工程 148/155。

通信地址：宁夏银川市西夏区文昌北路204号北方民族大学研招办
邮政编码：750021
电话号码：0951-2068203
电子邮箱：yzb@nwsni.edu.cn
研究生院（部、处）网址：http://yjsc.nun.edu.cn/

10753　宁夏师范学院

在中国仅专业硕士招生普通高校研究生教育竞争力排行榜中的名次：总排名35/66，宁夏回族自治区内排名1/1，师范类排名5/14。

共1个一级学科（专业学位）参评。

一级学科排名

教育（专业学位）31/135。

通信地址：宁夏固原市原州区学院路宁夏师范学院研招办
邮政编码：756099
电话号码：0954-2079656
电子邮箱：jenine77@163.com
研究生院（部、处）网址：http://yjsh.nxtu.cn/

海南省

10589　海南大学

在中国普通高校研究生教育竞争力排行榜中的名次：总排名 199/507，海南省内排名 1/3，综合类排名 49/76。

共 31 个一级学科（学术学位）参评，其中 5★+学科 0 个，5★学科 0 个，5★-学科 0 个，4★学科 1 个，学科优秀率为 3.23%。

学科门类数

哲学 97/154、经济学 124/261、法学 76/351、文学 155/271、理学 167/368、工学 205/365、农学 17/100、医学 164/182、管理学 179/374。

一级学科排名

哲学 96/154、理论经济学 97/115、应用经济学 112/244、法学 38/188、政治学 81/104、马克思主义理论 132/328、中国语言文学 134/170、外国语言文学 163/221、数学 217/243、海洋科学 20/30、生物学 92/224、生态学 37/111、材料科学与工程 137/202、信息与通信工程 92/169、计算机科学与技术 183/262、土木工程 133/153、化学工程与技术 125/194、农业工程 42/47、环境科学与工程 150/174、食品科学与工程 65/92、风景园林学 49/54、作物学 12/46、园艺学 34/39、农业资源与环境 36/39、植物保护 27/44、畜牧学 37/48、林学 25/44、水产 13/26、药学 110/131、工商管理 112/303、农林经济管理 36/51。

优势专业

4★专业：民商法学 30/151、作物遗传育种 9/45。

通信地址：海南省海口市海南大学研究生招生办公室
邮政编码：570228
电话号码：0898-66251735
电子邮箱：hnyjs@hainu.edu.cn
研究生院（部、处）网址：www.hainu.edu.cn/zy_yjs/

11658　海南师范大学

在中国普通高校研究生教育竞争力排行榜中的名次：总排名 378/507，海南省内排名 2/3，师范类排名 42/59。

共 11 个一级学科（学术学位）参评。

学科门类数

法学 138/351、教育学 122/193、文学 99/271、历史学 107/116、理学 229/368、艺术学 153/198。

一级学科排名

马克思主义理论 76/328、教育学 110/140、体育学 101/117、中国语言文学 67/170、中国史 99/113、数学 226/243、化学 162/188、地理学 67/82、生物学 206/224、生态学 67/111、美术学 44/115。

优势专业

4★专业：马克思主义发展史 14/88、国外马克思主义研究 14/83、中国近现代史基本问题研究 19/148。

通信地址：海南省海口市龙昆南路 99 号海南师范大学研招办
邮政编码：571158
电话号码：0898-65893907
电子邮箱：yzb@hainnu.edu.cn
研究生院（部、处）网址：http://yjsc.hainnu.edu.cn

11810　海南医学院

在中国普通高校研究生教育竞争力排行榜中的名次：总排名 424/507，海南省内排名 3/3，医药类排名 54/69。

共 3 个一级学科（学术学位）参评。

学科门类数

医学 93/182。

一级学科排名

基础医学 69/97、临床医学 68/108、药学 112/131。

通信地址：海南省海口市龙华区学院路 3 号海南医学院研招办
邮政编码：571199
电话号码：0898-66891789
电子邮箱：hyyjsb@163.com
研究生院（部、处）网址：http://www.hainmc.edu.cn/yjsy/

11100　海南热带海洋学院

在中国仅专业硕士招生普通高校研究生教育竞争力排行榜中的名次：总排名 62/66，海南省内排名 1/1，综合类排名 11/11。

共 1 个一级学科（专业学位）参评。

一级学科排名

旅游管理（专业学位）27/50。

通信地址：海南省三亚市育才路 1 号
邮政编码：572022
电话号码：0898-99651897
电子邮箱：zs@qzu.edu.cn
研究生院（部、处）网址：http://yjsc.hntou.edu.cn/

青海省

10743　青海大学

在中国普通高校研究生教育竞争力排行榜中的名次：总排名 321/507，青海省内排名 1/3，综合类排名 60/76。

共 15 个一级学科（学术学位）参评。

学科门类数

法学 328/351、工学 269/365、农学 56/100、医学 95/182、管理学 291/374。

一级学科排名

马克思主义理论 276/328、机械工程 183/205、材料科学与工程 195/202、水利工程 52/63、化学工程与技术 164/194、地质资源与地质工程 40/46、作物学 29/46、畜牧学 45/48、兽医学 38/41、草学 18/28、基础医学 58/97、临床医学 87/108、中医学 21/41、中西医结合 40/66、工商管理 159/303。

优势专业

4★专业：民族医学（含：藏医学、蒙医学等）2/13。

> 通信地址：青海省西宁市宁大路251号青海大学研招办
> 邮政编码：810016
> 电话号码：0971-5310695
> 电子邮箱：yzb@qhu.edu.cn
> 研究生院（部、处）网址：http://yjs.qhu.edu.cn/

10746 青海师范大学

在中国普通高校研究生教育竞争力排行榜中的名次：总排名 374/507，青海省内排名 2/3，师范类排名 41/59。

共 18 个一级学科（学术学位）参评。

学科门类数

哲学 133/154、经济学 253/261、法学 259/351、教育学 137/193、文学 170/271、历史学 75/116、理学 222/368、工学 317/365。

一级学科排名

哲学 138/154、应用经济学 238/244、社会学 86/88、马克思主义理论 273/328、教育学 113/140、心理学 93/97、体育学 116/117、中国语言文学 138/170、中国史 64/113、数学 156/243、化学 184/188、地理学 47/82、生物学 223/224、生态学 94/111、统计学 111/116、计算机科学与技术 33/38、计算机科学与技术 165/262、软件工程 136/155。

> 通信地址：青海省西宁市五四西路36号青海师范大学研招办
> 邮政编码：810008
> 电话号码：0971-6309024
> 电子邮箱：yjs@qhnu.edu.cn
> 研究生院（部、处）网址：http://yjsgl.qhnu.edu.cn/

10748 青海民族大学

在中国普通高校研究生教育竞争力排行榜中的名次：总排名 403/507，青海省内排名 3/3，民族类排名 9/12。

共 13 个一级学科（学术学位）参评。

学科门类数

哲学 121/154、法学 235/351、文学 213/271、历史学 113/116、理学 353/368、医学 178/182、管理学 328/374。

一级学科排名

哲学 132/154、法学 147/188、政治学 102/104、社会学 88/88、民族学 32/41、马克思主义理论 327/328、中国语言文学 92/170、中国史 107/113、数学 241/243、化学 188/188、药学 130/131、工商管理 293/303、公共管理 171/206。

> 通信地址：青海省西宁市八一中路3号
> 邮政编码：810007
> 电话号码：0971-8237294
> 电子邮箱：yzb@qhmu.edu.cn
> 研究生院（部、处）网址：http://210.27.169.200/yjsb/welcome.do

西藏自治区

10694 西藏大学

在中国普通高校研究生教育竞争力排行榜中的名次：总排名 341/507，西藏自治区内排名 1/3，综合类排名 63/76。

共 9 个一级学科（学术学位）参评。

学科门类数

法学 124/351、教育学 147/193、文学 89/271、理学 184/368、工学 341/365、管理学 295/374、艺术学 121/198。

一级学科排名

民族学 16/41、教育学 107/140、中国语言文学 50/170、生物学 111/224、生态学 60/111、计算机科学与技术 191/262、公共管理 138/206、音乐与舞蹈学 40/82、美术学 91/115。

优势专业

4★专业：中国少数民族经济 3/28。

> 通信地址：西藏自治区拉萨市江苏路36号西藏大学研招办
> 邮政编码：850000
> 电话号码：0891-6331646
> 电子邮箱：zsb@utibet.edu.cn
> 研究生院（部、处）网址：http://www.utibet.edu.cn/news/article_0_162_0.html

10695 西藏民族大学

在中国普通高校研究生教育竞争力排行榜中的名次：总排名 459/507，西藏自治区内排名 2/3，民族类排名 12/12。

共 5 个一级学科（学术学位）参评。

学科门类数

哲学 141/154、法学 134/351、文学 175/271、历史学 91/116、医学 177/182。

一级学科排名

哲学 139/154、民族学 20/41、中国语言文学 129/170、中国史 79/113、基础医学 85/97。

> 通信地址：陕西省咸阳市文汇东路6号西藏民族大学研招办
> 邮政编码：712082
> 电话号码：029-33755124
> 电子邮箱：xzmyyjsc@163.com
> 研究生院（部、处）网址：http://www1.xzmu.edu.cn/yjsc/

10696 西藏藏医学院

在中国普通高校研究生教育竞争力排行榜中的名次：

总排名 507/507，西藏自治区内排名 3/3，医药类排名 69/69。

共 1 个一级学科（学术学位）参评。

学科门类数
医学 180/182。

一级学科排名
中医学 36/41。

通信地址：西藏自治区拉萨市当热中路10号西藏藏医学院研招办
邮政编码：850000
电话号码：0891-6374885
电子邮箱：zyyjsb1999@163.com.cn
研究生院（部、处）网址：www.ttmc.edu.cn/index.htm

第三部分

附 录

国家及主要大学硕士研究生招录情况

2018年全国硕士研究生复试分数线包括国家分数线和部分自主划线的高校分数线，下表中分别予以列出，供读者参考。高校博士研究生入学考试因科目不同等原因，各高校博士研究生复试分数线差异很大，故不一一列出。

2018年全国硕士研究生统一入学考试考生进入复试的初试成绩基本要求（学术型）

学科门类（专业）名称	A类考生① 总分	A类考生① 单科（满分=100分）	A类考生① 单科（满分>100分）	B类考生② 总分	B类考生② 单科（满分=100分）	B类考生② 单科（满分>100分）	备注
哲学	280	39	59	270	36	54	① A类考生：报考地处一区招生单位的考生 一区系北京、天津、河北、山西、辽宁、吉林、黑龙江、上海、江苏、浙江、安徽、福建、江西、山东、河南、湖北、湖南、广东、重庆、四川、陕西21省（直辖市） ② B类考生：报考地处二区招生单位的考生 二区系内蒙古、广西、海南、贵州、云南、西藏、甘肃、青海、宁夏、新疆10省（自治区） ③ 工学照顾专业： 力学[0801]、冶金工程[0806]、动力工程及工程热物理[0807]、水利工程[0815]、地质资源与地质工程[0818]、矿业工程[0819]、船舶与海洋工程[0824]、航空宇航科学与技术[0825]、兵器科学与技术[0826]、核科学与技术[0827]、农业工程[0828] ④ 中医类照顾专业： 中医学[1005]、中西医结合[1006] ⑤ 享受少数民族照顾政策的考生： 报考地处二区招生单位，且毕业后在国务院公布的民族区域自治地方定向就业的少数民族普通高校应届本科毕业生考生；或者工作单位在国务院公布的民族区域自治地方，且定向就业单位为原单位的少数民族在职人员考生
经济学	330	44	66	320	41	62	
法学	315	42	63	305	39	59	
教育学（不含体育学）	320	44	132	310	41	123	
文学	345	55	83	335	52	78	
历史学	315	43	129	305	40	120	
理学	280	38	57	270	35	53	
工学（不含工学照顾专业）	260	34	51	250	31	47	
农学	255	34	51	245	31	47	
医学（不含中医类照顾专业）	300	40	120	290	37	111	
军事学	270	37	56	260	34	51	
管理学	330	44	66	320	41	62	
艺术学	335	36	54	325	33	50	
体育学	265	34	102	255	31	93	
工学照顾专业③	255	34	51	245	31	47	
中医类照顾专业④	300	39	117	290	36	108	
享受少数民族照顾政策的考生⑤	245	30	45	245	30	45	
报考少数民族高层次骨干人才计划考生进入复试的初试成绩基本要求为总分不低于245分							

2018年全国硕士研究生统一入学考试考生进入复试的初试成绩基本要求（专业学位）

学科门类（专业）名称	A类考生① 总分	A类考生① 单科（满分=100分）	A类考生① 单科（满分>100分）	B类考生② 总分	B类考生② 单科（满分=100分）	B类考生② 单科（满分>100分）	备注
金融、应用统计、税务、国际商务、保险、资产评估	330	44	66	320	41	62	①② 同本部分上表①② ③ 临床医学[1051]、④ 口腔医学[1052]、⑤ 中医[1057]专业： 根据相关规定，"招生单位自主确定并对外公布报考本单位临床医学类专业学位硕士研究生进入复试的初试成绩要求，以及接受报考其他单位临床医学类专业学位硕士研究生调剂的成绩要求。教育部划定临床医学类专业学位硕士研究生初试成绩基本要求供招生单位参考，同时作为报考临床医学类专业学位硕士研究生的考生调剂到其他专业的基本成绩要求" ⑥ 工程照顾领域： 冶金工程[085205] 动力工程[085206] 水利工程[085214] 地质工程[085217] 矿业工程[085218] 船舶与海洋工程[085223] 安全工程[085224] 兵器工程[085225] 核能与核技术工程[085226] 农业工程[085227] 林业工程[085228] 航空工程[085232] 航天工程[085233] ⑦ 同本部分上表⑤
审计	165	42	84	155	37	74	
法律（非法学）、法律（法学）、社会工作、警务	315	42	63	305	39	59	
教育、汉语国际教育	320	44	66	310	41	62	
应用心理	320	44	132	310	41	123	
体育	265	34	102	255	31	93	
翻译、新闻与传播、出版	345	55	83	335	52	78	
文物与博物馆	315	43	129	305	40	120	
建筑学、工程（不含工程照顾领域）、城市规划	260	34	51	250	31	47	
农业、兽医、风景园林、林业	255	34	51	245	31	47	
临床医学③、口腔医学④、公共卫生、护理、药学、中药学	300	40	120	290	37	111	
中医⑤	300	39	117	290	36	108	
工商管理、公共管理、会计、旅游管理、图书情报、工程管理	165	42	84	155	37	74	
艺术	335	36	54	325	33	50	
工程照顾领域⑥	255	34	51	245	31	47	
享受少数民族照顾政策的考生⑦	245	30	45	245	30	45	
报考少数民族高层次骨干人才计划考生进入复试的初试成绩基本要求为总分不低于245分							

2018年考研34所自主划线高校硕士研究生入学复试分数线（学术型）

单位名称	项目	哲学	经济学	法学	教育学	文学	历史学	理学	工学	农学	医学	管理学	艺术学
清华大学	总分	365	370	335	340	330	340	320	310	—	310	330	300
	外语	50	50	50	50	50	50	50	50	—	50	50	40
	政治	50	50	50	50	50	50	50	50	—	50	50	40
	业务一	90	90	90	180	85	180	80	80	—	180	90	85
	业务二	90	90	90	—	85	—	80	80	—	—	90	100
单位名称	项目	哲学	经济学	法学	教育学	文学	历史学	理学	工学	农学	医学	管理学	艺术学
北京大学	总分	355	360	345	330	330	365	310	310	—	—	345	365
	外语	50	55	50	50	50	50	50	50	—	—	50	50
	政治	50	55	50	50	50	50	50	50	—	—	50	50
	业务一	90	90	90	180	90	180	90	90	—	—	90	90
	业务二	90	90	90	—	90	—	90	90	—	—	90	90
单位名称	项目	哲学	经济学	法学	教育学	文学	历史学	理学	工学	农学	医学	管理学	艺术学
中山大学	总分	320	335	345	330	340	320	300	290	300	310	350	360
	外语	50	60	55	45	50	55	45	45	50	55	55	45
	政治	50	60	55	45	50	55	45	45	50	55	55	45
	业务一	90	90	90	180	90	180	75	70	80	180	90	90
	业务二	90	80	90	—	90	—	75	70	80	—	90	90
单位名称	项目	哲学	经济学	法学	教育学	文学	历史学	理学	工学	农学	医学	管理学	艺术学
浙江大学	总分	350	360	350	360	360	325	320	320	325	345	355	350
	外语	55	60	60	60	60	55	55	55	55	60	60	55
	政治	55	60	60	60	60	55	55	55	55	60	60	55
	业务一	95	90	90	210	100	185	85	85	85	200	100	95
	业务二	95	90	90	—	100	—	85	85	85	—	100	95
单位名称	项目	哲学	经济学	法学	教育学	文学	历史学	理学	工学	农学	医学	管理学	艺术学
四川大学	总分	335	335	345	290	320	345	305	310	300	300	350	355
	外语	60	60	55	40	53	60	50	45	45	45	55	45
	政治	60	60	55	40	53	60	50	45	45	45	55	45
	业务一	90	90	83	120	80	180	75	68	68	135	83	68
	业务二	90	90	83	—	80	—	75	68	68	—	83	68
单位名称	项目	哲学	经济学	法学	教育学	文学	历史学	理学	工学	农学	医学	管理学	艺术学
上海交通大学	总分	310	340	340	310	355	310	310	320	310	335	330	—
	外语	55	60	55	55	60	55	55	55	55	55	55	—
	政治	50	50	50	50	50	50	50	50	50	50	50	—
	业务一	85	75	90	180	90	180	70	70	85	195	75	—
	业务二	85	90	90	—	90	—	85	85	85	—	90	—
单位名称	项目	哲学	经济学	法学	教育学	文学	历史学	理学	工学	农学	医学	管理学	艺术学
武汉大学	总分	—	—	—	345	—	310	—	—	—	—	—	—
	外语	—	—	—	45	—	45	—	—	—	—	—	—
	政治	—	—	—	50	—	55	—	—	—	—	—	—
	业务一	—	—	—	210	—	180	—	—	—	—	—	—
	业务二	—	—	—	—	—	—	—	—	—	—	—	—

续表

单位名称	项目	哲学	经济学	法学	教育学	文学	历史学	理学	工学	农学	医学	管理学	艺术学
复旦大学	总分	345	335	330	340	345	330	310	310	—	—	360	340
	外语	55	60	55	55	55	55	50	50	—	—	55	55
	政治	55	60	55	55	55	55	50	50	—	—	55	55
	业务一	90	90	90	180	90	180	75	75	—	—	90	90
	业务二	90	90	90	—	90	—	75	75	—	—	90	90

单位名称	项目	哲学	经济学	法学	教育学	文学	历史学	理学	工学	农学	医学	管理学	艺术学
南京大学	总分	340	350	320	340	355	320	300	290	—	300	350	335
	外语	55	55	55	55	55	55	45	45	—	45	55	40
	政治	55	55	55	55	55	55	45	45	—	45	55	40
	业务一	90	90	90	180	90	180	70	70	—	180	90	90
	业务二	90	90	90	—	90	—	70	70	—	—	90	90

单位名称	项目	哲学	经济学	法学	教育学	文学	历史学	理学	工学	农学	医学	管理学	艺术学
华中科技大学	总分	335	350	325	350	385	—	305	280	—	305	345	315
	外语	55	55	50	60	60	—	50	50	—	50	55	45
	政治	50	55	50	60	60	—	55	50	—	55	55	50
	业务一	100	85	90	210	100	—	75	55	—	175	90	95
	业务二	100	95	90	—	110	—	75	75	—	—	90	95

单位名称	项目	哲学	经济学	法学	教育学	文学	历史学	理学	工学	农学	医学	管理学	艺术学
吉林大学	总分	315	340	350	340	350	350	320	300	300	320	340	335
	外语	50	50	55	55	55	55	50	40	45	50	50	40
	政治	50	50	55	55	55	55	50	40	45	50	50	40
	业务一	90	75	90	180	90	180	90(75)	60	90	180	75	90
	业务二	90	90	90	—	90	—	90	90	90	—	90	90

单位名称	项目	哲学	经济学	法学	教育学	文学	历史学	理学	工学	农学	医学	管理学	艺术学
哈尔滨工业大学	总分	310	350	350	—	370	—	310	320	—	—	—	—
	外语	50	55	55	—	60	—	50	50	—	—	—	—
	政治	50	55	55	—	60	—	50	50	—	—	—	—
	业务一	80	75	85	—	90	—	75	75	—	—	—	—
	业务二	80	80	85	—	90	—	75	80	—	—	—	—

单位名称	项目	哲学	经济学	法学	教育学	文学	历史学	理学	工学	农学	医学	管理学	艺术学
中国科学技术大学	总分	60	—	55	—	—	—	50	50	—	—	50	—
	外语	60	—	55	—	—	—	50	50	—	—	50	—
	政治	90	—	85	—	—	—	80	75	—	—	75	—
	业务一	90	—	85	—	—	—	80	80	—	—	80	—
	业务二	340	—	325	—	—	—	310	310	—	—	300	—

单位名称	项目	哲学	经济学	法学	教育学	文学	历史学	理学	工学	农学	医学	管理学	艺术学
山东大学	总分	310	330	330	330	320	310	310	300	—	310	335	310
	外语	50	50	50	50	50	50	45	45	—	45	50	45
	政治	50	50	50	50	50	50	45	45	—	45	50	45
	业务一	90	80	90	180	80	180	80	70	—	160	80	80
	业务二	90	80	90	—	80	—	80	70	—	—	80	80

续表

单位名称	项目	哲学	经济学	法学	教育学	文学	历史学	理学	工学	农学	医学	管理学	艺术学
中南大学	总分	300	340	335	345	360	—	300	305	—	310	350	350
	外语	45	50	50	60	60	—	45	45	—	50	55	45
	政治	45	50	50	60	60	—	45	45	—	50	55	45
	业务一	75	80	80	180	90	—	75	75	—	150	80	90
	业务二	75	80	80	—	90	—	75	75	—	—	80	90

单位名称	项目	哲学	经济学	法学	教育学	文学	历史学	理学	工学	农学	医学	管理学	艺术学
西安交通大学	总分	350	340	340	330	360	—	330	320	—	320	350	—
	外语	55	50	50	45	60	—	45	45	—	55	50	
	政治	55	50	50	45	60	—	45	45	—	55	50	
	业务一	85	80	80	150	90	—	75	75	—	180	80	
	业务二	85	80	80	—	90	—	75	75	—	—	80	

单位名称	项目	哲学	经济学	法学	教育学	文学	历史学	理学	工学	农学	医学	管理学	艺术学
东南大学	总分	350	350	335	340	350	—	310	310	—	300	350	335
	外语	55	55	50	40	50	—	50	50	—	50	55	50
	政治	55	55	50	50	50	—	50	50	—	50	55	50
	业务一	90	90	90	200	90	—	80	75	—	180	90	90
	业务二	90	90	90	—	90	—	80	75	—	—	90	90

单位名称	项目	哲学	经济学	法学	教育学	文学	历史学	理学	工学	农学	医学	管理学	艺术学
北京师范大学	总分	340	340	335	315	335	330	295	300	—	—	340	330
	外语	50	50	50	50	50	50	48	48	—	—	50	48
	政治	50	50	50	50	50	50	48	48	—	—	50	48
	业务一	90	90	90	180	90	180	70	70	—	—	90	90
	业务二	90	90	90	—	90	—	90	90	—	—	90	90

单位名称	项目	哲学	经济学	法学	教育学	文学	历史学	理学	工学	农学	医学	管理学	艺术学
中国人民大学	总分	345	360	350	360	355	330	300	300	—	375	360	335
	外语	55	55	55	55	55	55	45	45	—	50	55	45
	政治	55	55	55	55	55	55	45	45	—	50	55	45
	业务一	90	90	90	180	90	180	80	80	—	180	90	90
	业务二	90	90	90	—	90	—	80	80	—	—	90	90

单位名称	项目	哲学	经济学	法学	教育学	文学	历史学	理学	工学	农学	医学	管理学	艺术学
同济大学	总分	320	350	330	325	335	—	300	315	—	300	345	300
	外语	50	65	55	55	55	—	45	50	—	55	60	45
	政治	50	65	55	55	55	—	45	50	—	50	55	45
	业务一	90	95	90	185	90	—	80	80	—	170	90	85
	业务二	90	90	90	—	90	—	80	80	—	—	90	80

单位名称	项目	哲学	经济学	法学	教育学	文学	历史学	理学	工学	农学	医学	管理学	艺术学
厦门大学	总分	320	345	345	330	360	335	310	310	—	310	360	—
	外语	50	55	55	50	55	50	50	45	—	50	55	
	政治	50	55	55	50	55	50	50	45	—	50	55	
	业务一	90	90	90	180	90	180	80	70	—	180	90	
	业务二	90	90	90	—	90	—	80	70	—	—	90	

续表

单位名称	项目	哲学	经济学	法学	教育学	文学	历史学	理学	工学	农学	医学	管理学	艺术学
北京航空航天大学	总分	305	335	320	350	345	—	300	310	—	295	345	340
	外语	40	50	45	55	55	—	40	40	—	40	55	40
	政治	40	50	45	55	55	—	40	40	—	40	55	40
	业务一	80	80	80	170	85	—	70	60	—	120	90	80
	业务二	80	80	80	—	85	—	70	60	—	—	90	80

单位名称	项目	哲学	经济学	法学	教育学	文学	历史学	理学	工学	农学	医学	管理学	艺术学
天津大学	总分	340	360	340	320	360	—	300	300	—	310	345	335
	外语	50	55	50	50	55	—	45	45	—	50	55	40
	政治	50	55	50	50	55	—	45	45	—	50	55	40
	业务一	90	90	90	180	90	—	75	75	—	180	90	90
	业务二	90	90	90	—	90	—	75	75	—	—	90	90

单位名称	项目	哲学	经济学	法学	教育学	文学	历史学	理学	工学	农学	医学	管理学	艺术学
大连理工大学	总分	310	345	330	300	325	—	305	310	—	—	345	335
	外语	45	50	45	40	50	—	45	45	—	—	50	40
	政治	45	50	45	40	50	—	45	45	—	—	50	40
	业务一	80	75	80	150	80	—	70	70	—	—	75	90
	业务二	80	75	80	—	80	—	75	75	—	—	85	90

单位名称	项目	哲学	经济学	法学	教育学	文学	历史学	理学	工学	农学	医学	管理学	艺术学
南开大学	总分	350	340	345	335	360	350	310	305	320	320	365	340
	外语	60	60	55	60	60	60	50	50	50	50	60	50
	政治	60	55	55	60	60	60	50	50	50	50	60	50
	业务一	90	90	90	180	100	205	80	75	80	190	90	100
	业务二	90	90	90	—	100	—	80	80	80	—	90	100

单位名称	项目	哲学	经济学	法学	教育学	文学	历史学	理学	工学	农学	医学	管理学	艺术学
北京理工大学	总分	330	345	330	320	350	—	320	315	—	—	330	355
	外语	50	50	50	50	55	—	50	50	—	—	50	40
	政治	50	50	50	50	55	—	50	50	—	—	50	40
	业务一	75	75	75	150	83	—	75	75	—	—	75	75
	业务二	75	75	75	—	83	—	75	75	—	—	75	75

单位名称	项目	哲学	经济学	法学	教育学	文学	历史学	理学	工学	农学	医学	管理学	艺术学
华南理工大学	总分	—	330	335	300	360	—	315	300	—	300	340	采用教育部A类线
	外语	—	55	60	40	60	—	50	50	—	50	55	
	政治	—	60	60	45	60	—	50	50	—	50	60	
	业务一	—	85	90	190	90	—	80	70	—	180	85	
	业务二	—	85	90	—	90	—	80	70	—	—	85	

单位名称	项目	哲学	经济学	法学	教育学	文学	历史学	理学	工学	农学	医学	管理学	艺术学
西北工业大学	总分	—	335	320	330	315	—	315	315	—	—	360	—
	外语	—	50	50	50	50	—	50	50	—	—	50	—
	政治	—	50	50	50	50	—	50	50	—	—	50	—
	业务一	—	85	80	160	80	—	75	75	—	—	90	—
	业务二	—	85	80	—	80	—	75	75	—	—	90	—